옮긴이 이승희

서강대학교에서 수학과 종교학을 공부했고, 대학원에서 신학을 공부했다.
독일 밤베르크대학교와 뮌스터대학교 박사과정에서 종교사회학, 사회윤리,
정치윤리를 공부했다. 바른번역 소속 번역가로 활동 중이다.
역서로『과학자들의 자화상』『과학은 미래로 흐른다』『혐오 없는 삶』
『금지된 지식』『나와 타자들』등이 있다.

KB045761

지식의 기초

UNCOUNTABLE

Copyright © 2021 by David Nirenberg and Ricardo Lida Nirenberg.
All rights reserved.

Korean translation copyright © 2023 by Book21 Publishing Group
Licensed by The University of Chicago Press, Chicago, Illinois, U.S.A.
through EYA Co., Ltd.

이 책의 한국어판 저작권은 EYA Co., Ltd.를 통해
THE UNIVERSITY OF CHICAGO PRESS와 독점계약한
(주)북이십일에 있습니다. 저작권법에 의해 한국 내에서 보호를 받는
저작물이므로 무단 전재 및 복제를 금합니다.

021
Philos

UNCOUNTABLE

지식의 기초

수와 인류의 3000년 과학철학사

데이비드 니런버그, 리카도 L. 니런버그 지음

이승희 옮김   김민형 해제

arte

이저벨과 소피아를 위해

분류학의 한계
같다는 것은 무슨 뜻인가

이 책은 '분류의 한계'에 관한 담론이다. 사람은 세상을 이해하려는 과정에서 별수 없이 분류를 활용하게 된다. '나'와 '나머지 세상'의 구분이 시작점일 수도 있고, 갓난아기의 주위를 둘러싼 온갖 객체 중에 '엄마'를 다른 사물과 구별하는 것이 중요하기도 할 것이다. 아이가 음식을 먹기 시작하면서 '맛있는 것'과 '맛없는 것'의 구분이 있을 터이고, 놀면서 재미에 따른 구분도 점점 생기게 될 것이다. 언젠가부터 사람은 비교적 추상적인 구분을 배우게 되고 중요시하게 된다. 가령 '큰 것'과 '작은 것', '색'에 따른 구분들이 그런 유의 것이다. 아이의 발달 과정에서 언제부터 생물과 무생물을 구별하기 시작하는가도 재미있는 질문이다. '생물이 무엇인가'라는 물음은 쉬운 문제인 것 같지만 학자들에게도 까다로운 질문이다. 가령 바이러스가 생물인가에 대해서는 일치된 의견이 없다.

　분류학의 기초는 사물 몇 개가 어떤 의미에서 비슷하다는 관찰이다. 물론 A, B, C가 있을 때, A와 B는 비슷하고 C는 둘과 다르다는 말을 하려면 비교하는 기준이 있어야 하는데, 그 기준이 상황과 필요에 따라서 변한다. 가령 A와 B가 각각 엄마와 아빠이고 C가 딸이면 극장 입장권을 살 때 A와 B가 어른이라는 한 부류를 이루지만 공중화장실에 갈 때는 A와 C가 함께 가야 한다.

이런 일반적이고 기초 철학적인 개념들이 어째서 수학과 관련 있는가. 그것은 '절대적인 분류'의 가능성 때문이다. 개념의 역사에서 수, 혹은 수학적 구조를 사용하는 분류학은 현대로 올수록 상황과 필요에 따른 분류보다도 강한 절대성을 가지게 된다. 가령 지금은 모든 사물이 전자, 쿼크 같은 기본입자로 만들어져 있고 기본입자들의 성질은 절대적이라는 물리학자들의 주장을 의심하는 사람이 거의 없다. 그런 성질은 상당히 추상적인 수학적 언어로밖에 묘사할 길이 없다. 쿼크란 특정한 수학적 대칭성을 가지고 특정한 미분방정식을 만족하는 '장'의 하나라고 인정되며, 그로부터 따르는 성질들은 절대적으로 성립한다고 여겨진다. 특히, 입자의 분류학은 의심의 대상이 되지 않는다.

일상생활과 더 가까운 쪽에서 예를 살펴보자. 여러 종류의 경제지표는 현대인의 삶에 (예를 들자면 사회정책을 통해서) 큰 영향을 미치고, 각종 화학작용으로 도출되는 수치가 우리의 '건강'을 정확하게 표현한다는 믿음은 현대 의학의 주춧돌이다. 17세기 과학혁명 이후로 수학적 방법론은 모든 학문에 침투해서 그럴싸하기만 했던 분류학에 객관성을 부여해 왔다.

그럼에도 불구하고 정량적 세계관의 절대성은 문명의 발전을 가져오는 동시에 인간소외로 이어지기도 한다는 막연한 의심을 지닌 사람도 적지 않다. 특히 비슷하다는 개념이 '같다'라는 극한까지 갔을 때가 수상하다. 두 사물이 같다는 것은 무슨 뜻인가? 사실 완전히 같다면 다를 수 있다는 생각 자체가 처음부터 없었을 것이기에, 같다는 주장조차 필요 없었을 것이다. 그러나 물리학자들에 의하면 세상에 존재하는 같은 종류의 기본입자는 완전히 같다. 예를 들자면 헬륨 원자는 전자를 두 개 가지고 있지만 그 두 전자는 완전히 똑같다고 한다. 정말로 그럴 수 있을까?

세상에 대한 다양한 종류의 수학적 분류학, 물리학, 경제학, 생물학, 의학에 대한 의심은 유럽에서는 18세기 이후로 가끔씩 두각을 나타내는 문화 조류이다. 이 책은 그런 회의론들의 집대성 같은 성격을 띠고 있다. 저자들은 여러 인문학자, 소설가, 과학자, 시인 들의 흥미로운 관점을 인용하면서 수학적 분류학의 절대성을 비판한다.

이런 회의에 대한 답은 없고, 있을 수 없는지도 모른다. 사람은 세상을 이해하기 위해서 끝없이 분류학을 만들면서도 그렇게 만들어진 사고 체계의 기반은 언제든지 무너질 수 있다는 위험을 감수해야 한다는 것이 이 책의 교훈이기도 하다. 즉, 언제라도 같다고 생각했던 것들이 세심한 조사 끝에 다르다고 밝혀질 수 있다. 그리고 자연스러운 분류라고 생각되던 개념들이 오류로 밝혀지면서 여럿이 하나에 속하게 되기도 한다. (가령 '인종'의 분류가 대표적이다.) 세상을 탐구하는 학자라면 누구든지 이 정도의 겸허한 지혜가 필요하다. 이는 물론 수학이나 정량적 학문에 국한된 필요성이 아니다.

수학의 정체성에 대한 탐구는 서양철학 속에서 꽤 오래된 전통을 가지고 있다. 저명한 역사학자인 데이비드 니런버그와, 그의 아버지이자 수학자인 리카도 L. 니런버그는 이 책을 통해서 철학자들이 던지는 물음보다 어쩌면 훨씬 근본적일 수 있는 질문 다수를 던지면서 독자에게 스스로 생각해 볼 풍부한 기회를 제공한다. 아들 니런버그는 세계에서 가장 영향력 있는 수학자와 물리학자 들이 있는 프린스턴고등연구소의 소장이다. 그 때문에 비과학자로는 누구보다도 과학자들의 관점을 일상적으로 접할 기회가 많았을 것이고, 인문학과 자연과학의 상호작용에 대한 남다른 통찰력을 지녔을 것으로 기대할 수 있다. 과학, 철학, 문학의 문헌들을 정량 과학에 대한 회의론의 입장에서 3000년의 장대한 기간을 아우르며 다양하게 살피는 이 책은, 세상의 이치를 정확하게 파악하고자 하는 모든 독자들에게 흥미를 줄 내용으로 가득하다.

— 김민형 | 에든버러대학교 수리과학 석좌교수, 한국고등과학원 석학교수
『역사를 품은 수학, 수학을 품은 역사』 저자

추천사

지식의 본질에 대한 치열한 고민이 어떻게 삶과 죽음의 문제와 연결될 수 있는가? 늘 보편적이며 절대적이라고 여겨졌던 수학의 탐구가 어떻게 개별적이며 상대적일 수 있는가? 저자들은 이런 질문들에 대해 치열한 논쟁을 벌였던 탁월한 지식인들의 사유를 그 기원에서부터 역사를 따라 균형 있게 다루면서, 수를 중심으로 한 철학사에서의 굵직한 고민들을 오늘날 우리가 직면한 삶의 현장에 다시 소환하고 있다. 수학과 과학뿐만 아니라 철학과 문학적 사유들을 600쪽에 달하는 분량으로 곳곳에 빼곡히 채워 놓았기 때문에, 저자들과 함께 떠나는 이 지적인 여정은 꽤 많은 지적 수고를 요구한다. 그러나 그러한 수고는 데이터와 인공지능을 필두로 한 수학적 형태가 그 어느 때보다 지식의 필수 요건으로 간주되고 있는 이때, 지식의 본질에 대해 끈질기게 고민할 생각의 근육을 키워 줄 것이다.
— 이은수 | 서울대학교 철학과 교수

'수'와 '시'의 갈등은 철학이 시작되던 고대 그리스에서 가장 중요한 문제였으며, 동일성과 차이의 관계는 20세기의 지성계 전체를 아우르는 화두이다. 이 책은 서양 사유의 핵심에 놓인 이성과 비이성이라는 주제를 역사 속의 다양한 시대와 장소에서 이야기처럼 재미있게 풀어내고 있다. 철학에 관심이 많은 독자라면 이 책을 통해 현대 유럽 철학의 핵심 테제를 새로운 시각에서 조감할 수 있을 것이다. 철학과 학생들에게는 서양철학사를 공부할 때 반드시 함께 읽어 보라고 권하고 싶은 책이다.

— 장태순 | 덕성여자대학교 철학과 교수, 『철학, 혁명을 말하다』 저자

인공지능 시대의 삶을 '수' 없이 생각할 수 있을까? 하지만 모든 것을 수로 따지는 세상은 얼마나 위험한가? 2+2는 언제나 4인가? 『지식의 기초』는 수의 발견과 활용에 대한 이야기이자 셀 수 없는 것들에 대한 이야기이다. 역사학자 아들과 수학자 아버지가 수의 경계를 넘나들며 서양의 지성사를 다채롭게 펼쳐 낸다. 수를 신뢰하는 사람들과 그 반대쪽 사람들이 어울려 살기 위한 지혜가 담겨 있다. 앎의 즐거움을 한 아름 안겨 주는 반가운 책이다!

— 조대호 | 연세대학교 철학과 교수, 『아리스토텔레스』 저자

『지식의 기초』는 수학부터 문학, 물리학, 철학까지 다양한 분야를 넘나들며, '수'가 지식의 원소로 자리 잡게 된 과정과 그 여파를 조명한다. 같음과 다름, 객관과 주관, 필연과 우연 사이의 갈등과 균형이 빚어낸 인간 생각의 역사를 고대부터 현대까지 저자와 함께 돌아보며, 이를 통해 우리가 어떻게 세상을 바라보며 어떻게 스스로를 이해하는지에 대한 새로운 시각을 얻을 수 있을 것이다.

— 허준이 | 프린스턴대학교 수학과 교수, 한국고등과학원 석학교수
2022 필즈상 및 맥아더펠로십 수상

모든 우연, 모든 사랑, 모든 논리, 당신과 나는
불합리라는 은총 덕분에 존재합니다.
그리고 의식적인 책략이 없으면 우리는 죽습니다.
— 위스턴 휴 오든(Wystan Hugh Auden),
「아플 때와 건강할 때(In Sickness and in Health)」

일러두기

· 국립국어원의 한글맞춤법과 외래어표기법을 따르되, 관용적으로 굳어진
  일부 용어에는 예외를 두었다.
· 책(단행본, 장편소설 등)은 겹낫표(『 』), 정기간행물은 겹화살괄호(《 》),
  짧은 텍스트(논문, 단편소설, 시, 노래 등)은 홑낫표(「 」), 음악, 영화는
  홑화살괄호(〈 〉)로 묶었다.
· 원문에서 이탤릭으로 강조 표기된 부분은 방점을 찍어 옮겼다.
· 인용문 중 대괄호([ ]) 안에 표기된 표현은 저자가 이해를 돕기 위해 원문에
  더해 추가한 내용이다.
· 원주는 원문과 같이 후주로 두었고, 옮긴이 주는 본문 내 해당 설명부
  다음에 괄호로 묶어 표기했다.

차례

서론
조약돌 놀이

'일자와 다자'라는 고대의 문제.
나는 이 문제 때문에 불면의 밤을 겪은 사람은 거의 없으리라고
생각한다. (⋯) 오랫동안 이 문제를 숙고하면서
나는 이 문제가 모든 철학 문제의 가장 핵심이라고 생각하게 됐다.
그만큼 풍부한 의미로 가득 차 있기 때문이다.
— 윌리엄 제임스(William James)[1]

생물학자들이 '호모사피엔스(Homo sapiens)'라고 부르는 종에게는 눈에 띄는 특징이 있다. 자기 이름에 붙어 있는 '사피엔티아(sapientia)', 즉 지식과 지혜의 본성에 대해 자주 자문한다는 점이다. 인류가 이 질문에 대한 답을 놓고 분열을 서슴지 않았다는 점도 눈에 띈다. 인류는 자신의 인지능력을 끊임없이 '선'과 '악'으로 구분했다. 심지어 어떤 사유 방법은 인류에게 신과 같은 불멸을 선사하고, 다른 사유 방법은 죽음, 기만, 저주를 가져오고 심지어 세상을 멸망으로 인도한다고까지 상상했다.

3000년이 훨씬 넘는 기간 동안 인류는 알아야 할 지식과 그 지식을 얻는 방법을 둘러싼 의견 차이 때문에 서로 충돌했고, 죽음에 이르기까지 이런 분열을 지속했다. 서로 다른 종교 및 지식 문화권 사이에 있었던 아주 오래된 충돌만을 말하는 게 아니다. 20세기에 세계대전을 겪은 사람들 가운데 많은 이들은 그 두 차례 전쟁도 잘못된 지식 방향을 선택하는 바람에 생긴 결과로 이

해한다. 예를 들면 유럽과 미국의 선도적 지식인들은 제1차세계대전을 산술학과 기하학이 비인간적으로 결합해 서양 문명을 파괴한 결과, 즉 수학의 타락이 낳은 결과로 이해한다(1장을 다 읽을 때까지 제발 조롱은 자제하길 바란다). 다수의 이론가들은 냉전을 '마르크스주의'와 '자유주의', '결정론'과 '자유주의'라는 서로 다른 두 가지 지식 이론의 투쟁으로 충분히 규정할 수 있음을 발견했다. 아마도 미래 세대는 인간이 기후변화에 미친 영향을 둘러싼 오늘날의 논쟁들을, 지식의 본성에 대해 인류가 오랫동안 분열하고 대립한 역사의 한 장으로 보게 될 것이다.

오늘날 지식의 수학적 형태들, 예를 들면 컴퓨터, 인공지능, 기계 학습 등은 20세기 전반기보다, 아니 과거 지구 역사상 어느 때보다도 세상의 훨씬 많은 측면에 손을 댄다. 지식 분야 간 분열, 예컨대 찰스 퍼시 스노(Charles Percy Snow)가 1959년에 '두 문화'라고 불렀던 인문학과 자연과학의 분열은 과거보다 훨씬 더 커졌다. 한 세기 전에 살았던 선조들과 다르게 자신들의 서식지가 발아래에서 녹아내리는 느낌을 받으며 혼돈에 빠진 인문학 교수들을 제외하면, 오늘날 이런 분열을 심각한 위협으로 여기는 사람은 드물다. 이 분열을 이해하는 일이 어떤 면에서 인류의 본질적인 과제라고 주장하는 사람은 더욱 드물다.

이 책은 종말을 예고하는 계시록이 아니다. 21세기의 분열을 더 잘 이해하고 이 분열 속에서 더 잘 살아가기 위한 시도다. 인류의 다양한 사상은 어떻게 서로 맹렬하게 싸웠을까? 그리고 왜 이런 갈등 속에서 수와 수식 관계의 진리 주장이 그렇게 강력하게 떠올랐을까? 이 문제를 이해하는 것은 역사학의 과제이며, 이 책 전반부(1~5장)에서 그 역사를 제시한다. 1~5장에서는 고대 그리스철학 및 유일신교의 부상부터 근대 물리학과 경제학의 출현까지 다루면서 어떻게 수천 년 동안 사고의 이상, 실천, 습관 들이 수를 지식과 확실성을 향한 인간적 요구의 초석으로 바꾸었는지 추적한다(고대의 역사, 철학, 종교에 큰 관심이 없는 사람은 2~4장을 건너뛰어도 된다).

이런 분열 속에서 인간적으로 살아가는 법을 배우는 것이 이 책 후반부의 목표다(6~10장). 지식과 학문 분과들 사이의 분열과 갈등은 필수적인 것이 아니다. 인류의 조각들은 다양한 방법으로 합쳐질 수 있다. 심지어 우리가 하고 싶은 질문의 기본 측면과 우리가 알고 싶은 대상, 더 나아가 우리 자신에게 더 진실하게 다가가는 방법으로 합쳐질 수 있다.

그러므로 이 책은 역사서일 뿐만 아니라 철학적, 시적 권고문이기도 하다. 이 책은 인류에게 자신의 역사와 그 역사가 만든 지식, 그리고 역사가 무시하거나 위험하게 만들었던 세계와 인간의 다양한 측면들에 책임을 가지라고 권한다. 우리는 당신에게 두 가지를 납득시키고 싶다. 첫째, 지식에 대한 생각은 삶의 방향과 방식에 깊은 영향을 준다. 둘째, 삶을 바꾸고 싶다면 지식에 대한 생각을 더 잘 의식해야 한다.

이 작업에 들어가기에 앞서 문제의 핵심 관계를 좀 더 느낄 필요가 있다. 그래서 우리는 역사, 철학, 심리학이 아닌 이야기로 먼저 간다.

푸른 호랑이

알렉산더 크레이지는 호르헤 루이스 보르헤스(Jorge Luis Borges)의 후기 단편소설 「푸른 호랑이(Tigres Azules)」(1983)의 화자다.[2] 스코틀랜드인 크레이지는 1900년경에 영국 식민지 라호르(오늘날 파키스탄)에서 '서양 논리학' 교수로 생활하고 있었다. 철학자이자 이성 추종자인 크레이지는 호랑이에도 큰 관심이 있어 어린 시절부터 호랑이를 동경했다. 1904년 말에 크레이지는 인도아대륙에서 푸른 호랑이가 목격됐다는 놀라운 기사를 읽었다. 크레이지는 불가능한 일이라고 그 소식을 무시했다. 그러나 푸른 호랑이가 존재한다는 소문이 계속 이어졌고, 크레이지의 꿈에서조차 호랑이가 파랗게 변했다. 크레이지는 푸른 호랑이를 찾아 길을 떠났다.

얼마 후 크레이지는 몇몇 기사에서 언급된 힌두교 마을에 도착했다. 마을 사람들에게 자신이 무엇을 찾고 있는지 말했을 때, 그들은 수상한 반응을 보이면서도 크레이지를 도와주었다. 종종 마을 사람들은 크레이지를 찾아와 푸른 호랑이를 봤다고 말하면서 푸른 호랑이가 나타났다는 곳으로 크레이지를 급히 데려가곤 했지만, 푸른 호랑이는 결코 발견되지 않았다. 시간이 흐른 후 크레이지는 마을 사람들에게 그들이 피하는 듯 보이는 지역을 탐색하자고 제안했고, 경악스러운 얘기를 들었다. 그 지역은 인간의 출입이 금지된 성스러운 곳으로 마법의 보호를 받고 있고, 그곳을 지나는 모든 인간은 미치거나 성스러운 빛에 눈이 먼다는 것이었다. 그래서 크레이지는 그 금지된 곳에 한밤중에 몰래 들어갔다.

그 땅은 모래로 덮여 있고 무수히 많은 통로가 있었다. 갑자기 한 통로에서 크레이지는 꿈에서 본 것과 같은 푸른 섬광을 보았다. "그 통로는 조약돌로 가득 차 있었다. 조약돌은 모두 매끈하고 동그랗고 지름이 몇 센티미터 정도밖에 되지 않았다." 조약돌들은 너무 규칙적이어서 사람이 만든 토큰이나 주판알처럼 보였다. 크레이지는 조약돌을 한 움큼 쥐어 주머니에 넣은 후 오두막으로 돌아와 조약돌들을 주머니에서 꺼내려고 했다. 크레이지는 조약돌을 주머니에서 꺼냈지만 여전히 두세 줌이 주머니 속에 남아 있는 듯한 느낌이 들었다. 손이 간지럽고 떨렸고, 손을 펼치자 조약돌 30~40개가 손 안에 있었다. 크레이지는 그 통로에서 열 개 이상을 가져오지 않았다고 확신했다. 조약돌이 곱으로 늘어나고 있는 것은 굳이 확인할 필요도 없었기에 크레이지는 조약돌들을 한 무더기씩 모아서 세려고 했다.

"이 단순한 계산이 불가능하다는 게 밝혀졌다." 크레이지는 엄지와 검지로 조약돌 하나를 집어 돌무더기에서 빼낼 수 있었지만, 조약돌은 홀로 떨어지자마자 다시 많아졌다. '이 불쾌한 기적'은 끊임없이 반복됐다. 두려움에 그의 무릎이 떨리기 시작했다. 크레이지는 눈을 감고 스피노자(Baruch Spinoza)의 논리학 공리 몇 개를 천천히 반복했지만, 무엇을 해도 이 조약돌들에서 벗어날 수 없었다. 크레이지는 처음에 자신이 미친 게 아닌가 의심했지만, 시간이 지나면서 미치는 게 차라리 더 나을 수도 있음을 알게 됐다. 왜냐하면 "3+1이 2나 14가 될 수 있다면, 이성이 미친 것"이기 때문이다.

크레이지 교수는 라호르로 돌아왔다. 이제 그의 꿈은 조약돌로 채워졌다. 크레이지는 실험을 감행했다. 몇몇 조약돌에 십자가 표시를 하고, 다른 조약돌에는 줄을 긋거나 구멍을 내면서 동일성에 차이를 두어 구별하려고 했다. 크레이지는 어떤 법칙을 발견하려고 노력하면서 조약돌의 증감을 표로 그렸지만, 조약돌 수와 표시는 임의로 바뀌는 듯 보였고, 통계적으로 구별할 만한 규칙성이 없었다. 크레이지는 결론을 내렸다. "덧셈, 뺄셈, 곱셈, 나눗셈 등 사칙연산은 불가능했다. 조약돌들은 수론과 확률의 미적분학을 거부했다. (…) 나는 '수학이 시작한 이래로 지금 이 조약돌들로 종말을 맞는구나' 하고 생각했다. 만약 피타고라스(Pythagoras)가 이 조약돌들로 작업을 했다면……. 한 달 후 나는 혼돈이 불가피하다는 걸 이해했다."

수학 공식도 기술 부호도 없는 이 이야기에서 보르헤스는 흔히 합리성이라고 불리는 원리의 기본 전제조건을 제시하고 훌륭한 사고실험을 제안한다. 보르헤스는 이렇게 묻는다. 만약 이 전제조건이 성립하지 않으면 무슨 일이 일어날까? 여기서 전제조건이란 같음 혹은 다름이라는 대단히 단순한 조건이다. 우리는 어떤 것이 그 자체로 같다고 말할 수 있을까? 파란 조약돌은 자신과 동일한 것으로, 혹은 다른 것과 구별되는 것으로 고정될 수 없다. 따라서 파란 조약돌은 계산이나 통계, 논리나 과학을 이용한 분석으로 파악될 수 없다.

이처럼 파란 조약돌은 파악될 수 없을 뿐만 아니라 위협적인 존재이기도 하다. 파란 호랑이 연구가 사람을 광기로 몰아넣기 때문이다. 결국 작가 보르헤스는 화자 크레이지를 이 끔찍한 운명에서 구해 준다. 크레이지는 어느 날 뜬눈으로 밤을 지새운 후 절망 속에 시내를 배회하다가, '빛이 아직 색을 알려 주지 않는' 동이 트는 시간에 와지르 칸 모스크에 들어간다. 크레이지는 신에게 구원을 청하는 기도를 드리다가 갑자기 도움을 청하는 목소리를 듣는다. 눈먼 거지가 신비스럽게 크레이지 앞에 나타난 것이다. 크레이지는 끈질기게 구걸하는 맹인 거지에게 조약돌을 주고, 조약돌은 "마치 바닷속으로 들어가듯이" 거지의 손으로 소리 없이 떨어진다. 거지는 자선에 대한 보답으로 이렇게 말한다. "당신이 나에게 베푼 자선의 본성을 나는 모릅니다. 그러나 내가 당신에게 베푸는 자선은 끔찍합니다. 당신이 받은 것은 낮과 밤, 온전한 정신, 습관들, 그리고 세계입니다."

보르헤스는 같음과 다름이라는 원리를 사고의 대상에 적용할 때 생길 수 있는 대단히 중요한 무언가를 우리에게 가르쳐 주었다. 그러나 이 두 가지 원리가 얼마나 강하게 분리돼 있는지 주목해야 한다. 한편에서는 영원히 변하고 구분할 수 없으며 셀 수 없는 '푸른 조약돌들'이 비이성, 혼돈, 광기를 불러온다. 다른 한편에서는 변하지 않기 때문에 셀 수 있고 늘 그 자체로 한결같이 존재하는 안정된 조약돌들이 이성, 과학, 온전한 정신을 불러온다. 보르헤스의 결론은 우리가 각자의 방식으로 인간을 위협하는 두 가지 관심 유형, 두 가지 삶의 형태, 두 종류의 지식 가운데 하나를 선택해야 함을 암시하는 듯하다. 앞으로 보겠지만 이런 양자택일은 인류 역사와 철학 전반에 걸쳐 나타나는 공통된 가르침이다. 그러나 이 책의 목표는 이런 양자택일 해법이 잘못됐고, 동시에 위험하다는 것을 해명하는 데 있다. 이 세계에는 잘 정돈된 조약돌처럼 활동하는 사고 대상이 무수히 많다. 마찬가지로 크레이지가 금지된 길에서 발견했던 조약돌처럼 움직이는 존재 또한 무수히 많다. 우리는 이 책에서, 대단히 특별한 몇몇 수학적 주제들을 제외하면, 모든 '평범한' 조약돌들도 어떤 면에서는 '푸른' 조약돌이라는 걸 발견하게 될 것이다. 우주의 물리적 기초에서조차 이런 이중성은 진실로 여겨진다. 양자물리학의 위대한 선구자 에르빈 슈뢰딩거(Erwin Schrödinger)는 물리학자들이 전자, 양성자나 다른 양자적 대상 들을 '같은 것' 또는 '다른 것'으로 선언할 때 보여 주는 무능함을 묘사했는데, 이 묘사는 크레이지가 푸른 돌을 설명하려고 노력하는 것과 비슷해 보인다. "이것은 입자 또는 미립자 들이 모두 비슷하다는 것보다 더 많은 의미를 담고 있다. 이것은 당신이 심지어 이 입자 가운데 하나에 '빨간 점'을 표시해 나중에 같은 것으로 인식하겠다는 상상조차 해서는 안 된다는 걸 의미한다."[3] 이와 반대로 앞으로 우리는 경제학과 심리학, 그리고 개인과 사회를 연구하는 다른 과학들이 많은 '푸른' 대상들을 동일성을 유지하는 안정된 객체로 여기면서 유용하게 다루는 모습을 보게 될 것이다.

만약 우리가 셀 수 있는 대상만 다루거나 이성 법칙만을 따라 살겠다고 결정하면서 '푸른 호랑이'라는 짐을 눈먼 거지에게 떠넘기려고 애쓴다면, 사고 대상뿐만 아니라 우리 자신에게도 폭력을 가하게 될 것이다. 반대로 선택하여 파란색 쪽으로만 기우는 경우도 마찬가지다. 그러나 우리는 종종 바로 이런 선택을 한다. 크레이지가 가르치는 '서양 논리학'이 그 예다. 서양 논리학은 동일성이라는 규칙에 정신을 복종시키려는 집요한 강요에서 태어났다. 보르헤스의 푸른 조약돌에 의해 그 속내가 드러난 논리학의 몇 가지 기본 원리에서 동일성이 수행하는 역할을 생각해 보라. 우리는 때로 이 기본 규칙들을 '사유법칙'이라고 부를 것이다.

이 규칙들 가운데 제일가는 규칙은 '동일성원리'일 것이다.

동일성원리는 x라고 부르는 임의의 대상에 대해 x는 x와 같다 또는 $x=x$라고 선언한다. 어떤 대상이든 어떤 환경에서든 동일성원리는 잘 작동한다. 예를 들어 얌전한 조약돌은 적당한 온도와 압력 아래에서 상대적으로 짧은 시간 동안에는 육안으로 변화가 없고 일정해 보인다. 이때 관찰자는 양심에 거리낌 없이 그 조약돌을 그 자체로 동일하다고 간주할 수 있다(아마도 이 때문에 인류가 조약돌을 수천 년 동안 셈법의 보조도구로 이용했을 것이다). 이와 달리 다른 환경에 있는 다른 존재들에게는, 그것이 기본입자이건 인간의 꿈이나 욕망이건, 이 동일성원리가 그렇게 잘 적용되지 않거나 전혀 적용되지 않는다.

또 다른 '사유법칙'은 '충족이유율'이라는 이름으로 알려져 있다. 충족이유율은 독일의 수학자이자 철학자인 고트프리트 빌헬름 라이프니츠(Gottfried Wilhelm Leibniz, 1646~1716)가 처음 온전하게 정식화했지만, 이미 고대 그리스의 자연철학자들이 우주에 있는 사물들이 지금 그 모습인 이유를 설명하기 위해 이용했다. 이 원리를 쉽게 설명하면 다음과 같다. 통용되는 모든 사실은 다른 방식이 아닌 지금 그 방식대로 일어나게 만드는 어떤 이유, 원인 혹은 근거 때문에 일어나야 한다. 같은 이유는 같은 결과를 낳아야 한다.[4]

근대 논리학자들이 호명한 또 다른 법칙은 '비모순율'이다. 크레이지가 지향하는 '서양 논리학'의 원조인 그리스철학자 아리스토텔레스는 비모순율을 이렇게 표현했다. "어떤 것도 존재하면서 동시에 존재하지 않는 일은 불가능하다." 사실 아리스토텔레스는 여기서 한 걸음 더 나아갔다. 사물뿐 아니라 사람 안에서도 모순은 존재할 수 없다고 본 것이다. "같은 사물이 존재하면서 동시에 존재하지 않는다고 믿는 것은 누구에게나 불가능하다." 우리는 모순되는 생각을 동시에 할 수 없다.[5]

이런 사유법칙과 논리 공식에서 특별히 두 가지 점이 눈에 띈다. 첫째, 이 공식들은 '같음', 즉 동일성이나 동등함 같은 것에 대단히 강하게 의존한다. 둘째, 방금 아리스토텔레스의 인용문에서 보았듯이, 위대한 지성들조차 이 정식들을 인간의 마음이나 정신에 기꺼이 적용하려고 했다. 윌리엄 제임스도 미국 심리학의 초석인 『심리학의 원리(The Principles of Psychology)』(1890)에서 이렇게 말한다. "정신은 언제나 동일함을 생각하려고 의도할 수 있고, 언제 그런 의도를 지니는지 알 수 있다. 이 동일함을 느끼기가 우리 생각의 핵심이자 척추다."[6] 사실 정신이 동일성의 논리를 전적으로 따르면 큰 이점이 있다. 그러나 동일성이라는 논리만 따라가면 이 세계와 인간 안에 존재하는, 이 규칙을 따르지 않는 모든 것을 거부(또는 무시)하게 되므로 손실 또한 생기게 된다. 제임스보다 반세기 전에 덴마크 철학자 키르케고르(Søren Kierkegaard)는 이런 손실을 '일종의 자살'이라고 표현했다.[7]

동일성의 과학

우선 이익에 초점을 맞추어 보자. 정말 놀랍게도 인간의 정신은 우주의 측량할 수 없고 종종 위협을 느끼게 하는 복잡성에 동일성과 차이라는 패턴을 기획(부과 또는 투영이라고 말할 수도 있겠다)하는 능력이 있다. 인간 정신이 동일성 기획에 집중할 때 우리가 과학이라고 부를 수 있는 지식 체계가 생산될 수 있었고, 이 체계들은 인류가 이 우주의 복잡성에 대처하고 때때로 그것을 이해하는 데 또는 심지어 통제하는 데 특별히 강력한 도움을 주었다. 예를 들어 서로 다른 종류의 동일성에 기초하는 세 가지 과학들을 살펴보자. 이 과학들은 기원전 1000년대에 중국, 이집트, 바빌론에 살았던 고대 세계의 주민들에게 과거와 미래에 관한 지식을 제공해 주었다.

고대인들은 해, 달, 행성들, 그리고 하늘을 뒤덮은 별들의 움직임을 보면서 반복과 주기를 발견하고 이를 수식화했다. 이 발견과 수식화는 여러 고대사회에 과거를 미래에 투영할 수 있다는 느낌을 주었고, 고대인들은 광대하고 변화무쌍한 우주에서 위안을 주는 예측력을 얻게 됐다고 느꼈다. 문자로 기록하기 훨씬 전 구석기시대 사람들은 라스코동굴 벽에 우리가 오리온이라고 부르는 별자리를 그렸다. 또한 최초의 메소포타미아 서기관들이 남긴 쐐기문자판에는 계산하다라는 표현이 별들로 예언을 만드는 하늘에 적용됐다.[8] 동일성은 꿈 연구에도 이용됐다. 오랫동안 고대인들은 꿈에 나오는 이미지들이 무언가를 비유하며, 이 비유에서 미래를 예측하는 지식을 얻을 수 있다고 생각했다. 일례로 성서에 나오는 '살찐 암소 일곱 마리 = 7년의 풍년, 마른 암소 일곱 마리 = 7년의 기근'이 있다. 마지막으로 주술도 동일성 개념을 통해 힘을 얻었다. 고대 마법에서 (오늘날 몇몇 주술 행위에서처럼) 희생자를 나타내기 위해 인형, 모형, 동상을 널리 사용한 것은 유사성의 힘을 보여 주는 사례다.[9]

매우 오래된 이 세 가지 예언적 지식 형태는 서로 다른 동일성과 반복성 유형을 기초로 만들어졌고, 각각의 미래도 달랐다. 오늘날 오네이롤로지(*oneirology*, 꿈을 다루는 과학)는 거의 사라진 단어이고, 주술은 인류학자나 역사학자 혹은 '무지한 자' 들만 연구한다. 반면에 천문학은 오늘날 과학재단들로부터 해마다 수십억 달러를 지원받고, 우주의 구조를 이해하는 인간 정신의 능력을 보여 주는 기념물이 됐다.

여기서 핵심은 지식이 진보했다는 것이 아니다(꿈의 경우를 보면, 꿈에 관심을 두지 않으면서 자아에 대한 어떤 지식이 사라졌을 수도 있다). 우리가 말하려는 핵심은 오늘날 과학적이라고 하는 참여 방식이 바로 어떤 동일성을 지향해 왔다는 것이다. 위 사례에서는 공식화할 수 있는 공리적이고 수학적인 동일성이 그 지향점이었다. 이런 수학적 동일성을 지향했던 이유는 여러 가지다. 그중에서 두드러지는 한 가지 이유는 로마의 자연철학자 플리니우스(Gaius Plinius Secundus)가 약 2000년 전에 지적했듯이 겉으로 보기에 수리천문학은 압도적인 우주에 대한 안정된 예지력을 제공하기 때문이다. "오 강인한 영웅들이여, 그대들은 죽어 없어질 자연보다 위대하고, 이 위대한 신들의 법칙을 발견하여 가련한 인간의 마음을 두려움에서 구해 줬다. (…) 그대들의 지성을 찬양하노라. 그대들은 하늘을 해석하고 자연의 사실을 파악하며 이론을 발견하여 신들과 인간들을 연결해 줬다!"[10]

플리니우스는 수리천문학자들이 찬양받을 가치가 충분하다고 생각했다. 그들이 행성 신들의 움직임을 예측해 냈고, 그래서 '신들'과 연결될 수 있었기 때문이다. 또한 행성들이 개인의 운명을 결정짓는다고 생각했기에, 행성들의 미래 위치를 예측하는 과학(오늘날 우리는 이 과학을 천문학이 아니라 점성술이라고 부른다)은 인간의 운명에 관한 지식도 제공한다고 믿었다. 그렇게 그 과학은 '인간'과 연결됐다.

아즈텍인들은 또 다른 천문학 사례를 제공한다. 이 사례는 확실성의 우연성과 두려움의 완고함을 일깨워 주기 때문에 교육적으로 유익하다. 아즈텍인들은 (고대이집트인들처럼) 정교하고 숙련된 천문학자였지만, 태양을 하늘에 주기적으로 등장시키는 이 시스템이 불안정하다고 믿었다. 아즈텍인들은 인간이 신에게 바쳐야 하는 제 몫을 수행하지 않는다면 태양이 어느 날 뜨지 않을 수 있다고 생각했다. 그들은 인간이 수행해야 할 몫을 인신공양과 연결했다. 에르난 코르테스(Hernán Cortés)와 그를 따르는 한 무리의 스페인 '정복자들'이 16세기 초에 도착했을 때, 아마도 이 인신공양 의식이 아즈텍 제국의 몰락에 기여했을 것이다. 희생 제단에서 학살당하는 데 지쳐 있던 아즈텍의 피지배 민족들은 아즈텍인들에게 반란을 일으켰고, 유럽의 침략자들에게 승리를 안겨 주었다.[11]

어떻게 (인신공양은 말할 것도 없고) 인간의 행동이 여명을 보장받는 데 필요하다고 생각했을까? 우리의 경험 가운데 일출만큼 확실한 것이 있을까? 그러나 해가 뜨지 않을까 걱정하던 아즈텍인들의 지식이 잘못된 것은 아니다. 과거에도 해가 떴으므로 미래에도 확실히 여명을 보리라는 추론을 거부하는 것은 대단히 정교한 확률 용어들로 옹호할 수 있다.[12] 오늘날 태양계운동을 연구하는 학자들은 태양계가 지금 불안정하다고 말한다. 그렇다고 해도 현대인들은 여전히 상당히 지닌 종교적 에너지를 태양계운동 유지를 위해서는 거의 소비하지 않는다. 다시 말하지만, 아즈텍인들이 나쁜 과학자였다거나 우리 현대인들이 일출을 더 걱정해야 한다는 게 아니다. 요지는 단순하다. 확실성을 향한 욕망은 한 지식 영역에서 잘 작동하는 동일성이라는 가르침, 방법, 과학을 확장해 다른 영역에도 적용하도록 인도할 수 있는데, 이런 동일성의 확장은 종종 부적절하며 가끔은 재앙을 낳기도 한다.

별과 정신

하늘과 관련된 또 다른 사례는 1952년 2월 18일 월요일 아침에 뉴저지 프린스턴에서 나왔다. 미술사학자 에르빈 파노프스키(Erwin Panofsky)와 중세사학자 에른스트 칸토로비치(Ernst Kantorowicz)는 숭고함에 대한 토론에 참여했다. 두 사람은 모두 나치를 피해 도망친 난민이자 프린스턴고등연구소(Institute for Advanced Study)의 영구 회원이었고, 이 책에 곧 등장할 물리학자이자 수학자인 알베르트 아인슈타인(Albert Einstein), 헤르만 바일(Hermann Weyl), 요한 폰 노이만(Johann von Neumann)의 동료였다. 토론이 끝난 후 두 사람은 밖으로 나와 뉴저지의 차갑고 맑은 밤 속으로 들어갔고, 이때 칸토로비치가 말했다. "별들을 보면 나는 나 자신의 공허함을 느낍니다." 파노프스키가 대답했다. "내가 느끼는 모든 것이 별들의 공허함이죠."[13]

이 대화는 독일계 유대인 난민 두 사람이 서로 다른 형이상학적 경향을 대표하면서 나눈 대단히 진지한 대립일 수 있다. 그러나 두 사람의 방대한 지식과 반어법 사용 능력을 볼 때, 두 사람은 은하를 지배하는 물리학 법칙과 인간을 지배하는 정신 법칙 사이를 유비적으로 설명하는 철학자 이마누엘 칸트(Immanuel Kant, 1724~1804)의 유명한 격언 "두 가지가 내 마음을 영원히 새롭게 계속해서 감탄과 경외로 채우고, 우리는 그 두 가지를 더 자주 꾸준히 성찰한다. 내 머리 위에는 별들이 빛나는 하늘이 있고,

내 안에는 도덕법칙이 있다"[14]로 언어 놀이를 했을 가능성이 훨씬 높다.

겨울 하늘 아래에서 간결하게 주고받은 이 농담은 인간과 과학에 대한 몇 가지 기본 질문을 담고 있다. 예를 들면 무수한 별들이 빛나는 하늘을 관리하는 힘과 인간 내면의 삶을 움직이는 힘 사이에 어떤 관계가 있을까? 만약 있다면, 우주에 대한 지식과 인간 정신에 대한 지식, 즉 물리학과 심리학, (비교 대상을 확장한다면) 객관적인 것과 주관적인 것, 자연법칙과 인간의 자유 사이에는 어떤 관계가 있을까?

칸트는 우주에 관한 지식이 전환되던 시대를 살았다. 이 전환은 초기 미적분학 탐구자였던 아이작 뉴턴(Isaac Newton, 1643~1727) 경과 라이프니츠 같은 인물들이 주도한 수학적 발견과 이 새로운 수학이 가능하게 한 물리학과 천문학 덕분이었다. 칸트를 비롯한 많은 당대 사람들은 수학이라는 이 대단히 유용하고 특이한 도구가 물리적 사건뿐 아니라 정신적 사건도, 행성들의 운동뿐 아니라 마음의 활동도 포괄할 수 있는지 궁금해했다. 그들은 둘 사이의 관계를 탐구하고 싶었고, (물리학에서도 유용하게 활용되는 수학처럼) 한 영역에서 잘 작동하고 다른 영역에도 적용될 수 있는 진리 생성 도구를 빌려 쓸 수 있는지 탐구하고 싶었다.

앞에서 소개했던 '사유법칙'이라는 용어로 이 문제를 살펴보자. 수천 년 동안 우리 인간은 세상을 생각하는 규칙들을 개발했다. 이 생각의 규칙에는 앞서 소개한 동일성원리, 비모순율, 충족이유율과 앞으로 소개할 다른 규칙들이 있다. 이 엄격한 원칙들이 세상에 대한 특정한 지식을 발견하는 데 감탄을 자아낼

만큼 성공적이었음은 증명됐다. 그러나 이 이성의 공리들이 우리 내면과 윤리에도, 적용 범위를 더 넓혀서 우리 자신의 감정과 생각에도 적용될 수 있을까?

적용될 수 있다면, 이제 우리는 여러 질문을 제기해야 한다. 신학자들이 '자유의지'라고 부르고, 어떤 철학자들은 간단하게 '자유'라고 부르는 개념의 함의를 묻는 질문도 여기에 포함된다.[15] 칸트는 이 주제가 '수 세기 동안 노력했지만 성과가 없는 가장 어려운 문제'라면서, 자신이 만든 해답을 자랑스럽게 제시했다.[16] 그렇지 않다면, 즉 이 공리들이 우리 내면을 탐구하는 데 적용될 수 없다면 이 질문들은 달라지겠지만, 여전히 그만큼 중요하다. 결국 정신과 사회 차원에 비모순율이 적용돼 정치학과 경제학이 만들어졌다(8장에서 보게 될 것이다). 세계를 설명하는 이런 이론들의 일반적인 가정과 다르게 인간 주체의 내면에 일관성이 없다면, 우리는 이 문제를 확실하게 알고 싶어 해야 할 것이다. 최소한 이런 이론들이 전쟁부터 복지 체제에 이르는, 모든 종류의 정책들을 형성하기 때문이다.

너무 자주 잊어버리지만, 이 질문들은 아주 오래된 질문들이다. 칸토로비치와 파노프스키보다 훨씬 나이가 많고, 칸트보다도 나이가 많으며, 실제로 영겁을 넘어 이어진 오래된 질문이다. 이 질문에 대한 인류의 대답은 변화무쌍했고, 지구의 자기장처럼 극성을 바꾸기도 했다. 이 대답들은 인간의 생각과 행동에 영향을 미치고 가능성을 제공하는 힘이지만, 우리는 그 힘을 자력처럼 거의 인식하지 못한다. 이 책의 목표는 우리가 이 기본 질문들을 더 분명하게 인식하고, 이 질문들에 대한 답을 선택할 때 생길 수 있는 위험을 더 선명하게 인식하는 데 있다.

"모든 것은, 존재하는 한, 수다"

우리 시대의 과학은 칸트 시대의 과학보다 훨씬 화려한 성공을 했고, 인간의 정신생활과 도덕 생활에 대한 기이한 착상들도 낳을 수 있었다. 사실 우리가 던지는 질문들은 우리 시대에 훨씬 더 중요해 보인다. 지금은 기계학습과 양자컴퓨팅, 뇌 영상과 컴퓨터 신경과학의 시대이며, 심지어 손, 망막 혹은 고막 같은 신체 부위나 기관이 고장나면 컴퓨터로 대체할 수 있는 사이보그(인간과 기계의 혼종) 시대다. 그러나 찰스 배비지(Charles Babbage)가 19세기에 해석기관(Analytical Engine) 혹은 계산 기계를 발명하기 훨씬 오래전부터 철학, 과학, 그리고 (나중에 나오는) 과학 소설들은 인간과 계산 기계 혹은 컴퓨터의 경계에 매료됐다. 오늘날 이 매료가 인간 의식의 본성에 관한 우리의 기초 질문들을 지배해 버렸는데, 우리가 상상했던 것들이 흔한 물건이 됐기 때문이다.[17]

비록 이 질문은 오랫동안 끊임없이 반복됐지만, 오늘날 특별히 중대하게 느껴진다. 우리 인간 종의 단기적 생존 가능성에도 영향을 미칠 수 있기 때문이다. 우리는 우리 시대 질병의 특정한 증상에 초점을 맞추는 최근 출판 도서 가운데 몇 권을 논의하면서 이 극적인 지점을 설득력 있게 만들 수도 있다. 예를 들면 핵 시대의 합리성 전환을 추적하는 책, 행복이나 선을 경제적 계산으로 축소하는 '신자유주의적' 환원을 비판하는 책, 인간 사회를 단순히 '빅데이터'로 이해하는 알고리즘의 확장을 걱정하는 책이나 기후 과학과 인류세를 둘러싼 현재의 논쟁에 개입하는 책을 다룰 수도 있다.[18]

그러나 우리는 이 책에서 이런 현상들을 다루지 않는다. 그보다 이 모든 현상의 바닥에 있는 더욱 근본적인 문제, 즉 한 영역(예를 들면 논리학 또는 천문학)에서 효율적으로 작동하는 지식 형태를 다른 영역(예를 들면 문학, 심리학 혹은 인간학)에 적용하려는 경향을 다루려고 한다. 그리고 이런 적용을 위한 필요조건을 충족하지 않을 수도 있는 다른 영역의 존재, 영역 사이의 간극 때문에 적용 과정에서 일어날 수 있는 상실을 충분히 고려하지 않은 채 진행되는 과정을 다룰 것이다. 끊임없이 인용되는 프리드리히 니체(Friedrich Nietzsche)를 또 인용해 본다. "우리는 우리 자신을 위해 몸, 선, 평면, 원인과 결과, 움직임과 휴식, 형태와 내용을 정하면서 우리가 살 수 있는 세계를 마련했다. 이런 믿음의 목록 없이는 누구도 삶을 견디지 못할 것이다. 그러나 삶은 이런 목록을 증명하지 않는다. 삶은 논증이 아니다."[19] 아니다. 니체는 완전히 틀렸다. 더 정확히 말하면, 이 항목들은 지식의 특정 분야에서는 증명되지만, 다른 분야들에서는 증명되지 않는다. 우리는 이 항목들의 유효성이 논증되지 않았고 논증될 수 없는 세계의 다른 영역들로 이 항목들을 확장했고, 이 항목들을 보편적 진리로 여긴다. 아마도 우리는 이 항목들이 제공하는 확신 없이는 살아갈 수 없기 때문일 것이다.

우리는 편안함을 주지만 검증 없이 진행되고, 실체가 없는 가공의 확실성을 추구하는 이런 습관적 사고 확장을 '성공의 확장력'이라고 부를 것이다. 성공의 확장력이 만드는 오류와 잘못된 확신의 사례는 곳곳에서 찾을 수 있다. 오래된 속담처럼, 한 부족의 관습을 우주의 법칙과 혼동하는 것은 보편적 경향인 듯하지만, 이 책은 동일함과 차이를 생각하는 대단히 독특하고 특정한 관습들의 조합에 초점을 맞춘다. 이 관습들은 계산, 수, 논리, 그리고 여기서 나온 모든 지식과 관련된다. 이 관습들은 독특하다. 왜냐하면 이 사고 습관과 지식 형태는 사실 공유된 문화와 가정들의 생산물이라는 점에서 관습이라 할 수 있지만(이런 맥락에서 우리는 이를 공리라고 부를 수도 있다), 그럼에도 이 사고 습관들이 우주의 특정 측면에서 법칙을 규정하기 때문이다. 법칙을 규정하는 이런 특징 때문에 우주의 다른 측면에도 같은 가정을 적용하려는 강한 욕망이 생겨난다. 우리의 생각, 감정, 소망…… 짧게 말해 인간의 삶과 문화의 모든 측면에 같은 가정을 적용하려고 한다.

모든 습관, 욕망과 마찬가지로 '성공의 확장력'이라는 욕망도 역사가 있다. 이미 기원전 6세기 초에 그리스 현자 피타고라스가 모든 것은 셀 수 있다는 주장을 했다. 피타고라스가 말했다는 "모든 것은, 존재하는 한, 수(數)다"라는 문장은 모든 것은 계산되거나 측정될 수 있을 뿐만 아니라 수와 관련된 지식이 유일한 참 지식이고 수가 유일한 진리적 존재라는 뜻을 암시한다.[20]

'암흑'의 중세 시대에조차 이런 신념을 어느 정도 공유했다. 12세기 학자 배스의 애덜러드(Adelard of Bath)는 자신의 논문 「같은 것과 다른 것에 대하여(On the Same and the Different)」(1120년경)에서 셈법을 의인화했고, 다음과 같이 말하면서 모든 것을 셈법의 명령 아래 두었다. "눈에 보이는 모든 것은 수에 복종하고, [셈법에] 복종해야 한다. 하나든 다수든 상관없이 (⋯) 나는 셈법이 모든 본질보다 우선해야 함을 의심하지 않는다. 셈법은 모든 존재에게서 혼란을 제거하고 그 존재들을 구별시키기 때문이다." 우리 시대 및 언어와 상당히 근접해 있는 위대한 논리학자이자 철학자인 앨프리드 노스 화이트헤드(Alfred North Whitehead)도 『수학 입문(Introduction to Mathematics)』(1911)에서 애덜러드와 비슷한 이야기를 했다. "지금 산술법과 관련해서 첫 번째 주목할 만한 사실은 산술법이 모든 것에 적용된다는 점이다. 맛, 소리, 사과, 천사, 정신의 생각, 몸의 뼈에도 산술법이 적용된다. 사물의 본성과는 전혀 무관하며, 둘과 둘을 합하면 넷이 된다는 진리가 모든 사물의 본성이라는 게 중요하다."[21]

아마도 이 책의 가장 중요한 목표는 2+2=4라는 계산이 모든 사물에서 참은 아니다라는 걸 납득시키는 일일 것이다. 사물의 본성은 완전히 무관할 수가 없다. 예를 들어 '정신이 만든 생각들'을 계산하려면 우리의 사고를 1, 2, 3……처럼 순서대로 배열될 수 있는 것으로 다루어야 할 것이다. 각각의 생각은 그 자신과 동일하지만 다른 생각과는 다른 것으로, 조약돌처럼 한 줄로 배열돼야 할 것이다. 그다음에 모든 고립된 정신상태는 이전에 비슷하게 고립됐던 정신상태에 의해 생겨나야 한다고 주장하기 위해서, 우리는 오직 다음과 같이 사고하는 완고한 훈련법을 채용해야 할 것이다. 1, 그다음 아무것도 없다, 그다음 2, 그다음 아무것도 없다, 그다음 3(당연히 1 다음에 2, 2 다음에 3이 온다는 것은 이미 안다)……. 우리 사고는 이런 방식으로 작동하지 않는 경우가 너무 흔하다. 우리 감정도 아리스토텔레스의 비모순율을 반드시 따르지 않고, 우리 기분도 라이프니츠의 충족이유율보다는 어떤 스페인 시인이 찬양했던 설명 불가능함을 더 따르곤 한다. "그리고 갑자기, 예고도 없이, 아무 이유도 없이 기쁨이 존재한다."[22]

우리는 6장에서 동일성이 2+2=4가 성립하기 위한 필수조건임을 논리적으로 논증하고, 이 조건들이 적용되지 않는 많은 사례 가운데 몇 개를 들 것이다. 그 전에 먼저 같음과 동일성원리에 저항하는 듯 보이는 많은 것들에게 이 원리를 부여하는 수학의 놀라운 힘을 인정해야 한다. 한편 철학자들과 시인들은 수의 힘에 가능한 한 저항하고 동일성이 제거된 어떤 것을 상상하려고 할 때 종종 흐르는 물에 의지하곤 했다[2장에서 우리는 헤라클레이토스(Heracleitos)의 유명한 강물에 발을 담글 것이고, 시인 릴케(Rainer Maria Rilke)의 '빠른 물길'은 물리학과 시에 관한 7장에서 다룰 것이다].

그러나 흐르는 물을 생각할 때, 오늘날 유체역학이라고 부르는 분야의 창설자인 베르누이(Bernoulli) 부자가 발견한 비법도 고려해야 한다(우리처럼 그들도 아버지와 아들 사이였지만, 우리와 달리 그들은 따로 책을 출판했고 표절을 이유로 서로를 고소했다). 『유체역학(Hydrodynamica)』(1738)과 『수리학(Hydraulica)』(1743)에서 두 사람은 새로운 물리학과 미적분학의 자원을 결합했다. 베르누이는 뉴턴의운동법칙을 액체의 물방울(*guttula*) 또는 입자(*particula*)에 적용하면서 물방울이나 입자를 마치 점이나 작은 조약돌의 집합처럼 생각했다.[23] 그들은 이런 작은 요소들의 운동에서 전체의 운동을 추론했다. 이것이 바로 미적분학의 핵심이다. 대상을 '무한소들'로 분해해 단순화하고, 이 무한소들을 다시 적분법을 통해 모은다. 분리하고 결합하며, 분석하고 통합한다.

영어 단어 *calculus*(미적분학)는 '조약돌'을 의미하는 라틴어에서 왔다. 고대인들은 계산하는 수를 표현하기 위해 조약돌을 이용했고, 이 현대 영어 단어의 어원은 계산의 힘, 즉 동요하지 않고 언제나 그대로 변화 없음, 동일성원리에 기꺼이 문제없이 복종하면서 대상을 분해하든 조합하든 상관없이 한결같음을 유지하기란 모든 것을 마치 평범한 조약돌처럼 다룰 때 나온다는 것을 우리에게 상기해 준다. 우리는 이 책에서 조약돌과 같은 요소들의 단순한 기본 특성이 사고의 역사에서 갖는 중요성을 계속해서 강조할 예정이다. 그러므로 이를 표현하는 신조어를 만드는 과욕을 부려도 괜찮을 듯하다. 우리는 동요하지 않음, 무감각함을 뜻하는 그리스어 단어 아파테스(*apathes*)를 이용해 평범한 조약돌의 특성을 아패틱(*apathic*)하다라고 부르겠다.[24]

미적분학에서는 다른 모든 수학 분야에서처럼 사물을 아패틱하게 대하는 게 중요하다. 미적분법은 전체를 물방울 혹은 '무한소'와 같은 작은 부분으로 분해하고, 단순화의 마법을 부분에 적용한 후, 마지막에 부분들을 다시 변화 없이 전체 혹은 그 자체로 합친다(기하학에서 다각형을 삼각형 여러 개로 분리한 후, 다시 조립하면 원래의 다각형이 되는 것처럼 말이다).[25] 우리는 이 놀라운 힘을 엄청나게 복잡한 문제들에 적용할 수 있다. 원자로노심의 냉각수 운동, 비행기 날개 위 공기의 운동, 스트라디바리우스 바이올린의 마법적인 진동이 그 예다.

당신은 이미 다음 질문을 예상할 수 있을 것이다. 같음을 유지하지 않는 것이 있을까? 차이 없이 분리될 수 없거나 합쳐질 수 없는 것이 있을까?[26] 우리는 이 책을 통해 그런 것이 존재함을 당신에게 납득시키고 싶다. 그런 존재를 우리는 패틱(*pathic*)하다라고 부를 예정이다. 패틱은 변화하거나 전환되기 쉽다는 뜻의 그리스어에서 왔다. 패틱한 것이 존재한다면, 어떤 대상, 질문, 맥락에서 조약돌들처럼 사물을 다루는 것이 의미가 있고 어떤 경우에는 그렇지 않을까? 만약 계산의 이 놀라운 힘을 조약돌로 다루기 적절하지 않은 사물, 질문, 맥락에 적용하면 어떤 오류를 범하게 될까? 우리가 조약돌로 다룰 수 있는 것들에만 관심을 둔다면 어떤 종류의 지식을 잃어버리게 될까?

앞서 이미 언급했듯이, 사고의 모든 대상은 관점과 질문에 따라 푸른 조약돌 혹은 평범한 조약돌로 접근 가능하다(다시 말하지만 몇 가지 특이한 수학적 대상은 예외다). 여기서 선택이 작동한다. 수학적 모델들은 종종 대상을 평범한 조약돌로 다룰 때 제대로 작동하고, 이런 선택은 전혀 잘못된 것이 아니다. 사실 최고의 수학적 모델들이 보여 주는 놀라운 예측력은 수학적 추상력에서 나오며, 이상화하고 단순화하는 능력, 사물들을 생략하는 능력에서 나온다. 갈릴레오 갈릴레이(Galileo Galilei)가 자유낙하 모델에서 바람의 흐름과 점성을 무시한 일은 유명하다. 만약 [제임스 클러크 맥스웰(James Clerk Maxwell)이 빈정댄 적이 있듯이] 갈릴레이가 난류에 초점을 맞추었다면, 근대 물리학은 이룩하지 못했을 것이다.

그렇다면 안전하게 생략할 수 있는 것은 무엇이고, 생략할 수 없는 것은 무엇일까? 이 질문은 과학자들이 직면하는 가장 어려운 질문 중 하나이며, 자기 자신을 포함한 무언가를 이해하려고 하는 모든 사람들에게도 어려운 질문이다. 이 점에 대해서는 위대한 뉴턴조차 우리에게 동의할 것이다. 만약 그가 했다는 회고적 자기성찰이 사실이라면 말이다. "세상에 내가 어떤 모습으로 보여지는지 잘 모른다. 스스로 보기에는 바닷가에서 놀면서 평범하지 않은 매끈한 조약돌이나 예쁜 조개껍데기를 발견하려고 이리저리 다니는 소년 같다. 내 앞에는 거대한 진리의 바다가 아직 발견되지 않은 채로 있다."²⁷ 주의를 산만하게 한 조약돌에서 뉴턴이 진정 무엇을 느꼈는지 우리는 모른다. 다만 우리는 특별히 인간 연구와 관련해서는 평범한 조약돌 양식을 선택할 때 생기는 손실을 더욱더 잘 의식해야 한다고 생각한다.

조약돌과 깊고 푸른 바다 사이에서

교육자들이 종종 바다보다 조약돌을 선호했다는 것은 성공의 확장력이 보여 주는 또 하나의 현상이다. 예를 들면 레온하르트 오일러(Leonhard Euler, 1707~1783)는 계몽주의 시대의 위대한 수학자였을 뿐만 아니라 학자가 왕족 교육에 관여하는 오랜 전통의 후기 대표자였다. 플라톤은 아테네 미래 정치가들의 선생이었고, 아리스토텔레스는 대왕이 되기 전의 젊은 알렉산더를 가르쳤다. 데카르트(René Descartes)는 보헤미아 왕국의 공주와 서신을 교환했고, 홉스(Thomas Hobbes)는 미래의 찰스 2세와 버킹엄 공작을 가르쳤다(한 학생은 너무 제멋대로여서 수업 중에 자위행위를 하기도 했다고 홉스는 전한다).²⁸ 오일러의 제자는 프로이센의 15세 공주 프리데리케 샤를로테 폰 브란덴부르크슈베트(Friederike Charlotte von Brandenburg-Schwedt)였고, 수업은 서신 교환으로 진행됐다. 1760년부터 오일러는 편지 약 230통을 공주에게 보냈고, 이 편지들은 오일러가 죽은 후『독일의 공주에게 보낸 물리학과 철학의 다양한 주제에 대한 편지들(Lettres à une Princesse d'Allemagne sur Divers Sujets de Physique & de Philosophie)』이라는 제목으로 출판되어 베스트셀러가 됐다.²⁹

오일러는 많은 '사유법칙'에 대한 날카로운 비판가였고, 특별히 라이프니츠의 충족이유율을 비판했다. 그러나 오일러에게도 자신의 원칙이 있었고, 10대 공주에게 가르친 가장 기본적인 원칙은 신체 법칙이었다. 오일러에 따르면, 신체 법칙은 자연에서 통용되는 가장 기본적인 원리였다. 신체란 무엇인가? 오일러는 이 질문에 대한 이전의 영향력 있는 답변들을 무시한 채 자신의 대답을 제시했다. 침투불가능성(*impenetrability*)이 바로 신체를 규정하는 특성이다. 오일러의 설명에 따르면, 침투불가능성이란 다른 두 신체가 같은 시간에 같은 공간에 존재할 수 없다는 것을 의미한다. 오일러는 공주가 던질 만한 (순수한) 반박을 예상하고, 물이나 공기 같은 유체는 침투할 수 있는 신체가 아닌지 자문한다. 오일러는 아니라고 대답한다. 유체는 침투될 수 없지만, 우리가 손을 유체 속에 담글 수 있기 때문에 단지 그렇게 보일 뿐이다. 그러나 유체 속에 손을 담글 수 있는 이유는 물과 공기 같은 유체 사이가 빈 공간이 있는 작은 비침투성 입자들로 구성되고, 이 입자들이 움직이면서 우리 손을 위한 공간을 만들기 때문이다. 우리 손이 점유한 공간에 물은 없다. 오일러는 이렇게 결론 짓는다. "'침투불가능성'이라는 개념으로 알려진, 모든 신체가 갖고 있는 이 특성은 **모든 인간 지식 분야에서 상대적으로** 가장 중요하다. 그뿐만 아니라 우리는 이 특성을 자연이 모든 놀라움을 만들기 위해 미리 설정한 원천으로 여겨야 한다."[30]

오일러가 왕실의 제자에게 제공한 교육은 하나로 요약된다. 모든 인간 지식 분야의 열쇠는 사물을 조약돌 혹은 조약돌 더미처럼 어느 정도 아패틱하게 다루는 것이다. 그렇게 해야 사물들을 동일성원리, 논리, 수학이라는 프로크루스테스의 침대에 맞게 축소할 수 있다. 우리는 동일성원리를 배우는 교육과 이 원리에 따른 사고법을 거부하지 않는다. 그러나 이 사고법이 부분적이며, 부족한 면이 있다고 주장한다. 이 사고법에는 바다에 있는 존재의 재조합이 빠져 있고, 어떤 것을 평범한 조약돌로 여길지 '파란' 조약돌로 여길지 결정하는 데 도움을 주는 일련의 질문들이 빠져 있다. 우리의 가르침은 단순하다. 우리는 해변, 얕은 바다 혹은 깊은 바다 중에서 어떤 곳에 있는 모래를 탐구할지 선택할 수 있다.

많은 사회에서, 아니 아마도 훨씬 더 많은 사회에서 우리 인간의 패틱한 면과 아패틱한 면은 종종 분열하고 서로 대립했다. 중국의 고전 사상은 비록 그 분열과 대립에서 완전히 벗어나는 것은 불가능하더라도 이 전략이 위험하다고 많이 경고했다. 기원전 221년경 중국에서 집필된 『할관자(鶡冠子)』에는 이런 구절이 있다. "그래서 동일함은 일자(一)라 하고 차이들은 길(道)이라 부른다. 서로가 서로를 압도하기 때문에 이것은 (투쟁에 참여하는 것으로) 생각되고 행운과 불행은 성공과 패배로 말해진다."[31] 분열은 우리의 길이 아니다. 우리는 합리 혹은 비합리를 설교하지 않으며, 안정된 동일성과 끝없는 차이 사이에서, 혹은 수학과 광기 사이에서 체계적인 선택을 강요하지도 않는다. 이런 양자택일과는 철저히 반대로 푸른 호랑이와 논리를 함께 포괄하기를 원한다. 우리는 꿈, 시뿐만 아니라 과학에서도 배우기를 원한다.

단순히 [헤겔(Georg Wilhelm Friedrich Hegel)을 비롯한 여러 철학자들이 주장했듯이] 새로운 논리 체계를 창조하거나, 인간을 이해하는 재료에서 [하이데거(Martin Heidegger)가 선호했듯이] 논리를 제외한다고 해서 이런 목표에 도달할 수는 없다. 우리가 받아들여야 할 유일한 방법은 우리 자신과 세계에 대해 무언가를 알려고 할 때 우리 선택을 의식하는 것이다. 그리고 이 선택들이 규칙에 의해 강요된 것이 아니라 우리가 던지는 질문, 질문을 만드는 관점과 분야, 연구 주제에 달려 있음을 인식해야 한다. 지금 우리가 누구이고 앞으로 어떤 존재가 되고 싶은지, 또 무엇을 알고 싶어 하는지에 따라 그 선택이 정해진다는 걸 인식해야 한다. 모든 질문과 상황에서 올바른 선택을 명령할 수 있는 불변의 규칙이나 불변의 법칙은 존재하지 않는다. 선택은 우리가 한다. 그 선택의 이면에는 종종 자유라고 부르던 것이 놓여 있다. 우리는 이 자유를 인간의 지식이라고 부르기를 선호한다.

법과 자유. (비록 유교문화권 같은 곳에서는 그리 많지 않지만) 그리스도교와 이슬람교 세계에서는 겉으로 드러나는 법과 자유의 대립이 오랫동안 인류에 대한 생각의 핵심에 자리 잡았다. 법과 자유의 화해는 칸트에게도 '어려운 문제'였다. 여러 세기를 거치면서 그 어려움은 때로는 법의 과도한 요구 때문에, 때로는 자유의 과도한 요구 때문에 더욱 커졌다. 인간 조건을 불가피한 법과 자유 사이의 투쟁으로 상상하는 것은 확실히 과학적 이성의 힘 논쟁에 국한되지 않는다. 다양한 종류의 사고 체계가 이 투쟁을 활성화했는데, 이 사고 체계들은 이 세계에서, 심지어 다가올 세상에서 우리 삶을 구성하는 권위를 각각 주장했다. 예컨대 이런 투쟁은 종교들의 발전에서 중심 역할을 담당했다. 그렇게 바울은 예수그리스도에게로 돌아섬을 유대교의 '율법에서 완전히 풀려나는'(「로마서」 7:5~6) 것으로 규정했고, 루터(Martin Luther)는 자신의 개혁운동을 가톨릭 율법주의로부터의 해방으로 표현했던 것이다. 또한 단어 그 자체에서 명백히 드러나듯이 '법'과 '자유' 사이의 갈등은 정치적 투쟁이기도 하다. 공동의 삶을 지배하는 규칙과 규범에 대한 갈등이자 그 규칙과 규범을 결정하고 부여하는 권력의 획득을 둘러싼 싸움이다.

다음 장들에서 우리는 가능한 한 다양한 시기, 문화, 분야에서 나온 인간 활동을 다룰 것이다. 이런 활동들은 모두 우리에게 제시되는 선택과 관련되기 때문이다. 필연과 우연, 확신과 의심, 동일성과 차이, 영원과 필멸, 객관성과 주관성, 규범성과 상대성, 그리고 그 밖의 많은 것 사이에서 우리는 선택하고 활동하기 때문이다. 그리고 우리는 과학과 시스템의 가치, 생활 규칙과 사유법칙의 가치를 인정하는 한편, 이 규칙들이 인간이라는 바다의 깊은 의미를 아직은 파헤치지는 못한다는 점도 기억해야 한다고 계속해서 주장할 것이다. 우리는 조약돌 놀이도 하고 수영도 배울 것이다. 어떤 규칙도 확립하지 않고 주어진 문제에 접근하는 방법을 제안할 것이다. 여기서는 절대적 규칙은 없다는 규칙만 적용된다.

16세기 위대한 법률가이자 오스만제국의 최고 법관인 '셰흐 알이슬람' 에부슈드('Sheikh al-Islam' Ebü-s-Suʿūd)는 이슬람교 안에서 수피 신비주의의 위치에 대한 질문을 받았을 때 이렇게 말했다. "신의 진리라는 지식은 끝없는 바다다. 샤리아(법)는 해변이다. 우리(법률가들)는 해변에 있는 사람들이다. 위대한 수피 스승들은 그 무한한 바다로 뛰어드는 잠수부들이다. 우리는 그들과 논쟁하지 않는다."[32] 에부슈드의 말은 우리의 요점 전반을 강력하면서도 설득력 있게 표현한 발언이며, 인식론적 겸손을 담은 놀라운 발언이다. 우리가 살기 위해 어떤 법률을 선택하든 그 범위에 대한 겸손은 인류 보존의 전제 조건이다.

전문가들에게: 보증 및 책임의 한계

우리는 이 책에서 다룬 모든 시기, 지역, 분야, 사상가에 대해 진실하려고 노력했지만, 의심의 여지 없이 실패했을 것이다. 모든 경제학자가 우리의 관점에서 자신들의 견해가 반영된 걸 보지는 못할 것이고, 모든 양자물리학자가 특정 실험과 이론에 보내는 우리의 강조를 지지하지는 않을 것이며, 모든 문학비평가가 자신들이 좋아하는 시를 읽는 우리의 방식에 공감하지는 않을 것이다. 우리는 다만 특정 분야에서 어이없는 실수를 저지르지 않았기를 바란다. 우리가 실수한 곳이 있다면 지적해 주고, 발견한 오류가 구체적으로 무엇이든, 그 오류가 더 일반적인 주장에 대해 단지 유감스러운 정도인지 아니면 치명적인 문제인지 자문해 줬으면 좋겠다.

이 책에 활용된 방법론은 다음과 같다.

· 우리는 모든 분야를 공부하려고 노력했다. 이런 노력은 역사가뿐만 아니라 많은 인문학자들에게 필수 조건이라고 생각한다. 자료들을 원어로 읽으려고 했고(특별한 언급이 없는 모든 번역은 우리가 직접 했다), 문헌이 작성된 맥락에서 그 단어가 지닌 의미를 밝히려고 주의를 기울였다. 당연히 우리가 탐구할 수 없었던 문화들도 많은데, 그들의 역사나 언어를 모르기 때문이다. 예를 들어 우리가 산스크리트어와 중국어를 알았더라면 대단히 좋았을 것이다.

· (비록 정형화된 양식이기는 하지만) 수학 또한 역사가 있는 하나의 언어다. 우리는 이 책에서 그 역사를 존중하려고 노

력했고, 심지어 때때로 어떤 수학 내용들을 초기에는 사용되지 않은 (집합론의 용어들과 같은) 근대용어로 번역했다.

· 우리는 자료들의 역사적 맥락에 머물지 않고 다음과 같은 질문들도 던졌다. 이 자료들이 다른 사상가들이 던지는 질문들과 어떻게 공명할 수 있을까? 미래 독자들은 이 자료들을 어떻게 읽을 것인가? 이 자료들은 다른 시대와 공간, 그리고 우리가 살아가는 시대와 공간에서 제기되는 질문들과 어떤 관계를 맺을 수 있을까?

· 역사가들은 시대착오라는 공포를 자주 선포한다. 극단적으로 말하면, 이런 공포는 말하기를 불가능하게 만든다. 우리가 사용하는 모든 단어는 시간이 지나면서 그 의미가 변했고, 오늘날 우리가 사용하는 단어들은 우리의 맥락 속에 스며들어 있다. 과거를 현재에 이해할 수 있게 하고 (유용성을 떠나서) 흥미롭게 만들고 싶다면 타협이 필요하다. 우리는 살아가는 사람들의 필요에 따라 역사를 생기 있게 만들면서도 시대착오적 금기를 존중하려고 노력했다.

· 우리는 부분적으로만 역사가이고(한 명은 중세 연구가이고, 다른 한 명은 수학자로 성장했다), 우리의 주제는 역사뿐만 아니라 철학, 신학, 심리학, 물리학, 수학, 그리고 문학과 관련이 있다. 짧게 말하면, 인간이 우리의 주제다. 모든 인문학 분야가 시대착오에 대해 역사학자들과 같은 태도를 취하는 건 아니다. 어떤 분야는 심지어 자신들의 진리가 영원하다고 여긴다. 이런 책에서는 역사가들이 철학자 혹은 수학자의 법을 정하도록 해서는 안 된다.

· 우리는 어떤 경우든 철학과 역사가 분리될 수 없다는 관점

을 갖고 있다. 주어진 시공간 안에서 우리가 어떻게 생각할 수 있는가? 그리고 우리는 무엇을 안다고 생각하며, 그것을 안다고 생각하는 이유는 무엇인가? 이런 질문들은 우리가 선조들에게 어떤 사고 방법을 배웠고, 특정한 과거로부터 어떤 셈법을 지식으로 배웠는지와 무관하지 않다.

· 생각할 수 있는 것의 어떤 측면들은 역사적이고, 패틱하며, 광활한 시공간을 넘나든다. 우리는 차이를 알아챌 수 있는 능력을 키워야 한다.

· 우리 종은 공통된 문제에 직면했고, 이 문제를 해결하기 위해 공통된 도구를 가져왔다. 이 책에서 우리가 던지는 많은 질문도 우리가 언급하지 않은 많은 문화권에서 다른 언어와 형태로 이미 제기된 것들이다. 이 문화들은 종종 서로 영향을 주고받았다. 비록 그 영향을 인지할 만큼 서로 충분히 알지 못하더라도 말이다.

· 어떤 질문들은 공유되고 공통되며, 심지어 몇몇은 보편성을 띠기도 한다. 우리는 유사성을 인지하는 능력을 키워야 한다.

· 우리가 강조하고 싶은 것은 규칙은 없다는 것이다. 규칙은 제기하는 질문, 취하는 관점, '동일성'을 의도하느냐 혹은 '차이'를 의도하느냐에 달려 있다. 이 책을 읽으면서, 우리가 올바른 선택을 했는지 당신이 판단해 주기를 바란다. 우리가 틀린 선택을 했다고 생각될 때마다, 우리가 인류의 생존에 중요하다고 여긴 이런 질문들에 당신 스스로 힘을 쏟기를 바란다.

1장
세계대전 위기

역사상 어느 시대에도 우리처럼
인간이 자신에게 문제가 된 적은 없었다.
—막스 셸러(Max Scheler)[1]

수학은 어떻게 서양 몰락의 원인이 되었나?

철학자 리처드 로티(Richard Rorty)에 따르면, 오늘날 아무도 지
식의 본성을 사유하는 방법이 삶과 죽음이 달린 중요한 문제라
고 믿지 않는다. "우리 시대 철학자들이 객체가 진술을 참으로
만드는 방법, 정신과 뇌의 관계, 자유의지와 기계론의 화해 방
법 등을 설명하는 방식이 '근본적' 혹은 '영구적' 문제라고 주장
할 때, 아무도 그들의 주장을 진지하게 받아들이지 않는다."[2] 그
러나 1918년 제1차세계대전의 마지막 주, 독일 역사학자 오스발
트 슈펭글러(Oswald Spengler)가 20세기 베스트셀러 『서양의 몰
락(Der Untergang des Abendlandes)』(우리말 번역본의 제목은 '서
구의 몰락'이다—옮긴이)을 출판했던 때는 상황이 분명히 달랐
다. 이 책의 영어 번역본 제목은 『서양의 쇠퇴(The Decline of the
West)』로 원제목보다 좀 더 부드럽다.[3]

이 책은 망가진 유럽을 해일처럼 휩쓸었다(이 책의 2권은
1권보다 다소 덜 열광적인 관심 속에서 1922년에 출판됐다). 무

33

솔리니(Benito Mussolini)부터 토마스 만(Thomas Mann)에 이르기까지 많은 사람이 이 책을 읽고 논평했고, 최소한 논쟁에 참여했다. 이 책은 수백만 명의 죽음을 추도하면서, 산업 전쟁에 휘말린 세계에 '모든 유럽과 미국이 연루된 최근의 영적 위기'를 진단하고 설명한다. 서양을 몰락으로 이끈 이 위기는 무엇이었을까? 오늘날 이런 제목의 책에서 흔히 기대하는 이민, 지구화나 인종 때문이 아니었다. 슈펭글러가 서술하고 많은 독자가 공명한 위기는 우리의 사고 형태 안에 있고, '이성의 독재' 때문에 생겨났다. 그 위기의 "가장 분명한 표현은 정확한 과학, 변증법, 논증, 인과관계를 향한 숭배다".[4]

슈펭글러는 지식의 기초를 새롭게 사유하는 법을 배운다면 이 독재를 뒤엎을 수 있다고 많은 독자에게 약속했다. 슈펭글러는 독자들이 자신의 수와 수학에 대한 기념비적 발견에서, 즉 '지금까지 수학자들이 숨겼던 결정적으로 중요한 사실'에서 출발해야 한다고 했다. 이 사실은 무엇일까? "수 그 자체는 존재하지도 않고 존재할 수도 없다. 여러 문화가 존재하듯이 수의 세계도 여러 개다." "각 유형은 근본적으로 특별하고 독특하며, 특정한 세계 감각의 표현이자, 특정한 유효성이 있는 상징이다. (…) 각 유형은 오직 한 영혼만의 핵심 본질, 즉 특정한 문화의 영혼만을 반영한다."[5]

본질, 영혼, 세계 감각 같은 당시 유행하던 전문용어를 벗겨내면, 슈펭글러의 가르침은 이렇게 요약된다. 숫자는 그 자체로 같지 않다. 우리 시대의 전문용어로는 이렇게 표현할 수 있다. 수학은 문화적으로 상대적이다. 과학을 '문화적 구성물'로 이야기하는 것이 평범한 일이 된 오늘날에는 이 말이 풍기는 급진성을 놓치기 쉽다. 그러나 20세기 초에 슈펭글러는 당연하게도 자신이 혁명적이라고 과시할 수 있었다. "지금까지 누구도 불변한다고 여겨지는 지성의 구조가 환상이라고 감히 추측하지 않았다."[6] 거의 1000쪽에 달하는 이 방대한 역사 해설에서 슈펭글러는 문화와 문화에 속한 수학이 어떻게 부흥하고 몰락하는지를 논증하려 한다. 그래서 이 책의 부제가 '세계사의 형태학 소묘'다.[7]

다르게 표현하면 『서양의 몰락』은 독자들에게 서양의 붕괴를 동일성, 차이, 지식의 본질과 관련된 관점에서 설명한다. 죽음의 고통에 빠진 것 같은 유럽에 슈펭글러는 다음과 같은 진단을 내린다. 근대 유럽 문명과 강력한 수학이라는 특정한 영혼은 데카르트, 갈릴레이, 라이프니츠, 파스칼(Blaise Pascal)의 수학과 함께 온 17세기 사상사의 산물인데, 슈펭글러는 이 영혼을 파우스트적 영혼이라고 불렀다. 지금 이 파우스트적 서양과 이런 서양을 그토록 강력하게 쥐고 있던 '수학'이 '내면의 모든 가능성을 소진하고 운명을 완성한 채'[8] 함께 죽어 가고 있다.

오늘날에는 신기하게 보일 수 있지만 당시에 슈펭글러는 특이한 사람이 아니었다. 왜냐하면 20세기 전반기에 세계의 많은 지식인은 '세계를 인지하는 방법의 선택'이 새롭게 문제가 됐고, 그들이 삶과 죽음을 통해 겪고 있는 급격한 위기가 그 선택의 결과라고 믿었기 때문이다. 라이프니츠와 칸트를 비롯한 자기보다 앞선 시대를 산 많은 철학자들처럼, 슈펭글러는 세계를 이해하는 방법을 두 가지로 구분했다. 유기적 방법과 기계적 방법이다. 유기적 방법은 이미지를 지향하고, 기계적 방법은 법을 지향한다. 유기적 방법은 상상력이 풍부하고, 기계적 방법은 계획적이다. 유기적 방법은 시간의 경험을 지향하고, 기계적 방법은 수학의 수를 지향한다. 유기체는 생명이고, 기계는 죽음이다.[9] 지식의 두 가지 방법 중 어느 한쪽이 더 적절하며, 당신은 슈펭글러가 어느 쪽을 더 위험하다고 생각했는지 알 것이다. "경직된 형태는 생명의 부재다. 공식과 법칙은 자연의 얼굴에 견고함을 확산시키고, 수는 죽음을 만든다."[10]

오늘날 이런 말을 이해하려면 전문 역사학자가 필요하다. 그러나 100년 전에는 약간의 교양을 갖춘 사람들도 이 개념들을 알아차릴 수 있었다. 그들은 아마도 삶과 죽음, 영혼과 육체, 자유를 향한 인간의 영적 능력과 육체의 법에 따른 노예적 복종 같은 대립에서 그리스도교 성서의 친숙한 메아리를 들었을 터이다.[11] 그리고 그들은 슈펭글러가 지식을 두 가지의 대립 유형으로 분리한 것은 '파우스트적' 근대의 난파를 설명할 뿐 아니라 한쪽 유형에서 다른 유형으로의 변환을 호소하는 것임을 이해했을 것이다.

말로(Christopher Marlowe)나 괴테(Johann Wolfgang von Goethe)의 소설이든, 혹은 이들보다 늦은 시기에 나온 토마스 만의 소설이든 상관없이 파우스트 전설에서는 언제나 주인공이 잠깐의 위대한 지식과 힘을 얻는 대가로 악마에게 영혼을 판다. 슈펭글러와 그 이전의 많은 사람들은 '파우스트'적 서양이 영혼을 주고 어떤 강력한 수학을 얻었다고 믿었다. 로베르트 무질(Robert Musil)은 소설 『특성 없는 남자(Der Mann Ohne Eigenschaften)』에서 정확하게 이 관점을 풍자적으로 표현했는데, 오늘날 이 소설은 20세기 초 유럽 근대의 위기를 당시에 가장 날카롭게 성찰한 작품 중 하나로 평가받는다.

우리 대부분은 누군가 악마에게 영혼을 파는 이야기를 믿지 않을 것이다. 그러나 영혼에 대해 무언가를 알아야만 하는 사람들(성직자, 역사가, 그리고 영혼에서 좋은 소득을 끌어내는 예술가 들을 생각할 수 있다)은 모두 영혼이 수학에 의해 파괴됐고, 이 수학이 인간을 지상의 주인으로 만드는 동시에 기계들의 노예로 만들기도 하는 악마적 지식의 원천이라고 증언한다.[12]

1921년에 무질은 슈펭글러의 책을 논평하면서 이렇게 말했다. "슈펭글러를 공격하는 사람은 슈펭글러가 출현하고 미화하는 시대를 공격하는 것이다. 왜냐하면 슈펭글러의 잘못은 그 시대의 잘못이기 때문이다."[13] 슈펭글러는 자기 시대의 경향을 대단히 예리하게 감지했다. 대중매체의 출현, 포퓰리즘 독재의 부상, 그리고 세계대전의 지속에 대한 슈펭글러의 관찰은 얼마 지나지 않아서 예지력 있는 관찰로 환영받았다. 또한 슈펭글러는 다른 저명한 독일 지식인들과 달리 나치의 강력한 지지 요구를 거부하는 선견지명도 보여 주었다. 제2차세계대전을 회고하면서, 테오도어 아도르노(Theodor Adorno)는 슈펭글러의 역사철학을 비판했지만(아울러 그의 수학도 무시했지만), 슈펭글러 예측의 소름 돋는 정확성에는 감탄했다. 우리가 살고 있는 새로운 포퓰리즘의 시대에 독자들이 슈펭글러의 책을 재발견하고 다시금 오싹함을 느낀다고 해도 그리 놀랄 일은 아닐 것이다.[14]

여기서 중요한 그 시대의 '잘못'은 다음과 같다. 슈펭글러는 두 가지 지식 유형 사이의 선택을 위기로 생각했다. 삶과 죽음 사이의 선택, 수의 전장에서 일어나는 전쟁을 위기라고 여겼던 것이다. 슈펭글러는 당시에 큰 지지를 받았다. 심지어 과학사학자 폴 포먼(Paul Forman)은 1971년 한 에세이에서 슈펭글러 사상의 유행 때문에 독일에서 수학과 물리학을 향한 적대적 환경이 조성되면서 미래 과학 형성에 영향을 미쳤다고 말하기도 했다.[15] 우리는 관점을 바꾸어야 한다. 슈펭글러는 한 시대의 원인이 아니라 열병처럼 강력한 증상, 즉 시대의 가장 중요한 문제들은 사상가들이 지식을 생각하는 방식에서 생겨난다고 확신했던 시대의 증상이었다.

철학의 본성을 둘러싼 갈등이 살인의 동기가 되다

1917년 11월 7일 위대한 사회학자 막스 베버(Max Weber)는 학생 단체인 바이에른자유학생연합(Free Student Union of Bavaria)을 대상으로 뮌헨에서 강연을 했다. 이 유명한 강연에서 베버는 슈펭글러가 지적한 시대의 질병에 대해 말했다(몇 년 후에 베버는 뮌헨 시청에서 슈펭글러와 논쟁을 펼쳤다). 이 '직업으로서의 학문' 강연에서 베버는 근대사회에서 인간 지식이 '점점 지성화 및 합리화'된다는 것의 의미를 이렇게 주장했다. "계산될 수 없는 신비로운 힘이 더는 작동하지 않고 오히려 (…) 사람들은 원칙적으로 모든 것을 계산을 통해 정복할 수 있게 됩니다. 이것은 세계가 탈주술화된다는 것을 의미합니다." 이 '탈주술화'가 인간에게 미치는 결과는 심대했다. '문명인'은 지식이 끝없이 진보하는 세계에 살기 때문에 성서에 나오는 족장들처럼 '나이가 들어 인생에 만족하면서' 충만함 속에 죽을 수가 없다. 근대적 주체는 삶에서 붙잡을 수 있었던 것이 무엇이든 상관없이 '그것은 언제나 잠정적인 것일 뿐 최종적인 것이 아니므로, 근대적 주체에게 죽음은 의미 없는 사건일 뿐'이라는 걸 안다.[16]

세계의 탈주술화 수준에 대해서는 베버에게 동의하지 않을 수도 있고, 톨스토이(Lev Nikolayevich Tolstoy)의 『이반 일리치의 죽음(Smert Ivana Ilyitsha)』이 근대에서 죽음의 무의미성을 보여주는 증거라는 베버의 해석을 거부할 수도 있다. 그러나 당시 사회에서 감지되던 반지성 혁명에 대한 이보다 더 설득력 있고 섬세한 관찰을 찾을 수는 없을 것이다. 베버는 이 상황이 플라톤의 『국가(Politeia)』 7권에 나오는 동굴의 비유와 반대되는 듯하다고 말했다. 이 고대의 비유에서 인간 해방은 삶의 환상과 그림자에 머물지 않고 생각이라는 빛을 통해 참된 존재를 보는 법을 배우면서 이루어진다. 그러나 베버는 이렇게 말한다. "오늘날 젊은이들은 반대로 느낍니다. 그들은 학문이라는 지성적 구조물이 인공적 추상물이라는 비현실적 영역을 만든다고 느낍니다." 젊은이들에게 '순수한 실재는 생생한 경험 속에서 고동치는' 것이다. 지성적 구조물, 즉 학문과 "그 나머지는 생명의 부산물일 뿐이고, 생명 없는 유령이며, 아무것도 아닌 존재입니다".[17]

다시 한번 우리는 산 자와 죽은 자라는 개념에서 서로 대립하는 지식의 형태를 보게 된다. 베버는 이 혁명을 매우 위험한 것으로 이해했다. 그래서 개인숭배와 대중 선동, 학문의 정치화와 카리스마적 교수 요구에 반대하는 내용을 강연에서 많이 다루었다. 오늘날에도 여전히 공감할 수 있는 경고들이다. 그러나 한편으로 베버는 이런 혁명을 인류의 다양한 측면 사이에서 일어나는 영원한 전쟁의 일부로 이해했으며, 이 전쟁을 다신론과 신들 간의 끊임없는 투쟁으로 비유했다. "생명을 향해 취할 수 있는 여러 태도들은 궁극적으로 서로 화해할 수 없습니다. 이 투쟁은 결코 최종 결론에 도달할 수 없습니다. 그러므로 단호한 결정이 필요합니다." 훌륭하게도 베버는 각 개인의 선택에 대해 독단적 태도를 보이지 않았다. 정직하게 선택하라고 했을 뿐이다. 베버는 선택의 전제들에 주의하고, 각자 자신의 방향과 '자신의 생명줄을 쥐고 있는 악마'[18]에 주의를 기울이면서 선택하라고 요청했다.

우리는 베버에게서 두 가지 놀라운 점을 발견할 수 있다. 독단주의의 상대적 배제, 지성적 구조물의 기초보다 지붕에 더 큰 관심을 갖는 태도가 그것이다. 근대 주체에 도전하면서 베버가 발견한 것은 지식의 무한한 지평, 그리고 모든 단계와 모든 발견의 잠정적 성격이었다. 슈펭글러 같은 학자들은 주로 기초 부족에 초점을 맞췄다. 앞서 서술했던 수학 기초의 '위기'가 좋은 예다. 슈펭글러는 다음과 같은 생각으로 이 논쟁에 직접 뛰어들었다. "심지어 2×2=4 같은 가장 '자명한' 기본 산술 명제도 분석적으로 다루면 문제가 되고, 이 문제의 해답은 [집합론에 나오는] 추론으로만 가능할 것이며, 많은 지점에서 여전히 완성되지 않았다."[19]

슈펭글러는 수학 기초의 허약함이 자신의 논지를 지지해 준다고 보았지만, 그가 언급했던 작품을 쓴 수학자들과 철학자들은 이 문제를 완전히 다르게 보았을 것이다. 그들은 1884년 고틀로프 프레게(Gottlob Frege)가 출판한 『산수의 기초(Die Grundlagen der Arithmetik)』 덕분에 모순이나 역설 없는 순수한 논리라는 단단한 기초 위에 수학의 모든 것, 그리고 인간 지식의 많은 부분을 구축하는 꿈에 한 걸음 다가갔다고 생각했다.

버트런드 러셀(Bertrand Russell)이 나중에 회상했듯이, "모든 순수수학은 순전히 논리적 전제에서 나오고, 논리적 용어로 정의될 수 있는 개념들만 사용한다는 것을 보여 주는 일"[20]이 그들의 꿈이자 목표였다. 1902년 청년 러셀은 프레게의 집합론에서 모순을 발견하면서 스스로 이 꿈을 방해했다. 그러나 러셀과 수학자 앨프리드 노스 화이트헤드(서문에서 2+2=4를 다루면서 이미 만났다)의 10년에 걸친 공동 노력이 남아 있던 모순을 잠재운 것처럼 보였다. 두 사람이 함께 쓴 『수학의 원리(Principia Mathematica)』(세 권을 각각 1910, 1911, 1913년에 펴냈다)는 많은 사람에게 수학적 논리의 승리로 받아들여졌다. 비록 소화하기 쉽지 않은 책이지만 말이다(난해함의 사례로 2권 363쪽에 등장하는 1+1=2라는 정리의 증명이 있다).

슈펭글러 같은 비판가들은 수학적 기초의 이런 허약함에 초점을 맞췄던 반면, 수학 옹호자들은 강력한 기초를 희망했다. 심지어 어떤 이들에게는 수학 분야에서 기호논리학의 승리가 언어를 논리에 맞춰 언어와 실제의 관계를 확립하고 해석적 모호함과 오류를 제거하려는 기획의 부활을 의미했다. 예를 들면 프레게는 '아침 별'과 '저녁 별'을 분석했다. 두 단어는 같은 '실제' 대상(우리가 금성이라고 부르는 행성)을 언급하지만, 두 단어를 늘 서로 바꾸어 사용할 수는 없다. 예를 들어 로미오가 이 둘의 차이를 어떻게 경험했을지 생각해 보라.

1905년에 나온 러셀의 '기술 이론(theory of description)'도 비슷한 질문을 제기한다. "문장의 주어를 구성하는 데 사용되는 단어들이 사물들을 가리키고 사물들은 문장이 말하는 그대로라서 이 문장이 참이라고 생각될 때, 누군가 같은 사물을 가리키는 다른 표현을 대체어로 사용한다면, 어떻게 참조하는 표현을 포함한 어떤 참인 문장들이 거짓이 될 수 있을까?" 러셀의 새 논리는 이 언어 '문제'를 제어하려고 했다(우리는 지금 끔찍한 문장

을 인용했는데, 논리학자 관점에서 보는 문제는 시인과 정반대
일 수 있기 때문이다).[21] 제1차세계대전이 끝난 후 논리실증주의
의 깃발을 올렸던 빈학파가 그러했듯이, 러셀을 비롯한 여러 학
자들의 이런 노력은 오늘날 '분석적'이라고 부르는 학파를 만들
면서 철학의 미래에 상당히 큰 영향을 미쳤다.

　　요약하면 이것은 일방적인 전투가 아니었다. (슈펭글러로
대표되는) 한 학파가 보기에 당대의 고난은 수학, 논리학, 이성,
그리고 아패틱함 때문에 생겼다. 반대편에 있는 다른 학파는 이
런 요소들이 부족해서 문제가 생겼다고 보았다. 프레게, 러셀, 그
리고 이들의 동료들이 생각한 시급한 목표는 논리와 영원을 위
해 역사주의, 우연성, 심리학, 인간의 경험, 한마디로 패틱함을
추방하는 것이었다. 더 명료한 사고가 있는 더 나은 세계에서 시
간과 변화를 경험하며 창조된 혼란이 사라지듯이, 형이상학을
비롯한 (논리학을 제외한) 진정한 모든 철학은 사라질 것이다.[22]
러셀은 이 목표를 이렇게 표현했다. "모든 철학적 문제는 필요한
분석과 정화를 거치면 실제로는 철학적인 문제가 아니거나 (…)
논리적 문제라는 게 드러난다." 러셀의 또 다른 정교한 문장도 읽
어 보자. "시간의 사소함을 깨닫는 일이 지혜로 가는 문이다."[23]

　　지식의 본질에 대한 이런 경쟁적인 확신과 헌신이 당시의
거대한 정치 사건들과 얼마나 얽혀 있는지 그 범위를 파악하는
일은 어려운 과제다. 아인슈타인의 친구이자 오스트리아 정치
인이었던 빅토어 아들러(Viktor Adler)의 아들, 수리물리학자 프
리드리히 아들러(Friedrich Adler) 박사는 1916년 오스트리아 수
상을 암살했다. 아들러에게 [그리고 트로츠키(Leon Trotsky), 레
닌(Nikolai Lenin)을 비롯해 그를 칭송했던 사람들에게도] 자신

의 정치 행위를 우주의 새로운 수학화라는 관점에서, 특히 아인슈타인의 상대성이론 관점에서 설명하는 것은 타당한 일이었다. 아들러는 판단 준거가 국가에서 계급으로 전환되는 것을 상대성이론이 정당화한다고 해석했다. 아버지와 변호인단이 아들러를 변호할 때 '수학의 과잉' 때문에 고통받고 있으므로 암살은 올바른 정신에서 일으킨 일이 아니라고 주장한 것도 이런 맥락이다.

아들러의 지인인 오토 노이라트(Otto Neurath)도 감옥에서 시간을 보냈다. 노이라트는 경제학자이자 논리실증주의의 사도였고, 빈학파의 창립 멤버였다. 그는 '11월혁명'의 결과로 1919년에 단기간 존재했던 바이에른 평의회 공화국에서 경제계획 책임자로 일했고, 그 때문에 유죄판결을 받았다. 그는 감옥에 있는 동안 세계를 가장 위협한다고 생각하는 사상을 겨냥해 선언문을 작성했다. 제목은 『반슈펭글러(Anti-Spengler)』였다.[24]

심지어 1922년 독일자연과학자협회(Society of German Scientists and Physicians) 창립 100주년 기념식은 극단적으로 양극화된 정치, 과학, 철학의 소용돌이에 빠졌다. 주최 측은 물리학의 상대성이론에 대해 토론하려고 직전에 노벨상을 받은 알베르트 아인슈타인을 초대했다. 그리고 아인슈타인 연구의 철학적 함의를 토론하기 위해 아인슈타인의 친구이자 빈학파에 영감을 준 철학자 모리츠 슐리크(Moritz Schlick)를 초대했다. 그런데 같은 해 6월 독일 외무장관 발터 라테나우(Walter Rathenau)가 극단적 민족주의자들의 비밀 모임인 '집정관 조직(Organisation Consul)'에 암살당했고, 아인슈타인이 다음 암살 대상으로 언급됐다. 슐리크는 '철학에서의 상대성'이라는 주제로 강연을 했지만, 아인슈타인의 참석은 결국 취소됐고, 물리학자 막스 폰 라우에(Max von Laue)가 대신 강연을 했다.

슐리크도 1936년 뮌헨대학교 강의실에서 옛 제자에게 암살당한다(그 제자의 박사논문 제목은 「경험주의와 실증주의에서 논리의 중요성(The Importance of the Logic in Empiricism and Positivism)」이었다). 살인자는 법정에서 슐리크 교수의 '유대적' 반형이상학 경험주의가 자신의 도덕적 판단력과 자제력을 박탈했다고 주장했다. 이 주장은 엄청난 정치적 공감을 일으켰다. 살인자는 유죄판결을 받았지만, 나치의 오스트리아 병합 후 곧 풀려났다. 그는 18개월만 복역했을 뿐이다(사실 모리츠 슐리크는 유대인이 아니었고, 단지 당시의 반유대 문화와 정치 논쟁 속에서 '유대적'이라고 공격받았던 수리물리학과 논리실증주의 같은 사상에 동조했을 뿐이다). 슐리크의 재판에 대한 기사에서 볼 수 있듯이, 당시는 "철학의 본성을 둘러싼 갈등이 살인의 동기가 될 수 있었던" 시대였다. 그들은 대량 학살 가능성을 더욱 크게 예상하면서 글을 썼을 것이다.[25]

이런 일화들은 단지 100년 전만 해도 동일성과 차이 사이의 선택이 삶과 죽음의 문제만큼 중요할 수 있었다는 우리의 주장을 생생하게 보여 준다. 동일성을 주창하는 단호한 사도로서 오토 노이라트는 '과학 및 사회의 단일성(oneness)'에 대해 줄곧 말했다. 그러나 그의 시대에 (아마도 그 밖의 모든 시대에도) 과학은 사회와 마찬가지로 매우 다양하게 분화됐고, 그중에서 가장 크게 분열됐던 것은 단일성 혹은 동일성이라는 주제 그 자체였다. 이 분열은 많은 이들이 과학의 가장 깊은 토대로 여기는 수학의 기초에까지 뻗어 갔다.

수학의 기초에 닥친 위기

1920년 수학자 헤르만 바일은 「수학의 새로운 기초 위기에 대하여(Über die Neue Grundlagenkrise der Mathematik)」라는 글을 발표했는데, 이 시기가 바로 수학의 기초를 둘러싼 관점이 양극화되던 때였다. 이 글은 슈펭글러가 책을 쓰기 훨씬 전부터 한 세기 이상 수학자들을 사로잡았던 일련의 질문들에 초점을 맞추고 있다. 그 문제들은 양 진영 사이의 논쟁, 즉 앙리 푸앵카레(Henri Poincaré), 레오폴트 크로네커(Leopold Kronecker), L. E. J. 브라우어르(Luitzen Egbertus Jan Brouwer)와 같은 유명한 '구성주의자' 혹은 '직관주의자'들과, 게오르크 칸토어(Georg Cantor), 리하르트 데데킨트(Richard Dedekind), 다비트 힐베르트(David Hilbert)가 대표하는 '논리주의' '형식주의' 또는 '실존주의' 사이의 논쟁이었다.[26]

증명은 논리적으로 구성돼야 한다는 데 모든 수학자가 동의한다. 그러나 논리의 한계와 본성에 대해서는 의견이 갈린다. 이런 불일치 사례는 많지만, 한 가지 불일치 때문에 바일은 네덜란드 수학자 L. E. J. 브라우어르와 관련된 '새로운 기초 위기'를 선언했다. 1907년에 브라우어르는 기초적 논리 원칙들은 인간의 경험과 분리돼야 한다고 주장하기 시작했다. 브라우어르의 주장에 따르면, 인간의 경험은 유한한 것으로 한정된다. 그럼 무한은? 19세기 게오르크 칸토어의 발견 이래로 무한(무한은 수 하나가 아니라 무한한 수들 가운데 하나라는 게 증명됐다)은 집합론과 일반 수학 양쪽에서 더욱 중요해졌다. 그러나 우리의 공리들이 인간이 경험할 수 없는 종류의 무한집합들에 적용될 수 있을까?

브라우어르는 한 가지 기초적 논리 원리, 즉 배중률에 특별히 초점을 맞췄다. 배중률은 "p이거나 p가 아니다"($p \vee \neg p$)라는 문장은 어떤 명제 p에 대해서도 참이어야 한다고 주장한다. 이 주장은 수학에서 대단히 중요하다. 최소한 어떤 명제가 보편적으로 참이라면, 모순을 통해 증명할 수 있기 때문이다. 즉 실제로 명제 p에 대해 어떤 유형의 증명조차 구성할 수 없더라도, p가 아닌 것은 모순임을 증명하여 명제 p를 증명할 수 있다.

늦어도 1907년부터 브라우어르는 이런 증명에 반대 의견을 냈다. 1918년과 1919년에 브라우어르는 '직관적 집합론'을 다룬 논문 두 편을 발표했고, 통용되던 논리학 공리에서 독립된 자신만의 수학적 관점을 체계화하기 시작했다. 브라우어르는 수학을 이미 존재하는 객체가 아니라 정신적 구성물로 다뤘고, 수학을 주어진 시공간과 지식수준에 따라 수학자의 정신 안에서 순간적으로 생산되는 무언가로 여겼다. 브라우어르는 자신의 방법론을 연속체를 새롭게 설명하는 데 이용했고, 점들과 실수로 구성된 고대의 착상을 폐기했다. 바로 브라우어르의 이 새로운 직관주의적 구상이 (연속체를 다룬 책을 1918년에 출판했던) 헤르만 바일의 관심을 끌었고, 바일로 하여금 '새로운 기초 위기'를 선언하게 했다. 1928년에 이르면서 이 위기는 너무 개인적 문제가 돼 버렸고, 그 때문에 브라우어르, 아인슈타인, 그 밖의 중요한 수학자들이 다비트 힐베르트가 편집장으로 있던 당시 가장 뛰어난 수학 학술지 《수학 연보(Mathematische Annalen)》 운영진에서 사퇴했다.[27]

수학적 증명의 적절한 기초를 구성하는 문제가 왜 그렇게 시끄러운 문제가 됐을까? 기초에 대한 질문의 존재만으로는 그 이유를 설명할 수 없다. 기초 문제는 '새로운 위기'보다 훨씬 오래 전에 발생했다. 혹은 '새로운 위기'보다 뒤에 일어나기도 한다. 오늘날 브라우어르의 도전은 대부분 해명되지 않은 채 남아 있지만, 몇몇 수학자들이 여전히 이 질문들을 다루고 있고, 힐베르트의 '논리주의'는 수학의 작업 방식으로 널리 퍼져 있다. 이 기초에 대한 문제는 사실상 연구 활동이 중단됐는데, 해결됐기 때문이 아니라 시대의 살아 있는 다른 관심들과 공명하지 못하고, 사유하기에 좋은 질문들을 만드는 울림을 잃어버렸기 때문이다.[28]

수학이 20세기 초 동일성과 차이에 대한 고민들의 출발점이 된 이유는 부분적으로 수학적 법칙과 방법이 다른 지식 영역의 기초를 제공하는 데 엄청난 성공을 거뒀기 때문이었다. 아마도 물리학이 가장 중요한 사례일 것이다. 물리학 영역에서야말로 수학이 존재 가능성의 조건을 가장 강력하게 결정했던 것 같다. 미국 철학자 존 듀이(John Dewey)는 1929년에 발표한 『확실성의 추구(The Quest for Certainty)』에서 이 상황을 이렇게 지적했다. "(갈릴레이와 함께 시작된) 이 자연 세계의 '법칙들'은 고정된 특성이 있었고, 그 특성은 옛날 체계에서 이성과 이상의 형태에만 속했다. 기계론적 용어로 표현된 수학적 자연과학만이 유일하고 온전한 자연철학이라고 주장했다."[29]

물리학과 수학의 결합은 물질세계에서 원인과 결과를 잘 설명할 수 있다는 걸 증명했고, 인간사에서는 확실성, 심지어 결정론을 향한 열망의 모델이 됐다. 여기서도 슈펭글러는 서양 물리학이 수학과 마찬가지로 종말에 도달했다고 선언하면서 불길한 암시를 했다. 다시 수와 동일성 선택이 문제가 됐다. 슈펭글러는 '결과의 가능성에만 초점을 맞추고, 자연법칙의 절대적 정확성을 미리 포기하는 계산법과 통계법의 활용이 급속히 늘어나면서, 완전히 무의식적으로' 물리학의 심연에서 회의주의가 등장하는 것을 보았다.[30]

왜 회의주의일까? 당시 많은 사람들처럼 슈펭글러도 통계학을 우연으로 이해했고, 주어진 시점에 일어나는 확실성이 아닌 가능성으로 이해했다. 슈펭글러는 수학과 '수학 법칙'에 반대했는데, 수학에서 우연보다 확실성을, 가능성보다 결정론을 보았기 때문이다.[31]

슈펭글러는 주저없이 이 상상의 이원론을 당대의 존재론 범주 위에 그려 넣었다. 슈펭글러는 이렇게 주장했다. "통계학은 연대기처럼 유기체, 요동치는 생명, 운명과 사건에 속하며, 정확한 법칙과 무한히 영원한 기계학에 속하지 않는다." 다시 동일성과 차이, 그리고 수학, 인과율, 엄격한 법칙과 통계학, 우연, 자유, 생명 사이에서 선택의 장이 열렸다.[32]

인과율 vs 우연성, 결정론 vs 자유

슈펭글러는 물리학 내부의 열띤 논쟁에도 발을 들였다. 당시에는 '역학의 현재 위기에 대하여' '독일 물리학의 현재 위기에 대하여' '인과율 개념의 위기에 관하여' 같은 제목이 붙은 물리학자들의 강연을 쉽게 찾아볼 수 있었다. 1921년 아인슈타인도 도쿄에서 '이론물리학의 현재 위기에 대하여'라는 강연을 했다. 아인슈타인은 확실히 슈펭글러의 책을 읽었다. 아인슈타인은 1920년 초에 수리물리학자 막스 보른(Max Born, 1954년 노벨상 수상자)에게 이런 편지를 썼다. "때때로 저녁에 그의 명제들을 즐겁게 읽고 아침에는 그 명제를 생각하며 비웃음을 짓는다네."[33] 그런데 이 위대한 물리학자가 걱정했던 위기는, 수학에서와 마찬가지로 물리학의 기초를 두고 패틱과 아패틱 논쟁이 격화되면서 생겨났다.

아인슈타인은 도쿄 강연에서 이렇게 선언했다. "이론물리학의 목표는 논리적 개념체계를 창조하는 것입니다. 이 논리적 개념체계는 가능한 한 가장 작은 수의 상호 독립된 가정들에 의존하고, 이 가정들은 인과적으로 복잡한 물리적 과정 전체를 이해할 수 있게 해 줘야 합니다." 아인슈타인은 단호하고 과감하게 '인과율'을 선택했다. 무슨 의미일까? 1920년에 모리츠 슐리크가 그 의미를 이렇게 설명했다. "인과율이라는 원리는 (…) 자연에서 일어나는 모든 일은 예외 없이 이 법칙의 지배를 받는다는 사실의 일반적인 표현이다."[34] 같은 원인과 조건이 주어지면, 언제나 같은 결과가 나온다. 그러므로 인과율은 기계론, 결정론과 동의어다.

그런데 새로운 발견들이 인과율과 그 법칙의 기반에 균열을 내고 있었다. 예를 들면 이미 19세기에 루트비히 볼츠만(Ludwig Boltzmann)은 열역학 제2법칙을 통계 법칙으로 해석했다(요약해서 설명하면, 찬 물질에서 뜨거운 물질로 열이 흐르는 것은 대단히 드문 일이지만 불가능하지는 않다). 어떤 의미에서 이것을 법칙이라 부를 수 있었을까? 한편 많은 사람들이 자연의 불확정성과 절대적 우연성을 강조하기 위해 이 통계학의 승리를 이용했다.[35] 나중에 노벨상을 받게 되는 물리학자 막스 플랑크(Max Planck)는 1914년에 인과법칙과 통계 법칙 사이의 '이원론' 문제를 다루겠다고 마음먹었다. 베를린대학교 총장에서 퇴임하며 플랑크는 '역학과 통계학의 적법성'이라는 제목의 강연을 했는데, 이 강연에서 인과법칙을 부정하고 모든 규칙성을 통계적으로 보려는 시도를 비판했다. "절대적 필연성이라는 개념은 물리학에서 완전히 제거될 것입니다. 이런 관점은 (…) 근시안적이면서도 치명적인 오류가 될 것입니다."[36]

슈펭글러가 이런 '근시안'적 관점을 4년 후에 더 많은 대중들에게 퍼뜨리기 전에도 이미 많은 물리학자들이 이 관점을 공유했다. 많은 물리학자들이 이 통계적 관점에 매력을 느낀 이유는 이 관점이 대단히 흥미로운 질문을 다루는 물리학자들에게 도움을 줬기 때문이다. 흥미로운 질문이란 '원자구조 및 원자에서 방출되는 방사선 구조 연구'[1922년 닐스 보어(Niels Bohr)의 노벨상 수상자 선정 발표문에서 인용]에서 나온 것들이었다. 러더퍼드(Ernest Rutherford) 경, 마리 퀴리(Marie Curie)와 피에르 퀴리(Pierre Curie), 그리고 다른 과학자들이 방사선은 원자들의 상호작용이 아닌 원자 내부에서 방출된다는 걸 관찰한 이후로, 원자와 방사선에 대한 질문은 물리학을 바꾸고 있었다(퀴리 부부가 '방사능'이라는 단어를 만들었는데, 마리 퀴리는 방사능 연구로 노벨상을 두 번 받았다. 1903년에 마리 퀴리는 남편과 함께 노벨물리학상을 수상했고, 이 상은 여성이 받은 최초의 노벨상이었다. 1911년에는 노벨화학상을 단독 수상했다). 이 발견 하나로 동일성에 대한 오래된 환상, 즉 원자는 안정적이고 우주의 기초가 되는 쪼개질 수 없는 입자라는 믿음이 깨졌다.

그다음 수십 년 동안 지금까지 언급된 모든 인물을 비롯한 물리학의 위대한 이름들이 원자와 구성 요소들의 본질을 이해하는 연구에 전력을 다했다. 이 물리학 연구자들에게는 뛰어난 재능 이외에도 눈에 띄는 특징 두 가지가 있었다. 첫째, 그들은 자신들의 물리학 이론화 작업이 사고의 기초에 미치는 영향력을 알고 있었다. 둘째, 그들은 자신의 발견이 갖는 철학적 함의를 두고 엄청난 의견 차이를 보여 줬다. 이 의견 차이가 바로 아인슈타인이 1920년에 막스 보른에게 슈펭글러에 대한 편지를 쓴 이유다.

당시에 아인슈타인은 막스 플랑크처럼 인과율을 강력하게 지지했다. "신은 우주를 놓고 주사위 놀이를 하지 않는다"라는 말은 아인슈타인의 명언 가운데 하나가 됐다. 반면 막스 보른은 이미 비인과율로 입장을 바꾸었고, 베르너 하이젠베르크(Werner Heisenberg, 1932년 노벨상 수상) 및 다른 학자들과 함께 양자 역학의 통계적 기초를 앞장서서 옹호했다. 젊은 볼프강 파울리(Wolfgang Pauli, 1945년 노벨상 수상)가 1924~1925년에 나온 자신의 논문 「양자 이론(Quantentheorie)」에서 이 논쟁의 윤곽을 대단히 객관적으로 보여 준다. 한 들뜬 원자의 변환 순간은 "현재 우리 지식수준에 따르면, 온전히 우연이 결정하는 것처럼 보인다. 이것을 자연에 대한 인과적 설명의 근본적인 실패로 간주해야 할까? 아니면 단지 이론적 공식의 일시적 불완전성으로 봐야 할까? 이 질문에 관해 많이 토론했지만 여전히 결론을 내리지 못했다."[37]

이 질문에 대한 몇 년에 걸친 논의는 우주의 동일성과 차이에 대한 우리의 이해를 바꾸는 연구들을 생산했다. 이 물리학적 문제에 대해서는 나중에 좀 더 상세히 논의할 예정이다. 다만 서문의 내용과 연결해 이 문제를 생각해 보면, 당시 세계의 저명한 물리학자들은 기본입자들이 조약돌처럼 움직이는지 혹은 푸른 호랑이처럼 움직이는지, 아니면 두 가지 방식 모두를 취하는지를 두고 논쟁하고 있었다. 대답은 상황에 따라 다른 것처럼 보였다. 대답하기 곤란한 상황이었는데, 우주의 양자역학적 기초는 아패틱하고 안정된 '동일성'이 존재하지 않음을 암시하기 때문이다.

몇몇 물리학자들은 다른 사람들보다 훨씬 독단적이었던 것 같다. 예를 들어 보른과 하이젠베르크는 독일 언론에서 비인과율을 강력하게 지지하며, "양자역학은 인과율이 유효하지 않다는 사실을 분명하게 입증했다"[38]라고 말했다. 반면 에르빈 슈뢰딩거는 자신의 생각을 계속 바꿨다. 1922년 슈뢰딩거의 취리히 대학교 물리학 교수 취임 강연은 수학자이자 동료였던 헤르만 바일의 영향을 크게 받았다. '자연의 법칙이란 무엇인가'라는 제목의 강연은 인과율에 퍼붓는 격렬한 비판이었다. 이 강연에서 인과율은 "자연에서 일어나는 모든 과정이나 사건은 적어도 사건이 일어날 때의 전체 환경 혹은 물리적 조건을 통해 절대적이면서도 양적으로 결정된다"라는 가설로 이해됐다. 슈뢰딩거는 청중들에게 양자라는 신비로운 발견은 '절대적 인과율이라는 뿌리 깊은 편견으로부터의 해방을' 요구한다고 말했다.[39] 그러나 1925년부터 슈뢰딩거는 아주 다른 선택을 했는데, 자신의 파동역학을 시공간 안에서 일어나는 원자적 과정의 인과적 묘사라고 분명하게 평가했다. 이런 입장은 하이젠베르크와 보른의 비인과적 행렬역학, 인간 지식의 본성에 대해 자신의 생각을 명시적으로 밝혔던 대화 내용과는 정반대였다. 자신의 파동역학 3부작 중 두 번째 논문에서 슈뢰딩거는 이렇게 기술했다. "우리는 진정 사고의 형태를 바꿀 수 없으며, 기존 사고의 틀 안에서 이해될 수 없는 것은 전혀 이해될 수 없는 것이다. 그런 사물이 존재하기는 하지만 원자의 구조가 그중 하나라고는 믿지 않는다."[40]

　'사고의 형태들'은 우리가 수리물리학 논문보다는 철학 에세이에서 더 기대하는 구절인데, 이러한 표현을 쓴 저자는 1933년에 노벨물리학상을 받았다. 바로 이것이 핵심이다. 우리가 지금까지 다룬, 20세기 초에 있었던 논쟁의 참가자들에게 수학 혹은 물리학에 대한 질문은 동시에 정치, 철학, 심리학, 인간학에 대한 질문이었고, 곧 인류와 우주 속에서 인류의 자리에 대한 질문이었다. 더욱 놀랍게도 이 물리학자와 수학자 들은 장구한 사상의 역사에서 자신들이 한자리를 차지했다는 것을, 그리고 자신들이 그렇게 중요하게 느낀 질문들을 과거 사상가들도 중요하게 느꼈다는 것을 종종 알아차렸다. 1928년 프랑크푸르트대학교 교수 모임에서 수학자 막스 덴(Max Dehn)이 말했듯이, 자신들의 논쟁이 '고대 그리스의 기초에 닥친 위기를 연상시킨다'[41]고 느꼈던 것이다.

위기: 시인의 관점

당시 지식인들 사이에 공유된 이런 확신은 대단히 눈에 띈다. 수학자, 물리학자, 소설가, 역사가 할 것 없이 당시 유럽의 지식인들은 20세기 전반기에 유럽 문명이 겪었던 이 거대한 격동이 동일성과 차이 사이의 선택에서 나온 것임을 기꺼이 믿으려 했고, 이 선택의 역사가 고대 그리스에서 시작한 것으로 종종 이해했다. 시인과 철학자 들도 이 확신을 공유했는데, 프랑스 시인 폴 발레리(Paul Valéry, 1871~1945)가 가장 대표적인 사례일 것이다.

발레리는 당시의 과학적 질문뿐만 아니라 철학적 질문에도 깊이 관여했다. 발레리도 이 장에서 만난 많은 사람들처럼 제1차세계대전이라는 재난을 문명의 붕괴로 봤다. 1919년에 발레리는 당시 세계를 '치명적인 정확성으로 가는 경향을 진보라고 부르고' '동물들의 사회라는 기적, 개미들의 완벽하고 결정적인 식민지'를 창조할 때까지 영(spirit)이라는 '환상'을 추방하는 곳으로 묘사했다.[42] 1년 후 발레리는 그의 작품 가운데 가장 유명한 「해변의 묘지(Le Cimetière Marin)」를 출판했다.

방금 끝난 제1차세계대전에서 젊은이 수백만 명을 잃고 애도하는 나라에 묘지는 넘쳐 났다. 여기서 바다는 지중해고, 그래서 이 시는 우리가 서양이라고 부르는 사상의 세계와 파도에 휩쓸린 문명에 바치는 추모비다. 이 시의 음보조차 추모적인데, 중세 오크어, 이탈리아어, 스페인어 시에서 사용하던 11음절을 사용하기 때문이다.[43]

> 비둘기가 배회하는 이 조용한 지붕은
> 소나무 사이에서, 무덤 사이에서, 눈에 띄게 흔들거린다
> 공정한 정오는 바다에 불꽃을 새겨 넣는다
> 그 바다는 영원히 시작하고 또 시작한다
> 생각이 자신의 시간을 가졌을 때, 천상의 고요함을
> 오랫동안 바라보는 건 얼마나 가치 있는가!

우리는 이미 첫 번째 연에서 묘비의 대리석과 같은 밀도를 느낄 수 있다. 단어들은 인용, 어원, 역사, 감각, 그리고 소리를 통해 서로 단단하게 연결돼 있다.[44] 우리는 1연과 시 전체에

서 동일성과 차이 사이의 끊임없는 운동을 만난다. 변화와 불변화("나는 비밀스럽게 일어나는 변화다" "죽은 자들은 쉽게 눕는다"), 영혼의 영원성과 필멸성, 산 자와 죽은 자가 시에 등장한다. 그다음 갑자기 이 죽음의 환상은 먼 과거의 그리스 사상가를 책망하는 연에서 폭발한다.

제논! 제논! 잔인한 철학자 제논이여!
당신은 깃털 달린 화살로 나를 꿰뚫었다
웅웅거리며 나는, 그러나 날지 않는 화살로! 그 소리 나는 화살대는
나에게 생명을 주고, 화살은 나를 죽인다!

변화와 인간 경험을 파괴하는 제논(Zenon ho Elea)의 논리적 역설. 파괴는 영원한 단일성을 추구하는 강력한 원칙을 선언함으로써 이뤄진다. 이 원칙들이 바로 삶과 죽음을 다루는 사유법칙이며, 시의 마지막 구절에서 이 법칙들이 폭발한다.

바람이 분다! …… 우리는 살려고 애써야 한다!
(…)
부수어라, 파도여! 너의 활기찬 물살로
돛단배들이 비둘기처럼 쪼아대는 조용한 지붕을

발레리의 작품은 많은 사람들에게 칭송을 받았다. 시인들만 꼽더라도 T. S. 엘리엇(Thomas Stearns Eliot), W. H. 오든, 윌리스 스티븐스(Wallace Stevens), 호르헤 기엔(Jorge Guillén), 라이너 마리아 릴케가 그의 작품에 경의를 보냈다. 발레리의 작품은 비판

도 받았는데, 특히 광대한 사상사를 진지하게 다루려는 시도 때문이었다. 보르헤스는 발레리의 「해변의 묘지」가 야심에 찬 시지만, 다루기 힘들고 답답한 거대 기계라면서 칭찬과 비판을 함께 했다.[45] 인간의 감정과 이성적 사고의 3000년 역사 속 영광과 비극을 144행 시로 포착하려는 시도에서 무엇을 더 기대할 수 있겠는가?

이 시에서는 발레리가 과학과 철학의 '기원'으로 여긴 동일성과 차이를 둘러싼 투쟁이 때때로 공개적으로 언급되고, 때로는 더욱 신비로운 조화 속에서 감각과 바다 풍경에서 분리되지 않은 채 드러난다. 원래 그래야 한다. 시는 산문에서 다루는 방식으로 착상들을 다루면 안 된다.[46] 20여 년이 지난 후(1940년경), 발레리는 또 다른 몹시 어두운 시절에 글을 쓰면서 열 줄도 안 되는 산문시에서 이 문제를 더욱 단호하게 설명했다.

서른 시간이 넘게 나와 이야기를 나눈 후, 마침내 현자가 나에게 말했고, 사람이 알 필요가 있는 모든 것을 나에게 가르쳤다.

"나는 너를 위한 가르침을 요약할 것이다. 그 가르침은 두 가지 규칙으로 구성된다.

'모든 다른 것은 같다.
모든 같은 것은 다르다.'

너의 정신 안에서 이 두 가지 원리 사이를 오가라. 그러면 너는 우선 이 두 원리가 모순되지 않음을 알게 될 것이다. 그다음에 생각은 오직 하나의 원리만 형성할 수 있고, 하나의 원리에서 다른 원리로만 바뀔 수 있다. 첫 번째 원리가 필요한 시간이 있고 두 번째 원리가 필요한 시간이 있으며, 첫 번째 원리를 생각하는 사람이 있고 두 번째 원리를 생각하는 사람이 있다. 이것이 전부다."[47]

이 문장은 동일성과 차이 사이의 선택에서 경탄스러운 비독단적 선택의 가능성을 보여 줬고, 그렇게 당대 사상가들에게 큰 영감을 줬다. 독단주의의 배제는 그만큼 드물기 때문에 더욱 경탄할 만하다. 자기 시대의 위기를 지식 발달에서의 선택과 연관 지어 이해하는 많은 사상가들은 잘못의 원인과 사태를 악화시킨 선택이 무엇인지 알고 있다고 확신했다. 우리는 이미 몇몇 수학자와 물리학자의 독단적 태도를 봤다. 이제 철학자들과 함께 결론을 내려 보자. 철학자들은 생각의 본성에 대해 숙고할 때 자신들에게 특별히 책임이 있다고 여기기 때문이다.

위기: 철학자의 관점

에드문트 후설(Edmund Husserl, 1859 - 1938)은 인간 경험과 이성 규칙 사이의 관계를 깊이 탐구한 대표적인 철학자다. 그의 작업은 「수의 개념(Über den Begriff der Zahl)」(1887, 박사논문), 『산술의 철학(Philosophie der Arithmetik)』(1891, 그의 첫 번째 책)과 함께 시작됐다. 시간이 지나면서 후설은 경험을 이성에 통합할 수 있고, 논리학과 수학의 근본 개념들에 '생활세계'를 통합할 수 있는 '의식의 과학'을 창조하려고 노력했다. 바로 이런 후설의 작품들을 통해 우리가 만났던 몇몇 수학자와 물리학자들은 자신들의 질문과 해답에 도달할 수 있었다. 예를 들면 헤르만 바일은 연구 활동 초기에 후설과 그의 현상학을 만났고, 1920년 수학의 '위기'를 선언하기 전 1917년에 그 영향을 크게 받았다고 인정했다.

이 장에 등장하는 다른 주요 인물들과 마찬가지로 후설도 제1차세계대전을 겪었고(그는 전쟁 때 아들을 잃었다), 바이마르공화국이라는 격동의 정치 시대를 살았다. 후설은 나치의 부상을 목격했으며, 1933년에는 50년 전 이미 개신교로 개종했음에도 유대계라는 이유로 교수 생활과 출판 활동이 금지됐다. 그 후 후설은 예전 동료들 다수로부터 외면당했는데, 그중에는 그의 제자이자 후임 교수였던 마르틴 하이데거도 있었다. 가장 악명 높은 사례다. 후설은 철학을 정치에 명시적으로 이용하는 데 늘 반대했다. 그러나 말년에 이르러 자신이 겪고 있는 고난에 지금 우리에게는 어느 정도 익숙한 방식으로 개입하고자 했다. 즉, 후설은 지식의 본성에서 무슨 잘못된 변환이 일어나 이런 인류의 몰락을 가져왔는지 물었다.

후설의 대답은 그가 죽은 후 1954년에 출판된 『유럽 학문의 위기와 선험적 현상학(Die Krisis der Europäischen Wissenschaften und die Transzendentale Phänomenologie)』에서 찾을 수 있다.[48] 후설은 서문에서 이렇게 인정했다. "모든 특수한 분야의 학문과 함께 보편 철학도 유럽 문화의 부분적 표현일 뿐이다." 그러나 후설은 이런 이성적 부분이 '기능하는 뇌와 같고, 진실되고 건강한 유럽인들의 정신생활이 이 뇌의 정상 기능 여부에 달려 있다'고 보았다. 후설은 이 뇌에서 일부분이 잘못됐기 때문에 지금 '유럽의 인간성은 근본적인 삶의 위기'에 빠져들었다고 확신했고, 유럽 인류의 역사를 그려 보면서 이 정신적 질병을 진단하는 것을 책의 목표로 삼았다.

후설의 핵심 질문은 이제 익숙하게 들릴 것이다. "앎으로서의 이성이 존재를 결정하는 곳에서 이성과 존재는 구분될 수 있을까?" 요약하면, 이성은 존재의 안정된 기초를 제공할 수 있을까? 후설에 (그리고 많은 다른 사람들에) 따르면, 갈릴레이 이후 근대과학은 이 질문에 대해 대단히 오만한 자세로 '예'라고 대답했다. 우주를 설명하고 예측하는 문제에서 승리한 근대의 수학적 과학은 우리에게 보편적 진리의 확실성을 약속했다.[49] 그러나 각각의 승리는 새로운 영토를 정복한 듯 보였지만, 실제로는 '보편 철학'과 '인간성'에서 점점 더 멀어졌다.

왜 그렇게 됐을까? 이 질문에 접근하는 여러 가지 방법을 생각해 볼 수 있다. 후설은 인간에 대한 의미 있는 '보편적' 철학 진리의 가능성을 물을 수도 있었다(인간에 대한 모든 철학적 진리는 우연이라는 보편적 진리는 제외하고). 또는 인간성에서 이성의 지배를 받는 측면과 그렇지 않은 측면을 구별하려는 시도를 할 수도 있었다. 그러나 후설은 회의주의, 우연성 혹은 인류학적 심리학의 길을 선택하지 않았다. 대신 그는 수학 자체를 두 종류로 구분했다. 한 종류는 존재에 대한 우리의 경험에 기초하며, 다른 종류는 추상적이고 경험에서 멀리 떨어진 것이다.

후설에 따르면, 고대 그리스인들 사이에서 기하학은 계산이 아닌 측정을 통해 진행됐다. 그렇게 해서 그리스 기하학자들의 순수한 직관은 시공간에 대한 체화된 경험에서 나왔다. 그러나 데카르트와 그의 근대적 계승자들은 기하학을 대수학으로 전환했고, '기하학의 산술화'를 이뤄 냈다. 과거에는 시공간에 대한 인간 경험에 뿌리를 뒀던 학문이 계산과 공식으로 변환됐다. 수학에 대한 이 새로운 접근(후설은 부정적 함의를 담아 이 접근법을 '기호논리학적' 또는 '기술적'이라고 불렀다)은 특별한 예측적 가치가 있었는데, "어떤 사람들은 이 공식들과 이 공식에 담긴 의미를 참된 존재인 자연 자체를 위한 것이라고 오해했다".[50]

근대 수학은 이성과 '존재' 사이에 분열을 만든 후, 더는 인류에게 '생활세계'에 접근하는 법을 주지 못한 채 '과학 세계'에 접근하는 법만 제공했다. 이 '과학 세계'는 자신의 예측력 덕분에 인간에 대한 표면적 진리만을 제공할 수 있었다. 그래서 '유럽의 인간성'은 위기에 빠졌는데, 이 위기는 과학의 실용적 성공을 축소한 게 아니라 '진실의 전체 의미를 그 기초부터' 흔들었다. 그 충격으로 "세계에 의미를 부여하는 '절대' 이성에 대한 믿음, 역사의 의미에 대한 믿음, 인간성에 대한 믿음, 인간의 자유에 대한 믿음"이 흔들렸다.[51]

그렇다면 인간성 훼손을 어떻게 복구해야 할까? 후설은 신앙이 처음 만들어질 때 기초가 된 직관적 수학을 재발견해야 한다고 주장한다. 지금은 그 직관적 수학이 과도하게 추상적인 근대성의 '비본래적' 공리들 아래에 은폐돼 있다.[52] 본래적 수학이 복구될 수 있다면 이성의 기초적 힘은 다시 한번 인간의 자유와 화해하게 될 것이고, 자연과학의 강력하지만 순진한 '객관주의'와 물질주의적 요구는 제한될 것이다. 그러면 위기는 방지될 것이고, 마침내 진정한 '영의 과학'이 처음으로 성취될 것이다.[53]

이 말에 거의 동의하지 않지만, 여기서 두 가지 교훈을 얻을 수 있다. 첫째, 자신에게 닥칠 재앙을 알고 있던 이 유명한 철학자에게 가장 시급한 전투는 인류가 지식을 생각하는 법을 배운 과정에 대한 역사적 평가였다. 후설은 이 생각을 1935년 빈에서 한 '철학과 유럽인의 위기'라는 강연에서 밝혔다. "그렇다면 만약 이 발표에서 폭로된 전체 사고방식이 심각한 편견에 기초하고, 결과적으로 유럽의 질병에 어느 정도 책임이 있다면, 어떤 말을 해야 하겠습니까? 나는 이것이 사실이라고 확신합니다." 우리는 우리가 물려받은 지식의 본성에 대한 생각과 개념들(편견들)이 인류에 대한 편견일 수 있다는 후설의 확신에 전적으로 공감할 수 있을 것이다.

두 번째 교훈은 진단이 쉽게 교리로 변할 수 있다는 점이다. 후설의 사례에서 어떻게 질병이 특정한 지식, 즉 과학과 수학에 자리 잡는지 주목하라. 후기로 갈수록 후설은 '자연'과학과 '인문'과학 사이 오랜 갈등의 역사에서 자신이 가져온 것을 묘사하는 데 점점 더 많이 몰두했다. 그러나 후설은 이 갈등의 책임을 매우 비대칭적으로 한편에게만 돌렸다. 다시 빈 강연으로 가 보자. 후설에 따르면, '근대과학자'는 바로 이런 편견에 빠져 있기 때문에 '완전히 독립적이고 보편적인 영(spirit)의 과학의 설립 가능성'을 부정했다.[54] 후설의 주장과는 반대로 '근대과학자들'은 근대의 인문학자들과 마찬가지로, 자기 지식의 우연한 조건들을 더욱더 의식하면서 지혜롭게 행동했고, 우리는 이 책에서 그 점을 줄곧 주장할 예정이다. 후설은 자신의 접근이 진정한 첫 번째 '영의 과학'이라고 믿었다. 이 사실은 자신이 경고했던 '심각한 편견'에 빠진 사람 중 한 명이 다름 아닌 후설 자신이라는 충분한 증거다.

이 두 가지 교훈은 위대한 독일 철학자 두 명이 스위스 휴양지 다보스에서 펼친 논쟁에서 대단히 선명하게 드러난다. 두 사람은 수학이 제공하는 '동일성'의 힘을 해명하는 일이 인류가 직면한 가장 중요하고 심각한 과제의 일부라고 각자의 방식대로 확신했다. 당시 다보스에서 펼쳐진 일련의 논쟁은 당대 지성들 사이의 투쟁에 대한 비유로 우리에게 유용한데, 토마스 만이 소설 『마의 산(Der Zauberberg)』(1924)에서 이를 활용했다. 1928년에 알베르트 아인슈타인은 다보스에서 수리물리학을 주제로 강연했다(청중들은 아인슈타인의 바이올린 연주도 즐겼다). 1년 후 에른스트 카시러(Ernst Cassirer)와 마르틴 하이데거가 같은 무대에서 "인간이 된다는 것은 무엇인가?"라는 주제로 논쟁했다. 얼마나 적절한 일정인가!

우리는 수리물리학의 발견들이 인과율, 결정론, 법칙, 자유와 같은 개념들을 통해 탐구활동에 투입되는 과정을 이미 봤다. 이 발견들은 인간의 상태와 가장 작은 물질(기본 입자)에서 가장 큰 물질(우주 그 자체)에 이르는, 정말로 우주에 있는 모든 물체를 탐구하는 데 활용됐다. 카시러가 다른 곳에서 지적했듯이 아인슈타인의 우주에서는 "어떤 종류의 물질도 진정한 의미에서 변하지 않는 것이 없고, 언제나 어떤 근본적 관계와 기능적 의존성만 있을 뿐이다. 이 관계와 의존성은 수학과 물리학의 상징 언어들의 특정한 방정식들로 유지된다". 공간, 시간, 물질. 이 세 가지는 이제 인간 경험과 완전히 분리될 수 있었고, 형이상학적 실체이거나 실체를 담는 용기이기보다는 수학의 형식적이고 규칙에 묶인 언어로 표현되고 인식되는 관계의 관념으로 여겨질 수 있었다. 모든 것, 심지어 '사물성(thingness)'과 물질 그 자체도 수학적 이성의 관점에서 표현되는 범위에서만 불변한다.[55]

이성이 거둔 최근의 승리를 대하는 카시러와 하이데거의 태도는 완전히 달랐다. 카시러에게 정확히 인간의 특성은 무한,

'필연적 보편', 영원에 도달하는 유한한 이성적 능력이었다. 하이데거에게 수정해서 다시 물었듯이, 카시러에게 가장 중요한 질문은 다음과 같다. "이 유한한 창조물이 어떻게 유한에 묶여 있지 않은 대상들을 규정하게 될까?" 카시러의 관점에서 보면, 새로운 물리학에서 진행되는 물질의 수학화는 인간 조건의 한 기본 속성을 또 한번 영광스럽게 드러낸 것이었고, 카시러는 이 기본 속성을 칸트의 용어를 빌려 '자발성(spontaneity)'이라고 불렀다. 이 말은 인간 정신의 자발적 투영이 바로 질서 정연하거나 객관적으로 보이는 세계를 형성한다는 뜻이다. 카시러는 이 투영을 '상징 형식(symbolic form)'이라고 불렀고, 이런 형식을 만드는 능력은 인간만의 특성이라고 보았다. 상징 형식이라는 자발적 투영을 통해 세계를 창조하는 힘(수학은 그 힘의 일부일 뿐이고, 신화, 시, 언어 등도 그 힘에 속한다), 바로 이 힘이 카시러에게는 인간 자유의 원천이자 표현이었다.[56]

　　카시러와 반대로 하이데거는 인간은 자신의 경험을 무 (nothingness)의 심연 위에 만들어 가는 피조물이고, 인간의 근본 속성은 유한성이라고 보았다. 다보스 논쟁이 끝난 직후에 나온 「형이상학이란 무엇인가?(Was Ist Metaphysik?)」에서 하이데거는 이렇게 말한다. "우리는 그렇게 유한한 존재라서 심지어 자신의 결정과 의지로는 원래 무 앞에 스스로 설 수도 없다. (…) 우리의 가장 적절하고 깊은 유한성은 우리의 자유에 굴복하기를 거부한다." 이 '무'는 논리학과 아무 관련이 없었다. 예를 들어 「형이상학이란 무엇인가?」를 발간하기 1~2년 전 요한 폰 노이만이 수학을 새롭게 규정하면서 기초로 만든 0이나 공집합과 하이데거의 무는 아무 관련이 없다. 실제 수학은 카시러에게 인간 자유의 가장 두드러진 표현 가운데 하나였지만, 하이데거에게는 완전히 그 반대였다. 당시 작품들에서 하이데거는 종종 '논리학'과 수학을 공격했다. 수학과 논리학은 존재에 대한 어떤 지식의 기초도 제공할 수 없고, 오히려 존재에 대한 지식으로 가는 길을 가로막는다는 것이었다.

하이데거는 근대가 '수학적'[57]이라는 그리스어를 잘못 이해했다고 넌지시 말한다. 비록 이유는 다르지만, 슈펭글러와 후설처럼 하이데거도 데카르트를 이 우선순위 변환의 중요한 선구자로 보았다. 하이데거는 『존재와 시간(Sein und Zeit)』에서 이렇게 말한다. "데카르트는 수학적 지식이 실체들을 파악하는 유일한 방법이며, 이 방법으로 실체들의 존재가 확실하게 파악됐다는 보장을 늘 할 수 있다고 여겼다. (…) 이런 실체들은 '언제나 있는 그대로'인 존재들이다." 이 비판적 관찰을 우리 식으로 해석하자면, 하이데거는 수학이 언제나 같음을 유지하고 수학적 동일성원리를 고수하는 아패틱한 객체들에게 적절한 도구라고 말한다. 데카르트의 오류는 수학을 좋아한 것이 아니라 모든 존재를 동일성이라는 조건에 맞는 존재인 양 독단적으로 다뤘다는 데 있다.[58]

하이데거는 철학자들은 자신들이 사용하는 생각의 도구가 자신들이 다루는 질문들에 적절한지 물어야 한다고 주장했다. 옳은 주장이다. 이 주장은 특별히 하이데거가 가장 크게 관심을 가졌던 '무'라는 질문에서 옳다. 예를 들어 논리학자들의 증명은 '부정'에 크게 의존한다는 것을 하이데거는 알고 있었다. "존재론과 논리학은 확실히 '부정'에서 많은 것을 요구했고, 그 때문에 자신들의 가능성을 단편적인 방식으로 가시화했다." 하이데거는 더 나아가 계속해서 이런 질문을 던진다. "누군가 무의 '존재론적 근원'에 대해, 혹은 '그것 이전'에 대해 문제를 제기한 적이 있었는가? 심지어 '부정'의 문제, 그 부정의 부정성, 그 부정성의 가능성이 야기될 수 있는 단순한 '조건들'의 기초를 탐구한 적이 있었는가?"[59]

이 주장은 서론에서 요약했던 내용과 매우 비슷해 보인다. 동일성의 조건처럼 부정의 조건도 당연하게 여겨져서는 안 되며, 탐구돼야 한다(우리는 한걸음 더 나가서 두 가지 경우의 조건 모두 필연적이라기보다는 우연적이라고 주장한다). 그러나 하이데거에게는 논리학과 수학의 주장을 비판적으로 성찰하는 자의식을 촉구하는 것만으로, 혹은 자신의 '무'를 논리적 부정이나 0 또는 공집합과 구분하는 것만으로는 충분하지 않았다. 하이데거는 이성이 닿는 범위 바깥에 존재를 전적으로 놓고 싶어 했다. 물론 하이데거도 '관계들의 체계'를 형식화하는 데 수학이 강력하고 유용한 도구라는 걸 알고 있었다. 그러나 그는 이렇게 강조했다. "그런 형식화는 현상들을 지나치게 평준화해 실제 현상에 담긴 내용이 상실될 수 있다는 점에 주의해야 한다." 하이데거가 관심을 쏟은 현상은 "모든 종류의 수학적 기능화에 저항하는 것으로, 단순히 생각 같은 것이 아니다".[60]

하이데거에게 문제는 수학과 이성이 우리가 존재의 작은 일부에만 접근을 허용한다는 게 아니다(하이데거는 이 일부를 '순수한 실체'라고 불렀다). 수학과 이성이 능동적으로 나머지 모든 것, 즉 세계 내 존재에서 가장 중요한 모든 것에 접근하는 길을 가로막는다는 게 더 큰 문제다. 이 지점에서 하이데거는 독단적으로 변한다.

하이데거에 따르면, 과거의 모든 철학자는 유한성에서 벗어나 자유를 얻는다는 환상과 논리적·이성적 사고의 힘에서 만들어진 환상을 선호하면서 이런 혼란스러운 진리를 억눌렀다. 그러므로 필요하다면 전체 철학사를 파괴적으로 다시 읽어야 한다. 하이데거는 다보스 청중들에게 그런 독서의 결과는 다름 아닌 '서양 형이상학이 근거하는 과거 기초들(영, 언어, 이성)의 파괴'가 될 것이라고 약속했다.[61] 위기의 시대였던 당시에는 하이데거의 주장을 수용하려는 열망이 컸다. 존재 근거에서 이성을 추방한 하이데거의 논지가 이성의 통치만큼 억압적인 교조주의임을 망각한 채 말이다.

우리가 하이데거와 카시러의 이 만남을 다시 언급하는 목적은 한 사람을 특별히 추앙해야 할 성인으로 성별하려는 게 아니다. 단지 다음 사실을 지적하려는 것뿐이다. 1929년 이 위대한 철학자 두 명은 만남 내내 이성의 힘과 한계에 대한 우리 선택이 인류의 중요한 측면을 결정한다는 점을 확신했다. 두 사람은 수학이 두 사람의 논쟁에 특별히 중요한 사례를 제시한다는 점에 동의했는데, 수학의 동일성원리는 그렇게 강력하게 우주에 대한 확실성을 만들 수 있기 때문이다. 두 사람은 이런 선택이 인류를 자신 안에 있는 중요한 것으로부터 소외시킬 수도 있고 위기를 만들 수도 있다는 점에 공감했고, 그 당시에 인류가 그런 위기를 경험하고 있다는 일반적인 확신을 공유했다. 다보스에서 두 사람이 동의하지 않았던 것은 어떤 선택이 옳고 어떤 선택이 틀렸냐였다.

인종의 동일성원리에 대한 여담

두 사람은 동의하지 않겠지만 또 다른 동일성원리가 있었다. 비록 다보스 토론 무대에서 언급되지는 않았지만, 1920~1930년대에 유럽 전역에서 유행했던 원칙이다. 어떤 동일성(여기서는 수학적 동일성) 주장의 엄격한 비판가이면서 동시에 다른 동일성의 엄격한 옹호자가 될 수 있다는 건 아이러니한 일이다. '인종'의 동일함도 '동일성'의 일종이고 심지어 어떤 이들에게는 '자연법칙'인데, 많은 이들이 강하게 믿으면 사유의 가능성이 열린다. 하이데거는 확실히 이 부류에 속했다. 그는 '유대 인종'이 빠지기 쉬운 사고 형태, 사유의 조건으로서 독일적인 것, 민족, 피, 영토의 중요성을 자주 언급했다. 우리는 여기서 나치 정당에게 보낸 하이데거의 열광적인 옹호와 같은 정치적 질문들은 배제해도 된다. 하지만 그가 활동하던 시기에 이런 인종적 동일성 범주들은 연구되지 않았다는 사실이 그의 철학적 기초에서 어떤 의미를 가지는지는 물을 수 있다.

이 시대에 수학적 동일성과 인종적 동일성은 서로 관계가 있었다. 1920년대에 수학적 이성과 그것을 물리 세계에 적용하는 일은 자주 부정적으로 '유대주의'와 결합했고, 시간이 지나면서 이런 경향은 더욱 강해졌다. 필리프 레나르트(Philipp Lenard, 1905년 노벨물리학상 수상)의 유명한 물리학 교과서는 심지어 물리학도들에게 수학을 너무 많이 공부하지 말라고 경고한다. 수학을 너무 많이 공부하면 유대적(Jewish) 지성의 영향을 받을 수 있고, 유대적 지성은 '자연과학 연구 감각'을 죽이기 때문이다[62](예상하겠지만 레나르트는 특히 아인슈타인 물리학의 격렬한 반대자였다). 요하네스 슈타르크(Johannes Stark, 1919년 노벨물리학상 수상)가 《네이처(Nature)》지에 쓴 글도 있다. "우리는 독단적 사고로 기우는 본성이 유대 혈통에서 특별히 자주 나타난다는 사실을 입증하고 인정해야 한다." 선도적 수학자들도

《독일 수학(Deutsche Mathematik)》 같은 학술지를 창간하면서 이 투쟁에 참여했다. 덜 추상적이고 더 인간적인(《독일 수학》에서 인간적이란 '덜 유대적'인 것으로 이해됐다) 수학을 발전시키기 위해서였다.[63] 우리는 이런 노력들이 풍기는 반유대적 특질을 부차적인 것으로 무시하고 싶은 유혹을 받는다. 그러나 지금까지 다룬 다른 연구 및 노력과 마찬가지로 이런 노력도 외면적으로는 감각과 이성의 이중성, 그리고 확실성과 자유를 향한 동시적 열망으로 정의되는 인류에게 수학이 던지는 것처럼 보였던 중대한 도전에 대응하려는 시도였다. 겉으로 보기에 '가장 객관적인' 과학조차도 동일성이라는 이런 인종적 환상의 유혹에서 완전히 자유롭지 못했다.[64]

아직 우리는 20세기 전반기의 핵심 질문이 지식의 형태와 삶의 가능성 사이의 관계를 탐구하는 것이라고 생각했던 '지식인' 목록을 거의 다루지 못했다. 이 책에서는 독일어권 국가들에 집중했지만, 프랑스의 앙리 베르그손(Henri Bergson)이나 갈릴레이를 다룬 호세 오르테가 이 가세트(José Ortega y Gasset)의 1933년 스페인어 강연도 관심을 둘 만하다. 가세트의 강연은 1942년 『인간과 위기(Esquema de las Crisis)』로 출판됐다. 또한 우리는 당시에 있었던 다른 학문 분야의 형성도 탐색해야 한다. 새로운 '영의 과학'(문자 그대로, 심리학)의 창시자인 지크문트 프로이트(Sigmund Freud)는 이 합성어 안에 원래부터 존재하던 긴장을 알아차렸고, 근대가 가져온 위기 속에서 이런 긴장이 수행하는 역할을 인지했다.

미국적 변형: 존 듀이의 확실성 추구

너무 많은 이야기는 지루함을 주고, 역사적 사례가 아무리 풍부해도 확실성을 보장하기에는 충분하지 않다.[65] 그래서 우리는 딱 한 사람만 더 다루고 이 장을 마무리하려고 한다. 이 인물을 선택한 이유는 혹시 모를 오해를 방지하기 위해서다. 지금껏 유럽 사상가들만 언급하는 바람에 당시 미국은 위기를 경험하지 않았거나, 이 긴 사유 역사가 미치는 영향에서 예외적으로 벗어나 있었다는 오해가 생길 수도 있다는 뜻이다. 우리는 이미 철학자이자 심리학자, 그리고 교육자인 존 듀이와 1929년에 나온 그의 책『확실성의 추구: 지식과 행동의 관계에 대한 연구』를 만났다. 여기서 존 듀이는 선명함과 깊이의 전형적인 조합을 통해 우리 이야기의 윤곽을 다른 방식으로 보여 줬다.

듀이에 따르면, (암묵적으로 서양의) 역사 전체에서 영원은 가장 눈에 띄게 선호된 주제다. 과거의 위대한 사상가들은 '절대적이면서 흔들림 없는 확실성 추구'에 몰두했다. 그 사상가들은 이렇게 확신했다. "실천 활동의 독특한 특성은 타고난 것이라 제거할 수 없으며, 그 특성은 바로 행동에 수반되는 불확실성이다." 그래서 그들은 이성의 확실성을 추구했고 감각의 유한성을 무시했다. 이 세계에 있는 인간으로서 우리가 하는 '실천 활동'은 더 영원한 진리를 위한 지식의 원천으로 인정받지 못하고 묵살됐다. 이 오류가 사상의 긴 역사에서 완강하게 우리의 인간성을 위협하고 목을 조르는 사악한 덩굴의 뿌리였다.[66]

듀이는 무한한 확실성을 (잘못) 약속했던 다양한 길들을 지적하면서 이 역사를 짧게 요약해서 보여 줬다. 듀이가 보기에,

종교는 중요하지만 시대에 뒤떨어진 길이었고 이미 고대 그리스 때 이성으로 어느 정도 대체됐다. "의례와 숭배를 통한 구원을 [그리스는] 이성을 통한 구원으로 대체했다." 듀이는 이성을 통한 구원이라는 이 환상의 시작을 기하학의 발견으로 봤다. "기하학은 이상적 (혹은 비감각적) 형태들의 세계를 드러내는 것처럼 보였는데, 이 이상적 형태들은 영원하고 필연적인 관계들로 서로 얽혀 있고 오직 이성만이 이 형태들을 추적할 수 있는 것 같았다. 이런 기하학의 발견은 철학에 의해 고정된 존재 영역이라는 교리로 일반화됐고, 고정된 존재 영역은 생각을 통해 파악될 때 변하지 않는 필연적 진리라는 완전한 시스템을 형성한다."[67]

4장에서 우리는 확실성을 향한 두 길인 종교와 이성을 너무 쉽게 대립으로 보는 관점을 거부할 것이다. 두 길은 서로 대체하는 관계라기보다는 늘 긴밀하게 연결돼 함께 구성하는 관계였고, 앞으로도 그럴 것이다. 여기서는 이런 비판을 우선 접어두고 듀이의 주장에 주목하자. 이미 익숙한 내용들이 듀이에게서도 발견된다. 듀이에 따르면, 역사 전반에 걸쳐 수학에서 추진력을 얻은 영원한 확실성을 향한 갈망이 이성의 독재를 만들었고, 이성의 독재는 인간 내부에 들어 있는 감각적이고 유한하며 일시적인 것에서 인간을 소외시켰다. 슈펭글러, 후설, 하이데거, 그리고 그 시대의 다른 많은 사람들처럼 듀이도 이 이성의 독재에 자신의 혁명적 해답을 제시했다. 그 독특한 원리들이 미국의 '실용주의' 사조로 불린다.

우리는 듀이가 묘사하는 궤도, 즉 확실성을 향한 동경, 이성의 잘못된 약속, 해방을 위한 혁명을 이 장에서 끊임없이 반복해서 만났다. 20세기 전반기에 집중한 것은 확실성과 위기 사이에서 지속되는 이 투쟁의 어떤 단계에 우리 시대가 직접 참여할 수 있는 가능성을 명료하게 만들기 위해서였다. 비록 우리 시대는 이런 질문이나 역사를 진지하게 받아들이기를 거부하지만 말이다. 우리는 또한 우리가 '하지 않은' 일에 주목해야 한다. 우리는 한쪽을 선택하지 않았다. 즉 아패틱을 극복하는 패틱이나 그 반대를 선택하지 않았다. 우리는 논리를 경험보다 우위에 두거나 감각적인 것을 비감각적인 것 위에 두려고 하지 않았다. 우리는 (하이데거처럼) 이성이 사유의 길을 가로막는다고 단죄하지 않았고, 그 반대로 우리의 감각, 감정, 혹은 언어의 모순과 양가성을 단죄하고 극복하려고 하지도 않았다. 또한 이 장에서 만난 거의 대부분의 사상가들이 시도했던 것과 달리 어떤 것도 진정한 것 또는 거짓된 것, 해방 혹은 소외로 구분하려는 시도를 하지 않았다. 그와 반대로 우리는 이런 선택들이 인간에 대한 사고의 역사에서 나온 산물이라는 걸 철저하게 강조하려고 노력했다. 인간에 대한 사고의 역사 자체가 우리를 장악하고 있다. 이런 모습은 우리가 앓고 있는 질병의 증상이지 해독제나 치료제가 아니다.

왜 우리는 인간의 본성과 지식을 이렇게 생각할까? 인간에 대한 우리의 사고방식인 인간학은 왜 그런 방식으로 분열돼 있을까? 모든 역사적 맥락은 그 자체로 독특하다는 말은 사실이고 또 멋있어 보이지만, 어떤 문제들은 지속되며 우리 문제가 그중 하나인 것도 (비록 덜 멋있어 보이기는 하지만) 사실이다. 다시 한번 듀이의 『확실성의 추구』를 인용한다. "그래서 여기서 그리스철학처럼 멀리 떨어진 시대로 돌아가는 것이 정당화된다."

2장
그리스인들
이론의 원사시대

이론의 원사시대(protohistory)는 대체될 수 없다.
그것만이 우리가 놓친 것을 다시 불러올 수 있다.
— 한스 블루멘베르크(Hans Blumenberg)[1]

왜 그리스인들에서 시작할까? 예를 들어 바빌로니아인들은 그리스인들보다 훨씬 앞선 시대 사람들이고, 세금 징수부터 천문학에 이르는 세상의 여러 문제에 수학을 훨씬 더 능숙하게 활용했다. 이집트인들에게도 숙련된 계산법과 측량 기술이 있었다[실제로 그리스인 헤로도토스(Herodotos)는 끊임없이 변하는 나일강의 강둑을 조사하기 위한 이집트인들의 노력 덕분에 기하학이 발명됐다고 했다]. 우리는 산스크리트어와 중국어로 된 초기의 중요 연구 문헌들도 찾아볼 수 있다. 그리고 고대 중남미 문명에 대해 더 많이 알았더라면, 그들의 업적에 경탄했을 것이다.[2]

그러나 지금 우리는 수의 역사나 수학사가 아니라 지식에 대해 생각하는 방법의 역사를 서술하고 있다. 앞 장에서 보았듯이, 많은 유럽과 미국의 주요 학자들은 자신들이 휩쓸린 격렬한 논쟁들이 고대 그리스에서 기원했고, 종종 '서양'이라고 부르는 전통으로 구별된다고 이해했다. 수학 명제를 증명하는 독특한 방법도 정말로 고대 그리스에서 기원했다. 이런 증명들은 동일성과 차이 주장들을 활용했는데, 수학자들의 (아주 작은) 공동체가 자신들을 위해 설정했던 규칙과 방법으로 모순이 없어 보이는 결론을 생산하기 위해서였다.

우리는 이 이야기를 앞으로 세 장에 걸쳐 할 예정인데, 흔히 하듯이 영웅적 행적을 중심으로 서술하지는 않을 것이다. 인류 역사에서 그리스를 그렇게 중요하게 만든 것은 산술학이나 기하학 분야에서의 특별한 기여가 아니며, 더욱이 연역적 증명과 같은 특별한 논증 방식의 개발이 아니기 때문이다. 그리스 세계에서 동일성과 차이에 대한 의도적 선택은 수학에 필요한 진리를 생산했고, 그 후 그 선택은 수학과 연관된 많은 사유 영역에서도 필수적인 것으로 여겨졌다. 오늘날 우리가 물리학, 심리학, 철학, 종교라고 부르는 영역도 이 사유 영역에 포함된다. 우리 이야기에서 중요한 것은 수학에서 다른 영역으로 확장돼 간 그 여정이다.

이 장에서 우리는 그리스 사상을 기초로 진행되는 어떤 건설 프로젝트를 묘사할 것이다. 이 프로젝트에서 동일성과 차이는 새로운 유형의 '확실성'을 생산했다. 우리는 이 새로운 확실성이 많은 다른 확실성들을 의문에 빠뜨렸고, 그 때문에 앞 장에서 우리가 간접적으로 경험했던 것과 비슷한 위기를 불러왔음을 보여 줄 것이다. 비록 당시에는 세계대전 대신 동일성과 차이 지지자들 사이의 철학적 논쟁만을 일으켰지만 말이다. 다음 장에서는 이 논쟁을 플라톤과 아리스토텔레스가 어떻게 체계화해서 그 이후 거의 2000년 동안 서양 사상의 필수 요소로서 구조를 갖추게 됐는지 탐색할 것이다.

이오니아에서의 동일성과 차이

약 3000년 전에는 그리스어를 쓰는 도시들이 소아시아 이오니아 해안(오늘날의 튀르키예)을 따라 목걸이 모양으로 이어져 있었다. 이 가운데 몇몇 도시들이 기원전 7세기 후반부터 무역항으로 번성했고, 서로 느슨한 연합을 이뤄 남쪽과 동쪽에 있는 강대국들, 즉 이집트, 바빌론, 그 밖의 다른 국가들과 자주 접촉했다. 예를 들어, 밀레투스는 이집트에 무역 식민도시 나우크라티스를 건설했고, 흑해와 남부 이탈리아에도 많은 식민지를 뒀다. 이오니아 최북단 도시인 포카이아는 나중에 마르세유로 불리는 프랑스 지역을 식민지로 만들었다.

고대 그리스인들 스스로 그렇게 했듯이 그리스 전통은 많은 발명을 이 이오니아 식민지 거주민들의 업적으로 돌렸다. 예를 들어 밀레투스의 탈레스(Thales, 약 기원전 624~546)는 일곱 현인 가운데 한 명이었고, 첫 번째 철학자와 첫 번째 수학자라는 칭호를 얻었다. 이런 '영웅' 전통에 따라 몇몇 기하학 정리들 또한 탈레스의 발견으로 귀속됐다.[3]

1. 지름은 원을 이등분한다.
2. 이등변삼각형에서 두 밑각의 크기는 같다.
3. 두 직선이 교차할 때 생기는 맞꼭지각의 크기는 같다.
4. 두 삼각형의 한 변과 두 각의 크기가 같으면, 두 삼각형은 합동이다.
5. 반원에 내접하는 각은 직각이다(이 정리는 피타고라스가 발견했다고도 한다).

이 목록에 올라 있는 정리들은 다양하다. 아마도 (혹은 더 높은 확률로) 이 정리들을 탈레스가 발견하지는 않았을 것이다. 한편 이 정리들은 대단히 인상적이지만 언급이 잘 안 되는 특징을 하나 공유한다. 이 정리들에서는 동일성이 특별한 역할을 한다. 정리들을 더 상세히 서술해 보면 이 특징을 더 명확하게 볼 수 있다. 예를 들어 정리 4번을 보자. 삼각형 두 개가 있을 때, 첫 번째 삼각형의 한 변이 두 번째 삼각형의 한 변과 같다면(즉 길이가 동일하다면), 그리고 첫 번째 삼각형의 두 각이 두 번째 삼각형의 두 각과 같다면, 이때 첫 번째 삼각형의 다른 두 변도 두 번째 삼각형의 두 변과 같고, 첫 번째 삼각형의 세 번째 각도 두 번째 삼각형의 세 번째 각과 같다.

각도의 동일성과 차이를 탐구하는 생산적인 작업이 그리스인들의 발견인지, 아니면 더 오래된 고대이집트나 바빌론 기하학의 특징인지를 둘러싼 논쟁은 적지 않았다. 그리스의 우선권을 주장하는 극단적 옹호자들은 그리스인들이 '처음으로 각도를 측정 대상으로 삼았다'고 주장한다. 다른 이들은 서아시아의 전임자들을 더 많이 옹호한다.[4] 우선권을 둘러싼 논쟁은 분명히 수학만큼 오래됐다. 역사 기록은 탈레스나 탈레스의 동시대인들에 대해 어떤 확증도 해 주지 않으므로, 누가 먼저냐 하는 논쟁은 중요한 사항이 아니다. 여기서 중요한 건 하나다. 바로 고대 그리스 전통이 탈레스의 업적으로 돌린 동일성에 관한 통찰이, 동일성과 차이 사이의 구별을 통해 인지적 작업을 바꿨다는 일종의 이론적 주장을 만들었다는 사실이다.

여기서 말하는 동일성에 관한 통찰이란 이런 것을 뜻한다. 만약 a, b, c 사이에 어떤 동일한 관계가 성립된다면, x, y, z 사이에도 어떤 동일한 관계가 성립돼야 한다. 다르게 말하면 우리는 어떤 측정 가능한, 더욱 일반적으로 말해서 규정할 수 있는 대상들의 동일성을 근거로 다른 대상들도 동일하다고 확실하게 추론할 수 있어야 한다. 그리스수학 역사를 연구하는 어떤 학자는 이렇게 말했다. "등가 관계는 그리스 증명 공장의 재료이자 기계다."[5] 더 일반적으로 말해, 이런 유형의 동일함에 동일함(*same-to-same*) 주장은 수학의 발전뿐 아니라 여러 유형의 그리스 사상 발전에도 큰 역할을 했다. 그러나 점과 선만으로 구성된 평면기하학에 머물면서 이런 주장을 하는 것은 불가능하다.[6] 이런 주장은 각도를 측정할 수 있게 되면서, 즉 '동일'하거나 '다를' 수 있게 되면서 가능해졌다.

다시 말하지만 우리는 후대 전통이 창조한 인물에 대해서만 이야기할 수 있는데, 전통이 전해 주는 탈레스라는 인물은 수학자일 뿐만 아니라 자연을 탐구하는 연구자였다. 6세기에 살았던 킬리키아의 심플리키우스(Simplicius de Cilicia)는 탈레스에 대해 이렇게 서술했다. "전통적으로 탈레스는 자연에 관한 탐구를 그리스인들에게 처음 알려 준 사람으로 여겨진다."[7] '자연학자' 탈레스는 우주의 기원에 관심이 있었다. 왜 거기에는 무(nothing)가 아닌 그것이 있는가? 그리고 그것의 가장 처음이자 기본이 되는 요소는 무엇인가?

아리스토텔레스에 따르면, 탈레스는 물이 파괴될 수 없는 으뜸가는 형태라고 주장했다. 만물은 물에서 나오고, (아마도) 다시 물속으로 녹는다는 것이다. "이 물질은 계속 존재하지만 특성을 바꾼다." 아리스토텔레스의 말을 계속 들어 보자. "그렇기 때문에 그들은 완전히 생겨나거나 파괴되지 않고, 그 본성이 계속

보존된다고 말한다." 그래서 '이런 종류의 철학 창시자'(여전히 아리스토텔레스의 말이다)인 탈레스는 "땅이 물 위에 있다고 선언했다".[8]

어떤 이들은 이런 우주론을 통해 탈레스와 제자들이 자연 현상을 설명해 준다고 말한다. 예를 들어 지진은 땅을 받치고 있는 물이 동요하면서 생기는 것이다.[9] 어떤 학자들은 이 설명의 비신화적이고 '자연주의'적인 측면을 강조하면서, 밀레투스학파를 자연철학의 선구자로 본다[이에 반해서 호메로스(Homeros)는 지진을 바다의 신이자 '땅을 흔드는 신'인 포세이돈 탓으로 돌린다].[10] 우리는 누가 우월하다는 식의 주장은 피할 것이다. 그러나 탈레스와 제자들은 신 혹은 인간의 정신이나 혼 안에 분명히 존재하는 비인과율, 예측 불가능성의 호출을 막는 설명을 찾으려고 정말로 노력했던 것처럼 보인다. (후기 전통에 따르면) 탈레스와 제자들은 "필연성이 가장 강하다. 모든 것 위에 권력을 행사하기 때문이다"[11]라는 견해를 유지했다.

여기서 필연성이란 인과법칙과 인과율의 일반원칙들이라고 부를 수 있다. 비록 이런 인과율의 일반원칙들이 신의 어깨 위로 올라서지는 않았지만, 이 원칙들은 무한정으로 그리고 대부분 묵시적으로 동일성이라는 가정에 기초했다. 한 가지 멋진 사례를 탈레스의 제자로 여겨지는 밀레투스의 아낙시만드로스(Anaximandros)에 대한 전승에서 찾을 수 있다. 아낙시만드로스도 후기 전통들에 따르면 자연학의 여러 위업을 남겼다고 알려져 있는데, 지진 예측과 우주의 비율을 결정한 일도 그 위업에 포함된다.[12]

아리스토텔레스의 『천체에 관하여(De Caelo)』에 따르면, 아낙시만드로스는 우주의 중심에 지구를 놓은 공로를 인정받을 만하다. 아리스토텔레스의 발언은 여기에 전체를 인용할 만한 가치가 있다.

> 그런데 (지구가) 동일성(*sameness*) 때문에 자기 자리에 머물러 있다고 말하는 사람들이 있고, 옛날 아낙시만드로스도 여기에 속한다. 가운데 위치해 극단들과 동등한(*equally*) 관계에 있는 존재는 위, 아래, 양옆 어느 쪽으로도 움직이려는 경향이 없고, 한꺼번에 (그러니까 동시에) 반대 방향으로 움직이는 것은 불가능하므로, 지구는 필연적으로 자기 자리에 머물러 있다.[13]

아리스토텔레스가 전해 주는 아낙시만드로스는 지구와 지구를 둘러싼 우주의 껍질이 서로 근본적인 대칭관계를 이룬다고 가정했다. 이런 대칭 혹은 동일성을 전제할 때 지구는 반대 방향뿐 아니라 어떤 방향으로도 움직일 이유가 없고, 그래서 같은 자리에 머문다.

위의 인용문에서 우리는 '동등한'과 '동일성'이라는 단어에 강조 표시를 했다. 지구에 대한 아낙시만드로스의 주장이 탈레스의 기하적 비율과 마찬가지로 동일함에 동일함 유형에 속한다는 걸 보여 주기 위해서다. 오늘날 어떤 물리학자들은 아낙시만드로스의 이 생각을 열렬히 지지하면서 뉴턴의 생각에 버금가는 독창성과 의미를 갖는다고 말한다. 이 승리주의자들의 이야기에 따르면, 다른 사람들은 기둥, 영웅, 코끼리 혹은 거북이가 지구를 떠받치고 있다고 상상하고 탈레스는 물 위에 떠 있는 지구를 가정하던 때에, 탈레스의 제자는 대칭적 동일성에 의해 고정된 지구를 주장했다.[14]

아낙시만드로스가 했다고 하는 이 주장은 (비록 명료한 공식으로 표현되지는 않았지만) 종종 충족이유율의 제대로 된 첫 번째 적용이라고 불리는데, 이 원리는 유럽 계몽주의 시대 과학의 '사유법칙'이 됐다. 어떤 이들은 아낙시만드로스의 우주관에서 대단히 근대적인 것을 보았는데, 이 우주관에서는 대칭에서 과학적 주장을 유도했기 때문이다.[15] 그렇다고 해서 이미 고대에 조숙한 근대성이 있었다고 흥분하지는 말자. 아낙시만드로스의 생각에는 고대적인 것이 더 많다. 이오니아인들은 자신들의 사회(폴리스)와 우주를 어떤 의미에서는 같다고 과감하게 이해했고, '중심'과 '동일성' 같은 개념을 다른 곳으로 확장하는 데 주저하지 않았다.[16] 아낙시만드로스의 대칭적 우주에서 과학적 조숙성을 강조하는 대신, 이 우주관이 한 부족의 습관을 우주 법칙과 혼돈하는 자민족중심주의의 과도한 형태에서 태어났다고 말할 수도 있다.

아주 오래된 이 사례에서 이미 우리는 동일성 요구가 강력한 힘을 지녔다는 걸 볼 수 있다. 이 힘과 함께 거대한 위험이 온다. 『천체에 관하여』에서 아리스토텔레스가 들려주는 아낙시만드로스 이야기는 (언급했던 자민족중심주의 이외에도) 동일성 주장 안에 내재하는 위험의 몇몇 사례를 보여 준다. 그중 한 가지 위험만 언급하면, 동일성은 종종 차이라는 잠재적 원천을 무시하라고 우리를 부추기고, 우리가 하고 싶은 주장을 위해서는 심지어 모든 것이 '동일하다'는 가정이 필요하다고 유혹한다. 또 다른 사유법칙인 비모순율에 대해 아리스토텔레스가 했던 말을 다르게 표현해 보면, "논리적 반대를 만나는 데 필요한 만큼 모든 동일성을 추가해야 한다".[17] 다시 말하면, 최소한 우리가 유토피아, 교리, 신화로 피신하기를 거부한다면 동일성 논증 과정에 필요한 동일성 명제들은 끝이 없을 수 있고, 말로 표현하지 못할 수도 있으며, 무한할 수 있고, 참으로 종종 알 수 없을 수도 있다(우리는 종종 이 점을 강조할 텐데 최소한 근대경제학을 다룰 때 그럴 것이다).

예를 들어 아리스토텔레스를 통해 들은, 아낙시만드로스가 우주에 부여한 동일성은 도출될 결론의 근거로는 충분하지 않다. 근본적 대칭에 추가해 외부 껍질 자체가 완전히 (같은 본성으로) 동질하다는 가정도 필요하다. 그렇지 않으면, (뉴턴의 중력 언어로 설명한다면) 껍질의 일부가 대각선 반대쪽에 있는 부분보다 밀도가 높아서 더 강한 중력을 발생시켜 지구를 자기 쪽으로 당길 수도 있기 때문이다. 또한 우리는 지구와 다른 천체 중간에 끼어 있는 공간이 등방(*isotropic*)하다고 가정해야 한다. 즉, 모든 방향은 동일하지 않지만 많은 면에서 동일해야 하고, 모든 빈 공간은 운동에 동일한 저항을 (만약 있다면) 보여 주며, 둘러싸고 있는 껍질의 영향을 동등한 크기로 전달해야 하는 등 우주 전체가 모든 면에서 동일성을 유지해야 한다. 지구 또한 모든 방향을 향해 동일한 방식으로 대하고 있다고 가정해야 한다. 이런 식으로 동일성 가정은 계속 추가될 것이다.

아낙시만드로스에 대한 아리스토텔레스의 진술은 동일함에 동일함 주장과 관련된 또 다른 보편적 위험을 알려 준다. 그 위험이란 한 영역에서 작동하는 동일성을 같은 방식으로 적용할 수 없는 다른 영역으로 확장할 때 생기는 위험을 말한다. 아낙시만드로스의 이론에 반대하면서 아리스토텔레스 자신이 바로 이 함정에 빠졌다. "이 주장은 영리하지만 진실은 아니다. 이 주장에 따르면 가운데 있는 것은 어떤 것이든 모두, 불조차도 거기에 머물러야 하는데, 이렇게 멈추어 있는 특성은 지구의 고유한 특성이 아니기 때문이다." 그다음에 아리스토텔레스는 아낙시만드로스의 주장이 얼마나 우스운지를 보여 주는 두 가지 비유를 제시한다. 아낙시만드로스가 옳다면, 머리카락은 아무리 엄청난 압력을 받아도 만약 그 압력이 균등하게 분배된다면 끊어지지 않을 것이다. 배고픔과 목마름을 동시에 같은 크기로 느끼는 사람도 마찬가지다. 만약 그 사람이 먹을 것과 마실 것으로부터 동일한 거리에 있다면 그는 움직이지 않은 채 제자리에 있어야 한다(이 역설은 나중에 사람을 당나귀로 바꾸어 '뷔리당의 당나귀'로 알려졌다).[18]

　이 비유에서 나오는 오류에 주목하자. 아리스토텔레스는 지구 행성에 적용되는 동일함에 동일함 주장을 다른 두 상황으로 옮겼다. 여기서는 동일함에 동일함 주장이 (a) 머리카락과 (b) 인간의 의지에 적용된다. (a)의 사례에서 우리는 아리스토텔레스의 주장 이면에 숨은 가정들을 추정해 볼 수 있다. 아리스토텔레스는 사물의 연속성을 믿었고, 머리카락을 세포 혹은 데모크리토스(Democritos)의 원자들의 결합으로 보는 관점을 거부한다. 이 두 가지 모두 숨어 있는 동일성 가정에 포함된다. (b)의 사례에서는 배고픔과 목마름을 '같은 크기로' 느낀다는, 동일성에 관한 다소 의아스러운 문장이 나온다. 여기에 더해 아리스토텔레스는 아낙시만드로스의 원리가 사물에 적용된다면, 영혼의 상태에도 적용돼야 한다고 가정한다. 우리는 (검증 안 된?) 유추를 마주했다. 즉 우리는 아리스토텔레스의 주장에서, 차이를 인식할 수도 있는 영역들 사이에서 유사성을 인식하려고 하고 규칙들을 한 영역에서 다른 영역으로 확장하려는 선택을 만났다. 이 경우에는 자연학에서 심리학으로 규칙을 확장하고 있다.[19]

우리는 이런 중대한 선택에 대해 숙고해야 할 사례를 빈번하게 만날 것이다. 이 책은 특정 영역에서 유도된 사유법칙을 '동일성'이라는 필수 조건이 적용되지 않을 수 있는 다른 영역으로 확장할 때 생기는 결과를 더욱 의식적으로 탐구하라는 권고로 많은 부분을 채우고 있기 때문이다.[20] 이런 점에서 아낙시만드로스는 신중함과 인식론적 겸손함이 돋보이는 훌륭한 사례를 우리에게 제공해 준다. 아마도 고대 그리스로부터 우리에게 도달한 단편들 가운데 가장 수수께끼 같은 단편들에서, 아낙시만드로스는 무가 아닌 어떤 것이 존재하는 충분한 이유를 확인하는 일이 불가능한 상황에 직면했다고 한다.

> 아낙시만드로스는 존재하는 모든 것의 기원이자 첫 번째 원리는 아페이론(ápeiron, 무한정한 것)이라고 말했다. 아페이론에서 모든 것이 태어나고 아페이론 안에 같은 것들이 녹아 있다. 왜냐하면 이 모든 것들은 시간 순서에 따라 자신들이 저지른 불의에 따른 죗값을 서로에게 치러야 하기 때문이다.[21]

존재의 기원이라는 아페이론은 무엇일까? 그리스어 '아페이론'은 '경계가 없음'을 뜻한다. 이 단어는 종종 '무한(the infinite)'으로 해석되거나 번역됐는데, 'infinite'는 역시 경계가 없고 안과 밖이 없음을 뜻하는 라틴어에서 유래했다.[22] 아페이론은 또한 모든 종류의 다른 것들의 혼합, 어떤 원시적 혼돈 상태에 비유되기도 한다.[23] 그러나 아페이론을 혼합물로 보는 관점은 혼합물이 아무리 완전하거나 균질적이라 해도 논리적 일관성이 없다.[24] 오히려 아페이론을 형태가 완전히 없다고 생각할 때, 아페이론이 연금술사들이 말하는 우주의 용매(*menstruum universalis*)'의 일종일 때, 논리에 더 맞을 것이다.[25]

아낙시만드로스에 따르면, 모든 존재, 모든 사물은 아페이론의 식별불가능성에서 생겨난다. 그다음 적절한 때에 그것들은 자신들의 불의 때문에 생겨난 대가를 서로 치러야 한다. 그렇다면 되갚아야 한 불의의 본성은 무엇일까? 각 존재들은 아페이론에서 분리될 때 어떤 우주 법칙을 어기게 될까? 아낙시만드로스는 이 본성을 언급하지 않았지만, 우리가 보기에 인과율 자체가 위태로워지는 것 같다. 왜냐하면 아페이론이 완전한 동일성과 대칭 상태에 있다면, 모든 유한한 존재들을 여기에서 분리해 줄 동기, 즉 '충족 이유'가 존재할 수 없기 때문이다.

왜 거기에 무가 아닌 어떤 것이 존재할까? 우리 시대 물리학자들은 이 문제를 다룰 때 종종 어떤 필수적 비대칭(즉 동일성의 결여)을 초기 우주에 놓는다. 빅뱅의 원인과 결과를 설명하거나 물질과 반물질이 서로를 상쇄하지 않는 이유를 설명하기 위해서다. 아낙시만드로스의 위대한 점은 그가 확실한 이유가 존재하지 않을 가능성을 과감하게 직시했다는 것이다. 인과율을 발견했음에도 아낙시만드로스는 전체 우주를 인과율 위에 세우려고 하지 않았다. 대신 그는 모든 분화된 존재의 시작과 끝에 법칙 위배와 비인과율을 위한 공간을 남겨 뒀다.[26] 어쩌면 2500년이 지난 후 위대한 시인 오든이 말했듯이, "모든 우연, 모든 사랑, 모든 논리, 당신과 나는 불합리라는 은총 덕분에 존재한다".[27]

피타고라스와 동료들

밀레투스의 상황이 힘들어지면서 밀레투스 사상가들은 지중해 연안으로 흩어졌다. 후기 전승에 따르면 망명자들 가운데 피타고라스도 있었는데, 피타고라스(약 기원전 570~490)는 기원전 530년경에 이오니아 사모스섬을 떠나 남부 이탈리아로 갔다.[28] 이 이야기에 나오는 모든 인물과 마찬가지로, 믿을 만한 당시의 역사적 기록은 없다. 피타고라스와 초기 피타고라스학파에 대해 우리가 알고 있는 정보는 대부분 조금 시간이 지난 후(헤라클레이토스, 플라톤, 아리스토텔레스), 혹은 꽤 시간이 지난 후[포르피리오스(Porphyrios), 디오게네스 라에르티오스(Diogenes Laertios)]에 기록된 자료에서 나왔다. 이 자료들에 실린 많은 이야기들은 피타고라스의정리나 음정 사이의 수학적 관계 같은 기초적인 수학적 발견들을 피타고라스의 공으로 돌렸고, 심지어 발견 순간을 묘사하기도 했다. 예를 들면, 피타고라스는 대장간 옆을 지나다가 망치의 크기에 따라 쇠를 두드릴 때 나는 소리가 다르다는 걸 알아차렸다고 한다.[29]

우리는 이 모든 이야기를 의심해야 한다. 실제로 고대 수학 역사를 연구하는 선도적 역사가들은 수학과 관련된 피타고라스 이야기를 전혀 신뢰하지 않는다(사실상 소크라테스 이전의 그리스철학자들에 대해서도 마찬가지다).[30] 그러나 피타고라스가 죽은 후 100년 안에 우주에 대해 대단히 독특한 수학적 접근을 하는 그리스 전통을 따르는 피타고라스학파가 조직됐다는 것은 의심의 여지가 없다. 아리스토텔레스는 그 사실을 이렇게 썼다. "소위 피타고라스학파는 수학에 몰두했고 (…) 수학 연구를 통해 그들은 수학의 원리가 모든 사물의 원리라고 믿게 됐다."[31]

아리스토텔레스의 서술은 확실히 크로톤의 필롤라오스 (Philolaos, 약 기원전 470~385)와 연결된다. 필롤라오스는 작품 일부가 전해지는 가장 초기의 피타고라스학파 일원이다. 한 작품에서 필롤라오스는 이렇게 선언한다. "알려진 모든 것은 수를 갖는다. 수가 없으면 어떤 것도 이해하거나 알 수 없다."[32] 피타고라스 자신이나 그의 초기 추종자들이 이런 관점을 가졌는지, 이런 관점을 가졌다면 그들의 특별한 수학적 성취는 무엇이었는지를 두고 학자들은 여전히 논쟁 중이다. 여기서 우리에게 중요한 건 이런 문제를 해결하는 게 아니다. 단지 우리는 초기 피타고라스학파의 개념으로 간주된 첫 번째 원리들이나 힘들[아르케(*arche*)]이 형태 연구와 수 연구의 결합, 다르게 말하면 기하학이라고 불리게 되는 분야와 산술학의 결합을 제안했다는[33] 점만 주목하고자 한다.

피타고라스학파의 제1원리들은 말하는 방식에서 탈레스나 아낙시만드로스의 첫째 원리들과 다른데, 가장 중요한 차이는 원리들이 쌍으로 표현된다는 점이다. 아리스토텔레스의 목록과 플루타르코스(Ploutarchos)의 목록은 약간 차이가 있지만 공통점이 더 많으므로, 여기서는 편의를 위해 한 목록으로 통합했다. 피타고라스학파는 각 쌍에서 첫 번째 항이 두 번째 항보다 더 좋다고 여겼다.[34]

1. 경계가 있는(유한) / 경계가 없는(무한)
2. 홀수 / 짝수
3. 하나 / 다수(플루타르코스의 목록에는 한 쌍)
4. 오른쪽 / 왼쪽

5. 남성 / 여성(플루타르코스의 목록에는 없음)

6. 정지 중 / 운동 중

7. 직선 / 곡선

8. 밝은 / 어두운

9. 좋은 / 나쁜(플루타르코스의 목록에는 없음)

10. 정사각형 / 직사각형(변의 길이가 다름)

첫 번째 쌍을 보자. 아낙시만드로스와 '이오니아학파'에게
는 무한이 첫 번째 원리였다. '피타고라스학파'는 숫자의 통치를
시작하기 위해 유한의 이름으로 왕권을 장악했다.[35] 숫자들 사
이에도, 즉 홀수와 짝수에도 차별이 있다. 왜 홀수가 우월할까?
사고 습관을 우주에 대응시키는 인간의 습성 때문이다. 피타고
라스학파의 수체계에서 홀수는 남성, 짝수는 여성으로 여겨졌
다. 절대적 동일성을 우선하는 항목들도 많다는 점에 주목하라.
운동보다는 정지, 다양성보다는 단일성을 우월하게 여긴다.

대립 관계들을 확장하면 놀라울 정도로 생산적이라는 게
증명됐고, 관계들의 기묘한 쌍을 전집으로 집필할 수도 있을 것
이다. 예를 들어, 홀수와 짝수의 대립은 논리학과 수학 영역에
서 최초의 위대한 지적 위업을 가능하게 했다.[36] 이런 확장적 경
향은 피타고라스와 초기 피타고라스학파가 했다고 전해지는 결
정적이고 치명적인 채택에서도 명백하다. 수와 수의 비율을 실
제하고 영원하며 불변하는 존재, 다른 모든 존재들의 존재, 유
일하게 절대적으로 확실하고 견고한 기초로 채택한 것이다. 그
가르침을 아리스토텔레스는 이렇게 요약했다. "모든 것은 수
다."[37]

이 홀수와 짝수라는 새로운 과학의 적용 덕분에 가능했던 업적을 하나만 살펴보자. 유명한 '피타고라스의정리'는 정사각형 한 변과 대각선은 통약이 불가능하다는 발견과 함께 나왔다. 이 정리의 발견자가 피타고라스이거나 초기 피타고라스학파였을까? 이 문제는 끊임없이 논쟁 중이고, 우리 이야기에는 이 질문에 대한 정확한 대답이 필요하지 않다. 중요한 것은 이 정리가 '발견됐다'는 점이고, 초기 피타고라스학파가 발견하지 않았다면 현재와 그리 멀지 않은 시기에 발견됐을 것이다.[38]

발견 도구는 무엇이었을까? 이등변삼각형이라는 특별한 경우에 피타고라스의정리를 증명하는 일에는 우리가 위에서 언급했던 탈레스의정리 이외에 추가로 필요한 것이 없다. 통약불가능성($\sqrt{2}$의 무리수성)을 증명하기 위해서는 두 짝수의 곱은 언제나 짝수이고 두 홀수의 곱은 언제나 홀수라는 사실만 확신하면 충분했다.

피타고라스학파는 두 가지 추가적인 논리 원칙들, 즉 '사유법칙들'도 필요했다. 바로 비모순율과 배중률이다. 우리는 이 두 가지 사유법칙의 역사를 당연한 것으로 이해해서는 안 된다. 배중률은 수는 반드시 홀수 아니면 짝수임을 확실히 하는 데 필요하다(제3의 대안은 없다). 반면 비모순율은 어떤 수도 동시에 홀수이면서 짝수일 수는 없음을 보장해 준다(1은 예외일 수 있는데, 고대 철학자들은 1을 짝수이면서 홀수이거나, 수가 아닌 것으로 여겼다).

아래 √2의 무리수 증명법은 더 후기에 나온 증명법이며, 유클리드(Euclid)의 『원론(Stoicheia)』에서 가져왔다.

√2를 유리수라고 가정하면, 자연수 p, q에 대해 $\sqrt{2} = p/q$가 성립한다. 양변을 제곱하면 $p^2 = 2q^2$(*)가 된다. 우리는 p와 q 모두 짝수가 아니라고 가정할 수 있다. 만약 두 수 모두 짝수면, '단순화'를 통해 둘 다 짝수가 아니면서 (*)을 만족시키는 더 작은 수를 찾을 수 있다. (*)이 보여 주듯이 p^2은 짝수다. 그러므로 p는 반드시 짝수다. p가 짝수가 아니라면, (배중률에 따라) p는 홀수가 된다. 그런데 홀수의 곱은 언제나 짝수가 아닌 홀수이므로, p^2이 짝수라는 사실과 모순된다(비모순율). 그러므로 p는 짝수다. 짝수는 2의 배수이므로 p는 2의 배수이고, 임의의 자연수 r에 대해 $p = 2r$이라고 표현할 수 있다. 그런데 이제 p를 p번 곱하면, 즉 $2r \times 2r = 2q^2$이 된다. 2로 나누면, $2r^2 = q^2$, 즉 q는 짝수가 된다. 이때 p와 q 모두 짝수가 되므로, p와 q는 동시에 짝수는 아니라는 가정에 모순된다. 비모순율에 의해 (*)을 만족하는 수 p, q는 존재하지 않는다.

유클리드의 『원론』 10권 117번 명제(아마도 나중에 삽입된 항목일 것이다)에서 차용했다. 유클리드의 『원론』 13권도 참고하라.

실제 발견자가 누구인지와는 상관없이, 이 정리와 정리의 의미가 널리 알려지기까지는 한 세기도 걸리지 않았다. 이미 플라톤의 『법률(Nómoi)』은 통약불가능성을 모르는 사람을 멸시하면서 '새끼 돼지'에 비교했다.[39] 통약불가능성의 발견은 큰 명성을 떨쳤다. 이 발견과 함께 이후로 줄곧 명료한 정신들을 사로잡았던 무한의 여러 가지 역설들과 연속체의 문제가 생겨났기 때문이다. 그리고 이 발견은 종류가 다른 두 가지 동일성에 기초한 지식에서 확실성을 얻기 위해 수와 기하학이라는 두 가지 다른 기술을 결합했고, 그 과정에서 역설적으로 확실성을 근본적으로 의문에 빠뜨렸기 때문에 적어도 부분적으로는 중요했다.

여기에는 설명할 필요가 있는 심대한 아이러니가 있다. 우리가 묘사했던 '피타고라스'의정리는 확실성을 위한 새로운 도구를 활용함으로써 발견됐다. 이 도구는 기하학과 산술학의 융합에서 유도된 간접증명이라는 고상한 형태였다. 이런 수학적 증명은 그 방식이 직접증명이든 간접증명이든 관계없이 대단히 강력한 설득력이 있었다(지금도 여전하다). 이런 의미에서 '피타고라스학파'의 전환은 확실성의 영역을 아주 크게 확장했다.

그러나 확실성을 얻기 위한 이 새로운 융합 도구의 활용은 최소한 두 가지 의미에서 혼돈을 드러낸다. 첫째, √2 같은 무리수의 발견은 한때 수의 견고한 기초로 여겨졌던 것에 무수히 많은 구멍을 냈다. 둘째, 이 발견은 실재성에 대한 기하학의 확신을 훼손했다.

피타고라스학파의 몇몇 기본 가정을 상기해 보자. 가정 1. 우리가 자연수(1, 2, 3, 4……)라고 부르는 것들은 존재하고, 존재는 수를 갖는다. 가정 2. 기하학은 실제 공간, 우리가 경험하는 공간을 묘사하는데, 무엇보다도 이 경험은 동일성 경험이다. (길이, 각도, 면 등의) 동일성이란 A와 B가 전환, 회전, 반사를 통해 서로 적용할 수 있거나 맞춰질 수 있다는 뜻이다. 그러므로 기하

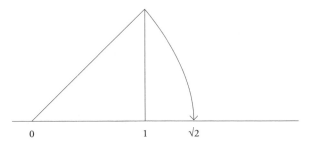

그림 1. 회전할 때 길이는 그대로 보존된다는 가정 아래 어떤 선분 위에든 '존재하지 않는' 선분들이 존재한다. 여기서 그 선분은 (0, √2)다.

학에서의 동일성 경험은 유리수로 표현되는 비례성이 있다는 경험이었다. 이 두 가지 가정의 관계 속에는 직각이등변삼각형의 빗변은 다른 변으로 통약이 불가능함(우리의 언어로 표현하면 √2는 유리수가 아니다)(그림 1)을 증명했을 때 생기는 위기가 숨어 있다.

직각이등변삼각형을 빗변이 밑변과 일치할 때까지 45도 돌려 주면, 길이의 기본 단위 선분(0, 1)을 표시한 어떤 직선 위에 이 기본 단위로 나눌 수 없는(통약불가능한) 선분(0, √2)이 있어야 한다는 것을 함의한다. 다른 말로 하면, √2는 직선 위에서 '수를 갖지 않는다'. 그러므로(피타고라스학파의 개념 구조 안에서) 이것은 '없는 것이고', 존재가 아니며, 존재하지 않는다.

우리는 이 두 가정의 관계를 산술학과 기하학의 결합이라고 부른다. 앞 장에서 우리는 후설과 다른 학자들이 이 결합이 수학의 위기를 초래했다고 비난하는 것을 보았다. 우리는 그들의 처방에 동의하지 않지만, 그들의 지적에는 진정으로 공감한다. (흔히 그랬을 거라고 말하듯이) '피타고라스학파'가 피타고라스의정리와 상관없이, $p^2=2q^2$을 만족시키는 0을 제외한 정수 p와 q는 존재할 수 없다는 것만 증명했다면, 어떤 대안적 역사가 펼쳐졌을지 상상해 보라. 이 증명 하나로는 그리스인들의 발아래에 구멍을 내지 못했을 것이다. 산술학 그 자체는 $p^2=2q^2$을 만족하는 정수 p와 q가 있어야 한다고 요구하지 않았다. 그러나 산술학이 기하학과 결합했기 때문에 √2에 대응하는 수(분수)의 결핍은 측정 단위가 결정된 기하학적 선 위에 대응하는 점의 결핍을 낳았다. 이 선은 이제 이렇게 위협할 수 있다. "당신 말은 나에게 점 하나가 비었다는 걸 의미하나요?"

직관적으로 볼 때, 어떤 사람이 0에서 3으로 가라는 말을 듣고 직선을 따라간다면, 언젠가 어디에선가 √2를 건드릴 수밖에 없다. 그런데 어떻게 존재하지도 않는 점을 통과할 수 있다는 말인가? 누군가는 대단히 합리적으로 이렇게 선포할 수도 있다. "선 위에 있는 어떤 점들은 수와 상응시키고, √2와 같은 점들은 수와 상응시키지 말자. 이것이 우리가 어떤 점은 존재하고 다른 점은 존재하지 않는다는 바보 같은 말을 피할 수 있는 방법이다." 그러나 이렇게 되면 기하학은 자신의 가치 있는 특성, 즉 자신의 직관성을 잃어버릴 것이다.

게다가 수학에 경도된 당시 사람들은 이렇게 존재하지 않는 유형 때문에 고통받는 점들이 선 위에 '하나'만 있는 게 아니라 무한하다는 걸 추론할 수 있었다. $\frac{3}{5}$√2와 같은 √2의 유리수 배수는 모두 같은 결함이 있음을 그들은 간단한 간접증명을 통해 알았을 것이다. 이런 '존재하지 않는' 점들은 (현대 수학자들이 말하듯이) 어디에나 촘촘하게 있고, 이 말은 어떤 임의의 점 P와 Q 사이에서도 결함이 있는 점들을 무수히 발견할 수 있다는 뜻이다. (수학적) 확실성을 획득하는 강력한 기술 덕분에 가장 견고한 기초처럼 보였던 전체 공간이 갑자기 존재하지 않는 것으로 범람했다. 수의 '존재'와 기하학의 '실재'를 흔드는 동시적 위기. 이 위기는 동일성과 차이를 새롭게 적용하면서 생겨났고, 같은 방식의 위기를 또 만나게 된다.

엘레아학파: 세계의 논리적 재구성

이 위기에 응답한 인물들 가운데 엘레아의 파르메니데스(Parmenides)와 에페수스의 헤라클레이토스가 가장 유명하다. 두 사람은 이 새로운 형태의 지식이 가진 힘과 이 힘이 자신들의 발아래에 만든 구덩이의 위험을 동시에 파악했다. 이 위기에 대한 두 사람의 매우 다른 응답은 동일함과 차이에 각각 판돈을 걸었기에(은유적 표현임을 양해해 주기를 바란다) 사유의 미래로 가는 서로 다른 두 가지 길을 그리는 데 도움을 줄 것이다.

우리는 각 인물의 가르침과 유산에 담긴 많은 어려움과 모호함을 돌아보지는 않을 것이다. 이 책 전체에서 우리의 목표는 신중한 복원이다. 마치 캐리커처 작가처럼, 각 사상가의 외형에 드러난 특성을 눈에 띄게 만들어 지식의 본성에 대한 그들의 태도를 더 잘 드러내고 기억할 수 있게 하는 게 우리의 목표다. 우리는 먼저 파르메니데스와 그의 제자들인 엘레아학파에 대해 이야기할 것이다. 시대 순서 때문이 아니다(두 인물의 연대는 분명하지 않다). 파르메니데스와 엘레아학파가 헤라클레이토스보다 우리가 방금 토론했던 논리 원칙과 간접증명법의 바탕이 되는 '동일성' 가정에 훨씬 더 큰 공감을 표현했고, 이 방법들을 형이상학 작업에 거리낌 없이 투입했기 때문이다.

피타고라스학파, 혹은 다른 수학 학파와 파르메니데스 사이의 정확한 관계는 끝없는 학술 논쟁의 주제다. 고대인들이 전해 주는 파르메니데스의 생애와 관련된 아주 적은 정보 가운데 "그는 한때 피타고라스학파의 일원이었다"라는 진술은 사실일 것이다. 비록 오늘날 어떤 전문가들은 파르메니데스 학설의 독립성을 강조하고 싶어 하지만 말이다. 심지어 몇몇 전문가들은 그리스수학의 진정한 창조자가 이오니아학파와 피타고라스학파가 아니라 파르메니데스와 제논이라고 주장한다.[40] 우리가 이런 논쟁에 머물 필요는 없다. 당시의 수학적 발견들에 자극받아 파르메니데스와 그의 동료들이 동일성을 위해 극단적으로 헌신했다는 점만 알아 두면 된다.

파르메니데스의 가르침은 단편들로만 우리에게 전해지는데, 이 단편들은 서사시 운율인 강약약 6보격(Dactylic Hexameter) 형태로 쓰였다. 이 철학적 서사시는 밤과 낮을 가르는 문을 넘어가는 초자연적 마차 여행으로 시작한다. 그곳에는 여행자에게 모든 진실을 밝혀 주는 익명의 여신이 머물고 있다. 여신은 말한다.

그대는 모든 것을 배워야 한다
설득력 있는 진리의 흔들리지 않는 심장과
진정한 믿음이 들어 있지 않은 필멸자들의 의견을[41]

이 계시는 양면을 뚜렷하게 보여 준다. 한 면은 알레테이아(*alētheia*) 즉 진리이며, 다른 면은 독사(*doxai*) 즉 의견이다. 이 야누스 같은 두 개념은 서로 완전히 반대다. 이렇게 상상해 보자.

A는 (아리스토텔레스적) 의견을 이렇게 표현한다. 돌은 밑으로 떨어진다. 붙잡지 않으면 아래를 향해 움직이는 흙으로 만들어졌기 때문이다. 반면에 B는 좀 더 최근 경향에 맞게 (그리고 뉴턴적으로) 이렇게 말한다. 돌이 떨어지는 건 지구와 돌이 서로에게 중력을 가하고 있기 때문이다. A는 의견, B는 진리라고 할 수 있다. 이런 식이다. 우리는 최소한 A와 B는 돌이 떨어진다는 것에 동의한다고 결론 짓고 싶을 수도 있다. 그러나 파르메니데스의 여신은 이런 타협을 거부하고, 진리와 의견 사이, 존재와 현상 사이의 부분적 동의 가능성을 완전히 배제한다.

여신은 '현상을 구원하는 일'에도 관심이 없다. 여신이 말하는 진리는 육체에서 분리된 정신을 위해 설계됐고, 감각을 위한 것이 아니다. 여신은 감각적 정보들을 '필멸자들의 진정한 믿음이 없는 의견'에 맡긴다. 여기서도 우리는 피타고라스의 영향을 보고 싶을지 모른다. (포르피리오스에 따르면) 피타고라스는 '감각 작용의 부적절함 때문에 갇혀 있는 장애와 족쇄'로부터 정신을 철학으로 해방할 필요가 있다고 생각했다.[42] 정신의 진리와 감각의 거짓, 자유와 노예 사이를 이렇게 날카롭게 분리했다.[43]

파르메니데스의 진리의 '흔들리지 않는 심장'은 이런 분리 및 분리에서 나온 결과에 기초한다. 단편 2는 파르메니데스의 핵심 사상에서 가장 중요한 것을 분명하게 밝힌다.

지금 오라, 내가 그대에게 말해 주겠다—나의 말을 듣고 그대의 것으로 취하라. / 우리 마음속에 떠올릴 수 있는 생각의 방법은 두 가지뿐이다. / 첫 번째는 있다로, 있지 않을 수 없다. / 이 길은 확신의 길인데, 진리가 그의 동반자이기 때문이다. / 다른 하나는 있지 않다로, 있지 않을 수밖에 없다. / 그대에게 말하니, 이것은 전혀 신뢰할 수 없는 길이다. 그대는 무엇이 있지 않은지를 알 수 없고(그것은 불가능하므로), / 말로 표현할 수도 없기 때문이다.[44]

여기서 있다와 있지 않다는 그냥 다른 것이다. 이 다름과 차이에는 보편적 근거도 고차원적 근거도 없다. 파르메니데스는 자신의 논리 원칙들을 분명하게 밝히지 않지만, 우리가 보기에 비모순율(어떤 사물이 동시에 존재하거나 존재하지 않는 일은 불가능하다. 그 점은 곧 드러날 것이다)과 배중률(존재하거나 존재하지 않거나의 선택만 있을 뿐, 다른 가능성은 불가능하다)을 기초로 하는 것 같다. 앞에서 방금 보았듯이, 피타고라스학파가 같은 도구로 논리적·수학적 문제들의 고갈되지 않는 광맥, 즉 연속과 이산을 연결하는 법을 열었다. 그런데 지금 파르메니데스와 그 추종자들은 새로운 논리적 금지로 우리를 묶기 위해, "무엇이 있지 않은가?" "무엇이 있지 않을 수밖에 없는가?" 같은 생각과 말을 막기 위해 이 광맥을 닫고 봉인하는 작업을 하고 있다.

파르메니데스는 말하는 것도 금지시킨 이 '있지 않을 수밖에 없는 것'에 대해 조금 더 이야기한다. "생각될 수 있는 것과 있을 수 있는 것은 바로 동일한 것이다."[45] (논리적으로?) 있을 수 없는 어떤 것은 (논리적으로?) 사유될 수 없는 어떤 것이라는 뜻이라고 생각한다. 그런데 무엇이 사유될 수 없는 것일까? 시기와 장소에 따라 제안된 생각할 수 없는 대상은 달랐고, 원자론자들의 공허한 혹은 빈 공간, 시공간의 완전한 말소, 신이 없는 우주 등 종종 여러 가지 의미에서 무와 관련돼 있었다.

이 사유 가능성의 대상을 정할 때 생기는 문제는, 한때 어떤 관점에서는 생각할 수 없다고 간주되던 것이 다른 시대, 다른 장소, 다른 관점에서는 완벽히 생각할 수 있다고 판명되는 일이다. 실제로 사유 가능성의 역사적 지평에서 더욱 충격적인 변환은 무와 존재 사이의 관계에서 일어났다. 고대에는 "무는 무에서 창조됐다(*ex nihilo nihil fit*)"라는 생각이 그리스도교의 확장과 함께 지배적 교의였다. 무로부터의(*ex nihilo*) 창조는 생각할 수 있었을 뿐만 아니라 정통이 됐고, 이와 다른 생각은 모욕이 됐다.

그런데 수학적 사례만 제한해서 보더라도 (√2 같은) 무리수, 경계 없는 유한 시공간, 무한대 계산하기, 2차원 원(sphere)이 3차원 구(ball)에 부착되는 않는 문제를 비롯한 그 밖의 많은 문제들이 한때는 사유 불가능하다고 여겨졌다. 이처럼 사유 가능성은 대단히 우연적이며 역사적 변화에 크게 의존한다.

어떤 선분들은 측정 단위로 측정할 수 없다는, 즉 통약불가능하다는 피타고라스학파의 증명은 '무'라는 명백한 구멍을 만들었다. 이 구멍은 사유 가능한 것일까, 불가능한 것일까? 이런 결정 상황에 직면하면 선택 가능한 여러 가지 방법이 있는데, 여기서도 몇 가지 가능성이 있다. (1) 자신이 사용했던 (비모순율, 배중률 같은) 논리적 원칙들과 간접증명들을 상대화하거나 수정한다. (2) 위에서 언급한 기하학적 동일성이라는 개념을 수정한다(함께 수정해야 할 기하학적 담론을 쉽게 만들 뾰족한 방법은 없을 것이다). (3) 기하학이 실재하는 믿을 만한 묘사라는 인식을 거부한다(그러나 이것은 기존 생각 및 선포된 내용의 동일성과 충돌할 것이다). 첫 번째 방법이 헤라클레이토스의 길이다. 세 번째 방법은 19세기와 20세기에 처음에는 수학자들이, 그다음에는 물리학자들이 활용했다.

파르메니데스는 세 가지 방법 가운데 어떤 것도 선택하지 않는 대신 절대적 동일성이라는 길을 택했다. 있지 않음은 금지되기 때문에, 그리고 피타고라스의 존재론(수는 존재하고, 존재는 수를 갖는 것과 동일하다)은 논리적으로 비존재가 범람하는 불합리한 시공간으로 귀결되기 때문에 거부해야 한다. 모든 것은 하나이고, 모든 것은 동일하며, 1을 제외한 모든 수는 참된 존재가 아니라 단순한 의견일 뿐이다. 운동이나 변화는 실재가 아닌데, 왜냐하면 모든 점은 한 점이고, 어쨌든 존재하지 않는 것을 통해 운동을 생각하는 것은 이치에 맞지 않기 때문이다.

통약불가능성의 발견으로 야기된 '이론적 위기'에 직면해 파르메니데스가 자기 철학의 특징인 불변하는 동일성을 극단적으로 강조하게 됐다는 주장은 그럴듯하다.[46]

> 그것은 창조되지 않았고 파괴될 수 없으며
> 혼자 있고, 완전하며, 움직이지 않으며 끝이 없다
> 그것은 과거에도 없었고 앞으로도 없을 것이다. 지금 그것은
> 모두 함께 하나이자 연속이기 때문이다

이처럼 엘레아학파의 신조는 생각할 수 있는 존재와 생각할 수 없는 존재 사이의 결정을 비판적 사고의 중심에 놓으면서 생겨났다. 다수의 이론적 결정이라는 뜻의 그리스어 단어 '크리시스(crisis)'는 정말로 이 단편에 처음으로 등장한다. "이런 일들에서 크리시스는 여기에 놓여 있다. / 있음과 있지 않음."[47]

우리는 파르메니데스의 또 다른 이론적 결정을 지적하지 않고서는 그에 대한 이야기를 마칠 수 없다. 그 내용은 우리가

인용했던 이 모든 단편들 안에 들어 있고, 그 자체로 충분히 인간의 삶과 자신의 진리 사이에 충돌을 일으킨다. 즉, 파르메니데스는 우리 감각이 제공하는 정보와 생각의 경험보다 논리의 구속을 더 경청하겠다고 선택한다. 삶의 경험보다 논리적 원칙에 우선권을 두는 것이야말로 비존재보다 존재를 선호하는 것 이상으로 훨씬 치명적이고 영향력이 큰 것으로 증명됐다. 파르메니데스의 '진정한' 세계, '존재'와 '비존재' 사이의 결정은 논리가 인정하는 동일성과 차이 유형에 따라 배타적으로 구성됐다.[48]

이오니아학파의 역습: 헤라클레이토스의 파괴 임무

에페수스의 헤라클레이토스는 파르메니데스와는 다른 선택을 했다. 무엇보다도 헤라클레이토스는 피타고라스를 싫어해서 그에 대해 이런 글을 남겼다. "많은 학습이 지력을 가르치지는 않는다." 헤라클레이토스에 따르면, 피타고라스의 경우에는 심지어 많은 학습이 '사악한 기술'을 낳을 수도 있었다. 헤라클레이토스는 피타고라스를 '대장 사기꾼' '최고의 협잡꾼' '비범한 헛소리꾼'이라고 불렀다.[49] 더욱이 헤라클레이토스는 수[아리트몬(*arithmón*)]를 언급한 적이 없는데, 이런 미언급은 그가 종종 측정[메트론(*métron*)]을 언급했다는 점에서 더욱 주목할 만하다.[50] 우리는 헤라클레이토스가 피타고라스의 홀짝 과학에 대단히 회의적이었다고 추론할 수 있다.

　　헤라클레이토스의 철학적 신조는 종종 두 문장으로 그 의미를 드러낸다. "모든 것은 흘러간다"와 "대립자들의 통일"이다. 잔존하는 헤라클레이토스의 단편에서 이 두 문구는 발견되지 않지만, 이미 플라톤의 『크라틸로스(Kratylos)』에서 소크라테스는 "모든 존재는 운동하며, 고요히 머물러 있는 것은 없다"라는 교의를 헤라클레이토스에게 돌렸고, 그다음에 이 구절을 흐르는 강에 대한 다른 구절과 연결했다.[51] 비록 "모든 것은 흐른다"라는 문장이 헤라클레이토스 자신이 직접 쓴 것은 아닐 수 있지만, 그래도 이 문구는 헤라클레이토스의 관점을 적절하게 표현한 것이라 할 수 있다. 현대물리학자들은 이렇게 다시 표현할지도 모르겠다. 물질에 따라 눈에 보이는 운동 및 변화의 정도와 유동적 움직임은 다르더라도 모든 것은 물리적으로 운동하고 변화한다.

대립자들의 통일에 대해서도 마찬가지다. 헤라클레이토스는 그의 가르침이라고 전해지는 말에서 '대립자[에난티아($\dot{\varepsilon}\nu\alpha\nu\tau\dot{\iota}\alpha$)]'라는 단어를 사용한 적이 없다.[52] 피타고라스학파에게 이 개념이 갖는 중요성을 고려하면 고의적으로 이 단어를 사용하지 않았을 수 있다. 그러므로 우리는 모든 대립자들은 하나이자 동일자라는 관점이 헤라클레이토스로부터 오지 않았다고 말해야 한다. 그렇지만 헤라클레이토스는 피타고라스학파가 세계에 적용하고 있던 '대립자' 및 대립자와 관련된 논리 원칙들이 보편적인 것과는 거리가 있다는 점을 논증하는 데 대단히 큰 관심이 있었다고 받아들여야 할 것이다. 그래서 헤라클레이토스는 수에 관해서도 대립자에 관해서도 말하지 않았다.

대신 헤라클레이토스는 물리적 사물에 관심을 쏟았는데, 다른 시대와 공간에 살았던 사상가라면 물리적 사물에서 배제했을 몇몇 매우 중요한 대상(영혼과 정신, 물리적 공간의 묘사로 여긴 기하학)을 관심 주제에 포함시켰다. 이런 물리적 대상들을 다루면서 헤라클레이토스는 피타고라스의 대립자 개념에서 온 사고법이 상대화되고 수정될 필요가 있다고 반복해서 지적한다. 다르게 말하면, 헤라클레이토스의 가르침은 대립자들이 동일자가 아니라 우리가 던지는 질문, 취하는 관점, 그리고 탐구하는 대상의 종류에 달려 있다는 것이었다.[53]

단편 B60은 아주 훌륭한 예를 제공한다. "위로 가는 길과 아래로 가는 길은 하나이고 동일하다." 이 구절은 대립자들이 통일성이 아니라 대립 범주의 상대성에 대한 이야기다. 이 명제를 태양과 다른 별들에 적용할 때 그 의미가 더욱 명확해진다. 예를 들어, 지구가 천공의 가운데에 있고 별들은 궤도에 따라 회전운동을 하는 아낙시만드로스의 공간에서는 정말로 위아래로 가는 길이 동일하다. 이 공간에서는 피타고라스의 좌우 대립도 정지와 운동처럼 상대적인 것이 되는데, 반대편에서 보면 오른쪽이 왼쪽이 되기 때문이다. 또 다른 단편에서는 이렇게 말한다. "소면(梳綿, carding) 빗의 움직임에서 직선 길과 곡선 길은 하나이며 동일하다." 이 문구는 피타고라스학파의 대립항인 직선/곡선에 직접적으로 반대하는 것처럼 보인다. 이처럼 헤라클레이토스의 단편들은 피타고라스학파가 대립자를 구성했던 사유법칙들을 끊임없이 상대화한다.[54]

여기서 헤라클레이토스의 파괴는 수학적이다. 만약 당신이 2차원 평면에 있으면, 원은 곡선이고 직선은 곧다. 그러나 한 차원을 올려 3차원 공간으로 가면, 당신은 곡선과 곡선 아닌 것을 결합시킬 수 있고, 원은 x-y 평면 위에, 직선은 z축에 둘 수 있다. '대립자'처럼 보이는 것들의 3차원적 나선형 '합성'이다. 기하학에서는 어떤 차원에서든 반사가 필요하면 한 차원 더 높은 곳에서 회전을 통해 수행할 수 있다는 게 일반적인 사례다. 헤라클레이토스는 이 규칙을 활용해 자신보다 훨씬 단언적인 경쟁자의 구별과 대립을 상대화한다. 중요한 가르침이지만 너무 쉽게 망각됐고, 이마누엘 칸트 같은 사람들조차 잊어버린 교훈이다.[55]

헤라클레이토스는 피타고라스학파의 수학뿐만 아니라 도덕도 공격한다. 단편 61은 피타고라스학파의 좋은 것/나쁜 것 대립항을 상대화한다. "바다는 가장 순수하면서도 가장 오염된 물이다. 물고기는 바닷물을 마실 수 있고, 그 물은 물고기에게 좋다. 그러나 사람에게 바닷물은 마실 수 없고 해가 된다."[56] 우리는 이 사례에 더해, 피타고라스학파의 목록에 있는 대립항들을 반박하는 다른 사례들을 계속해서 추가할 수 있다. 근원이 되는 홀수와 짝수의 대립을 제외하면, 헤라클레이토스는 수에 대해서 결코 말하지 않았다. 아마도 헤라클레이토스는 수에 대해 알레르기가 있었던 것 같다.

헤라클레이토스는 물에 대해서는 정말 자주 이야기했다. 우리는 앞서 바다를 언급했지만, 아직 그 유명한 강 이야기에는 발을 담그지 않았다. 강에 관한 단편에서 가장 유명한 구절은 다음과 같다. "같은 강에 발을 들이는 같은 사람들을 위해 그리고 그 사람들 위로, 다른 강물이 그리고 또 다른 강물이 흐른다." 이 번역이 이상하게 들릴 수도 있지만(널리 알려진 번역 "같은 강물에 두 번 발을 담글 수 없다"와 비교해 보라), 이것이 진짜 헤라클레이토스의 언어이며, 시적이고 다의적이며 밀도 높은 표현이다. 그 표현은 고의로 비모순율과 같은 사유법칙을 위반하고, 헤라클레이토스는 비모순율의 지배에 도전하고 있다.[57]

헤라클레이토스는 자신과 모순되지 않는가? 아리스토텔레스 이후 철학자들은 이 질문에 관심을 가졌지만, 이 질문은 한 가지를 놓치고 있다. 헤라클레이토스의 단편은 비모순율보다 훨씬 근본적인 형이상학적 개념을 다룬다. 말하자면 이 단편은 비모순율의 기초가 되는 동일성 및 차이 개념과 관련이 있다. 중요한 질문은 헤라클레이토스가 자신과 모순되느냐가 아니라, 그가 동일성과 차이 사이의 선택에서 드러나는 우연적 본성에 어떻게 관심을 두게 됐고, 그 관심을 통해 비모순율 자체에 어떤 근본적 비판을 제공했느냐이다(여기서 근본적 비판이란 비모순율의 포기가 아니라 이 원칙이 적용될 수 있는 조건을 의식하는 일이다).⁵⁸

물로 시작해 보자. 우리 위로 흘러가는 물은 다른 물이고 또 다른 물이며, 영원히 다르다는 데 동의하기 매우 쉬워 보이기 때문이다. 즉, 우리 모두에게 물은 영원히 다르다. 그런데 강이 같다는 헤라클레이토스의 말은 무슨 뜻일까? 물이 아니라면 강은 무엇이란 말인가? 이 말은 강둑이 동일하다는 뜻일 수 있고, 강둑이 동일하면 강을 '같다'고 부르는 데 동의한다는 뜻일 수도 있다. 그러나 엄격히 말해 강둑은 동일하게 머물지 않고, 강바닥도 마찬가지다. 헤로도토스에 따르면, 나일강은 고대 세계에 변덕스러운 강둑이 만든 끔찍한 사례를 제공했고, 이것은 최초의 기하학자들을 자극했다. 우리는 강둑과 강바닥도 변하지만, 물처럼 빠르고 눈에 띄게 바뀌지는 않는다는 데 동의할 수 있을 것이다. 그래서 우리는 편의상 물은 '다르다'고 말하면서 강둑과 강바닥은 '동일'하다고 말한다. 요약하면, 헤라클레이토스는 물과 강의 동일성과 차이 혹은 다름을 정하는 일은 둘 다 주관적이고 관습적이라는 점을 전달하려고 노력하고 있다. 레오나르도 다빈치(Leonardo da Vinci)가 그림에 대해 말했던 것처럼, 차이와 동일성은 정신적인 문제(*sono cose mentale*)이며, 정확히 혼과 관련이 있다.

비슷한 주장이 물속을 걷는 사람에게도 적용된다. 어떤 사람이 '동일'하다고 말하는 것은 무슨 의미인가? 헤라클레이토스는 차이보다 동일성을 이렇게 강조하는 것도 관점의 문제임을 인지하라고 우리를 강하게 설득한다. 헤라클레이토스의 관점은 우리 몸에 있는 모든 세포들은 끊임없이 변하고 (플루타르코스의 유명한 질문인 배에 있는 판자처럼) 스스로 대체한다는 현대 생리학의 관점과 크게 다르지 않다. 우리 자신의 동일성 혹은 차이가 우리의 혼에, 다른 표현을 선호한다면, 우리의 기억과 관심에 달려 있다는 것은 오히려 심리적인(정신적인) 문제다. 헤라클레이토스에게 육체적 사건에서의 동일성과 차이는 상대적·주관적 문제이자, 진정 심리적 문제였다(급하게 덧붙이자면, 육체와 정신 사이의 구별은 그 자체로 대단히 역사적인 것이다. 헤라클레이토스와 그 시대의 구별법은 우리 시대의 구별법과 다르다).

우리는 심리적이라는 용어를 헤라클레이토스가 직접 만들었다고 말할 수 있다. 또 다른 단편에서 헤라클레이토스는 말한다. "그대가 혼(*psyche*)의 한계를 찾아 나선다면, 모든 길을 다 찾아보아도 그 한계를 찾지 못할 것이다. 그만큼 혼의 로고스(*lógos*)는 깊다."[59] 우리가 아는 한 이 문장이 혼과 로고스를 결합한 첫 번째 사례다. 심리학의 역사에서 의미 있는 순간이다. 이 단편은 혼의 경계와 한계(πείρατα)에 대해 말하면서 그 한계에는 도달할 수 없으며 찾는 것도 불가능하다고 한다. 여기서 우리는 무형태의 무한한 자궁이자 무덤인 아낙시만드로스의 아페이론의 메아리를 들을 수 있다.

헤라클레이토스에 따르면, 아페이론에서 나온 어떤 확정된 일들에도 명확하고 충분한 이유가 존재할 수 없듯이, 우리의 영혼/정신, 감정과 생각 상태의 로고스(명확한 이유 혹은 완전한 설명)도 존재할 수 없다. 아페이론의 경계 없음과 혼에서 경계 찾기의 불가능성은 양쪽 모두에서 유사한 유동성을 제안한다. 현대 용어로 이를 '의식의 흐름'이라고 말할 수 있을까? 알 수 없다. 다만 우리는 헤라클레이토스가 오늘날을 살았다면, 피타고라스와 그의 추종자들을 대했던 것처럼 인공지능의 구루(guru)들을 대할 것이라고 추측할 수 있다.

이 단편들(B 12, B 45)에 비춰 보면, 헤라클레이토스는 육체적 동일성과 차이는 이해할 수 없는 로고스를 갖고 있다고 생각한 것 같다. 육체적 사건들은 한계를 찾을 수 없는 혼과 관련이 있기 때문이다. 또 다른 단편은 우리의 추측에 더 단단한 근거를 제시한다. "혼은 스스로 커지는 로고스를 갖고 있다."[60] 혼의 경계는 확정할 수 없고 변할 수 있다. 이해할 수 없는 로고스의 경계도 마찬가지다.

우리는 유한 안에서만 존재하는 피타고라스학파로부터 멀리 떨어지지 못했고, 극단적 동일성을 주장하는 파르메니데스로부터도 멀리 떨어지지 못했다. 이성적 인간은 자기모순에 빠질 수 없다는 (100년 혹은 200년 뒤에 나오는) 아리스토텔레스의 인간학으로부터도 마찬가지다. 약 2500년이 지난 후 니체가 헤라클레이토스를 얼어붙은 서양철학에 불어오는 '부드러운 봄바람'이라고 부른 이유가 아마 여기에 있을 것이다. 많은 사람들이 정신과 세계에 대해 생각하는 '과학적' 전통의 시작이라고 부르는 것을 알기 위해 이렇게까지 당파적일 필요는 없다. 우리는 논쟁 속에 대립하는 두 학파에 대해 대략적으로 말할 뿐이다.

우리는 이 대립의 특성을 언어유희로 표현할 수 있다. 프세포스(*psephos*)는 그리스어로 '조약돌'을 의미하고, 조약돌은 라틴어로 '칼쿨루스(calculus)'라고 불렸다. 고대인들(그렇게 고대인도 아니다. 당시에 주판을 썼다는 것을 생각해 보라)에게 조약돌은 계산을 도와주는 중요한 도구였다. 여기서 오늘날 '계산하다(calculate)'라는 영어 단어가 나왔다. 피타고라스학파도 짝수와 홀수의 특성을 정의하려고 노력하면서 조약돌을 사용했다.[61] 정수처럼 조약돌은 구분되고 비유체적 경계가 있고 뭉쳐 있어도 차이나 개체성을 잃지 않지만, 우리는 자주 숫자로 환원함으로써 그 차이를 무시한다. 헤라클레이토스의 정신에 따라 진지한 말장난을 한번 해 본다면, 헤라클레이토스가 우리에게 심리학(psychology)을 선물했던 곳에 피타고라스학파는 선거학(psephology)을 제공했다. 혼의 로고스와 조약돌의 로고스. 다른 시간과 장소에서 이 두 가지는 가끔 같은 것으로 여겨졌다. 우리는 이들이 다름을 유지하기를 원한다.

3장

플라톤, 아리스토텔레스, 그리고
서양 사상의 미래

> 만약 어떤 사람이 다수를 포괄하는 하나를
> 식별하는 능력을 타고난 듯 보인다면,
> 나는 '그가 마치 신인 것처럼 그의 길을 바로 뒤따라갈' 거라네.
> ─플라톤이 전하는 소크라테스

앞 장에서 소개한 '창시자들'의 가르침이 우리에게 도달한 이유는 단순하다. 후세들이 동일성과 차이를 둘러싼 그들의 거대한 논쟁을 세계 해석의 필수 요소로 여겼기 때문이다. 이 논쟁 과정에서 종종 화해를 시도하면서도 하나의 입장을 선택하는 일은 그리스 철학과 과학의 기본 과제가 됐고, 그리스의 스승들과 그들의 문헌에서 배움을 얻은 (다음 장에서 살펴볼 유대교, 그리스도교, 이슬람교를 포함한) 많은 후대 문화들도 자연스럽게 이것을 기본 과제로 삼았다. 그렇게 꾸준히 이어진 동일성과 차이의 구별 역사에서 플라톤과 그의 제자 아리스토텔레스만큼 중요한 그리스철학자는 없을 것이다. 특히 종종 그의 스승 소크라테스의 이름을 빌려 글을 썼던 플라톤이야말로 기원전 5세기에 동일성과 차이, 진리와 현상, 확실성과 위기의 화해를 시도했던 인물이다. 또한 플라톤은 동일성이라는 기초 위에 자신의 철학을 정립할 때 수의 유혹을 받았다. 아리스토텔레스는 이 기초들을 비판하고 부분적으로 해체했지만, 이 기초들을 다시 다듬고 개축하기도 했다. 바로 이들의 방대한 가르침을 통해서 동일성을 향한 그리스인들의 환상이 서양철학의 미래를 나타내는 대표 상징이 될 만큼 영향력이 크다는 것이 증명됐다.

변증법: 차이에 따른 분리 혹은 동일성에 따른 통합?

플라톤이 전하는 소크라테스는 젊은 제자 파이드로스에게 철학적 사고의 특징을 드러낸다고 생각하는 사고의 근본원리 두 가지를 설명한다.

> 첫 번째 원칙은 곳곳에 흩어진 사물을 함께 관찰하고, 이것들을 한 가지 종으로 모으는 것인데, 각각의 사물을 규정하여 주제를 명확하게 하기 위해서라네. (…) [두 번째 원칙은] 각각의 종류를 타고난 관절에 따라 종별로 나눌 줄 아는 것이네. 서투른 푸주한과 다르게 어떤 부분도 조각내지 않고 나눌 줄 알아야 한다네. (…) 나는 이런 모음과 나눔을 사랑한다네. 스스로 생각하고 말할 수 있기 때문이지. 만약 어떤 사람이 다수를 포괄하는 하나를 식별하는 능력을 타고난 듯 보인다면, 나는 '그가 마치 신인 것처럼 그의 길을 바로 뒤따라갈' 거라네. 이 일을 제대로 할 수 있는 자들에게 붙인 이름이 옳은지 그른지를 신은 알고 있겠지만, 나는 지금까지 늘 그들을 '변증법 전문가'라고 부른다네.[1]

차이에 따른 분리(나눔)와 동일성에 따른 통합(모음). 이 선택은 모든 지식의 기초일 뿐만 아니라 그만큼 어려워서 이 선택을 올바르게 할 줄 아는 사람은 신과 닮았다고 불릴 가치가 있다는 뜻이다. 소크라테스는 신을 닮은 사람들의 이 활동에 영광스러운 명칭을 부여했는데, 어디에서나 이 명칭을 자신과 연결했다. 바로 변증법이다.

이 선택은 너무 어렵고 중요했기 때문에 수 세기에 걸쳐 사상가들은 우리 인간에게 주어진 근본적인 선택의 자유와 그런 선택이 만들어 내는 진리의 우연성을 대체로 인정하려 하지 않았다. 대신 그들은 독단을 통해 이 선택의 자유를 종종 제한하고 싶어 했다. 앞으로 살펴보겠지만, 이런 독단의 선호가 엄청난 양의 가치 있는 지식을 생산했다. 그러나 이 선호가 인간 지식의 본성 및 인간 자신에 대한 지식을 비롯한 여러 가지 지식을 보지 못하게 하기도 했다.

우리는 소크라테스의 말에서 이미 독단의 증상을 볼 수 있다. 특히 다음과 같은 헤라클레이토스의 단편과 비교해 보면 그 증상이 두드러진다. "결합된 것들. 전체와 전체 아닌 것, 집중과 분산, 조화로운 불협화음. 모든 것에서 나온 하나와 하나에서 나온 모든 것." 여기에는 깔끔하게 절단하지 못한 관절들이 존재한다. 소크라테스는 헤라클레이토스의 작품에 대해 "바닥에 도달하려면 델로스의 잠수부가 필요하다"라는 유명한 논평을 남겼고, 실제로 헤라클레이토스의 말은 모호하고 모순이 흘러넘친다. 소크라테스는 그만큼 깊이 내려가고 싶지는 않았던 것 같다. 그 대신 소크라테스는 인식을 도살이라는 다소 잔인한 행위에 비유하면서, 어떤 선택이 아무리 근본적이라고 해도 통합적이고 본질적이며 안정적이고 나눌 수 없는 '동일함'이라는 범주, 즉 '자연적 관절'이 존재하고, 이 범주를 차이에 따라 쪼개는 것은 용납되지 않는다고 주장한다.[2]

플라톤의 대화편은 동일성과 차이의 근본 갈등을 사실로

인정하고 탐구하면서, 이 갈등이 모든 철학적 생성에서 근원적이고 영원한 역할을 한다고 제안한다. 말하자면, 플라톤의 대화편은 철학이란 이 두 가지 가능성을 전력을 다해 비판적으로 탐구하는 학문이라고 알려 준다. 그러나 동시에 대화편은 동일성을 위한 묘수도 슬며시 준비해 뒀다. 존재를 확고한 기초 위에 세워 안정을 찾고 싶은 갈망 때문이었다. 플라톤이 존재의 변화를 배척하는 '파르메니데스'적 존재 기준에 매달리면서도, 유동적인 세계에서 우리가 느끼는 '헤라클레이토스'적 경험을 허용하고 싶어 했다고 말할 수도 있을 것이다. 끝없이 변하는 우주를 느끼면서도 영원하고 변하지 않는 기초를 찾는 작업, 불가능해 보이는 이 과제가 그 후 미래의 철학, 과학, 종교적 탐구의 성배가 됐다(이 세 분야를 엄격하게 구분하는 것은 시대착오적인 태도다).

플라톤의 대화는 두 가지 방법론을 동시에 개척했다. 비판적 방법과, 후대의 편력기사(knights-errant)들이 받아들였던 독단적 지름길이 그것이다. 우리는 대화편 『파르메니데스(Parmenides)』에서 비판적 탐구와 교묘한 술책을 함께 볼 수 있는데, 플라톤은 엘레아에서 나온 순수 동일성 논리에 직접 관여하려고 일부러 이 대화를 연출했다. 플라톤은 『파르메니데스』가 50년 전 선배 철학자 세 명이 나눈 대화를 한 청중이 기억해 전해 준 기록이라고 소개하는데(사실이 아닐 가능성이 높다), 노년의 파르메니데스, 중년의 제논, 그리고 청년 소크라테스가 이 대화에 함께했다.

예상했듯이 동일성과 차이가 대화의 핵심이었다. 제논이 논문을 읽으면서 무대가 시작되는데, 그 논문은 다음과 같은 논제로 시작한다. "만약 존재하는 것이 여럿이라면, 그들은 같으면서도 달라야 하는데, 그런 일은 불가능하다." 소크라테스는 이 논제를 공격하기 시작하면서(128e‒129a), 이 주장이 파르메니데스의 핵심 주장 "존재는 하나다"의 변형이라고 소개한다. 소크라테스의 비판은 구별 짓기라는 방법으로 수행됐다. 그 후 사물과 관념 사이의 구별 짓기라는 플라톤의 작업 방식은 수많은 철학의 중심에 놓이게 됐다. 소크라테스는 모든 사물이 '동일성 혹은 유사성' 관념과 '차이' 관념에 참여하는 것은 놀라운 일이 아니라고 말한다. 그러나 절대적 동일성이나 동일성 그 자체 같은 추상적 관념이 차이처럼 반대되는 데 참여했다는 걸 누군가 보여 준다면 진정 놀라고 당황할 것이다.[3]

소크라테스의 전략을 살펴보자. 소크라테스는 절대라는 요새를 피난처로 만든다. 감각으로 느낄 수 있는 사물 세계에서는 차이와 동일성이 섞일 수 있지만, 순수한 이데아 세계에서는 그렇지 않다. (소크라테스에 따르면) 절대의 왕국은 제논이 자기주장의 근거로 삼았던 것과 같은 모순을 생산하지 않는다. 절대적 동일성은 차이에 의해 절대 분리되지 않는다(한편 우리는 절대적인 동일성은 없고 단지 다른 유형의 동일성만 있을 뿐이라고 생각한다. 이런 우리의 관점에서 『파르메니데스』에 나오는 소크라테스의 주장은 진짜 기적이나 터무니없는 말처럼 보인다). 여기서 소크라테스는 대단히 긴 미래를 갖게 될 어떤 착상의 밑그림을 제안한다. 그 착상을 우리는 플라톤의 형상 이론으로 알게 되는데, 플라톤의 형상 이론에 따르면 이 세계에 있는 사물의 모든 속성이나 고유한 특성은 단일하고, 비감각적이며, 영원하고, 절대적이고, 변화하지 않는 하나의 형상과 대응한다.

노회한 파르메니데스는 이 주장을 받아들이고 싶지 않았다. 대신 그는 만약 동일성 혹은 차이에 대응하는 불변의 이데아들(형상들)이 있다면, 머리카락, 진흙, 먼지를 포함한 모든 종류의 사물에 대해서도 이데아 혹은 형상이 있어야 할 것이라는 명제를 제시한 후, 젊은 소크라테스가 이 명제를 마지못해 인정하게 한다. 그런데 어떻게 유한성을 지닌 이런 하찮은 물건들도 형상으로 영원히 존재할 수 있을까? 젊은 소크라테스는 언짢아하면서도 그 가능성을 인정한다.[4]

이제 파르메니데스는 계속해서 차이 나는 사물들이 동일한 이데아에 참여할 가능성에 대한 궤변으로 소크라테스를 몰아친다. 하나이자 같은 이데아가 다른 사물들에 동시에 머물 수 있을까? 또는 어떤 사물은 그 이데아의 일부에만 참여하고, 다른 사물은 또 이데아의 다른 일부에만 참여하는 식으로 이데아가 부분들을 가질 수 있을까? 가질 수 있다면, 작은 사물의 이데아 또는 극소의 이데아는 부분들을 가지게 될까? 이때 이 부분들은 극소보다도 더 작아야 하지 않겠는가? 이런 질문들을 계속해서 던진다.

어떤 작품에서 그 저자의 가장 유명한 가르침을 공격하는 인물을 발견하는 일은 얼마나 흥미로운가. 세기를 넘어 많은 독자가 이 장면에 매력을 느낀 것은 놀라운 일이 아니다. (아리스토텔레스처럼) 많은 사람이 이 구절에서 플라톤 형상 이론의 옹호론 혹은 반대론을 찾으려고 노력했다(아리스토텔레스는 반대론을 찾았다).[5]

우리의 목표는 완전히 다르다. 우리는 서로 경쟁하는 파르메니데스와 소크라테스의 주장 가운데 하나를 선택하려고 하지 않는다. 오히려 우리는 이 장면에서 공통된 철학적 감각을 추출

할 것이다. 모든 대화 참여자는 이 철학적 감각으로 동일성과 차이라는 난제와 씨름하는데, 이 감각은 천년을 넘어 계속해서 동일성이라는 이상을 붙잡으면서 변하는 세계와 씨름하기를 원하는 사람들에게 도움을 주기 때문이다.

그들 사이의 불일치가 무엇이든 상관없이 『파르메니데스』의 주인공들은 모두 사물과 형상 사이의 관계를 설명하는 (대부분 말로 표현되지 않는) 몇 가지 '공리'를 전적으로 활용한다. 비록 이 공리들을 활용해 대화 참가자들이 각자 완전히 다른 결론을 이끌어 내기는 하지만 말이다.[6]

이 암묵적인 공리들은 무엇일까? 학자들이 완전히 동의하진 않지만, 설명을 위해 여기에 공리 목록을 제시한다.[7]

· 인과율: (최고의 형상이 아닌) 형상인 사물들은 최고의 형상에 참여해 형상이 된다.
· 분리: 최고의 형상은 홀로 그 자체이고, 최소한 존재의 측면에서 최고의 형상에 참여하는 사물들과 분리되며, 그래서이 사물들과 같지 않다.
· 불순함-감각: 감각으로 인지할 수 있는 사물들은 반대의 속성을 가질 수 있는 한(실제로 종종 그러하다) 불순하다.
· 순수함-형상: 형상들은 반대의 특성을 가질 수 없다.
· 유일성: 형상들의 모든 속성에 대해 정확히 한 가지 형상만존재한다.
· 자기 술어: 형상들의 모든 속성에 대한 단 하나의 형상이 최고의 형상이다.
· 단일성: 각 형상은 하나다.

플라톤의 이론을 떠받치는 이 공리 목록에서 인상적인 것은, 이데아들(형상들)뿐만 아니라 감각으로 느낄 수 있는 사물들이 이 이데아들에 참여할 때도 동일성과 비모순율을 비롯한, 수를 지배하는 사고의 규칙과 원칙에 모두 일정하게 따른다는 점이다. 이런 공리들을 통해 플라톤은 유동하는 가변적 세계를 동일성의 규칙 아래 가져다 놓으려고 했다.[8]

수는 『파르메니데스』 어디에나 나오는데, 세 사람의 대화가 일자 혹은 다자의 존재 여부를 탐구하는 데 집중하는 걸 고려할 때 놀라운 일은 아니다(128d-e, 137b). 일자와 다자는 동일성과 차이 질문을 특별히 수의 언어로 쉽게 변형한 것이다. 그리고 대화자들이 처음에 2를, 그다음에 3을, 그다음에는 무한히 계속되는 셀 수 있는 수를 생성하기 위해 1과 그 존재의 관계에 집중하면서 정말로 대화는 숫자 놀이로 재빨리 변환된다. 그들은 1이 존재하면 수는 존재하는 것이라는 데 동의한다. "그러나 만약 수가 존재하면 다수가 존재해야 하는데, 진정 무한히 많은 다수여야 한다."[9]

계속해서 그들은 연속된 수(1, 1+1, 2+1, 3+1……)를 이용해 모순("그렇다면 일자는 오직 하나이고, 둘은 존재할 수 없네." 149d)을 생성하고, 이 모순을 통해 일자 혹은 다자의 존재에 대해 논쟁한다. 전제와 과정을 고려할 때, 이 대화의 결론이 일자가 존재하지 않으면 모든 사고는 불가능하다는 주장에 도달하는 것은 놀라운 일이 아니다. 모든 것은 무한할 것이다. 그렇게 당신이 "가장 작아 보이는 조각을 잡으려고 해도, 그것은 갑자기 꿈속에 있는 것처럼 변한다. 하나로 보였던 것이 다수로 보이며, 아주 작아 보이는 대신 거기서 떨어져 나온 조각들과 비교하면 엄청나게 큰 것처럼 보인다."(164d) 보르헤스의 파란 조약돌처럼, 잡으려고 할 때 형태를 바꾼다는 생각보다 더 나쁜 게 어디 있겠는가? 이데아를 수로 비유하고 대화의 결론을 내리기에는 다음 문장이 훨씬 낫다. "만약 하나가 없다면 아무것도 없다."(166c)

플라톤이 엘레아학파와 맺은 협정

어떤 면에서 『파르메니데스』는 독특한 대화편이지만, 영원히 움직이는 세계의 바닥에 절대적 동일성이라는 기초를 놓으려는 열망에서 보면 플라톤 전집을 온전히 대표한다. 대표한다는 말은 적절한 표현인데, 이 대화편은 아테네 아카데메이아와 엘레아학파 사이에 맺은 협정의 시작을 보여 주기 때문이다. 이 협정은 플라톤학파와 오래전에 죽었지만 존경하는 파르메니데스와 제논 사이에 맺은 공격 및 방어 동맹이었다. 이 동맹을 통해 플라톤은 결국 엘레아학파와 피타고라스학파의 논리수학적 절대 확실성을 수용했고, 동시에 이런 확실성과 변화하는 현상세계 사이, 영원한 진리와 단순한 의견 사이의 큰 간극에 다리를 놓았다고 주장했다.

　이 동맹의 흔적이 전혀 없는 플라톤의 대화는 생각하기조차 어렵겠지만, 『소피스트(Sophistes)』 같은 대화편에서 동맹의 내용이 훨씬 명시적으로 드러난다. 『소피스트』는 키레네의 테오도로스(Theodoros)라는 인물이 소크라테스에게 '엘레아에서 온 손님'을 소개하면서 시작한다. 이 손님의 출신도 분명 중요하지만 중재자가 누구인지도 중요하다. 수학사에서 테오도로스는 3에서 17 사이에 있는 모든 비제곱수의 제곱근이 '무리수'라는 사실을 증명했다고 알려진 인물이다(가장 유명한 2의 사례는 이미 증명됐다). 더욱 놀라운 것은 테오도로스가 철학자들은 신성하다고 선언하는 대화의 시작 장면이다.[10]

대화에서는 즉시 문제가 하나 등장했다. 흔히 철학자로 여겨지지만 실제로는 철학자인 척할 뿐인 사람들이 있다. 그들이 바로 소피스트다. 진정한 철학자와 구별하기 위해 소피스트를 어떻게 정의해야 할까? 즉시 우리는 이 문제가 동일성과 차이의 경계에 있다는 것을, 그리고 이 경계는 정말 위험하다는 것을 알아차릴 수 있다. 손님은 극단적인 용어들로 거침없이 이 문제를 묘사한다. "개를 아주 닮은 늑대도 있습니다. 가장 사나운 짐승이 가장 잘 길든 동물과 닮았지요. 조심스러운 인간은 특별히 이런 유사성 문제에 주의해야 합니다. 이런 문제는 대단히 다루기 어렵기 때문입니다."(231a) 이 대화는 결국 소크라테스가 『파이드로스』에서 밝혔던 결론에 도달한다. 즉 동일성과 차이라는 면에서 사물을 올바르게 규정하는 것이 바로 철학의 정의다. "[손님이 말한다.] 사물을 유에 따라서 분리하고, 같은 유에 속한 것을 다른 것이라고 생각하거나 다른 것을 같은 유에 속한다고 생각하지 않는 것이 변증술의 지식이라고 말하지 않았나요?"(253d) 소피스트들은 정확히 여기서 실패할 것이다. 그래서 소피스트를 어떻게 정의할지에 대한 이 대화는 동일성, 차이, 그리고 플라톤의 다른 존재 원칙들도 탐구해야 한다.

플라톤의 다른 작품에 나오는 대화 참가자들이 자주 그렇게 하듯이, 이 토론자들도 재빠르게 동의한다. "만약 무언가 존재한다면, 수는 반드시 존재해야 합니다."(238b) 이들은 심지어 인간 지식의 거대한 부분이 특별히 진리로부터 떨어져 나가기 쉽다는 데 더 빨리 동의한다. 모방, 재현, 그림, 모사, 예술, 그리고 일반적으로 진짜 물리적 재생산이라고 부르는 분야들이 이 거대한 부분에 속한다. 손님의 소피스트 사냥에서 첫 번째 희생자는 화가다. 화가는 "한 가지 기술 형태로 모든 것을 생산할 수 있는 것처럼 속이고, 그렇게 자신의 붓으로 실제 사물과 이름이 동일한 모방물을 창조한 후, 아이들에게 그 그림을 멀리서 보여주면서 아이들의 순수한 마음을 속일 수 있고, 아이들이 화가는 선택한 모든 것을 실제로 만들 수 있다는 생각에 빠지게 할 수 있다".(234b)

동일성에 의존하는 진리 세계에서 조각을 배척하는 일은 그림보다 조금 더 어렵다. '3차원에서 원작의 비율과 일치하고 더욱이 모든 부분에 적절한 색을 입힌 사본의 창조'는 유사성이라는 이름에 걸맞은 것처럼 보이는 사물을 생산한다. 그러나 이런 사례는 예외적이다. 마음이 급한 조각가들은 (예를 들면) 관찰자의 관점을 설명하려고 이런 정확한 비율에서 벗어나 닮은꼴 생산을 중단하고 환영[판타스마(*phantasma*)]을 만들어 낸다. 손님은 거대한 조각상을 실증 사례로 제시한다. "예술가들은 진실은 내버려 둔 채 자신들이 만드는 모상(image)을 실제 비율이 아니라 아름답게 보이는 비율로 표현한다."(236a)[11]

여기서 예술은 손님에게 "어떻게 (예술 작품과 같은) 거짓이 실제 존재한다는 것을 모순에 빠지지 않으면서 말하거나 생각할 수 있는가?" 하는 '엄청나게 어려운 질문'의 단순한 출발점 구실을 한다(236e-237a). 바로 이 지점에서 손님은 정확히 파르메니데스를 인용한다. "그(파르메니데스)는 이렇게 말했습니다. '존재하지 않는 것이 존재한다는 생각이 널리 퍼지지 않도록 하

라. 그대의 정신이 이런 탐구의 길에 들어가지 못하게 하라.'" 그
다음에 손님은 논의를 진전시킬 모순을 만들기 위해 예술의 사
례들을 활용한다. 손님은 말한다. 모상[에이돌론(*eidolon*)]은 참
이 아니지만, "일종의 존재를 갖고 있다".(240b)

손님의 말은 플라톤이 자기주장을 위해 어떤 동일성 종류
는 거부하고 다른 동일성은 옹호하는 술책을 보여 주는 좋은 사
례다. 이 사례는 또한 플라톤의 술책이 긴 미래를 갖게 된다는
걸 우리에게 상기시켜 주는데, 이 술책의 미래는 (여전히 지속되
는) 서양 예술사만큼 길다. 예술품의 존재론적 지위에 관한 플
라톤의 탐구는 예술과 동일성, 존재, 영원한 진리 사이의 관계를
다루는 새로운 질문들을 제기했고, 사도바울의 "세상에 있는 우
상은 아무것도 아니다"(「고린도전서」 8:4)라는 말처럼, 후대에
'유대-그리스도교'의 우상숭배 비판과 실제로 연결됐다. 몇몇 초
기 그리스도인들, 예를 들면 (200년경 라틴어로 글을 썼던) 테르
툴리아누스(Quintus Septimius Florens Tertullianus)는 자신이 쓴
『우상론(De Idololatria)』에서 바울의 단죄를 확장하기 위해 그리
스철학을 돌아봤다. "그리스어 에이도스(*Eidos*)는 라틴어 포름
(*form*)을 뜻하고, 비슷하게 에이도스의 지소사(指小辭) 에이돌론
(*eidolon*)'은 외형을 뜻하는 포르물라(*formula*)로 옮겨졌다. 그러
므로 포름과 포르물라 모두 언제나 우상[이돌룸(*idolum*)]을 의미
한다." 또 다른 그리스도인들, 예를 들면 (비슷한 시기에 그리스
어로 책을 썼던) 오리게네스(Origenes)는 그리스도교 예술 공간
을 열기 위해 플라톤주의를 활용하려고 노력했다. 오리게네스는
유사성 혹은 동일성 유형을 세분화해 유사성 즉, 바울의 우상이
있는 것과, '없는 것' 사이를 구분하려고 했다.[12]

결국에는 오리게네스도 유사성과 우상 모두를 단죄했다. 그렇지만 오리게네스는 계속해서 신학의 핵심 문제를 이성적으로 이해하기 위해 모상을 사용했다. 여기서 신학의 핵심 문제란 하느님과 그리스도를 동일시하는 '동일성'과 둘을 구별하는 '차이'의 문제였다. 오리게네스에 따르면, 아버지는 온 땅을 지탱할 만큼 측량할 수 없을 정도로 큰 상(像)이고, 아들의 상은 이 거대함을 제외하고는 외형과 그 밖의 모든 면에서 완벽하게 아버지의 상과 닮았다. 거상을 바라보는 손님의 비평과 우리는 얼마나 가깝고 또 얼마나 먼가. 『소피스트』 대화편이 나온 지 수천 년이 지나서도 손님의 말이 (신학보다는) 예술 분야의 예술 이론가들 사이에서 계속해서 울려 퍼지는 것을 들을 수 있다. 16세기 예술가이자 건축가이며 예술사의 '시조'인 조르조 바사리(Giorgio Vasari)에 따르면, 당시 조각가들은 다음과 같은 태도를 고수했다. "사람들이 조각상 전체를 사방으로 돌아보면 모든 시점에서 그 외형을 볼 수 있듯이 조각은 참된 형상을 모방한다. (…) 많은 조각가들은 진실이 거짓보다 우월한 만큼 조각이 회화보다 훨씬 뛰어나다고 주저 없이 말한다."[13]

잠시 옆길로 샜던 점에 양해를 구한다. 우리는 플라톤의 이런 착상이 인간 활동의 많은 영역에서 생각할 수 있는 수단을 제공했다고 주장했고, 이 주장을 뒷받침하는 증거를 적어도 몇 가지는 제시해야 한다는 강박을 느꼈다. 예술은 그런 영역 가운데 하나일 뿐이다. 플라톤 사상이 흠뻑 스며들어 있는 '서양' 미학에서 생산된 예술품들과 중국처럼 플라톤을 몰랐던 세계의 예술품을 비교해 보고 싶은 마음도 크지만, 여기서 더 깊이 들어갈 수는 없다.[14]

다시 『소피스트』로 돌아가자. 우리는 플라톤이 우연적인 철학적 동기 때문에 예술을 희생했다고 말할 수도 있다. 비록 플라톤은 의심할 여지 없이 그 동기들이 필연적이라고 느꼈겠지만 말이다. 플라톤은 지성적인 것과 영원한 것(즉 동일성)을 우월하게 여겼고, 원근적인 것, 상대적인 것, 우연적인 것(즉 차이)의 가치를 낮게 매겼다. 비모순율을 사유법칙으로 격상했고 모든 것을 비존재의 가능성을 부정하는 데 활용했다.[15]

차이는 존재에 어떻게 섞였을까

모상은 대화의 마지막이 아니라 시작이었다. 그다음에 플라톤의 교육자적 자의식에 기초한 판단에 따라 더 어려운 주제인 언어가 등장한다(238a-241d). 손님은 모상과 달리 언어를 비난하지는 않는다. 아마도 공유된 의미의 범주들을 서로 엮지 않고서는 철학적 의사소통을 할 수 없기 때문일 텐데, 손님은 나중에 이 문제를 언급한다.[16] 그러나 언어는 문제에서 빠져나가는 쉬운 길을 제시하지 않는다. 파르메니데스에게 계속 충성을 유지하면서도 모순에 빠지지 않고 비존재에 대해 진술할 방법은 무엇일까? 어떤 비존재에 대한 어떤 진술이 참이라고 할 수 있을까?[17] 바로 이 지점에서 손님은 자신이 오이디푸스의 죄를 반복할까 걱정한다(오이디푸스도 테베 출신의 손님이었다). "내가 일종의 친부 살해자가 된 것으로 생각하지는 마십시오. 우리는 자신을 옹호하기 위해 우리 아버지인 파르메니데스의 가르침을 점검하고 검토해야 하기 때문입니다. (…) 우리는 파르메니데스의 선포 위에 불경한 손을 과감하게 얹어야 합니다."(241d-242a)

그러고서는 아버지의 주장에 담긴 결점을 무례하게 계속 폭로한다. 손님은 형상을 결정하는 암시적 공리와 이 공리를 표현하는 우리 언어의 간극을 이용해 엘레아학파를 자기모순에 빠뜨린다. "당신은 '존재하는 것은 하나다'라고 말합니다. 그렇다면 '존재하는 것'과 '하나'는 같습니까? 만약 같다면, 단일성 이외에는 존재하지 않는다고 주장하는 당신은 어떻게 같은 사물에 두 이름을 부여할 수 있습니까?"(244b). (수백 년이 지난 후 같은 질문들이 신의 근원적 단일성을 신학화하려는 그리스도교인과 이슬람교도 들을 괴롭힐 것이다.) 그다음에 손님은 아버지의 수학적 비유를 조롱한다. 파르메니데스는 존재하는 것 전체는 사방이 동일한 (아마도 3차원의) 구(ball)와 같다고 말했다. 그러나 구에는 중심과 끝[2차원 원(sphere)]이 있고, 이것들은 구의 서로 다른 부분이다. 그렇지 않은가? 그렇다면 하나인 전체가 어떻게 다양한 부분을 가질 수 있을까? 우리는 이 서술의 행간에서 키득거림과 비웃음을 들을 수 있다(244e).

파르메니데스를 향한 모욕의 절정은 아버지를 거부하는 것처럼 보이는 부분이다. "나는 말합니다. 자연에 있는 어떤 것에 [다르게 만드는] 변화를 줄 수 있거나, 가장 초라하고 하찮은 것의 영향을 소소하지만 단 한 번이라도 받을 수 있는 모든 것은 실제로 존재하는 것입니다."(247e) 파르메니데스가 존재를 동일성 및 변화면역성(아패틱)과 동일시했다면, 여기서 손님은 존재를 차이 및 변화민감성(패틱)과 동일시한다. 결국 파르메니데스와 헤라클레이토스 두 사람 모두를 거부하는 위치에 서게 되는 것을 우리가 과감하게 희망해도 될까? 우리는 "하나의 형상 혹은 많은 형상들 속에 있는 만물은 불변한다는 교리를 옹호하는 자들과 (…) 이들과 달리 실재는 어디서나 변화한다고 말하는 자들"을 모두 무시할 수 있을까? 우리는 지금 "둘 다를 원하는 아이처럼, 실재 혹은 사물의 합은 모두 불변하면서도 동시에 변한다고 선언"(249d)해야 할까?

플라톤의 가르침이 주는 넓은 자극에 익숙한 사람들은 대화가 여기서 끝날 리가 없다는 걸 안다. 실제로 대화는 계속된다. 손님은 우주의 기본 원리, 즉 우주에 있는 다른 모든 것이 생성되는 아르케로 대화 주제를 전환한다. 아르케는 무엇인가? 우리는 이미 이 질문에 관한 여러 의견을 만났는데, 손님은 여기서 정지와 운동 두 가지를 선택했다. 이 두 개념은 파르메니데스의 불변과 헤라클레이토스의 변화라는 두 개념에 투영하기 좋고 자연학으로 쉽게 변환할 수도 있다.

그러나 정지와 운동이라는 두 개의 대립자만으로는 전체가 될 수 없다. 손님은 말한다. 만약 정지와 운동만으로 전체가 된다면 정지와 운동이 존재한다는 말이고, 이 둘이 함께 정지하거나 움직인다는 말이 된다. 그러나 정지 중에 움직임은 존재할 수 없고 운동 중에 정지는 존재할 수 없다(어떤 이들은 왜 정지 상태에서는 정지할 수 없고, 운동 중일 때 운동할 수 없는지 의아할 것이다). 그래서 손님은 있는 것 혹은 존재라는 세 번째 원칙을 세운다(249e–250c). 손님은 존재, 정지, 운동이라는 이 세 가지 원칙을 마치 서로 다른 세 가지 사물 A, B, C처럼 다룬다. 우리가 기하학에서 다른 점들의 영향을 받지 않는 세 점을 선택할 수 있듯이, 각 사물은 다른 사물의 존재 때문에 변하지 않는다.[18]

그러나 혼합된 부분은 있어야 한다. 만약 운동과 정지가 존재 안에 공유하는 부분이 없으면, 운동과 정지는 존재하지 않게 될 것이기 때문이다(251d-252a). 그렇지만 이 세 원칙이 혼합되면, 즉 어떤 원칙이 어떤 형상으로 다른 원칙들에 참여하면, 난감한 문제가 우리를 다시 위협하면서 대화를 모순으로 이끈다. 좀 더 절대론적인 속임수가 필요하다. 모든 원칙이 섞일 수는 없다. 테아이테토스는 손님의 동의를 받아 이렇게 말한다. 정지와 운동은 서로를 파괴하지 않고는 혼합될 수 없다. 운동 중 정지나 정지 중 운동은 있을 수 없기 때문이다(252d).

우리는 이것을 '속임수'라고 부른다. 왜냐하면 금지는 임의적인 것처럼 보이기 때문이다. 임의적인 것은 소피스트적 정의의 문제다. 예를 들어 움직이는 물체가 느려질 때 이것을 정지와 운동의 혼합이라고 말하지 못할 이유가 어디 있겠는가? 또한 금지가 자연학에서 온 유추에 근거한다고 해서 이 금지를 진리로 받아들일 필요는 없다. 심지어 자연 영역에서도 마찬가지다. 손님의 조롱을 따라 우리는 회전하는 공에서 몇몇 지름은 언제나 정지 상태라는 주장, 혹은 선원이 배 위에서는 정지하지만 물 위에서는 아니라는 주장에 쉽게 반대할 수 있다.

그러나 대화의 이 지점에서 조롱은 등장하지 않는다. (임의적으로) 정지는 운동과 섞일 수 없다고 선언한 직후에 바로 손님은 우리가 『파이드로스』에서 만났던 것과 매우 비슷한 개념들을 사용하는데, 변증술 철학자들을 어떤 생각, 계층 혹은 유(類) 들이 섞일 수 있는지 아는 사람으로 정의하기 위해서다. 변증술 철학자들은 '어떤 종류들은 조화를 이루고 어떤 종류는 다른 종류와 조화롭지 못하다'는 걸 알고, 어디에 연결이 있고 어디에 분리가 있는지도 구분할 수 있으며, "종류에 따라 분리하면서 같은 것을 다르다고 여기거나, 다른 것을 같다고 여기지 않는다"(253b-d). (플라톤이 말하기를) 이 기술은 『파르메니데스』에서 크게 강조하지 않은 채 제기했던 참여 문제를 푸는 해답을 제공한다.

그러나 해답을 얻기 위해서 우리는 존재, 운동, 정지 세 가지 원칙에 동일성과 차이를 추가할 필요가 있다. 동일성과 차이가 없으면 우리는 이 근본 원칙들을 나열할 수 없다. 이 원칙들을 나열하려면 각각의 원칙이 자신과 동일하고 나머지 둘과는 다름을 '증명'해야 하기 때문이다(254d-255b). 이 범주 다섯 가지를 손에 쥐면서 손님은 부친 살해자가 결코 아니라는 것을 스스로 드러낸다. 왜냐하면 이제 손님은 있지 않은 것(비존재)이 있는 것(존재)의 '반대'라는 말을 부인할 수 있기 때문이다(여기서 기억하라. '아버지' 파르메니데스는 우리에게 비존재를 생각하는 것 자체를 금지했다). 손님은 오히려 차이가 존재와 섞이는 일이 생긴다고 설명한다. 그러므로 "x는 y가 아니다"라는 말은 "x는 다른 것이거나, y와 차이가 있다"라는 뜻이다. 다른 말로 하면, 우리는 술어나 존재기호로서 존재하지 않는다고 말하는 것을 계속해서 피해야 할 것이다. 우리는 결코 "x는 없다"라고 말해서는 안 된다. 대신 우리는 비존재를 전적으로 한정사와 관계적 의미 안에서만 받아들여 이렇게 말해야 한다. "x는 p가 아니다." 이렇게 존재의 동일성에 대한 파르메니데스와의 충실한 협약이 맺어지는 동시에 세계 안에서 차이가 허락됐다.

협약이 어떻게 맺어졌는지 주목하라. 협약은 절대적 동일성 주장에 기초한 다섯 가지 구조물을 통해 체결됐다. 다시 말하면, 운동과 정지는 배타적이라서 어떤 존재 안에서도 공존할 수 없다는 주장 위에 협약이 맺어졌다. 변화의 가능성은 동일성이라는 첫 번째 논리 원칙에서 나오고, 이 원칙은 운명, 필연 혹은 법이라는 형태로 차이 또는 변화가 일어나는 방법들을 통제할 것이다. 이것이 바로 플라톤이 엘레아학파와 맺은 협약의 요지다.

영혼창조설: 자연학에서 심리학으로

아마도 플라톤의 자연학은 이 협약이 미치는 힘을 보여 주는 가장 좋은 사례일 것이다(사실 플라톤의 첫 번째 원칙들 가운데 운동과 정지의 중요성을 고려하면, 이 원칙들이 자연학에서 왔다고 생각할 수도 있을 것이다). 『티마이오스(Timaios)』는 우주와 우주 안에 있는 모든 것의 창조에 대한 설명으로 이 자연학을 제시한다. 티마이오스는 아래와 같은 질문으로 설명을 시작한다. "언제나 존재하지만 생성되지 않는 것은 무엇이며, 언제나 생성되지만 결코 존재하지 않는 것은 무엇인가?"(27d) 세계를 양분시켜 지금까지 탐색한 그 논쟁 속으로 몰아넣는 질문이다.

계속해서 티마이오스는 우리가 앞에서 만났던 파르메니데스의 경건한 믿음을 말한다. "앞에 있는 것은 지성과 이성으로 이해할 수 있고 언제나 같은 상태에 있습니다. 반면 뒤에 있는 것은 이성 대신 감각의 도움을 받아 상상하게 되고, 언제나 생성과 소멸의 과정에 있으면서 결코 실제로 존재하지 않습니다." 이런 관점에서 나온 성스러운 장인(데미우르고스, 28a)은 (예술가처럼) 이미 창조된 어떤 것을 복사하기보다 변할 수 없는 것을 본떠서 창조물을 만들어야 했다.[19] 플라톤이 이 창조 이야기를 통해 성취한 것에 주목하라. 동일성과 차이 사이의 선택은 우연적 가능성이 아니라 창조의 필수 조건이 되며, 창조주 신은 반드시 선택을 해야 한다. 필연적 선택으로 동일성과 차이 어느 한 쪽으로 틀이 만들어지면, 티마이오스는 창조자의 움직이지 않는 영원한 시작에서 변한 듯 보이는 전체 세계가 어떻게 창조됐는지 설명해야 한다.

티마이오스는 다름 아닌 우리가 이미 만난 다섯 가지 기본 원칙들, 즉 존재, 운동, 정지, 동일성, 차이와 이 원칙들에서 유도된 수적 자원들을 활용해 이 설명 과제를 완수한다. 수적 자원이란 무엇인가? 우선 비례부터 살펴보자.

> 가장 깨끗한 결합은 (…) 그 자신과 결합하는 사물을 가장 완전하게 융합하는 것입니다. (…) 세 가지 수가 있으면, 세제곱수든 제곱수든 상관없이 거기에는 중항이 있기 때문입니다. 중항과 마지막 항의 관계는 첫째 항과 중항의 관계와 같습니다. 그리고 중항과 첫째 항의 관계는 마지막 항과 중항의 관계와 같습니다. 이때 중항은 첫째 항과 마지막 항이 되고 첫째 항과 마지막 항은 둘 다 중항이 되면서 이들은 모두 필연적으로 동일해지고, 그렇게 서로 같은 것이 되면서 하나가 될 것입니다.[20]

이 비례에서 신은 물, 공기, 불, 흙을 유도했고, 이 네 가지 구성 요소로 하늘과 세상을 창조했으며, '하늘과 세상을 비례 속에서 조화'하게 했다.

(33~37의 내용을 요약, 재구성한다.) 신은 우주를 자신과 가장 닮은(즉 대칭적인) 모양인 매끈한 구(ball)로 창조했다. 이 구는 네 가지 요소로 구성됐는데, 이 네 가지 요소는 원래부터 기하학적 비례를 이루고 구를 같은 점 위에서 일정하게 회전하

도록 만들었다. 그다음에 신은 다른 곳이 아닌 바로 우주적 구한가운데에, 심지어 시간이 창조되기도 전에 혼을 놓았다. 신은 태어나기도 전에 혼을 먼저 만들었다. 신은 동일성과 타자 혹은 차이를 혼합해 이 혼을 만들었고, 혼합할 때 존재의 힘과 기하학적 비례를 사용했다. 그리고 신은 혼 안에 서로 직각을 이루는 띠 두 개를 만드는데, 한 띠 위에서는 동일성이 움직이고 다른 띠 위에서는 차이가 움직인다.[21] 그리고 신은 주도권[크라토스(*krátos*)]을 차이가 아닌 동일성에게 준다. 혼의 요소들이 우리가 이미 『소피스트』에서 만났던 다섯 가지 범주, 즉 존재, 동일성, 차이, 운동, 정지라는 사실에 주목하라. 이때까지는 이 모든 창조물이 영원했는데, 시간이 아직 창조되지 않았기 때문이다. 그러나 그 안에는 균일한 움직임(그러므로 정확한 시계)이 있었다. 그다음에 신은 『티마이오스』에 나오는 유명한 말인 '영원의 움직이는 모상'으로서 시간을 창조했다. "그리고 신은 우주에 질서를 세우면서, 영원하지만 수에 따라 움직이는 이 모상을 만들었다. 그 영원 자체는 하나가 돼 휴식하고, 이 모상을 우리는 시간이라고 부른다." 우리는 다시 한번 파르메니데스의 엘레아학파와 맺은 플라톤의 협정 조문들을 읽고 있는 것이다(37c-38a). 이 승리는 총제적이었다. 변화와 유동성의 궁극적 원천이자 사례처럼 보이는 시간이 지금은 수리천문학을 통해 반대편으로 던져져서 동일성과 영원의 모방 또는 사례가 됐다.[22]

장인은 이제 수, 비례, 기하학적 형태를 통해 모든 것을 생성한다. 그다음에 창조자가 만든 신들이 이 놀이에 들어온다. 신들은 지성과 필연의 협력을 이용해 영혼과 육체로 인간을 구성한다. 불행히도 체화(體化)는 혼란도 가져왔다. 영혼의 비례적 운동이 육체에 방해받는 것이다. 그래서 인간은 격정과 비이성 속에서 태어나며, 적절한 비율과 비례가 "온갖 방법으로 흔들리고, 혼의 궤도들은 모든 가능한 방법으로 깨지고 무질서해진다". 인간 영혼이 '처음에는 지성이 없는' 이유가 바로 이 때문이다. 그러나 궤도들의 순환이 수정되고 그 비율이 자연의 형상에 따라 복원되면, 개인은 '이성적 존재'가 된다. 교육의 목표는 인간 영혼에 맞는 적절한 수적 비율의 복원인데, 영혼의 운동이 우주의 운동과 정렬될 때만 인간이 행복할 수 있기 때문이다(43b-44d).

이 설명에서는 인간 육체와 영혼뿐만 아니라, 인간의 덕성, 지혜, 행복 모두가 수로 표현되는 우주의 자연적 비율에서 나온다.[23] 우리의 심리는 성스러운 장인의 마음과 마찬가지로 수학적 자연학의 산물이다.[24] 『국가』 제7권에서 주장하는 교육 프로그램으로 판단할 때, 플라톤은 이 영혼의 수학을 대단히 진지하게 받아들였다. 『국가』에서 플라톤은 '순수하게 수와 관계된 이런 훈련들'을 강조하고, 다음과 같은 내용을 담은 입법을 촉구했다. "우리 도시에서 최고 지위의 직무를 수행하려는 사람은 산술학에 관심을 둬야 한다. (…) 순수한 사고를 통해 수의 본성을 명상하는 단계에 오를 때까지 그래야 한다."(525a-c) 수학은 "이 세계와 이상적 평면 사이의 끈이다"(527b-c).[25]

『국가』에서 플라톤은 상대적으로 조심스럽다. 플라톤은 수학을 현상세계와 진리 세계의 연결 혹은 끈이라고 말하지만, 수학을 사용하는 것을 형상에 참여하는 최고의 방법 또는 형상 그 자체와 동일시하지는 않았다.[26] 다른 곳에서 플라톤은 수학교육의 힘을 거침없이 칭찬했다. 예를 들어 『법률』 제7권에서 플라톤의 대변인은 산술학, 측량, 천문학 등의 수학 연구를 교육의 첫 번째 필수 요소로 소개하면서, 이 교육을 받지 않은 사람은 인간보다는 돼지에 가깝다고 말한다. "우리는 그저 그 필요성을 줄일 수 없습니다." "신조차도 필요성에 반대하지 못할 것입니다."[27] 그래서 『법률』은 '큰 즐거움과 재미를 주는' 수학 놀이를 어린아이들에게 가르치라고 제안한다. 어쩌면 플라톤은 수학 조기교육을 처음 옹호한 사람일 것이다(819b).[28]

『에피노미스(Epinomis)』에서는 더 나간다. 『에피노미스』는 한때 유행했지만 지금은 거의 인용되지 않는 대화편이다. 그 진실성 여부에 대한 논쟁은 부분적으로는 이 책이 보여 주는 수에 대한 극단적 열광에 기인한다.[29] 위대한 철학자가 이렇게까지 독단적일 수 있을까? 아니면 우리는 이 책을 플라톤을 추종하는 평범한 인물의 작품으로 여겨야 할까? 이 대화는 진정 독단적이지만, 이미 보았듯이 독단주의가 플라톤 사상과 그리 떨어져 있지는 않다. 『에피노미스』에서 대화를 여는 질문은 플라톤 작품들의 기본 질문이며, 실제로 모든 철학에 던지는 질문이기도 하다. "죽을 운명을 타고난 인간을 지혜로 이끌어 줄 공부는 무엇인가?" (『법률』에서도 대화 상대자로 등장하는) 아테네인이 제시하는 대답은 너무 강하기는 하지만 철저히 플라톤적이다. 예술도 생산기술도 아닌 '수에 대한 지식'만이 인간을 지혜로 이끌수 있다(976e).

『에피노미스』에서 우리는 『티마이오스』의 자연학을 『국가』와 『법률』의 심리학적 인간학과 결합하려는 시도를 볼 수 있다. 여기서 수는 모든 지식의 원천이고, 동물과 인간의 차이점이며, 신들의 가장 위대한 선물이다. 하늘에서 자신의 별들을 돌리면서 우리에게 '수 전체를 선물하고, (수와 함께) 또한 나머지

지력과 모든 좋은 것들을 준’ 이는 바로 우라노스(즉 코스모스 또는 올림푸스)였다. "이것이 모든 것 가운데 가장 위대한 혜택이다." 우리 안에 있는 이 수를 통해 우리는 영혼을 우주와 연결시킬 수 있다.

수, 영혼, 우주의 관계에 대한 플라톤의 설명에는 윤리적 신학 담론이 숨어 있는데, 『에피노미스』는 이 윤리를 거침없이 명시적으로 밝힌다. ‘수는 모든 선한 것의 원천’이고, "악을 품고 있는 모든 것에는 수가 하나도 없다"(978a-b). 이 선언은 대단히 특이하다. 악은 수의 부재이고, 선은 수의 현존이자 계획이다. 이 가르침에 매달릴 때 받는 보상은 더욱 특이한데, 다름 아닌 죽음을 넘어 살아가는 지혜. 수라는 선물에 온전히 매달리는 사람은 "마치 자기 안에 있는 다양한 것을 하나로 통합한 듯이 오직 할당된 몫 하나만을 갖게 될 것이고, 그 안에서 행복하고 지혜롭고 축복받으며, 모든 것이 하나가 될 것이다"(992b). 현대에 들어와서는 『에피노미스』가 플라톤이 직접 쓴 작품이 아니라고 보는 경향이 크다. 그 이유는 아마도 다른 대화들과 달리 『에피노미스』에는 동일성 이론에 생기를 불어넣는 영원을 향한 갈망이 명시적으로 포함됐기 때문일 것이다.[30]

* * *

우리는 이 장을 플라톤이 수용한 도전을 묘사하면서 시작했다. 그 도전은 존재의 기초에 불변과 영원을 계속 두면서도 동시에 계속 변하는 우리의 경험을 설명하는 것이다. 우리는 창조물의 일부에게는, 즉 인간에게는 선택권이 있다는 플라톤의 제안을 반복해서 들었다. 인간은 수의 사다리를 따라 불멸을 향해 다시 올라가거나(플라톤이 선호하는 선택이다) 모상, 현상, 시, 그리고 그 밖의 거짓된 것을 추구하면서 추락할 수도 있다. 이 모든 움직임의 미래가 여전히 우리와 함께 있다. 이 말은 플라톤의 생각이 우리를 결정한다거나 그 생각들이 시간을 넘어 변함없이 전달된다는 뜻이 아니다. 그와 반대로 플라톤이 선조들의 주장에 담긴 문제들을 철저하게 다루면서 수와 지식, 동일성과 차이에 대한 자신의 생각에 도달했고, 마찬가지로 플라톤의 계승자들, 특히 가장 유명한 제자 아리스토텔레스도 그렇게 했다.

아리스토텔레스와 플라톤의 결투

제자들은, 특히 위대한 제자라면, 가장 많은 가르침을 준 스승을 비판한다. 아리스토텔레스는 스승을 비판했을 뿐만 아니라 자신의 비판을 나중에 유명한 도덕적 격언으로 끌어올렸다. "진리를 지키기 위해 가장 가까운 개인적 관계를 희생하는 일은 특히 철학자에게는 의무인 것 같다." 돈키호테 같은 사람들이 자신의 엉뚱한 소명을 표현하기 위해 이 격언을 (라틴어 문장으로) 차용할 것이다.[31]

아리스토텔레스는 자신의 책 『형이상학(Metaphysica)』에서 내내 스승과 결투를 벌인다. 『형이상학』은 책 첫머리에서 고대 그리스철학 초기부터 아리스토텔레스 시대까지의 그리스 지식사를 설명한다. 이 역사에서 플라톤은 자신의 개념어를 갖고 있기는 하지만, 피타고라스의 추종자로 묘사된다. "왜냐하면 피타고라스학파는 사물이 수를 모방함으로써 존재한다고 말하고, 플라톤은 참여를 통해 이름을 바꾸면서 존재한다고 말하기 때문이다." 아리스토텔레스는 형상에서부터 수학의 대상, 감각적인 것까지 스승의 체계를 상세하게 설명한다. 그러나 아리스토텔레스가 이 체계에 동의하지 않는다는 게 곧 분명해진다. 아리스토텔레스는 형상 이론에 동의하지 않으며, 플라톤과 다른 철학자들이 수학에 부여한 역할에도 동의하지 않는다. 아리스토텔레스는 수학의 역할이 과장됐다고 봤다. "수학은 우리 시대 사상가들에게 철학 전체가 됐다. 비록 그들이 다른 것들을 위해 수학을 연구해야 한다고 말하지만 말이다."[32]

아리스토텔레스가 수학 공포증 때문에 이런 태도를 보였던 것이 아니다. 아리스토텔레스는 숙련된 수학자였고, 실제로 자기 작품들을 통해 당시의 고등수학 기술에 대해 스승보다 훨씬 더 많이 알고 있었다는 사실을 보여 준다. 그러나 아리스토텔레스는 수학적 대상이나 플라톤의 형상 들이 자신과 스승 모두가 찾고 있던 지식의 기초, 원칙 혹은 제1원인자(아르케)를 제공해 준다고 생각하지 않았다.[33]

플라톤의 생각이 지식의 기초를 제공하지 못하는 이유를 설명하기 위해 아리스토텔레스는 수학의 한계와 심지어 더 일반적인 연역적추론의 한계를 지적하면서 플라톤 가르침의 두 가지 측면에 대해 확장된 비판을 시도한다.[34] 『니코마코스 윤리학(Ethika Nikomacheia)』 앞부분에서 아리스토텔레스는 이렇게 말한다. 서로 다른 다양한 '예술과 과학이 있고, 그들의 목표 또한 다양'하듯이, 그들은 다른 방법론을 요구한다. 예를 들어 정치학에서 사람들은 단지 '대략적인 윤곽'만 이야기할 수 있는데, 최소한 사람들은 같은 물건에 언제나 같은 방식으로 반응하지 않기 때문이다. "각 분야에서 주제의 본성이 허락하는 정도의 정확성만 찾는 것이 교육받은 사람의 특징이다." "수학자들의 개연적 추론을 수용하고 수사학자에게 실증적 증명을 요구하는 것은 둘 다 똑같이 명백히 어리석은 일이다."[35]

이런 진술은 지식의 단일성 찾기, 동일성이라는 지식의 기초 탐색에 대한 회의주의를 암시한다. 그러나 동일성을 향한 갈망은 아리스토텔레스 사상의 지하실 문을 통해 계속해서 슬금슬금 들어온다. 우리는 아리스토텔레스가 수사학자들에게 실증적 증명을 요구하는 어리석음을 저질렀다고 비난할 수도 있을 것이다. 『수사학(Rhetorik)』에서 아리스토텔레스는 그런 어리석음을 조금 보여 주는데, 수사학적 논증에서 삼단논법과 연역적추론의 사용에 대해 많은 이야기를 하고, 다름 아닌 수사학의 증명 이론 [아포데익시스(*apodeixis*)]을 제시한다. 아포데익시스는 아리스토텔레스가 『분석론 후서(Analytica Posteriora)』에서 과학의 형식적 증명에서 가장 엄격한 기준을 세우기 위해 사용하는 단어이며, (덜 빈번하지만) 자연학과 생물학에 대한 저술에서도 사용한다.[36]

아리스토텔레스의 수사학, 자연학, 생물학 저술에 등장하는 논증들이 과학 이론에서 그 자신이 세웠던 삼단논법 및 연역적 증명의 엄격한 기준에 맞지 않는다는 걸 아주 쉽게 확인할 수 있다. 어떻게 그럴 수 있었을까? 바로 이것이 우리의 핵심이다. 아리스토텔레스가 보기에, 수학적 증명에 압도적인 힘을 부여한 절차적 증명법이 증명이 무엇인가라는 질문의 해답으로 이미 퍼져 있었다. 그 절차적 증명법이란 다음과 같다. 공리 혹은 논쟁의 여지가 없다고 여겨지는 출발점을 분명하게 밝히고, 동일성 혹은 차이를 주장하거나 비모순율 혹은 배중률 주장을 통해 계속 논증을 진행하며, 결국 그 자체로 필연적이라고 주장하는 결론이나 발견에 도달한다. 확실히 아리스토텔레스는 존재론으로서 수학은 의심했지만, 방법론으로서 수학은 대단히 매력적이라고 느꼈다. 이 생각은 이미 『분석론 후서』를 여는 문장에서 명백히 드러난다. "모든 가르침과 지성적 학습은 이미 존재하는 지식에서 나온다. 모든 사례를 고려할 때 이 사실은 명백하다. 수학적 과학은 이런 방법으로 습득되고, 다른 모든 기술들도 마찬가지다. 논증도 비슷하다. 연역적논증과 귀납적논증 모두 이 방식을 따른다."[37]

　　그런데 이 기본 질문을 찬찬히 살펴보자. 절차적 증명에서 필연적이고 확실한 출발점을 구성하는 것은 무엇인가? 수학이 이 질문에 답하기는 대단히 어렵다는 게 증명됐고, 더욱이 아리스토텔레스가 작업했던 자연학, 생리학, 수사학, 그 밖의 모든 분야에서는 더 말할 것도 없다.[38] 이 질문에 답하기 위해서는, 어떤 증명도 요구하지 않을 만큼 확실한 것은 무엇이고 어느 정도 불확실하게 남아 있는 것은 무엇인지 알아야 한다. 당연히 필연적인 출발점은 없을 수도 있다. 모든 출발점은 그 자체로 선택과 가정에 기초한 우연일 수 있다. 그러나 아리스토텔레스는 이런 우연과 가능성을 좋아하지 않았다. 아리스토텔레스는 증명할 수 없는 것(우리는 이것들을 아르케라고 부른다), 즉 근본 진리, 자명한 것, 무조건적인 것, 필연적인 것이 존재하고 출발점으로 작용할 수 있다고 생각했다. 더욱이 그는 이 출발점들이 너무 자명해서 교육받은 사람이라면 모두 여기에 동의할 것이라고 생각했다. 아리스토텔레스는 이 생각을 『형이상학』에서 이렇게 표현한다. "논증을 요구할 수 있는 것과 요구할 수 없는 것을 모르는 이유는 단순히 교육 부족이다. 절대적으로 모든 것의 논증이 필요하다는 것은 불가능하고, 무한히 소급하게 되면 그렇게 결국 논증이 없게 될 것이다."[39]

여기서 우리는 필연적 기초들을 제공하기 위해 뒤로 몰래 들어오고 있는 동일성을 발견한다. 많은 사례를 생각할 수 있을 텐데, 아리스토텔레스의 불변하는 에테르(*aether*) 이론도 그 사례에 포함된다. 아리스토텔레스는 에테르에서 천체가 만들어진다고 가정했다. 그 후 천상은 동일성이, 지상은 차이가 지배한다는 이론은 뉴턴이 등장할 때까지 물리학 분야를 장악하게 된다.[40] 여기서 우리는 아리스토텔레스가 제공하는 단 하나의 원리만 살펴보려고 한다. 아리스토텔레스는 교육받은 자들이 동의할 수밖에 없음을 논증하려고 '모든 것들의 가장 확실한 원칙'이자 '오류가 불가능한' 이 원리를 제시한다. "어떤 것도 동시에 있거나 있지 않은 것은 불가능하다." 이 명제를 의심하는 사람은 단지 배우지 못한 사람으로만 취급받는 게 아니다. 그들은 인간이 아니거나 심지어 플라톤이 말한 '돼지'의 일종이다. 그들은 "단순한 식물보다 나은 점이 없다".[41]

서론에서 우리는 이 원리를 비모순율이라고 불렀다. 아리스토텔레스는 이 원칙을 조금 더 풍부하게 제시한다. "동일한 속성은 동일한 주체에게 동일한 측면에서 동일한 시간에, 즉 동시에 있거나 없을 수 없다. 우리는 변증법의 반대에 직면해 어떤 자격의 [즉, 동일성의] 추가를 가정해야 한다."[42] 우리는 어디에나 있는 동일성, 동일성의 바다를 강조하려고 동일성에 강조 표시를 했다. 아리스토텔레스가 무한 소급의 가능성을 제거하기 위해 동일성이라는 잠재적으로 무한한 가정을 추가하기를 요청했다는 건 대단히 눈에 띄는 일이다. 그가 가정하는 쉬운 합의도 눈에 띄기는 마찬가지다. 소크라테스는 신과 닮은 존재들만이 동일성과 차이 사이에서 좋은 선택을 하는 법을 알고 있다고 생각했지만, 아리스토텔레스에게 이 선택 능력은 모든 교육받은 사람들이 갖는 보편적 특성이다. 더욱 주목할 만한 것은 아리스토텔레스가 비모순율에 동의하지 않는 사람을 대하는 방법이다. 우리는 아리스토텔레스가 누구를 겨냥하는지 알고 있는데, 직접 이렇게 말했기 때문이다. "같은 것이 존재하면서 동시에 존재하지 않는다고 믿기는 불가능하다. 몇몇은 그것이 가능하다는 말을 헤라클레이토스가 했다고 생각한다. 자기가 말했다고 해서 그것을 꼭 믿으라는 법은 없다." 비모순율을 비판하는 것은 철학이 아니라 위선으로 여겨질 수 있다.[43]

아리스토텔레스가 생각하기에 논증보다 앞서는 또 다른 '동일성' 진리들이 있다. 이 진리들에는 우리가 이미 만난 많은 원리가 포함된다. 동일성원리, 비모순율과 같은 사유법칙, 고체의 불가입성(두 고체가 동시에 같은 장소를 점유하는 일은 불가능하다) 같은 원칙들이 여기에 포함된다.[44] 우리는 이런 원칙들이 지식의 견고한 기초, 즉 플라톤과 아리스토텔레스가 각자의 방식으로 찾으려고 했던 '필연성'을 제공하지 못하는 이유를 앞으로 나오는 장들에서 볼 것이다. 그러나 우리의 요지를 밝히기 위해 여기서 이 문제를 더 탐구할 필요는 없다. 당연히 우리의 요지는 자연학, 심리학, 수학 또는 철학에서 플라톤과 아리스토텔레스가 틀렸다는 어리석은 주장이 아니다. 우리가 지적하려는 핵심은 오히려 두 사람이 그리스 전통 안에서 어떤 충동을 공유했다는 점이다. 이 충동이란 우주와 개인의 관계를 동일성과 차이 사이의 필연적 선택이라는 견지에서 생각하려는 지적 충동이며, 이 동일성과 차이는 종종 수학적 개념 안에서 상상되곤 한다.

이 충동은 철학과 논리학, 신화, 종파, 종교에 이르는 인간 사고의 다양한 영역을 가로질러 공유됐고, 다양한 유형의 사람들 사이에서, 많이 배운 사람들을 비롯해 대단히 무지한 사람들 사이에서, 세계의 많은 지역에서도 공유됐다. 어떻게 지식을 향한 이 특이하면서도 고도의 학문적 접근이 고대, 중세, 근대를 넘어 이렇게 널리 공유됐을까? 해답의 일부는 알렉산더대왕 (Alexandros the Great)의 정복에 있다. 전통에 따르면, 아리스토텔레스의 제자였던 알렉산더대왕의 군대는 고대 세계에서 그리스의 사상을 멀리 떨어진 지역으로까지 퍼뜨렸다. 그러나 지금도 그렇듯이 예술과 과학은 언제나 특별한 활동이었다. 어떻게 그렇게 많은 세계가 동일성과 차이 사이의 필연적 선택이라는 관점에서 자신의 운명을 상상하게 됐는지 이해하기 위해서 우리의 관심을 다른 곳으로 돌릴 필요가 있다. 철학자들과 철학 학파들보다 더욱 열광적인 전도자들이었던 일신교 설교자와 교사들로 우리의 관심을 돌려 보자.

4장
일신교들의 수학 문제

신은 엄격하게 모든 것의 수를 계속 기록하고 계신다.
— 쿠란 72:28

오늘날에는 흔히 과학과 종교가 서로 대립한다고 본다. 오늘날의 이런 태도와 반대로, 신앙과 이성은 동일성과 차이에서 태어난 쌍둥이다. 이 둘은 같다기보다는 형제이고, 쌍둥이임에도 가끔 서로를 죽이기도 한다. 이런 형제 살해는 이미 앞 장에서 분명하게 봤다. 3장에서는 불변과 영원을 존재의 기초라고 주장하면서도, 동시에 우리가 경험하는 끊임없는 변화를 설명하려는 도전 과제에 대해 서술했다. 또한 플라톤이 수에 대한 사유에서 나온 논리의 규칙들을 사용해 이 도전에 응답하려는 시도도 봤다. 이 시도는 모순들을 생성하는 데 목적이 있었고, 이 모순들이 존재의 본성에 대한 자신의 주장을 진전시킬 수 있었다. 우리는 플라톤이 수학을 활용해 세계를 다양한 층, 혹은 실재의 단계로 구분하는 것을 봤다. 플라톤에 따르면, 세계는 불변하고 자존하는 존재에서부터 체화된 인간 경험의 다양한 흐름까지 여러 단계로 구분된다. 우리는 3장에서 플라톤이 그 단계들을 서로 어떻게 연결하는지도 살펴봤다. 플라톤은 변화가 가장 많은 것들조차도 어떤 방식으로든 영원에 참여하며, 종종 수학적으로 상상된 방식으로도 참여한다고 주장했다. 우리는 피조물의 일부, 즉 인간은 선택권이 있다는 플라톤의 주장을 반복해서 들었다. 인간은 (최소한 어느 정도까지는) 불멸을 향한 수학의 사다리를 힘겹게 올라가거나, 모상, 외형, 시, 그리고 그 밖의 거짓된 것을 추구하면서 추락할 수 있다.

이 모든 움직임의 미래는 여전히 우리와 함께 있다. 부분적인 이유는 이 운동들이 모두 플라톤 혼자만의 업적이 아니기 때문이다. 사상사에서 영향력 있는 설명들에 따르면, 오히려 우리가 지금껏 만난 모든 그리스철학자들과 마찬가지로 플라톤의 철학도 거대한 운동의 일부였다. 이 운동은 유라시아와 지중해 세계 너머까지 펼쳐져 있었고, 파르슈바나타(Parshvanatha)와 자라투스트라(Zarathustra) 같은 교사들도, 석가모니(釋迦牟尼)와 에스겔(Ezekiel), 공자(孔子)와 노자(老子), 이사야(Isaiah)와 제2이사야, 예수와 그의 제자들, 무함마드와 그 신자들도 이 운동에 포함된다. 어떤 이들은 이 운동을 '존재의 거대한 도약'이라 불렀고, 다른 이들은 '초월적 비전의 부상' 또는 '비판주의의 시대'라고 규정했으며, 이 시대를 '축의 시대'라고 명명한 사람들도 있었다.[1] 20세기 독일 철학자이자 '축의 시대'라는 개념을 처음 사용한 카를 야스퍼스(Karl Jaspers)는 이 운동에서 '인류가 오늘날까지 여전히 존재의 기초로 삼는 인류의 정신적 기초'를 보았다.[2]

우리가 이 사상사에서 나오는 세부 내용에 동의할 필요는 없다. 다만 이 사상가들에게는 공통된 두 가지 가르침이 있고, 이 두 가르침은 서로 모순된 관계처럼 보인다는 점은 알려 주고 싶다. 첫 번째 가르침은 회의주의다. 3장에서 보았듯이, 소크라테스와 플라톤 같은 철학자들은 세계와 우리 자신에 관한 참된 무언가를 아는 일이 엄청나게 어렵다는 점을 강조했다. 우리는 육체를 통해 이 세계의 사물을 인지한다. 그 인지가 아무리 견고하고 확실해 보여도 기껏해야 우리에게 진리의 부분적, 상대적, 순간적, 희미한 모습만 제공할 뿐이다. 최악의 경우에는 상당히 왜곡된 변형을 제공한다. 이것이 그리스철학자들의 첫 번째 가르침이다. 근대 철학자 쇠렌 키르케고르는 『철학적 단편에 부치는 비학문적인 해설문(Afsluttende Uvidenskabelig Efterskrift til de Philosophiske Smuler)』에서 이 '그리스 회의주의'의 교훈을 잘 요약했다. "여기서는 한 가지를 철저하게 가르친다. 역사적 확실성은 말할 것도 없고, 감각으로 인지할 수 있는 확실성은 불확실하며, 오직 추정일 뿐이다. 그리고 확실성과 직접 관련된 것은 부정적인 관계다."[3]

감각을 통해 알고 있는 것을 의심하는 회의주의는 초월적 전환의 기본 전제다. 그러나 회의주의 홀로 초월을 만들지는 않는다. 회의주의는 초월에 대한 요구를 창조할 수 있듯이, 이 요구를 약화시킬 수도 있다. 여기서 우리는 두 번째 전제에 도달한다. 앞에서 언급한 많은 사상가들은 회의주의에 덧붙여 추가 제안을 했다. 그들은 비록 영원하고 변하지 않는 진리를 자연 세계에서 찾을 수는 없지만, 이런 진리가 존재의 어떤 다른 수준에 진정 존재한다고 주장했다. 이미 우리에게 익숙한 플라톤의 형상이 그 사례다. 우리 세계는 단지 이 진리에 참여하거나 특정한 방식으로 모방할 뿐이며, 혹은 (좀 더 낙관적 관점으로?) 영원한 동일성과 불변의 진리가 있는 다른 초월적 '세계'로 우리를 향하게 할 뿐이다.[4] 이 스승들은 인간으로서 우리의 의무는 이 영원의 세계에 가능한 한 많이 참여하도록 우리 삶을 조직하는 것이라고 주장했다(이 스승들 다수가 공유하는, '의무'에 속하는 세 번째 전제를 여기서 소개하지는 않겠다. 이 전제는 초월적 진리를 퍼뜨리라는 사명의 의미를 담고 있다). 모든 스승 가운데 가장 영향력 있는 인물 중 한 명인 예수는 이런 말을 했다. "너 자신을 위해 보물을 땅에 쌓지 마라. 땅에서는 좀먹고 녹슬어 재물이 망가지고, 도둑이 들어 훔쳐 간다. 너 자신을 위해 보물을 하늘에 저장해라. 거기서는 좀먹거나 녹슬어 망가지는 일이 없고 도둑이 들어와 훔쳐 가지도 못한다."(「마태복음」 6:19−21)

영혼의 영원한 동일성

밀접히 연결된 이 두 가지 전제를 화해시키는 일은 절대 쉽지 않다. 플라톤 자신도 절대 선에 불변의 동일성을 결합하는 일이 '가장 두려운 결과'를 낳는다고 지적했다. 만약 그렇다면 (절대 선이자 완전한 지식인) 신은 인간의 일에 대해 아무것도 알지 못하고, 인간은 신에 대해 아무것도 알지 못한다(『파르메니데스』, 134c−135c). 그리스철학 이후에 나오는 그리스도교, 이슬람교, 유대교의 역사는 어느 정도는 이 두려운 결과와 분투하는 역사다. 나중에 그리스도교, 이슬람교, 유대교가 그렇게 했듯이, 플라톤 자신도 이 문제와 고투하면서 진리의 영역을 저승, 천국, 사후의 삶으로까지 확장했다. 예를 들면 『파이돈(Phaidon)』에서 플라톤은 죽음 이후 개인 영혼이 받게 되는 대우에 대해 말하는데 (107a−108c), 그 보상은 그들의 삶에서 성취한 진리에 대한 철학적 지식수준과 일치한다. 『국가』 마지막 권에서 플라톤은 재융화를 설명하면서 에르의 신화를 들려준다. 우리는 대부분 전생을 기억하지 못하므로 가장 지혜롭고 소프로시네(*sophrosyne*, 신중함과 절제)'와 자기통제력을 받은 최고의 사람만이 죽음의 지하 세계인 하데스로 내려갈 때, 망각의 강 레테의 물로 갈증을 없애려는 욕구를 그곳에 도달할 때까지 참을 수 있다는 이야기다.

우리는 플라톤이 사후 삶을 글로 묘사하려는 의도에서 이런 이야기를 했는지 알지 못한다. 비록 후대의 몇몇 독자들은 그렇게 이해했지만 말이다. 중요한 점은 영혼에 대한 플라톤의 생각이다. 플라톤에 따르면, 영혼[플라톤이 사용한 그리스어 단어는 프시케(*psychē*)다]은 어떤 방식으로 영원에 참여하고, 존재론적으로 어떤 본질에서 육체와 구별되며, 감각·정열·욕망이 있는 육체보다 변화에 덜 종속된다.[5] 다른 말로 하면, 플라톤 철학에서 외양과 존재, 자연 세계와 초월 사이의 분열은 단순한 '진리'가 아니다. 인간 또한 육체와 영혼으로, 일시적인 것과 영원한 것으로, 차이와 동일성으로 구분되고 나뉜다.

이제 우리는 이 분리의 결과가 종교, 특히 그리스도교와 이슬람교에 미친 영향을 탐구할 것이다. 한편 어떤 사람들은 신 혹은 신들에게 의지하지 않고도 분리가 낳은 더 치명적인 몇몇 결과들을 정식화할 수 있었다. 바로 플라톤의 가장 유명한 (그러나 반역적인) 제자가 스승이 죽은 지 얼마 되지 않아 이 일을 했다. 아리스토텔레스는 『영혼론(De Anima)』 1권에서 우리에게 "비슷한 것은 비슷한 것에 의해 알려진다"라는 고대의 원리를 상기시켜 주는데, 그는 이 원리가 『티마이오스』에 나오는 엠페도클레스와 플라톤의 신조였다고 말한다.[6] 이 원리에 따르면, 아패틱한 대상들(예를 들면 수학적 대상들)은 영혼 혹은 정신의 아패틱한 부분에 의해, 패틱한 대상들은 패틱한 부분들에 의해 인지되고 사유돼야 한다. 아패틱한 부분은 언제나 그 자신과 동일해야 하고, 그 때문에 영혼이나 정신의 패틱한 부분과는 다르고 분리돼야 한다. 패틱한 부분은 움직이고 변하며, 정서, 감정 혹은 인지의 영향을 받기 때문이다. 아리스토텔레스는 유명하지만 애매모호한 문장에서 정신[그리스어로 누스(*nous*)]을 두 부분으로 나누라는 요구에 적합한 모델을 제시했는데, 한 부분은 변화할 수 있고, 다른 부분은 "구분될 수 있고, 아패틱하며 섞이지 않으며, 죽지 않고 영원히 지속된다".[7] 수많은 시대와 종파의 현자들이 이 문장에 빠져들었다. 우리는 이 문장의 의미를 밝히려는 끝없는 노동에 동참하지는 않을 것이다. 다만 명백한 점 하나만 지적하고 싶다. 무엇보다도 이런 구별과 분리는 영원에 참여하는 인간의 부분을 결정하는 데 도움을 준다.

아리스토텔레스는 인간 안에서 동일성을 위한 불멸의 기초를 찾고 있었다. 그리고 자신이 '아패틱한' 지성이라고 부른 곳에서 그 기초를 발견했다. 여기에는 신도 망각의 강도 없다. 스승 플라톤이 들려준 에르 이야기와는 다르게, 아리스토텔레스는 불멸을 추구하면서도 신화의 도움을 분명하게 거절했고, 오직 논리적 객관성이라는 갑옷만을 요구했다. 그러나 아리스토텔레스의 갑옷 역시 신화적이고, 우리가 플라톤의 『티마이오스』를 비롯한 다른 대화편에서 만났던 것과 같은 환상들이 많이 들어있다. 그 기원을 억압한다는 점에서 오히려 더욱 위험하다고 볼수도 있다. 이 환상들의 핵심 내용은 수와 기하학에서 사용하는 '동일성'을 이용해 영혼을 이해할 수 있다는 것이다. 아리스토텔레스가 일찍이 논문에서 밝혔듯이 "영혼에 대한 사실들은 기하학의 도형과 관련된 사실과 정확히 같다".[8] 모든 다각형은 삼각형으로 조립할 수 있고, 다시 삼각형으로 분해할 수 있다. 아리스토텔레스에 따르면, 다각형처럼 영혼도 자기 안에 있는 영원

한 부분을 발견해서 이 영원한 부분을 변하는 부분, 필멸의 부분에서 분리하는 것이 목표다.[9]

플라톤에서 모세까지

이 초월의 시대에 살았던 예언자들도 당시 철학자들이 대면했던 것과 같은 도전을 만났다. 즉, 변하지 않고 영원한 것을 존재의 기초로 유지하면서, 동시에 끊임없이 변하는 우리의 경험을 설명해야 하는 과제였다. 예언자들은 종종 같은 방법으로 이 도전을 해결했고, 종종 철학자들과의 '대화'만으로 충분히 해결할 수 있었다. "고대 그리스어로 말하는 모세가 아니라면 플라톤은 누구겠는가?" 널리 알려진 인물은 아니지만, 2세기 피타고라스주의자이자 플라톤주의자였던 누메니우스(Numenius)가 했다고 알려진 이 말은 그리스도교의 위대한 초기 교부 알렉산드리아의 클레멘스(Clemens, 약 150~215)에 의해 전해졌고, 카이사레아의 에우세비우스(Eusebios Caesarea, 약 260~340) 주교가 이 문장을 자신의 책 『복음의 준비(Praeparatio Evangelica)』에 가져오면서 그리스철학과 유대-그리스도교 사이의 결합을 설명하는 간결한 문장으로 유명해졌다. 한편 『복음의 준비』는 그리스도교의 가르침과 그 이전에 나왔던 가르침 사이의 관계를 탐구하는 기념비적 저작이다.[10]

클레멘스와 에우세비우스는 과거 그리스 현인들도 자신들과 같은 문제를 다뤘고, 그리스도교가 이 문제에 대한 정답을 제공해 줄 것이라고 주장한다. 클레멘스는 그리스철학과 그리스도교 가르침에 대한 자신의 해설서에 이렇게 적었다.

철학자 플라톤은 인생의 목표를 '행복'에 두었고, 그 행복이란 '가능한 한 신을 닮아 가는 것'이라고 말한다. 이것은 어느 정도 [모세]율법의 교리와 일치하는데, (피타고라스주의자 필론이 모세의 작품들을 해설하면서 말했듯이, 정념 없이 어떻게든 진리를 건드리는 것은 위대한 본성이기 때문이며) 또는 배움에 늘 목말라 있는 사람이 그렇듯이 플라톤은 당시에 살았던 학식 있는 사람들에게 배웠기 때문이다.[11]

초기 그리스도교의 위대한 교사가 어떤 시간, 공간, 문화에 있든지 '정념이 없는 위대한 본성들'(아패틱한 지성)은 모두 같은 진리에 도달한다고 확신한다. 얼마나 특이한 일인가! 플라톤과 모세가 서로 일치한다니, 얼마나 인상적인 장면인가! 그런데 클레멘스가 자신과 같은 확신을 가졌다고 생각한, 모세의 작품을 해설하는 피타고라스주의자 필론은 누구인가?

'피타고라스주의자 필론'은 역사에서 '유대인 필론(Philo Judaeus, 약 기원전 25~기원후 50)'으로 더 잘 알려져 있다. 그는 이집트의 도시 알렉산드리아의 명망 있는 시민이었고, 하스몬(Hasmon) 왕가와 헤롯(Herod) 왕가, 그리고 유대교 사제 계급과 연결돼 있었다. 필론은 많은 활동을 했지만, 남아 있는 그의 가장 위대한 작업은 히브리 성서를 그리스철학과 함께 읽은 일이다. 이 작업은 러브클래식라이브러리에서 두 언어 대역본으로 열두 권이 나와 있다.[12] 더 정확히 말하면, 필론은 히브리 성서를 '셉투아진타(Septuaginta, 70인역)'라고 불리는 그리스어 번역본으로 읽었는데, 70인역은 기원전 3세기 프톨레마이오스 2세(Ptolemaeos II) 치하에서 학자 70명이 번역했다고 알려져 있다. 당시에 알렉산더대왕에게 점령당한 동지중해 지역 유대인 다수가 통치자의 언어인 그리스어를 자신들의 언어로 수용했기 때문에 히브리 성서의 그리스어 번역이 필요했다. 이미 여기서 필론은 동일성과 차이라는 중요한 문제를 직면했다. 신의 말은 번역될 수 있을까? 경전을 번역해 신의 가르침을 알리는 것은 원래 언어에 담긴 가르침과 정확히 동일할까, 아니면 차이가 있을까? 결국 주어진 단어와 다양한 모호성은 여러 가지 방식으로 번역될 수밖에 없다. 헬레니즘 유대인들은 전통적으로 70인역이라는 기적의 번역을 상상하면서 이 동일성 문제를 해결했다. 필론도 이 관점을 공유했지만, 그는 산술학과 기하학에서 사용할 수 있는 엄격한 동일성을 불러와서 이 기적을 수학적으로 표현했다. "왜냐하면 나는 기하학과 논리학에서 증명된 것들은 다른 다양한 설명을 인정하지 않지만 처음 시작부터 설정된 명제는 변하지 않고 남는다고 생각한다. 이런 내 생각과 비슷하게 이 사람들도 계시되는 내용과 문자적으로 대응하는 단어들을 정확히 발견했을 것이다."[13]

번역 문제 이외에도, 필론은 성서와 그리스철학이 신, 인간, 세계의 본성과 관련된 진리와 이들 사이를 중재하는 '동일성'의 유형에 대해 가르친다고 믿었다. 필론은 이런 '동일성' 가운데 가장 중요한 것을 수학이라고 생각했다. 그래서 그는 '피타고라스주의자'라는 별명을 얻었다. 필론은 피타고라스의 작품들을 읽지는 않았다. 당시에 피타고라스의 작품으로 여겨지는 것들은 어디서도 찾을 수가 없었기 때문이다. 피타고라스의 작품은 그 유명한 알렉산드리아도서관에도 없었고, 단지 다른 사람들의 작품을 통해 단편과 인용으로만 전해졌다. 클레멘스는 필론을 피타고라스주의자라고 불렀는데, 필론이 특히 『티마이오스』에 나오는 플라톤의 수학적 변용 철학을 빌려 왔고, 클레멘스는 (고대 세계의 많은 다른 사람들처럼) 플라톤이 피타고라스가 세운 학교에서 철학을 배웠다고 믿었기 때문이다.

필론은 정말로 『티마이오스』의 영향을 깊이 받았고, 신, 인간, 세계 사이의 관계에 대한 성서의 가르침을 새롭게 느끼기 위해 『티마이오스』를 비롯한 플라톤의 다른 작품들을 자주 활용했다.[14] 이 관계에 대한 고민을 할 때 필론에게는 좋은 동료가 많이 있었기 때문에, 원초적 동일성에서 다양성과 차이가 어떻게 생겨날 수 있었는지 혹은 고통을 느끼고 죽을 수밖에 없는 인간은 이 영원에 어떻게 참여할 수 있는지와 같은 문제를 숙고하기 위해 '아브라함' 계통의 일신교 신자가 될 필요는 없었다.[15] 이런 고민들은 고대 다양한 부족과 종파의 지식인 사이에 널리 퍼져 있었고, 그들은 종종 지금껏 익숙했던 관점이 일부 변형된 것을 만날 수 있었다. 예를 들면 알렉산드로스 폴리히스토르(Alexandros Polyhistor)는 『철학자의 계승(Successions of the Philosophers)』(약 기원전 1세기)에서 『티마이오스』와 대단히 비슷한 이야기를 한다.

> 모든 사물의 원리(아르케)는 단자(monad)다. 이 단자로부터 규정되지 않은 양자(dyad)가 생겨나는데, 양자는 원인이 되는 단자의 질료와 같다. 단자와 규정되지 않은 양자에서 수가 나오고, 수들에서 점들이 나온다. 점들에서 선들이 나오고, 선들에서 평평한 도형들이 나온다. 평면 도형들에서 고체 도형들이 나오고, 고체 도형들에서 감각이 인지할 수 있는 형체들이 나오며, 이 형체들에서 네 가지 요소, 즉 불, 물, 흙, 공기가 나온다.[16]

그러나 그리스어를 쓰면서 히브리 성서를 믿는 자들에게는 특별히 걱정할 만한 문제가 있었다. 비록 성서가 신의 창조 활동을 묘사하고 가끔은 인간의 신성 참여를 설명하려고 시도하지만, 이 설명은 그리스철학의 이상과 명시적으로는 거의 맞지 않았다.[17] 여기서 필론의 비범함이 드러난다. 필론은 신과 창조에 대한 히브리 성서의 설명에 대해 철학이 제기하는 날카로운 질문에 플라톤을 활용해서 대답한다. 세상을 창조하고 개입하는 히브리적 신 관념과 불변하는 신성이라는 철학적 관념을 화해시키는 방법은 무엇일까? 반대로, 인간 영혼은 어떻게 창조될 수 있고 여전히 영원에 참여할 수 있을까? 『창조와 창세기의 질문 및 대답에 관하여(On the Creation and Questions and Answers on Genesis)』와 같은 책에서 필론은 우리가 이미 만났던 플라톤의 다양한 생각을 적절하게 활용했다. 그렇게 신의 단일성과 인간 영혼의 최소한의 부분적 불후성을 모두 보장하려고 노력했다. 안타깝게도 필론이 집필했다고 알려진 논문 『수에 관하여(On Numbers)』는 전해지지 않는다. 이 논문이 우리에게 전해졌다면, 우리는 수와 기하학의 내용을 활용해 아브라함이 섬기는 신의 철학적 통합성을 확보하는 방법과 일신교에 도움을 주는 다양한 수학적 방법을 발견할 수 있었을 것이다.[18]

다시 말하지만, 일신교는 아브라함 계통의 신이 필요하지 않았다. 아마도 이 주제를 다룬 가장 영향력 있는 헬레니즘 작가는 알렉산드리아의 또 다른 주민이었던 '신피타고라스주의자' 게라사의 니코마코스(Nikomachos, 약 70 ~ 150)였을 것이다. 니코마코스는 단편만 전해지는 『산술학의 신학(Theology of Arithmetic)』, 온전히 남아 있는 『조화 안내서(Harmonic Manual)』와 『산술학 입문(Introduction to Arithmetic)』의 저자다. 이 가운데 『산술학 입문』만 라틴어로 두 번 번역됐고[처음에 아풀레이우스 (Lucius Apuleius)가, 나중에 보에티우스(Ancius Manlius Severinu Boethius)가 번역했다], 시리아어로는 8세기에, 아랍어로는 9세기에 두 번, 히브리어로는 14세기에 번역됐다. 니코마코스는 신의 예언이 아닌 철학의 추종자였고, 특히 플라톤 철학을 추종했다.[19] 그러나 니코마코스는 플라톤보다 훨씬 더 명시적이고 일관되게 형상과 수, 신의 첫 번째 원리와 단자의 동일성을 주장했고, 수를 '일자를 다루는 모든 철학의 필연적 출발점'으로 만들었다. 그는 자신의 책 『산술학의 신학』에 이렇게 적었다.

> 신과 단자는 서로 비교될 수 있고, 동화될 수 있다. 자연의 모든 것은 씨를 뿌리는 방식으로 존재하며 (…) [단자는] 스스로 생성하고 자신으로부터 생성되며, 자기목적적이며, 시작도 없고, 끝도 없고, 지속의 원인처럼 보인다.[20]

니코마코스는 창조의 다양성 안에 원초적 단일성을 유지하려고 신의 마음과 말씀도 단자에 비교했다. 단자가 다양화 속에서도 자신을 유지하듯이, 신은 창조 속에서도 단일성과 초월성을 유지한다. '비교'라는 표현은 너무 부드러운 것 같다. 『산술학 입문』에서는 신의 마음과 수를 어느 정도 동일화하는데, 그렇게 창조는 신의 산수 연습이 된다.

세상을 창조한 신의 마음속에 이미 존재하는 수에 의해, 개념적이고 모든 면에서 비물질적인 수의 지배에 의해, 그리고 동시에 영원한 참된 본질에 의해 밑그림처럼 양식은 이미 정해져 있다. 이 양

식을 예술 계획처럼 참조해 모든 것들이, 시간, 운동, 하늘, 별이 창조돼야 한다.[21]

이런 관점에서 보면, 인간의 수학 연구는 세계를 이해하는 단순한 도구가 아니다. 수학 연구는 인간과 일자 사이의 사다리, 즉 창조의 다양성과 신의 단일성, 인간과 신성 사이의 사다리다.

그리스도교: 하나에서 셋으로

니코마코스는 당연히 이 '이교도'의 '일자'에 대한 첫 번째 철학적 탐구자가 아니었다. 이런 철학적 탐구를 흔히 헤놀로지(*Henology*), 즉 일자에 관한 학문이라고 부르는데, 이 용어는 '하나'를 뜻하는 그리스어 헨(*hen*)에서 왔다.[22] 헤놀로지가 필론 같은 유대인의 일신론적 숙고와 연결되는 과정, 혹은 필론과 비슷한 시기에 시나이반도 반대편에서 일어났던 유대교 가르침에 관한 또 다른 숙고와 교차되는 과정은 아주 쉽게 확인할 수 있다. 예수와 그의 추종자들이 먼지 나는 길을 걸어 이 마을 저 마을을 다니면서 자신들의 복음을 전했고, 성서를 해석하는 새로운 방법을 많이 개척했으며, 세상과 창조주를 새롭게 창조하는 방식을 발견했다는 점은 의심의 여지가 없다. 그러나 필론과 사도바울 모두 그리스어로 된 히브리 성서를 읽었고, 필론을 괴롭혔던 몇몇 문제들이 사도바울 같은 독자들도 괴롭혔다는 것 역시 틀림없는 사실이다. 사도바울의 저작들은 지금까지 전해지는 예수의 제자들의 글 가운데 가장 오래된 작품들이다.[23]

바울의 글에서 신은 하나다. "주님도 한 분이고, 아버지도

한 분이며, 세례도 하나이며, 만물의 아버지이신 하느님도 한 분이다."(「에베소서」 4:5–6) 바울이 로마인들에게 보낸 편지 1장에 썼듯이, 그분은 영원하고 끝이 없는 분이다. 그러나 확실히 그분은 변하는 세상과 어떤 관계를 맺는다. 예를 들면 그분은 아들을 파견했고 창조물을 낳았다. 더욱이 비록 신은 보이지 않지만, 인간은 '창조물을 이해하는 마음'을 통해 신의 존재와 그의 영원한 힘을 추론할 수 있다. 인간은 창조주를 무시하고 '모상을 닮은' 창조물을 선택하기 때문에 '무지한 마음은 어두워졌다'.(「로마서」 1:3–4, 19–25)

앞에서 플라톤의 『파르메니데스』를 다룰 때, 우리는 모상과 동일성, 존재, 영원한 진리 사이의 관계 탐구가 결국 바울의 우상 비판과 연결된다고 이미 지적했다.[24] 여기서 우리는 더 일반적인 문제를 짚으려 한다. 바울이 정식화한, 인간과 신의 본질적 동일성 사이를 중재하는 방법은 상당히 익숙한 철학적 느낌을 준다. 바울이 당시 특정 철학 학파의 정식 회원이었다고 선언하는 건 어리석은 일이다. 남아 있는 바울의 작품들이 이런 체계적 분류를 허용하지 않는다. 그러나 물에 포함된 불소처럼, 바울의 서신들에 들어 있는 신학, 인간학, 우주론 개념들에서 헬레니즘 철학의 강한 향기가 새어 나오는 것을 부정할 수 없다.[25] 바울이 직접 규정한 가치들의 특성이 무엇이든, 그의 독자들은 바울을 비롯한 초기 그리스도교 가르침을 동일성을 생산하는, 최소한 수학적 동일성을 생산하는 철학적 도구로 활발하게 활용하기 시작했다. 이 점은 우리가 확실하게 말할 수 있다.

사실 더 놀라운 점은 수가 이 새 운동을 점령하는 속도다. 리옹의 이레네우스[Irenaeus, 이레네우스는 170~200년 사이에 유명한『이단에 대하여(Adversus Haereses)』를 집필했다] 같은 초기 그리스도인들이 첫 번째 오류 목록집을 만들었을 때, 그 목록은 (이레네우스가 보기에) '잘못된' 산술학 사도들의 이름으로 빽빽하게 채워졌다. 수를 이용해 어떻게 다양성과 변화의 세계가 절대적 일자와 변하지 않는 신으로부터 생겨났고, 어떻게 우리 같은 필멸의 창조물이 수를 통해 이 절대적 단일성으로 복귀해 구원을 얻게 되는지를 설명하던 사람들 가운데 유독 프톨레마이오스(Klaudios Ptolemaeos), '에피파네스(Epiphanes)', 발렌티누스(Valentinus)가 유명했다.[26] 이 수학적으로 기울어진 예수 추종자들의 몇몇 작품들은 복음의 지위를 누리다가 4세기에 생겨난 가톨릭교회의 합의에 따라 억압받기 시작했다.『진리의 복음(The Gospel of Truth)』은 그런 작품 가운데 하나인데, 이 문헌은 1945년 상이집트 나그함마디 근교 마을에서 이집트 노동자들이 영지주의 복음서들의 필사본 더미를 발견하면서 다시 세상에 나왔다.[27]

우리는 이 문헌들을 이리저리 훑어봤고, (『티마이오스』와 닮은) 그 정교한 체계에 당황했다. 이 영지주의자들은 '단자'에서 '테트라드(tetrad, 4분자)' '오그도아드(ogdoad, 8분자)' '플레로마(pleroma, 충만한 상태)', 그리고 모든 창조물로 가기 위한 시스템을 발전시켰다. 그러나 패틱한 인간을 아패틱한 신에게 결합시키는 데 활용되는 수를 찾기 위해 굳이 그리스도교 정통 교리를 벗어나서 헤맬 필요는 없다. 반대로, 우리는 초기 그리스도교 신학에서 모든 중요한 발전은 수를 통한 변론을 자극했다는 점을 논증할 수 있다. 삼위일체를 둘러싼 4세기의 치열한 논쟁이 좋은 예다. 플로티노스(Plotinos)의 저서를 라틴어로 번역했고 나중에 그리스도인으로 개종하는 마리우스 빅토리누스(Marius Victorinus)는, 약 360년경 아리우스파에 반대하고 니케아 신경의 삼위일체 하느님을 옹호하면서, 당시에 익숙했던 단자론을 주저 없이 내밀었다. "하느님은 자신으로부터 단자를 생성하는 일자이시고, 당신의 단일성 안에서 사랑을 드러내신다. 다수 안에서도 사랑을 드러내신다. 각각의 단일성, 그리고 모든 단일성은 고유한 수를 갖는데, 단일성은 다름을 넘어 타자에 의해 드러나기 때문이다." 그래서 일자는 단일성을 훼손시키지 않고 3이 됐고, 이 주장이 약 30년 후인 397년에, 후세 사람들에게는 히포의 성 아우구스티누스로 불리는 아우렐리우스 아우구스티누스(Aurelius Augustinus, 354~430)에 의해 채택됐다. 아우구스티누스는 『그리스도교 교양(De Doctrina Christiana)』 1권에서 삼위일체를 설명했다.[28]

우리는 여러 쪽에 걸쳐 성 아우구스티누스를 다룰 예정인데, 그가 그리스도인들에게 수의 장점과 위험을 동시에 보여 주는 훌륭한 사례를 제공하기 때문이다. 아우구스티누스는 평생가톨릭적 합의의 옹호자라 불린 인물이지만, 처음에는 일종의 '산술학자'로 신학 작업을 시작했다. 심지어 그의 초기 논문들인 『질서(De Ordine)』(387), 『영혼 불멸(De Immortalitate Animae)』(387), 『영혼의 위대함(De Quantitate Animae)』(387~388), 그리고 『음악(De Musica)』(391)에는 '피타고라스주의자'라는 이름표를 붙일 수도 있다. 조금 후기에 나오는 『자유의지론(De Libero Arbitrio)』(391~395)에서도 하느님 존재의 증거로 인간의 수리 능력을 주저 없이 제시한다.[29]

그 논리는 대략 이렇다. 수라는 지성적 구조(ratio, 이성)는 우리 정신에 그 자신을 부여하고, 감각과 개인의 관점과 관계 없이 정확히 같은 방법으로 모든 정신에게도 자신을 부여한다. 이 진리는 모든 사람들에게 공통되며, 움직일 수 없고, 변할 수 없으며, 영원하다. "7 더하기 3은 10이다. 지금 이 순간뿐만 아니라 언제나 그렇다. 과거에도 그랬고, 앞으로도 7 더하기 3이 10이 아닌 경우는 없을 것이다. 그래서 나는 이 불멸의 수적 진리는 나와 모든 이성적 존재에게 공통된 진리라고 선언한다."[30] 그런데 아우구스티누스는 다른 세상 만물과 마찬가지로 우리 마음도 일시적이고, 언제나 움직이며, 그 자체로는 영원한 어떤 것도 이해할 능력이 없다고 주장한다. 그러므로 수처럼 영원하고 변하지 않는 존재가 수 관념을 인간 마음 안에 심거나 조성해 줘야 한다. 아우구스티누스는 자신만만하게 다음과 같은 결론을 내린다. "지금 그대는 우리 정신보다 위에 있는 어떤 것을 그대에게 보여 준다면 그것을 하느님으로 받아들인다고 인정했다." 수는 존재하고 영원하지만, 우리는 변하는 존재이고 영원한 수를 사유할 능력이 없으므로, 어떤 영원한 것이 우리 마음속에 들어와야 했다. 그러므로 영원한 하느님이 존재한다.[31]

　　이 논문을 읽다 보면 아우구스티누스를 니코마코스와 같은 '단자적 일신론자'로 혼동할 수 있다. 아우구스티누스는 비록 참된 일자는 어떤 '물리적' 대상에서도 발견될 수 없지만, 모든 '수'는 이 일자에서 나왔다고 주장한다. 아우구스티누스는 수와 지혜를 연결된 것으로 보고 심지어 둘이 같다는 주장을 하기도 한다.

　　충분한 지혜도 수와 비교하면 열등하다고 여겨지고 있다! 이들은 같다. (…) 비록 우리는 수가 지혜 안에 있는지 혹은 지혜에서 나왔는지 분명하게 밝힐 수는 없지만, 그리고 지혜 자체가 수에서 왔는 지, 수 안에 지혜가 있는지, 혹은 각각이 하나의 이름으로 표시될 수 있는지 모르지만, 모두 진리이고 불변의 진리라는 것은 확실히 명백하다(2.11.32).[32]

그렇다면 '피타고라스주의자 아우구스티누스'라고 말해도 될까? 아우구스티누스는 이 위험성을 알고 있었다. 『독백(Soliloquia)』에서 아우구스티누스는 분명하게 질문한다. 감각의 산물이 아니라, 하느님처럼 선험적 지식의 산물인 기하학적 물체들에 대한 지식은 하느님에 대한 지식과 어떻게 다를까? 그러나 아우구스티누스가 제시하는 대답은 그다지 설득력이 없었다. 기하학 지식은 땅의 지식과 같고, 하느님의 지식은 하늘의 지식과 같다. 후자가 전자보다 순위가 더 높다.[33] 다른 어려운 질문들을 다룰 때처럼, 아우구스티누스는 저술 활동 과정에서 수의 지위에 대한 자기 생각을 바꿨다. 『자유의지론』에서 지혜와 수를 동일시한 지 불과 몇 년이 지나 397~401년 사이에 집필한 『고백록(Confessiones)』에서 아우구스티누스는 이성을 지나치게 확신하는 수학자들의 부정직한 예언들에서 자신을 구해 준 하느님에게 감사한다.[34]

아우구스티누스는 영원과 창조물 사이의 중재자를 놓고 수와 그리스도, 아리스모스(*arithmós*, 수)와 '로고스(logos, 말씀)'가 서로 위험하게 경쟁하는 것을 본 것 같다.[35] 이 선택 앞에서 아우구스티누스는 수보다 말씀을 선호했다. 말씀을 선호했다고 해서 그가 그렇게 많은 철학과 함께 흡수했던 동일성과 차이의 이원론에서 벗어났다는 뜻은 아니다. 심지어 『고백록』에서 그는 수의 확실성을 활용하는 것을 거부하지 못하는데, 필멸의 영혼에게 그보다 더 유용한 것은 없다고 확신했기 때문이다. 오직 인간만이 보이지 않는 하느님에 대해 동일한 확실성에 도달할 수 있다면, 인간은 7+3=10인 것을 알 수 있다.[36] 이처럼 아우구스티누스는 수의 '존재'가 세상에 있는 다른 것들의 존재와 다르다고 여전히 확신했다. 하느님처럼, 수는 변하지 않고 "생성되지 않는다". 수는 참으로 있는 것이다.[37]

하느님처럼. 여기에 신학적 어려움이 놓여 있다. 우리가 수를 신과 더 많이 닮았다고 할수록, 수는 신성의 전능함을 제한하거나 억제할 수 있다. 시간이 더 지나서 아우구스티누스는 「창세기」의 '문자적' 의미를 해명하는 『창세기 문자적 해설(De Genesi ad Litteram)』(401~405년 집필)에서 창조의 성서적 의미를 설명하려고 시도하다가 이 문제에 직면했다. 필론처럼 아우구스티누스도 창조를 이야기하면서 수론의 매력을 느꼈다. 왜 6일인가? 6은 첫 번째 완전수이기 때문이다. 어떻게 우리는 일자에서 다수로 가게 되는가? 단자의 중재를 통해서다. 이런 식의 질문과 답이 이어진다. 그러나 이때 문제 하나가 불거진다. 신성에 수학 지식을 이렇게 부과하면, 수(척도와 무게도)가 창조 이전에 신 안에 있었다는 뜻인가? 하느님은 수(무게와 척도도)를 가졌을까? 이것들은 우리에게 하느님의 본성에 대해 무언가를 말해 주고, 그래서 그 본성을 제한하나?

아우구스티누스는 타협책을 모색했다. 그러나 어떤 근대 주석가가 적절하게 표현했듯이, 그 타협책은 신은 수(*numerus*)이면서 수가 없는 수(*sine numero*)라는 결론으로 귀결됐으므로, 아우구스티누스는 결국 교체를 시도했다. 같은 책 4권에서 아우구스티누스는 여전히 신피타고라스 신학을 이용해 하느님과 창조물을 연결하지만, 6권부터는 산술적 언어보다는 영원한 근거(*rationes aeternae*)라는 표현을 채용했다. 우리는 이 변화를 수와 하느님 사이의 경쟁 해결이 아니라 경쟁 회피라고 부를 수 있다. 그러나 이 회피야말로 아우구스티누스를 비롯한 미래의 (비록 모두와 거리가 멀지만) 많은 그리스도교 신학자들을 만족시킨 것 같다.[38]

"그분은 신이고, 일자다"

그 후로 아우구스티누스가 태어난 히포에서는 그리스도교 사상가가 그리 많이 나오지 않게 되는데, 7세기에 북아프리카는 유일신을 신봉하는 아라비아 출신의 다른 예언자 무함마드를 추종하는 이들의 손에 들어가기 때문이다. 전해지는 무함마드의 전기에 따르면, 무함마드는 약 610년경 당시 자신이 살던 메카에서 대천사 가브리엘을 통해 첫 번째 계시를 받았고, 이 계시가 나중에 쿠란이라고 불리게 된다. 이 계시는 (아랍의 초기 예언자들뿐만 아니라) 유대교와 그리스도교 예언자들의 가르침과 깊은 연속성을 보여 주는데, 이 예언자들은 쿠란 및 다른 이슬람교의 가르침과 전통에 아주 많이 등장한다. 이 예언자들의 다양한 가르침 사이에는 언급할 만한 가치가 있는 많은 유사성이(또한 많은 차이도) 있다. 우리의 목적에 비춰 볼 때 이 장에서는 특별히 두 가지 점이 중요하다.

첫째, 예수, 마리아, 요셉, 모세, 그리고 아브라함의 신이기도 한 무함마드의 신은 바로 창조주다. 전통에 따르면, 가브리엘이 무함마드에게 처음 전해 준 계시가 신의 인간 창조였다.

주님과 보호자의 이름을 찬양하라! 그분은 응고돼 거머리처럼 달라붙은 핏덩어리에서 인간을 창조하셨다(쿠란 96:1–2).

두 번째, 쿠란의 신은 절대적이고 확고하게 일자다.

1. qul huwa llāhu aḥadun	말하라. 그분은 신이고, 한 분이다.
2. allāhu al-ṣamadu	신은 자족적이시다.
3. lam yalid wa-lam yūlad	그분은 아무도 낳지 않았고 태어나지도 않았다.
4. wa-lam yakun lahu kufuwan aḥadun	그분과 닮은 것은 아무것도 없다.[39]

위의 인용문은 쿠란의 가장 짧은 장인 112장 전체 내용이다. 112장의 제목은 이클라스(*al-Ikhlāṣ*, 순수)이고, 과거와 현재의 많은 이슬람교 신자들은 이 112장을 완전하고 순수한 신앙을 표현한 문장으로 이해한다. 아브라함 계통 종교 경전에서 차이 혹은 변화를 용인하지 않는 신의 일자성, 신의 단일성을 이보다 더 투명하게 진술한 문장은 찾기 힘들다. 작은 일화 하나를 소개한다. 미래의 한 무슬림 군주가 자신의 법정에 선 지식인들의 신학적 불일치에 격노해서 다음과 같이 난폭하게 선포하면서 모든 논쟁을 중단시켰다고 한다. "신앙의 기초는 쿠란 112장과 이 칼뿐이다!"[40]

초기 이슬람 공동체가 이 두 가지 가르침, 즉 활동하는 신과 절대적 동일성을 유지하는 일자 교리를 어떤 식으로든 화해시켜야겠다고 생각했는지는 알지 못한다. 그러나 우리는 한 가지 사실은 잘 안다. 이슬람이 아라비아반도를 넘어 급속히 세력을 넓혀 그리스-로마 지역과 페르시아 세계 대부분을 정복하게 되면서, 많은 이슬람교 신자들은 앞서 우리가 만난 의문들을 품게 됐고, 그 과정에서 어떤 사유의 가능성을 바꾸게 됐다. 이 사유의 변환은 이슬람교 신자들뿐만 아니라 그리스도교 신자, 유대인, 그리고 진정 철학의 미래를 위한 변환이었다. 이 단순명료한 112장을 다룬 주석들만 봐도 이슬람교에 제기된 질문들을 찾을 수 있는데, 명료해 보이는 112장이 많은 질문을 던졌기 때문이다.

특별히 문제가 된 것은 위에서 '자족적(self-sufficient)'이라고 번역된 사마드(ṣamad)라는 단어다. 이 단어는 쿠란에서 단 한 번 등장한다. 이 유일한 형용사는 결국 신의 '가장 최고의 속성으로 여겨지게' 됐지만, 그 정확한 의미를 둘러싼 논쟁은 초기 이슬람과 고전 이슬람 시대에 계속됐다. 사마드가 '최고의 권위'를 의미할까? 혹은 초기 그리스어 번역가들이 옮겼듯이 '단단하게 두들겨진 금속으로 만든'이라는 뜻일까? 10세기 초 위대한 주석가 알타바리(al-Ṭabarī)는 '단단한'을 선택했는데, 그 의미는 다양했다. '속이 비지 않은' '체강이 없는' '먹거나 마시지 않는 사람'.[41] 몇 세기가 지난 후, 파크르 알딘 알라지(Fakhr al-Dīn al-Rāzī, 1149~1209)가 이 몇 가지 가능성을 점검하면서 다른 해석도 함께 제시했다. '몇몇 후기 문헌학자들'은 이렇게 말했다. "알사마드(al-ṣamad)는 부드러운 돌이다. 그 돌 위에는 먼지가 앉지 않고, 아무것도 돌을 관통하거나 돌에서 나오지 않는다." 문자 그대로 신체를 신의 속성으로 여겨서는 안 되겠지만, '비유적으로(majāz, 마자즈)' 이해하면 알라지의 주석은 대단히 유효하다. "몸은 정말로 부드러운 돌과 비슷해서 다른 것의 자극이나 영향을 쉽게 받을 수 없는데, 이것은 신과 신의 본성에 따른 필연적 존재를 암시한다. 여기서 신의 본성이란 그의 존재, 영원성, 혹은 그의 속성이 변화에 물들지 않음을 의미한다."

사유의 긴 역사에서 우리는 조약돌이 아패틱의 모델로 활용되는 것을 자주 봤다. 그러나 알라지가 주장하듯이, 완전히 돌로 된 변하지 않는 몸은 심지어 초월적 신의 속성으로도 문제가 된다. 언뜻 보기에는 수, 특히 '일자'가 덜 위험해 보인다. 그러나 여기에도 이런 질문들이 있었다. 그 구절에서는 왜 신을 수 1(*wāḥid*, 와히드) 대신 일자(*al-aḥad*, 알아하드)라고 부를까? 아부 알리 알타바르시(Abū ʿAlī al-Ṭabarsī, 1073~1153)는 시아파의 분파인 12이맘파 신도였지만, 이 질문에 대한 그의 대답은 수니파의 관점도 대표한다. "그는 일자라고 말하고 1이라고 하지 않는데, '1'은 다른 [수가] 더해질 수 있는 산술에서 이용되기 때문이다. 그러나 '일자'는 본질이라는 관점에서나 속성의 중요성을 볼 때 부분으로 쪼개지거나 세분될 수 없고, (…) 그래서 그것은 더욱 탁월하다."

'일자'가 일신론적 신학 경쟁에서 그렇게 매력적인 이유는 아주 쉽게 확인할 수 있다. '일자' 개념은 수많은 이슬람교 종파 사이에서뿐만 아니라 유대교, 그리스도교, 조로아스터교, 그 밖의 다양한 다신교 형태에 대항해서도 경쟁력이 있었다. 한편 이슬람교의 또 다른 신학적 문제 해결에도 수는 투입될 수 있었다. 우리가 이미 만났던 변하지 않는 신과 변하는 신의 창조물 사이에 다리를 놓아야 하는 곤란한 문제가 그 예다. 여기서 이슬람 사상가들은 헬레니즘 철학자들의 연구를 수용했고, 수를 주장하고 비판하는 데에서는 헬레니즘 철학자들을 훌쩍 뛰어넘었다.

『순결한 형제들의 편지(The Epistles of the Brethren of Purity)』로 알려진 초기 '백과사전'의 첫 번째 항목의 첫 장은 좋은 출발점을 제공한다.

> 이것이 우리의 고귀한 형제들이 신의 도움을 받아 이 세상에 있는 존재를 다루는 모든 과학을 연구하는 방법이다. (…) 이 방법은 또한 존재들의 원리, 존재들의 종과 종류 및 속성의 양, 그리고 존재들의 배열과 질서를 있는 그대로 조사하는 방법이며, 한 가지 원인과 기원에서 나온 그 존재들의 생성과 성장 과정을 조사하는 방법이다. 그 한 가지 기원은 한 분인 창조주이다. 창조주의 위대하심을 찬양합니다! 이런 것을 논증할 때 그들은 수를 이용한 유추와 기하학적 증명에 의존하는데, 피타고라스학파가 주로 사용했던 방법과 비슷하다.

모든 과학에 대한, 이 짧은 요약문은 (우리가 알기로는) 이슬람력 4세기(약 900년경) 어느 시점에 바스라와 바그다드에서 활동하던 신비스러운 학자 집단이 작성했다. 이 형제단은 이성적 추구 속에서 '모든 종교에 있는 진리'를 찾으려고 했다. 그들은 이성과 종교를 현대 연구자들처럼 날카롭게 구분하지 않았다. 형제단은 이교도 피타고라스와 게라사의 니코마코스(형제단은 니코마코스의 책 『산술학 입문』에 크게 의존했다)를 '지혜로운 일신론(muwaḥḥidūn, 무와히둔) 철학자들'이라고 여겼고, 자신들과 같은 과학에 관여하며, '영혼의 본질에 관한 지식'을 추구한다고 보았다. 형제단은 이 지식의 많은 부분을 이성을 통해 접근할 수 있다고 여겼고, 심지어 계시되기 전에 접근할 수 있다고 보았다. "쿠란, 신약성서(복음서들), 그리고 토라가 내려오기 전부터 영혼의 과학을 토론했던 이런 철학자들이 그들의 순수한 정신의 타고난 능력으로 영혼의 과학을 탐구하면서, 자신들의 논리에 따른 결과를 이용해 영혼의 본질에 관한 지식을 추론했다." (사도바울이 로마인들에게 보낸 편지 1장에서 서술한 짧은 지식사와 비교해 보라.)[42]

형제단이 보기에 수는 일자와 다양한 창조물 사이를 연결하는 강력한 길이었다. 피타고라스학파, 플라톤학파, 그리고 그리스도인 선조들처럼 형제단도 전체 수는 모두 일자로부터 생성된다고 논증했다. "전체 수는 하나씩 증가하는 수를 통해 무한대로 생성된다." 그러므로 "다수는 일들의 결합이다". 여기서 우리는 수의 세계를 창조할 수 있다. 그러나 (그들의 선조들처럼) 형제단은 여기서 멈추지 않았다. "오 형제여, 신께서 당신의 영으로 그대와 우리를 구하시기를! 그대는 알아야 한다. 모든 실존하는 존재와, 높이 찬양받을 창조주의 관계는 기본 단위 1과 다른 수의 관계와 같다." 형제단이 보기에 수를 생산하는 논리적 움직임은 유일신의 창조를 표현하는 강력한 유추를 제공했다. 일자, '숭배받아야 할 이름, 창조주'는 단순히 셈을 했다. 창조주가 "당신의 단일성이라는 빛에서 발명하고 채택한 첫 번째는 '능동적 지성'이라는 단순한 재료였고, 창조주가 반복을 통해 1에서 2를 만들 때 이 재료가 창조됐다. 그다음에 창조주는 1에 2를 더해서 3을 만들어 [우주적] 지성이라는 빛에서 나온 우주적 영혼을 만들었다. 그다음에 창조주는 1에 3을 더해서 4를 생성하면서, [우주적] 영혼의 운동에서 기본 물질을 만들어 냈다." 이렇게 계속 진행된다.[43]

그렇다면 반대의 경우는 어떨까? 수는 인간 영혼이 창조주에게 돌아가는 것을 도울 수 있을까? 영원을 향해 거꾸로 셈하는 방법은 없을까? 여기서 형제단은 더욱더 양면적이다. 한편 자신들의 해설을 수로 시작한다는 사실에서 형제단은 낙관주의를 드러낸다. 아우구스티누스와 많은 다른 학자들처럼 그들도 수 안에서 이성의 우주적 형상을 본다. 그래서 '수와 영혼의 과학에 관하여'라는 매력적인 이름을 가진 첫 번째 편지 24장에서, 형제단은 자신들이 수로 시작하는 이유를 이렇게 설명한다. "이 과학은 모든 사람에게 잠재적으로 내재하므로, 여기에서 그 밖의 모든 것을 알 수 있는 예를 든다." 이런 이유로 수의 과학은 (다른 많은 분야에서처럼) 형제단의 지식 체계에서 맨 앞에 나오고, 그다음에 다른 과학이 나온다. 이 모든 과학의 궁극적 목표는 동일하다. 바로 신의 참된 지식을 얻는 것이다. 이처럼 형제단은 수를 사용해 영혼의 영원성에 대한 결론을 얻었음에도 수학으로 불멸을 향한 길을 닦는 데까지는 가지 않는다.[44]

형제단은 최고의 수학자들도, 당시 가장 정교한 철학자들도 아니었다. 그들이 쓴 해설서에 어떤 분야의 '첨단'을 걷는 내용은 거의 없다. 그럼에도 수를 대하는 형제단의 태도는 가치가 있다. 그들의 논증이 특별히 명료하거나 훌륭해서가 아니라, '일자'와 동일성이 갖는 힘의 양면성을 지적하기 때문이다. '일자'와 동일성의 힘은 그 시기에 대단히 날카로워졌는데, 그 시대는 이슬람의 시대였고, 다양한 수학, 논리학, 철학 분야에서 놀라운 진보가 일어났던 시기였으며, 인간 영혼을 이해하고 풍성하게 하기 위한 이런 과학들의 가능성과 한계를 급진적 관점에서 논증하던 시대였다.

일관성 혹은 비일관성?

이 투쟁을 이해하기 위해 이렇게 접근할 수도 있다. 산술학, 기하학, 자연학, 그리고 다른 이성적 과학에 적용되는 동일한 생각의 규칙들이 신과 영혼에도 적용되는가?[45] 더 잘 예측할 수 있는 자연 세계를 연구할 때처럼, 영혼의 탐구, 심지어 신에 대한 탐구도 안정된 기초 위에 진행될 수 있을까? 이런 방식의 여정에는 일관된 과학이 작동하지만, 동시에 심각한 위험도 도사리고 있다. 만약 이 규칙들이 세계와 영혼뿐만 아니라 신도 구속한다면, 어떻게 신의 전능함을 말할 수 있겠는가? 창조주는 이 세상이 아닌 다른 세상을 창조할 수 없었을까? 예를 들면 동일성원리가 적용되지 않는 세계를 창조하는 일이 신에게 불가능했을까? 만약 신이 갑자기 2 더하기 2를 5로 만들 수 없거나 솜이 불꽃에 닿아도 타지 않게 할 수 없다면, '전능함'은 무엇을 의미하는 것일까?[46]

무슬림 학자들은 이런 질문 이외에도 신과 이성의 관계에 관한 다른 질문들을 선조들과 이웃으로부터 물려받았다. 그래서 예를 들어 우리가 그리스도교 교부들의 작품에서 봤던 수를 둘러싼 많은 논쟁, 그리고 인간 영혼을 신으로 이끌 때 수의 역할에 관한 논쟁들 또한 이슬람 '고전 시대' 위대한 사상가들의 관심을 끌었다.[47] 이슬람적 (신)플라톤 (신)아리스토텔레스 영혼의 과학을 만들려던 몇몇 초기 시도들은 완전한 형태로 우리에게 전달됐는데, 이슬람 전통에서 '아랍 최고의 철학자'로 알려진 알킨디(Abū Yūsuf Yaʿqūb ibn Ishāq al-Kindī, 870년경 사망)의 작품이 여기에 포함된다. 라틴 유럽에 잘 알려져 라제스(Rhazes)라 불리던 아부 바크르 무함마드 이븐 자카리야 알라지(Abū Bakr Muham-mad ibn Zakariyya ibn Yahya al-Rāzī, 925년 혹은 932년경 사망), 이슬람 철학 전통에서 '두 번째 스승'(즉 아리스토텔레스 다음가는 스승)이라고 불리던 아부 나스르 알파라비(Muhammad b. Mu-hammad Abū Naṣr al-Fārābī, 약 870~950)도 여기에 포함된다.[48]

우리는 두 번째 스승의 영혼의 과학을 대표로 간략하게 살펴보려고 한다. 그의 심리학은 『덕이 있는 도시인들의 선택과 원칙들(The Principles and Opinions of the People of the Virtuous City)』『과학들의 목록(Enumeration of the Sciences)』『지성에 관한 논문(Treatise on the Intellect)』『확실성의 조건(Conditions of Certitude)』을 비롯한 유사한 제목의 작품들에 나온다. 우리는 이 작품들에서 영혼의 일부나 능력이 제공하는 '과학들의 원칙이 되는 필수적이고 보편적 전제들'을 배운다. 이 원칙들이란 아리스토텔레스와 유클리드의 평범한 추정이고, 동일성에 관한 '공통 관념'인데, "하나의 양과 동일한 양은 서로 같다"가 한 예다.[49] 아리스토텔레스처럼 알파라비도 이런 능력과 원칙에서 알 수 있는 것들에 대한 확실한 지식이 어떻게 얻어지는지를 논증하려고 했다. 이 논증은 심지어 더 높은 목표, 즉 『영혼론』에 나오는 지성의 불멸성에 관한 아리스토텔레스의 모호한 가르침을 철학 개념과 이슬람교의 개념으로 조명하는 작업에 도움을 준다. 두 번째 스승은 자기 작품 전체에 걸쳐 조금씩 다른 방식으로 개인 지성과 능동적 지성을 설명한다. 핵심 질문은 이것이다. 과학을 응용해 얻은 지식을 어떻게 활용해야 개인 지성이 능동적 지성에 더욱 가까워질 수 있을까? 비록 결코 정확히 같아질 수는 없더라도 어떻게 하면 개인 지성이 최종적으로 사후에(ḥayāt al-ākhirah)

존재하는 비물질적, 비육체적 존재가 돼 인간의 완전과 행복 (*sa'ādah*)을 얻게 되는 단계까지 추구할 수 있을까?[50]

　알파라비는 최근의 사상사에서 신의 계시와 이성의 공리 사이에 있는 긴장을 탐구한 선구자로 알려졌는데, 신의 법에 따라 다스리는 정치체제가 철학의 실천에 제기하는 위험에 개입한 최초의 사례다. 그러나 우리가 다루는 주제의 관점에서 볼 때, 이성과 계시 사이의 긴장보다는 둘이 만드는 시너지가 훨씬 더 눈에 띈다. 알파라비가 말하는 인간은 이성의 기초가 되는 영원한 동일성을 통해서 유일신의 영원한 동일성에 접근하기 때문이다. 알파라비는 인간과 신 모두의 아패틱한 면을 보호하기 위해 (신)아리스토텔레스주의의 영혼 및 과학 모형과 (신)플라톤주의의 위계적 출현(*fayd*)을 결합했는데, 이 위계는 첫 번째 존재자, 두 번째 지성들, 능동적 지성, 영혼, 형상, 물질 등으로 구성돼 있다. 영혼 안에 들어 있는 이성의 기초가 인간에게 영원으로 가는 길을 제공한다. 그 사이에 알파라비의 신(또는 첫 번째 존재자)은 일자로, 유일하며, 나누어질 수 없고 완전한 존재로 머문다. 동반자나 적도 없이, 다수도 없이, 외부적 목적도 없이, 이유 없이 영원히, 자신의 완전함과 단일성에 아무것도 더하거나 빼지 않은 채 그냥 머문다. 심지어 첫 번째 원인으로 작동하는 동안에도 그냥 머문다.[51]

　이 균형 잡힌 행동을 주목하라. 영혼 안에는 기초적 동일성과 차이라는 보편적 특성이 있다. 이 특성을 통해 영혼의 이성적 부분은 영원한 진리를 알게 되고(아리스토텔레스의 "비슷한 것은 비슷한 것에 의해 알려진다"를 떠올려라), 영혼이 영원한 진리를 더 많이 배울수록 영혼은 더욱더 그 진리와 하나가 되고 같아져서 결국 영혼 자신이 영원해진다.[52] 얼마나 행복한 진보인가! 그러나 동일성의 힘은 영원히 진보할 수 없다. 신을 모독할 위험이 있기 때문이다. 인간의 영혼이 도달할 수 있는 영원한 동일성이 무엇이든, 유일신인 첫 번째 존재자의 유일한 동일성과 같거나 같아질 수는 없다.

철학적 성향이 강한 무슬림은 이런 과제에 직면했다. 신의 유일한 동일성과 '단일성'을 유지하면서, 동시에 동일성과 일자에 대한 이성적 원칙들과 동일성원리의 힘을 유지하는 방법은 무엇일까? 다른 말로 하면, 동일성과 단일성의 유형들을 구분하는 방법은 무엇일까? 만약 우리가 쿠란 112장을 비롯해 계시를 표현하는 다른 많은 문장 속에 표현된 신의 진리를 침식하지 않으면서도 고대 철학자들이 영원한 것으로 동일시했던 진리를 인간 안에서 찾으려고 한다면, 이 질문이 시급하다.

이슬람의 위대한 정신들은 가능한 해답을 놓고, 혹은 해답이 가능한지를 두고 논쟁했다. 알파라비보다 정확히 한 세대 뒤인 981년, 아부 술레이만 알시지스타니(Abū Sulaymān Al-Sijistānī)가 '일자'에 대한 질문을 던지면서 간결하게 이 문제를 정리했다. 알시지스타니는 대답했다. "일(1)은 많은 느낌이 있는 애매한 단어다."[53] 알시지스타니는 일(1)이 가진 여러 가지 느낌을 요약하면서, 근본 존재인 유일신에게 무엇이 가장 적절한지 탐구했다. 그러나 일자에 대한 어떤 기존 개념도 우리를 신과 결합시키는 어떤 공통된 기초가 있다는 위험한 생각에서 완전히 벗어나지 못한다. 알시지스타니는 근원적 물질(al-dhātal-ūlā)은 아마도 추상적 단일체(al-waḥda al-mujarrada)와 관련이 있고, 단일성은 우리 영혼 내부와 존재하는 개체들의 본질 속에는 현존하지 않는다고 추정한다.[54] 수 없는 수로서의 아우구스티누스의 신과 그리 떨어져 있지 않은 추정이다.

알시지스타니는 우리에게 간명한 해설을 제공하지만, 훨씬 더 영향력 있는 철학자는 한 세대 뒤에 나오는 이븐 시나(Ibn Sīnā, 980~1037)다. 이븐 시나는 라틴 유럽 지역에서 아비센나(Avicenna)로 알려져 있다.[55] 이븐 시나는 오늘날 우즈베키스탄과 중부 이란 지역에서 활동하면서 당시 주요한 모든 철학 주제를 조명하는 포괄적인 사유체계를 만들었다. 이븐 시나는 이 사유체계를 통해 자연과학, 인식론, 존재론, 논리학, 그리고 모든 종교적 주제, 즉 예언, 점괘, 기적, 기이한 행적들의 본성, 죽음 이후 삶의 의미, 신의 본성 등 이 모든 것을 철학적 이성과 과학의 관점에서 조명하려고 했다.

이븐 시나는 책 수백 권을 저술했고 오늘날에도 많은 책이 남아 있지만, 이븐 시나의 접근법을 이해하기 위해 쿠란 112장에 대한 주석만 읽어 보겠다.[56] 112장의 첫 문장 "말하라, '그분은 신이고, 유일하다'"를 주석하면서 이븐 시나는 우리에게 다시 동일성과 단일성 문제를 상기시킨다.

> 이 존재를 신성이 동반하는 존재로 설명할 때마다, 그는 유일(al-ahad)하다는, 즉 최고의 극단적인 단일성(al-ghāyatu fi'l-waḥdāniyyati)을 지닌다는 설명으로 귀결된다. 비록 그 존재는 최고의 극단적인 단일성(fi'l-waḥdati)이지만 유사함이 그 안에 존재한다.

신의 극단적인 단일성과 완전한 동일성에, 신플라톤주의와 신아리스토텔레스주의, (그리고 바로 아비센나 자신의) 원칙인 극도의 단순함(*ab uno simplici non est nisi unum*, 완벽하고 단순한 한 가지 이유에서는 오직 한 가지 효과만이 나올 수 있다)을 더해, 이븐 시나는 완전한 인과관계 속에 있는 우주를 생성하려고 한다. 이 우주에서는 전능한 신조차도 과학의 합리적 법칙에 구속된다.

어떻게 이븐 시나가 이 작업을 수행하는지 보고 싶은 사람은 그의 방대한 저작 목록 속 다른 작품들을 보면 된다. 특별히 그의 걸작 『'치유'의 형이상학(The Metaphysics of 'The Healing')』은 '동일성' '수' '수학적 대상'의 본성에 관한 철학적 전통을 대단히 진중하게 살피면서, 유일신에 관한 필수적 진리들을 알려 주는 철학을 체계적으로 정리하는 데 큰 도움을 준다. 이 책은 매력적인 제목의 장들이 빽빽하게 들어차 있다. 몇 개만 소개해 보면, "일자에 대해 토론하기" "일자와 다자를 확인하고 그 수는 우연임을 보여 주기" "수의 본성을 확인하고, 수의 종들을 정의하고, 그 시작을 보여 주기" "일자와 다자의 반대에 관하여" "동일성을 통해 생긴 단일성의 특성과 그 단일성을 분리할 때의 특성과 타자성, 차이를 통해 생긴 다양성의 특성과 잘 알려져 있는 대립의 종류들" "수학의 원리들과 사례들, 그리고 이 원리와 사례를 요구하는 이유에 관한 고대 철학자들의 신조: 고대 철학자들이 [진리에서] 벗어났던 이유를 논증하면서 그들에게 생긴 무지의 기원을 폭로하기" 등이 있다.[57] 그러나 이 모든 것들의 핵심 요점을 당신은 이미 쿠란의 가장 짧은 장에 관한 이븐 시나의 주석에서 발견했을 것이다. 이븐 시나에 따르면, 쿠란 112장에는 신이 이성의 과학에게, 그리고 이성의 과학이 신에게 얼마나 도움이 되는지에 대한 계시 자체가 담겨 있다.

전체 과학적 탐구의 최종 목표는 신의 본성을 파악하는 일이며—신이시여, 영광 받으소서—신의 속성, 신으로부터 온 행동의 출현 양식을 이해하는 일이다. 이 장은 신의 본질과 관련이 있는 모든 것에 대한 징표와 표현 방식을 암시한다.—신이시여, 영광 받으소서—확실히 이 장은 쿠란의 3분의 1에 해당한다.

그 계시의 비율적 가치를 담은 수치로 일자에 대한 주석을 결말짓는 것은 매우 적절하다!

아비센나는 모든 것, 즉 신, 인간, 물리적 세계 모두를 논리 정합적으로 포괄하는 체계를 구축하려 한 이슬람 철학자들을 대표한다. 그들은 동일성이라는 원칙과 동일한 사유법칙으로 이 모든 것을 묶으려고 했다. 그렇지만 이 철학적 동향은 영향력 있던 이슬람의 다양한 사조 가운데 하나일 뿐이다. 아비센나의 철학 사조만큼 철학과 이슬람 사상에 깊이 뿌리내린 유력한 다른 학파도 있었는데, 이들은 창조의 우연성을 고수하면서도 신의 단일성과 전능함을 보호하려고 했다. 이 우연성에는 심지어 동일성과 차이 사이에서 선택할 때의 우연성도 포함된다.

사상사 연구자들은 이들을 흔히 '기회원인론자(occasional-ist)'라고 부른다. 이 학파의 더욱 급진적인 사상가들에 따르면, 창조에서 신의 지속적인 선택 이외에 필연적 인과율 혹은 연속성은 존재하지 않는다. 신은 모든 순간에 우주를 재창조할 수 있고, 재창조할 때마다 다르게 선택할 수 있다. 신이 선택하기로 하면, 돌의 가라앉는 속성(기회원인론자들은 이를 '우연'이라고 불렀다)은 즉시 변해 날아가거나 떠 있는 속성으로 바뀔 수 있다. 자연계 안 혹은 생각에 '법칙'이 있고 명백한 인과율과 연속성이 있다면, 그것은 신이 그렇게 선택했기 때문이다. 그러나 신은 이 습관들에서 벗어나거나 심지어 이 습관들을 흔드는 선택을 할 수도 있다. 종종 기적 같은 일들이 그렇게 일어난다. 신은 모든 순간마다 모든 일의 특성을 정하기 때문에 "천지에 있는 원자의 무게도 그분의 지식에서 벗어나지 못한다(쿠란 10:61)." 신은 모든 순간에 우주의 모든 측면을 다르게 창조할 수 있다.[58]

중세 이슬람 신학과 철학의 많은 업적 가운데 하나는 이 두 가지 방대한 사상 조류가 서로 대면해서 각자의 힘을 보존하고 변화하며 제한했다는 점이다. 위대한 아부 하미드 알가잘리(Abū Ḥāmid al-Ghazālī)는 '기회원인론'과 철학적 혹은 '아비센나'적 전통 양쪽을 깊이 배웠고, 이 성취를 주도했던 가장 유명한 학자다. 이슬람교에서는 1095년에 나온 알가잘리의 책 『철학자들의 비일관성(Incoherence of the Philosophers)』을 철학적 사유를 향한 단호한 공격으로 여겼지만, 정해진 한계에서 진행되는 철학을 옹호한 것으로 이해할 수도 있다. 심지어 우리는 알가잘리가 이 작품으로 이성과 계시 사이에 불가침조약을 의도했다고 주장할 수도 있다. 그 불가침조약은 자연 세계와 형이상학의 세계, 우주론과 존재론을 나누는 조약이며, 인과율이라는 인간의 논리적 지식이 영향을 주는 영역과 신의 전능함을 구분하고, 각 영역에 맞는 적절한 지식과 질문의 형태를 규정하는 조약이다.[59]

인간과 '동일성'이라는 신적인 힘 사이의 긴장은 그리스도교뿐만 아니라 이슬람교에서도 잠재적 폭발력이 강했기 때문에 이런 불가침조약이 필요했다. 이런 폭발력의 사례로, 12세기에 베르베르 군대를 파견해 북아프리카와 이베리아반도 전역을 휩

쓸게 한 알모하드(알무와히드) 운동을 들 수 있다. (신빙성은 대단히 떨어지지만) 후기 전통에 따르면, 권력 당국이 알가잘리의 책 가운데 하나를 불태웠다는 소문 때문에 지도자 이븐 투마르트(Ibn Tūmart, 약 1080~1130)가 혁명을 일으켰다고 한다. 이 전승의 진실 여부와 관계없이, '알모하드'라는 이름이 이 장 전체에서 다루는 질문들 때문에 이 운동이 활성화됐다는 걸 정확히 알려 준다. 알모하드는 아랍어 '알무와히둔(al-Muwaḥḥidūn)'에서 왔고, '신의 단일성을 믿는 사람들'이라는 뜻이다.

이븐 투마르트가 작성했다고 전해지는 신조('Aqīda)를 읽어 보면 첫 줄 "단일성의 장점과 필요성, 그리고 단일성에 도달하는 데 가장 먼저 필요한 것들에 대하여"부터 근본적 동일성을 위한 지침서 같다. 알모하드의 탁월한 군사능력과 그 능력에서 나온 대량 학살은 그들에게 광신도라는 역사적 평판을 줬는데, 알모하드는 다른 이슬람 학파를 유혈 숙청하고 정복한 지역의 그리스도인과 유대교인 들을 강제로 개종시켰다. 그러나 그들이 다리를 놓으려고 노력했던 간극, 즉 일자로서의 신과 다자로서의 영혼과 세계 사이의 간극은 일신교에서는 공통된 간극이었고, 그들이 가끔씩 수행한 살인적 해법은 철학적으로 완전히 새로운 방식이었다.

우리가 마지막으로 언급하려는 무슬림 철학자는 바로 알모하드 칼리프의 서부 지중해 통치 아래에서 인간 영혼과 유일신 사이의 관계를 다룬 이들이다. 이 철학자들 가운데 가장 유명한 사람은 코르도바의 이븐 루시드(Ibn Rushd, 1198년 사망)이다. 이븐 루시드는 라틴 서부 지역에서 아베로에스(Averroes)로 불리는데, 그곳에서 그는 지옥에도 따로 자리를 얻을 만큼 명성이 높았다[아베로에스는 단테(Dante Alighieri)의 『신곡(La Divina Commedia)』 「지옥(Inferno)」 편에서 지옥의 제1층에 있다]. 아베로에스를 제대로 논의하려면, 먼저 아리스토텔레스의 『영혼론』에 대한 (3개 이상의) 주석에서 그가 활용하는 동일성, 단일성, 수에 대한 가정들을 어느 정도 상세히 논의한 후, 알파라비, 이븐 시나, 알가잘리와의 차이점을 묘사해야 할 것이다.[60] 그러나 철학자들 사이에서 논쟁이 많고 지면은 한정되기에, 우리는 아베로에스를 생략하고, 이 절을 아베로에스의 전임자이자 후원자이며 보호자였던, 다방면에서 박식했던 자연학자 이븐 투파일(Ibn Ṭufayl, 약 1105~1185)로 마무리하려고 한다. 우리가 보기에, 동일성과 차이라는 주제로 일신론 문제를 다룰 때에는 투파일의 접근법이 더 매력적이며 더 적절하고 심오하다. 최소한 우리가 동일성과 차이에 대해 안다고 생각하는 것에 문제를 제기할 때에는 그렇다.[61]

　　이븐 투파일은 칼리프의 주치의였을 뿐만 아니라 칼리프가 가장 신뢰하는 사람이었고, 고관이자 장관이었으며, 칼리프를 도와 통치·전쟁·외교·행정에 깊이 관여했다. "충실한 자들의 사령관은 (…) 그를 너무 사랑해 그와 함께 궁궐에 밤낮으로 머물렀고, 며칠 동안 밖으로 나오지 않았다." 이처럼 사회 업무에 깊이 관여했던 점이 아마도 그가 철학소설의 배경을 정하는 데 도움을 줬을 것이다. 이 소설의 배경은 사람이 전혀 살지 않는 무인도다. 이 소설은 라틴 유럽에서는 『스스로 가르치는 철학자(Philosophus Autodidacticus)』라는 제목으로, 아랍 지역에서는 주인공의 이름 『하이 이븐 야크잔(Ḥayy ibn Yaqẓān)』으로 알려졌다(대략 '생명, 지식의 아들'이라는 뜻이다). 이 소설에 나오는 아

기는 인간이나 [베르길리우스(Publius Vergilius Maro)나 키플링
(Rudyard Kipling)의 책에 나오는] 늑대가 아니라, 친절하고 인정
많은 암사슴에 의해 길러졌다.[62]

이 이야기는 (이 이야기의 영향을 받은 것 같은) 로빈슨 크
루소의 모험만큼 재미있게 읽을 수 있고, 기대만큼 깊이도 있다.
이 (짧은) 이야기를 찬찬히 읽어 보기를 권한다. 책을 읽다 보면,
우리 주인공이 스물한 번째 생일을 맞으면서 동일성과 차이의
중요성에 대한 놀라운 상대적 이해에 도달한다는 점에 주목하게
될 것이다.

> 하이는 생성과 소멸의 세계에 있는 모든 대상을 고찰했고 (…) [그
> 리고] 자연에 있는 사물들은 어떤 측면에서 다르지만 서로 비슷하
> 다는 걸 알게 됐다. 그리고 하이는 몇몇 연구와 생각을 한 후 결론
> 지었다. 사물들이 다르다는 점에서 그들은 다수지만, 그들이 일치
> 한다는 점에서 그들은 하나다. 때때로 하이는 사물을 다른 사물들
> 과 구별해 주는 독특함에 집중했고, 그다음에는 사물들이 다양하
> 고 무수히 많은 것처럼 보였다. (…) 그러나 반대 관점에서 보면서
> 하이는 깨달았다. (…) 모든 것은 하나라고 말할 수도 있다는 것을.

이렇게 하이는 자연 세계에 대해서 많이 알게 됐다. 당연히
하이는 계속 배웠다. 35세가 됐을 때 하이는 세상에는 한 가지
이유, 즉 필연적인 존재가 있어야 함을 스스로 입증했다. 이 필
연적 존재는 모든 면에서 자연적 존재를 초월하고, 그래서 감각
을 통해 이해될 수 없고 하이 자신 안에 있는 어떤 영원한 것을
통해서만 이해될 수 있다. 하이는 이렇게 추론했다. 만약 필멸의

존재가 죽기 전에 이런 지식을 얻게 되면, 확실히 그의 영원한 부분은 "몸을 떠난 후 무한한 즐거움과 지복 속에서, 기쁨과 깨지지 않는 행복 속에서 살게 될 것이다".[63]

45세가 됐을 때, 하이는 정말로 신의 세계를 보는 통찰을 얻었다. 하이가 어떻게 통찰을 얻었는지 말하지는 않겠다. 팁을 하나 주자면, 영원에 대한 본문을 직접 읽어야 한다. 그러나 하이가 배운 것을 간단하게 강조하자면, 하이는 동일성과 차이, 하나와 다수는 창조물과 신을 연결하지 못한다는 것을 배웠다. 이 지식은 쉽게 얻지 못한다. 처음에 '동일성'이라는 전통 개념을 생각하면서 하이는 신에게 가는 것을 상상할 수 있었다. 그런데 그가 막 함정에 빠지려고 할 때, "신은 당신의 자비로 하이를 붙잡으시고 다시 진리로 돌아가게끔 인도하셨다". 우리는 그 함정의 힘을 이 장 내내 관찰했다. 이 진리는 충격적이다.

> '다수' '소수' '하나' 그리고 '단수'와 '복수', '통합'과 '분산'은 모두 본체에만 적용될 수 있는 서술어다. 그러나 진리를 알고 있는 비물질적 존재들은, 영광과 찬양 받으소서, 정확히 물질로부터 자유롭기 때문에, 하나 혹은 다수 같은 것으로 표현될 필요가 없다.[64]

이븐 투파일은 이 가르침이 얼마나 급진적인지 독자가 인식하기를 원한다. 그래서 말하는 박쥐를 소설 속에 날려 보낸다. '태양에 눈이 먼' 박쥐는 분노의 울음으로 하이를 중단시키려고 한다. "이번에는 당신의 미세한 분석(*tadqīq*)이 너무 나갔어요. 당신은 지성인들이 본능적으로 알고 있는 것을 발설했고, 이성의 규칙을 포기했습니다. 사물이 하나이거나 다수여야만 하는 것은 이성의 공리(*min aḥkām al-'aql*)입니다!"[65]

(투파일 이전의 알가잘리가 그랬듯이) 이븐 투파일에게 박쥐는 아리스토텔레스학파 철학자를 대표한다. 그들은 시력이 너무 약해서 진리의 밝은 빛을 견디지 못한다.[66] 박쥐가 집착하는 '이성의 공리'는 이 장 전체에서 우리가 충분히 만났던 것으로, 동일성원리, 비모순율, 배중률의 혼합물로서 '사유법칙'이 된 것들이다. 박쥐의 경고에 대한 이븐 투파일의 대답은 대단히 놀랍다.

> (박쥐는) 내가 "모든 건강한 정신이 태어날 때부터 가지고 있던 것을 떠났고 이성의 규칙을 버렸다"라고 말한다. 박쥐는 그렇게 말할 수 있다. 나는 박쥐를 떠났고, 박쥐의 이성, 박쥐의 '건강한 정신'도 떠났다. 박쥐와 그의 동족들이 말하는 이성의 의미는 여러 가지 감각적 개별 사항에서 일반적 개념을 추상화하고 명료하게 표현하는 능력에 불과하다. 박쥐가 말하는 '건강한 이성의 인간들'은 그 정신이 이와 같은 방법으로 일하는 사람들일 뿐이다.

수, 논리, 생각의 규칙들. 이것들은 절대적이지 않고 상대적이며, 사람들이 보편적으로 공유할 수 없는 정신적 관점·습관·작용에 의존하며, 확실히 신과 인간들 사이에 있는 것이 아니다. 신적 존재는 동일성과 차이를 다루는 우리 인간의 과학에서 나온 어떤 관점에서도 하나 혹은 다수로 결코 말해질 수 없다. 이런 과학들은 결코 신적 세계와 감각의 세계 사이에 있는 간극을 연결하지 못한다. "왜냐하면 이 두 세계는 하나의 존재 상태로 결합될 수 없기 때문이다. 마치 두 아내와 함께 사는 것과 같아서 만약 한 아내를 행복하게 하면 다른 아내는 불행해진다."[67]

수에 대한 근대의 믿음

이븐 투파일의 많은 가르침 중에서 우리는 다시 두 개만 뽑으려고 한다. (1) '같은' 혹은 '다른', '하나' 혹은 '다수'는 당신이 대답하려는 질문과 선택한 관점, 그리고 당신 영혼과 경험의 형태에 따라 상대적이다. (2) 수는 사물과 영혼의 단일성과 신의 단일성 사이를 이어 주는 다리가 아니다. 우리가 이 두 가지 가르침을 강조하는 것은 이 두 가지 주장을 옳다고 여기기 때문이 아니라(우리는 첫 번째 가르침에 동의하고 그 가르침을 널리 주장하려는 사도들이다. 반면 두 번째 가르침에 대해서는 불가지론적 태도를 유지한다), 이 두 가르침이 널리 퍼진 독단에 정면으로 맞서기 때문이다. 이 독단은 신앙과 이성에, 그리스도교와 이슬람교 안에, 그리고 이 신앙 전통들이 만들어 낸 철학과 과학 문화 안에 널리 퍼져 있다.

당연히 이븐 투파일의 비판은 우리가 유대교, 그리스도교, 혹은 이슬람교 안에서 만났던 어려움을 벗어나려는 유일하거나 마지막 시도는 아니었다. 우리는 이런 노력의 몇몇 위대한 사례를 아직 언급조차 하지 않았다. 이슬람교의 수피즘, 유대교의 카발라, 그리스도교의 부정신학이 그런 경우다. 어려움은 여전히 남아 있고, 신비주의와 수학의 결합도 여전히 어려운 과제이다.

이런 맥락을 염두에 두고 여전히 관심을 받고 있는 철학자이자 정치활동가이며 신비가인 시몬 베유(Simone Weil, 1909~1943)를 살펴보려고 한다. 베유는 모든 면에서 대단히 범상치 않았다. 베유의 철학적 언질은 대단히 열정적이면서 동시에 비판적이기도 했다. 1933년에 베유는 나치 독일에서 도피한 공산

주의자들을 도왔고, 동시에 소련 정부를 공격하는 글들을 썼다. 1936년에 베유는 스페인 내전에서 공화파 쪽 전투 및 정보부대에 입대하려고 필사적으로 여러 번 시도했지만, 훈련되지 않은 허약한 자원병을 책임지지 않으려는 지휘관들에 의해 그 시도들은 좌절됐다. 결국 베유는 프랑스어를 쓰는 전투부대에 들어갔지만, 베유의 군복무는 요리 중 일어난 화재 사건과 함께 가족들이 베유를 스페인에서 탈출시키면서 10월에 끝났다.[68] 스페인에서 탈출한 이후로 시몬 베유는 오늘날 자신을 가장 유명하게 만든, 가톨릭 영성과의 집중적인 대화를 시작했다. 시몬 베유는 말년에 나치에 점령당한 프랑스에서 탈출해 망명 생활을 했다. 이 시기에 쓴 사랑, 신, 인간과 신의 관계에 대한 작품들은 전쟁이 끝난 후 폭넓은 관심을 받기 시작했지만, 베유는 1943년 영국에 있는 결핵 요양소에서 34세의 나이로 사망했다. 죽음의 원인이 결핵인지, 아니면 스스로 굶어 죽었는지를 두고 여전히 논쟁 중이다. 어쨌든 어떤 이들은 베유의 죽음에서 사랑의 행위와 그리스도를 본받는 모습을 본다.

파리의 유대인 출신인 시몬의 가족 가운데 범상치 않은 인물이 또 있었다. 시몬은 쌍둥이였는데 쌍둥이 남자 동기인 앙드레(André Weil, 1906~1998)는 유명한 수학자가 됐고, '니콜라 부르바키(Nicolas Bourbaki)'라는 가명으로 활동한 단체의 설립자이자 안내자였다. 니콜라 부르바키 회원들은 함께 수학을 백과사전식으로 정리하는 작업을 했다. 니콜라 부르바키의 목표는 현대를 위한 유클리드의 『원론』 같은 책을 만드는 것이었다. 유클리드와는 다르게 그 논리는 흠잡을 데가 없었고, 그들의 기준은 논쟁의 여지가 없을 만큼 단단했으며(직관의 역할을 인정하지 않았고 사진도 넣지 않았다), 그들이 설정한 수준은 상상을 초월할 만큼 높았다. 초기 니콜라 부르바키 모임 참석자들이 함께 찍은 사진을 보면 시몬 베유가 있는데, 사진 속 유일한 여성이다.

시몬 베유는 수학자가 아니었지만, 대단한 피타고라스주의자였다. 최소한 수학, 특히 고대 그리스수학은 신과의 관계 형태를 제공한다는 베유의 주장으로 볼 때 그러했다. "그리스 기하학은 종교적 사고에서 나왔다는 걸 확실하게 보여 주는 텍스트들이 있다. 그리고 그 가운데 어떤 사고 유형은 너무도 명백히 그리스도교 사상과 거의 동일하다."[69] 예를 들어 무엇이 변화무쌍한 인류와 영원한 신 사이를 '중재'할 수 있을까라는 중요한 질문에 시몬 베유가 어떻게 접근하는지 살펴보자. 베유는 마음속 그리스도 개념과 함께 수를 이용한 비유를 창조한다. 서로 다른 두 수가 있고, 이 두 수 사이에 있는 '중재자(mediator)' 혹은 '평균(mean)'을 정의하고 싶다고 가정해 보자. 이 서로 다른 두 수 '사이'에 또 다른 수 하나가 있을 방법은 많다(정말로 무수히 많다). 고대 그리스수학자들은 특별히 세 가지 방법에 관심을 가졌다. 산술평균, 기하평균, 조화평균이 그것이다.[70] 시몬 베유는 기하평균에 초점을 맞춘다. 우리는 $h/a = b/h$를 h(기하평균, 혹은 비례중항)와 a 사이의 비율은 b와 h 사이의 비율과 같다고 읽는다. 더 짧게 읽으면, "h와 a의 관계는 b와 h의 관계와 같다". 시몬 베유는 만약 a가 사람, b가 신, h가 그리스도라면 '동일성'은 진리라고 말하고 싶어 한다. 즉 우리와 그리스도의 관계는 그리스도와 신의 관계와 같다. 그리스도는 인류와 창조주 사이에 있는 중재자이자 기하평균이다.

일반적인 유추는 역사적으로 많은 선례가 있다. 『향연(Symposion)』에서 플라톤이 신 에로스를 가운데 있는 존재 혹은 사이에 있는 존재인 메탁수(*metaxu*)로 묘사한 것도 일반적인 유추다. 그러나 수학적 유추는 임의적이다. 다른 많은 것들 대신 왜 기하평균일까? 이 임의성을 무시하고 시몬 베유의 선택을 수용하려고 해도 문제가 바로 드러난다. 만약 *a* = 1, *b* = 2라면, 기하평균 *b*는 2의 제곱근, 즉 무리수가 된다. 사실 *b*는 대부분 무리수다. 즉, *ab*가 완전제곱수가 아니면 *b*는 무리수다. 그렇다면 그리스도는 알로고스(*alogos*), 즉 이성이 없다는(irrational) 뜻인가?

베유는 이 신성모독적 생각을 다른 유추를 이용해 다뤘는데, 이번에는 수학적 증명과 그리스도교 신앙의 신비 사이를 유추한다. 시몬 베유가 보기에, 인간의 정신은 완벽하고 엄밀하게 증명할 수 있지만 인간의 상상으로는 접근할 수 없는 생각을 궁리해 내는 힘이 있다. 베유는 $\sqrt{2}$와 무리수 문제를 인간 정신이 가진 이런 힘에게 마음을 여는 일로 해석한다. "그리스도를 위한 사랑과 열망 때문에 그리스인들이 수학적 증명을 발명했다는 생각은 놀랍고 말로 표현할 수 없을 만큼 마음을 들뜨게 한다. (…) [수학적 증명이라는] 이 개념은 표현할 수 없거나 상상할 수 없는 관계를 확실하게 파악하도록 지성에게 강요한다. 수학적 증명은 신앙의 신비로 가는 훌륭한 입문이다."[71]

가톨릭 신앙에 큰 매력을 느꼈음에도 시몬 베유는 자신이 어떤 부족이나 민족에게 특별히 충성하지 않는 보편주의자라고 생각했다. 베유는 중재자라는 자신의 수학 개념을 그리스도교적일 뿐 아니라 보편적인 것으로 상상했고, 다음과 같은 전승과 문헌에 자신의 수학 개념이 표현됐다고 생각했다.

고대의 신화에서, 페레키데스(Pherecydes), 탈레스, 아낙시만드로스, 헤라클레이토스, 피타고라스, 플라톤, 그리고 스토아학파의 철학에서, 위대한 시대의 그리스 시들에서, 보편적인 민간전승에서, 우파니샤드와 바가바드기타에서, 도교 문헌과 불교 교파들에서, 남아 있는 이집트의 성스러운 경전에서, 그리스도교 신앙의 교리와 위대한 그리스도교 신비가들, 특별히 십자가의 성 요한의 저술에서, 이단 종파들, 특별히 카타리파와 마니교 전통에서.[72]

놀랍게도 시몬 베유는 자신의 산술적 초월 개념의 적용 범위를 우리가 논의를 시작했던 축의 시대를 넘어서까지 확장하고 싶었던 것 같다. 그러나 눈에 띄는 두 가지 종교를 생략했다. 베유는 유대교와 히브리 성서는 언급하지 않는데, 유대교가 부족적이고 배타주의를 지향하며 보편주의의 적대자라고 생각했기 때문이다. 그리고 아무런 설명도 없이 무슬림과 이슬람교를 언급하지 않았다.

지금까지 설명한 시몬 베유의 수와 신의 결합을 베유가 자신의 선임자로 여길 수 있는 몇몇 사상가들의 개념과 어떻게 비교할 수 있을까? 무엇보다도 베유의 동일화는 더욱 총체적이다. 앞에서 우리는 수 아리스모스와 (신의) 말씀 로고스를 동일시할 위험을 염려하는 아우구스티누스의 설명을 들었다. 베유는 열정적으로 이 둘의 동일함을 기도한다. "우리는 그리스어 아리스모스와 로고스가 완전히 같은 개념이라는 사실을 잊어서는 안 된다."[73] 완전히 같다고? 베유는 그리스어에 숙련된 사람이었지만, 편견의 세계가 이 두 개를 동일성의 요구로 윤색했다. 베유는 한 문장에 이 두 단어를 사용한 시인 핀다로스(Pindaros)의 시를 배웠고, 두 단어가 같다고 생각했다. "왜냐하면, 진실로 / 나는 바다의 조약돌 수(*arithmón*)를 말할(*légein*) 재간이 없기 때문이다."[74]

시인의 로고스는 '말하다(*légein*)'라는 행동을 가리키며, 여기서는 '말한다'는 뜻이고, 로고스가 말한 것은 바다에 있는 조약돌의 수다. 종교적 관점에서 이 모든 것을 신에게 소급하기를 원한다면 우리는 다음처럼 말할 수 있을 것이다. 신의 로고스는 바다에 있는 조약돌의 수를 말할 수 있고, 다른 많은 일도 할 수 있다. 또는 「창세기」와 「요한복음」에서 가져온 개념으로 보면, 확실히 로고스라는 단어에는 수가 포함되지만, 무한히 다른 것이라는 뜻도 포함된다. 무한히 다른 모든 것이 베유의 '완전히 같은' 개념 안에는 빠져 있는 것이다.[75]

* * *

우리는 과학과 종교가 종종 동일성과 차이 문제에 관한 선입견을 공유했고, 수의 지속적인 동일함에서 이 문제의 해결책 찾기를 선호한다고 주장하면서 이 장을 시작했다. 시몬 베유는 현대 신비가의 관점에서 이 선호의 좋은 사례를 제공한다. 이제 우리는 몇몇 현대 과학자들의 사례를 들면서 이 장을 마무리하려고 한다. 현대 서양사의 상당한 기간 동안 내내, 산술학과 천체물리학에서부터 연체동물의 동물학에 이르기까지 과학 분야에서 일어난 많은, 거의 모든 진보는 매우 자주 '신의 단일성을 증명하는' 새로운 증거로 환영받았다['신의 단일성의 증거'는 영국의 수리천문학자 메리 서머빌(Mary Somerville)이 1846년에 해

왕성 발견을 알리면서 한 말이다].[76] 하버드대학교 수학자 벤저민 퍼스(Benjamin Peirce)는 1853년 미국과학진흥협회(American Association for the Advancement of Science) 의장 연설에서 이 관점을 잘 설명했다. "근대과학은 피타고라스와 플라톤 교리 가운데 가장 비현실적인 것 몇 개를 현실로 만들었고, 그렇게 그들의 영적 본능이라는 신성을 정당화했다."[77] 기원전 로마인 키케로(Marcus Tullius Cicero)는 천체의 규칙성을 아는 것은 인간이 신의 존재를 믿는 '가장 강력한 이유'가 된다고 봤는데, 그 규칙성을 '단순한 우연의 효과'라고 생각할 수 없기 때문이었다. 이 의견은 2000년이 지난 지금도 여전히 중요하다.[78]

1886년에 퍼스보다 위대한 수학자였던 정수론 학자 레오폴트 크로네커(Leopold Kronecker)는 베를린자연과학자회의(Berlin Congress of Natural Scientists)에서 키케로의 의견과 관련되지만 훨씬 제한된 관점을 제시했다. "신은 자연수를 만들었고, 나머지는 모두 인간의 수공품이다."[79] 죽기 직전인 1891년에 그리스 도교로 개종한 프러시아 유대인 크로네커와 그의 영원에 대한 상상을 우리 시대의 한 인물과 비교해 보자. 옥스퍼드대학교 수리물리학자 로저 펜로즈(Roger Penrose)는 [스티븐 호킹(Stephen Hawking)과 함께] 1970년에 시공간 안에 (블랙홀이라고도 부르는) 특이점의 존재를 예측하는 논문을 발표했다. 또한 펜로즈는 정신의 본성에 관한 끊임없는 논쟁에 기여하려고 노력한 상대적으로 몇 안 되는 물리학자다. 이런 기여 활동의 하나로, 그는 우리가 어떤 권리로 이 사고의 영역, 자연수, 존재하는 세계를 부르는지 묻고 스스로 답한다.

그 존재는 이 개념들의 심오하고 영원하며 보편적인 본성에 의존하고, 그 법칙들이 법칙의 발견자들과 독립적이라는 사실에 기초한다. 이 뒤죽박죽 섞인 것(ragbag)은, 그것이 실제로 사실이라면, 우리의 창조물이 아니다. 자연수는 인류가 존재하기 전 혹은 다른 모든 피조물이 여기 지구 위에 존재하기 전에 있었고, 모든 생명체가 사라진 후에도 여전히 존재할 것이다.[80]

펜로즈는 종교에 회의적이고, 자연수의 창조를 신에게 돌리지도 않았다. 대신 그는 이 완전히 무한한 '뒤죽박죽 섞여 있는 것'을 창조 이전부터 존재하는 것으로 여긴다. 펜로즈의 자연수는 중세 무슬림들이 언제나 이미 모든 것 이전에 있는 '필연적 존재'라고 불렀던 것과 닮은 점이 있다. 양해를 구하고 「요한복음」의 표현을 빌리자면, "태초에 수가 있었다".

요약하면, 공통된 생각 하나가 플라톤부터 펜로즈까지, 이 장에서 우리가 언급했던 모든 사상가에게 뻗어 있다. 그 생각은 다음과 같다. 세상과 정신의 모든 위협적인 흐름과 차이의 쉼 없는 생성 속에서도 기초가 되는 영원한 동일성이 존재하고, 우리는 그 동일성을 수에서 어렴풋이 감지할 수 있다. 이 공통점을 지적하면서 수학, 물리학, 신학 등이 제공하는 진리를 하나로 병합하려는 의도는 전혀 없다. 우리는 단지 적어도 서양 세계에서는 인간의 노고가 담긴 이 위대한 영역들에 어떤 공통된 사고 전략과 습관이 있다는 걸 당신에게 이해시키려 할 뿐이다.

5장

데카르트부터 칸트까지

엄청나게 간결한 철학사

[철학이] 승리했던 곳을 보라. 철학은 보통 자신의 왕좌를
수학의 폐허 위에, 물리학에서 벗어난 경험들 위에 세운다.
— 요한 고트프리트 폰 헤르더(Johann Gottfried von Herder)[1]

철학자들은 끊임없이 자기 눈앞에 있는 과학의 방법론을 보고,
과학의 방식대로 묻고 답하고 싶은 저항하기 힘든
유혹을 받는다. 이런 경향이 형이상학의 진정한 근원이고,
철학자들을 완전한 어둠 속으로 이끈다.
— 루트비히 비트겐슈타인(Ludwig Wittgenstein)[2]

지속적인 혁명

앞 장에서는 후기 고대와 중세의 유대교, 그리스도교, 이슬람
교에 초점을 맞췄다. 그리고 이 거대한 사상 체계들이 동일성
에 (그리고 차이에) 관한 근본 관심을 서로 공유했고, 철학과 과
학, 수학, 자연학, 형이상학과도 그 관심을 공유했다는 점을 강
조했다. 이제 우리는 시선을 유럽으로 돌려 종종 과학혁명과 계
몽주의라고 불리는 시대[대략 1543년 천문학자 코페르니쿠스
(Nicolaus Copernicus)의 전환에서 약 1800년 나폴레옹(Napoléon
Bonaparte)의 유럽 정복 시기까지를 말한다]의 사상에 초점을 맞
추려고 한다.

이름이 알려 주듯이, 이 시기는 사상사에서 중요한 변환을

이뤄 냈다. 종교개혁, 정치혁명, 신세계와 신제국들 모두 이 변환에 기여했다. 그러나 과학사에 국한한다면, 이 시기에 갈릴레오 갈릴레이(1564~1642)와 아이작 뉴턴 경 같은 인물들이 개발한 관찰, 실험, 수학적 방법이 (지구중심계 같은) 이전 시대의 몇 가지 기본 '진리'를 파괴했고, 그 자리에 (중력의 법칙 같은) 새로운 진리들을 세웠다.

시인, 철학자, 물리학자, 신학자, 신비가, 그리고 수학자 들 모두 이 시기의 변환이 인간 지식의 역사에 변곡점을 제공했다는 데 공감할 것이다. 1727년 알렉산더 포프(Alexander Pope)가 당시 가장 유명했던 수학자이자 물리학자(그리고 신학자)에게 바친 묘비명에 적었듯이 말이다.

> 자연과 자연의 법칙들이
> 어둠 속에 누워 있다.
> 하느님이 "뉴턴이 있으라!" 하고 말씀하시자,
> 세상에 빛이 가득했다.

이 장의 목표는 이 변환의 중요성을 절대 축소하지 않으면서, 동일성과 차이에 대한 기본 질문들과 문제들, 그리고 사고의 습성들이 여전히 모든 것 안에서 계속됐다는 점을 제안하는 것이다. 심지어 이 질문과 문제, 사고방식은 우리가 오늘날 근대라고 여기는 새로운 형태로 재탄생했다.[3]

이 새로움이 중요하다. 물리학과 자연과학에서 나온 새로운 수학적 방법론과 발견 덕분에 새로운 인간학, 신학, 철학이 등장했다(그 반대도 적용된다).[4] 이런 사유체계를 만든 사람들은 가끔씩 과거와 자신들의 관계를 밤낮으로 상상하기까지 했다. 예를 들어 이마누엘 칸트는 철학에서 자신의 기여를 '코페르니쿠스적전회'라 언급한 것으로 유명하다.

그러나 우리는 질문과 대답에 모두 강한 연속성이 존재한다는 것도 당신에게 이해시키고 싶다. 즉, 인간 지식의 본성에 관해 초기 근대 사상가들이 제기한 근본 질문과 그들이 제시한 해답 유형은 근대 이전 시대 사상가들의 질문 및 해답과 연속성이 있다. 우리는 철학뿐만 아니라 수학, 물리학, 신학에도 중요한 기여를 했던 몇몇 사상가에 집중할 것이다. 비록 오늘날 우리는 이 분야들을 서로 분리된 것으로 생각하지만, 궁극적 기초에 관심을 두고 돌아보면 그들이 함께 모여 공통의 전제에서 온기를 찾는 것을 종종 발견할 수 있다.

이들의 공통 전제를 더 잘 이해하기 위해 다시 플라톤의 대화로 돌아가 보자. 『파이돈』에서 소크라테스의 대화 상대로 등장하는 시미아스는 회의적 태도를 대표한다. 그는 근본 진리의 탐색을 영웅의 관점에서 이렇게 묘사한다. "이 삶에서 그 문제에 대한 명료한 지식을 얻는 일은 불가능하거나 대단히 어렵습니다. 그리고 그는 심약한 사람입니다. 그 문제에 대해 어떤 말들이 있는지 모든 방향에서 시험하지도 않고, 그 문제의 모든 면을 연구해 지쳐 쓰러질 때까지 끈질기게 노력하지도 않습니다." 시미아스는 이런 끈질긴 연구가 세 가지 가능성을 낳는다고 봤다.

· 우리는 사물들이 실제 어떤지 발견할 수 있다.
· "그런 발견이 불가능하면 반박이 가능한 최고의 인간적 신

조를 채용할 수 있다. 인간적 신조의 채용은 뗏목을 타고 평생 동안 항해하는 위험을 무릅쓰는 것과 같다."

· 또는, 어떤 신적 신조에 집착할 수 있다.

이 세 가지 가능성 사이의 경계를 정하는 일이 얼마나 어려운지 우리는 앞서 충분히 봤다. 확실성, 독단, 신앙 사이의 차이를 알기란 쉽지 않다. 그런데 『파이돈』은 이 어려움의 또 다른 예를 제시한다. 플라톤은 『파이돈』에서 소크라테스를 통해 영혼의 불멸성을 시미아스에게 이해시킨다. 정신 안에는 같음 혹은 동일성이라는 이데아가 이 세상의 경험보다 먼저, 독립적으로 존재해야 한다는 주장이 설득의 근거였다. 이런 주장을 할 때 플라톤은 자신이 세 가지 전략 가운데 어느 것을 따르고 있다고 생각했을까?[5]

본유적(innate) 동일성을 향한 플라톤의 추구에는 두 가지 확실성을 공고하게 만들려는 욕망이 숨어 있는데, 이 두 가지 확실성은 언제나 의문을 부른다. 첫째, 인간 지성으로 접근할 수 있는 영원하고 불변하며 비우연적인 진리가 존재한다. 둘째, 최소한 인간의 일부는 불멸한다. 우리가 지금 살펴볼 시기의 유럽에서도 이 전제들은 공통적으로 남아 있었다. 이 시기에 기꺼이 공개적으로 두 번째 전제에 도전한 사상가는 거의 없었다. 심지어 이들조차도 소크라테스, 시미아스, 플라톤, 아리스토텔레스의 위대한 탐구를 계속하고 있었다. 여기서 위대한 탐구란 영원한 동일성이라는 핵심 찾기이고, 그 핵심이 아무리 작더라도 거기에서 통합과 분리, 종합과 분석이라는 다양한 작전을 통해 지식을 만들 수 있다.

당신은 플라톤 버전의 이야기를 기억할 것이다. 모든 생각은 둘로 '대립하는' 작업 과정 사이의 선택에 기초한다. 두 작업이란 동일성으로의 결합 혹은 통합, 차이로의 분리 혹은 분할을 말하고, 이 작업은 정신이 자기 안에 있는 객체를 대상으로 수행한다. 변증술에 익숙한 플라톤은 좋은 푸주한처럼 '본성에 따라' 혹은 '자연적인 방식으로', 조심스럽게 동일성 아래 놓인 본질은 깨지 않으면서 대상을 모으고 나누려고 했다.[6] 이런 사유 모델은 가장 최근의 철학 학파에서도 여전히 발견된다. '20세기 가장 중요한 철학자 가운데 한 명'이라는 데이비드 루이스(David Lewis)가 '자연적 속성'과 '객관적 유사성'에 대해 마치 우리 시대의 최신 물리학과 논리학을 철저하게 연구한 플라톤처럼 말한다.[7]

이런 단어가 오늘날에도 여전히 강력하기 때문에 우리는 반복해서 경고한다. 철학자가 '타고난'이나 '자연에 따르면'이라는 표현을 사용할 때마다 당신은 검증되지 않은 가정이라는 낌새를 채야 한다. 황소와 같은 동물의 몸을 가르는 '자연적' 방법은 없다. 마음속에 그리는 질문이나 목적과 관계없는 분해 방법은 존재하지 않는다. 예를 들어 소화계를 연구할 때와 순환계를 연구할 때의 해부 방법은 다르다.

당신은 반대할 수도 있지만, 소크라테스는 분명히 먹기 위해 황소를 자르는 것을 의도했다. 그러나 이럴 때도 맥락이 중요하다. 소크라테스보다 약 1세기 뒤에 나오는 중국의 위대한 철학자 장자(莊子, 약 기원전 369~286)는 자신이 해체한 모든 짐승의 특성을 자신의 존재 전체로 느끼는 푸주한 장인 이야기를 들려준다. 이 이야기에서 강조하듯이, 모든 황소는 다르다. 그리고 문화와 나라에 따라 고기를 다르게 분해한다. 카프카(Franz Kafka)의 단편소설 「낡은 문서(Ein Altes Blatt)」에 나오는 야만스러운 유목민 부족은 고기를 귀찮게 썰지 않고, 대신 산 동물을 물어뜯는다. 반면 고트프리트 폰 슈트라스부르크(Gottfried von Strassburg)가 쓴 중세 로맨스의 영웅 트리스탄은 마크 왕의 궁정 사냥꾼들에게 사슴을 손질하는 새로운 방법을 가르쳐서 영예를 얻는다. 도살에 유행이 없었다면, 트리스탄과 이졸데도 없었다. 소크라테스의 편견에도 불구하고 꼭 '자연적으로 타고난 관절'에 따라 절개하지 않아도 된다. 오소부코 요리를 할 때는 정강이뼈를 가로로 자른다.[8]

데카르트: '확실하고 흔들릴 수 없는 한 가지'

이 장에 등장하는 사상가들은 주목할 만하다. 이들은 부분적으로 당시 놀라운 승리를 거뒀던 수학과 물리학의 도전을 받으면서도 이런 새로운 힘들이 만들어질 때 바탕이 된 확실성과 동일성의 새로운 핵심을 열정적으로 탐색했고, 그 과정에서 인간의 생각과 우주를 연결할 '관절'에 대해 끈질기게 질문했다. 유명한 사례로, 르네 데카르트(1596~1650)는 자신의 목표가 그리스의 수학자이자 자연학자인 아르키메데스(Archimedes)의 목표와 비슷하다고 썼다. 아르키메데스는 단단하고 움직일 수 없는 점이 있으면 충분히 지구를 움직일 수 있다고 했는데, 데카르트도 만약 자신이 '비록 하찮은 것이라도 확실하고 흔들릴 수 없는 것을 한 가지만 발견한다면' 위대한 일을 희망할 수 있다고 썼다.[9]

데카르트가 발견한 첫 번째 의심할 여지 없는 원리는 자기 자신이다. 이건 거의 모두가 알고 있다. "나는 생각한다. 고로 나는 존재한다(*cogito ergo sum*)." 이렇게 데카르트는 '주관적' 철학이라고 불리기도 하는 철학, 즉 개인에 기초한 철학 사조를 만들었다.[10] 데카르트의 두 번째 발견을 기억하는 사람은 적다. 데카르트는 조금 더 나아가서, 세 번째 명상에서 의심할 여지 없는 두 번째 것을 발견하는데, 이것은 경험과 무관하고 경험 이전에 존재한다. 바로 신이다. 만약 무한한 존재라는 관념이 있다면, 이런 관념의 원인이 될 수 있는 건 무한한 존재뿐이기 때문이라고 데카르트는 논증한다. 데카르트는 마음속에 절대적으로 완벽하고 무한하며 전지(全知)한 존재라는 본유적 관념을 품고 있다. 이런 관념 그 자체가 "신이 정말로 존재한다는 명백한 증거를 제공한다".[11]

데카르트의 주장은 질문과 동떨어져 있어서 '데카르트의 순환'이라고 불린다.[12] 앞 장에서 만났던 일신교적 수학처럼 이 순환은 확실성이 기댈 수 있는 영원한 진리와 안정된 동일성을 바라는 증상을 나타낸다. 데카르트는 탁월한 수학자였다. 당신은 1장에서 후설과 하이데거가 기하학에 대한 데카르트의 기여 때문에 근대의 위기가 생겼다고 비난했던 것을 떠올릴 것이다. 그러나 데카르트는 의도적으로 직접 수학을 기초로 삼는 확실성을 거부했다는 점에 주목하라. 데카르트는 존재와 수를 갖는 것을 동일시했던 피타고라스주의자가 아니었다.[13] (알가잘리도 그러했듯이) 데카르트에게 '필연적 존재'는 수가 아니라 신이었다. 데카르트에 따르면, 사실 신에게 $2+2=4$는 필연적 사실이 아니다. 주석가들은, 데카르트가 앞 장에서 만났던 '기회원인론자'들처럼, 신이 원하기만 하면 $2+2=5$로 만들 수 있다고 생각했는지를 놓고 논쟁한다. 분명히 데카르트의 신은 플라톤의 신과 달리 수의 필연성에 의존하지 않는다.

정말로 데카르트는 수의 모든 진리를 신의 존재와 선함이라는 본유적 확실성에서 유도할 수 있었다[『정신 지도의 규칙들(Regulae ad Directionem Ingenii)』과 『성찰(Meditationes de Prima Philosophia)』 같은 작품에서 이 작업을 어떻게 수행하는지 확인할 수 있다[14]]. 데카르트와 플라톤의 이 차이는 과학혁명 시대의 많은 철학자들이 공유하는 전제를 알려 준다는 점에서 여전히 의미가 있다고 생각한다. 그리스도인, 유대인, 무슬림 선조들처럼 과학혁명 시대의 철학자들 다수는 자신들의 사고 체계가 신의 전능, 인간의 자유, 수학의 힘을 동시에 보호하기를 원했다. 수학의 힘과 인간의 자유가 극적으로 커지던 그 시기에도 그들은 신의 전능을 지키려고 했다.

데카르트는 수학 연구가 정신을 이성에 익숙해지게 만든다고 확실하게 믿었다. 데카르트는 기하학을 이해하는 새로운 방법을 개발하기도 했다. 그러나 데카르트는 수학을 확실성이나 덕의 주춧돌로 만들지는 않았다.[15] 이미 보았듯이 데카르트는 다른 두 가지 생각을 사유의 기초로 삼았다. 그런데 이 두 가지 생각은 서로 완전히 다른 유형이다. 확실성을 위한 데카르트의 첫 번째 기초인 코기토 에르고 숨은 특정 인간 문화와 경험에 앞서 존재하는 보편적 필연이라기보다는 특정 언어의 생산물로 생각될 수 있다. 언어들은 역사를 거치면서 특별한 방식으로 발전했기 때문에, 많은 언어들이 존재하는 주체에 덧붙일 "나는 생각한다"라는 표현이 필요하다. 우리는 이런 발전을 절대적 필연이 아니라 역사에서 나온 우연적 필연이라고 부를 수 있다.[16]

이와 달리, 데카르트의 신은 다른 질서 속에 있는 확실성과 필연성이다. 플라톤(혹은 펜로즈)의 자연수처럼 데카르트의 신도 인간 언어나 경험의 생산물이 아니다. 그 신은 인간 전체보다 앞서 존재한다. 이 장 마지막 부분에서 우리는 이마누엘 칸트로부터 우리 경험보다 앞서 존재한다고 여겨지는 생각과 진리를 '선험[아프리오리(*a priori*)]'이라고 부르고, 우리 경험 뒤에 나오거나 경험이 만들어 내는 생각과 진리를 '후험[아포스테리오리(*a posteriori*)]'이라고 부르는 것을 배울 것이다. 선험적은 이런 아패틱하고 보이지 않는 확실성의 핵심을 가리키는 자연적, 필연적, 본유적과 같은 용어와 동의어일 것이다. 어떤 사상가들은 이런 확실성의 핵심에서 보편적 지식이 만들어지기를 희망했다. 이 핵심이 가끔은 수학과 논리학에서, 가끔은 물리학이나 심리학에서, 가끔은 신학이나 형이상학에서, 가끔은 몇몇 분과 혹은 전부의 혼합물에서 나왔다. 어떤 진리가 선험적이고 그렇지 않은 진리는 무엇인지에 대해, 우리가 만나게 될 철학자들의 의견은 당연히 일치하지 않는다. 우리는 이 논쟁에서 한쪽 편을 들지 않은 채 다음과 같이 제안한다.

1. 이 모든 선험적인 것은 어떤 영원한 동일성을 찾으려는 시도이고, 우리는 이 동일성에서 우리 지식의 어떤 측면에 대해 확신할 수 있다.

2. 어떤 주어진 선험성이 필연적이라는 확신, 즉 우리 경험 이전에 필연적 진리 혹은 관념이 우리 안에 본유한다는 생각은 인간 본성과 인간 지식의 본질에 대해 보통 독단적 태도를 보인다.[17]

'인간 지성': 로크 vs 라이프니츠

동일성에 관한 도그마의 역할을 볼 수 있는 한 가지 방법은 존 로크(John Locke)의 『인간지성론(An Essay Concerning Human Understanding)』(1690)과 고트프리트 빌헬름 라이프니츠의 반박서 『신인간지성론(New Essays on Human Understanding)』(1704년에 완성됐고 1765년에 처음으로 출판됐다)을 비교해 보는 것이다.[18] 로크는 본유 관념은 없다는 대담하고 유명한 생각을 했다. "기본 개념은 없다. (…) 인간 정신에 도장처럼 찍혀 있는 특성, 영혼이 최초의 존재 상태에서 받아 세상에 가져다 놓는 그런 특성은 없다."(1.1.1)[19] '각인된' 본유적 사변적 원리가 없고(1.2), 본유적 도덕 원칙들이 없고(1.3), 신에 대한 본유 관념이 없고, 동일성에 대한 본유 관념이 없으며, 불가능하거나 인지할 수 없는 본유 관념이 없다(1.4). 정신은 처음부터 빈 서판이다.[20]

　　로크에 따르면, 정신은 오직 감각경험과 반성을 통해서만 단순 관념을 획득하고, 그다음에 이 단순 관념들을 결합하고 비교하면서 복합 관념으로 일반화한다. 정말로 로크는 수학이 정신에게 '면밀히 논증하는 습관'을 훈련시켜 명료한 결합과 일반화를 할 수 있게 해 주는 탁월한 방법이라고 믿었다.[21] 그러나 로크는 어떤 수학적 진리도 본유적이지 않다고 믿었다. 로크에게 공간, 시간, 수, 도덕, 동일성을 비롯한 우리의 모든 지식은 이 단순 관념이라는 '원자들'의 결합으로 생산된 것이다. 우리가 생산한 어떤 관념들은 '확실성을 가진 참된 지식'이지만, 그 이유는 그 관념들이 정신에 본유하기 때문이 아니라, 단지 '단순 관념들'의 건강한 조합과 반성에 기초해 만들어졌기 때문이다.[22] 이런

이유로 로크는 종종 영국경험론이라는 판테온에서 건국 신 중 하나로 존경받는다.[23]

　라이프니츠는 로크의 작품에 대한 긴 주석서 『신인간지성론』에서 로크의 이 관점과 논쟁을 벌였다. 라이프니츠는 이 논쟁을 필라레테스(Philaletes, '진리를 사랑하는 사람' 즉 로크)와 테오필루스(Theophilus, '신을 사랑하는 사람' 즉 라이프니츠) 사이의 논쟁으로 소개했다. 라이프니츠가 로크의 관점에 반대한 이유는 많지만, 논쟁 속 등장인물의 이름에서 분명해지듯이, 라이프니츠는 로크의 주장에 숨은 의미가 인간 영혼에게 미치는 영향을 두려워했다. 라이프니츠에 따르면, 로크의 본유 관념 거부는 영혼의 불멸성을 거부하는 유물론적 주장의 최첨단이었고, 영원에 대한 믿음에 던지는 잠재적 도전이었다. 따라서 종교, 품위, 평화에 치명적 위험이 됐다.[24]

　라이프니츠는 우리가 예상했던 정확히 그 지점, 즉 필연적 진리를 통해 로크에 도전했다.[25] 경험론은 구체적 진리 혹은 우연적 진리는 설명할 수 있겠지만, 보편성이 있는 필연적 진리는 설명하지 못한다. 필연적 진리는 개인의 감각경험을 통해서는 도달할 수 없고, 오직 '우리 영혼을 결정짓고 영혼에서 필연적 진리들이 나올 수 있게 해 주는' 선재하는 성질을 통해서만 얻을 수 있다.[26] 이런 진리는 어떤 진리일까? 1689년 라이프니츠는 「첫 번째 진리(Primae Veritates)」에서 흔히 진리로 인정받던 '동일성' 진리와 비모순율을 정리해 진리 목록으로 제시한다.

　첫 번째 진리는 자신의 무언가를 서술하거나, 자신과 반대되는 것의 반대를 부정하는 것이다. 예를 들면, A는 A다 혹은 A는 비A (non-A)가 아니다. A가 B인 게 참이라면, A는 B가 아니다 혹은 A는 비B(non-B)가 아니다는 거짓이다. 이와 비슷하게, 모든 것은 그 자신이다. 모든 것은 자신과 비슷하거나 같다. 아무것도 그 자신보다 많거나 적지 않다. 이런 종류의 진리들은, 비록 그 중요도는 다양할 수 있지만, 동일성이라는 이름 아래 하나로 묶일 수 있다.[27]

라이프니츠에 따르면, 이 '같음'의 진리 또는 동일성은 신이 우리 영혼에 기록했다. 그러나 라이프니츠는 동일성 자체만으로 신이 만들었다는 것을 증명하기에는 충분하지 않음을 깨달았고,[28] 한두 가지 추가 진리가 '필요'했다. 라이프니츠는 웨일즈의 캐럴라인(Caroline) 공주에게 보낸 놀라운 편지에서 이 문제를 지적했는데, 그는 공주와의 서신교환에서 유물론자들이 그리스도인들의 영혼에 가하는 위험을 경고했다.

> 수학의 위대한 기초는 모순율 또는 동일성입니다. (…) 이 단 하나의 원리만으로 산술학과 기하학의 모든 부분을 논증하는 데 충분합니다. 즉 모든 수학적 원칙들을 논증할 수 있습니다. 그러나 수학에서 자연철학으로 옮겨 가려면 다른 원칙이 필요합니다. (…) 충족이유율이 필요합니다. 즉 왜 다른 것이 아닌 그 일이 일어나야 하는지 설명하는 이유 없이는 어떤 일도 일어나지 않습니다. (…) 지금 이 한 원칙으로 (…) 신의 존재를 증명할 수 있을 겁니다. 그리고 형이상학이나 자연철학의 모든 다른 부분들, 심지어 수학과 무관한 자연철학의 원리들도 어느 정도 증명할 수 있을 겁니다. 그 원리란 역학원리들 혹은 힘의 원리들입니다.[29]

동일성, 비모순율, 그리고 충족이유율. 동일성과 차이에 대한 이 기본 원칙에서 라이프니츠는 우리 영혼은 육체적이지 않고, 완전하고 속이지 않는 신에 의해 창조됐으며, 신은 필연성과 우주 법칙으로 다스려지는 세계를 만들고, 모든 가능한 세계 가운데 최고인 세계를 만들었음을 증명하려고 했다. 달리 말하면, 라이프니츠는 동일성과 차이라는 원리들을 이용해 물리학, 형이상학, (영혼의 과학이라는 의미에서) 심리학의 그리스도교적 통합을 추구했다.[30]

이 통합을 위해 라이프니츠가 식별불가능자 동일성원리와 연속성원리 같은 '사유법칙'을 개발했다. 이런 사유법칙은 논리학, 철학, 물리학, 그리고 그 밖의 다른 분야들에 큰 영향을 미쳤고, 지금도 그 영향력을 유지하고 있다. 우선 식별불가능자 동일성원리를 생각해 보자. 이 원리는 '라이프니츠의 법칙'이라고 불리기도 하며, 현대물리학과 양자역학 논의에서 여전히 난데없이 나타나곤 한다. 라이프니츠는 이 원리를 캐럴라인 공주를 대신해서 쓴 서신에 매력적으로 서술했는데, 철학에 더 큰 관심이 있던 다른 공주 앞에서 한 과거의 논쟁 이야기다.

식별할 수 없는 동일한 것 두 개는 존재하지 않습니다. 내가 아는 아주 영리한 한 신사가 하노버 헤렌하우젠 정원에서 선제후 공주 조피 샤를로테 앞에서 나와 대화를 나누면서 완전히 비슷한 잎 두 장을 발견할 수 있을 거라고 말했습니다. 공주는 그 신사의 말을 믿지 않았고, 그 신사는 그런 잎들을 찾기 위해 오랫동안 온 정원을 헤맸지만 아무 소용이 없었습니다.

만약 두 사물이 서로 완전히 닮았고 '단지' 수적 차이만 있다면[솔로 누메로(solo numero), 혹은 라이프니츠가 가끔씩 제안했듯이 시간 혹은 공간만 다르다면], 이때 이 둘은 사실 동일하다. 둘이 아니라 하나다.[31]

무엇보다도 라이프니츠는 이 원리가 유물론을 지지하는 경쟁자들의 '원자론'에 치명적 타격을 줬다고 믿었다. 비록 라이프니츠가 논증했던 이 원리가 오늘날 입자물리학의 이해에 기본적인 문제를 계속해서 제시하고 있지만(7장을 참고하라), 라이프니츠가 틀렸다고 판명됐다. 그러나 이 '법칙'은 그의 논리적 전제만큼이나 신학적 전제의 결과물이었다. 창조주 신이 충족이유율 같은 '첫 번째 진리'에 충실하다면, 신은 사물을 이렇게 창조한 이유가 있어야만 한다.

만약 식별 가능한 개별자들이 존재한다면, 신은 두 개가 서로 바뀌는 세상을 쉽게 창조했을 것이다. 그렇다면 신이 세상을 지금처럼 만들 충족 이유가 없을 것이다. 그러므로 창조물들 사이에 이런 동일성은 존재할 수가 없고, 식별 불가능한 개별자들은 존재할 수 없다. 이 '법칙'을 손에 쥐고 라이프니츠는 이제 만족스럽게 아래 제안들을 증명할 수 있었다. 비모순율을 지키는 신은 세상을 필연과 우주의 법칙에 따라 만들었고, 모든 가능한 세상 가운데 가장 좋은 세상을 만들었으며, 세상 안에 있는 모든 영혼과 모든 개별자는 어떤 방식으로든 유일하고 독특하다.[32]

라이프니츠의 업적은 대단했다. 아마도 근대 초기의 어떤 철학자들보다 신과 신성의 완전함, 창조물의 항구적인 변화, 그리고 (몇몇은 직접 발견하기도 한) 당시 수학의 형이상학적 발견들의 요구들을 잘 통합해 냈을 것이다.[33] 데카르트의 정신-육체

이원론, 홉스와 로크의 유물론, 스피노자의 범신론을 부정하면서(스피노자가 죽기 얼마 전에 두 사람은 만난 적이 있다), 라이프니츠는 신에 의해 미리 정해진 물질, 정신, 영혼, 창조주 사이의 조화를 주장했다.

이런 주장을 하기 위해서는 지금까지 우리가 만났던 질문들 가운데 많은 심오한 질문들을 다룰 필요가 있었고, 라이프니츠는 이 많은 질문들에 접근하는 새 방법들을 개발했다. 특히 연속과 무한 문제에 대한 라이프니츠의 수학 작업은 신기원을 연혁신이었다.[34] 이 통합을 성취하기 위해 라이프니츠가 개발한 '사유법칙'은 논리학, 철학, 물리학, 그 밖의 다른 분야에 큰 영향을 미쳤다(여전히 영향을 미치고 있다). 우리는 그렇게 많은 연구 분야를 넘나들면서 체계적인 사고를 할 수 있는 정신에 경외감을 느낀다.

그러나 존경과 상관없이 라이프니츠가 제정한 법률을 끔찍하게 생각할 수도 있다. 1695년에 라이프니츠는 이렇게 썼다. "세상의 모든 것은 두 가지 방식으로 설명될 수 있다."

힘의 왕국 즉 효율적인 원인을 통해서, 그리고 지혜의 왕국 즉 목적 원인에 의해, 신을 통해, 신의 영광을 위해 육체들을 다스린다. 건축물처럼 그 육체들을 크기의 법칙이나 수학에 따르는 기계처럼 다스린다. 정말로 영혼의 요구에 따라 그들을 다스리고, 신은 자신의 영광을 위해 지혜의 영혼들을 다스린다. 그들을 동료 시민처럼 통치하고, 당신이 속한 어떤 사회의 구성원처럼 통치하며, 왕자처럼 정말로 아버지처럼 선의 법칙과 도덕법칙에 따라 그들을 다스린다.[35]

두 법과 두 왕국이지만 바탕에는 동일성과 비모순율이라는 하나의 공통된 전제가 깔려 있다.

오늘날 논리학자들과 분석철학자들은 라이프니츠 사상을 형성한 신성에 대한 몰두를 오래전에 잊어버렸지만, 그의 공식을 지속했고 심지어 급진화하기도 했다. 그들은 동일성원리 같은 논리 원칙이 '가능한 모든 세계'에서 참이라고 말하고 싶어한다. 라이프니츠 자신이 이런 일반적인 표현을 하지는 않았지만, 이 표현에는 그의 특성이 들어 있다. "발톱 자국만 봐도 사자인 줄 안다(ex ungue leonem)." 우리가 보기에 이 구절은 반짝이가 달린 가짜 가죽옷을 입은 채 뽐내는 오만함을 보여 준다. 인간이 상상할 수 있는 것, 그래서 가능하다고 여기는 것, 그래서 가능한 세계의 특징보다 역사적 변화의 영향을 더 크게 받는 것은 상상하기 어렵다.[36] 그러나 이 오만함은 어디서 들어 본 적이 있는 것 같다. 우리가 방금 보여 준 기간토마키아 같은 거대한 전쟁에 대해 소크라테스 이전의 개념으로 이렇게 말할 수 있을 것이다. 로크와 경험론자들은 가능한 한 많은 지식을 파르메니데스의 경로 가운데 통속적인 면, 즉 경험과 의견을 의미하는 독사(dóxa) 쪽으로 밀어 넣으려고 했고, 라이프니츠는 영원한 진리인 알레테이아(alḗtheia)를 향해 자신이 할 수 있는 모든 노력을 다했다.[37]

흄의 '단순 관념들'

소위 합리론자들과 경험론자들 사이의 이런 차이는 대단히 크게 느껴졌고, 서로 격렬하게 싸웠다. 그러나 우리는 기본적인 유사성도 강조하고 싶다. 필연성을 향한 합리론자들의 열광이 자신들을 신학으로 몰아갔다는 것은 사실이다. 라이프니츠나 데카르트의 체계는 자신들의 기능을 온전히 신에게 의존한다(다른 많은 경우에서처럼 스피노자는 예외였다). 그러나 경험론자들 또한 자신들의 독단이 있고, 그 독단의 크기는 합리론자들의 독단과 거의 같다. 합리론자들의 선험성이라는 전제가 신이 준 원칙들의 불변성과 완전성과 관련이 있다면, 감각적 인상이 지식의 유일한 원천이라고 주장하는 로크와 흄(David Hume) 같은 인물들의 주요 독단은 우리 표현의 불변성과 완전성에 관한 것이다. 불변성과 완전성, 즉 같음과 동일성의 형상들이 이 두 철학 사조의 바탕에 놓여 있다.

이 동일성의 출발점은 흄의 『인간 본성에 관한 논고(A Treatise of Human Nature)』(1738~1739)이다. "눈을 감고 내 방을 생각했을 때, 내가 형성한 관념은 [내가 눈을 떴을 때] 내가 느낀 인상을 정확하게 재현한 것이다. 다른 것에서 발견되지 않는 어떤 부수적인 것도 존재하지 않는다."[38] 흄은 거리와 건물이 가득 찬 파리 같은 대상의 복합 인상들은 상상으로 정확히 재현할 수 없다는 점을 인정한다. 그러나 흄은 눈을 감고 관념으로 떠올리는 단순 인상이 감각 인상이나 관념과 정확하고 완전히 같다는 것을 확실한 공리로 받아들인다. "처음 등장하는 우리의 모든 단순 관념들은 단순 인상에서 나온다. 이 단순 관념들은 대상에 상응하고, 대상을 정확히 재현한다."[39] 흄은 이것을 '인간 본성의 과학'에서 '첫 번째 원리'라고 불렀다. 오늘날 철학사 연구자들은 이 원리를 '복사 원리(Copy Principle)'라고 부른다.[40]

이렇게 완벽하게 복사하는 이 단순하고 원자적인 인상과 관념은 무엇인가? 흄에 따르면, 이것은 "구별이나 분리를 허용하지 않는다". 다른 말로 하면, 로크나 흄의 '단순한 것' 혹은 '원자' 관념은 플라톤의 '자연 관절'과 같다. 그것은 동일성의 안정되고 확실한 불변의 기초이며, 다른 모든 것이 그것을 기초로 세워질 수 있다. 로크는 이렇게 썼다. "동일 관념은 영원히 같은 관습 및 관계를 가질 것이다."(4.1.9) 이 경험주의 심리학에서 우리의 지각과 개념들은 기초에서부터 명확하고 명료하며 모호함이 없고 변하지 않고 언제나 그 자체로 동일하다. 합리론자들처럼, 이 경험주의 심리학자들이 보기에도 우리의 관념들은 동일성원리를 따른다. 경험론자들은 경험의 수위권(primacy)을 설교하지만, 경험이야말로 대단히 특별한 종류이며 실제 혹은 상상의 조약돌을 가지고 놀던 고대부터 있었던 것이다.

이 '원자론'은 물리학자들의 원자 이론과 단어만 닮은 것이 아니라 밀접한 연관이 있다. 물리학과 심리학 양쪽 모두 원자 개념을 도입한 원래 의도는 관찰 가능한 현상을 더 나눌 수도 없고 변할 수도 없는 아패틱한 요소들의 분리와 조립 기능으로 환원하는 것이었다. 이런 환원의 목적은 세계와 정신을 기계적으로 설명하는 것이다.[41] 이 지점에서 인간 정신의 탐구자 흄이 우주의 탐구자 뉴턴에게 동의한다. 뉴턴은 『자연철학의 수학적 원리(Philosophiae Naturalis Principia Mathematica)』(1687) 초판 서문에 이렇게 적었다.

전체 철학의 어려움은 운동 현상에서 자연의 힘을 발견하고, 이 힘에서 나오는 다른 현상들을 논증하는 데 있는 것 같기 때문이다. (…) 우리가 같은 종류의 논증에서 나온 기계적 원칙을 적용해 자연의 다른 현상을 추론할 수 있다면 좋을 텐데![42]

"할 수 있다면 좋을 텐데!" 흄은 힘의 발견(뉴턴은 질량 사이의 매력적인 힘인 중력을 발견했다)에 대한 뉴턴의 강조를 지나치게 마음에 새겨서, 힘의 기원을 더는 탐구하지 못한 채 정신 탐구에 그 힘을 적용했다.[43] 흄은 뉴턴의 물리적 '중력'에 대응하는 정신적 등가물을 발견했다고 생각했고, 그것을 '연상(association)'이라고 불렀다(그래서 흄의 사상을 종종 '연상주의'라고 부른다). 연상은 인간 본성에 원래부터 있던 기본 힘이다. 이 힘의 법칙들이 정신을 관리하면서 사유 과정에서 '단순' 지각을 '복합' 지각으로 조립하고, 복합 지각을 다시 단순 지각으로 분리한다.[44]

흄의 사유법칙은 자신에게 시급한 문제를 해결하기 위해 만들어졌다. 이 문제의 통속적인 버전이 오늘날 인문학에 대한 공격의 주요 근거가 되기 때문에 우리에게도 시급한 문제다. 다음과 같은 질문이 좋은 예다. 왜 인간 본성과 심리 이해에서 우리가 이룩한 성취가 물리적 세계 이해에서 이룩한 것보다 훨씬 작아 보일까? 바로 흄의 논설이 이 질문으로 시작했다. 흄은 철학자, 형이상학자, 신학자 들의 '공상적 과학'을 공격하면서, '완전히 새로운 기초 위에 만들어진 완전한 과학 체계'가 발견됐다고 주장했다. 그가 제안한 기초는 오직 관찰에 기초한 인간 본성에 관한 뉴턴의 과학이었고, '공상적 과학'과 달리 가설이 전혀 없이 존재했다.[45]

그러나 우리가 보기에, 흄의 전체 논리구조는 거대한 두 가지 '가설' 또는 가정에 기초한다. 첫 번째, 거의 알아차리기 힘든 가정은 동일성원리라는 평온의 규칙이다. 이 규칙은 '단순한 것'들과 이 단순한 것들에 대한 우리의 지각에 적용되고, 모든 인간 본성을 부동심(apatheia)이라는 보편적 징후 아래 둔다. 두 번째, 거의 명시적으로 표현되는 가정은 논리적 가능성과 상상의 가능성 사이에 있는 등가성이다. 우리는 상황이 논리적으로 모순이 없을 때에만 그 상황을 상상할 수 있다. 흄은 상상할 수 있거나 없는 것이 크게 바뀔 가능성을 고려하지 않는다. 예를 들어, 흄 자신은 논리적으로 모순이 없는 무한집합을 상상하지 못했기 때문에 무한집합의 가능성을 거부했다. 오늘날 철학자들에게는 이런 거부가 논리적으로 상상하기 어려운 일이다.[46]

　이 책에 나오는 모든 관념과 마찬가지로 흄의 전략도 이후 긴 역사를 갖게 된다. 이미 1817년에 시인 새뮤얼 테일러 콜리지 (Samuel Taylor Coleridge)가 약간의 빈정거림을 덧붙여, 흄이 '수동적 환상과 기계적 기억이라는 보편 법칙'(콜리지가 이렇게 불렀다)을 고대와 중세로부터 표절했다고 평가했다.

> 아리스토텔레스의 『자연학 소론집(Parva Naturalia)』에 대한 토마스 아퀴나스(Thomas Aquinas)의 훌륭한 논평을 찾아보다가 그 논평이 연상에 대한 흄의 에세이와 매우 비슷하다는 생각이 갑자기 떠올랐다. 중심 생각이 같았고, 생각의 순서도 같았으며, 해설조차도 흄이 가끔 우발적으로 더 현대적인 예로 대체했을 때만 달랐다.[47]

　콜리지에 따르면, 흄이 아퀴나스의 주석을 개인적으로 복사한 부분은 흄의 언저리 글들에서 '꽁꽁 싸매진 채' 발견됐다. 콜리지는 중요한 점을 지적하고 있다. 즉 과학혁명 시대의 철학자들은 일자와 다자, 동일성과 차이의 관계에 대한 중세 그리스도교의 오랜 사유 전통에 의존했다.[48] 그러나 이 책의 일반적 요지를 강조하기 위해, 우리는 과거 관념들의 발자국을 좇고 싶은 유혹에 일단은 저항할 것이다.

합리론자든 경험론자든, 회의적이든 종교적이든 상관없이 과학혁명 시대의 모든 사상가들은 축소할 수 없고 나눌 수 없으며 변하지 않는, 영원히 확실한 핵심이 필요했다. 그들은 이 핵심을 '원자' '단순한 것' '단자' '단원소(singleton)' '단위' 혹은 '일자'라 부르면서, 모든 것의 바닥에 있는 기본 입자를 찾으려고 했다. 그들은 언제나 영원히 그 자체로 동일하게 유지되고, 우리 자신과 우주에 대한 우리 지식의 기초를 제공할 수 있는 것을 탐색했다. 1716년 라이프니츠가 수학자들에 반대하며 했던 비판이 (라이프니츠를 포함한) 이 모든 사상가들에게도 적용될 수 있을 것이다. "합의에 만족하지 않는 정신은 동일성을, 진정 같아야 하는 어떤 것을 찾는다."[49]

칸트: 프라이팬에서 나와 불 속으로

근원적 핵심을 찾으려는 이런 욕망을 물리학, 심리학, 형이상학, 수학 그리고 신학이 공유했다. 이 공통된 열망은 왜 이 분야들이 오랫동안 그렇게 상호 의존적이었는지 부분적으로 설명해 준다. 어떤 분야에서 견고한 기초처럼 보이는 것이 발견될 때마다 그것은 곧 다른 분야의 관심을 끌었다. 그리고 1장에서 봤듯이 그 반대도 마찬가지였다. 한 분야의 기초가 신뢰성 위기를 겪으면 그 위기는 종종 다른 분야도 감염시키며 전염성을 입증했다.

분명히 18세기에 많은 사람은 수학이 철학의 모델이 돼야 한다고 생각했다. 1751년에서 1752년 사이에 출판돼 유럽 계몽주의의 상징이 된 드니 디드로(Denis Diderot)와 장 달랑베르(Jean D'Alembert)의 『백과전서(Encyclopédie)』에 실린 '방법(Méthode)' 항목은 다음과 같이 선언했다. "수학적 방법을 철학으로 이전하면 진리와 확실성이 저절로 드러난다는 걸 알게 될 것이다." 우리는 독일 철학자 크리스티안 볼프(Christian Wolff)처럼 수학적 방법론의 이전(transportation)을 열렬히 옹호하는 사람을 일부러 피했고, 대신 수학과 물리학에 대해 깊이 사유했지만, 버클리 주교와 이마누엘 칸트처럼 주장하는 철학자에 초점을 맞췄다. "수학자들은 자신들이 사용하는 방법으로 사상누각 이외에는 철학에서 아무것도 만들지 못한다. 반면 철학자들은 자신들이 사용하는 방법으로 쓸데없는 잡담 말고는 수학에서 아무것도 생산하지 못한다."[50]

왜 우리는 이런 사상가들과 시간을 보내고 있을까? 미래 철학에 끼친 이들의 지속적 영향력은 부분적인 이유일 뿐이다. 우리에게 더 중요한 것은 한 가지 위험을 피하기 위해 이름이 살짝 다른 비슷한 위험에 빠지는 지적 경험의 사례를 그들이 실증적으로 보여 준다는 점이다. 그들은 새로운 수학과 물리학이 철학에서 가지려는 권위를 제한하려고 시도하면서, 동시에 어떤 종류의 동일성과 사유법칙을 움켜잡았다. 이 동일성과 사유법칙들이 바로 이런 권위를 강화했다. 결국 그들은 이 동일성을 인간(과 신의) 정신에 도입했고, 그 이후 수 세기 동안 철학과 심리학, 그리고 신학 분야에서도 이 동일성이 강화됐다.[51]

이 사상가들이 수학에 매료된 강도는 대단히 다양하지만, 몇 가지 공통된 이유는 제시할 수 있다.

- 수학은 어떤 의미에서 선험적이다. (흄이 생각하기에) 최소한 수학은 어떤 측면에서 우리 정신 안의 '단순한 연산적 사고'에 의존할 뿐, 세상에서 우리가 겪는 경험과는 독립돼 있다(예를 들어, 비록 누구도 '현실' 세계에서 완전한 유클리드 삼각형을 찾지 못하지만, 여전히 유클리드 삼각형 내각의 합이 180도라는 명제는 참이다). (라이프니츠처럼) 최대한으로 해석하면, 이 말을 어떤 수학적 진리가 선험적으로 인간 영혼 안에 새겨져 있다는 의미로 받아들일 수도 있다.[52]

- 수학은 정확하다. 수학 안에서 우리는 엄격한 동격과 동일성, 동일함의 완벽한 유형을 확립할 수 있다. 다시 한번 최소주의자 흄을 소환한다. "대수학과 산술학은 유일한 과학이다. 이 분야에서 우리는 어떤 복잡한 단계에 대해서도 일련의 추론을 수행할 수 있고, 완벽한 정확성과 확실성을 보존할 수 있다. 우리는 한 치도 틀리지 않은 표준을 갖고 있다. 이 표준으로 우리는 수의 등가와 비율을 판정할 수 있다. 그리고 수들이 표준에 일치하는지 여부에 따라 수의 관계를 오류의 가능성 없이 결정할 수 있다. 한 수가 다른 수의 모든 단위에 대해 하나씩 대응하는 단위를 늘 가지는 방식으로 두 수가 연결되면, 우리는 이 두 수가 같다고 말한다. 그리고 바로 이런 동일성의 표준이 부족하기 때문에 기하학은 완벽하고 오류 없는 과학으로 거의 평가받지 못한다."[53]

- 수학은 필연적이다. 수학의 진리는 문화, 우연성 혹은 관습과 관계없이 우리에게 강요되는 것처럼 보인다. 세상에 있는 어떤 '경험'도 수학적 진리가 모순에 빠지지 않으면서도

부정될 수 있다고 우리를 확신시키지 못할 것이다.[54] 예를 들어 현실 세계에서 내각의 합이 180도가 아닌 삼각형을 발견한다면, 우리는 이 삼각형을 기획하거나 만든 기하학자, 시공자, 측량사를 의심하면서도 유클리드의 진리에는 의문을 던지지 않을 것이다.

· 뉴턴이 많은 이들에게 선포했듯이, 수학은 신비롭게도 물리적 세계에 적용될 수 있다. 인간 정신에 내재하는 이런 '사고의 단순한 작용들'이 관찰 및 경험과 결합해 인간 정신 외부에 존재하는 세계의 일을 효과적으로 설명하고, 심지어 예측까지 할 수 있다! 적어도 우리는 버트런드 러셀처럼 말할 수 있을 것이다. "우리가 경험하지 않은 일들에 대한 사실을 알려 주는 수학의 외면적 예측력은 확실히 놀랍다."[55] 바로 이 놀라운 힘이 우리 정신과 세계 사이에 안정된 다리를 놓으려던 많은 사람들을 유혹해 수의 속성에 의존하도록 만들었다.

이제 이 장의 마지막 사례로 독일의 위대한 철학자 이마누엘 칸트를 살펴보자. 한편으로 칸트는 정신이 지식을 구성한다고 흄이 강조한 데 깊은 인상을 받았다. 『형이상학 서설(Prolegomena zu Einer Jeden Künftigen Metaphysik)』에서 칸트는 흄의 작품이 모든 과거의 형이상학을 감싸고 있던 '독단의 선잠'에서 자신을 깨워 줬다고 말한다. 그러나 칸트는 흄이 정신을 참을 수 없는 상태로 방치했다고도 느꼈다.[56] 우리의 모든 기본 원칙과 진리가 우리의 불완전한 필멸의 감각으로 얻은 경험에서 나온다면, 무엇이 그것의 절대적 유효성을 보장하는가?

유클리드기하학 사례를 살펴보자. 위에서 본 것처럼 흄은 기하학이 완전하고 오류 없는 과학 시험을 통과하지 못했다고 가르쳤다. 칸트는 이런 주장을 하면서 갈릴레이나 뉴턴의 이성적 역학을 어디에 두고 왔는지 의아해했다.[57] 이런 강력한 지식 체계가 어떻게 '확실성'과 '명료함'이 아닌 것에, 즉 경험과 무관한 '순수한 이성'이 아닌 것에 의존할 수 있다는 말인가?

흄과 달리 칸트는 유클리드의 공리들을 "2 더하기 2는 4와 같다"처럼 논쟁의 여지가 없는 확고한 것으로 여겼다. 칸트는 그리스인 탈레스를 (또는 '이등변삼각형을 증명한' 사람이 누구든 그 사람을) 과학혁명의 대리인이자 정신에 '새로운 빛'을 밝힌 자로 보았다.[58] 칸트에게 "두 점을 지나는 직선은 하나뿐이다"와 같은 기하학적 명제들은 '직관적으로 확실하므로' '명제가 표현하는 것' 이외에 '추가적인 증명이 주어질 수 없다'.[59] (원 위에서 서로 반대편에 있는 두 점 사이에 무수히 많은 측지선 혹은 대원이 있다는 사실이 칸트에게는 떠오르지 않았다.) 칸트에게 유클리드의 '진리들'은 확실하고 자명했다.[60]

우리는 이런 수학적, 물리학적 진리가 칸트의 사유에 미친 영향을 『순수이성비판(Kritik der Reinen Vernunft)』의 시작 부분에서 볼 수 있다. 여기서 칸트는 흄에 반대하면서 이런 질문을 던진다.

"어떻게 순수한 수학이 가능한가?"
"어떻게 순수한 자연과학이 가능한가?"[61]

칸트에 따르면, 이 질문에 대답하기 위해서는 경험과 무관한 순수이성이라는 선험적 힘을 확립해야 한다. 이 힘을 보유할 때, 칸트의 세 번째 질문이자 (그에게) 핵심 질문을 새로운 방식으로 제기할 수 있을 것이다. "[인간 이성의] 자연적 경향으로서 형이상학은 어떻게 가능한가?"[62]

『순수이성비판』앞부분에 나오는 '선험론적 감성학'에서 칸트는 이 세 가지 질문에 대해 대답하는데, 아마도 칸트의 가르침 가운데 가장 유명할 것이다. 세계를 공간적·시간적으로 질서 짓는 것은 정신이며, 그 반대가 아니다. 첫 번째 비판뿐만 아니라, 이미 1770년 『교수 취임 논문(Inaugural Dissertation)』에서도 칸트는 우리는 정신적 지각과 무관한 사물 '그 자체(물자체)'에 대해서는 아무것도 알 수 없다고 반복해서 주장했다. 그런데 칸트는 (아마도 모순되게) 이런 주장도 했다. '물자체'인 이런 사물들 사이에는 시간적·공간적 관계가 없다. 그들은 서로 멀리 떨어져 있지도 않고, 시간적으로 서로를 계승하지도 않는다. 정신과 무관한 세계로부터 와서 우리 정신에 부딪혀 닿는 모든 것은 어떤 시공간의 장에도 심기지 않은 채로, '가공되지 않는 직관의 다양한 모습'으로 도달한다. 이 다양성을 조직하는 것은 세계가 아니라 정신이다. 정신은 자신 안에 본유하는 시간, 공간이라는 두 가지 순수한 형태를 사용해서 이 다양성을 구성한다(여기서 순수는 '경험에서 나오지 않았다'는 의미다).

칸트는 겸손하게 자신의 명제를 '코페르니쿠스적전회'라고 불렀다. 우리는 그 이유를 알 수 있다. 코페르니쿠스가 지구와 우주의 관계를 뒤집어 놓았듯이, 칸트의 제안도 영향력이 매우 컸던 오래된 인간 정신 모델의 반전을 가져왔기 때문이다. 인장, 기록 혹은 녹음 도구들이 발명된 이후로 사람들은 이 도구들을 정신의 모델, 특히 기억의 모델로 여기는 경향이 있었다. 컴퓨터와 카메라는 단지 최신 아바타일 뿐이며, 오랫동안 점토 도장, 밀랍판, 대리석, 석판, 양피지 혹은 종이를 모델로 사용했다. 아리스토텔레스는 『영혼론』에서 생각을 밀랍판 위 문자와 비교했다. 고대 스토아학파도 밀랍판을 선호했고, 중세 스토아학파는 인장과 봉랍을 좋아했다. 이들의 공통된 생각은 영혼 혹은 정신이 외부 세계로부터 '인상'을 받는다는 것이었는데, 어떤 것은 명확했고 어떤 것은 희미했다. 디오게네스 라에르티오스는 스토아학파의 이 생각을 이렇게 정리했다.

> 두 가지 유형의 인상이 있다. (…) 첫째, 사람들이 사물의 기준으로 생각하는 강직한 인상이 있다. 강직한 인상은 존재하는 것에서 오고, 존재 그 자체와 일치하며, 새겨지고 각인된다. 강직하지 않은 인상은 존재하지 않는 것에서 오거나, 존재하는 것에서 왔을 때도 존재와 일치하지 않는다. 이 인상은 명확하지도 구별되지도 않는다.[63]

세부적인 몇몇 문제, 예를 들어 새로운 인상이 찍히기 전에 밀랍판의 내용을 지워야 한다면 어떻게 정신은 몇 가지 인상을 동시에 보유할 수 있을까 같은 문제를 두고 스토아학파 내부에서 토론은 있었다. 그러나 여기서는 핵심을 봐야 한다. 이런 모델에서 정신은 세계에서 오는 인상들의 수동적 수신자다. 세부 내용과 관계없이 공통적으로 정신에 각인되는 인상은 세계에 있는 사물의 복사라는 가정이 널리 공유됐다. 비록 이 가정이 표현되지 않는 경우도 종종 있었지만 말이다.

그러나 칸트는 스토아학파가 주장하는, 외부에서 오는 인상을 받아서 저장하는 수동적이고 물질적인 정신 개념에 동의하지 않았다. 스토아학파의 정신 개념은 새로운 과학을 위한 안전한 기초가 아니다. 앞서 보았듯이, 데카르트는 속임수를 쓰는 신들은 '외부'의 인상에 대해서 우리를 속일 수 있지만 '내면'의 양심은 신뢰할 만한 안내자라고 주장했고, 이 주장에 많은 합리론자들이 동의했다(여기에 스피노자는 포함되지 않는다). 이 명제를 칸트는 이렇게 바꾼다. 정신이야말로 세계의 수동적 원재료를 다룬다. 마음은 가만히 있는 밀랍판이라기보다 밀가루 반죽을 찍어 누르는 라비올리 '틀'과 같다. 정말로 코페르니쿠스적전회라 할 수 있다. 그러나 이 혁명에서 변하지 않는 점에 주목하라. 이 모든 것의 저변에 변하지 않는 동일성이 여전히 요구된다. 우리는 이것을 아파테이아(apatheia)라고 부른다.

칸트가 이 요구를 얼마나 끈질기게 했는지는 아마도 시간과 공간의 선험성에 부여한 중요성에서 가장 명확하게 드러날 것이다. 즉, 칸트는 시공간의 모든 특성과 관계를 경험과 무관하고 정신의 본질에 원래 있는 것으로 만들었다. 이처럼 논리를 사고의 규범으로 만들려는 방향으로 함께 움직이면 안정감과 확신이라는 편안한 느낌을 받게 된다. 무엇에 대한 안정감과 확신일까? 이 안정감과 확신은 우리 공동체의 평화나 연대에 대한 것이 아니며, 우리의 신체적·정신적 행복이나 도덕적 선행 혹은 신과의 좋은 관계에 대한 것도 아니다. 수학은 완벽하고, 새로운 자연과학의 기초는 안전하다는 확신이다. 우리 마음이 그렇기에 유클리드의다섯번째공준도 그렇다고 당신은 편안하게 확신할 수 있을 것이다(그 반대의 경우도 어느 정도 같은 평정을 가져다준다).[64]

당신은 우리가 이 평정을 속임수 또는 최소한 가정과 정의에 따른 우연이라고 생각한다고 해서 놀라지 않을 것이다. 반대로 또 다른 철학자이자 위대한 수학자인 블레즈 파스칼의 공간에 대한 생각에는 놀랄 것이다. 파스칼은 공간의 '무한한 표상들'을 숙고했고, 우리를 둘러싼 끝없는 심연을 보았다. 한편으로는 무한한 광대함이, 다른 한편으로는 무한히 나누어지는 미소(微小)함이 있었다. 파스칼은 이런 결론에 도달했다. 이런 무서운 심연에 직면한 우리의 유일한 분별 있는 선택은 이성을 희생하고 신에게 의지하는 것이다.[65] 대신 칸트는 놀랍게도 이름을 바꿔 무서움을 흘려보내는 선택을 했다. "어떤 개념도 그 자체로는 자기 안에 무한한 표상들을 담고 있다고 생각될 수 없다. 그럼에도 공간은 그렇게 생각될 수 있다(무한히 나뉘는 공간의 모든 부분은 동시적이기 때문이다). 그러므로 원래 공간의 표상은 **선험적 직관**이며, **개념**이 아니다."[66] 개념과 직관의 차이에서 우리는 심연이 기초로 변환되는 기적을 발견한다.

　　오늘날[여기서는 1854년 베른하르트 리만(Bernhard Riemann)의 괴팅겐 강연 '기하학의 기초를 이루는 가설에 대하여' 이후를 의미한다] 학식 있는 사람은 아무도 유클리드의 공리와 그에 따른 정리를 필연적인 보편 진리라고 믿지 않는다. 예를 들어, 이런 진리의 전형으로 늘 인용되던 "삼각형 내각의 합은 180도이다"와 같은 정리는 필연적 보편 정리가 아니다. 만약 칸트가 리만 강연의 복사본을 어떤 식으로든 미리 갖고 있었다면, 어떤 말을 했을까? 아마도 칸트는 단순히 다른 수학적 사례를 선택했을 것이다. 칸트에게 기본적으로 수학은 더 깊은 진리의 확실한 사례로 유용했다.

따라서 시간과 공간은 인식의 두 가지 원천이다. 이 원천에서 다양한 종합적 인식이 선험적으로 도출될 수 있고, 특별히 공간의 인식과 공간들의 관계에 관한 순수수학은 이 선험적 종합 인식의 훌륭한 사례를 제공한다.[67]

시간, 공간, 그리고 수학. 이 세 가지는 칸트에게 감각경험에서 독립된 것이다. 이 세 가지는 (비록 방식은 다르지만) 선험적이고, 이들의 진리는 단순히 특정 언어('나는 생각한다 고로 나는 존재한다' 혹은 '아내가 죽은 남성은 홀아비다'라고 말하는 것과 같다)나 논리에 종속되지 않는다. 칸트 용어에서 이 세 가지는 분석적이라기보다는 종합적이다. 후대 철학자들처럼 우리도 칸트가 제시한 종합과 분석의 영향력 있는 구분이 명확한지를 두고 논쟁할 수 있다.[68] 그러나 이 구분을 확립한 칸트의 의도는 충분히 명확하다. 그는 수학적 명제라는 진리를 필연적이고 보편적으로 만들려고 했다.[69] 칸트의 동기도 마찬가지로 명확하다. 그는 인간 안에서 영원한 동일성, 절대적 동일성, 그리고 엄격한 아파테이아의 기초를 찾으려고 했다.

이 기초의 모습은 『순수이성비판』 부록에 가장 명확하게 나와 있다. 언제나 반전은 마지막에 나온다. 부록 「지성의 경험적 이용과 선험론적 이용의 혼란에서 생겨나는 반성 개념들의 모호함에 대해」에서 칸트는 동일성에 대한 자신의 관점을 가장 강력하게 표현한다.

1. **동일성과 차이.** 어떤 대상이 매번 같은 내면의 규정(양과 질에서 모두)에 의해 나타나면 그것은 같은 것이다. 그것이 순수 이해의

대상으로 여겨진다면 늘 같은 것이며, 여러 개가 아닌 오직 하나이다(수적 동일성). 그러나 그것이 현상이라면 개념 비교는 전혀 중요하지 않고, 아무리 모든 면에서 외형이 같다고 해도 현상이 나타난 장소의 차이가 (감각의) 대상 자체의 **수적 차이**의 충분한 근거가 된다.[70]

칸트는 이 문장을 『순수이성비판』의 뒷부분 263쪽에 애매하게 넣기보다는 앞머리에 두어야 했다. 이 내용은 동일성과 차이를 구별하는 칸트의 관점을 정말로 명확하게 해 주기 때문이다. 칸트의 이 관점은 조약돌 세기 위한 입문서나 선거학을 위한 (불완전한) 공리 목록에 해당한다.[71]

왜 이 관점이 우리에게는 그렇게 문제적으로 보이는지 해명하기 위해서는 추가적인 주석이 필요하다. 칸트가 현상 혹은 출현(Erscheinung)이라고 부른 것에서 시작해 보자. 칸트는 모든 '내면의 규정'에서 동일할 수 있는 두 물방울을 예로 든다. 그러나 두 물방울이 같은 시간에 공간의 다른 부분에 출현했다는 사실이 이 둘을 수적으로 다르게 만든다. 즉 이 물방울은 하나가 아닌 둘로 셈해야 한다. 이 말은 칸트에게 하나로 여겨져야 하는 단위, 물리적 대상은 위상적으로 연결돼야 한다(최소한 그렇게 나타나야 한다)는 의미다. 칸트에게 이 명제는 "두 점을 잇는 직선은 하나뿐이다"만큼 명백한 공리로 보였다.[72] 여기서 칸트가 밝힌 의도는 현상의 경우에 위치를 기준에 추가해 라이프니츠의 식별불가능자 동일성원리를 수정하는 것이었다. 역설적으로 칸트는 근대 물리학에서 지지받지 못하는 다른 라이프니츠의 원리, 즉 연속성원리 혹은 자연은 비약하지 않는다(*natura non facit saltum*)는 암묵적인 전제하에 위의 논의를 펼친다. 그래서 단일성에 대한 그의 검증되지 않은 믿음은 연결성을 함의한다.

우리가 지적하고 싶은 것은 칸트가 자신이 죽은 후 200년도 훌쩍 지나서 일어날 물리학의 발전을 몰랐다는 게 아니다. 그보다 우리는 칸트가 물리학과 수학(그리고 정말로 다른 많은 것들)에 대한 관심으로 동일성과 차이의 설명에서 인간의 자유를 제거했다는 점을 지적하고자 한다. 대상이 하나인지 혹은 여러 개인지는 우리의 판단이나 느낌과 무관하고, 그 판단은 근본적으로 의심의 여지가 없다. 다시 라비올리 틀 비유로 돌아가 보자. 라비올리 틀로 완전히 균질한 밀가루 반죽 한 장을 누른다면, 우리에게는 반죽 한 장이 있는 것일까, (말하자면) 라비올리 열두 개가 있는 것일까? 아니면 휠커터로 라비올리를 하나씩 잘라 낼 때까지 기다려야 할까? 칸트는 말하지 않았다.

요리 말고 다른 예를 들어 보자. 칸트가 『순수이성비판』보다 약 50년 전에 작곡된 바흐(Johann Sebastian Bach)의 〈골드베르크 변주곡(Goldberg Variations)〉을 들었다고 가정하자. 칸트는 처음에 연주되는 주제 아리아가 마지막에 연주되는 아리아와 같다고 생각했을까? 두 아리아의 음표와 박자는 정확히 같다. 사실 누군가 둘을 바꾸어 놓아도 아무 차이가 없을 것이다. 그러나 (녹음 기술을 이용해서 할 수 있듯이) 두 곡을 정확히 재현한다고 해도 청자의 경험은 매우 다르게 남는다. 마지막 아리아는 처음 아리아 이후 변주곡 서른 곡 다음에 나오기 때문이다. 전체 효과는 마치 집에서 출발해 오디세우스나 헤겔의 '정신(*Geist*)'처럼 놀라운 모험과 변화를 겪은 다음 다시 집으로 돌아와 처음 그것을 듣는 것과 같다. 청자에게 일어나는 다른 효과는 (단지) 아리아 연주의 내면적 차이가 아니라 그 연주의 맥락과 시기에서도 생기기 때문이다. 칸트처럼 동일성이나 차이가 맥락과 무관하게 반복에 의해 결정될 수 있다고 주장하는 것은, 정신이 이런 결정을 아패틱하게, 기계처럼 기계적으로 내릴 수 있다고 주장하는 것과 같다.[73]

윌터 카우프만(Walter Kaufmann)이 말했듯이, 우리는 칸트의 '정신 모델이 완전히 타당해 보이지는 않는다'는 걸 안다. 그러나 카우프만도 지적하듯이, 여기서 중요한 점은 다음과 같다. "칸트의 계승자나 찬양자 중에 이 모델을 받아들인 사람은 거의 없는 반면, 많은 이들이 본질적으로 비심리적이고 비경험적인 정신 이론의 필요성을 인정했다."[74] 그리고 우리는 '많은 이들'이 '전부'는 아니라는 걸 알고 있다. 흐름은 우리 정신의 측량할 수 없는 이야기의 일부라고 말한 베르그손은 칸트의 이론과 얼마나 다른가! 시간과 역사성이 우리 존재와 분리될 수 없다고 보는 하이데거, 파토치카(Jan Patočka), 혹은 사르트르(Jean Paul Sartre)와는 또 얼마나 다른가![75]

그러나 (자연수와 자연수의 속성과 관련된) 수론이 주제가 되면, 존재론적 합의는 여전히 강력하다. 기하학은 관습적이라고 주장했던 앙리 푸앵카레는 수론에서 멀리 벗어나고 싶지 않았다. 실제로 푸앵카레는 경험보다 앞선 종합적 원칙, 즉 정신의 선험적인 특성이 있다면, 파스칼 덕분에 산술 명제들을 증명하는 공리적 도구가 된 수학적귀납법이 바로 그 선험적 원칙이라고 주장했다. 수학적귀납법이란 이런 것이다. 만약 $p(n)$이 자연수 n에 대한 어떤 관계를 나타내고, 우리가 두 가지, 즉 (a) $p(0)$은 참이고, (b) $p(n)$이 참이면, $p(n+1)$도 참이다를 증명할 수 있으면, 우리는 모든 자연수 n에 대해서 $p(n)$은 참이라고 결론 내릴 수 있다. "이것은 정신과 영(*l'esprit*)의 특성 그 자체다."⁷⁶ 쿠르트 괴델(Kurt Gödel)은 집합론의 모든 공리는 '우리에게 자신이 참이라고 강요한다'⁷⁷고 생각했다. 앞 장 마지막 부분에서 인용했던 로저 펜로즈는 칸트와 흄보다 훨씬 더 나아간다. 무한한 미로와 같은 자연수와 자연수의 성질은 영원하고, 모든 정신적 존재와 자연수 자신 이외의 모든 존재로부터 독립적이다. 자연수는 궁극적이고 모든 것의 기반이 되는 '실체(*substantia*)'이며, 이 실체로부터 우주와 정신은 논박할 수 없는 단계를 하나씩 거쳐서 만들어질 수 있거나 만들어져야 한다. 이 주장이 참이라면, 우리는 물리학자이자 펜로즈와 함께 책을 쓰기도 했던 스티븐 호킹의 무감정한 최근의 평가에 전적으로 동의해야 할 것이다. "철학은 죽었다."⁷⁸

이 평가는 참일까? 우리는 '아니요'라고 대답한다. 수에는 필요조건이 있다. 수의 경계를 설정하고 싶다면 우리는 이 필요조건을 공부해야 한다. 칸트는 다시 우리에게 긍정적인 예와 부정적인 예를 동시에 제공해 준다. 칸트는 확실히 시급하게 경계를 설정해야 한다고 느꼈고, 그 필요조건을 연구하기 시작했다. 칸트는 7+5=12가 되는 데 필요한 것이 무엇인지 묻는다. 긍정적 사례다. 그러나 칸트는 대답하지 않았다. 이것이 부정적 사례다. 대신에 칸트는 이 합과 모든 순수수학은 선험적 종합판단의 예라고 선언했다. 즉 칸트에게 7+5=12는 절대적으로 필연적이고 경험으로부터 독립된 진리였다. 12가 다른 개념들(여기서는 7의 개념, 5의 개념, 합의 개념, 비모순율) 안에 개념으로 '포함' 되지 않으므로 분석판단이 아니다. 12에 닿기 위해서는 "이러한 개념을 넘어서서 직관의 도움을 찾아야 한다. 이 직관은 둘(7 또는 5) 중 하나, 즉 다섯 손가락과 일치한다. 그다음에 직관이 준 다섯 개에 일곱이라는 개념을 더해야 한다".

논리의 관점에서 보면 이런 논증은 아무것도 증명하지 않는다. 기껏해야 이 논증은 개념 7에 단위 다섯 개를 차례로 하나씩 더해 12라는 개념을 정의한다. 그러나 확실히 이 설명은 분리된 두 덩어리인 7과 5를 더하면, 말하자면 12를 산출한다는 것을 증명하지 않는다. 또한 이 설명은 우리에게 이런 일이 일어나는 필연적 조건에 대해서 아무것도 말해 주지 않는다. 그래서 다음 장에서 우리는 수의 필요조건들을 설명하려고 한다. 우리의 질문은 칸트의 질문보다 단순할 것이다. 2+2=4는 언제 성립하는가?[79]

6장
수가 필요로 하는 것
또는 2 + 2 = 4는 언제 성립하는가?

당신이 '2 곱하기 2는 4가 된다'고 말하면,
형이상학자는 2를 곱한다는 게 무슨 의미인지, 2는 무슨 의미인지,
된다는 게 무슨 의미인지, 그리고 4는 무슨 의미인지
알려 달라고 요구한다. 형이상학자는 그런 사람이다.
— H. L. 멩켄(H. L. Mencken)[1]

우리는 5장까지 끊임없이 반복해서, 역사 속에서 동일성 혹은 차이를 주장하면서 창조되는 지식을 봤다. 이 지식의 창조를 위해 결합과 분리라는 인간의 기본 사고 기능이 동원됐고, 이 기능이 생산한 진리의 최고 보증을 수 안에서 찾았다.[2] 끊임없이 반복해서, 때로는 소극적으로 때로는 과감하게 우리는 다음과 같이 제안했다. 모든 세대는 오류를 범했고 우리는 모두 그 오류를 가지고 태어난 상속자다. 그런데 정확히 그 오류는 무엇일까? 지금까지의 논의는 어두운 구석을 빛으로 채우기보다는 그 어두움을 주로 지적했다. 부분적으로는 거기에 정말 중요한 어떤 공포가 숨어 있다는 걸 확신시키기 위해서였고, 다른 한편으로는 우리의 투쟁 의지와 용기를 흔들기 위해서였다(괴물이 싸우기 쉬운 상대였다면, 그렇게 강력하게 인류를 속박하지는 못했을 것이다). 지금까지 많은 철학에 충분히 취했으므로 이제 우리는 그 질문에 정면으로 맞설 준비가 됐다. 자신의 진리를 생산하기 위해 수는 무엇이 필요한가? 이 질문에 대한 대답을 손에 들

어야 우리는 앞으로 남은 장들을 지배할 질문을 시작할 수 있다. 수의 진리를 위한 필요가 충족되지 않을 때 우리는 무엇을 해야 할까?

나뭇잎 세기

수학의 영역은 방대하고, 그 영역 대부분은 우리의 (그리고 모두의) 이해 지평을 넘어선다. 그래서 여기서는 우리 모두 언젠가 한 번쯤은 통과한 적이 있었던, 수학의 가장 보잘것없는 구석진 쪽문으로 들어가 볼 것이다. 다시 말하면, 우리는 결합과 분리라는 플라톤의 두 가지 기본연산을 염두에 두고 다시 한번 셈법을 배울 것이다. 우선 (빈약하지만) 함께 상상으로 작업을 해 보자. 창문 밖에서 자라고 있는 오래된 단풍나무 두 그루 중 하나에 달린 나뭇잎을 세는 일이다. 이 작업을 하려면 무엇을 해야 할까? 나뭇잎이 무엇인지 알고, 무엇이 나뭇잎 한 장으로 간주되는지 안다고 일단 가정하면, 우리는 나뭇잎들을 한 장씩 살펴야 한다. 무엇보다도 우선 주어진 나뭇잎이 우리가 염두에 둔 나무에 (또는 우리가 염두에 둔 나무줄기에) '속하는지'부터 결정해야 한다. (나무줄기가 각각 6미터에 달하고 많은 가지들이 서로 얽혀 있으므로) 그 잎은 다른 단풍나무에 속할 수도 있고, 나무들의 인내심을 악용해 침투한 몇몇 덩굴식물의 덩굴손에 속할 수도 있다.

　이 질문은 소크라테스의 첫 번째 연산인 결합, 통합, 합치기에 해당한다. 이 작업은 쉽지 않다. 나뭇잎마다 잎자루에서 작은 가지로, 그 작은 가지에서 다시 큰 가지로, 그 큰 가지에서 다른 큰 가지로, 줄기에 도달할 때까지 계속해서 추적하는 일을 수반하기 때문이다. 그 줄기가 우리가 생각한 줄기라면, 우리는 '나뭇잎을 셀' 것이다. 말하자면, 우리는 우리가 셈하고 싶은 모음에 '그 나뭇잎을 합칠 것이다'. 그 나뭇잎에 특별한 표시를 할 수도 있다. 그런데 표시한 나뭇잎에도 문제가 생길 수 있다. 표시한 것이 한 장짜리 나뭇잎인지, 두 장 혹은 그 이상인지, 나뭇잎이 맞긴 한지 확신하지 못하는 경우가 있기 때문이다. 예를 들어 여러 잎사귀가 하나의 잎자루에 붙어 있을 수도 있고, 잎이 충분히 발달하지 않았을 수도 있으며, 잎이 상했거나 잘렸을 수도 있다.

이 작업은 소크라테스의 두 번째 연산인 구분 또는 나누기와 관련된다. 하나의 잎을 다른 잎들과 구분하고, 덩굴의 잎과 단풍나무의 잎을, 잎 아닌 것과 잎을 구분한다. 구분 혹은 나누기를 먼저 시작한 후 통합이나 결합을 진행할 수도 있음에 주의하라. 즉 두 연산의 순서를 바꿀 수도 있다. 이처럼 두 그루의 단풍나무 중 한 그루에 있는 잎을 세는 전체 작업은 소크라테스의 결합과 분리라는 두 연산법과 관련이 있다. 오래 걸리고 귀찮은 작업일 것이다. 이 작업을 하면서 몇몇 어려운 계산법이나, 심지어 임의적인 계산법을 선택할 수도 있다. 그렇다고 이 작업이 불가능하다는 말은 아니다. 우리의 생각을 셈하는 것은 불가능하지만, 나뭇잎 세기는 가능하다.

결합과 분리 연산은 어디서나 늘 동일하게 기능한다. 만약 우리가 나무를 (그리고 진정 이 세상에 있는 다른 모든 것을) 버리고 온전히 수의 영역에만 매달린다면, 수는 나뭇잎들과는 달리 발달이나 부패의 영향을 받지 않으므로 (또는 정말로 전혀 변화가 없으므로) 연산 과정에서 생기는 어려움은 사라질 것이다. 수학자에게 "셈(counting)이 무엇인가?"라고 물으면 다음과 같이 대답할 것이다. "유한집합을 셈한다는 것은 그 집합의 원소들에 일대일 방식으로 하나의 원소도 빠뜨리지 않고 1, 2, 3……n까지의 수를 할당하는 일이다." 유한집합 셈하기는 주어진 것을 기반으로 우리가 찾아야 하는 것만 제외하고 모든 것이 '주어지는' 전형적인 수학 문제다. 여기서는 집합 A의 원소 개수를 제외하고 모두 주어진다. 우리는 '주어진 집합 A에서' '집합 A의 원소들이 주어질 때' '자연수 1, 2, 3, 4 등이 주어질 때'라고 말하고, 일대일 할당 혹은 일대일 대응, 그리고 숫자 n을 찾았다고 가정한다. 이렇게 됐을 때, 우리는 "집합 A의 원소는 n개다"라고 결론 내린다.

우리는 셈을 했다. 셈하기를 원하는 단풍나무 잎 집합원소들을 소크라테스의 두 가지 연산을 통해 규정하는 대신, 수학자로서 우리는 집합이 주어지고 이 집합에 속하는 원소에 대해서는 의문의 여지가 없다고 단순히 가정했다. 우리에게 필요한 모든 것은 수(우리는 여기서 자연수만을 다룰 것이다)를 말하는 데 가장 기본이 되는 논리적 필수 조건들뿐이었다. 첫 번째 수가 있어야 하는데, 그것을 1이라고 부르자(0에서 출발하고 싶다면, 그렇게 하라). 그다음에 늘 '그다음 수' '뒤따르는 것' 또는 '이 수에 1을 더한 것'을 말할 수 있어야 한다. 그렇게 1 다음에 뒤따르는 것은 어떤 수이고, 1을 뒤따르는 것을 뒤따르는 것은 또 어떤 수가 되며, 이렇게 계속 진행된다. 이 뒤따른 것들의 사슬이 너무 길어지면 계속 따라가기 힘들어지므로 우리는 이들에게 이름을 준다. 1을 뒤따른 것의 이름은 2이며, 1+1이라고 쓸 수도 있다. 2를 뒤따른 것의 이름은 3이며, 2+1이라고 쓸 수도 있다. 지금까지의 과정에서 우리에게 진정 필요했던 것은 1과 1+1이라고 말할 수 있는 가능성이 전부다.

지금까지 우리가 한 이야기는 순결한 무슬림 형제단이 1000년도 더 전에 일자 신의 창조 행위를 묘사하려고 확장했던 논리를 거의 넘어서지 않는다.

> 창조주는 (…) 1에서 반복을 통해 2를 만들면서 '능동적 지성'이라고 불리는 단순한 실체를 (…) 당신의 단일성이라는 빛에서 발명하고 처음 내보였다. 그다음에 창조주는 1에 2를 더해 3을 만들면서 [우주적] 지성이라는 빛에서 나온 우주적 영혼을 만들었다. 그다음에 창조주는 1에 3을 더해 4를 생성하면서 [우주적] 영혼의 운동에서 기본 물질을 만들어 냈다. 이렇게 계속 진행된다.[3]

오늘날 많은 사람이 이 문단을 보고 미소를 지으며 "2의 두 배가 4라는 걸 누구도 의심해서는 안 된다" 또는 (앨프리드 노스 화이트헤드의 훨씬 근대적인 어투로) "2 더하기 2가 4라는 것은 모든 것 가운데 진리다"[4]라고 주장할 것이다. 그러므로 "2 더하기 2는 4다"가 어떤 종류의 진리인지, 그리고 절대성이라는 후광을 받을 만한 자격이 있는지 살펴보자(우리의 결론은 아우구스티누스의 "7 더하기 3은 10이다"와 같은 주장들에 대해서도 마찬가지다). 우리는 공정한 게임을 약속한다. 만약 우리가 우리 의식 혹은 다른 사람들의 생각에 있는 셀 수 없는 것을 마구 가져와서 '2 더하기 2는 4'의 반례로 제시한다면, 당신은 우리가 속임수를 쓴다고 너무나 정당하게 반대할 것이다.[5] 우리는 셀 수 있는 대상이지만 '2 더하기 2는 4'가 적용되지 않는 것들의 모음에서 반례를 제시해야 한다. 이런 반례들을 통해 수가 필요로 하는 것이 진정 무엇인지 인식하는 능력을 키울 수 있을 것이다.[6]

2+2=4는 언제 성립하는가? 비(非)플라톤적인 대화

우선 절대 진리의 요약본이 된 것은 '3 더하기 1'이 아니라 '2 더하기 2'라는 점을 간단하게 지적할 필요가 있다. 왜 그럴까? 계산의 기본 공리들을 기억하라. 우리는 1에서 시작했고, '그다음 수' 또는 '이 수에 1을 더한 것'을 무한히 말할 수 있었다. 이렇게 그다음이 계속 나오면 다루기가 힘들어지므로 우리는 그다음들에게 편의상 이름을 부여했다. 1 다음에 나오는 것의 이름은 2이며, 2는 1+1로 적을 수도 있다. 2 다음에 나오는 것의 이름은 3이며, 3은 2+1로 적을 수도 있다. 그래서 '2 더하기 1은 3'이라는 확신은 이름 붙이기 때문에 참이다. '2 더하기 1'과 '3'은 동의어다. 다른 말로 하면, '2 더하기 1은 3이다'는 언어적 관습에서 볼 때 진리인 동어반복일 뿐, 새로운 지식이나 근거가 튼튼한 새로운 만족을 제공하지는 않는다(이것이 바로 칸트가 선험적 종합이 아닌 분석이라고 불렀던 것이다). 그러나 '2 더하기 2는 4다'는 상황이 완전히 다르다. 계산 규칙을 통해 우리는 어떤 수 더하기 1은 그다음 수를 취하는 것임을 안다. 그런데 어떤 수에 2를 더하는 것은 무슨 의미일까? 예를 들어 2에 2를 더하는 것은 4를 뜻할까?

이 질문은 대단히 중요해서 고대 아카데메이아에서도 대화를 나눌 가치가 있었다. 이 대화는 1을 인정하지 않았던 수체계에 대한 아카데메이아의 독단주의를 보여 주는 징후일 것이다.[7] 여기서는 우리가 만든 익명의 선생과 성가신 학생 사이의 전혀 플라톤적이지 않은 가상 대화를 통해 이 문제에 접근해 보자.

선생 한 단계씩 적어 봅시다. 먼저 2는 1+1입니다. 이렇게 적죠.

$$2 = 1 + 1 \tag{A}$$

그다음에 2+2는 이렇게 적을 수 있겠죠.

$$2 + 2 = (1 + 1) + (1 + 1) \tag{B}$$

여기서 괄호에 주의해야 합니다. 학생은 첫 번째 괄호 안 1+1을 셈한 다음에, 두 번째 괄호 안 1+1을 셈해야 합니다. 마지막으로 첫 번째 괄호의 합과 두 번째 괄호의 합을 더합니다. 한편 4가 무엇인지 또 적어 봅시다. 우리는 3에 1을 더한 결과를 4라고 부르는 것을 봤습니다. 이렇게 표현할 수 있습니다.

$$4 = 3 + 1 \tag{C}$$

그럼 3은 뭘까요? 3은 2에 1을 더한 결과죠.

$$3 = 2 + 1 \tag{D}$$

(C)의 우변에 있는 3을 (D)로 대체해 봅시다. 그럼 이런 결과가 나오겠죠.

$$4 = (2 + 1) + 1 \tag{E}$$

이제, 마지막으로 2를 $1 + 1$로 대체하면 우리는 다음 등식을 얻게 됩니다(괄호를 생각하세요!).

$$4 = ((1 + 1) + 1) + 1 \tag{F}$$

이제 (B)와 (F)의 우변, $(1 + 1) + (1 + 1)$과 $((1 + 1) + 1) + 1$을 비교해 봅시다. 둘 다 1을 네 개 포함하지만, 괄호의 위치가 달라요. 우리는 이 괄호에 대한 법칙을 갖고 있어요. 이 법칙을 덧셈결합법칙이라고 부르죠. 이 법칙에 따르면, 수를 더할 때 괄호의 위치는 아무런 차이를 만들지 않습니다.[8] 그래서 우리는 (B)와 (F)는 같다고 결론 내릴 수 있습니다. 그럼 (B)의 좌변은 $2 + 2$이고, (F)의 좌변은 4이므로, $2 + 2 = 4$임이 증명됐습니다. 이해가 되나요?

성가신 학생 조금밖에 이해가 안 됩니다. 처음 선생님은 "괄호를 명심하세요!"라고 하셨고, 그다음에는 괄호의 위치는 아무 차이를 만들지 않는다고 하셨어요. 선생님이 말씀하신 그 법칙을 저는 전혀 이해하지 못하겠습니다.

선생 결합법칙의 어느 부분이 이해가 안 되나요?

성가신 학생 법칙이란 게 법을 뜻하나요? 연방법 같은 건가요?

선생 당연히 아니죠. 이 법칙은 그냥 덧셈 정의의 일부입니다. 덧셈결합 성질이라고 부르는 게 낫겠네요.

성가신 학생   이 결합 성질이 포함된 덧셈의 정의를 본 기억이 없어요.

선생   페아노(Giuseppe Peano)의 덧셈 정의가 있어요. 그러나 그걸 설명하고 싶지는 않은데, 페아노의 정의는 수학적귀납법과 관련이 있거든요. 이건 설명하기가 어렵고, 너무 많은 시간이 걸립니다.[9] 그냥 좀 더 쉽게 이 정의가 집합에서 어떻게 적용되는지만 보여 줄게요. 여기 탁자 위에 물건이 몇 개 있습니다. 여기 포커 칩이 있네요. 내가 칩 하나를 가져와 다른 칩 위에 얹었습니다. 그럼 여기 2를 나타내는 칩 두 개가 있겠죠. 그다음 칩을 하나 더 가져와 그 위에 다른 칩을 또 얹었습니다. 이제 우리에게는 칩 두 개가 포개진 더미가 두 개 있습니다. 두 더미 모두 각각 2를 나타냅니다. 만약 내가 한 더미를 다른 더미 위에 올리면, 2 더하기 2를 한 것처럼 되겠죠. 그런데 내가 이렇게 하는 대신 한 더미에서 칩 하나만 집어서 다른 더미 위에 올리면, 칩 세 개짜리 더미 하나를 얻게 되겠죠. 그다음에 다시 하나 남은 칩을 그 더미 위에 얹으면, 또 4를 얻게 됩니다. 두 가지 경우 모두 나는 칩 네 개로 된 같은 더미를 얻었습니다. 2 더하기 2는 2 더하기 1을 한 후 다시 1을 더한 것과 같은 것처럼 말이죠. 이해됐나요?

성가신 학생   잘 모르겠네요. 그건 포커 칩에서만 될 수도 있잖아요.

선생   아하! 좋은 지적이네요. 학생은 당연히 이해했을 거예요. 포커 칩은 단지 이 등식이 어떻게 작동하는지 시각화하는 것을 도와주는 도구일 뿐이에요. 기하학을 공부할 때 분필로 선을 긋고, 삼각형이나 원을 그리는 것처럼요. 분필 대신 파란 펜을 쓸 수도 있고, 빨간 펜을 쓸 수도 있습니다. 그건 아무 차이를 만들지 않죠. 여기서는 포커 칩으로 덧셈을 증명했지만, 조약돌, 단추, 콩, 또는 그 비슷한 물건들로도 논증할 수 있습니다.

성가신 학생   이해가 잘 안되네요. 선생님이 100킬로그램의 무게를 들 수 있고, 포커 칩 대신 60킬로그램짜리 바위들로 이 증명을 한다고 가정해 보겠습니다. 바위를 하나씩 옮겨 네 개를 겹쳐 놓을 수 있고, 시간만 충분하다면 1000개, 아니 더 많은 바위들도 하나씩 쌓을 수 있을 거예요. 그렇지만 선생님은 돌덩이 두 개를 한꺼번에 들 수가 없습니다. 이것은 2 더하기 2는 불가능하다는 뜻인가요?

선생   잠시만요, 그렇지 않아요. 이건 그냥 고등학교 기하학 같은 겁니다. 기억나죠? 누구도 다이어그램을 완전히 믿어서는 안 돼요. 공리에서는 모든 것을 논리적으로 추론해야 해요. 다이어그램이나 포커 칩은 수학의 정리를 발견법적(heuristic)으로 이해하게끔 해 주는 도구예요. 목표는 오직 공리에서 나온 정리를 증명하는 데 도움을 주는 겁니다. 그 증명은 논리적으로 한 단계씩 진행해야 합니다. 고등학교에서 기하학을 배울 때 유클리드의 다섯 공리를 가지고 작업을 했어요. 지금 여기에도 공리들이 있는 겁니다. 집합론의 공리도 있는데, 그중에서 여덟 개 공리를 체르멜로-프렝켈공리(Zermelo-Fraenkel Axioms)라고 합니다.[10] 이 공리들 가운데 하나를 합집합공리라고 불러요. 어떤 집합들의 모음에서도 언제나 그 집합들의 합집합을 뽑을 수 있다는 뜻이죠. '이 집합들의 합집합'은 이 집합들의 모든 원소를 포함한다는 뜻입니다. 오직 이 원소들만 이 집합들의 합집합의 원소가 돼요. 그럼 이제 학생이 제기한 60킬로그램 바위로 돌아가죠. 학생이 1톤씩 되는 돌무더기 두 개를 줘도 나는 이 무더기들을 합쳐 합집합을 만들거나 통합할 수 있다고 집합론의 이 공리가 보장해 줍니다. 당연히 내 몸으로 직접 하는 게 아니라 내 머릿속으로 하죠. 이해가 됩니까?

성가신 학생   그러니까 선생님은 머릿속으로 모든 종류의 사물을 통합할 수 있다고 말씀하시는 건가요?

선생　맞아요.

성가신 학생　그리고 선생님이 그 사물들을 합칠 때 선생님의 정신에서는 아무 일도 일어나지 않죠?

선생　좋은 질문이네요. 그래요, 아무 일도 일어나지 않아요. 그 사물들은 전혀 변하지 않죠. 그것들은 언제나 그들 자신과 동일해요. 이 동일하다는 것을 합집합공리의 일부로 여길 수도 있지만, 보통은 이 동일성 유지를 명시적으로 언급하지는 않아요. 왜냐하면 이것은 동일성원리에 의해 참이기 때문이죠. 동일성원리는 집합론의 모든 공리들보다 앞서는 논리 원칙이고, 더 기본적인 원칙이에요. 동일성원리는 모든 논리 원칙 가운데 가장 기본이 됩니다. 동일성원리는 모든 것은 자기 자신과 동일하다는 사유법칙입니다. 지난 학기 논리학 입문 수업 때 공부했죠. "모든 x에 대해, $x=x$다." 기억나죠?

성가신 학생　네, 기억하고 있는데 조금 의아스럽습니다. 왜냐하면, 또 기억이 나는 게, 선생님이 다른 사유법칙에 대해서도 말씀하셨고, 그 법칙이 가장 기본적이라고 말씀하셨거든요.

선생　비모순율 말이군요. 같은 지점에서 동시에 참과 거짓인 명제를 가질 수는 없다는 걸 의미하는 공리죠.

성가신 학생　그런데 선생님이 말씀하신 갖는다는 말은 손에 쥔다는 말인가요?

선생　당연히 아니죠. 머릿속에 갖는 거죠.

성가신 학생　그런데 선생님은 머릿속으로 모든 종류의 대상들을 모을 수 있지만, 그 정신적 대상들에게 아무 일도 일어나지 않는다고 말씀하셨어요.

선생　맞아요.

성가신 학생　이게 내가 이해하지 못하는 점입니다. 예를 하나 들어 보겠습니다. 아직 증명되지 않은 중요한 수학 이론 하나만 말씀해 주시겠어요?

선생 상당히 많죠. 예를 들면, 유명한 쌍둥이소수추측이 있죠. 서로 2 차이가 나는 소수의 쌍, 즉 3과 5, 11과 13 같은 소수의 쌍이 무수히 많을 거라는 추측입니다.

성가신 학생 네, 선생님, 한번 상상해 보세요. 선생님이 어느 날 쌍둥이소수가 무한하다는 증명을 제시했는데, 축하연에서 술을 너무 많이 마셔 다음날 아침에 일어나서는 모든 것을 잊어버리셨어요. 선생님은 다시 문제로 돌아가 한 달 후에 쌍둥이소수는 무한하지 않다는 증거를 찾았어요. 이 환희 속에서 갑자기 과거의 행복과 첫 번째 증명이 떠올랐어요. 이제 선생님 머릿속에 서로 모순되는 두 가지 증명이 있습니다. 이렇게 되면 선생님 머릿속에 있는 두 명제가 바뀌지 않을까요? 제가 보기에는, 어떤 한 가지 증명, 아니면 두 가지 증명을 모두 의심하게 될 것 같습니다. 선생님의 머릿속에 아무 의심도 일어나지 않고 두 증명이 변하지 않은 채 있다면, 이 세계에 있는 모든 이론의 모든 증명은 허튼소리가 될 겁니다. 100가지 논리에서 단 하나의 모순이 수학의 전체 구조를 무너뜨린다고 선생님이 말씀하셨잖아요?

선생 맞아요. 그러나 보세요, 학생. 머릿속에서 우리는 모든 종류의 사물을 모으거나 합칠 수 있고, 그때 그 사물들에 아무 일도 일어나지 않을 것이라고 내가 말했던 건 그냥 편하게 이야기한 겁니다. 정확히는, 나는 이 사물들은 수학과 관련돼 있고, 우리는 매우 특별한 종류의 대상에 대해 이야기할 것이라고 말해야 했어요.

성가신 학생 그러니까 집합에 대한 공리는 매우 특별한 종류의 사물들에만 유효하다는 말씀이시죠?

선생 맞습니다.

성가신 학생 결합법칙도, 2 더하기 2는 4와 같다도 이런 매우 특별한 종류의 사물들에만 적용되겠죠?

선생 그 말도 맞습니다.

성가신 학생 그렇다면 이 매우 특별한 종류에 대해 더 말씀해 주실 수 있나요?

선생 나는 세부 사항에 대한 학생의 완고한 집착에 크게 신경 쓰지 않으면서 계속해서 단순하게 설명하려고 노력했어요. 그러나 이제 좀 더 논리적인 과정을 살펴봅시다. 여기에 원소가 하나도 없는 공집합(ø)이 있다고 가정합시다. 원소가 없다는 것이 바로 공집합의 정의예요. 그리고 공집합의 존재 여부를 두고 논쟁은 없어요. 최소한 안에 아무것도 없는 공간인 진공에 대한 아리스토텔레스의 논의 이후, 사람들은 흔히 이 비어 있음에 대해 논쟁하곤 했죠. 그러나 공집합의 존재 여부에 대해서는 논쟁하지 않았습니다. 왜냐하면 공집합의 존재는 체르멜로-프렝켈공리에서 직접 보증하는 공리이고, 우리의 출발 가정이기 때문입니다. 이 공집합(ø)이 우리의 초기 대상이자 출발점이에요. 이건 명심해야 해요. 이제 모든 것은 하나가 아니고 배수는 환상이 아니라고 믿는다면, 우리에겐 더 많은 대상들이 필요할 겁니다. 우리는 어디서 이 다수의 대상을 얻을까요? 우리는 첫 번째 대상으로 그저 눈앞에 있는 것을 선택할 수 없습니다. 왜냐하면 무엇보다도 이런 것들은 지속되지 않기 때문입니다. 우리에겐 영원한 재료가 필요합니다. 조약돌, 돌덩이, 우주에 있는 별조차도 유효기간이 정해져 있어요. 학생이 대략 지적했듯이, 더군다나 이 객체들은 하나로 뭉쳐 놓을 때도 합쳐 놓은 것을 분리할 때도 변하면 안 됩니다. 불행히도 이 두 가지 조건을 만나는 게 쉽지 않아요.

성가신 학생 선생님이 그렇게 말씀하시니 재미있습니다. 이 수업에 오기 직전에 나는 분리와 통합이 소크라테스와 플라톤 변증법의 두 가지 기본 방법이라는 걸 읽었습니다.

선생 글쎄요, 그것은 역사가들에게 더 어울리는 고대의 낡은 유물입니다. 중요한 것은 분리 속에서 집합들의 불변성은 체르멜로-프렝켈공리들 가운데 멱집합공리에 의해 보증된다는 점입니다. 멱집합공리는 임의의 집합 A에 대해, A의 모든 부분집합을 모아 집합을 만들 수 있다는 것을 말합니다. 그래서 이 공리의 특정한 결과로, 당신이 대상들의 묶음을 모을 때마다 당신은 늘 어떤 대상들도 변화 없이 분리하고 복구할 수 있습니다.

성가신 학생 좋습니다. 그러나 선생님은 공집합 이외에 특별한 종류로 선택할 다른 대상을 알려 주지 않으셨습니다.

선생 곧 이야기할 겁니다. 그전에 우선 공집합은 변하지 않는다는 데 동의하세요?

성가신 학생 그런 것 같아요. 공집합 안에 바꿀 수 있는 게 뭐가 있겠어요? 아무것도 없는 것은 언제나 아무것도 없을 겁니다.

선생 아주 좋아요. 그럼 이제 당신의 정신 속에 공집합을 가졌다고 가정해 봅시다. 이때 동시에 무엇이든 상관없이 어떤 생각을 갖게 된다면, 그 생각이 공집합이라는 생각에 영향을 주지 않을 거라는 데에도 동의하세요?

성가신 학생 그렇습니다. 이 공집합에 대해 어떤 생각을 떠올릴 수 있을지 모르겠지만, 다른 생각에 의해 그것이 변하지는 않을 거라는 생각이 드네요. 다시 말하지만, 공집합에는 변할 게 없으니까요.

선생 좋아요. 지금 드디어, 말하자면 절묘한 논증이 나옵니다. 집합론에서 가장 기본적인 연산은 '집합을 취하다' '집합으로 모으다' '모두 모으다'이며, 보통 중괄호 { }로 표시합니다. 아마도 이것이 당신이 말한 고대인들이 통합과 분리를 통해 얻으려고 했던 것 같은데, 나도 정확히는 모릅니다. 내가 아는 것은 당신이 한 뭉치의 사물을 가지고 있을 때, 그 사물들을 각각 a, b, c라 부르고 중괄호로 이들을 에워싸면, 즉 $\{a, b, c\}$로 표기하면 '이 집합은 원소 a, b, c를 갖는다'는 뜻입니다.

성가신 학생　나는 논리학에서 나온 이 정의를 기억합니다. 그런데 선생님이 '하나의 집합 안에 모은다(collect)'고 말씀하시니 하나 떠오르는 게 있습니다. 저는 프리메드 과정에서 그리스·라틴어 어원학에 대한 인문학 선택과목을 수강하고 있습니다. 그 수업에서 우리는 '모으다(collect)' '강의하다(lecture)' '선출하다(elect)' '선택하다(select)'라는 단어가 모두 모으다 혹은 뽑다를 뜻하는 라틴어 동사 레게레(*legere*)에서 왔다고 배웠습니다. 이와 관련된 그리스 동사는 레게인(*legein*)인데, '레게인' 또한 모으다 혹은 뽑다라는 뜻이 있지만, 그 밖에도 말하다, 읽다, 세다, 이야기하다, 생각하다라는 뜻도 있다고 합니다. 우리가 지금 여기서 하는 행동의 이름, 즉 대화(dia*logue*)도 분명히 이 단어에서 왔습니다. '무엇에 대해 이야기 나누다'라는 뜻이지요. 지성(intel*lig*ence)도 레게인에서 왔고, 플라톤의 변증법(dia*lect*ics)도 레게인에서 왔습니다. 앞서 언급했듯이, 변증법은 두 개의 활동으로 구성됩니다. 모으기(col*lect*ion)와 선택(se*lect*ion), 즉 종합과 분리입니다. 레게인에 대응하는 명사 로고스(*lógos*)도 대단히 흥미로운 단어인데, 초기 그리스도인들은 로고스를 신과 동일시하기까지 했습니다. 확실히 이 모든 단어가 같은 뿌리에서 나왔네요!

선생　신학과 인문학은 멀리하라고 조언하고 싶군요. 논리학과 수학에 매달리세요. 그럼 훨씬 더 멀리 가게 될 것입니다. 이제 우리의 절묘한 논증을 계속합시다. 우리는 몇 가지 사물로 구성된 집합을 하나 선택합니다. 집합에 모을 원소들을 찾는다는 뜻입니다. 지금까지 우리는 공집합(ø)만을 마음대로 할 수 있었습니다. 그리고 공집합은 변하지 않는다는 데 동의했습니다. 그렇죠?

성가신 학생 네, 동의했어요.

선생 그럼 공집합은 변하지 않으므로, 우리가 공집합을 유일한 원소로 갖고 있는 집합을 정하면, 즉 집합 {ø}을 만들면 어떤 일이 생길까요? 이 집합은 변할까요?

성가신 학생 지금까지 이해한 바로는 변하는 집합은 하나 혹은 그 이상의 원소들이 변해야 합니다. ø은 변하지 않으므로, {ø}도 결코 변하지 않을 겁니다.

선생 아주 좋아요! 나는 우리가 달성한 이 엄청난 도약의 진가를 학생이 알아주길 바랍니다. 우리는 지금 원소가 없는 공집합에서 원소가 하나 있는 집합으로, ø에서 {ø}으로, 0에서 1로 도약했습니다. 이건 마치 세계 창조의 첫 단계, 빅뱅과 같은 것입니다! 다만 빅뱅과의 차이는, 여기 지금 우리가 창조하고 있는 세계, 이 수학적 세계는 영원하고 불변한다는 점이죠. 이 수학적 세계는 독립된 세계이며 순수 지성을 통해 창조됐습니다.[11]

성가신 학생 죄송합니다만, 불순한 지성 같은 게 존재하나요?

선생 학생은 단어들의 의미에 너무 집중하는 것을 그만두어야 합니다. 나는 '순수수학'이라고 할 때와 같은 의미로 '순수'라는 말을 사용하고 있습니다. 이때 '순수'란 바깥 세계에는 전혀 적용되지 않는다는 뜻입니다. 어쨌든 지금까지 우리는 영원하고 불변하는 수학적 대상 두 개를 가졌습니다. ø과 {ø}입니다. 이제 더 많은 대상들을 진정으로 원한다면(우리는 실제 진정으로 원하죠), 우리에겐 영원으로 이어질 처음의 두 가지 선택지가 있습니다. 세 번째 대상으로 집합 {{ø}}, 즉 '공집합을 유일한 원소로 가진 집합을 유일한 원소로 가진 집합'을 선택하거나, {ø, {ø}}, 즉 '두 개 원소가 있는 집합, 즉 공집합과 공집합을 유일한 원소로 가진 집합'을 선택합니다. 앞서 동의했듯이 이 두 가지 선택 모두 영원하다는 장점이 있고, 두 가지 모두 수 2의 정의로 볼 수 있습니다. 그러나 기술적인 이유로 두 번째 선택을 따라 2를 {ø, {ø}}으로 정의하는 게 더 낫습니다. 이 선택은 요한 폰 노이만의 생각이었습니다. 이 놀랍도록 아름다운 지성은 양자역학의 힐베르트공간 공식, 게임이론, 원자폭탄을 만들었지요. 지금부터 우리는 노이만이 했던 방법을 따를 겁니다. 우리는 임의의 수 n에 1을 더하는 것을 0부터 n까지 모든 수의 집합을 갖는 것으로 정의합니다. 처음 몇 개만 나열하면 다음과 같습니다.

0은 ø으로 정의합니다.
1은 {0}, 즉 {ø}으로 정의합니다.
2는 {0, 1}, 즉 {ø, {ø}}으로 정의합니다.
3은 {0, 1, 2}, 즉 {ø, {ø}, {ø, {ø}}}으로 정의합니다.
4는 {0, 1, 2, 3}, 즉 {ø, {ø}, {ø, {ø}}, {ø, {ø},{ø, {ø}}}}으로 정의합니다.
이렇게 계속합니다.

각 수를 정의하기 위해 이미 정의된 모든 수를 새로운 집합에 집어넣습니다. 즉 이 모든 수를 쉼표로 분리해서 중괄호 안에 둡니다. 알아 두세요. 각 집합이 어떤 수를 나타내는지를 알고 싶으면 맨 오른쪽에 연속해서 이어지는 오른쪽 중괄호들의 개수를 세면 됩니다. 이해했나요?

성가신 학생 네, 그런 것 같아요. 그러니까 이게 자연수라는 거죠?

선생 맞습니다. 여기에 덧붙여, 체르멜로-프렝켈공리 중에 이 모든 것을 원소로 포함하는 무한집합의 존재를 보장해 주는 공리가 있습니다. 이렇게 되면 어떤 똑똑한 사람도 우리 삶에서 이런 일을 영원히 계속할 시간이 충분하지 않다는 반론을 제기하지는 못할 것입니다. 영원은 이미 지금 여기 있어요.

성가신 학생 그러니까 이것들이 선생님이 말씀하셨던, 수학이 활용하는 매우 특별한 종류의 대상들인가요?

선생 이것들에 더해 체르멜로-프렝켈공리가 보장하는 연산들을 적용해 무한히 형성할 수 있는 모든 것이 수학의 대상입니다. 그 공리들에는 짝하기, 어떤 집합의 부분(부분집합) 되기, 집합들의 임의의 모음을 합치기 등이 있습니다. 이 방법으로 모든 수학적 대상을 얻게 됩니다. 당연히 추가적인 대상을 요구하지 않을 때만 성립합니다.[12]

성가신 학생 그러니까 우리가 오직 이 대상들만 다룬다면 2 더하기 2는 4라고 늘 확신할 수 있다는 말씀이죠?

선생 그렇습니다. 결합법칙이 참이기 때문입니다.

성가신 학생 그리고 이 모든 것은 공집합(ø)에 근거하고요.

선생 공집합과 집합은 오직 공집합으로만 구성된다는 가정 등에 기초하고, 여기에 더해 체르멜로-프렝켈공리계의 다른 공리들에 근거합니다. 수학은 인간 정신이 지금까지 만든 가장 정교하고 거대한 구조물입니다. 이 구조물을 받치는 더 간략하고 더 우아하며 더 환경친화적인 기초를 기대하기는 힘들 겁니다. 그렇게 생각하지 않아요?

성가신 학생 정말 놀라운 구조입니다! 그런데 선생님, 우리는 공집합과 이 흥미로운 공리를 기초로 만들어지지 않은 다른 대상들도 생각할 수 있습니다. 이 모든 다른 대상들에게 2+2=4가 반드시 성립하지는 않는다는 뜻도 되지 않을까요?

성가신 학생은 선생에게 동일성과 차이에 관한 또 다른 어려운 질문을 던질 수도 있었다. 사실 공집합에서 자연수의 집합 0, 1, 2, 3······을 구성하는 방법은 무수히 많다. 선생은 이 가운데 두 가지 방법을 보여 줬다.

ø, {ø}, {ø, {ø}}, {ø, {ø, {ø}}}······ (노이만의 방법)

ø, {ø}, {{ø}}, {{{ø}}}······ (체르멜로의 방법)

이 두 가지 다른 정의가 자연수의 같은 무한집합을 정의하고 있는가? 그리고 이 상황에서 같은은 무슨 의미인가? 예를 들어, 만약 m과 n이 (a)에 의해 정의된 임의의 두 자연수라면, $m \subseteq n$ 또는 $n \subseteq m$이 성립한다. 여기서 기호 ⊆는 '~에 포함된다'는 뜻이다. 그러나 만약 m과 n이 (b)에 의해 정의되면, 이 명제는 참이 아니다. 우리는 이 문제를 다루지 않겠지만, 다룬 학자들도 있다.

다음을 참고하라. Paul Benacerraf, "What Numbers Could Not Be", *Philosophical Review* 74, 1965, pp. 47–73; P. Benacerraf and H. Putnam, eds., *Philosophy of Mathematics: Selected Readings*, 2nd ed. Cambridge: Cambridge University Press, 1983, pp. 272–294; Barry Mazur, "When Is One Thing Equal to Some Other Thing ?", *Proof and Other Dilemmas: Mathematics and Philosophy*, ed. B. Gold and R. Simons, Washington, DC: Mathematical Association of America, 2008, pp. 221–242; Philip Kitcher, "The Plight of the Platonist", *Noûs* 12, 1978, pp. 119–136.

가상 대화에 대한 논평

학생의 지적은 충분히 날카로워 보이지만, 그럼에도 우리는 그 지적을 심화하려고 한다[위(僞)-플라톤 대화에 약간의 전문적인 주석이 있어야 하지 않겠는가?].

만약 우리가 100킬로그램 이상을 들지 못하면서 60킬로그램 돌덩이들(공집합과는 상당한 거리가 있다!)을 다룬다면, 위에 나온 (B)와 (F) 등식의 우변, $(1+1)+(1+1)$과 $((1+1)+1)+1$은 같지 않다고 학생이 지적했다. 이 예는 설득력이 없어 보였지만, 사실 자연 세계에서 덧셈 대상이 체르멜로-프렝켈공리에 기초하지 않고 결합법칙의 적용을 받지 않는 상황은 무수히 많다. 그 학생의 위치에서 그런 상황들을 상상해 보는 건 가치가 있다. 다시 말하지만, 우리는 셈할 수 없는 사례로 '우리 자신의 생각' 같은 것을 제시하지 않고, 세상에 존재하는 셀 수 있는 것들에 집중할 것이다. 2 더하기 2가 4와 같지 않은 일이 얼마나 자주 있는지 그 감각을 개발하기 위해서다.

땅 위에 놓인 물건들을 공급한다고 가정하자. 특별히 지정되지 않은 '물건'이며, 유일한 조건은 물건을 위로 쌓거나, 옆으로 나란히 놓거나, 모아 둘 수 있다는 것이다. 크레인이나 지게차 같은 기계가 있고, 물건을 옮기고 쌓을 수 있다고 가정하자. '한 번에 하나씩' 들어서 네 개까지 계속해서 물건을 쌓을 수 있다. "$2+2$를 하라. 즉 $(1+1)+(1+1)$을 하라"라는 지침에는 이런 의미가 담겨 있다. 2단 높이의 더미 2개를 만들어라. 그다음에 크레인이나 지게차를 이용해 더미 하나를 들어 다른 더미 위에 올려라. 이제 당신이 물건 두 개를 올리려 한다고 상상해 보라. 무슨 일이 일어날까? 일어날 수 있는 일은 몇 가지밖에 없다.

a. 지게차는 물건을 한 개 이상 들지 못한다. 이 경우에 2+2는 불가능하다. 이게 성가신 학생의 원래 생각이다.

b. 물건 두 개를 한꺼번에 들었을 때 상호작용이 일어나서 서로 소멸되는 쌍소멸이 발생하면, 2+2는 그냥 2가 될 것이다.

c. 함께 들어 올린 물건 두 개가 하나로 합쳐지면, 2+2=3이 된다.

d. 함께 들어 올린 두 물건에 변화가 없으면, 이때 비로소 2+2=4를 얻는다.

e. 함께 들어 올린 두 물건이 또 다른 물건 하나를 생산하면, 2+2=5가 된다.

우리는 생길 가능성이 있는 경우를 하나도 빠뜨리지 않았다. 사실 2+2=4는 자연 세계에서 물체들이 상호작용할 때 일어날 수 있는, 표현되지 않은 상황들 가운데 하나일 뿐이다. 이성이 "2+2는 4다"라고 명했다고 믿을 이유가 없다. 일상에서 만난 유일한 상황은 (d)라고 항변할 수도 있다. 모든 종류의 화학작용을 돌아보기 전까지는 말이다. 예를 들어, 과산화수소 분자 두 개가 빛에 노출되면, 물 분자 두 개와 산소 분자 한 개로 분해된다. '분자'가 '물건'이라고 가정하고, '들어 올리기'를 '빛에 노출하기'와 연결하면, 이 화학반응은 상황 (e)의 사례가 된다. 또는 당신은 물리적 상호작용을 생각할 수도 있다. 두 광선이 서로를 소멸시키는 결맞는 광선들의 간섭현상이 상황 (b)의 경우다. 아주 낮은 온도에서 갑자기 두 보손 입자가 하나가 되는 융합을 만날 수도 있다. 상황 (c)의 사례다.

우리는 존재를 고체로 보는 경향이 있기 때문에 상황 (d)가 상식에 맞다고 생각한다. 고체의 (이동 이외의) 상호작용이나 변화는 우리의 감각이 인식하기에 너무 느리다. '조약돌'이 그 예다. 또는 시멘트 벽돌도 있다. 그러나 물리적 세계에서조차 이런 조건들에 맞지 않는 물질이 많다(우리는 방금 아원자입자, 분자, 파동 같은 사례들을 보았고, 계속 다른 사례들을 제시할 수 있다). 많은 다른 '세계들'에서도 마찬가지다. 우리가 매일 생각하고 말하는 언어로 만든 세계도 여기에 포함된다(여기서 언어는 '자연어'를 뜻한다. 즉 형식화되지 않은 비수학적 언어다).

2+2=4라는 진리에 필요한 기능들을 조합하는 결합법칙이 우리의 일상 언어 의사소통에는 종종 적용되지 않는다. 많은 사고실험이 이 사실을 쉽게 확인해 줄 것이고, 이미 당신에게는 명백할 수도 있다. 우리가 지금껏 봤던, 수학적 대상들과 관계된 '사유법칙'도 언어적 대상들에는 같은 방식으로 적용되지 않는다는 사실은 더욱 명백할 것이다. 예를 들어, 한 단어는 한 사물과 그 반대를 동시에 의미할 수 있고, 여기서 비모순율[13]을 위반한다. 혹은 특정한 맥락 안에 주어진 시간에조차 한 단어의 의미는 언제나 그 자체와 같지 않다(주어진 단어 x에 대해 x는 x와 같은 필요가 없다). 이처럼 문학과 비유에서 보여 주는 의미의 다의성, 양가성, 동시성, 그리고 그 밖의 많은 언어 특성들이 엄격한 동일성원리를 위반한다.

성가신 학생의 요지를 간단하게 정리하면, 대상, 물건, 사물, 개념, 범주, 존재는 체르멜로-프렝켈공리를 필연적으로 따르지 않으며, 조약돌이나 시멘트 블록처럼 움직이지도 않는다는 것이다. 그리고 그것들이 체르멜로-프렝켈공리에 따라 움직이지 않을 때(자주 일어나는 일이다), 우리의 많은 '확실성'은, 심지어 2+2=4조차도 유지될 필요가 없다.[14]

우리는 가능한 한 많은 변화들을 다루면서 이 주장을 하고 있다. 너무 자주 이 사실이 망각되면서 다른 대안을 상상하지 못하는 상황에 이르렀기 때문이다. 심지어 대안을 상상하는 게 사명인 철학자들조차 그렇게 됐다. 마틴 스톤(Martin Stone)은 이렇게 적었다.

> 다음 문장들을 생각해 보라.
> 1. 2+2=4. 이것은 사실이다.
> 2. 2+2=4. 우리가 공유하는 해석의 틀이 제공되면, 이것은 '사실'이다.

2번 명제에는 반대 사실의 가능성을 이해할 수 있다는 뜻이 담겨 있다. 만약 해석의 전제들이 다르면, 2+2가 5와 같을 수도 있다는 뜻이다. (…) 그러나 이런 반대 사실의 가능성을 탐색하기 시작할 때, 우리는 그런 반대 사실이 진정한 가능성으로 받아들여질 수 없다는 걸 발견하게 된다. (…) 우리는 '사실'에서 따옴표를 제거한다. (…) 우리는 '해석의 틀' 개념도 환상이라는 걸 알게 된다. 이 개념이 어떤 의미가 있다면, 우리에게 다른 해석의 틀이 있다는 게 이해될 수 있어야 하기 때문이다.[15]

'다른 틀'을 상상하지 못하는 사람들은 보르헤스의 「푸른 호랑이」에 잘 묘사된 상황의 희생자로 전락한다. 그 소설 속 화자는 달에 있는 유니콘을 더 빨리 상상할 수 있었다. 그들은 니체의 경고도 잊어버렸다. "이런 신앙 조항들 없이는 누구도 삶을 견디지 못할 것이다. 그러나 삶은 그 조항들을 증명하지 않는다."[16]

패틱과 아패틱 사이의 선택

수학자와 논리학자 들은 공리와 규칙을 설계한다. 체르멜로-프렝켈공리나 덧셈결합법칙이 그 예다. 우리가 관념 속에서 어떤 수학적 대상의 모음들을 조합하고 (합치고) 분리해도, 작업하는 수학적 대상들이 변하지 않는 것을 보장하기 위해서다. 수학적 대상들은 언제나 엄격하게 동일하다. 이 동일성이 필연적이거나 다른 대안을 상상할 수 없기 때문이 아니다. 단지 수학자와 논리학자 들이 이 공리와 규칙 안에서만 작업하고, 이 공리와 규칙에 부합하는 대상만 다루기를 선택한 결과일 뿐이다. 이 공리와 규칙 안에서 수학적 대상은 진정 '증명되고 논증된 것'일 수 있다. 그럼 다른 모든 것은 어떨까?

여기서 개념 정의를 위해 잠시 숨을 돌리자. 앞선 장들에서 이미 어느 정도 드러난 정의다. 우리는 모아지거나 분리될 때 동일함을 유지하는 대상, 물건, 사물, 범주, 개념, 존재 들을 아패틱(*apathic*)하다고 부를 것이다. 그 밖의 모든 것을 우리는 패틱(*pathic*)하다고 부를 것이다. '패틱'한 존재는 차이를 허락하고 변화를 겪는다. 이 책 전체를 관통하는 우리의 관점은 하나다. 인간과 세계에 대해 특정한 질문을 제기할 때 사유 대상들이 전제하는 가정들과 이런 대상들에 맞는 접근법도 함께 탐구하지 않으면 근본적 오류에 빠질 위험이 있다.

그러나 제발 주의하라. 우리의 정의는 서로 '반대'되는 조건인 아패틱과 패틱, 이와 관련된 동일성과 차이가 절대적이라는 뜻을 함의하지 않는다. 그와 반대로, 우리는 순수한 수학적 대상을 사유하기 위해 만든 합의 안에서만 이 조건들이 절대적이라고 주장한다. 그 밖의 다른 모든 경우에 이 조건들은 상황, 위치 혹은 질문에 따라 언제나 상대적이다. "당신이 침대에서 잠을 잘 때 땅의 관점에서 보면 당신의 위치는 상대적으로 아패틱하다. 여덟 시간 동안(운이 좋다면) 어느 정도 같은 자리에서 잠을 잔다. 그러나 태양에서 본다면, 당신은 계속 다른 곳에서 나타난다." 어떤 질문에 대해서는 아패틱 또는 동일한 것으로, 다른 질문에 대해서는 패틱 또는 변화하는 것으로 생각하는 게 유용한 대상도 있다. "화학자의 관점에서 볼 때, KOH(수산화칼륨)과 H_2SO_4(황산)을 합치면 우리는 화학변화를 통해 K_2SO_4(황산칼륨)과 H_2O(물) 분자들을 얻는다. 이 변화는 대단히 패틱한 결과다. 그러나 핵물리학자의 견지에서 보면, 같은 원자들이 여전히 거기에 있기에 이 상황은 아패틱하다." 실제로 동일성에서 차이로, 혹은 차이에서 동일성으로 관심의 강조를 바꾸는 일만으로 과학의 새로운 분야를 더 광대하게 보여 줄 수 있다. "수 세기 동안 생물학과 자연사 연구는 유기체 종과 다른 '자연의 종'을 정의하는 본질적 동일성을 규정하는 데 관심을 집중했다. 다윈(Charles Darwin)은 같은 종들 안의 미세한 차이에 관심을 두면서 자연선택의 전제조건을 발견했다."[17] 대상들은 어떤 조건에서는 아패틱하고 다른 어떤 상황에서는 패틱할 수 있다. 특정한 사고방식이나 특정한 시간적 틀 안에서 모아지고 분리될 때 대상들은 아패틱할 수 있고, 다른 사고방식이나 시간 틀 안에서는 패틱할 수 있다.

7장부터 우리는 물리학에서 심리학, 시에 이르기까지 많은 비수학적 사례들을 제시하면서 패틱과 아패틱은 언제나 상대적임을 강조할 것이다. 다시 이 책의 기본 관점으로 돌아가서 강조하면, 그것들이 상대적인 이유는 동일성과 차이는 절대적이지 않기 때문이다. 좀 더 극적으로 표현하자면, 동일성과 차이, 혹은 아패틱과 패틱 사이에서 선택하고, 동일성의 지속을 강조하거나 차이를 향한 피할 수 없는 잠재력을 강조하는 것은 자연이나 필연이 우리에게 강요한 것이 아니다. 우리에게는 항상 다른 선택을 하거나 심지어 전혀 선택을 하지 않을 자유가 있다. 우리 문화의 관습과 상식, 학문 분과들의 요구, 우리의 습관과 편견, 우리 영혼과 관계의 형태 때문에 우리는 이 선택의 자유를 자주 잊어버리고, 그렇게 인간의 자유가 의미하는 기본 특성을 포기한다.[18]

앞 장들에서 계속 봤듯이, 고대와 근대 초기의 많은 철학자들은 이 자유의 많은 부분을 기꺼이 포기했다. 자신들이 던지는 질문의 기초에 변하지 않는 동일성이라는 핵심을 두고 싶었기 때문이다.[19] 우리들의 개념으로는 이렇게 표현할 수 있겠다. 그들은 가능한 한 많은 존재 유형에게, 심지어 그럴 필요가 없는 (혹은 그렇지 않을 가능성이 큰) 상황에 있는 존재들에게도 아패틱과 동일성원리를 확장하고 싶었고, 결합과 분리 과정에서 어떤 존재든 자신과의 동일성을 유지한다고 규정하고 싶었다.

근대 철학의 중요한 흐름들도 '아패틱함'과 동일성원리를 선호했다. 우리는 이미 고틀로프 프레게를 만났다. 체르멜로-프렝켈과 폰 노이만이 공집합으로 수학을 정의했듯이, 프레게는 『산술의 기본 법칙(Grundgesetze der Arithmetik)』(1884)에서 "모든 순수수학은 순수한 논리적 전제에서 나오고 논리적 용어로 정의될 수 있는 개념들만 사용한다"라고 명확하게 표현했다. 그러나 당신은 프레게가 논리적 수학 대상들에 적용되는 아패틱한 조건들이 어떻게 자연언어 영역까지 확장될 수 있는지 숙고했던 것도 기억할 것이다. 프레게는 다음과 같은 예를 제시했다. '아침별'과 '저녁 별'은 금성이라는 같은 사물을 지시한다. 그러나 이 두 단어는 같은 사물의 다른 측면을 가리키는 역할을 수행하면서 다른 '느낌'을 갖는다.[20] 이렇게 실체와 측면들을 구분하면서 프레게는 사물의 안정된 본질은 동일하게 보존된다고 주장했다.

프레게 이후 패틱과 아패틱 사이의 넓은 도랑에 다리를 놓으려는 시도가 많았다. 어떤 이들은 프레게처럼 동일성과 동일성에서 파생된 유사성에서 철학의 기초를 만들려는 노력을 계속했다. 다시 한번 데이비드 루이스를 살펴보자. 엄밀한 논리학과 수학에서부터 물리학, 언어학, 심리학에 이르기까지 존재의 모든 다양한 항목들을 하나로 묶으려는 최근의 시도들 가운데 루이스의 저작들은 영향력이 크고 체계적이다. 루이스의 저작에서, 동일성의 힘에 대해 느끼는 공감은 다름을 상상하는 능력을 제한한다. 예를 들어 『분류들의 일부들(Parts of Classes)』에서 루이스는 사물들을 합하는 플라톤 변증술의 첫 번째 방법이 전혀 문제가 없다고 생각한다. 이것은 "많은 것을 하나로 만드는 순수한 방법이다".[21]

'고양이들'은 루이스가 분류를 만드는 순수한 작업의 사례로 활용한 매력적인 고양잇과 범주다. 루이스는 모든 고양이들을 '융합' 또는 '합'하면서 이 범주를 창조한다. 말하자면 모든 고양이는 같은 포대 안에 모여 있고, 같은 방식으로 고양이들의 모든 부분들, 즉 수염, 꼬리, 전반신, 후반신, 오른쪽 면, 왼쪽 면, 심지어 모든 고양이의 모든 세포까지 이 융합 또는 포대 안에 들어 있다. 우리는 추가 질문을 던지고 싶을 것이다[우리는 지금 상상할 수 있는 모든 고양이들을 말하는가? 푸른 호랑이 또는 무서운 대칭을 이루는 시적 존재도 여기 포함되는가? 아니면 생물학적으로 정의된 사례만 배타적으로 말하고 있는가? 살아 있는 고양이만 이야기하는가, 죽은 고양이도 다루는가? 루이스 캐럴(Lewis Carroll)의 소설에 등장하는 체셔 고양이나 삶과 죽음이 공존하는 슈뢰딩거의 고양이는?].[22] 그러나 루이스에게 이 '고양이 융합'은 아무 문제가 없다. "고양이들을 함께 모으든 분리하든 상관없이, 어느 쪽이든 고양이들은 실재의 동일한 몫이다."

루이스의 원문에서 실재(Reality)는 대문자로 표기돼 있다. 아마도 고양이들을 모으는 정신으로부터 실재의 독립성을 표시하려 한 것 같다. 그러나 실제로 고양이들을 같은 포대 안에 던져둔다면, 단순한 융합이 아니라 폭력적인 혼란이 일어날 것이고 어떤 고양이도 변하지 않은 채로 다시 나타나지 않을 것이다. 심지어 그 안에 들어 있는 분자가 어느 고양이의 것인지 결정하기도 어려울 것이다(바로 이런 상황에서 불쾌한 변화가 생길 수 있는 가능성 때문에 우리 전근대 선조들은 부모를 살해한 자들을 동물들이 들어 있는 자루에 넣고 익사시켰다. 중세 색슨족은 이때 사용할 동물로 특별히 고양이들을 선호했다).[23]

특이하게도 루이스는 집합론에서 한 원소 x를 가질 수 있는 방법이 그리 순수하지 않다고 생각한다. 즉 원소 x만을 갖는 '한원소 집합' $\{x\}$, 그리고 집합의 반복으로 생기는 집합 $\{\{x\}\}$ 등이 문제가 있다고 여긴다. 루이스에 따르면, 이 방법은 하나로부터 다수를 만드는 방식인데, 이 방식이 다수로부터 하나를 만드는 것보다 훨씬 더 문제가 많다. 또한 루이스는 공집합이라는 착상 자체가 고약하다고 생각한다. 그는 공집합을 무의 악취(whiff of nothingness)라고 불렸다. 그러나 공집합은 수학의 기초를 위해 우리가 지불해야 할 대가이므로, 루이스도 우리에게 다른 선택의 여지가 없음을 인정한다. 취향에 대한 논쟁은 없다. 그러나 우리의 관점에서 보면, 고양이, 인간들, 그리고 진정 모든 것을 정신의 기본 작용 아래에서 아패틱하고 불변하는 존재로 여겨야 한다는 제안도 그만큼 고약하다.

아패틱과 패틱의 뚜렷한 분열을 해소하려는 노력의 마지막 사례로 수학자 잔카를로 로타(Gian-Carlo Rota, 1932~1999)의 작업을 살펴보자. 로타에 대해 우리는 좀 더 호의적인 마음이 든다. 우리 저자 중 한 명이 그를 개인적으로 알기 때문일 수도 있지만, 로타가 이 분열을 정신 안에서 일어나는 분리로 이해하고 학자들이 다루어야 할 주제로 생각했기 때문일 것이다.[24] 그런데 어떻게 다루어야 할까? 후설처럼 로타도 수학적 진리의 확실성을 제한하거나 수학적 구조의 힘과 건축과 같은 아름다움을 떨어뜨리고 싶지 않았다. 오히려 로타는 아패틱한 원인과 일상의 경험 사이에 다리를 놓고 싶어 했고, 논리학과 수학의 근본 개념들을 '생활세계(Lebenswelt)'와 더욱 단단히 연결시키기를 희망했다. 그렇게 후설과 로타가 생각하는 '우리의 과도하게 추상적인 근대'에 잠재된 비인간화의 위험이 드러난다. 당연히 문제는 어떻게 이 작업을 성취할 수 있느냐였다. 어떻게 논리학과 수학의 공리들을 수정해 이 다리를 건설하고, 과감하게 희망하건대 이 엄밀한 사고와 인간의 자유를 조화시킬 수 있을까?

공리들은 수학적 확실성의 근원이므로 로타는 공리를 대체하려고 하지는 않았다. 대신 로타는 인간 경험과 관련된 공리를 추가하려고 했다. 로타의 논증 과정은 대략 다음과 같다. 집합론은 공식화된 두 가지 기본 관계 위에 만들어졌다. 즉 $x \in y$(x는 y에 속한다)와 $x \subseteq y$(x는 y에 포함된다)이다. 왜 다른 관계들을 공식으로 표현하고 공리에 포함하면 안 될까? 이 두 가지 관계의 배타성 때문에 (로타와 후설이 생각하기에) '은폐된', 몇 가지 가능한 관계는 다음과 같다. 'x는 y가 부족하다' 'x는 y를 예견한다' 'x는 y에 출몰한다'. 1989년에 발표된 논문에서 로타는 후설의 관계들 가운데 특별히 푼디어룽(*Fundierung*), 즉 '뒷받침' 관계가 유망하다고 평가했다.[25]

뒷받침은 이항관계, 즉 두 요소 사이의 관계로 여겨지는데, 한 요소는 사실성(*facticity*), 다른 요소는 기능(*function*)이다. 사실성은 자립적으로 기능을 지원한다. 예를 들어, 트럼프 카드 놀이에서 하트 퀸 카드는 사실적인(*factual*) 카드로, 카나스타, 포커, 브릿지 게임에서 다른 기능들을 받쳐 주거나 지원해 줄 수 있다. 이 문단이 그 내용의 뒷받침 또는 '지지'로, 즉 후설의 뒷받침에 대한 설명으로 이용될 수 있다(다른 텍스트들도 그렇게 이용할 수 있다). 부연하자면, 프레게의 '뜻(*Sinn*)'과 '지시체(*Bedeutung*)'의 구별은 뒷받침과 관련된 전략이고, 이 전략에는 뒷받침에 나오는 개념들도 포함될 수 있다. 금성은 아침 별과 저녁 별이라는 두 가지 다른 기능을 지원하는 하나의 사실성이다. 로타는 자신의 논문을 이 질문과 함께 끝맺는다. "논리학(혹은 집합론)의 공식에 뒷받침 개념을 포함하면 어떤 결과가 생길까? 집합의 개념이 근본적으로 바뀌거나 폐기돼야만 할까?"

이 질문에 대한 대답은 체르멜로-프렝켈공리 안에 뒷받침 개념을 어떻게 포함할 것인가에 달려 있을 수 밖에 없다. 그러나 우리는 이미 화해의 가능성을 없애 버릴 수 있다. (후설과 로타의 야심처럼) 우리의 일상 세계에 '더 밀접한' 논리학과 수학의 개념체계를 얻으려 한다면 한 가지 제한이 추가돼야 한다. 집합론의 모든 공리적 개념들은 뒷받침받아야 한다. 즉 어떤 사실적인 것의 지지가 있어야 한다. 이 제한이 추가되면, 체르멜로-프렝켈공리에서 공집합이 가장 먼저 삭제돼야 할 것이다. 내용이 완전히 비어 있는 공집합에는 사실적인 '것'이 조금도 들어 있지 않기 때문이다. 다시 말해 공리를 추가해 수학과 논리학을 일상 세계에 근접하게 만들려고 한다면, 수학의 아패틱한 기초들을 보장하는 대상을 포기해야 하고, 결국 우리는 이 세상에 아패틱한 대상이 전혀 없다고 주장해야 한다.

우리가 말한 것과 말하지 않은 것

이 장에서 우리는 진리라고 생각하는 두 가지를 말했다. 첫째, 수(여기서 수는 공리에 기초한 전체 수학을 의미한다)는 아패틱을 요구한다. 둘째, 이 세상에 수를 제외하고 절대적으로 패틱하거나 아패틱한 것은 없다. 우연에 따라 패틱하거나 아패틱해질 뿐이다. 즉, 수를 제외한 다른 모든 것은 우리의 관점, 우리가 제기하는 질문과 관심의 형태, 시간과 기간, 그리고 진정 무한히 많은 타자에 의존한다.

이 두 가지 진리는 우리의 지식과 지식 획득 방법에서 어떤 의미가 있을까? 여기서 우리는 굉장히 조심해야 한다. 진리는 독단으로 흐르기가 쉽기 때문이다. 예를 들어, 오노레 드 발자크(Honoré de Balzac)는 이 장에서 우리가 했던 논증과 거의 같은 방법으로 출발했지만, 완전히 다른 결론에 도달했다. "당신은 모든 자연에서 두 가지 동일한 물체를 절대 찾지 못할 것이다. 그러므로 자연의 질서에서 2 더하기 2는 결코 4가 될 수 없다. 이 결과를 얻으려면 우리는 정확히 같은 단위들을 결합해야 하기 때문이다. 당신은 알고 있다. 같은 나무에서 닮은 두 잎, 혹은 같은 나무 종에서 동일한 두 개체를 발견하는 일이 불가능하다는 것을." 엄밀하게 동일한 나뭇잎 찾기에서는 발자크가 옳을 수도 있다(발자크는 라이프니츠의 이야기를 반복하고 있다). 그러나 자연 세계에서 수를 유익하게 활용할 수 있는 선택들을 발자크처럼 의도적으로 무시하는 것 역시 유용하지 않다고 생각한다.

발자크의 다음 문장도 문제가 많다. "눈에 보이는 본질에서 거짓인 당신의 수에 대한 공리들은 보이지 않는 당신의 추상 세계에서도 틀리다. 그 추상 세계 안에 당신의 관념에서 발견되는 동일한 다양성이 들어 있다."²⁶ 이것은 관념에 달려 있다. 예를 들어, 수는 관념이다. 지금까지 어느 정도 설명했듯이, 관념이야말로 공리적으로 아패틱한 것을 만들 수 있다. 공리화의 힘은 거대하고, 공리를 부정하면 우리는 아무것도 얻지 못하고 정말로 엄청나게 큰 것을 잃게 된다. 2+2=4를 절대적 진리로 여기는 것도 오류지만, 이 진리의 힘을 과소평가하는 것도 같은 크기의 오류다.

이 책에서 만난 인물 대부분은 첫 번째 오류에 지나치게 집착했지만, 발자크처럼 두 번째 오류로 기우는 사람도 많다. 발자크가 숙고했던 내용이 출판되기 몇 년 전인 1826년에 괴테는 이런 말을 했다고 한다.

수학이 (…) 오류가 없는 결론을 제공한다는 주장은 완전히 잘못

됐다. 수학의 완전한 확실성은 동일성에 불과하다. 2 곱하기 2는 4가 아니라 단지 2 곱하기 2일 뿐이고, 그것을 단지 줄여서 4라고 부를 뿐이다. 4는 결코 새로운 것이 아니다.[27]

우리는 이 구절에서 다른 분야를 식민화하는 뉴턴 과학의 힘에 반발하는 괴테의 적대감을 느낄 수 있다. 괴테는 이 적대감을 블레이크(William Blake), 콜리지 같은 당대의 시인들과 셸링(Friedrich Wilhelm von Schelling), 헤겔 같은 철학자들과 공유했고, 이 적대감은 수학에 관한 괴테의 관점으로 흘러들어 갔다. 괴테는 수학에 선험적 종합 진리의 지위를 부여한 칸트에 반대하면서, 2+2=4와 같은 수학적 진리를 분석적 진리, 즉 단순한 동어반복이라고 주장했다.

이 지점에서 괴테는 틀렸다. 당신도 알다시피, 2+2=4를 참으로 만드는 것은 덧셈결합법칙이고, 이 결합법칙은 괴테의 주장처럼 동어반복도, 칸트의 말처럼 선험적 종합 진리도 아니기 때문이다. 2+2=4는 심지어 중력처럼 보편적으로 입증된 경험적 사실도 아니다. 그보다는 우리가 수학을 위해 인정한 가정이자 적극 참여하기로 한 협정이다. 우리가 포커 게임을 하기 위해 모였을 때 함께 인정하는 규칙들처럼 말이다.[28] 그러나 어떤 의미에서 괴테는 옳다. 이런 보편 규칙들은 아패틱과 동일성원리에 대한 우리의 약속을 요구한다. 즉, 우리는 분리되든 결합되든 상관없이 대상들이 전적으로 그 자체로 동일하게 머무는 것처럼 생각해야 한다. 이런 의미에서 수학의 완전한 확실성은 괴테의 말처럼 정말로 "동일성에 불과하다".

우리는 이 '불과하다'라는 단어를 괴테보다 훨씬 부드럽게 해석하고 있다. 우리는 『인간적인, 너무나 인간적인(Menschliches, Allzumenschliches)』에 나오는 니체의 비판에도 동의하지 않을 수 없다. "수. 수의 법칙은 오류의 기초 위에서 발명됐고, 심지어 처음에는 오류가 지배했다. 그 오류는 동일한 것들이 있다는 전제(그러나 사실 어떤 것도 동일한 것은 없다)와 최소한 사물이 있다는 전제(그러나 '사물'은 없다)였다."[29] 괴테 혹은 발자크와 달리 니체의 격언은 제대로 해석한다면 틀렸다고 할 수 없다. 우리는 오직 한 가지 면에서만 이 격언에 동의하지 않는다. 즉 우리는 동일성원리에 대한 정언적 거부와 그 거부에서 귀결된 유동성에 대한 단언에 동의하지 않는다. "그러나 '사물'은 없다." 오히려 우리는 같음 혹은 차이, 동일성 혹은 유동성 가운데 하나를 선택하는 것이 우리에게 달렸다고 본다. 이 세상에 '사물'이 있는지 혹은 없는지 하는 결정은 우리 자신이 내려야 할 두려운 선택이다.

사유 대상을 아패틱한 존재로 다루는 것은 엄청나게 유용하다. 발자크, 괴테, 니체와 달리 우리는 이 유용성을 부인할 수 없을 것이다. 그러나 아패틱과 패틱, 동일성과 차이 사이의 선택은 우리 자신과 우주에 관한 질문을 던질 때 스스로 해야 하는 선택임을 잊어서는 안 된다. 많은 질문들에서, 아패틱한 동일성의 힘을 동일성이 전적으로 적용되지 않는 영역까지 확장하는 것은 대단히 유용하다. 태양에 대한 우리의 운동 속도를 걱정하지 않으면서 잠자리에 들듯이 말이다. 다른 질문들에서는 그 확장이 덜 유용할 것이고, 정말로 위험할 수도 있다. 우리의 두려움, 사랑, 갈등, 욕망에 대한 많은 기본적 질문들이 이 다른 질문들에 포함된다.

그러므로 무엇보다도 우리 앞에 놓인 과제는 우리의 선택과 그에 따른 결과를 더욱 의식하고 더욱 비판적으로 자각하는 것이다. 우리는 언제 무슨 목적으로 어떻게 이런 선택을 하는지, 우리가 제기하는 질문의 관점에서는 어떤 부수적 결과가 나오는지 성찰하고 자각해야 한다. 괴델이 주장했듯이 엄격하게 아패틱한 환경에서 집합론 공리들은 "우리에게 자신이 참이라고 강요할 수 있다".[30] 그 밖의 모든 다른 환경에서는 우리 자신이 선택해서 그 공리들에게 패틱한 세상을 강요한다. 이런 강요를 통해 우리는 무엇을 얻고 무엇을 잃을까? 첫 번째 질문에 대답하는 일이 훨씬 쉽다. 동일성원리와 아패틱한 규칙들이 압도적으로 복잡하고 영원히 변화하는 우주에 수학적으로 확장되면서, 즉 이 규칙이 엄밀하게 적용되지 않는 영역까지 확장되면서 인간 지식과 지구 위 생명(인간 생명뿐만이 아니다)의 기회는 극적으로 전환됐다. 신 혹은 몽상가만이 감히 이 거대한 현상의 '비용편익분석'을 제공할 수 있을 것이다. 그러나 앞으로 남은 장들에서 우리는 우리 선택의 본성을 망각하지 않는 게 특별히 중요한 영역에 초점을 맞출 것이다. 우리는 7장부터 물리적 세계, 사회적 세계, 우리의 정신 혹은 내면세계를 다룰 것이다.

7장
물리학 (그리고 시)
동일성을 향한 의지와 차이를 향한 의지

무엇을 관찰할 수 있는지는 이론이 먼저 결정합니다.
— 알베르트 아인슈타인이 베르너 하이젠베르크에게[1]

우리는 시와 과학 사이에 다리를 놓아야 한다.
우리는 이 부자연스러운 상처를 치유해야 한다.
— 존 듀이[2]

우리는 자명하지는 않지만, 인류의 번성에 필수적인 두 가진 진리로 6장을 마무리했다.

· 수(여기서 수는 공리에 기초한 전체 수학을 의미한다)는 아패틱을 요구한다.
· 절대적으로 패틱하거나 아패틱한 것은 없다. 우연에 따라 패틱하거나 아패틱해질 뿐이다.

우연이라는 말은 모든 존재가 우리의 관점, 우리가 제기하는 질문과 관심의 형태, 시간과 기간, 그리고 많은(진정 무한히 많은) 타자들에 의존한다는 뜻이다. 우리는 합의를 통해 순수수학적 사유 대상들이 있는 영역에서는 공리를 위해 우연성을 희생하기로 동의했다. 이 영역 밖에서는 2+2=4 같은 명제들이 절대적이고 필연적 진리를 표현하지 않는다. 이 수학적 진리들은 사물의 존재 방식, 신의 뜻 혹은 우리 정신의 필연적 본성의 산물이 아니다. 오히려 인간의 습관과 선택, 아패틱 혹은 패틱에 대한 선호의 생산물이다. 이런 의미에서 모든 지식은 동일성 혹은 차이를 향한 우리의 의지에 좌우된다고 말할 수 있다.[3]

　　우리는 대단히 근본적인 이 선택을 거의 의식하지 못한다. 그러다 보니 이 선택을 서로 충돌하는 충동들의 영원한 갈등으로, 즉 같음에 대한 의지와 다름에 대한 의지 사이의 고정된 투쟁으로 무대에 올리려는 유혹을 받는다. 그러나 우리는 두 의지가 서로 분리될 수 없는 관계임을 잊어서는 안 된다. 동일성과 차이는 언제나 동시에 표현된다.

　　순수수학에서조차 이것은 참이다. 집합론에서 어떤 속성 p를 가진 모든 대상들의 집합을 규정하는 행위는 동일성을 향한 의지의 실행이다. 말하자면 이런 속성이 있는 모든 대상을 같은 우산 아래 모으는 것이다. 그러나 바로 이 행위를 하면서 우리는 이런 대상과 나머지 모든 것 사이에 차이를 확립했다. 이때 당신은 "잠시만요!"라고 외치면서 다음과 같이 반박할 수도 있다. 만약 공집합(ø)를 선택했다면, 공집합에는 어떤 것이나 다른 것이 없으므로, 우리는 모든 어떤 대상과 나머지 다른 대상들 사이에 아무런 차이도 확정하지 못할 것이다. 당신이 옳다. 공집합은 예외다. 공집합은 차이의 섞임이 전혀 없는 순수한 동일성을 갖는 사유에서만 나오는 대상이기 때문이다. 그러나 공집합을 '취한다'는 것은 그 자체로 '어떤 것도 다른 것도 없는 것'(공집합)과 다른 것의 반대인 어떤 것이 있는 모든 다른 것 사이의 선택이었다. 이처럼 공집합의 동일성은 차이를 만들려는 의지에서 나왔다.

　　모든 지식의 대상에 대해 우리는 관심과 집중이라는 선택을 하고, 동일성을 원하는 마음과 차이를 원하는 마음 사이에서도 선택을 한다(또는 전혀 마음이 없을 수도 있다). 그러나 이 선택은 종종 문자 그대로 편견에서 나온다. 편견은 이전의 습관과 전제, 이론의 생산물이다. 이 가운데 특히 주목할 만한 편견은 지식의 기초에 영구적인 동일성을 갈망하는 것이다. "인간의 지성은 원래 태어날 때부터 추상적이고, 유동하는 사물들을 일정한 것으로 생각하게끔 한다." 프랜시스 베이컨(Francis Bacon)은 1620년에 출판한 『신기관(Novum Organum Scientiarum)』에서 이 열망을 '우상'의 하나로 소개하고, 이런 우상숭배가 과학을 그릇된 길로 이끌었다고 말한다.[4]

오늘날 우리가 과학자라고 부르는 사람들이 우상숭배자들 사이에 자주 당당하게 서 있었던 이유는 그들의 믿음이 충분히 보상받았기 때문이다. 법, 방정식, 상수, 규칙성, 반복, 정체성과 같은 '동일성'의 발견은 물리학, 화학, 그리고 그 밖의 많은 과학에서 중요한 진보를 이뤄 냈다. 이 장의 목표는 이런 진보에 의문을 제기하는 게 결코 아니다. 이런 각각의 '동일성'이 우연이라는 점을 지적하고 싶을 뿐이다. 공집합의 진리 및 공집합에 기초해 만들어진 수학적 논리학의 진리와 다르게, 물리학의 진리는 동일성 혹은 차이를 보는 우리 관심의 형태에 따른 산물이다. 이런 주장은 터무니없어 보일 수도 있다. 예를 들어, 그렇다면 물리학 법칙들은 모든 곳에 적용되는 게 아니고 늘 동일하지도 않다는 뜻인지 되물을 수도 있다. 그래서 우리는 어떤 의미에서 이 주장이 참인지 서술하는 데 이 장의 많은 부분을 할애할 것이다.

우선 권위에 기대어 논의를 시작해 보자. 1908년 프랑스어로 출판된 에밀 메이에르송(Émile Meyerson, 1859~1933)의 『동일성과 실재(Identité et Réalité)』는 큰 호응을 받았다. 알베르트 아인슈타인은 이 작품을 호의적으로 읽었고, 파리를 여행할 때 이 화학자 겸 철학자를 방문했다. 몇 세기 전에 살았던 프랜시스 베이컨처럼, 메이에르송도 "동일성은 우리 정신의 영원한 틀이다"라고 불변을 향한 인간의 갈망을 지적하면서, 이 틀이 '과학을 관통한다'고 생각했다. 메이에르송은 『동일성과 실재』의 각 장을 다양한 과학에서 등장하는 '법과 원인' '기계론' '물질 보존' '에너지 보존' '물질의 통합' 같은 동일성을 향한 이런 의지의 중요한 표현들로 구성했다. 메이에르송은 이 모든 강력한 동일성원리들이 세상에 나타나 질문과 관점을 바꾸고, 새로운 차이의 발견도 무마시키는 과정을 논증한다. 그리고 실재와 단단히 연결되고 싶은 모든 과학은 자신이 의존하기도 하는 동일성을 향한 충동에 저항해야 한다고 말했다. 이럴 때 모든 과학 안에 있는 '동일성'과 '동등함'도 제대로 생산성을 발휘할 수 있다고 보았다.

> 접시를 깨뜨리고 그 조각들을 하나도 빠뜨리지 않고 모아 다시 조립한다. 그럴 때 나는 망설임 없이 이 사실을 등식으로 표현할 것이다. 접시를 A, 조각들을 B, C, D라고 하면 이렇게 쓸 수 있다. A = B + C + D. 이 등식은 두 접시가 동등하다는 걸 확인해 주는 것처럼 보인다. 그러나 나는 이 조립한 접시를 사용한다면 작은 사고가 생길 것임을 잘 알고 있다. 우리는 이 사실에 충격을 받지 않는다. 우리는 이 문제는 기본적으로 동등함(equality)이 아닌 다양성(diversity)의 문제라는 걸 한순간도 잊지 않았다. 그런데 과학은 종종 이런 생각의 선을 한참 넘어간다.[5]

메이에르송이 다양한 과학, 다양한 지식 대상, 그리고 '동일성'을 위한 다양한 유형의 헌신을 서로 구분했을 때, 다른 과학철학자들은 여전히 모든 지식의 통합을 꿈꾸고 있었다. 그들은 알 수 있는 모든 것을 위한 기초로 활용될 '동일성'을 추구했다. 우리는 제1차세계대전 이후 빈학파에 있던 몇몇 열광적인 동일성 지지자를 이미 만났다. 그중에 루돌프 카르나프(Rudolf Carnap)가 있고, 그는 『세계의 논리적 구조(The Logical Structure of the World)』라는 부드러운 제목을 가진 책에서 다음과 같이 주장했다. "대상들의 영역은 오직 하나이므로 과학은 오직 하나다."[6]

　메이에르송처럼 우리도 반복해서 주장했다. '일자'를 향한 열망은 지식 본성에 관한 몇몇 기본 진리들을 보지 못하게 만든다. 이 장에서 우리는 물리적 세계에 집중하면서 이 주장을 다시 반복할 것이다. 요한 폰 노이만과 다른 수학자들이 공집합으로 수학적 대상에 대한 지식을 만드는 데 성공한 것처럼, 공간, 에너지, 질량, 순간, 전자와 그 밖의 기본입자에 대한 지식, 그리고 우주의 다른 물리적 측면에 대한 지식들이 아패틱하고 변하지 않는 동일성에 철저하게 기초할 수 있을까?

　여러 차례 밝혔듯이, 우리의 대답은 '아니요'다. 물리학은 수학을 응용함으로써 인간 지식의 힘을 보여 주는 엄청난 업적을 낳았고, 미시 영역부터 거대한 규모에 이르기까지 우주를 보는 깊은 통찰을 제공했다. 그러나 수학이 인간의 우주 탐구에서 동일성과 차이 사이의 선택을 없애 버리지는 않았다. 이런 의미에서, 물리학과 그 밖의 다른 과학을 수학과 동일시하려는 모든 노력에도 불구하고 (다른 과학들처럼) 물리학은 시나 신화와 같은 지식의 다른 영역과 친족 관계를 유지하고 있다. 즉 물리학은 우리 자신, 타인, 다른 생명 형태, 그리고 세계와의 관계를 탐구할 때 더욱 패틱한 경로를 취하는 지식 영역과 여전히 연결돼 있다. 바로 이 점이 우리가 이 장에서 강조하고 싶은 요점이다. 당신은 이 장에서 우리가 가끔 시를 이용해서 과학을 이야기하는 모습을 보게 될 텐데, 이는 다음의 요지를 보여 주기 위해서다. 가장 수학적인 물리학조차도 시와 같은, 지식을 향한 더욱 패틱한 방법들과 관계를 유지하고, 그 관계를 통해 동일성과 차이를 성찰하는 방법을 배울 수 있다(그 반대도 마찬가지다).

동일성이라는 천상의 거처

지금까지 수천 년에 걸친 지식의 역사를 훑어보면서 우리는 이미 동일성의 기초로 제시된 수많은 후보자를 만나 봤다. 이 모든 후보자는 오류로 판명됐고, 무지, 습관, 편견 혹은 이론적 가정의 생산물로 드러났다. 기억을 떠올려 보면, 피타고라스, 플라톤, 아리스토텔레스, 그리고 스콜라철학의 신봉자들은 하늘이 순수 동일성의 거처라고 믿었다. 이들은 태양과 다른 별들은 수(그리고 음악)의 법칙처럼 변하지 않는 주기적 경로에 따라 움직인다고 믿었다. 수학적 규칙에 따르는 영원한 하늘과 우리들의 비천한 땅은 대조돼, 아름다움과 욕망이 보통 쇠퇴와 망각으로 이어지는 고통과 괴로움의 이 세계는 천상 세계와 다르다고 봤다. 이 대조는 과학과 철학뿐만 아니라 많은 종교와 시의 주제였다. 존재에 관한 진리들의 위계질서를 다루는 존재론도 우리에게 친숙하다. 이 존재론은 변하는 것과 불변하는 것, '하늘을 운행하는 영원한 빛의 위대한 공연'과 땅의 비루함 사이의 구분에

기초한다. 공허한 현상의 세계 위에서 하늘과 천체의 법칙들은 영원한 진리를 약속한다.[7]

1572년 11월에 그때까지 보지 못했던 것이 하늘에 나타났다. 오늘날 SN 1572(카시오페이아 B 초신성 또는 튀코의 초신성)로 알려진 새로운 밝은 별이 카시오페이아 자리에서 목격됐다. 몇몇 관찰자들이 이 현상을 거의 동시에 발견했는데, 데인족 출신의 튀코 브라헤(Tycho Brahe)도 발견자 가운데 한 명이었다. 또 다른 관찰자로 제로니모 무뇨스(Jerónimo Muñoz)도 있었다. 발렌시아의 수학자이자 천문학자, 히브리 학자였던 무뇨스는 이 발견에 대한 자신의 설명을 1573년에 『새 혜성에 관한 책(Libro del Nuevo Cometa)』이라는 제목으로 출판했다.[8] 혜성은 익숙한 현상이었고 오래전부터 (비록 부정확했지만) 아리스토텔레스주의 이론가들에 의해 영원한 천계보다는 유동성이 지배하는 '달 아래' 영역에 속해 있었다. 그러나 책 제목과 달리 무뇨스의 시차 계산은 이 혜성이 달보다 멀리 있는 별이라는 걸 보여 줬다. 무뇨스는 별이 변한다는 이 발견의 중요한 함의를 축소하지 않았다. 하늘은 동일성의 거처가 아니다. (플라톤과) 아리스토텔레스의 우주론은 거부돼야 한다.[9]

무뇨스의 발견은 동일성이라는 기본 환상(이 경우에는 달 밖에 있는 천계의 순수 동일성을 말한다)과 수학의 도움을 받은 천문학과 천체물리학 발견 사이의 충돌 사례였다. 1633년 교황청 종교재판소가 갈릴레오 갈릴레이에게 유죄를 선고한 것은 이런 충돌의 훨씬 더 유명한 사례이고, 종교에 대항하는 과학의 영웅적 투쟁담으로 반복해서 소개되는 이야기다.[10] 그러나 과학자들도 신학자들처럼 동일성이라는 기초를 갈망하기 쉽다. 과학혁명은 르네상스 시대의 플라톤적 양극성, 언제나 같은 하늘과 영원히 다른 지구 사이의 극명한 차이를 해소하면서 이 양극성을 동일성에 대한 더 강한 보편적 요구로 대처했다.

갈릴레이와 뉴턴이 알아낸 운동법칙과 중력은 하늘과 땅에 동일하게 적용된다. 하늘과 땅이 같은 법칙에 지배받는 새로운 통합이 가능해졌다. 갈릴레이의 위대한 (그러나 좀 더 조심스러운) 동시대인이었던 르네 데카르트는 『정신 지도의 규칙들』에서 첫 번째 규칙으로 모든 참된 지식의 본질적 통합성과 불변의 동일성을 제시했다.

> 전체적으로 과학은 언제나 하나이자 동일함을 유지하는 인간의 지혜와 다르지 않다. 그러므로 태양 빛이 자신이 비추는 다양한 사물에서 차이를 가져오지 않듯이 과학도 적용되는 주제가 아무리 달라도 차이를 가져오지 않는다.[11]

데카르트 다음 세대의 가장 위대한 합리주의자 고트프리트 빌헬름 라이프니츠의 말도 들어 보자. "누구나 사물의 일부를 이해하면 내가 말했던 우주의 상호 교류와 통합 덕분에 우주 전체를 이해한다. 나의 원칙은 물질들이 서로 거의 분리될 수 없다는 것이다. 하나를 잘 이해한 사람은 모든 것을 이해한다."[12]

모든 지식이 동일하다는 이런 환상의 오류는 무엇인가? 첫째, 아마도 가장 덜 중요한 문제일 것 같은데, 물리적 세계에 관한 우리 지식은 계속 확장되고, 동일성 환상은 이 확장된 바닷속으로 침몰해 버린다. 기본적 통합성을 위한 모든 후보자들이 이 영원히 상승하는 지식의 파도 속으로 사라진다. 이런 의미에서,

지식의 동일성의 증거로 데카르트가 제시한 태양 빛이 전형적인 사례다. 데카르트와는 달리 지금 우리는 빛의 동일성이 반사하는 물체에 달려 있다는 걸 안다. 태양 빛이 거울에 떨어지면 반사된 빛도 거의 동일성을 유지할 것이다. 그러나 태양 빛이 나뭇잎에 떨어지면 꽤 많은 양의 빛이 식물 유지를 위한 광합성에 투입된다. 데카르트, 라이프니츠, 그리고 그 밖의 많은 철학자들의 생각과 다르게 인간 지혜도 적용되는 주제에 따라 달라질 수 있을까? 만약 그렇다면 동일성 환상에 굴복하는 것은 이런 차이를 다루는 우리 능력을 약화시키는 일이 된다.[13] 이것이 바로 두 번째 문제다.

공간: 기하학의 최전선에 선 무변화

별들이 실패한 상황에서, 순수한 동일성의 거처로 생각될 수 있는 것은 우주에 또 무엇이 있을까? 아주 오래된 또 다른 후보자는 공간이라는 관념(혹은 칸트가 불렀던 직관)이다. 우주공간은 변하는 별과 은하 들로 가득 찬 것이 아니라 우리가 창조 이전에 있었다고 상상하는 그런 공간이다. 별도 없고, 어둡고 비어 있으며, 그 안에 무엇이 담기든 부식되지 않고, 어떤 영향도 받지 않는 완벽하게 아패틱하고 언제나 동일한 그런 공간이다.[14] 이런 공간을 다루는 과학을 그리스어로 기하학이라고 불렀고, 그 요소들이 유클리드를 통해 우리에게 전해졌다. 그래서 잠시 유클리드의 『원론』 1쪽으로 돌아가려고 한다. 이 책이 서양 사상에 미친 영향은 「창세기」의 영향력에 비견할 수 있을 것이다.

처음에 우리는 점과 선을 만난다. 유클리드가 이 두 가지를 불완전하게 정의한 것을 문제 삼을 필요는 없다. 기본적이고 기초적인 소재를 다룰 때 이 소재를 더욱 기본적인 것으로 환원하기를 기대할 수는 없기 때문이다. 정말로 중요한 것은 점과 선이 관계 맺는 방식이다. 다음 두 가지 명제를 보자. "만약 P와 Q가 다른 점이면 P와 Q를 지나는 직선은 오직 하나 존재한다." "만약 P와 Q가 같은 점이면 P와 Q를 지나는 직선은 무수히 많다."

이 두 명제는 기본 가정이며, 유클리드가 공리로 받아들였다. 그러나 사실 논리학에서 보면 유클리드는 그 명제들을 언급할 수가 없다. 우리도 마찬가지다. 아직 점과 관련된 같음과 다름의 의미를 정의하지 않았기 때문이다. 그렇다면 우리가 기하학적 직관에 따라 이 개념들을 정의해도 될까? 우리는 공간의 어떤 영역으로 눈을 돌린 후 그곳에 점 P가 있다고 상상한다. 그다음 눈을 공간의 다른 곳으로 돌려(눈의 감각적 움직임이 첫 번째 영역과 두 번째 영역이 다르다고 우리에게 말해 준다) 그곳에 점 Q가 있다고 상상한다. 우리는 P가 Q와 다르다고 정의한다. 두 점은 다른 영역에 있기 때문이다. 눈을 한곳에서 다른 곳으로 옮겼다고 우리 혹은 다른 사람들이 인지할 수 없을 정도로 P와 Q가 가까이 있다면, 상황은 더욱 까다로워진다. 그러나 만약 우리가 P에서 Q로, 또는 그 반대로 가는 데 필요한 움직임을 기록할 수 있는 도구를 상상할 수 있다면, 여전히 P와 Q는 다르다고 말할 수 있을 것이다. 이 비현실적이고 이상적이며 제한된 경우에도 차이를 인지할 수 없다면, 우리는 P와 Q는 동일한 점이라고 말해야 할 것이다.[15]

그러나 여기서 곤란함이 시작된다. 위에서 말한 의미에 따라 P와 Q가 다른 점이라고 하자. 이제 P와 Q를 서로 교체한다고 상상해 보자. 우리는 차이를 말할 수 없다. 실제 존재인 P와 Q의 상호 교체는 우리가 부여한 이름의 상호 교체에 불과하다. 결론적으로, P와 Q는 구분할 수 없고 식별이 불가능하다. 유클리드공간에 있는 점들은 우리가 구별할 수 있는 표시나 특성을 제공하지 않는다. 유클리드가 규정했듯이, "점은 부분이 없는 기호다" 혹은 "점은 부분이 없는 것의 기호다($\sigma\eta\mu\varepsilon\tilde{\iota}\acute{o}\nu\ \dot{\varepsilon}\sigma\tau\iota\nu,\ o\dot{\upsilon}\mu\acute{\varepsilon}\rho o\varsigma\ o\dot{\upsilon}\theta\acute{\varepsilon}\nu$)".[16] 그렇다면 문제는 어떻게 구분할 수 없는 존재들이 다를 수 있을까? 이 상황은 라이프니츠가 말했던 구분할 수 없는 존재들의 동일성에 관한 원칙, 즉 식별불가능자 동일성원리에 위배된다.[17] 다비트 힐베르트는 근대를 위한 합성기하학을 공리화하면서 점에 대한 엄격한 논리적 정의를 제시하지 않았고, 언제 두 점이 동일한지도 정의하지 않았다. 대신 힐베르트는 이 문제를 다듬어서 이렇게 단순하게 서술했다. "모든 두 점 A와 B에 대해 A와 B를 포함하는 직선은 단 하나 존재한다." 혹시 힐베르트는 우리가 다른 문자로 두 점에 이름을 부여하고 문자 두 개가 있다고 말하므로, 그 자체로 A와 B는 다르다는 뜻을 수반한다고 가정한 것은 아닐까?[18] 이런 가정은 직관을 만족시키지만 논리는 훼손한다.

점과 관련된 이 어려움에 대해서는 2000년 이상 토론됐다. 점은 실재하는 존재인가, 아니면 단순한 이름 플라투스 보키스(*flatus vocis*, 소리의 바람이라는 뜻으로 중세 유명론자들이 대응하는 실재가 없는 단어들을 이렇게 불렀다)인가? 또는 단지 방귀(*flatus*)일 뿐인가? 조너선 스위프트(Jonathan Swift)는 이 논쟁을 특유의 위트로 1722년에 이렇게 묘사했다. "수학자들은 자연주의자와 형이상학자의 중간을 택했다. 그들은 양은 있지만 나누어질 수 없는 방귀를 소유하고 있다. 이 방귀에 길이도 넓이도 두께도 없는 수학적 점이라는 이름을 줬다." 두 세기가 지나 프랑스 시인 폴 발레리는 이 수천 년의 역사를 뒤돌아본 후 두 문장으로 요약했다. "그리스인들은 기하학을 발견했다. 그것은 무의미한 모험이었고, 우리는 여전히 이 어리석은 생각의 가능성을 토론하고 있다." 그러나 이 문제는 수학의 문제이므로, 한 수학자에게 영감을 받은 시인보다는 영감을 준 그 수학자가 직접 이 문단을 마치도록 하는 게 좋겠다. 앙리 푸앵카레는 동일성과 관련된 인간의 습관, 그리고 동일성에 관한 익숙한 경험들로 공간의 수학을 추론하는 것을 직접 강조했다. "자연에 변하지 않고 움직이는 고체가 없다면 기하학은 존재하지 않을 것이다."[19]

힐베르트, 푸앵카레, 후설, 그리고 발레리. 이 근대 수학자, 철학자, 시인은 고대 그리스인들이 다룬 질문과 대단히 유사한 문제를 두고 씨름했다. 만물의 기초로 아낙시만드로스가 제안했던 아페이론(경계가 없는 것)을 상기해 보라. 우리는 아페이론을 유클리드공간에 선과 면을 도입하기 전에 있는 점들의 모음으로 볼 수 있다. 이 모음에는 한계나 경계가 없고, 구별이나 개별성은 경계로서 선이나 면을 임의로 도입하면서 생겨나야 한다. 그러나 아페이론과 우리의 전통적인 유클리드의 공간 개념 또는 직관은 동일성의 거처라는 명칭을 얻기 위한 논리학 시험을 통과하지 못한다(특히 충족이유율과 식별불가능자 동일성원리에 어긋난다). 이 두 가지는 우리의 지식 확장 시험의 문턱도 넘어서지 못한다. 오늘날 물리학자들의 시공간 개념은 아패틱하지 않다. 예를 들어, 일반상대성이론은 시공간을 거대하고 비어 있는 냄비가 아니라 리만다양체로 인지한다. 리만다양체의 형태와 곡률은 그 안에 담겨 분포된 질량에 달려 있다.

역학에서의 동일성과 차이

점들의 동일성 혹은 차이와 관련된 논리적 어려움은 기하학에 국한되지 않는다. 이 문제들은 물리학의 다양한 측면을 괴롭히는데, 1687년 아이작 뉴턴이 『자연철학의 수학적 원리』에서 제안한 유명한 역학도 여기에 포함된다. 이 책에서 뉴턴은 자신의 세 가지 '공리 혹은 운동법칙'을 언급했다. 여기서는 제3법칙만 보자. 제3법칙에 따르면, 어떤 물체가 다른 물체에 힘을 가하면 힘을 받는 물체도 힘을 주는 물체에 같은 크기의 힘을 반대 방향으로 동시에 가한다. 뉴턴은 이 작용반작용의법칙을 설명하는 몇 가지 예를 제시한다.

> 만약 말이 밧줄로 감은 돌을 당기면, 말도 (말하자면) 돌을 향해 같은 힘으로 끌릴 것이다. 양 끝으로 팽팽하게 당겨진 밧줄은 팽팽함을 유지하려고 돌을 향해 있는 말과 말을 향해 있는 돌에 같은 힘을 줄 것이고, 하나의 전진운동을 촉진하는 만큼 다른 하나의 전진운동을 방해할 것이기 때문이다.[20]

많은 물리학과 학생들이 어떻게 뉴턴의제3법칙이 참이 되는지 궁금해한다. 물체에 작용하는 모든 힘이 반대 방향으로도 크기가 같은 힘을 끌어낸다면, 이 물체는 움직이지 않을 것 같기 때문이다. 그러나 이 세계에 있는 물체들은 움직인다. 운 좋게 좋은 선생님을 만나면 이런 설명을 듣게 된다. 뉴턴은 같지만 다른 방향으로 작용하는 다른 힘의 쌍도 언급했다. 말이 뒤쪽으로 지면에 가하는 힘과 지면이 말의 머리쪽으로 가하는 반대 방향의 힘이 그것이며, 돌과는 반대로 말을 움직이려는 경향이 있는 힘이다. 돌에 작용하는 이 두 가지 힘을 더했을 때 그 합이 돌이 말에게 가하는 힘보다 크면, 돌은 움직일 것이다. 그러나 제3법칙은 오직 말과 돌, 혹은 말과 지구처럼 두 개의 다른 물체가 있을 때 적용된다는 것을 명심해야 한다. 만약 이 법칙을 오해해서 같은 물체에 적용하게 되면, 이 물체는 실제로 움직일 수 없을 것이다.

말과 돌을 다루는 일은 대수롭지 않은 문제로 보일 것이다. 그러나 우리가 자신 있게 판단하기 어려운 동일성 혹은 차이를 가진 대상을 다룰 때 이 문제는 심각해진다. 19세기 빈의 위대한 물리학자 루트비히 볼츠만은 기하학을 떠도는 식별불가능성이라는 유령의 특성을 잘 이해했다. "(이 유령은) 역학의 원칙을 다루는 모든 견해에 동등하게 전달되는데, 모든 것은 시간과 공간에서 시작하기 때문이다."[21] 볼츠만은 만약 우리가 원자와 분자 같은 아주 작은 물리적 대상을 질점들(mass points)로 상상하면, 라이프니츠의 식별불가능자 동일성원리를 위배하게 된다는 걸 알았다. 정지 상태라고 상상된, 같은 질량을 제공하는 작은 점들은 식별이 불가능하기 때문이다. 그래서 볼츠만은 각 질점들의 식별가능성이 분자와 그들의 운동을 다루는 통계역학의 기본 가정이 돼야 한다고 주장했다. 다른 말로 하면, 볼츠만은 식별가능성을 공리로 제시하면서 차이를 향한 의지를 선험적으로 실천했다.

지금부터 우리가 볼츠만이 유일한 선택지가 아니라고 지적한다고 해도 당신은 놀라지 않을 것이다. 볼츠만처럼 제임스 클러크 맥스웰(1831~1879)도 기체의 운동에 큰 관심이 있었다(그는 열역학에 대한 많은 공헌으로 이름을 남겼다. 맥스웰-볼츠만통계와 맥스웰의 악마 등이 대표 사례다). 또한 맥스웰은 전기, 자기, 빛의 기본 관계를 처음으로 인식한 사람 중 한 명이었고, 전자기학을 수학적으로 처리한 맥스웰방정식은 전기장과 자기장에서 파동의 전파를 묘사하는 강력한 모델을 제공한다. 그러나 우리가 여기서 맥스웰을 언급하는 이유는 다른 데 있다. 볼츠만과 달리 맥스웰은 열역학 시스템의 분자 혹은 원자 수준에서 '모든 종의 개체 사이에 변이도 없고, 심지어 차이도 없을' 가능성을 받아들이고 싶어 했다. 분광학이 막 설립될 때, 맥스웰은 가장 멀리 있는 별에서 온 빛도 지구에 있는 빛과 정확히 같은 스펙트럼 형태를 보여 준다는 놀라운 사실을 지적하고, 빛을 생산하는 원자들이 정확히 같음을 암시하면서, 심지어 이 원소적 '동일성'을 우주 전체로 확장하고자 했다.[22] 더 놀랍게도, 맥스웰은 물리학이 식별가능성의 한계에 도달하면 인류는 사유와 논리 법칙의 한계에 도달하게 될 것이라고 과감한 결론을 내렸다.[23]

요약하면, 맥스웰은 우주의 물리적 기초로 적용되는 동일성 원리와 다른 논리학 법칙들의 불충분함을 고려하려고 했다(맥스웰이 보여 준 과학적 독단의 바람직한 배제는 부분적으로 다른 종류의 독단에서 촉진됐음을 지적할 필요가 있다. 맥스웰은 창조주 신을 위한 자리를 보존하고 싶어 했다). 점들의 식별가능성을 포기하지 않으려는 다른 사람들은 운동의 도움을 받아 이 문제를 해결하려고 했다. 기하학적 점들 자체는 움직이지 않고 가만히 있지만, 기본입자들, 원자와 분자 들은 움직인다. 우리는 이런 운동을 통해 이런 입자들의 개별화를 시도해서, 시간에 따라 공간에서 움직이는 이 입자들의 궤적 추적 장비를 발명할 수 있을 것이다. 그러나 이 해법도 동일성과 차이라는 어려운 문제를 만난다. 우리는 한 입자(이 입자를 *P*라고 부르자)를 추적한다. *P*는 어떤 점까지 아주 잠깐 사라졌다가 바로 옆에 다시 나타나(이 입자의 이름을 *Q*라고 바꾸자) 계속 움직인다. 우리는 *P*와 *Q*가 동일하다고 추측할 수 있다. 그러나 어떻게 그것을 알 수 있을까? *P*가 시야에서 완전히 사라졌고 *Q*가 그 근처에 생겨난 다른 입자일 가능성도 충분히 있다.

바로 이런 종류의 문제를 해소하기 위해 볼츠만은 자신의 역학에 입자들의 궤도는 연속적이어야 한다는 가정을 추가했다. 이 가정은 새로운 것이 아니었다. 이 가정의 일반적인 표현 '자연은 도약하지 않고, 한곳에서 다른 곳으로 연속적으로 이동한다(*Natura non facit saltum*)'는 라이프니츠로부터 (다시 한번) 나왔다. 그러나 양자물리학이 발견되면서 이 원칙이 곧 유지될 수 없음도 곧 증명됐다.[24]

그런데 잠시만(당신은 질문할 수도 있다), 실체로 이 원자들과 입자들은 다른 것인가, 같은 것인가? 이 질문에 대해 우리는 메이에르송의 대답을 들려줄 수밖에 없다. "보존과 동일성은 경험과학의 모든 단계에서 끼어들어서 고려 대상이 된다. 경험과학은 겉으로 보이는 모습과 달리 이런 선험적 요소로 가득 차 있다."[25] (하이젠베르크가 전하는) 아인슈타인의 대답도 들어 보자. "무엇을 관찰할 수 있는지는 이론이 먼저 결정한다." 그리고 그 가운데 이론이 우리에게 내리는 첫 번째 결정은 동일성과 차이 사이의 선택이다.[26]

엔트로피는 관찰자에 의존하는가?

앞의 사례는 관찰된 대상의 동일성 혹은 차이 인식의 우연성에 초점을 맞췄다. 우리는 관찰자의 동일성 혹은 차이에서 나오는 우연성에도 초점을 맞출 수 있다. 엔트로피가 훌륭한 사례다. 엔트로피를 정의하는 한 가지 방법은 한 시스템이나 장치에서 얼마나 많은 역학적 일이 나올 수 있느냐를 측정하는 것이다. 산업혁명 이후로 인류는 역학적 일을 생산할 때 온도 차이를 활용하는 방법에 익숙해졌다. 더 뜨거운 기체가 피스톤 한쪽 면에 압력을 가하면(압력은 대개 온도에 비례한다) 피스톤이 움직이고, 그 움직임이 바퀴나 축에 전달된다. 그다음에 피스톤은 다시 뒤로 이동하고 뜨거운 가스가 추가되면서 주기가 반복된다.

열역학의 많은 기본 개념들이 이런 종류의 엔진을 생각하면서 나왔고, 열역학제2법칙 '고립계에서 전체 엔트로피는 시간이 지나도 절대 감소할 수 없다' 역시 마찬가지다. 이 법칙은 프랑스 엔지니어 사디 카르노(Nicolas Léonard Sadi Carnot)가 1824년에 『불의 동력에 대한 고찰(Réflexions sur la Puissance Motrice du Feu et sur les Machines Propres à Développer Cette Puissance)』에서 처음 정식화했다.

엔트로피를 인지하는 다른 방법은 온도를 기준으로 분자 평균 운동에너지를 해석하는 것이다. 두 용기 사이에 격막으로 뜨거운 기체와 차가운 기체를 분리할 때, 대부분의 높은 에너지 분자는 한 용기에 있고 낮은 에너지 분자는 대부분 다른 용기에 있다. 이처럼 분자들 사이에 자신들의 운동에너지에 따른 구별 기준이 있다. 이 차이가 클수록 엔트로피는 낮고 이 계에서 얻을 수 있는 일의 양은 많다. 이에 따라 엔트로피를 종종 무질서한 정도, 혹은 시스템 내 차이의 결핍이라고도 부른다. 만약 우리가 기체를 평형상태에 이를 때까지 섞으면, 엔트로피는 최대치가 되고 이 시스템에서는 어떤 일도 나오지 못한다. 반대로 이 엔트로피의 증가량은 시스템이 격막을 열기 전 상태로 돌아가기에 필요한, 외부로부터 오게 될 일 양의 기준이 된다.

1875년경 예일대학교 교수 조사이아 윌러드 기브스(Josiah Willard Gibbs)는 다음과 같은 놀라운 사실을 발견했다. 기체를 온도와 압력이 같은 분리된 두 용기에 넣는다. 두 통은 밸브로 연결돼 있다. 이제 밸브를 열어 기체들이 서로 섞이게 한다. 만약 기체가 서로 다르면 평형에 도달한 후 엔트로피는 증가할 것이다. 기체들의 성질과 관계없이 오직 두 기체가 다르다는 사실 때문에 그럴 것이다. 두 기체가 같다면 아무런 증가도 없을 것이다. 나중에 나온 결과는 역설적이었는데, 기체들이 식별 불가능해지면서 엔트로피도 정의할 수 없게 되는 상황을 드러냈기 때문이다. 식별불가능성에 관한 질문은 동일성과 차이에 관심이 있는 누구에게나 분명히 중요하다.[27] 그러나 지금 우리는 다른 함의를 강조하려고 한다. 여기서는 엔트로피를 측정할 때 기체의 동일성 혹은 차이 사이의 순전히 객관적 구별만 하는 것처럼 보인다![28]

그러나 순수하게 객관적으로 보이는 많은 것들처럼 이 또한 겉으로 보기에만 객관적임이 드러난다. 기브스의 사고실험이 있은 지 100년 후, 또 다른 미국 물리학자 에드윈 제인스(Edwin T. Jaynes)가 상상한 다음 시나리오를 보자.[29] 오늘날, 우리가 아는 한 세상에는 한 종류 아르곤밖에 존재하지 않는다.

하지만 50년쯤 뒤에는 다른 종류 아르곤이 발견될 거라고 상상할 수 있다. "A_2가 위프늄(Whifnium)에 녹는다는 점만 제외하고 A_1과 A_2는 모든 면에서 동일하다[위프늄은 아주 드물게 슈퍼칼릭한(superkalic) 원소다. 사실 너무 드물어 아직 발견되지 않았다]." 미래 물리학자들은 한 용기에는 A_1, 다른 용기에는 A_2가 있는 기구를 사용해서 기체들의 차이에 따른 엔트로피 증가를 확인할 수 있을 것이다. 그들은 또한 기체들의 차이에서 오늘날 우리는 할 수 없는 수준의 일을 생성할 수 있을 것이다. 오늘날 우리 지식으로는 모든 아르곤이 동일하기 때문이다.

제인스는 이렇게 적었다.

이 시나리오에서 우리의 더 큰 지식은 (…) 각 원자의 정확한 경로에 이르기까지 사실상 동일한 물리적 과정일 것에 다른 엔트로피 변화를 할당하도록 이끈다. 그러나 이 문제와 관련해서 '비물리적'인 것은 없다. 더 큰 지식은 (…) 물리적 과정에 대한 우리의 더 큰 통제 능력과 정확히 일치하기 때문이다. 이 새로운 기술력으로 우리가 이 시스템에서 더욱 유용한 일을 만들지 못한다면, 그것은 놀라운 일일 것이다.

우리가 논의하는 관점에서 정리하면, 엔트로피는 객관적이기는커녕 주관적인 것으로 판명된다. 엔트로피는 우리 자신의 크기, 본성, 감각뿐 아니라, 연구하는 대상을 얼마나 알고 있는지, 그리고 그 대상에 대해 무엇을 알고 싶은지에 달려 있다.[30]
제인스는 자신의 스승 유진 위그너(Eugene P. Wigner, 1902~1995)의 표현을 빌려서 이렇게 결론 내린다. "엔트로피는 의인화된(anthropomorphic) 개념이다."[31] 위그너는 요한 폰 노이만처럼 헝가리 출신이며(두 사람은 학창 시절 헝가리에서 같은 수학 교사에게 배웠다), 수리물리학 분야의 거인이었다(위그너는 '원자핵과 기본입자 이론에 기여한 공로로, 특히 기본 대칭 원리의 발견과 응용'으로 1963년 노벨물리학상을 받았다). 위그너가 사용한 '의인화'라는 단어는 처음에는 당혹스럽게 들릴 수 있지만, 대단히 중요한 의미를 담고 있다.[32] 양자역학의 '시조' 막스 플랑크는 1909년 컬럼비아대학교 강연에서 '의인화'적 고찰에서 점점 더 멀리 떨어지고 있다는 사실이 바로 근대과학의 정확한 특징이라고 주장했다.[33] (다르게 말하면, 우주 어딘가에 지적 생명체 혹은 신적 존재가 있다면, 이런 존재들은 점점 더 우리의 수학과 물리학에 동의해야 할 것이다.)

위그너는 확실히 수학의 힘이 점점 더 많은 지식 영역으로 확장되기를 바랐다. 위그너는 자신의 유명한 에세이에서 그 바람을 이렇게 썼다.

> 물리학 법칙의 공식화에 수학 언어가 보여 주는 적절함은 기적이자 놀라운 선물이다. 우리는 이 선물을 이해하지 못하며, 이 선물은 우리가 받아 마땅한 것도 아니다. 우리는 이 선물에 감사해야 하고, 이 기적의 유효성이 미래 연구에서도 유지되기를 희망해야 한다. 그리고 이 선물이 좋든 싫든 기쁘게, 어쩌면 또한 당황스럽더라도 넓은 지식의 분야로 확장되기를 바라야 한다.

그러나 위그너는 엔트로피를 인간의 주관적 영역에 주저 없이 배당했다. 실제로 위그너는 자신의 마지막 글에서 이 결정을 물리학의 기초로 더욱 넓게 확장했다. "의식을 참고하지 않고 양자역학 법칙들을 온전히 일관된 방식으로 구성하는 일은 불가능하다."[34]

논리가 우주의 기초를 지배할까?

소위 이중슬릿 실험 덕분에 물리학자들은 오래전부터 기본입자들이 조약돌과 다르다는 것을 알았다. 여기서 전자를 대상으로 이중슬릿 실험을 하기 위한 기본 설정을 소개한다(그러나 광자, 양성자, 그 밖의 기본 입자들도 이 기본 설정 안에서 잘 작동할 것이다). 전자총과 같은 전자 발생기를 두 실틈(슬릿) A, B가 있는 불투과성 벽 앞에 놓는다. 전자들은 두 슬릿을 통과할 수 있지만, 마지막에는 불투과성 벽에 막혀 멈춘다. 이 최종 벽에서 전자들이 검출되고, 국소화되며, 계산된다.[35]

먼저 슬릿 B를 가려서 전자들이 슬릿 A로만 통과할 수 있게 한 다음에, 최종 벽에서 얼마나 많은 전자가 검출되는지 계산한다. 그다음에 똑같이 구멍 A를 가린 후 계산한다. 이렇게 나온 두 검출량을 합하면 두 구멍을 모두 개방했을 때 나오는 검출량이 될 것이라고 예상할 수 있다. 그러나 그렇지 않다. 우리가 조약돌이나 그 비슷한 물체로 실험했다면 그랬을 테지만, 전자는 그렇게 되지 않는다. 두 구멍을 모두 열면, 전자들은 파동처럼 움직인다. 즉 전자들은 서로 간섭한다.[36] 20세기 초에 있었던 이 실험의 결과는 충격적이었다. 검출 단계에서 전자는 A 또는 B를 통과하는 가능성만 있는 것처럼 움직이지 않았다. 말하자면, 전자들은 우리가 지금껏 배중률이라고 부른 사유법칙을 깨뜨렸다.

각 전자가 어떤 슬릿에서 왔는지 알 수 있도록 실험을 다시 설계하면 어떤 일이 생길까? 첫 번째 벽 뒤쪽에 두 슬릿과 같은 거리를 둔 광원을 하나 추가한다고 상상해 보라. 이 광원은 전자 하나가 슬릿을 통과할 때 관찰자의 눈에 불빛을 산란한다. 각 전자가 검출기에 도착할 때마다 어느 슬릿에서 왔는지 기록하면, 전자들은 다시 작은 공 혹은 조약돌처럼 행동한다. 우리는 어느 슬릿에서 왔냐는 질문에 대답을 얻었지만, 이 지식의 획득 자체가 전자의 행동을 바꿔서 파동이 아닌 입자처럼 행동하게 했다.

혼돈 속에 질문이 반복됐다. 양자 이론의 위대한 선구자이자 '코펜하겐' 해석의 창시자인 닐스 보어가 처음 주장했듯이, 전자의 행동은 관찰자가 전자에 대해 알고 싶어 하는 것에 달려 있다고 할 수 있을까? 즉 전자가 어떤 경로를 선택했는지, 전자가 파동처럼 행동하는지 혹은 입자처럼 행동하는지와 같은 질문이 전자의 행동을 바꿀 수 있다는 것인가? 카를 폰 바이츠제커(Carl von Weizsäcker)가 1941년 말했듯이 '양이 결정되는 것'은 관찰자의 '관찰 행동'에 달려 있다는 말인가?[37] 또는 양자 대상들은 우리가 측정하려고 결정한 것을 어느 정도 알고, 그에 맞춰 행동을 바꾸는 것인가? 아인슈타인과 보어를 시작으로 물리학자들은 '지연선택' 실험과 같은 여러 실험을 제안했다. 표면적으로 드러나는 관찰자와 대상 사이의 상호의존성을 가장 작은 규모의 우주에서 실험하기 위해서였다.

아인슈타인은 양자 물체가 (고전적 관점에서) 이미 슬릿을 통과했다고 생각될 때까지 무엇을 측정할지 '결정'하지 않으면 어떻게 되는지 물었다. 보어에 따르면, 아무런 차이를 만들지 않는다. 그 결과는 여전히 우리가 궁극적으로 측정하기로 선택하

는 것에 따라 결정될 것이다. 마치 우리의 선택이 양자 물체의
'이미 지난 과거의 역사에 불가피한 효과를' 미치는 것과 같다.
우리가 방금 인용한 존 휠러(John Archibald Wheeler)는 1970년
대 말에 광자를 대상으로 한 이런 '지연 결정' 사고실험을 제안
했다. 이 실험은 1980년대에 레이저와 광섬유 기술이 발전하면
서 가능해졌다(상세히 설명하지는 않겠지만, 쉽게 활용할 수 있
는 훌륭한 실험들이 있다).[38] 그리고 정말로 이 실험들이 실현되
면서 보어의 추측을 증명한다. 검출기에서 측정이 일어나기 전
에 개입해도 아무런 차이가 없었다. 마치 양자 물체가 우리가 질
문할 정보를 직감하고, 그에 따라 자신들의 행동을 바꾸는 것 같
았다.[39]

　'파동입자이중성'과 이와 연관된 현상은 전자뿐만 아니라
다양한 다른 양자 물체에서도 진실로 판명됐다. 광자처럼 매우
작은 물질에서부터 원자 수백 개로 구성된 분자와 나노구조물에
이르는 다양한 물질이 이런 이중성을 보여 줬다. 우주에 있는 대
부분의 기본 물체들은 패틱한 파동일까, 아패틱한 입자일까? 아
니면 우리와의 상호작용에 따라 혼란스럽게 표현되는 동일한 사
물의 두 가지 측면일까?

　파동입자이중성은 양자물리학이라는 떠오르는 분야가 물
리학적 인과율이라는 과거의 직관에 일찍이 던졌던 몇 가지 도
전 과제 중 하나다. 아마도 가장 유명한 도전 과제는 양자 얽힘
(entanglement)이라고 부르는 현상일 것이다. 양자 얽힘은 물체
들 사이의 상태 상관관계를 뜻한다. 아인슈타인은 이 얽힘 현상
이 인과 논리에 너무 어긋난다고 생각해서 '유령 같은 원격작용'
이라고 하면서 무시했다. 앞서 밝혔듯이 이 얽힘 현상은 중국,

미국, 유럽연합이 수십억 달러를 경쟁적으로 쏟아붓는 전략적 투자 대상이 됐다.[40] 그 밖에 다른 도전 과제들도 있다. 이제 이 중슬릿 실험에서 나온 양자 물체들의 함의를 생각해 보자.

- 중첩: 양자 물체는 동시에 한 가지 이상의 상태에 있다. 폴 디랙(Paul Dirac)에 따르면, "시스템이 확실히 어떤 상태에 있을 때마다 우리는 그 시스템이 둘 이상의 다른 상태에 각각 부분적으로 존재한다고 생각할 수 있다."[41] 그런데 동시에 머리와 꼬리에 있다거나 동시에 두 길을 따라 여행한다는 말은 무슨 의미일까?
- 불확정성: 위치와 운동량 같은 양자 물체의 상보적 특성을 동시에 정확히 알기에는 한계가 있다(이 특성은 흔히 '하이젠베르크불확정성원리'로 불린다).
- 측정 혹은 관찰에 의한 교란: 우리의 관찰은 양자 물체의 상태에 영향을 준다. 예를 들어, 우리가 전자의 위치를 관찰하면 전자의 파동함수를 사라지게 만든다(파동함수 붕괴는 이 교란 문제를 생각하는 오래되고 영향력 있는 방법이다. 최근에 나와서 점점 영향력을 키우고 있는 접근법에 관심이 있는 독자는 '결어긋남(quantum decoherence)'을 탐구해 보라). 그런데 만약 세계가 우리의 관찰 대상 선택에 대응해서 변한다면, 어떻게 '객관적' 관찰이 가능한가?
- 개별성 대 동일성 : 몇몇 통계적 의미를 제외하고, 여기서 검출된 '이' 양자 물체가 궤도 위 다른 지점에서 검출된 '그' 양자 물체와 '동일'하다고 할 수 있는가? 양자 물체들은 재인식할 수 없어 보인다. 이와 반대로, 우리는 1952년 에르빈

슈뢰딩거가 그랬듯이 모든 전자, 광자, 그 밖의 양자 물체들을 동일하다고 말할 수 있을까? 그렇다면 우리는 식별불가능자 동일성원리에 따라 우주에는 단 하나의 광자 혹은 전자만 존재한다고 말해야 할까? 우리는 전자가 하나인지 다수인지를 어떻게 결정할까?[42]

우리는 양자물리학의 이런 측면들을 보면서 자연이 가장 미세하고 근본적인 차원에서 인간이 만든 몇몇 논리적 공리, 사유법칙, 그리고 인과적 설명을 어떻게 위기에 빠뜨리는지를 이미 파악했기를 희망한다. 이런 공리, 법칙, 설명은 인류가 세계의 더 큰 구조를 경험하면서 개발했던 것이다. 동일성원리(사물 x는 그 자신과 동일하다), 비모순율(사물 x는 x이면서 동시에 x가 아닐 수 없다), 배중률, 충족이유율, 식별불가능자 동일성원리 등 이 모든 규칙들은 아패틱한 세계에서 조약돌과 비슷한 물체에게는 잘 적용되지만, 양자 수준에서는 가끔 실패할 수도 있다.

동일성과 확실성에 기초해서 논리와 수의 한계에 초점을 맞춘다면, 우리는 이 실패라는 결과가 셈의 위기임을 강조해야 할 것이다. 왜 위기일까? 앞 장에서 쌍둥이 단풍나무 A와 B의 잎을 세기 위해 했던 가정을 기억하라.

우리는 나뭇잎이 한 장인지, 없는지, 아니면 더 많은지에 대한 질문은 없다고 가정했다. 우리는 각 나뭇잎은 나무 A 또는 나무 B에 속하고 양쪽 모두에 속할 수는 없다고 가정했다(이 가정은 식물학적으로는 진리로 보인다. 어떤 단풍잎도 서로 다른 두 나무 줄기에 달리지 않는다). 우리는 나뭇잎들이 계산을 통해 동일성을 유지한다고 가정했고, 그래서 나뭇잎의 수를 더하는 연산은 결합법칙이 성립한다. 우리는 나뭇잎과 나뭇잎 더미에 익숙하거나 익숙하다고 생각하므로 이런 동일성의 특성을 쉽게 당연하다고 여긴다. 그러나 정확히 이 가정들이 양자 수준에서는 적용되지 않는다. 양자 단위에서는 계산할 때 필요한 인지적 습관이 심각한 오류를 낳기 때문이다. 야키르 아로노프(Yakir Aharonov)와 공동연구자들이 최근 사고실험으로 그 위기를 잘 묘사했다. 거시 세계에서 비둘기 집 두 개와 비둘기 세 마리가 있다면, 최소한 두 마리는 한집을 함께 써야 한다. 그러나 만약 당신이 이중슬릿 장치에 평행 궤적으로 전자 세 개를 쏘면, 어느 한 슬릿으로 반드시 전자 두 개가 지나갈 필요는 없다.[43]

양자 수준에서 동일성과 다른 '사유법칙들'의 실패는 앞 장에서 폰 노이만이 수학적 대상을 위해 개발했던 것과 같은 논리학적·집합론적 공리를 양자역학과 그 수학에서는 개발할 수 없다는 것을 의미한다(이 도전이 폰 노이만에게는 크게 어렵지 않았던 듯하다. 1932년에 폰 노이만은 양자역학의 중요한 초기 교과서를 만들었다).[44] 이런 공리를 만들려는 시도가 없어서 그런 것이 아니다. 자격 집합과 준집합(qua and quasi set)과 같은 이색적인 논리에 관심이 있는 독자는 몇몇 훌륭한 논문을 찾아볼 수 있다.[45] 아마도 언젠가는 어떤 물리학자 혹은 철학자가 양자 세계를 위한 논리적 기초를 제공할 수 있는 공리들의 집합을 발견할 것이다. 심지어 양자 세계와 고전 세계를 동시에 만족하는 집합을 발견할 줄 누가 알겠는가? 그러나 우리의 목적에서 보면, 지금까지 그러했듯이 이 상황이 유지된다고 주장하는 것만으로 충분하다. 아직까지 아무도 동일성과 아패틱을 (혹은 이 두 가지가 낳은 인지적 지식들을) 우주의 기초를 완전히 지배하는 원리로 만드는 데 성공하지 못했다.

물리학에서 정신으로

물리학의 발견들은 종종 인류에 대한 생각에 영향을 미치고, 그 반대의 경우도 종종 있다. 소크라테스 이전 철학자들, 피타고라스학파, 플라톤주의자들과 중세 그리스도교 아리스토텔레스주의자들, 그리고 이슬람 단자론자들부터 제1차세계대전 전후에 나온 물리학자, 철학자, 시인, 논객 들까지, 우리는 우주의 이해라는 관점으로 인간의 본성을 이해하려는 충동에 유혹된 이들을 반복해서 봤다. 마찬가지로 우리는 인간의 사고와 경험 습관에 의해 형성된 물리학도 봤다. 더 풍부한 지식을 가진 학자가 더 긴 책을 쓴다면, 아즈텍족에서 줄루족에 이르는 더 다양한 문화 사례를 담은 책을 제공할 수 있을 것이다.

물리학에서 정신으로 옮겨 가고 싶은 유혹은 인간 주체의 본성에 대한 논쟁만으로 종종 충분히 활성화됐다. 우리는 자연법칙에 의해 결정될까? 자연법칙은 신들도 지배할까? 또는 우리의 의지가(혹은 신들의 의지가) 물리적 세계를 설명하는 인과율을 깰 힘이 있을까? (다른 많은 것들 중에) 특히 이런 의미에서 물리학 역사의 각 순간이 철학사의 각 순간들과 잠재적으로 연결된다고 말할 수 있다. 고대 '원자론자'이자 철학자인 루크레티우스(Titus Lucretius Carus)의 기원전 1세기 작품들은 이 유혹과 역사적 잠재성을 동시에 보여 주는 좋은 사례다. 루크레티우스는 『사물의 본성에 관하여(De Rerum Natura)』에서 우주의 원자적 기초에 우연적 요소가 있다고 주장했고, 이를 '일탈'이라고 불렀다. "원자의 일탈은 운동을 일으킨다. 이 운동은 운명의 명령을 무효화하고 인과관계의 무한 사슬로부터 존재를 보호한다. 만약 원자의 일탈이 없다면, 지구 위 모든 살아 있는 창조물이 소유한 자유의지의 원천은 무엇이겠는가?"[46]

루크레티우스의 원자론이 고대 사상에 미친 영향, 그리고 15세기 초에 그의 작품들이 재발견된 이후 유럽 '르네상스' 시대 신학과 자연철학에 미친 영향은 이미 역사에 기록돼 있다. 우리 시대에는 과학철학자 미셸 세르(Michel Serres)가 루크레티우스에 의지했다. 고체들의 인식론적 독재라고 여겼던 철학에 반대하고 '유동적(liquid)' 사고를 옹호하기 위해서였다. 물리학의 역사와 철학의 역사 사이에 있는 지속적이지만 언제나 자의식적이지는 않은 상호작용의 또 한(마치 다른 것이 필요하다는 듯한) 사례다.[47]

우리는 이미 플랑크, 아인슈타인, 보른, 하이젠베르크, 파울리, 슈뢰딩거, 그리고 다른 많은 물리학자들 사이에 있었던 초기 논쟁들을 봤다. 이들은 인간 지식의 본성을 생각하는 법과 관련된 수학적 모델의 함의에 대해 논쟁했다. 그들은 양자역학이 일깨운 동일성, 인과율, 객관성의 '모순들'에 더 많은 시간을 보냈다. 양자역학이 던진 기본입자들의 동일성과 차이에 관한 질문들이 인간 주체의 동일성과 차이에 관한 질문으로 변환되는 것을 본다고 해도 그리 놀랍지는 않을 것이다. '나＝나'는 성립되는가? 나의 정신과 타인의 정신 사이의 관계는 무엇인가? 정신과 물질, 인간 주체와 세계 사이의 관계는 무엇인가?

양자역학의 몇몇 선구자들은 물리학을 생각하는 방식과 정신을 생각하는 방식의 상호작용을 유난히 의식했다. 그들은 연구하는 내내 이런 질문을 제기했고, 긴 철학사와 기탄없이 대화를 나눴다. '불확정성원리'의 베르너 하이젠베르크는 이런 질문을 다룬 자신의 노력을 『부분과 전체(Der Teil und das Ganze)』라는 물리학-철학 에세이집에 담았다. '배타원리'를 주창한 볼프강 파울리는 육체와 정신을 조화시키는 데 힘을 쏟았는데, 심리학자 카를 융(Carl G. Jung)과의 분석 및 협력 작업도 여기에 포함된다. 두 사람은 이 주제를 다룬 『자연과 정신의 해석(Naturerklärung und Psyche)』을 함께 펴냈고, 이 책에서 융은 「공시성: 비인과적 연결 원칙(Synchronizität als ein Prinzip Akausaler Zusammenhänge)」에 대한 생각을 제시했고(이 에세이는 심령 및 초자연적 현상의 과학적 기초를 찾으려는 사람들 사이에서 유명하다), 파울리는 「케플러의 과학 이론에 대한 원형 이론의 영향(The Influence of Archetypal Ideas on the Scientific Theories of Kepler)」을 논의했다. 두 사람이 주고받은 마지막 편지에서도 관련 주제에 대한 탐구는 계속됐다. 파울리는 이 편지에서 자신이 꾼 꿈 두 개를 설명하면서, 이 꿈들을 1956년 우젠슝(吳健雄)이 수행한 반전성비보존(nonconservation of parity) 실험과 연결시켰다. 우젠슝은 물리학자로서, 그리고 여성으로서 파울리에게 명백히 깊은 인상을 남긴 인물이다.[48]

슈뢰딩거도 이런 질문에 동참했다. 슈뢰딩거는 지식과 주체의 본성에 관한 '서양'의 핵심 가정을 다시 고려해야 한다고 제안하면서, 정신과 물질, 자아와 세계 사이의 관계 모델로 인도의 베단타(Vedanta) 전통에 관심을 가질 것을 권고했다. 또한 슈뢰딩거는 공시성 개념과 정신들의 연결에 관한 질문에 매료됐고, 심지어 '모든 마음들의 수는 단지 하나일 뿐'이라고 주장하기도

했다.[49] 슈뢰딩거는 세계 및 인간 모델 사이의 상호의존성을 끊임없이 강조했고, 새로운 과학에 담긴 숨은 뜻이 이 두 모델의 재구성을 요구한다고 주장했다.

슈뢰딩거는 인류에게 다음과 같이 경고하고 싶었다. "인류는 적당히 만족스러운 세계상을 얻기 위해 자신을 그 그림 밖으로 치워 버리는 비싼 대가를 치렀다는 사실을 모른다." 슈뢰딩거에 따르면, 바로 그리스인들이 "인격이라는 오물에서 해방된 / 천사 같은 노래"(나중에 나올 시인에게서 인용)를 추구하면서 과학적 이야기에서 주체와 정신을 제거했다. 슈뢰딩거는 이런 제거가 과학적으로도 심리적으로도 더는 지속될 수 없지만, 이 문제를 쉽게 개선할 수도 없다고 느꼈다. "2000년 넘게 유지된 자리에서 너무 빠르게 철수하는 것은 위험하다. 우리는 모든 것을 잃을 수도 있다."[50]

사물을 생각하는 사람과 생각되는 사물 사이에 생긴 이 분리의 문제에 어떻게 대처해야 할까? 철학적 경향이 있는 수학자와 물리학자 들은 두 가지 접근 중 하나를 선택하는 경향이 있다. 어떤 이들은 동일성에 초점을 맞췄고 다른 이들은 차이에 집중했는데, 둘 다 이 문제를 다루기에는 불충분했다. 동일성에 초점을 맞춘 사례로 우리는 위대한 2세대 양자물리학자인 미국의 데이비드 봄(David Bohm, 1917~1992)을 소개한다. 슈뢰딩거와 마찬가지로, 봄도 새로운 물리학의 관점에서 '관찰자와 관찰된 것 사이의 분리는 더 이상 유지될 수 없다'고 강조했다. "상대성이론에서 필요한 것은, 세계는 기본 물체들이나 '기본 구성 요소들'로 구성된다는 개념의 완전한 포기다. (…) 사건과 과정의 우주적 흐름이라는 관점에서 세계를 봐야 한다."[51] 이런 새로운 관점을 어떻게 얻을 수 있을까? 봄에 따르면, 실재 안에 있는 질서와 구조를 인식하는 가장 일반적 방법은 "유사한 차이점들과 차이 나는 유사성들에 주의를 기울이는 것이다".[52]

이 문장만 보면 이 방법이 동일성과 차이 사이에서 상당히 머뭇거리는 듯하지만, 실제로 봄은 자신의 접근법에 이미 '유동하는 운동의 분리되지 않는 전체성'이라는 이름을 붙이면서 어디에서나 명백하게 단일성을 강조했다. 봄은 파편화 접근법에 반대했다. 그는 파편화가 과학뿐만 아니라 '인간 생활의 모든 측면'을 지배한다고 생각했다. "파편화는 본질적으로 차이와 동일성(혹은 단일성)에 관한 질문을 둘러싼 혼란이다. (…) 무엇이 다르고, 무엇이 그렇지 않은지 구별하지 못하는 것은 모든 것을 혼동하는 것이다." 이런 혼동의 결과는 '개인과 사회 전체에서 사회, 정치, 경제, 생태, 심리 등의 광범위한 위기를 낳는' 종말이었다.[53]

봄은 우리에게 모든 것을 생각하고 모든 것을 돌보라고 권고한다. 마치 고대 그리스 현자의 양자역학적 변형처럼 들린다. 봄은 심지어 우리가 경험하는 파편화의 해독제로 레오 양식[Rheomode, 그리스어 레오($\rho\acute{\epsilon}\omega$)에서 왔고, '나는 흐른다'라는 뜻이다]이라는 새로운 개념을 제안한다. "관습적으로 '인간'과 '그 인간이 바라보는 대상'이라고 불리는 추상화와 관련된 분할되지 않은 운동 속에서 관찰은 계속된다."[54] 레오 양식이라는 이름은 새롭지만, 사실 이 전략은 오래됐다[아리스토텔레스가 이미 『자연학(Physica)』에서, 존재의 단일성을 주장하는 엘레아학파의 도그마가 두려워서 리코프론(Lycophron)을 비롯한 다른 이들은 '있다(is)' 같은 계사(繫辭) 사용을 금지했다고 지적했다].[55] 과거의 실패가 미래의 실패를 예견하는 충분한 증거는 아니지만,

이런 언어적 구속이 논리학이나 형이상학 문제의 핵심에 다가갈 수 있을지 의심스럽다. '뒷받침(Fundierung)', 자격 집합, 준집합과 같은 새로운 집합론이 패틱한 대상들을 다루는 아패틱한 표준 집합론을 성공적으로 보완하지 못하는 것처럼 말이다.

봄과 반대로, 파편화 옹호 쪽의 표준적인 전달자로 우리는 헤르만 바일을 선택했다. 우리는 이미 1장에서 슈뢰딩거의 절친한 동료인 이 위대한 지성을 취리히에서 만났다. (다양한 분야 중에서도) 양자역학적 수학의 대단한 혁신가이자 이 분야 최초이면서 가장 유명한 '교과서'[56]를 집필한 바일은 스승 다비트 힐베르트의 후임 교수로 괴팅겐에 있다가 1933년에 아인슈타인, 괴델, 폰 노이만과 함께 프린스턴고등연구소로 갔다. 우리는 이모든 시기와 바일의 수많은 과학 업적들을 지나쳐서 '지식의 단일성(The Unity of Knowledge)'이라는 제목의 연설로 곧장 갈 것이다. 바일은 1954년 컬럼비아대학교 200주년을 기념해 이 강연을 했다.[57]

제목에 있는 단일성이라는 단어 때문에 바일도 슈뢰딩거나 봄과 같은 편에 속한다고 생각할 수 있다. 그러나 완전히 반대다. 앞서 언급한 막스 플랑크의 1909년 컬럼비아대학교 강연을 기억할 것이다. 이 강연에서 플랑크는 근대과학을 의인화로부터 멀어지는 지식이라고 규정했다. 플랑크의 강연 이후 두 차례 세계대전이 있었고, 바일은 모든 인간의 언어가 똑같이 진실할 수는 없다고 세계에 경고하면서 플랑크와 같은 점을 지적한다. 바일에 따르면, 수학과 달리 시, 신화, 종교, 역사, 철학 등 모든 인간의 언어는 '인간의 무한한 자기기만 능력'에 의해 오염된다.[58]

바일은 놀랍도록 다양한 영역을 아우르는 정신을 타고났

고, 훌륭한 독일식 교육으로 무장했다. 어린 시절에는 다양한 문학과 철학을 흡수했고, 철학자 프리데리케 베르타 헬레네 요제프(Friederike Bertha Helene Joseph, 1893~1948. 후설의 제자이며 1장에서 언급한 스페인 철학자 호세 오르테가 이 가세트의 저작을 독일어로 번역했다)와의 결혼으로 현상학이라는 엄청난 혼수도 받았다. 그다음에 뉴욕에서 바일은 에른스트 카시러의 작품들을 받아들였다. 우리는 하이데거의 다보스 논쟁에서 카시러를 만났다. 그는 바일이 강연을 하기 몇 년 전에 컬럼비아대학교 도서관 계단에서 숨을 거뒀다.

카시러의 걸작 『상징 형식의 철학(Die Philosophie der Symbolischen Formen)』은 자연과학과 인문과학, 신화, 종교, 그리고 예술은 모두 인간의 창조성이라는 넉넉하고도 같은 우산 아래에서 상징과 조화를 이룬다고 주장했다. 바일은 카시러의 상징 철학에 오직 한 점만 동의했다. 바일은 모든 자연과학은 같은 원리위에서 작동한다고 말했다. 자연과학은 상징적 구조물이고, 과학의 결과는 "단순히 상징의 형식적 비계다". 여기서의 강조점은 단순히보다는 형식이며, 그 차이는 중요하다. 바일은 지금부터 우리가 사용해야 할 '순수한' 수에서 설명을 시작한다. 후설, 하이데거, 그리고 다른 철학자들과는 다르게 바일은 데카르트의 해석기하학 발명에 감사를 전했다. 해석기하학이 '직관적' 공간과 시간을 수 집합의 집합들로 교체했기 때문이다. "직관적 공간과 시간은 (…) 물리학이 외부 세계를 구성하는 데 사용할 적당한 도구가 되기 어렵다. (…) 이것들은 추상적 산술 관념의 4차원 연속체로 교체돼야 한다."[59]

바일의 말을 해석해 보자. 6장에서 보았듯이, 수는 단 두 개의 상징, 즉 공집합 기호 ø와 집합 기호 { }로 만들어질 수 있다. 바일의 견해를 이 개념들로 요약해 보자. 모든 자연과학은 단 두 개의 상징 ø과 { } 위에 만들어질 수 있는 형식적 구조물이다. 그리고 정확히 이 구조물을 객관적이고 논쟁의 여지 없이 만드는 이성(로고스)은 언제나 진보한다. 자연과학의 기초와 구조물은 아패틱하고, 아무런 잡음 없이 정신에서 정신으로, 한 세대에서 다음 세대로 이전될 수 있다. "전체 건물은 모든 합리적 사고들을 묶어 주는 기초에 의지한다. 우리의 전체 경험에서 보면 이 전체 건물은 오류 없이 논증할 수 있는(*aufweisbar*) 것들만 사용한다."[60]

요약하면, 수학을 통해 인간 지식은 보편적이고 통합된 어떤 형태의 인간 지식이 되고 다른 것은 그렇게 되지 못한다. 강연을 시작하면서 바일은 이렇게 말했다. "만약 동일성 혹은 차이, 지식의 단일성 혹은 다양성이라는 딜레마에 직면하면, 나는 스스로 연구하면서 경험했던 이 특별한 지식의 방패 뒤로 숨을 것입니다. 그 특별한 지식이란 수학을 포함한 자연과학입니다."[61] 바일은 계속해서 이 방패가 강하고 온전하며, 명쾌하고 진실된 상징들로 만들어졌다고 묘사했다.

그러나 자연과학이 아닌 인간에게 관심을 돌리면, 상징의 거대한 골격을 동일하게 구성하는 능력이 아닌 다른 무언가가 필요하다고 바일은 지적한다. "여기서 상징의 자리는 해석학적 해석으로 대체됩니다. 이 해석은 궁극적으로 자신의 지식과 내면적 인식에서 나옵니다." 예를 들어, 위대한 역사가의 작품은 "역사가 자신의 내면 경험의 깊이와 풍성함에 달려 있습니다".[62]

바일에 따르면, 이런 차이와 함께 우리는 '지식'의 세계에서

'존재'의 세계로 들어가기 시작했다. 그리고 거기서 파편화가 일어난다.

> 존재와 지식 가운데 어디에서 우리는 단일성을 기대해야 할까요? 나는 존재의 보호막은 수리할 수 없을 만큼 망가졌음을 명료하게 밝히려고 노력했습니다. 우리가 이 사실에 대해 그렇게 많은 눈물을 흘릴 필요는 없습니다. 심지어 우리 일상생활의 세계는 하나가 아니고, 사람들은 그 균열들을 보여 주는 것이 그리 어렵지 않다고 가정하는 경향도 있는 것 같습니다. 오직 지식이라는 측면에서만 단일할 수 있습니다.

지식의 보호막은 온전하고, 존재의 보호막은 수리가 불가능할 만큼 쪼개졌다. 이 파편을 모으려는 노력은 헛되다. 바일은 증명할 수 있는 지식을 강조하면서도, 이 단일성과 진리라는 무기고 안에 존재를 상징적 창조물로 포함시키기를 거부한다. 이 거부를 바일은 자신의 가르침에 담긴 우월함으로 봤다.

> 나는 카시러가 잡기를 원했던 빛의 중심이 되는 통일체에 그보다 더 가까이 있습니다. 이 빛은 복잡한 상징적 창조물들 안에 인류 역사를 만들었습니다. 이 상징적 창조물들, 특히 신화, 종교, 안타깝지만 철학도 오히려 진리의 빛을 가리는 흐릿한 필터입니다. 인간의 무한한 자기기만 능력이라는 미덕 혹은 악덕 때문에 그렇게 됐습니다.[63]

그럴 수 있다. 결국 물리학과 시 또는 철학, 그리고 수학과 신화 사이에는 중요한 차이가 있다. 문제는 하나는 우리를 통합으로 이끌고, 다른 것은 우리를 파멸로 이끈다는 주장에서 생긴다. 여기서 통합은 논증 가능한 지식을 배양할 때 나온다. 반면에 종교, 철학, 그리고 '존재의 보호막'이 되는 그 밖의 상징체계들은, 우리의 일상이 그렇듯이 우리의 생활세계와 경험, 존재 그 자체를 속이고 조각낸다. '지식'과 '존재' 사이에는 메울 수 없는 틈이 있다.

이제 우리는 또 다시 익숙한 선을 따라 나 있는 인간 내면의 깊은 도랑을 발견한다. 무엇보다도 인간에 대한 관심 없이 '지식'을 추구할 때 의도하지 않은 끔찍한 결과를 만들 수 있기 때문에, 우리는 이 도랑을 걱정해야 한다. 위스턴 휴 오든은 바일이 강연하기 2년 전인 1952년에 이런 걱정을 담은 시를 썼다. 「아킬레스의 방패(The Shield of Achilles)」에서 여신 테티스는 헤파이스토스가 만들고 있는 아들의 갑옷을 살펴본다. 『일리아스(Ilias)』 18권에서 그 방패에 대해 풍부하게 묘사하지만, 오든의 여신이 본 것은 호메로스의 책에 없다.

> 그녀가 그의 어깨너머로 보았다
>> 포도덩굴과 올리브나무들,
> 잘 정돈된 대리석 도시들,
>> 그리고 거친 바다 위의 배들을
> 그러나 번쩍이는 쇠붙이 위에
>> 그의 손이 올려놓은 것은
> 인공의 광야와
>> 납덩이 같은 하늘뿐이다

풀잎 하나 없고, 사람의 흔적도 없는,

먹을 것도 없고 앉을 자리도 없는,

텅 빈 특성 없는 갈색 들판,

그러나 빈 들판에 소집되어 서 있던

분간할 수 없는 군중,

백만 개 눈, 백만 개 군화가 한 줄로,

표정 없이 신호를 기다리며 있다[64]

시와 과학 사이에 다리 놓기

시인의 방패를 과학자의 방패와 나란히 놓는다고 해서 한쪽이
더 안전하거나 진실하다는 뜻은 아니며, 둘을 하나로 합쳐 통합
할 수 있다는 뜻도 아니다('통합'은 우리가 중요하게 여기는 것
이 아니다). 그러나 우리는 정말로 제안하고 싶다. 시와 과학이
서로를 성찰한다면, 둘 사이에 있는 도랑, 인간의 패틱한 측면과
아패틱한 측면 때문에 생긴 도랑의 반대편을 서로 더 자주 넘나
들 수 있을 것이다. 이런 의미에서 우리는 1891년과 1929년에 나
온 존 듀이의 감동적인 선언에 동의한다. "오늘날 과학과 예술의
이런 분리, 삶을 산문과 시로 나누는 것은 영혼의 부자연스러운
분리다. (…) 지난 몇 세기 동안 삶과 경험 영역에서 일어난 운동
이 너무 빨랐고, 그 영역과 방법이 너무 넓어서 반성적 사고의
느린 걸음을 앞질러 가는 바람에 이런 분리가 생겼다." 듀이는
단호하게 결론 내린다. "우리는 시와 과학 사이에 다리를 놓아야
한다. 우리는 이 부자연스러운 상처를 치유해야 한다."[65]

이 과제는 쉽지 않다. 무엇보다도 이 과제는 이성이 우리를

실재의 기초에 직접 접근할 수 있게 해 준다는 확신을 철저하게 점검할 것을 요구한다. 리처드 로티는 이 도전을 이렇게 묘사했다. "스스로 물리학자의 조력자라기보다 시인의 조력자라고 생각하는 (⋯) 철학자가 직면한 어려움은 이 제안이 무언가 옳다는 암시를 주지 않고, 자신의 철학이 사물이 실제로 존재하는 방식과 일치한다는 암시를 주지 않으려고 한다는 점이다."[66] 로티에 따르면, 실제로는 많은 철학자들이 물리학의 편에 서 있다. 철학자들이 사물의 밑바닥에 '동일성' 같은 어떤 필연적인 핵심이 있어야 한다고 가정하는 한 그렇다. 그 핵심은 사물의 밑바닥에 우발적으로 존재하는 게 아니라, 그 자체로 '있는' 환원할 수 없는 어떤 것이다. 철학자들이 시인들과 벌이는 언쟁의 심장에는 상상력이 완전히 바닥을 드러낼 수 있다는 두려움이 자리 잡고 있다. 시인의 생각과 다르지 않은 듯한 것에 대해 할 말이 없을 수도 있다는 두려움이다. 바로 이런 두려운 가능성에서 자신들을 보호하기 위해 그렇게 많은 사람들이 정신을 분리하는 선택을 했다. 방금 우리가 보았던 바일이 바로 그랬다. 로티는 이렇게 말한다. "우리는 존재론과의 관계를 끊기 전에 인간 정신을 좋은 부분과 나쁜 부분으로 나누어 보는 관점을 포기해야 한다. 우리를 진정한 실재와 접촉하게 하는 정신의 좋은 부분, 자기자극과 자기암시에 관여하는 정신의 나쁜 부분을 구분하는 그림을 버려야 할 것이다."[67]

적절한 지적이다. 그러나 시인을 상상 편으로, 물리학자를 실재 편으로 나누는 것은 지나친 과장이다. 우리는 이런 도식 안에 그렇게 쉽게 들어가지 않는 몇몇 인물을 양쪽 분야에서 이미 만났다. 예를 들면, 이 장에서 우리는 많은 시인들보다 훨씬 더 기꺼이 정신의 이런 분리를 버린 물리학자 슈뢰딩거를 봤다. 그리고 1장에서는 시인 폴 발레리를 만났다. 발레리는 시의 가능성에 대해서도 그러했듯이, 물리학과 수학이 직면한 '존재론적' 도전에 아주 작은 부분까지 적절하게 대응했다. 아마도 더욱 중요한 것은 로티 또한 생략한 우울한 사실일 것이다. 그 사실이란 시의 편에 선 많은 사람이 물리학 편에 선 사람들처럼 인간 마음을 나누기로 결정한다는 것이다. 심지어 그들은 각 편에 할당된 가치를 뒤집으면서까지 그런 결정을 내린다.

1장에서 읽은 폴 발레리의 시 「해변의 묘지」에 가해진 비판을 생각해 보자. 1964년 프랑스 시인 이브 본푸아(Yves Bonnefoy, 1923~2016)는 자기 작품에서 이성 영역에 도달하려고 하는 시인과 시를 함께 비난했다. 시는 오직 지식의 '특정 영역에 의해서만 실망과 기만'일 수 있다. 본푸아에 따르면, 실재에 대한 개념적 지식은 "시에 커다란 위험을 가져올 것이며, 그 낱말은 더는 스캔들이 되지 못할 것이다". "낱말과 이런 실재 사물 사이의 거리" "지성적 지식과 확실히 사랑이라 부를 수 있는 대상에 대한 창조 사이의 대결", 바로 이런 것들이 시에 필요한 전제조건이다. 이 거리 또는 대결을 줄이려는 시도는 '존재의 신비'를 파괴하는 일이며, 시가 인간을 치유할 때 사용하는 '생명수'를 제거하는 일이다. 시는 이성으로부터 거리를 유지해야 하고, 존재의 신비는 명료함으로부터 보호받고 은폐돼야 한다[또는 체스와프 미워시(Czesław Miłosz)가 말했듯이, 시는 "존재의 신비에 단순 개념보다 더 직접적으로 접근해야 한다"].[68]

시에 대한 이런 관점 또한 인간 내면에, 비록 반대쪽이지만 우리에게 익숙한 동일한 선을 따라 깊은 도랑을 판다. 이 관점을 지지하는 강력한 철학적 동맹자들도 있는데, 마르틴 하이데거도 그중 한 명이다. 하이데거는 시인의 임무가 우리의 주의를 개념적 사고와 이성의 기술로부터 멀어지게 하는 것이라고 봤다. 개념적 사고와 이성의 기술은 우리 자신의 유한성으로 가는 우리의 지향을 차단하고 인간으로서의 자기 진실성 실현을 가로막는다. 하이데거는 「시인은 무엇을 위하는가?(Wozu Dichter?)」에서 다음과 같이 말한다. 우리는 '이것은 무엇인가'를 개념적으로 분석하면서 '계산하는 시간'을 창조한다. 시인은 이 '계산하는 시간'에서 우리를 멀리 떼어 놓고, 대신 우리 자신의 필멸의 삶을 가능하게 해 주는 언어, 세계, 시간성과의 관계로 우리를 향하게 한다. 바로 이것이 「해변의 묘지」가 심연에 뛰어들기보다는 다리를 놓으려고 한다고 본푸아가 분노했던 이유다. 본푸아는 발레리가 '죽음이 발명됐다는 것을 모르는 게' 틀림없다고 주장했다.[69]

사실 발레리에게 공감하는 독자가 더 많았다. 시인들만 나열해도 T. S. 엘리엇, W. H. 오든, 윌리스 스티븐스, 호르헤 기옌 등이 있다. 시인들 중에 발레리에게 가장 많은 영감을 받은 사람은 독일 시인 라이너 마리아 릴케(1875~1926)다. 릴케는 발레리처럼 이 책 전체에서 우리가 만나고 있는 기본 갈등에 관심이 많았다. 그 갈등이란 바일과 슈뢰딩거 또는 봄을 갈라놓은 균열, 즉 피조물이 되는 것과 인식자가 되는 것 사이의 갈등과 균열이다. 독일 시라는 신전에서 릴케의 위치를 과장하기는 어렵지만, 릴케야말로 서사시적인 갈등을 읊어 주는 음유시인이기에 우리의 주목을 받을 가치가 있다.

소설가 로베르트 무질은 릴케가 죽은 지 얼마되지 않은

1927년 1월에 추모 연설에서 '중세 이후 독일이 보유한 가장 위대한 시인'이라고 릴케를 찬양했다. 하이데거는 바로 릴케 20주기를 기리면서 그를 주인공으로 「시인은 무엇을 위하는가?」를 썼다.[70] 만약 릴케가 1921년 봄에 발레리의 「해변의 묘지」가 실린 《신프랑스 평론(Nouvelle Revue Française)》을 발견하지 못했더라면, 그의 유산은 좀 더 적었을 것이다. 1921년 당시에는 릴케의 가장 유명한 작품 『두이노의 비가(Duineser Elegien)』(1912년부터 쓰기 시작)와 『오르페우스에게 바치는 소네트(Die Sonette an Orpheus)』가 아직 나오지 않았다. 두 작품 모두 1922년 2월에 완성됐는데, 특히 『소네트』는 폭풍 같은 창작으로 며칠 만에 완성했다. 그러나 발레리의 「해변의 묘지」를 처음 접했을 당시 릴케는 거의 10년 동안 중요한 시 작품을 완성하지 못하고 있었다. 대신 우울증과 내면의 투쟁 때문에, 무엇보다도 진리, 가치, 시의 미래에 대한 투쟁 때문에 심신이 소모되고 있었다.

"나는 혼자였다. 나는 기다리고 있었고, 나의 전체 작품도 기다리고 있었다. 어느 날 나는 발레리를 읽었다. 나는 기다림이 곧 끝날 것을 알게 됐다." 이 인용문은 친구 모니크 세인트헬리어(Monique Saint-Hélier)가 전해 준 릴케의 말이다. 세인트헬리어에 따르면, 릴케는 자신과 너무나 닮은 영혼에 충격을 받고 매료돼 그 영혼에 '분명하게' 동의를 표했다. 릴케는 변환, '수혈'을 경험했다. 릴케는 「해변의 묘지」를 비롯한 발레리의 많은 작품을 독일어로 번역했고, 자신의 작품 『두이노의 비가』를 다시 한번 완성하려고 했다. 릴케가 전 연인에게 알려 줬듯이, 그다음에 창조의 거대한 폭발, '무한한 폭풍, 영혼의 허리케인'이 왔다. 이 무한한 폭풍 속에 새로운 시와 새로운 시적 진실 모두가 릴케에

게 격렬하게 쏟아졌다. 그중에 며칠 만에 완성된 『오르페우스에게 바치는 소네트』도 있었다.[71]

릴케의 오르페우스는 자신의 시적 가르침을 『소네트』의 앞머리에서 바로 드러낸다. 시 속의 신에게 노래는 땅과 하늘의 연결고리이자 다리다. 이 다리 위에서야말로 새로운 무언가가 접근하거나 그것을 향해 나아간다. 새로운 시작, 신호, 변환이 그것이다. 인간 시인은 존재의 새로운 가능성에 환호하지만, 그 과제의 거대함에 겁을 먹는다.

> 노래는, 그대(오르페우스)가 가르쳐 주듯이, 욕망이 아니며,
> 결국은 손에 넣게 될 것을 향한 구애도 아니다
> 노래는 현존재. 신에게는 쉬운 일이다
> 그러나 우리는 언제 존재하게 될까? 그리고 신은 언제
> 땅과 별들을 우리 존재 쪽으로 돌려놓을까? (1부 3편 5-9행)

여기서 초점은 분열(*Zwiespalt*)이다. 땅과 하늘의 간격, 그리고 변하기 쉬운 지상 존재와 별들의 영원한 운동의 간격이다. 이 분열은 우연과 필연, 사랑과 지식, 주체와 객체 같은 분열의 여러 형제들과 함께 릴케 같은 사람들의 마음을 찢었다. 이들은 땅과 하늘, 외관과 본질, 존재와 지식, 두 방패를 깨뜨리지 않고 어느 정도 마음속에서 화해시키지 않으면 진정 존재할 수 없는 사람들이다. 그런데 어떻게 화해시킬까? "그리고 신은 언제 땅과 별들을 우리 존재 쪽으로 돌려놓을까?"

도랑 양쪽에는 다른 쪽으로 가는 다리를 놓는 일에 관심이 없는 사람들이 많다고 우리는 이미 지적했다.[72] 릴케는 그런 사

람들에 속하지 않았다. 그의 『소네트』 1부 11편에 표현된 인간과 별의 관계를 살펴보자.

하늘을 보라. '말을 탄 사람' 별자리는 없지 않나?
기이하게도 우리에게 이렇게 새겨져 있기 때문이다
말은 땅의 자랑이다. 그리고 두 번째는
말을 몰아 말에 고삐를 달고 탄다

그래서 사냥당하고 그다음에 길들여지는 것,
그것이 존재의 끈질긴 본성이지 않나?
경로와 전환. 그러나 압력이 조화를 굳힌다
새로운 광활함. 그리고 둘은 하나가 된다

그런데 그들은 하나가 됐을까? 아니면, 둘 다
함께 가는 길이 아니라고 생각할까?
이미 식탁과 초원이 그 둘을 완전히 갈라놓는다

심지어 별들의 결합도 속임수다
그러나 형상을 믿는 일이 지금 잠시
우리를 즐겁게 해 준다. 그걸로 충분하다

여기서 별들이 빛나는 하늘과 우리 인간 '존재'의 관계가 통합에서 심연으로 반복해서 변환된다. 다시 도랑을 건너고, 다시 도랑을 파고 다시 건넌다. 경로와 전환. 릴케는 어느 한쪽을 선택하거나 심연에서 기뻐하지도 않았다. 무질이 추도사에서 지적했듯이, 릴케 전후로 어떤 시인도 이 분열을 가로지르는 '끊임없는 운동'을 통해 이런 연결의 긴장(*Spannung*)을 성취하지 못했다.

그런데 이 시에는 어떤 진리가 담겨 있을까? 정말로 연결에 대한 속임수에도 '충분히' 즐거워할 수 있을까? 원래 독일어로 된 이 시에서 '*trügt*(속이다)'와 '*genügt*(충분하다)'는 각운을 이룬다. 그렇다면 사람들에게 '무한한 자기기만 능력'을 즐기라고 조언하는 것이 시인이 하는 일이라던 헤르만 바일이 옳을까? 릴케는 이어진 소네트(1부 12편)에서 대답이 될 만한 것을 제시한다.

> 우리를 연결하는 힘이 있는 정신에게 영광을,
> 진정 우리는 형상들 속에 살고 있으므로
> 그리고 시계들은 아주 작은 걸음으로
> 우리의 실제 하루와 나란히 간다

"진정 우리는 형상들 속에 살고 있다." 인간 정신[가이스트(*Geist*)]은 별자리에 있는 별들을 연결하듯이 형상들[피구렌(*Figuren*), 독일어 Figur의 복수형이다—옮긴이]을 통해 우리를 연결한다. 형상(*figure*)은 중요한 단어다. 이 단어의 어원과 역사는 제작 또는 조립 행위를 포괄한다.[73] 형상을 뜻하는 영어 단어 피겨(figure)의 라틴어 어원은 '*fig-*' 또는 '*fing-*'이며, '모양을 만들다(to shape)' 또는 '손을 이용하며 뭔가를 만들다(fashion)'라는 뜻의 동사 핑게레(*fingere*)에서 나왔다. 핑게레는 원래 '진흙으로 모형을 만들다' '빵을 반죽하다'라는 뜻이다. 핑게레와 관련이 있는 라틴어 단어들은 픽틸레(*fictile*, 진흙으로 만들어진 또는 만들어질 수 있는), 피굴루스(*figulus*, 도공), 그리고 영어 단어 피겨와 독일어 단어 피구어(*Figur*)의 어원이 되는 '피구라(*figura*, 모양, 신체, 형상)'가 있다. 핑게레의 과거분사 픽투스(*fictus*)로부터 가장하기 또는 발명을 뜻하는 명사 픽티오(*fictio*)가 만들어졌다. 이 픽티오가 소설 문학, 허구, 꾸며 낸 일을 뜻하는 영어 단어 픽션(*fiction*)의 직접 어원이다. 형상도 속이고 있다고 한 릴케의 말은 모든 형상은 만들어졌다는 말과 같다. 형상은 꾸며 낸 것, 즉 픽션이다.

위의 소네트 네 행은 우리에게 이렇게 말한다. 우리는 형상 속에 살아가며, 째깍거리는 시곗바늘의 잔걸음과 함께 시간 속에 살아간다. 남십자성 같은 형상과 결합하는 우리의 '별들의 연결'이 천문학자의 관점과 동일하지 않듯이, 우리가 살아가는 시간도 시계의 측정으로 포괄되지 않는다. 우리 삶이 그렇듯, 이 시에서는 '형상적인' 것과 '합리적' 혹은 '실제적'인 것이 쉽게 분리될 수 없다. 형상적으로 기계적인 시곗바늘을 인간의 걸음으로 생각할 수 있다. 그리고 거꾸로 별자리들은 하늘을 향한 형상적 투사만이 아니다. 선원들이 길 없는 바다를 항해할 때처럼, 그 별들은 공간에서 우리에게 방향을 알려 준다. 이처럼 별들이 우리 세계를 구성하기도 한다.[74]

형상들과 별들, 자연, 지식, 시간, 죽음과 영원. 이 모든 것이 이 소네트에 충만하게 들어 있다. 끝에서 두 번째 시에 이 모든 것이 한꺼번에 등장한다.

오, 오고 가라, 아직 아이와 다름없는 그대여,
잠깐만 그대의 춤 형상을 완성하여
순수한 별자리에, 그 춤들 중에 하나가 되어라

그 춤 안에서 우리는 잠시
둔하게 정돈하는 자연을 능가한다 (2부 28편)

이 구절은 릴케가 알던 젊은 무용수와 관련된다. (1919년)
열아홉이라는 나이에 맞이한 그 무용수의 죽음은 이 『소네트』
에 영감을 제공했고, 그 사실을 바로 부제에서 확인할 수 있다.
"베라 오우카마 크누프(Wera Ouckama Knoop)를 위한 묘비명으
로 작성됐다." 그 무용수가 자신의 춤 형상을 '완성했을 때', 그는
그 춤을 통해 비록 순간이지만 우리와 별들, 죽음과 삶 사이에
다리를 놓고 그 순간 자연법칙을 초월한다. 그는 별자리, 별의
형상이 되고, 같은 춤으로(시인은 말을 계속 이어 간다) 그는 '지
금껏 듣지 못했던 중심'에서 나온 오르페우스의 형상, 시의 형
상, 리라의 형상이 된다.

발레리가 수행했던 종류의 '지식 이론', 즉 패틱한 것과 아
패틱한 것, 시와 논리 사이의 관계 탐구를 이 시 안에서도 말할
수 있을까? 우리는 '지금껏 듣지 못했던 중심'에서 기하학의 조
언을 듣고 '완전한 것'에서 산술학의 조언을 들어야 할까?[75] 소
네트 2부 13편 마지막 세 행을 보자.

이미 사용된 것뿐만 아니라 충만한 자연이라는
둔하고 말 없는 저장고에, 말할 수 없는 그 합에
환호하는 그대를 더하고 수를 폐기하라

말할 수 없는 합이란 무엇인가? 이 합은 이미 사용된 것뿐
만 아니라 자연의 모든 것을 포함한다. 말할 수 없는 합은 지금

은 쓰지 않지만 여전히 향수를 불러오는 어린 시절의 재잘거림, 그리고 예이츠(William Butler Yeats)가 말했던 모든 사다리가 시작되는 마음속 지저분한 폐품 가게도 포함한다. 이 합에는 또한 별, 나무, 크로커스, 벌레, 호랑이도 포함된다. 이들은 둔하고 말이 없는데, 지금까지 오르페우스의 노래에 매료된 적이 없기 때문이다. 그런데 왜 시인은 이 합을 말할 수 없다고 했을까? 거대하기 때문이다. 이미 아르키메데스는 세상의 모래알 수만큼 큰 수를 말하는 방법을 알았다. 아마도 함께 던져진 모든 것이 아패틱한 원소들의 모음인 집합을 형성하지 않기 때문일 것이다. 우리는 우리 생각을 셀 수 없듯이 이런 모음들을 셀 수 없다. 마지막 행에서 우리는 이 말할 수 없는 합에 환호하며 우리 자신을 추가해야 한다.

독일어 원문 '수를 폐기하라(*vernichte die Zahl*)'는 흔히 '합을 취소하라' '비용을 취소하라' '계산서를 취소하라' '합을 무효화하라' '점수를 무효화하라' 혹은 '계산서를 무효화하라' 정도로 번역할 수 있다. 관용적으로 이런 번역이 자연스럽고 확실하지만, 이 시의 맥락에는 맞지 않다. 합이나 계산을 취소하거나 무효로 만들려면, 즉 전체를 0으로 만들려면, 우리는 여기에 절대값은 동일하지만 부호가 반대인 다른 합이나 계산을 더해야 한다. 릴케의 독자인 우리가 환호하면서 원래 합의 음수로서 자신을 더하는 걸 받아들일 수 있을까? 이해하기 힘들 것이다. 그리고 이 독일어 표현을 '합을 폐기하라'라는 뜻으로 번역하면, '폐기하라, 즉 자신을 죽이고 세계를 없애 버려라'라는 의미가 된다. 폐기는 릴케의 "존재하라, 그리고 동시에 비존재의 조건을 알라"라는 앞선 명령의 완성일 수 없다. 우리는 '말할 수 없는

합'으로 뭔가 다른 것을 제안한다. 우리는 환호 속 합류를 통해 피타고라스의 조약돌 세계에서 나와 잠시 동안만 '수를 폐기한다'.[76]

　　이 폐기는 영원한 것이 아니라 노래하는 동안에만 유효한 순간적인 것에 불과하다. 만약 릴케에게 인간 지식에 대한 이론이 있다면, 그 이론은 기초에 대한 선택에서 나온 우연의 이론이라고 주장하고 싶다. 기초에 대한 선택이란 동일성과 차이, 패틱과 아패틱 사이의 선택을 뜻한다. 릴케는 자신의 시를 생성과 존재 사이의 다리로 제시한다. 이 모든 것을 릴케가 우리에게 전하는 이별의 말, 마지막 소네트의 마지막 행에서 들을 수 있다.

> 그리고 지상의 것들이 그대를 잊으면,
> 고요한 땅에게 말하라, 나는 흐른다고.
> 빠르게 흘러가는 물에게 말하라, 나는 존재한다고. (2부 29편)

　　이 시구에 어떤 조언이 담겨 있는가? 하이데거가 「시인은 무엇을 위하는가?」에서 한 조언과는 반대다. 릴케의 시는 '계산'을 거부하지 않는다. 수, 물리학, 그 밖의 이성의 다른 형태들이 못 보게 만드는 존재의 심연에 머물라고 우리를 초대하는 게 아니다. 이 초대는 무질이 추도사에서 칭찬했던 '끝없는 운동 속에 있는 맑은 고요'도 제공하지 않는다. 오히려 릴케의 시는 우리를 동일성과 차이 사이의 심연, 그 자체로는 다리를 놓을 수 없는 심연을 가로질러 앞뒤로 왕복하게 만든다.

　　물리학자에게 다음과 같이 권고한다고 상상해 보라. "그 사물이 입자처럼 보이면 파동인지 조사하고, 그 사물이 파동처럼 보이면 입자를 잊지 마라." 철학자에게는 다음과 같이 권고한다고 상상해 보라. "절망의 순간에, 파르메니데스에게 헤라클레이토스에 대해 이야기하고, 헤라클레이토스에게 파르메니데스의 이야기를 전하라." 그리고 시인에게는 (본푸아와 미워시를 따라) 경험에서 개념을, 덧없는 것에서 영원한 것을 떼어 놓지 말라고 권고한다고 상상해 보라. 릴케의 시는 우리가 만든 동일성과 차이 사이의 모든 구분이 우리를 무언가로부터 멀어지게 만든다는 것을 기억하고, 단순한 이 기억 속에 새로운 지식이 있다는 것을 잊지 말라고 요청한다. 나중에(약 1940년경) 폴 발레리가 전쟁으로 파괴된 세상에 다시 비슷한 조언을 한다.

나는 너를 위한 가르침을 요약할 것이다. 그 가르침은 두 가지 규칙으로 구성된다.

'모든 다른 것은 같다.
모든 같은 것은 다르다'.[77]

8장

욕망의 공리
경제학과 사회과학

이런 문제들에 관한 참된 철학의 실질 가치가 무엇이든,
그릇된 철학의 악영향을 과장하기에는 역부족이다. (…)
이런 그릇된 철학이 도덕, 정치, 종교 분야에 떨치는 주요한 힘은
수학과 물리학 같은 분야들의 증거로 호소하는 데 능하다는 점이다.
— 존 스튜어트 밀(John Stuart Mill)[1]

내가 보기에 경제이론과 정책을 둘러싼 현재의 많은 논쟁들은
공통적으로 사회에서 경제문제가 갖는 본성을 오해하기 때문에
생기는 것 같다. 결과적으로 이 오해는 자연현상을 다루면서
발전시킨 사고 습관을 사회현상에 잘못 옮기는 바람에 생겨났다.
— 프리드리히 하이에크(Friedrich August von Hayek)[2]

숫자들의 쇄도

앞선 장들에서 우리는 인간 정신과 사회를 이성, 필연, 공리 혹은 법칙과 같은 프로크루스테스의 침대에 맞추려는 다양한 시도를 줄곧 목격했다. 이런 사례는 셀 수 없을 만큼 많다. 여기서는 현대 학문 분과 곳곳에서 여전히 영향력을 드러내는 사건, 즉 누구도 그 정확한 의미를 모른 채 '사회과학(social sciences)'이라고 부르는 분야의 부상에 관심을 집중할 것이다. 특별히 사회과학 분야들 중에서도 경제학을 선택해서 이 과학 분야들의 한계와 힘을 논증하려고 한다. 경제학(economics)은 오이코스(*oikos*, 그리

스어로 가족, 가계, 집이라는 뜻이다)의 노모스(*nomos*, 그리스어로 법칙 혹은 질서를 의미한다)를 뜻한다.

다른 거대한 사유 현상과 마찬가지로 경제학과 사회과학도 '기원', 즉 정확한 출생일이나 시작점이 없다. 그러나 유럽의 18세기는 사회과학의 서사적 출발점으로 보기에 다른 어떤 시기보다 좋다. 이 당시 유럽에서는 뉴턴역학이라는 공리를 이용해 사회 및 정치 생활 이론을 만들려는 시도가 있었고, 개인 및 국가의 합리적선택을 안내해 줄 확률미적분학(여기에서 통계학이라는 용어가 나온다)을 발전시키려는 시도도 있었기 때문이다.

계몽주의는 재화의 정확한 측정을 제공하는 수가 사회에 새로운 규칙을 가져올 수 있다는 열광적 믿음을 만들어 냈다. 장자크 루소(Jean Jacques Rousseau, 1712~1778) 같은 대단히 섬세하고 혁명적인 사상가들조차 국가의 복지를 수치로 단순히 측정할 수 있다고 서슴없이 주장했다. "계산하는 자여, 그대들에게 달려 있다. 계산하고, 측량하고, 비교하라." 한 세대 후 영국해협 건너편에서 소위 공리주의의 창시자 제러미 벤담(Jeremy Bentham, 1748~1832)이 했던 선언도 놀랍도록 비슷해 보인다. "최대 다수의 최대 행복이야말로 옳고 그름의 척도다."[3]

사회과학이라는 용어가 아직은 적절하지 않지만, 우리는 1789년 프랑스혁명 이후 '사회과학자들'에 대해서 말할 수 있다. 프랑스혁명은 니콜라 드 콩도르세(Nicolas de Condorcet, 1743~1794) 같은 계몽주의 사상가들에게 꿈을 시험할 기회를 제공했다. 그 꿈이란 사회 안에서 인간이 공유하는 합리성을 규정하는 계산법을 만드는 것이었다. 거의 동시에, 혁명의 살인적 동반자인 테러는 (최소한 콩도르세를 포함한 많은 몽상가들을 살해하면서) 이 꿈을 받쳐 주는 공통된 합리성이라는 가정에 의문을 제기했다.[4] 결국 혁명, 테러, 그리고 나폴레옹 제국과 그 이후의 결과는 사회 통치자로서 수의 무용성만 다시 강화했을 뿐이다. 프랑스뿐만 아니라 전 유럽에서 19세기 전반기 동안 아주 많은 조사, 설문, 통계 들이 출판됐고, 한 역사가는 이 현상을 '인쇄된 숫자들의 쇄도'라고 말했다. 이 쇄도의 맨 위에 오귀스트 콩트(Auguste Comte, 1798~1857) 같은 실증주의의 새로운 옹호자들이 앉아 있었는데, 실증주의자들은 새롭게 각성된 대중을 통치하는 데 유용한 새로운 과학을 제공했다.[5]

이 사회과학 발전의 중요성은 아무리 강조해도 지나치지 않을 것이다. 사회과학은 다양하고 끝이 없는 인간 문제들에 적절하고 강력한 새 도구를 제공했다. 다리를 지어야 하는 곳에 다리를 놓았으며, 질병의 영향을 결정하고 치료법을 감정하는 방법을 제시했고, 보험료를 정했으며, 선거제도를 만들었다. 사회·정치·경제 생활에 이 도구가 적용되면서 [미셸 푸코(Michel Foucault)가 말했듯이] '전체와 개별(*omnes et singulatim*)' 사이의 관계, 다자와 일자, 사회와 정치체제, 가족과 개인 사이의 관계가 바뀌었다. 19세기 전반에 걸쳐, 사회과학은 새로운 권력 형태, 새로운 정치 및 경제 기술들, 새로운 국가형태와 주체 형태의 창조에 기여했다. 심지어 우리는 사회과학이 인류에게 새로운 '법'을 강요했다고 말할 수도 있다. 이 강요된 법의 범위는 "1인, 1표"라는 구호(이 구호는 미국 연방대법원의 판결로 마침내 법적으로 표현됐다)로 요약되는 새로운 민주주의적 '동일성원리'에서부터, 카를 마르크스(Karl Marx)의 '현대사회를 움직이는 경제법칙'[마르크스의 결작 『자본(Das Kapital)』의 주제다]인 결정론적 물질주의에 이르기까지 매우 넓었다.[6]

사회생활에 관한 이런 많은 '법'은 우리의 고유한 생각이 세계, 사회, 인간에 미치는 영향력과 힘에 관한 새로운 사유 방식, 즉 새로운 지식 형태에 의해 저절로 활성화됐다. 그리고 다시 반복해서 수와 수의 원칙들이 생각의 힘과 영향력에 관한 사유에서 넓은 공간을 점유했다. 이런 사례를 보기 위해 앞에서 인용했던 벤담 공리주의의 '근본 공리'로 돌아가 보자. 만약 우리가 위에 나온 벤담의 공리를 '행복의 최대화가 옳고 그름의 척도다'로 살짝 바꾸면, 이 공리는 수학과 물리학의 최신 원칙들을 도덕적 기초에 투영한 것처럼 보이기 시작한다.[7] 다음 문제를 생각해 보라. 수직선 위에 있지 않은 두 점 P와 Q가 주어졌을 때, 중력에 의해 질점이 더 높은 점에서 낮은 점으로 가장 짧은 시간 안에 이동하는 궤적을 찾아라.

18세기 초에 수학자들은 이 문제의 해답을 찾았다. [그리스어로 최단 시간을 뜻하는 브라키스토크론(brachistochrone)이라고 명명된] 이 궤적은 굴렁쇠선(cycloid)이라고 부르는 곡선의 일부분으로 판명됐다. 곧 최고의 수학 지성들이 특정 기능들을 최대화 혹은 최소화하는 함수 또는 곡선을 찾는 데 몰두했다.[8] 1740년대에 수학 지성 중 한 명인 모페르튀이(Pierre Louis Moreau de Maupertuis, 1698~1759)가 최소작용의 원리(Principle of Least Action)를 도입했다.[9] 이 원리는 모든 역학 시스템의 행동(혹은 일반화 좌표상 궤적)은 어떤 특정한 시간 함수의 적분을 최소화해서(경우에 따라서는 최대화해서) 찾을 수 있다는 뜻이다. 모페르튀이에 따르면 이 함수는 운동에너지 T였고, 조제프 루이 라그랑주(Joseph Louis Lagrange, 1736~1813)의 (정확한) 공식에 따르면 $T-V$이다. 여기서 V는 이 시스템의 위치에너지다.[10] 라그랑주의 공식은 오늘날에도 [구속 최적화(constrained optimization) 문제를 풀기 위해서] 고전역학 수업뿐만 아니라 경제학 입문 수업에서 가르치고 있다. 우리는 벤담이 이런 원리를 인간에게도 적용하고 싶은 유혹에 굴복한 많은 뛰어난 철학자 가운데 한 명이라고 생각한다. 벤담은 '좋음'과 '나쁨'이라는 가상의 양, 심지어 (후대 경제학자들에 따르면) '쾌락이나 고통이라는 감정의 양'을 최대화 혹은 최소화하려고 노력했다.[11]

19세기 중반 '통계적 사고의 출현'은 수학 연구와 인간 연구 사이의 긴밀한 관계를 보여 주는 또 다른 중요한 사례다. 아돌프 케틀레(Adolphe Quételet, 1796~1874)는 이 낭만적 사랑의 주인공 중 한 명이다. 케틀레는 수학자이자 천문학자였고, 브뤼셀왕립천문대의 설립자였다. 지금 우리의 논의에서 케틀레의 사례가 특별히 유용한 이유는, 케틀레가 '천체물리학' 법칙들을 사회에 적용했기 때문이다. 케틀레는 '통계적 법칙'이라는 개념으로 이 적용을 이뤄 냈는데, 통계학은 사회와 사회를 구성하는 개인들에 관한 일반적이고 안정된 진실들을 드러낸다는 생각이 이 개념 안에 들어 있다. 여기서는 큰 영향력을 미친 케틀레의 대작들 가운데 몇 권, 『인간과 인간의 능력 개발에 관하여, 또는 사회물리학에 관한 에세이(Sur l'Homme et le Développement de ses Facultés, ou Essai de Physique Sociale)』(1835), 『사회체계와 사회체계를 다스리는 법에 관하여(Du Système Social et des Lois Qui le Régissent)』(1848), 『도덕통계학과 그 기초를 제공해야 하는 원칙들에 관하여 (Sur la Statistique Morale et les Principes Qui Doivent en Former la Base)』(1848)만 소개한다. 케틀레는 이런 많은 저작을 통해 통계법칙들을 유도해 냈고, 이 법칙을 특정 인구 집단의 행동과 속성에 관한 질문에 적용했다. 케틀러는 지력(intelligence), 출산, 생리학(케틀레는 오늘날 사용되는 체질량지수의 원조가 되는 것도 발명했다), 그리고 자살, 일탈, 범죄에 관한 질문들도 다뤘다.[12]

영향력은 한 방향으로만 흘러가지 않았다. 사회 연구자들에게 제공된 케틀레의 통계 법칙들은 부분적으로 물리학과 천문학 연구자들로부터 영감을 받았지만, 사회의 통계 법칙 또한 새로운 물리학 법칙들에 영감을 줬다. 이 새로운 수의 힘은 그것이 활용될 수 있는 많은 분야와 질문들로 퍼져 갔다. 케틀레보다 몇십 년 전에, 프랑스 수학자이자 물리학자였던 조제프 푸리에(Joseph Fourier, 1768~1830)는 소위 보험인수 오류 법칙을 다룬 논문에서 이 통계 법칙들을 잘 활용했다(푸리에는 그 전에도 이미 통계 법칙들을 파리 인구통계와 열이론에 성공적으로 적용한 바 있다).

수학적 분석은 대단히 다양한 효과들을 통합하고 그 안에서 공통된 속성을 발견한다. 수학의 목표는 우발적인 것, 우연적인 것과 관련이 없다. (…) 수학은 모든 물리적 원인, 그리고 정신의 조합물 대부분과 필연적 관계가 있다. (…) 그리고 수학의 진정한 진보는 언제나 두 가지 근본 지점으로 되돌아가는데, 공공의 이익과 자연 탐구가 바로 그 근본 지점이다.[13]

언제나 그러했듯이, 자연과 사회의 법칙들은 이렇게 서로 얽혀 있었다.

그리고 언제나 그러했듯이, 자연과 사회의 법칙들은 정신과 영혼 개념과도 서로 얽혀 있었다. 예를 들어, 19세기 통계학의 발전은 결정론과 자유주의 논쟁의 새로운 구성이었는데, 인과율과 불확실성을 사유하는 새로운 도구가 제공되면서 이 새로운 구성이 만들어졌다. 세계의 미래는 현재 상태가 결정할까? 더 나은 통계학과 충분한 계산 능력이 있는 세계에서는 일어나는 모든 사건의 결정적 원인을 발견할 수 있고, 미래의 모든 사건을 예측할 수 있게 될까? 아니면 세상에는 환원이 불가능한 임의성, 완전한 인과율에서 벗어난 자유가 존재할까?[14]

앞 장에서는 물리학자들이 이런 질문들과 어떻게 씨름하는지 보았다. 이 장에서는 인문·사회과학 실행가들이 수학과 물리학에서 나온 이성의 '법칙들'에 자신들의 학문을 복종시키려는 시도들, 그리고 이와 관련된 현상들에 주목하기 바란다. 오늘날 '사회과학'으로 분류되는 경우가 거의 없는 역사가들조차도 결정론의 유혹에서 쉽게 벗어나지 못했고, 종종 검증되지 않은 인과율과 역사적 방향을 갈망하면서 결정론에 매혹됐다. 예를 들면, 헨리 토머스 버클(Henry Thomas Buckle)은 『영국의 문명사(History of Civilization in England)』가 '과학의 최고 분과' 가운데 하나로 자리 잡을 거라고 생각했다. "자연 세계와 마찬가지로 도덕 세계에서도 (…) 모든 것은 질서, 대칭, 법칙이다."[15]

오늘날에는 완전히 망각됐지만, 19세기 중반 버클의 유명세는 20세기 초 슈펭글러와 비슷했다. 비록 두 사람은 완전히 다른 수학적·철학적 파도 위에서 유명세를 탔지만 말이다. 심지어 저 멀리 있던 도스토옙스키(Fyodor Mikhailovich Dostoevskii)조차도 자신의 소설 『지하 생활자의 수기(Записки изъ подполья)』(1864)에서 수학을 인간 욕망에 적용하는 문제 및 버클과 그의 결정론적 역사관에 대해 연달아 불평했다. 그러나 버클의 생각은 파격적인 것이 아니었다. 젊은 프리드리히 니체는 결정론적 '역사과학'이 자기 세대 사상가들을 장악했다고 생각했고,『반시대적 고찰(Unzeitgemäße Betrachtungen)』의 두 번째 글「삶에 대한 역사의 공과(Vom Nutzen und Nachteil der Historie für das Leben)」(1874)에서 그들을 향한 분노를 표출했다.

> 통계가 역사에 법칙이 있다는 것을 증명할 수 있다고? 법칙이? 통계는 대중이 얼마나 저속하고 역겨울 정도로 획일적인지는 확실히 증명할 수 있다. 그러나 게으름, 어리석음, 흉내 내기, 사랑과 배고픔의 효과를 법칙이라고 부를 수 있을까? 좋다, 부를 수 있다고 가정하자. 그러나 그것은 역사에 법칙이 있다고 한들 그 법칙은 가치가 없고, 역사 또한 가치가 없다는 명제를 확인해 줄 뿐이다. 오늘날 보편적으로 가치가 인정되는 역사 종류는 주요하고 중대한 역사적 사실을 위해 거대한 대중운동을 일으키는 정확히 그런 종류다.[16]

다시 말하지만, 수, 공리, 법칙의 옹호자들이 19세기 내내 아무 반대도 받지 않은 채 지배했다거나, 니체, 도스토옙스키, 그리고 그들과 비슷한 소수만이 그 통치를 비판했다는 뜻이 아니다. 위대한 물리학자이자 수학자지만, 새로운 과학적 확실성을 과도하게 믿는 태도에 회의적인 사람들도 있었다. 우리는 이미 제임스 클러크 맥스웰을 만났는데, 수리물리학자였던 맥스웰이 만든 방정식은 빛, 전기, 자기를 같은 현상으로 다루면서 고전 전자기학의 기초가 됐다. 예를 들어, 맥스웰 또한 케틀레의 '오류 법칙'을 기체분자의 속도분포에 적용해 열역학의 기본 원리를 확립했다. 또한 맥스웰의 작업은 이후에 (종종 '시간의 화살'이라고도 불리는) 시간의 방향과 인과율에 관한 미래의 생각을 형성했다. 그러나 맥스웰은 논리학이나 경험론이 지식의 궁극적 기초를 제공할 것이라는 믿음에 동의하지 않았다.

맥스웰은 이런 비판적 생각을 과학 저서뿐만 아니라 시를 통해서도 표현했다.

정신의 벽돌을 준비하러 가라!
모든 구석에서 벽돌을 가져오고,
당신의 기초를 모래 위에 단단히
최고의 감각이라는 모르타르로 고정시켜라
꼭대기는 높이 하늘로 솟을 것이다[17]

비록 독실한 신심이 바닥에 깔려 있지만(맥스웰의 독실한 그리스도교 신앙은 널리 알려져 있다), 이 다섯 행은 엄청난 과학적 지혜를 담고 있다. 맥스웰은 이렇게 주장하고 있다. 동일성과 아패틱이라는 안정적이고 이상적인 '벽돌'로 확실성이라는 건물을 이 세상 안에 지으려고 아무리 노력해도, 언제나 이 건물에 영향을 미치는 유동성, 패틱한 것, 차이가 존재한다. 이것이 이 세계에 존재하는 인간의 조건이고, 이 조건에서 벗어나려 할 때 바벨탑을 지었던 사람들과 같은 교만과 신성모독에 빠질 것이라고 이 시는 암시한다.

이 경고가 새 건축가와 새 건설 프로젝트를 설득해 만류시키지는 못했다. 인간과 세계에 대한 사유 방식에서 원자, 유전자 등 새로운 잠재적 동일성의 '벽돌'들과 함께 확실성과 결정론은 늘 새롭게 올라오며, 이런 노력에 저항하는 새로운 움직임도 늘 함께 생겨난다. 이런 역동적 상황에 대해 니체는 당시 사회 담론에서 다윈의 자연주의를 추종하는 극단주의자들에 저항하면서 이렇게 정리했다. "이것은 고대부터 이어진 영원한 이야기다. 이전에 스토아학파에게 일어났던 일이 오늘날에도 계속해서 일어난다. 어떤 철학이든 자신을 믿기 시작하자마자 그런 일이 생긴다. 그 철학은 언제나 자신의 이미지대로 세계를 창조하며, 다른 것은 할 수가 없다."[18]

경제학: '인간 행동의 과학'

우리는 '동일성'을 기초로 만들어진 많은 사회과학이 거둔 거대한 성과를 축소하거나 과소평가하려는 게 아니다. 우리는 단지 이 사회과학의 한계를 논증하려는 것뿐이다. 이 한계들은 인류의 피할 수 없는 패틱한 모래알들이 부과한 것이며, 사회과학은 이 모래 위에 지어져 있다. 예를 들기 위해 우리는 이런 사회과학들 중 오직 하나에 집중할 예정이다. 바로 경제학이다. 경제학 자체의 주장이 특별히 우리의 선택을 정당화한다. 오스트리아 출신의 미국 경제학자 루트비히 폰 미제스(Ludwig von Mises, 1881~1973)는 경제학이 '보편적 가치가 있는 지식을 추구하는 인간 행동의 과학'이라고 주장했고, 미제스 혼자 이런 주장을 한 게 아니다. 미제스는 이런 주장도 했다. "경제학은 논리학 및 수학과 마찬가지로 경험에서 유도된 것이 아니다. 경제학은 경험에 앞서 있다."[19] 이 말의 의미가 무엇이든, 근대경제학의 많은 부분이 수학과 논리학이라는 텅 빈 대지 위에 지식의 고층 빌딩을 세우려고 했던 것은 확실하다. 이 중요하고 성공한 분야의 스카이라인을 꽉 채운 모든 마천루를 해체할 수는 없으므로, 우리는 화력을 한곳에 집중할 것이다. 앞 장에서 우리 모두가 동의했던 것 위에 훌륭하게 만들어져 있는 영원한 동일성의 '벽돌', 즉 공집합 (ø)에 집중할 것이다.

루트비히 폰 미제스의 제자 오스카르 모르겐슈테른(Oskar Morgenstern)과 요한 폰 노이만이 함께 쓴 『게임이론과 경제 행동(Theory of Games and Economic Behavior)』(1944)은 경제학의 새로운 기초를 만들려는 거대한 시도다(분량이 632쪽에 달한다). 이 새로운 기초를 구축할 때 새로운 도구가 하나 등장한다. 오늘날 게임이론이라고 부르는 이 도구는 핵전략에서 인공지능에 이르기까지 많은 분야에 풍성하게 활용된다. 우리는 두 작가가 가진 야망의 크기에 놀라지 말아야 한다. 이미 앞 장에서 노이만은 물리학과 집합론의 합주 지휘자로 크게 부각됐다. 모르겐슈테른은 1장에서 등장할 수도 있었는데, 그 또한 붕괴된 오스트리아·헝가리제국에서 태어났고[그의 어머니는 황제 프리드리히 3세(Friedrich III)의 혼외자였을 수도 있다], 빈학파의 주변을 맴돌았기 때문이다. 그러나 모르겐슈테른은 기본적으로 논리학자, 수학자, 철학자가 아닌 경제학자였고, 빈에서 직업생활을 할 때에는 경제예측의 가능성에 관심을 뒀다.

이 문제는 대공황 시기에 특별히 긴급하게 느껴졌을 수 있다. 오랫동안 명성을 누린 또 다른 경제학자 프리드리히 폰 하이에크(1899~1992)는 대공황 연구를 위해 새로 설립된 경기순환연구소에 모르겐슈테른을 채용했다. 경기순환을 정확히 예측하는 것이 가능할까? 모르겐슈테른은 1928년에 출판한 책에서, 기상학자들은 한랭전선이나 바람의 흐름과 같은 현상을 점점 더 잘 예측할 수 있지만, 경제예측은 능동적 행위자인 인간 때문에 불가능하다고 주장했다. 인간은 꾸준히 정보를 모으고 예측을 해석하고 자신들이 배운 것에 따라 행동을 바꾸면서, 예측을 틀리게 만들기 때문이다.[20] 이런 의미에서 인간 행동에 대한 다른 예측과 마찬가지로 경제예측도 반사적이고 자기 훼손적이다. 우리는 이런 현상을 요나 콤플렉스(Jonah effect)라고 부를 수 있다. 이 명칭은 자신을 니네베로 파견한 하느님에게 뱉은 예언자 요나의 불평에서 나왔다. 요나의 생각은 이랬다. 사람들은 나의 예언 때문에 행동을 바꿀 것이고, 그러면 하느님은 그들을 용서할 것이다. 하느님의 용서는 사람들이 나를 거짓 예언자로 보게 만들 것이다[이 장 끝부분에서 우리는 내시균형(Nash equilibria)과 같은, 이 문제에 대한 20세기 후반의 응답을 다룰 것이다].

　　모르겐슈테른은 성서적 비유보다는 수학적 비유를 선호했다. 모르겐슈테른은 자신이 지은 첫 번째 책의 결론인 경기순환 예측의 불가능성을 빈학과 동료이자 수학자인 쿠르트 괴델의 유명한 '불완전성정리'와 비교했다고 한다. 시간이 한참 지난 후 (1976), 모르겐슈테른은 자신의 초기 연구가 여러 인물에게 영향을 받아 수행됐음을 기억하게 된다. 그중에는 우리가 이미 만난 헤르만 바일, 버트런드 러셀, 앨프리드 노스 화이트헤드(모르겐슈테른이 보기에 화이트헤드는 너무 형이상학적이었다)도 있었고, 프랜시스 에지워스(Francis Ysidro Edgeworth)처럼 오랫동안 잊힌 인물도 있었다. 에지워스는 『수리정신학: 도덕과학에 수학을 적용하는 법에 관한 에세이(Mathematical Psychics: An Essay on the Application of Mathematics to the Moral Science)』(1881)를 쓴 경제학자다. '정신학'이 수학과 나란히 서 있는 이 제목에 모르겐슈테른은 매료됐고, 이 책의 재출판을 지지했다. 아마도 모르겐슈테른은 1935년에 발표했던 자신의 논문 「완벽한 예측과 경제적 균형(Perfect Foresight and Economic Equilibrium)」의 제목과 같은 것을 전달할 과학을 이미 갈망하고 있었던 듯하다.

모르겐슈테른은 빈학파의 다양한 모임에서 그 논문을 여러 차례 반복해서 이야기했고, 마침내 한 모임에서 청중으로 있던 한 수학자가 또 다른 수학자 요한 폰 노이만의 논문이 도움이 될 것이라고 알려 줬다. 그 논문은 1928년에 발표된 「응접실 게임의 이론에 관하여(Zur Theorie der Gesellschaftsspiele)」로, 포커와 같은 게임들을 집합이론적 접근으로 설명했다. 게임에서 플레이어가 하는 전략적 선택을 다룬 이론들이 경제행위자의 선택에도 확장 적용될 수 있을까? 아직 빈에 있던 모르겐슈테른은 '논리학과 집합론에 관한 방대한 책들을 읽고', 「논리학과 사회과학(Logistik und Sozialwissenschaften)」(1936) 같은 논문들을 쓰기 시작했다. 그러나 얼마 지나지 않은 1938년에 모르겐슈테른은 미국으로 이민을 갔고, 마침내 미래의 공저자를 만났다. 모르겐슈테른은 나중에 그를 '하늘에서 온 선물'이라고 불렀다.[21] 이제 두 사람은 책 출판에 관한 깊이 있는 대화를 (독일어로) 시작했다. 처음에 두 사람은 자신들의 책을 '합리적행동의 일반이론(General Theory of Rational Behavior)'이라고 부를 생각이었지만, 나중에 조금 부드럽게 『게임이론과 경제 행동』으로 정했다.

이 책의 목표는 정교했다. "우리는 경제 행동의 전형적인 문제들이 적절한 전략게임들의 수학 개념들과 정확하게 동일하다는 것이 만족스럽게 증명되기를 희망한다."[22] "정확하게 동일하다." 이보다 더 강한 동일성 주장을 상상하기는 힘들 것이다. 경제적 (혹은 합리적) 행동이 수학적 개념과 정확하게 동일하다는 이 주장을 처음에 설득력 있게 만든 것은 무엇이었을까? 저자들이 주장하는 한 가지 이유는 '물리학과의 비유적 관계'다. 끊임없이 반복해서 저자들은 물리학에 '수학이 대단히 성공적으로 적용된' 사례를 보여 주면서, 물리학을 경제학의 성공적인 형(sibling)으로 제시한다. 이 성공을 인간 연구에 적용하지 못할 이유가 어디 있겠는가? 두 사람은 이에 반대하는 학자도 많다는 걸 잘 알고 있었다. "많은 사회과학자들이 다양한 이유로 이런 연결선을 그리는 데 반대한다. 경제학은 사회 및 인간 현상을 다루는 과학이라서 심리학을 고려해야 하므로 물리학을 따라 만들어질 수 없다는 주장이 일반적인 이유였다."[23] 두 사람은 이런 반대를 크게 신경쓰지 않았다. 오히려 그들이 설명을 요구함으로써 다른 과학에서 진보를 이끈 그 원칙들이 경제학의 진보를 이끌지 않았다는 게 밝혀진다고 해도, '그 자체로 중요한 혁명이 될 것'[24]이라고 생각했다. 그들의 주장이 오히려 설명을 요구할 것이라고 생각했다.[25]

그러나 두 사람도 물리학과 비교해 경제학은 유아기에 있고, 걸음마부터 배워야 한다는 걸 인정했다. "자유낙하는 대단히 사소한 물리현상이다. 그러나 이런 극도로 단순한 사실 연구, 이 사실과 천체 물질 사이의 비교연구가 바로 역학을 낳았다." 같은 방식으로, 폰 노이만과 모르겐슈테른도 가장 단순한 단위, 즉 '개인의 행동과 가장 단순한 교환 형태'[26]에서 시작하기로 결정했다. 그들은 이 단위를 '고립된 개인의 경제, 혹은 개인 의지에 따라 조직된 경제'인 '로빈슨 크루소 모형'이라고 불렀다. 물리학처럼 경제학도 이 기본 모델에서 출발해 매우 복잡한 것(경

제학에서는 더 큰 집단)으로 나아갈 수 있고, '이론에 의한 순수
예측이라는 실제 성공 영역'을 시작할 수 있는 규모에 도달하게
된다.[27] 폰 노이만이 몇 년 후에 말했듯이, "현대 경험과학에서
는 수학적 방법론 또는 수학에 근접한 물리학적 방법론에 대한
접근 가능성이 점점 더 주요한 성공 기준이 됐다."[28] 게임이론은
인간 행동 연구의 성공을 약속했다.

　　이 약속은 몇몇 초기 독자들을 황홀하게 만들었다. 미래의
노벨상 수상자이자 당시 젊은 학자였던 허버트 사이먼(Herbert
A. Simon)은 1945년 《미국사회학저널(American Journal of Sociol-
ogy)》에서 이렇게 주장했다. "게임이론 연구자들은 이론의 적용
과 개발을 위한 풍부한 생각이 담긴 이 책을 사회과학의 기본 분
석 도구로 사용하게 될 것이다."[29] 이처럼 이 시기는 사회과학
에 대한 과도한 낙관주의가 지배하던 시대였다. 부분적으로 이
낙관주의는 제2차세계대전이 요구했던 대규모 군사 및 사회동
원 계획과 전략에 사회과학이 중요한 기여를 하면서 생겨났다.
1946년 시인 위스턴 휴 오든은 「시대를 위한 반동적 주장(Reac-
tionary Tract for the Times)」에서 바로 이런 낙관주의를 비난했다.

　　(…) 그대는 통계학자와
　　앉아서도 안 되고 사회과학을
　　해서도 안 된다[30]

　　사회과학자들과 사회과학의 후원자들은 시가 주장하는 금
지보다는 예언의 약속을 선호했다. 1948년에 미국의 방어 체제
연구를 위해 설립된 랜드연구소(RAND Corporation) 같은 기관

들이, 경제학, 정치학, 그 밖의 인간 행동을 다루는 과학 분야에서 게임이론이 제안하는 예언적 약속의 기초 위에 만들어졌다.[31]

그러나 이런 낙관주의는 틀렸다는 것이 증명됐다. 폰 노이만과 모르겐슈테른의 '이론에 의한 예측'이라는 최고 기준은 70여 년 전 두 사람이 이 기준을 설정했을 때와 마찬가지로 여전히 경제학자들과 사회과학자들이 거의 닿지 못하는 곳에 머물러 있다. (현대 경제학에서 역할을 과장해서는 안 될) 게임이론뿐만 아니라 좀 더 일반적인 경제학에서도 실제로 그렇다.[32] 당연히 우리는 폰 노이만과 모르겐슈테른이 자신들보다 오래전에 생겨났고 (그리고 생존했던) 물리학처럼 예측력 있는 사회과학을 향한 갈망을 발명했다고 암시하려는 게 아니다. 우리는 단지 이 욕망이 두 사람을 유혹해서 물리학의 열역학 개념과 경제학의 효용 개념 사이에 잘못된 유추를 하도록 했다는 점을 지적하는 것이다.[33] 다른 사람들도 이 유추에 관한 글을 썼다. 그 이야기는 유익하고 그들의 비판은 흥미로운 사실을 드러내지만, 충분히 깊이 들어가지 못했다.[34] 결국 열역학과 효용성 사이의 비유는 그냥 직유일 뿐, 정확하게 동일하다는 주장이 아니다. 우리는 좀 더 근본적인 것에 초점을 맞춰야 한다. 즉 동일성 공리들이 두 분야 모두에 적용되고 있다는 것을 지적해야 한다. 우리는 물리학조차도 우주를 엄격한 동일성 공리에 종속시킬 수 없음을 보았다. 경제학과 같은 인간 욕망과 사회생활을 다루는 과학에서 더 나은 것을 기대하기 전에 우리는 먼저 이 분야 전문가들에게 이렇게 물어야 한다. 당신들이 하는 과학에서 기초로 삼으려는 동일성 가정은 무엇인가?

경제학자의 로빈슨 크루소: 이행적 인간

우리는 폰 노이만과 모르겐슈테른을 좀 더 다룰 예정이다. 수요 이론의 공리화에 두 사람의 기여가 너무 선도적이기 때문이 아니고(다른 경제학자들이 훨씬 더 근본적인 기여를 했다), 그들의 독특한 수학적 접근법이 특별히 오래 영향을 미쳤기 때문도 아니다(그들의 접근법은 제한적으로 적용됐다). 우리가 두 사람을 좀 더 상세히 다루는 이유는 그들의 가정이 이후 경제학 분야에서 보편성을 갖게 되는 전제를 대단히 명료하고 징후적으로 보여 주기 때문이다. 물리학과 마찬가지로 경제학에서도 거시 세계는 미시 세계에서 나온다는 첫 번째 가정을 떠올려 보라. 이 가정에 따르면, 사회집단의 행동은 개인 구성원들의 선택 혹은 결정에서 나오는 결과 또는 기능이다. 물리현상을 다루는 과학처럼 경제를 다루는 과학도 가장 단순한 형태와 함께 시작해야 한다. 경제는 단일한 의지, 즉 개인적 의지 아래에서 조직되기 때문이다. 오스트리아 경제학자들 사이의 관습에 따라 두 사람은 이 단일한 의지를 '로빈슨 크루소'라고 불렀다.[35]

우리가 단일한 행위자가 있는 경제학을 전체 사회경제의 기본 사례이자 패러다임으로 다루는 데는 수학적 이유가 있다. 이 경제학 모델은 집합론의 공리적 타당성을 수용한다(사실 그 타당성에서 이 모델이 나온다). 집합론에서 집합은 원소들에 의해 고유하게 정의되지만, 원소들은 어떤 집합에 소속되더라도 그 집합의 영향을 받지 않는다고 가정한다. 그러나 정말로 우리 욕망과 선택은 삶에 함께 던져진 사람, 대상, 경험의 영향을 받지 않을까? 두 사람은 이 기본 질문을 다음과 같이 제기한다.

사회 교환경제 이론에서 고립된 개인을 내세우는 매우 단순화된 모델에 반대하는 주된 이유는 이 모델이 다양한 사회적 영향에 노출된 개인을 대표하지 못한다는 것이다. 이런 사회적 영향 요소들은 확실히 큰 차이를 만들지만, 최대화 과정의 형식적 속성을 변화시키는지는 의문스럽다. 실제로 이런 사회적 영향들은 암시된 적이 없고, 우리는 최대화 과정의 형식적 속성에만 관심이 있으므로 위에 나온 사회적 고려 사항들을 무시할 수 있다.[36]

우리는 당신이 이런 그럴싸한 대답에 만족하지 않기를 희망한다. 왜냐하면 암시된 적이 없었다는 이유로 확실히 큰 차이를 만드는 사회적 영향 요소들이 최대화 과정의 형식적 속성을 바꾸지 않는다고 말하는 것은, 파스닙을 먹는 것이 피부에 좋지 않다고 누군가 암시하는 것을 들은 적이 없으므로 파스닙을 먹는 것은 피부에 좋다고 결론 내리는 것과 논리적으로 동등하다. 확실히 폰 노이만과 모르겐슈테른은 자신들의 가장 기본적인 가정들을 진지하게 숙고하는 데 관심이 없었다. 우리가 그 일을 해야 한다.

만약 경제적 행동이 개인의 욕망과 선택에서 만들어진다면 경제학은 심리학의 묘사에 종속되고, '개인의 동기와 관련해 만들어야 하는 가정들을 적절하게 묘사하는 일'[37]이 '주된 어려움' 중 하나가 될 것이다. 우리는 타당한 경고를 받았다. 가정을 만들어야 한다! 그러나 제발 잊지 마라. 이 가정들은 외계인의 행동에 관한 것이 아니다. 이 가정들은 우리 인간에 관한 것이며, 우리 동기, 우리 욕망, 우리 꿈과 관련돼 있다. 그러므로 우리 각자는 이렇게 물을 수 있다(그리고 물어야 한다). 우리는 '만들어야 하는' 가정, 즉 우리의 변환된 자아인 로빈슨 크루소와 관련된 가정에서 자신을 인식하는가?

여기에 추가적인 두 번째 가정이 따라온다. 개인 행위자의 목표는 주어진 제한 안에서 자신의 다양한 욕망과 요구에서 '최대 유용성 혹은 최대 만족을 얻는 것'이다.[38] 도스토옙스키의 지하 생활자를 비롯한 많은 이들이 이런 행동 원리를 비난한다. "당신 자신의 소소한 행복이 수십만 동료 피조물의 행복보다 당신에게는 더 소중하다는 걸 실제로 그들이 당신에게 증명해 보인다면, (…) 당신은 그냥 받아들여야 해. 어쩔 도리가 없어. 2 곱하기 2는 (4가 되는) 수학의 법칙이니까. 한번 반박해 봐."[39] 자기 이익만이 우리의 유일한 가치가 아니라는 말은 옳다. 어떤 사람은 자기 이익을 최대화하려고 노력할 수 있고, 다른 사람은 가족, 공동의 연대, 혹은 자유 시간 같은 다른 선(good) 개념에 더 큰 가치를 둘 수 있다. 그러나 이 다양성이 수학적 경제학자들의 근본적 어려움은 아니다. 그들은 행위자가 최대화를 추구하는 만족과 유용성의 형식이 다양할 수 있다는 것을 거부할 필요가 없기 때문이다. 타인의 행복을 바라는 마음도 만족과 유용성에 포함될 수 있다. 더 근본적인 어려움은 이것이다. 최대화를 위해서는 유용성과 만족을 수량화할 수 있거나 최소한 순위를 매길 수 있어야 한다. 그런데 왜 우리는 인간 행위자인 우리 자신, 혹은 인간 행위자를 연구하는 경제학자들이 욕망을 수량화하거나 순위화할 수 있다고 생각해야 할까?

이 심각한 어려움 때문에 추가 가정들이 필요하다. 합리적 인간 주체는 "완벽하고 모든 것을 포괄하는 선호도 체계를 가진 개인이어야 한다. 즉 어떤 두 가지 대상 혹은 어떤 두 가지 상상의 사건에 대해서도 하나를 선호하는 명확한 직관을 가져야 한다".[40] 이 가정의 범위는 엄청나다. 주체의 선호도는 시장 상품들뿐만 아니라 자신에게 일어날 수 있는 상상의 모든 일까지로 확장된다. 더욱이 이 선호도는 잘 알려져 있고 정교하게 계산될 수 있다. "우리가 다루는 모든 경제주체는 그 상황을 완전히 알고 있다고 가정할 수밖에 없다. (…) 자신이 활동하는 상황과 이런 지식을 가능하게 해 주는 자신의 모든 통계적, 수학적 능력과 그 밖의 수행 능력이 발휘되는 상황을 모든 경제주체는 알고 있어야 한다."[41]

'완비성과 비교가능성'이라는 이 공리를 약간 형식적인 개념으로 설명하면 다음과 같다. 욕망의 대상 u와 v가 주어질 때, 주체는 언제나 둘 중 무엇을 선호한다거나 둘 다 관심이 없다고, 즉 u와 v 중 어느 것도 좋아하지 않는다고 말할 수 있다. 그런데 종종 그렇듯이, 선택지가 두 개보다 더 많으면 어떻게 될까? 이럴 경우 우리는 또 다른 공리가 필요하다. 세 개 혹은 그보다 더 많은 상품, 대상 혹은 상상의 사건이 있다고 하고, 우리는 이것을 a, b, c라고 부르자. a를 b보다 좋아하고 b를 c보다 좋아하는 모든 합리적 행위자는 또한 a를 c보다 좋아한다. 경제학에서는 이 중요한 공리를 '선호의이행성(transitivity of preference)'이라고 부른다. 『게임이론과 경제 행동』에서 이 공리는 3:A:b 공리다. 두 사람은 이 공리를 어떻게 정당화할까? "선호의이행성은 논리 정연하고 일반적으로 받아들여지는 속성이다."[42]

폰 노이만과 모르겐슈테른은 이런 가정들이 만드는 마법 같은 굴레 안에서 인간과 인간 욕망을 이행적이고, 아패틱하며, 계량화가 가능한 수학적 대상처럼 다루기 시작했다. 두 사람은 이런 시도를 가장 먼저 한 사람도 가장 마지막에 한 사람도 아니었다. 두 사람의 시도에서 비범했던 점은 그 시도의 탁월함과 범위뿐만 아니라 자신들의 '개념적이고 형식적인 구조를 창조하기 위해' 선택했던 수학적 벽돌들이었다. 두 사람 중 한 명(폰 노이만)이 수학을 구성할 때처럼, 그들은 인간 행동을 견고한 기초 위에 확립하고 싶은 욕망에서 '수리물리학을 지배하는 미분방정식의 알고리즘에서 벗어나 조합론과 집합론'을 포함할 것을 주장했다.[43]

두 사람이 전력을 다해 집합론에 기초한 게임의 공리화를 시도하는 열다섯 쪽(60~75쪽)은 인류 역사에서 교만을 보여 주는 가장 위대한 기념물 중 하나로 올라가야 한다. 두 사람은 자신들이 수학적 개념만을 사용해 사유의 절대적 명료함을 완성했다고 상상한다. "우리는 심지어 수학적 개념들에 이름을 붙이는 것도 피했다. (…) 이름의 언어적 연관성이 암시할 수 있는 의미와 어떤 관계도 형성하지 않기 위해서였다. 이 절대적 '순수성'에서 이 개념들은 이제 정확한 수학적 탐구의 대상들이 될 수 있다." 그래서 그들은 '직관적으로 주어진 주제들'과 섞일 위험 없이 적용 가능한 '정교하게 정의된 개념들'을 처음 발전시킬 수 있다고 상상한다.[44] 이제 그들은 포효한다. "이것은 논란이 많은 한 명제의 진실에 관한 예가 될 수 있다. 그 명제란 심리적 측면이 강조되는 인간 행동을 수학적으로 묘사할 수 있고 토론할 수 있다는 것을 말한다." 묘사와 토론? 충분히 합리적으로 들리는 단어들이다. 그러나 두 사람은 추가로 주장한다. "기본적 심리 현상들이 공리화됐다."[45]

다시 한번 강조한다. 우리는 인간 행동 연구에 수학을 활용하거나 수학적 응용을 활용하는 데 반대하지 않는다. 수학이야 말로 인간 지식과 (인간뿐만이 아닌) 생명에 거대한 영향을 미친 강력한 도구다. 폰 노이만과 모르겐슈테른, 그리고 두 사람처럼 생각하는 이들에게 던지는 우리의 비판은 단순하다. 그들은 수학이 제공할 수 있는 기본 진리를 잊어버렸다. 두 사람보다 조금 일찍 활동했던 놀라운 재능을 지닌 논리학자이자 철학자 찰스 샌더스 퍼스(Charles Sanders Peirce, 1839~1914)의 말을 들어보자.

> 엔지니어, 상업회사 (…) 또는 물리학자는 일어날 수 있는 사실에서 나오게 될 필연적 결과를 예상하고 확인하는 일이 자신들의 목적에 맞다고 생각한다. 그러나 사실은 너무 복잡해서 이들의 평범한 방법으로는 다룰 수가 없다. 그들은 수학자를 불러 질문한다. (…) 언급했듯이, 제기되는 질문에 대답하기에는 사실이 불충분한 상황이 빈번하게 일어난다. 따라서 종종 가장 어려운 과제가 되기도 하는 수학자의 첫 번째 일은, 더 단순하지만 완전히 허구적인 다른 문제를 구성하는 일이다. (…) 이 허구적인 문제는 앞에서 대답을 기다리는 문제와 충분히 비슷하고, 좋든 나쁘든 그 문제를 대신해야 하지만, 수학자의 권한 안에 있어야 한다.[46]

폰 노이만과 모르겐슈테른은 스스로에게 묻는 것을 잊어버렸다. 자신들의 공리인 로빈슨 크루소가 인간 개체와 얼마나 '충분히 비슷'한가? 그리고 우리는 그 차이가 좋은지 혹은 나쁜지 어떻게 결정할 수 있는가?[47]

소설가의 로빈슨 크루소: 비이행적 인간

경제학자들의 '로빈슨 크루소'에 대한 이런 질문들로 가는 경로로서 1719년에 출판된 대니얼 디포(Daniel Defoe)의 『로빈슨 크루소(Robinson Crusoe)』를 다시 펼쳐 보자. 이 책은 (기원 찾기에 목말라 있는 비평가들에 의해) 종종 '최초의 영국 근대소설'이라는 영예로운 이름을 얻었다(디포가 영감을 받은 작품 가운데 우리가 이미 4장에서 중요하게 다룬 작품도 있다. 이븐 투파일의 『하이 이븐 야크잔』은 디포가 작품을 집필하기 불과 몇 년 전에 라틴어로 번역됐고, 라틴어 번역본의 제목은 『스스로 가르치는 철학자(Philosophus Autodidactitus)』였다).[48]

소설 앞머리를 읽어 보면, 로빈슨 크루소는 1632년 요크 지역에서 태어났다. 삶의 방향을 결정해야 할 시기가 왔을 때 아버지는 아들의 미래를 법률가로 정했지만, 로빈슨은 법률가가 되는 대신 바다로 가고 싶었다. "아버지가 발견했던 중간 상태, (…) 인간 행복에 가장 적합하고, 비참과 고생, 인류의 기계적 부분을 담당할 때 겪는 노동과 고통에 노출되지 않으며, 허영, 사치, 야망, 그리고 인류의 더 높은 부분에 대한 질투로 쩔쩔매지 않는 상태에" 머물 수 있고, "근면과 노력으로 재산을 일으켜 편안하고 즐거운 생활을 할 전망이 있다"라는 아버지의 충고도 로빈슨에게 아무 소용이 없었다. 젊은 로빈슨은 잠시 아버지의 주장에 설득돼 "밖으로 나갈 생각을 더는 하지 않고 아버지의 바람에 따라 집에 머물기로 결심했다. 그러나 아, 안타깝게도 며칠 만에 모두 물거품이 됐다".[49]

로빈슨은 1651년 9월 1일에 집에서 도망쳐 헐에서 런던으로 가는 배를 탔다. 당시 로빈슨은 19세였고, 위의 인용문에서 감지된 기본 성격 그대로였다. 그의 의지는 풍향계처럼 바람에 따라 흔들거렸다.

소설에서 이 패턴은 줄곧 반복된다. 예를 들어, 로빈슨은 첫 번째 폭풍우를 만났을 때 두려움에 사로잡혀 이렇게 말한다. "나는 많은 맹세와 결심을 했다. 만약 하느님이 이 한 번의 여행에서 제발 내 생명을 살려 주신다면, 내가 다시 육지에 발을 디디게 된다면, 나는 곧장 아버지가 계신 집으로 갈 것이다. 나는 삶의 중간 상태에 대한 아버지의 관찰이 선하다는 것을, 아버지가 평생 동안 얼마나 쉽고 편안하게 사셨는지를 지금 분명히 알게 됐다." 그러나 폭풍우는 잦아들었고, 그다음 날 로빈슨 크루소는 부드러운 바다 위로 떠오르는 태양을 보면서 '최고로 기쁜' 광경이라고 생각했다. 그날 밤, 선원들과 함께 한 펀치 파티는 "나의 모든 참회, 과거 행동에 대한 나의 모든 반성, 미래를 위한 나의 모든 결심을 익사시켰다. 바다에 빨려 들어갈지 모른다는 두려움과 불안은 사라졌고, 이전의 욕구가 돌아왔다. 나는 고통 속에 했던 맹세와 약속을 완전히 잊어버렸다".[50]

욕망의 이런 급격한 변환을, 세월이 지나면서 좀 더 성숙하고 견실한 의지로 대체될 젊은이의 변덕으로 치부할 수도 있을 것이다. 그러나 이 소설은 이런 무의미한 해석과 관계가 없다. 크루소는 난파된 후 무인도에서 수년 동안 자기 성찰을 했지만, 그 성찰로도 선호와 불호 감정의 변덕스러움은 사라지지 않았다. 오히려 그는 자신의 변덕스러움을 자각하게 됐다. 소설의 거의 끝에 나오는 이 인상적인 문단처럼 말이다.

이 순간부터 나는 마음속으로 결론을 내리기 시작했다. 나는 세상의 어떤 다른 특별한 장소에 있었던 것보다 이 버려진 곳, 고독한 조건에서 훨씬 더 행복할 수 있다. 이런 생각을 하다 보니 나를 여기에 데려다 놓으신 하느님에게 감사하게 됐다. 나는 그것이 무엇이었는지 모르지만, 그 생각에 나는 무언가 충격을 받았고, 감히 그것을 말로 표현하지 못했다. 그다음 나는 소리 내어 말했다. "어떻게 너는 이 상황에 감사하는 척하는 위선자가 될 수 있지? 아무리 만족하려고 애를 써도, 결국 진심으로 구해 달라고 기도하게 되는 상황에서 말이야."[51]

소설 속 이 순간은 우리 경험에 익숙하고 사실적으로 느껴진다. 아마 당신도 그렇게 느낄 것이다. 사람들은 행복에 대한 자신의 확신이 부적절하고, 모순되며, 심지어 허위라는 걸 어느 순간 갑자기 알게 된다. 갈등, 경쟁하는 욕망, 심지어 우리 내부의 모순을 깨닫는 이런 통찰은 문학에 대한 성찰이 종종 제공해주는 지식이다. 그리고 이런 지식에서 우리가 가져올 수 있는 수많은 교훈 가운데 단순한 가르침이 하나 있다. 디포의 로빈슨 크루소는 자신의 중요한 생각, 욕망, 존재와 관련된 문제에서 이행적(transitive) 인간이 아니다.

다시 로빈슨 크루소의 직업 선택 순간으로 돌아가자. 17세기 위대한 수학자 블레즈 파스칼은 직업 선택이라는 가장 중요한 문제에 '우연의 규칙(le hasard en dispose)'이 있다고 믿었다. 오늘날 경제학자들은 대학 전공을 선택하거나 몰두할 학습 분야를 정하는 이런 선택과 결정이 개인적 '효용성 최대화'에서 가장 중요한 일에 속한다는 데 동의할 것이다(이 효용성을 경제학자들은 자주 전적으로 미래의 수입이라는 관점에서 측정하곤 한다). 그렇다면 크루소의 가장 중요한 선택은 근대경제학과 합리적 행위자 이론의 필연적 가정을 따르고 있는가? 아니면 파스칼의 또 다른 극단적 가설에 더 가까운가?[52]

크루소가 고려하던 선택지를 폰 노이만과 모르겐슈테른의 이행 효용 개념으로 해석한다고 상상해 보자. 세 가지 효용에 각각 u, v, w라는 이름을 붙인다. u = 선원 되기, v = 집으로 돌아가 안정된 직업 갖기, w = 생명을 보존하기이다. 원래 크루소에게는 $u > v$였다. 아버지의 뜻을 거스르고 바다로 간 이유가 바로 이것이다. w에 대해서 (만약 물었다면) 젊은 크루소는 $w > u$, $w > v$를 선택한다고 선험적으로 가정할 것이다. 생명을 보존하지 못한다면 u도 v도 이룰 수 없기 때문이다. 그러나 w는 항해하면서 처음 폭풍우를 경험하기 전까지 크루소의 관심에서 벗어나 있었던 듯하다. 폭풍을 경험하던 순간에 여전히 $w > u$, $w > v$이지만, $u > v$ 관계는 뒤집어져서 $v > u$가 됐다가, w에 집중됐던 크루소의 의식이 감소하면서 원래대로 $u > v$로 다시 돌아온다. 누가 이 어려움을 w에 확률을 할당하면서 절묘하게 다룰 수 있을까? 즉 α를 0에 근접시킬 때와 1에 근접시킬 때 α와 w 사이의 차이를 표시할 수 있을까? 우리는 그 방법을 알지 못한다. 알 수 있는 것은 w에 대한 관심의 크기에 따라(즉 죽음을 얼마나 강하게 인식하느냐에 따라) u와 v의 관계가 반대로 바뀌게 되고, 그렇게 공리를 위반하게 된다는 점이다.

이렇게 두 로빈슨 크루소의 확장된 비교는 인간 행동 이해를 위한 경제적 합리성의 한계에 대해 무엇을 가르쳐 줄 수 있을까? 디포의 로빈슨 크루소는 '진짜' 이성적 존재가 아니라 소설 속 인물에 불과하므로 우리에게 인간 행동에 대해 아무것도 가르쳐 줄 없다고 주장하면서 이 질문을 빠져나갈 수도 있다. 그러나 어떤 로빈슨 크루소가 당신의 경험에 더 일치하는가? 소설 속 크루소인가? 아니면 게임이론 학술서 속 크루소인가? 당신은 (예를 들면, 당신 자신의 한계나 도덕성에 관한) 급작스러운 인식을 경험한 적이 없는가? 혹은 (사랑의 감정이나 아이의 탄생 같은) 관심이나 경험의 변화가 당신의 우선순위를 바꾼 적은 없는가? 또는 아주 잠깐이지만, 당신이 행복이라고 생각하면서 성취하려고 헌신했던 것이 실제 당신이 진정 원하는 것이 아니라는 느낌(크루소는 이를 위선이라고 불렀다)에 사로잡힌 적은 없는가?

당신은 합리적 행위자 이론에 대한 우리의 비판에 새로운 것이 없다며 반대할 수도 있다. 조너선 스위프트는 디포와 같은 시대에 살았던 인물이고, 『걸리버 여행기(Gulliver's Travels)』를 쓴 작가이자 파괴적인 위트와 통찰로 유명했다. 당시에 스위프트는 인간의 심리가 합리적 선택을 향한 열망에 부여한 한계에 이미 순응했다. 그는 『다양한 주제에 대한 생각(Thoughts on Various Subjects)』(1711 - 1726)에서 이렇게 지적했다. "무언가를 원하거나 간청할 때, 우리 마음은 전적으로 그것의 좋은 면이나 좋은 사정에만 사로잡힌다. 그것을 획득하고 나면 우리 마음은 전적으로 나쁜 면에만 사로잡힌다." 심리학자들, 그리고 아모스 트버스키(Amos Tversky), 대니얼 카너먼(Daniel Kahneman), 리처드 세일러(Richard Thaler)와 같은 '행동경제학자들'은 최근에 합리적 선택의 옹호자들에 반대하면서 편향 증거들을 정리하고 있다. 우리의 입장은 이 편향에서 그리 멀지 않다(그러나 우리는 오늘날 어떤 경제학자가 '인류 대부분은 생각하는 것만큼 날 수 있다'는 스위프트의 주장만큼 나아갈 수 있을지 회의적이다).[53]

많은 도덕주의자들은 우리의 의사결정에서 이성, 우연, 열정의 상대적 역할에 대해 논쟁했다. 예를 들어, 새뮤얼 존슨 (Samuel Johnson)은 1759년 당시에는 거의 읽히지 않았던 자신의 소설 『라셀라스(The History of Rasselas, Prince of Abissinia)』에서 바로 이 문제를 내세웠다. 이 소설에서 미숙한 라셀라스 왕자는 이 문제에 대해 나이 많고 지혜로운 시인 이믈락의 교육을 받아야 했다. 왕자는 합리적행동에 관한 평범한 단어들로 대화를 시작한다.

> "인간의 일반적인 불운이 무엇이든, 한 조건은 다른 조건들보다 더 행복하고, 지혜는 확실히 '인생의 선택'에서 덜 악한 것을 택하도록 우리를 인도합니다."
>
> 이믈락은 대답했다. "선과 악의 원인은 그렇게 다양하고 불확실하고, 그렇게 자주 서로 얽혀 있으며, 그렇게 다양한 관계 때문에 변화하고, 그렇게 예측할 수 없는 사건들에 종속되므로, 논쟁할 필요가 없는 선호 때문에 자신의 조건을 고정하려는 사람은 탐구하고 숙고하면서 살고 죽어야 합니다."
>
> 라셀라스는 말했다. "그러나 확실히 지혜로운 사람들은 자신들이 생각하기에 가장 행복하게 해 줄 듯한 것을 삶의 방식으로 택합니다."
>
> 시인은 말했다. "선택에 따라 사는 사람은 매우 적습니다. 모든 사람은 미리 내다보지 않고 행동하고 늘 기꺼이 협력하지 않았다는 이유로 현재 상태에 놓여 있습니다. 그러니 자신보다 이웃이 낫다고 생각하지 않는 사람을 거의 만나지 못할 것입니다."[54]

이 초기 소설가를 비롯한 많은 이들에게 다음 사실은 명확했다. 우리 인간은 자신의 선호, 희망, 욕망, 혐오 안에서 '모든 것을 포용하면서 완전한 선호 체계를 가진 개인'의 요구를 채우는 데 비참하게 실패한다.

동일성이 사회과학을 구원할 수 있을까?

우리는 폰 노이만과 모르겐슈테른을 통해, 강력한 지적 경향의 기본 사례를 살펴봤다. 그 지적 경향은 합리적 의사결정의 수학적 이론을 만들고 싶은 욕망이다. 우리는 두 사람의 특별한 공식화가 유일한 사례가 아니라는 걸 당연히 알고 있다. 예를 들어, 두 사람의 집합론에 대한 특별한 사랑을 미래의 게임이론 대가들은 널리 공유하지 않았다[케네스 애로(Kenneth Arrow), 로버트 아우만(Robert Aumann), 존 허샤니(John Harsanyi), 레오니트 후르비치(Leonid Hurwicz), 에릭 매스킨(Eric Maskin), 로저 마이어슨(Roger Myerson), 존 내시(John Nash), 토머스 셸링(Thomas Schelling), 라인하르트 젤텐(Reinhard Selten)은 모두 부분적으로는 게임이론 분야에서의 기여로 노벨상을 수상했다]. 합리적 의사결정 모델에 대한 다양한 도전에 대응하기 위해 게임이론가들과 경제학자들은 (유명한 내시균형과 같은) 다른 수학적 접근을 발전시키고 활용했다. 그러나 이 모든 접근은 기본 가정을 공유한다. 시카고학파의 위대한 경제학자 게리 베커(Gary Becker)가 이 가정들을 간결하게 잘 요약했다(그리고 활발하게 활용했다). "인간의 모든 행동은 안정된 선호 집합에서 각자의 효용을 최대화하고 다양한 시장에서 다른 공급물과 정보를 최적의 양으로 모으는 사람들의 활동으로 볼 수 있다."[55]

이런 가정의 관점에서 보면, 우리가 만난 모든 경제학자들은 이미 1860년에 영국의 예술가이자 예술비평가, 그리고 사회 이론가인 존 러스킨(John Ruskin, 1819~1900)이 묘사한 모습과 어느 정도 일치한다.

경제학자들은 말한다. "사회적 감정들은 인간의 본성에서 우발적이고 불안한 요소들이다. 그러나 물욕과 진보하려는 욕망은 변함없는 요소들이다. 변화하는 요소들을 없애 버리자. 그리고 인간 존재를 단순히 갈망의 기계로 여기면서 노동, 판매, 구매의 법칙을 통해 최대의 부를 축적할 수 있는지 검토하자. 이런 법칙들이 일단 결정되면, 추후에 모든 개인은 각자가 선택한 만큼 불안을 일으키는 감정 요소들을 도입하고, 새로운 조건에 따른 결과를 스스로 정하게 될 것이다."

산업자본주의와 공리주의에 대한 빅토리아시대의 가장 위대한 비평가답게, 러스킨은 이 가정들이 적절하지 않다고 생각했다.

사회문제에서 불안을 일으키는 요소들은 변함없는 요소들과 다른 본성을 갖고 있다. 이 불안한 요소들이 추가되는 순간 검토 중인 창조물의 본성이 바뀐다. 이 요소들은 수학적으로가 아니라 화학적으로 작동하고, 우리의 모든 이전 지식을 무용하게 만드는 조건을 도입한다.[56]

(비록 우리가 만든 이 단어를 직접 사용하지는 않지만) 러스

킨은 인간이 패턴하다고 말하고 있다. 집합론의 동일성은 원소들이 속한 집합이나 원소들이 따라야 하는 연산과 관계없이 지속되는 원리다. 인간은 이런 원리의 적용을 받는 수학적 대상이 아니다. 그래서 '사회문제'는 수학 법칙으로 다룰 수 없다.

이런 반대는 러스킨 시대나 우리 시대 경제학자들에게 그리 놀라운 일은 아니었을 것이다. 최소한 존 스튜어트 밀(1806~1873) 이후로, 경제학자들 자신이 경제학을 가능하게 해 주는 '동일성 가정'의 중요성을 잘 알고 있었다.[57] 경제학자들은 이 동일성 가정을 세테리스 파리부스(*ceteris paribus*) 조항이라고 불렀다. 세테리스 파리부스는 '다른 것들이 같다면' '다른 변수들이 동일하다면'이라는 뜻이다. 경제학은 바로 이 '동일성 조항들'을 꾸준히 사용해 자신의 '법칙'을 생산하고 인과율을 주장한다. 19세기 신고전경제학의 창설자 가운데 한 명인 앨프리드 마셜(Alfred Marshall)은 1880년 『경제학 원리(Principles of Economics)』에서 비범한 철학적 명료함으로 이 동일성 조항을 다뤘다.

가끔 경제학 법칙들은 '가정적'이라는 말을 듣는다. (⋯) 신중하고 공식적으로 발표되는 거의 모든 과학의 가르침들은 어떤 조건을 포함하고 있음을 알 수 있다. 그 조건이란 다른 것들이 같을 때 효과를 낸다는 것이다. 문제에서 원인이 되는 행동은 분리돼야 한다. 어떤 결과들은 그 원인 때문에 일어나지만, 그 원인 이외에 다른 것은 허용될 수 없다는 가정에서만 일어나기 때문이다.[58]

어쩌면 마셜에 찬성하고 러스킨에 반대한다고 말하고 싶을 수도 있다. 경제학도 '다른 모든 과학들처럼' 동일성이라는 조건을 요구한다. 경험 세계에 대한 (어쩌면 결국은 예측적인) 감각을 증가시키는 법칙을 만들기 위해서다. "어떤 사람이 세테리스 파리부스 조항을 충족하는 법칙에 전념하면, 그는 과학적 지식이 증가하면서 자신이 선택하는 술어의 부정확성이 제한 없이 줄어들 것이라고 상상하게 된다."[59] 그러나 (물리학과 같은) '다른 모든 과학'과 비교할 때 경제학을 비롯한 사회과학에서 나타나는 놀라운 점이 하나 있다. ("'모든 사람'의 선호도는 이행적이다"와 같은) 세테리스 파리부스 조항 덕분에 '부정확성'이 실제로 대단히 미미하게 줄어들고, 다른 한편으로 그 예측력은 대단히 빈약하게 발전한다.[60]

　이것은 노력이 부족해서 생긴 결과가 아니다. 경험 세계에서 공식적인 경제모델의 가치를 높이기 위해 엄청난 수학적 노력이 투입됐다. 예를 들어, 1950년대 시카고대학교의 코울스위원회(Cowles Commission)는 이론적 문제들을 위험에 빠뜨리는 제안을 엄청나게 생산했다. 그러나 1960년대에 자신들의 공식모델이 다루는 경험적 범위의 한계를 이미 인지했다. 가장 정교한 수학적 무기를 사용했던 레오니트 후르비치는 경제정책이나 환경의 영향을 받지 않는(즉, 동일한 것은 언제나 동일하게 머무는) '정책 불변적인(policy invariant)' 구조적 매개변수를 찾으려고 계속해서 노력했다. 이 노력은 '미시 경제 및 거시 경제 데이터는 안정된 구조적 매개변수를 많이 산출하지 못했다'는 사실에 기초했다.[61]

　점점 더 인기를 얻고 있는 또 다른 접근법은 무작위화를 벤치마킹해서 인과적 매개변수를 식별하려는 방법이다. 인과적 매개변수를 찾기 위해 여러 유형의 실험들이 시도되는데, (법률이나 규정의 갑작스러운 변화 같은) 사회 안에서의 '자연 실험', (무작위로 자격을 부여한 양육 프로그램 도입과 같은) 특별한 사회 실험, 심지어 (롤플레잉게임 참가자들의 행동 연구와 같은) 실험실 실험도 시도되고 있다.[62] 그리고 오늘날에는 일상생활에서 나오는 '날것 그대로'의 인간 행동들이 컴퓨터데이터로 점점 더 많이 번역된다. 스마트폰, 검색엔진, 착용 기기들, 그리고 그 밖의 기술들이 이 번역 작업을 수행한다. 공식에 따른 모델과 그들의 '동일성' 조항은 이론과 경험을 더욱 친밀하게 포용하면서, 기하급수적으로 양이 늘어나고 질이 높아지는 데이터베이스에 맞서 시험될 수도 있다(혹은 그런 데이터베이스에서 유도될 수도 있다).

　　이 모든 시도는 이론에 의해 가정된 '동일성 조항들'이 좀 더 정교하게 다듬어질 것이라는 희망과 함께했다. 예를 들면, 「사회적 선호도를 측정하는 실험실 실험은 실제 세계에 대해 무엇을 알려 주는가?(What Do Laboratory Experiments Measuring Social Preferences Reveal about the Real World?)」라는 논문에 스티븐 레빗(Steven Levitt)과 존 리스트(John List)는 이렇게 적었다. "실험실 실험방법은 경제학에서 활용할 수 있는 매력적인 방법이다. 이 방법을 이용하면 개인 경제행위자를 세테리스 파리부스적으로 관찰할 수 있다. 실험실 상황이 아닐 때에는 개인 행위자를 관찰하는 일은 쉽지 않다." 그러나 레빗과 리스트가 이어 가듯이, 실험실 실험에서 밝혀지는 선호도는 단순히 금전 보상의 영향만 받는 게 아니라 최소한 다섯 가지 요인의 영향을 받는다. 1) 도덕 및 윤리적 고려 사항의 존재, 2) 타인에 의한 행동 관찰의 성격과 정도, 3) 결정이 포함된 맥락, 4) 결정을 내리는 개인의 자기 선택, 5) 게임의 상황.[63] 실험실에서조차 욕망은 맥락에서 독립적이지 않고, 선호는 반드시 이행적이지 않다. 예를 들어, 주체는 자신의 행동이 관찰되지 않는다고 생각할 때 혼자 사적으로 금전적 이익을 선택할 수 있지만, 다른 사람과 함께 있을 때는 다른 행동을 더 선호할 수 있다. 아마도 이것이 위에서 러스킨이 인간 안에서 '불안한 요소들은 수학적이 아닌 화학적으로 작동한다'고 선언한 의미일 것이다.

경제학자들과 다른 사회과학자들은 이 어려움을 오래전부터 알고 있었다. 경제학과 사회과학의 역사는 실질적 의미에서 이 어려움을 극복하기 위한 (종종 성공한) 노력의 역사다. 오늘날에는 선호가 완전히 이행적이지는 않다는 점이 널리 수용됐고, 그 밖의 몇몇 명제들도 수용됐다. (몇몇 사소한 경우를 제외하고) 우리가 완전한 정보를 얻는 경우는 드물다. 우리가 언제나 최대화주의자 혹은 최소화주의자인 건 아니다. (집합론 대상들과 다르게) 우리의 욕망은 맥락에 의존한다. 개인의 의사결정에서 만족스러워 보이는 합리성의 해석이 "상호적 결정에도 편안하게 전환돼 적용되는 건 아니다". 경제학자들과 (심리학과 같은) 동맹 분야의 협력자들은 이 모든 문제들을 다루기 위해 엄청나게 많은 문헌들을 생산하고 있고, ('행동경제학' '심리학적 게임이론' 같은) 새로운 분야들을 창조하고 있다.[64] 그러나 그들은 '과학'을 위해 필요하다고 여기는 사고의 기본 법칙, 즉 동일성 원리, 배중률에 대한 우리의 순종에는 의문을 던지려고 하지 않는다. 그래서 그들은 자신들보다 앞서 살았던 과거의 많은 이들처럼, 인간을 계속해서 더 작은 입자들로 파편화하면서 완벽히 이 법칙들에 종속될 수 있는 영원한 동일성의 발견을 희망한다.

이 전략과 그 한계를 마무리하면서 우리의 출발점, 인간 욕망을 다루는 근대과학의 기본 원칙으로 다시 돌아가자. 인간은 자신의 행복을 위해 즐거움을 최대화하고 고통을 최소화하려고 행동한다. 지크문트 프로이트가 1920년 『쾌락원칙의 저편(Jenseits des Lustprinzips)』에서 이름 붙였던 이런 '경제적 관점'이 인간 행동에 대한 엄청나게 많은 이론화 작업을 뒷받침해 준다. 이 이론화 작업은 우리 인간이 아무 모순 없이 우리가 욕망하는 것을 알고, 우리를 기쁘게 해 주는 행동과 선택을 알고 있다는 가정에 기초한다.

그러나 정말 그럴까? 우리의 욕망은 우리의 행복을 지향할까? 우리는 모순 없이 그것을 알 수 있을까? 최초의 영국 근대소설을 훑어봤던 우리의 아주 짧은 여행이 이미 이 질문에 대한 의심을 보여 줬다. 그리고 우리는 (우리 자신의 사례를 포함해) 무수한 반대 사례를 알고 있다. 이 사례들에서는 행복을 위해 무엇을 욕망해야 하는지, 그리고 무엇이 행복을 위해 최선인지 안다고 하는 인간들이 이런 최고의 이익과는 반대로 보이는 방식의 행동과 선택을 하곤 한다. 왜 우리는 일을 미룰까? 담배는 왜 피울까? 끊임없이 과식하고 운동에 실패하는 건 또 어째서인가? 불행한 관계를 왜 유지할까? 사소한 일을 추구하는 바람에 사랑하는 사람을 소홀히 대하는 것은 또 어떻게 봐야 하나?[65]

인정하는 것이 고통스럽지만, 많은 사람들의 불행은 명백히 자초한 것이다. 우리가 욕망을 잘 알고 그 욕망들이 모순 없이 합리적이라면, 어떻게 이런 일이 생길 수 있을까? 합리론을 따르는 이론가들에게 이 질문은 시급한 문제다. 이 질문이 그들의 근본 가정을 위협하는 것처럼 보이기 때문이다. 실제 그들 가운데 최고의 이론가가 이 문제에 대답을 제시했다[게리 베커와 케빈 머피(Kevin Murphy)의 '합리적 중독 이론'을 두고 하는 말이다].⁶⁶ 이 질문은 경제학자들에게 대단히 신선하고 새롭지만, 사실 엄청나게 오래됐다. "아무도 결국에는 자신을 해치는 것을 갈망할 수 없다." 플라톤의 『프로타고라스(Protagoras)』 대화편에서 소크라테스가 비슷한 이야기를 했지만, 위의 문장은 소설가 프란츠 카프카의 『격언(Die Zürauer Aphorismen)』에서 인용했다.

잠시 카프카에 머물러 보자. 위에 인용한 카프카의 격언은 플라톤이나 '시카고학파'의 가장 헌신적인 경제학자가 동의할 수 없는 내용이 전혀 아니다. 그러나 이제 이 위대한 작가는 우리에게 뭔가 비범한 것을 제시한다.

> 만약 어떤 사람들에게 그것이 그렇게 보인다면, 이렇게 설명할 수 있을 것이다. 그 사람 속에 있는 누군가가 이 누군가에게, 즉 자기 자신에게 유용한 무언가를 갈망한다. 그러나 그 갈망은 그 문제를 판단하기 위해 부분적으로 데려온 다른 누군가에게 대단히 유해하다. 아마도 그것은 늘 그럴 것이다. 판단의 시간이 왔을 때뿐 아니라 처음부터 그 사람이 다른 누군가의 편을 들었다면, 이 누군가는 억압받았을 것이고, 그의 갈망도 억압받았을 것이다.⁶⁷

"아마도 그것은 늘 그럴 것이다!" 카프카는 이 모순을 자신이 생각하는 심리학의 중심에 놓고, 통합된 주체를 다양한 인격들로 나누면서 그 모순을 설명한다.

카프카의 이런 생각이 얼마나 기발한지 이해하려면 다시 플라톤을 떠올려야 한다. 플라톤은 영혼 안에서 처음부터 더 좋다고 알려진 것 대신 다른 것을 선택하는 일을 규칙에서의 일탈로 설명했다. 이 설명은 인간 정신에 대한 플라톤의 유명한 마차 비유에 들어 있다. 이 비유에서 마차를 모는 마부는 이성을, 말들은 감정과 욕구를 의미한다. 플라톤의 경우에 영혼 내부의 구분은 위계질서를 세우는 역할을 하며, 영혼의 '최고 부분'인 이성이 고삐를 쥐고 있다.[68] 카프카는 위계질서를 제시하지 않는다. 더욱이 그가 이야기한 다양한 인격들은 한 주체 안에서 같은 시간에 공존한다. 주체 안에서 각 인격들이 갖는 상대적인 설득력은 시간에 따라 다르지만 말이다. 이렇게 카프카는 다른 철학적 탈출 경로를 거부한다. 그 경로란 아리스토텔레스가 '모든 원리 중 가장 확실한' 것이라고 불렀던 비모순율이다. "반대되는 속성이 같은 시간에 같은 주체에게 속하는 것은 불가능하다. (…) 이것이 당연히 다른 모든 공리들의 출발점이다."(『형이상학』, 1005b)

요약하면, 카프카는 사유의 논리적 법칙들을 거부한다. 카프카와는 달리 정신과 욕망에 대한 장악력을 강화하고 싶은 사람들은 기나긴 사상사 전체를 통해 이 논리적 사유법칙의 적용과 증명에 엄청난 노력을 쏟았다. 이 거대한 노력보다 이 논리 법칙들의 힘을 더 잘 보여 주는 징후는 없다. 그 노력 가운데 일부는 진부한 길을 따라갔다. 예를 들어, 2000년 동안 철학자들은 아리스토텔레스의 '자제력 없음(아크라시아, *akrasia*)'에 기대고 있었다. 자제력 없음이란 우리가 의지가 약해서 내면의 판단이 선하다고 알려 주는 것에 따라 행동하지 못한다는 것이다. 이 주제와 관련된 최근의 철학적 논증 가운데 도널드 데이비드슨 (Donald Davidson, 1917~2003)의 논증이 가장 영향력이 있다. 데이비드슨은 이 문제를 명백히 일관성이 없는 다음 세 가지 조합을 조화시키는 것으로 봤다.

- A가 B보다 낫다고 믿으면, 당신은 B보다 A를 원할 것이다.
- B보다 A를 더 하고 싶고, 둘 가운데 하나만 할 수 있다면, 당신은 B보다 A를 하려고 할 것이다.
- 가끔 당신은 당신이 좋다고 내린 판단과 반대로 행동한다.

이 문제와 경제학자들의 선호와 효용 문제 사이의 유사성을 볼 수 있도록 우리는 데이비드슨의 명제를 이렇게 3단 방식으로 표현했다. 데이비드슨의 해법은 다음과 같다. 사람들이 이렇게 행동하는 이유는 이전에 나쁘다고 판단했던 행동을 그 순간에는 더 낫다고 믿기 때문이다. 과거에 했던 판단이 모든 것을 고려한 판단이 아니라, 생각할 수 있는 고려 사항들의 부분집합에 기초한 판단에 불과하기 때문이다.[69] 다시 말하지만, 조금의 모순도 없다.

이 모순에 기꺼이 정면으로 부딪치는 사람들도 있다. "우리는 선호 집합 두 개를 가진 사람을 모형으로 제시한다. 이 두 선호 집합은 같은 시점에 서로 갈등한다." 위의 문장으로 리처드 세일러와 허시 셰프린(Hersh M. Shefrin)의 논문 「자기통제의 경제이론(Economic Theory of Self Control)」은 시작한다. 바로 이 도입부 문장을 통해 이 논문은 정신의 분할 모델을 호출하고, 모순적 욕망의 가능성을 받아들인다.[70] 세일러와 셰프린은 자기들보다 앞서 정신의 분할을 말했던 인물들을 호출한다. 애덤 스미스(Adam Smith)의 『도덕감정론(Theory of Moral Sentiments)』(1759)

에 나오는 '두 자아 모델', 토머스 셸링(Thomas Schelling)의 「에고노믹스(Egonomics)」(1978), 심지어 프로이트의 『쾌락원칙의 저편』까지 언급한다. 세일러와 셰프린의 독창적인 기여는 영혼 안에 갈등과 차이를 도입한 것이 아니라 그 갈등과 차이를 형식화했다는 데 있다. "우리가 아는 한, 우리의 작업이 두 자아를 가진 경제적 인간에 대한 첫 번째 체계적이고 형식적인 접근이다."[71]

그들이 제시한 형식적 접근법은 오늘날 '행동경제학'으로 알려진 흐름의 기초가 됐다. 인간 행동의 많은 사례에서 '단기 선호와 장기 선호 사이'의 표면적 갈등이 관찰된다(흡연, 식사 습관, 절약이 두 사람이 제시하는 평범한 사례들이다). 겉으로 드러나는 이 갈등은 "개인을 조직으로 보는 관점으로 설명될 수 있다. 어떤 시점에 조직은 계획자와 행위자로 구성된다. 계획자는 평생의 유용성에 관심을 두는 반면, 행위자는 특정 시기에만 존재하고 완전히 이기적이거나 근시안적이다." 다르게 말하면, 그들은 개인을 부분으로 나누고, 각 부분들이 각자 일관된 동기와 선호를 갖게 하려고 한다. 그들은 '인간을 계획자와 실행자가 있는 조직으로' 생각하는 '시점 간 선택(intertemporal choice)이라는 형식적 모델'을 제안한다. 이렇게 개인의 내면에서 일어나는 갈등은 '기본적으로 고용주와 피고용인 사이의 관계와 비슷'하고, 문제해결에 같은 전략과 접근법을 받아들일 수 있다.

가끔씩 행동경제학은 합리성에 대항하는 혁명으로 여겨진다. 이보다 진실과 동떨어진 이해는 없다. 세일러와 셰프린은 "우리 이론은 합리적행동 이론이다"라고 주장했고, 이 주장 역시 전적으로 옳다. 세일러와 셰프린이 한 일은 단순히 영혼을 새로운 방식으로 구분한 것뿐이다. 이들은 플라톤, 아리스토텔레스 혹은 프로이트와 비슷한 방식이 아니라, 회사와 조직이라는 기준에 따라 인간 내면을 구분했다. 경제학의 합리적 공리들을 소위 정신의 더 깊은 단계까지 내려보내기 위해서였다.[72]

심지어 어떤 이들은 여기서 더 나아가서, 우리 내면에 가능한 한 많은 자아들이 있다고 생각할 것을 제안한다. 경제적으로 합리적인 이 모든 자아는 시간에 따라 다른 할인율을 적용하면서 인간 내면에서 거대한 시점 간(intertemporal) 전략 상업 게임에 참여한다. "전통적 효용이론에 따라 묘사된 질서 정연한 내면적 시장은 부분적으로 양립이 불가능한 파벌들의 장터가 된다. 장터에서 성공하기 위해서는 경쟁 파벌들보다 더 많은 약속만 해서는 안 된다. 나중에 경쟁자가 은밀하게 공격하지 못하도록 전략적으로 행동해야 한다." 이런 관점에서 보면, 우리의 욕망과 선택은 반복되는 죄수의딜레마의 정신 버전을 따르고, 게임이론은 우리의 심리를 아래에서부터 모델링하는 데 이용될 수 있다. 즉 충분히 작은 조각으로 잘라 구분하는 인간 심리 모델을 만들 수 있다. 이렇게 우리는 개인 로빈슨 크루소와 함께 미시경제학에서 [정신과의사 조지 에인슬리(George Ainslie)가 불렀듯이] '피코경제학(Picoeconomics)'으로 간다. 피코경제학은 우리의 동기를 더욱더 미세하게 자르고 욕망의 각 조각을 다른 모든 조각과 전쟁 상태에 놓으려고 한다.[73]

플라톤의 마차, 아리스토텔레스의 다각형에서부터 행동경제학의 협력과 전쟁놀이, 심리학적 게임이론에 이르기까지, 이들의 모든 정신 모델과 비유는 같은 목표를 공유한다. 그 목표는 바로 과학과 확실성을 위해 필수적이라고 생각되는 동일성과 비모순율, 즉 '동일성' 공리를 이 모델 안에서 보존하는 것이다. 그런데 우리 정신생활의 역학이 완전히 다르다면 어떻게 될까?

생각의 논리적 법칙들이 이들에게는 적용되지 않는다. 그리고 이것은 비모순율보다도 훨씬 참이다.[74]

이 말을 했던 지크문트 프로이트(1856~1939)는 같은 오스트리아 사람이자 조금 어린 폰 노이만처럼 심리 과학을 설립하는 데 관심이 많았다. 프로이트도 '다른 과학들, 예를 들면 화학이나 물리학'의 비유를 활용했다. '(정신 과정을) 지배하는 법칙을 확립'하려고 했고, '(본능, 신경 에너지와 같은) 새로운 과학의 원리들이 상당한 시간 동안 (힘, 질량, 인력과 같은) 옛날 과학의 원리들보다 불확실하게 남아 있지 않기를' 기대했다.[75]

이런 과학적 이상이 어떻게 때때로 프로이트를 잘못된 길로 이끌었는지를 보여 주는 것은 어렵지 않다. 프로이트조차 스스로 예측했듯이, '불확실한' (또는 잘못된) 것으로 증명된 그의 몇몇 개념과 원리 들을 쉽게 제시할 수 있다. 여기서 우리는 프로이트 사상의 특정 부분을 옹호하지 않고, 단지 프로이트의 가르침에서 드러나는 두 가지 미덕만 언급하려고 한다. 첫째, 프로이트는 사유법칙들이 우리의 정신생활에는 잘 적용되지 않을 가능성을 기꺼이 직시했다. 우리 안에 있는 모순들은 단순히 팔아넘길 수도 없고, 전략적으로 해소할 수도 없다. "우리 안에서 양립할 수 없을 것처럼 보이는 목표를 가진 두 가지 충동이 동시에 활성화될 때, 두 가지 충동은 서로를 감소시키거나 없애 버리지 않는다."[76]

이 장에서 논의했던 다른 사회과학자들과는 다르게, 프로이트는 이런 '양립 불가능한 충동'이 우리의 가장 기본적인 '원리'와 동인(drives)으로 적용될 가능성을 고려했다. 여기서 기본 동인이란 쾌락 선호나 생존 욕구 같은 것을 말한다. "아무도 결국에는 자신을 해치는 것을 갈망할 수 없다"? 프로이트는 심지어 『쾌락원칙의 저편』에서 자신이 이전에 인간의 정신 안에 포함시켰던 동인들, 즉 '경제적 관점'의 중요한 근거가 되는 쾌락원칙과 현실원칙 이외에 죽음을 향한 충동도 존재한다고 가정했다. 그래서 우리 안에는 에로스와 타나토스, 생명 사랑과 자기 파괴 욕구 사이의 싸움이 존재하게 된다.[77] 그런데 프로이트는 새로운 과학을 위한 이런 대담한 원리를 말하면서도 인식의 겸손을 주장했다. 이것이 프로이트의 두 번째 미덕이다. 프로이트는 새로운 지식이 나와서 "인위적 가설 구조 전체를 날려 버릴 수도 있다"라고 기꺼이 인정했다. 그리고 프로이트는 다음 사실을 의심하지 않았다. "궁극적인 문제, 과학과 삶이라는 거대한 문제와 관련된 곳에서 우리 각자는 뿌리 깊은 내부 편견의 지배를 받고, 우리의 사색은 자기도 모르게 그 편견의 손에 놀아난다."[78]

경제학이나 심리학 같은 인문과학 및 사회과학 연구를 할 때 위의 문장보다 더 중요한 지침은 없을 것 같다. 왜냐하면 바로 이 학문들 안에서 우리의 내면과 외적인 삶, 그리고 정신과 사회에 대한 사색이 우리 존재의 가능성을 형성하는 방식으로 만나기 때문이다. 예를 들기 위해, 다시 기본 질문을 생각해 보자. 우리의 욕망은 비모순율, 동일성원리, 그 밖의 합리적 사유 법칙들을 따르는가? 근대의 많은 정치·경제 기구 및 조직은 두 가지 가정 위에 설립됐다. 첫째, 우리는 행복을 위해 스스로 무엇을 원하는지 안다. 둘째, 이런 욕망의 합이 계층 상승을 욕망하는 '선(good)'이 되고, 이 '선'이 우리의 정치 생활을 정당화한다. 그래서 우리는 특정 욕망을 정치적 선택과 소비자의 선택으로 변환시킬 자유로서 이 '선'을 정의하고, 이를 측정하는 체제와 과학을 만들었다. 그러나 만약 우리의 사회과학이 우리 욕망과 행복의 본성을 아직 제대로 따져 묻지 못했다면, 더 나쁘게는 사회과학이 그 본성을 혼란스럽게 이해한 기초 위에 구성됐다면, 우리의 정치·경제적 기구들은 위험한 독단의 바퀴를 굴리고 있는 셈이다. 우리는 그 독단이 초래할 위험이 무엇인지 모른다.

우리는 처음 이 문제를 인식했던 곳에서 꽤 멀리 와 있다. 폰 노이만과 모르겐슈테른이 『게임이론과 경제 행동』을 집필하던 때와 거의 같은 시기에, 루트비히 비트겐슈타인은 이미 무한한 영감이 담긴 책 『철학 탐구(Philosophische Untersuchungen)』를 이렇게 결론 맺고 있었다.

> 심리학의 혼돈과 빈약한 성과는 '신생 과학'이라는 이유로 설명되지 않는다. 예를 들면 심리학의 상태를 초기 물리학의 상태와 비교할 수 없다(오히려 집합론과 같은 수학의 특정 분야와 비교할 만하다). 왜냐하면 심리학에는 실험방법과 '개념적 혼란'이 있기 때문이다(다른 분야에 개념적 혼란과 증명법이 있듯이 말이다).[79]

이 장을 비트겐슈타인의 말로 마무리 지어야 하는 것은 비트겐슈타인이 이 말을 한 지 70여 년이 지난 지금, 혼란과 위험이 모두 대단히 커졌기 때문이다.

부록: 이행적 인간의 형식적 정의

도스토옙스키와 다른 사람들에게는 미안한 이야기지만, 자연 시
장이론의 이상적 개인인 호모 이코노미쿠스가 이기주의자일 필
요는 없다. 연대나 공동선 보호 등도 호모 이코노미쿠스의 중요
관심사에 속할 수 있다. 그러나 호모 이코노미쿠스는 '이행적'이
어야 한다. 또 최대화하고 최소화하는 능력이 있어야 한다. 어떤
현상을 최소화 혹은 최대화할 수 있으려면, '더 많거나 더 적다'
는, 즉 a가 b보다 크거나 작다는 관계를 현상 안에 도입해야 한
다. 이 부록에서 우리는 관심 있는 사람들을 위해 위에서 산문체
로 설명했던 것보다 더 형식적인 해설을 제시한다.[80]

먼저 집합론에 속하는 일반 관계의 형식 개념을 살펴보자.
이 형식 개념은 집합론에 속하므로 체르멜로-프렝켈공리에 의
해 결정되고, 그래서 동일성원리의 지배 아래에 있다. X를 집합
이라고 가정하자. 체르멜로-프렝켈공리 중 하나는 우리가 모든
가능한 순서쌍 (a, b)를 만들 수 있다고 말한다. 혹은 함의한다.
여기서 a와 b는 집합 X의 원소이고, 순서쌍을 만들 때 a 또는
b의 순서를 바꿀 수 없다. 그다음 우리는 이 모든 순서쌍을 한 집
합에 모은다. 이 집합을 $X \times X$라고 쓰고, '집합 X 자체의 데카르
트곱'이라고 부른다. 이제 논리학자들은 관계를 $X \times X$의 부분집
합 R로 정의한다. 순서쌍 (a, b)가 R에 속할 때마다, a와 b는 R에
의해 관계된다고 말하고, 흔히 aRb라고 쓴다. 다시 한번 기억하
라. 당신은 $X \times X$의 어떤 부분집합이든 관계 R로 취할 수 있다.
만약 R이 공집합이면, X의 어떤 원소도 R에 의해 관계되지 않는
다는 뜻이다. 만약 R이 $X \times X$ 전체에서 일어나면, 집합 X의 모든
원소가 집합 X의 모든 원소와 관계된다.

예제를 제시하기 전에 먼저 몇 가지 정의를 보자.

1. 집합 X의 모든 원소에 대해 aRa이면, 관계 R은 반사적(*reflexive*)
   이라고 한다.
2. 집합 X의 임의의 원소 a, b에 대해 aRb와 bRa가 성립하면, 관계
   R을 대칭적(*symmetric*)이라고 한다.
3. 집합 X의 임의의 원소 a, b, c에 대해 aRb, bRc일 때 aRc가 성립
   하면, 관계 R을 이행적(추이적, *transitive*)이라고 한다.

예제들

a. 임의의 집합 X에 대해 R을 ~과 같은 관계라고 하자. 즉, aRb에
   서 $a = b$를 의미한다고 하자. 이 관계는 반사적, 대칭적, 이행적
   관계임을 쉽게 증명할 수 있다. 역으로, 이 세 가지 특성을 모두
   가진 관계를 동치관계라 부르는데, 동치관계는 다음 예제에서
   보게 될 몇몇 동일성을 정의한다.
b. 집합 X를 피아노 흑백 건반들의 집합이라고 하자. 두 건반 사이
   의 수가 12의 배수가 될 때 두 건반은 관계 R에 있다고 말할 것
   이다. 이런 관계에 있는 두 건반을 동일 음표(예를 들면, 진동수
   혹은 옥타브가 다른 도 두 개)에 해당한다고 말한다. 기억하라.
   실제로 이 관계는 위의 세 가지 요구조건을 만족한다(0이 12의
   배수가 되므로 이 관계는 배수적이다!).
c. 이제 X를 오하이오 콜럼버스 주민들의 집합이라고 하자. 주민
   들 중 최소한 부모 한 명이 같을 때 두 사람이 R 관계에 있다고
   말한다. 모든 사람은 부모 두 명이 있으므로 R은 반사적 관계
   다. 만약 잭이 메리와 부모가 같다면, 메리도 잭과 부모가 같으
   므로 이 관계는 대칭적이다. 그러나 이행적 관계는 아니다. 메

리와 잭은 어머니가 같고, 잭과 프레드는 아버지가 같다면, 메리와 프레드는 공통된 부모가 없기 때문이다.

d. 집합 X를 자연수(서수) 0, 1, 2, 3……의 집합이라고 하자. 관계 R은 더 큰 관계, 즉 nRm은 $n > m$을 뜻한다. 여기서 수는 자기 자신보다 크지 않으므로 관계 R은 반사적이지 않다. 대칭적 관계도 아니다. 이행적 관계이다. $n > m$이고 $m > p$이면, $n > p$라고 추론할 수 있기 때문이다. 반면 크거나 같은 관계일 경우, 즉 $n \geq m$은 반사적이고, 비대칭적이며, 이행적 관계다.

e. 집합 X는 예제 (d)와 같은 자연수 집합이지만, 관계는 다르다. 두 자연수 n, m이 공약수를 갖고, 일반적 의미로 예제 (d)처럼 n이 m보다 클 때, 자연수 n은 다른 자연수 m보다 크다고 말하고, $m \angle n$이라고 표기한다. 예를 들면, $2 \angle 4$, $6 \angle 18$이지만, 6과 7은 아무 관계도 아니다(6과 7은 서로소이므로, 어떤 수도 다른 수보다 크지 않다. 6의 약수는 2와 3이며, 7은 소수다). 우리는 이 관계가 성립하는 쌍과 성립하지 않는 쌍을 무한히 많이 찾을 수 있다.

f. 비교를 위해 말하자면, 여기에 이행적이지 않은 (그러므로 진정한 순서형 관계가 아닌) '더 큰' 관계의 사례가 있다. 이 사례에서는, 운이 없으면 유한집합의 최대점이나 최소점이 없을 수도 있다. 예를 들어, 시계의 문자판 위에 있는 표시들의 집합을 X라고 하자. a에서 b로 시계 방향으로 원의 절반보다 작은 각도($<180°$)를 움직이면, $a < b$라고 적고, b는 a보다 '크다'고 말한다. 12와 6처럼 대각선에 있는 점들은 서로 관계되지 않는다. 1, 5, 6 세 점이 있을 때, 6이 가장 큰 것은 쉽게 확인할 수 있다. 그러나 세 점 1, 5, 9가 있으면, 여기에는 최대가 없다. $1 < 5$이고

5<9이지만, 9<1이다. 9, 10, 11 또는 12에서 최대를 찾으려고 해도 찾지 못한다. 이들은 모두 <1이기 때문이다.

(d)에 있는 관계 $n \geq m$은 순서관계다. 더 일반적으로 말하면, 모든 반사 관계와 이행 관계는 원순서(preorder)관계 라고 부르고, 이에 더해 $a \geq b$이고 $b \geq a$이면 $a = b$라는 뜻이 들어 있는 관계를 순서관계라고 부른다. (d)에서 자연수의 순서관계는 전순서(*total order*)관계인데, 전순서란 두 자연수가 주어질 때 하나가 다른 하나보다 반드시 크거나 둘이 같아야 한다는 뜻이다. 그러나 일반적으로 상황에 따라 다르다. 서로 다른 두 원소가 서로 관계가 없는 경우에도 우리는 순서관계를 가질 수 있다. 사례 (e)처럼 어느 한 수가 반드시 크거나 두 원소가 같아야 하는 것은 아니다.

(e)와 같은 경우에, 관계가 집합 X의 모든 쌍에 성립될 필요가 없고 일부의 쌍에만 성립할 때, 이를 부분순서(partial order) 혹은 경우에 따라 원순서라고 부른다.

마지막 예제 (f)는 이행적 인간 정의를 담고 있다. 8장 '경제학자의 로빈슨 크루소: 이행적 인간'에서 "완벽하고 모든 것을 포괄하는 선호도 체계를 가진 개인이어야 한다. 즉 어떤 두 가지 대상 혹은 어떤 두 가지 상상의 사건에 대해서도 하나를 선호하는 명확한 직관을 가져야 한다"라고 했던 것처럼 집합 X는 개인이 선호하는 것들의 집합이다. 그런데 어떤 사건이나 대상의 쌍에 대해 개인은 차이를 못 느낄 가능성도 있다. 즉 선호도가 같을 수 있다. 이 개인을 프레드라고 부르자. 대상 혹은 사건 a를 b보다 선호하면 $a \geq b$로 표시한다. 이 관계는 엄격한 순서가 필요하지 않다는 점에 주의하라. 프레드가 서로 다른 두 세정제에 대해 선호도가 없다고 가정하자. 세정제 a＝아이아스 텔라몬, 세정제 b＝아이아스 오일레우스라고 하면, 비록 a와 b는 다르지만, $a \geq b$이고 $b \geq a$라고 표기할 수 있다. 그러나 만약 우리가 프레드에게 선호가 이행적이어야 한다는 기본 제한을 부과한다면, 즉 프레드가 a를 b보다 선호하고 b를 c보다 선호할 때마다 a를 c보다 선호해야 한다고 규정한다면, 그때 프레드의 선호도 집합 X는 부분 전순서집합이 되고, 프레드는 우리가 말하는 이행적 인간이 된다.

결론으로, 6장에서 2 더하기 2가 4가 되는 이유와 때를 탐구할 때 중요한 역할을 했던 덧셈결합법칙과 (결합법칙 바탕에 깔려 있는 아패틱함과) 방금 다룬 선호의이행성 사이의 밀접한 관계를 논증해 보자. (정수, 유리수, 혹은 실수인) 두 수 사이의 이항관계를 가정하고, 그 관계를 $a \propto b$로 표시하자. 우리는 이 관계가 이행적이라고 가정하지 않는다. 그러나 $\propto$와 ＋ 사이에서 얻은 다음 두 가지 논리적으로 독립된 조건을 통해 이 관계는 덧셈연산과 연결된다고 가정할 것이다.

(*) $0 \propto a$과 $0 \propto b$는 $0 \propto a+b$를 뜻한다(두 '양수'의 합은 '양수'다).

(**) $a \propto b$이면, 임의의 수 c에 대해 $(a+c) \propto (b+c)$이다(양변에 같은 수를 더해도 관계 $\propto$는 유지된다).

이제 우리는 ＋의 결합성이 $\propto$의 이행성을 의미함을 증명할 것이다.

$a \propto b$이고 $b \propto c$라고 가정하자. (**)에 의해 (양변에 $-a$를 더하면) $0 \propto (b-a)$가 성립하고, 같은 방법으로 $0 \propto (c-b)$도 성립한

다. 그다음에 (*)을 이용하여 두 개를 합하면, $0 \propto ((c-b)+(b-a))$ 를 얻는다(#). '덧셈의 결합성'에 의해 우변은 $c+(-b+b)-a$와 같다. 괄호 안은 0이므로, (#)의 우변에는 $c-a$만 남아서 $0 \propto c-a$가 된다. 다시 (**)에 의해 양변에 a를 더하면, 우리는 최종적으로 증명하려고 했던 $a \propto c$를 얻는다.

9장

시간 죽이기

나의 사명은 시간을 죽이는 일이며, 시간의 사명은 나를
죽이는 것이다. 두 암살자는 서로에게 완전히 편안하다.
— 에밀 시오랑(Emil Cioran)[1]

모레노, 나는 알고 있는 한
말할 것이다.
시간은 일어날 일의
지연일 뿐이다.
— 엘 가우초 마르틴 피에로(El Gaucho Martín Fierro)[2]

우리는 인류를 고통스럽게 분열시키는 지식을 마지막까지 남
겨 뒀다. 이 지식은 이 책에서 다룬 모든 세기 동안 (아마도 그보
다 훨씬 오랫동안) 우리를 존재와 생성, 동일성과 차이, 영원과
죽음으로 갈라놓았다. 그 지식은 시간에 대한 지식이다. 이 지식
은 너무 강력하고 고통스러워서, 몇몇 영향력 있는 고대인들은
이 지식을 지혜의 나무 열매를 따 먹어서 받은 원초적 처벌로 소
개했다. "너는 흙이므로, 흙으로 돌아가야 할 것이다." 이 관점에
따르면, 순수로부터의 타락은 열역학제2법칙이 우주를 지배한
다는 사실을 인식한다는 의미다. 시간과 엔트로피는 한 방향으
로 흐른다. 우리는 죽을 운명이다.

　인간의 죽음보다 확실한 미래 지식은 없는 것 같다. 그러나
우리 종은 이 운명과 쉽게 화해하지 않았다. 이미 아주 초기 신
화에서 수메르의 길가메시처럼 필멸을 극복하려는 영웅들이 발

견된다. 오늘날 신도가 가장 많은 그리스도교와 이슬람교는 우리 자아의 일부가 죽음 후에도 어딘가에서 생존하거나, 심지어 미래에 완전한 생명으로 돌아오는 부활을 약속하면서 오랫동안 우리의 고뇌를 달래 왔다.

왜 안 되겠는가? 진정으로 전능한 신이라면 필름을 거꾸로 돌릴 수 있지 않겠는가? 그렇게 1000개 조각으로 부서진 주전자를 온전히 복원하고, 심지어 흩어진 부분 중에 특정 부분을 잘라 내고 적당한 것으로 교체할 수도 있어야 하지 않겠는가? 혹시 논리가 가장 위대한 신의 능력조차도 시간이 지남에 따라 제한하는가? 1065년경 노르망디공국의 윌리엄 1세(William I)가 잉글랜드 침공을 계획하고 있을 때쯤에 몬테카시노의 수도자들이 페트루스 다미아니(Peter Damian) 추기경에게 이와 관련된 질문을 던졌다. 신은 여성의 잃어버린 처녀성을 다시 복구할 수 있습니까? (그렇다.) 신은 로마 설립을 취소할 수 있습니까? (취소할 수 있겠지만, 그러지 않을 것이다. 신은 선한 일만 하기 때문이다.) 그런데 만약 신이 과거에 일어났던 일을 되돌릴 수 있다면, 이것은 비모순율을 어기는 것이 아닙니까? "왜냐하면 과거에 있었던 일을 없었던 일이라고 진정 말할 수는 없기 때문입니다. (…) 반대되는 일이 같은 주체에게 동시에 일어날 수는 없기 때문입니다."[3]

이 책 서문에서 인용했던 아리스토텔레스의 비모순율 설명을 떠올려 보자. "같은 사물(혹은 속성)이 동시에 같은 사물, 같은 측면에 속하면서 동시에 속하지 않는 것은 불가능하다. 그리고 논리적 반대들을 제거하는 데 필요할 수 있는 모든 이런 (동일성이라는) 것을 추가해야 한다." 이처럼 시간의 동일성은 이미 아리스토텔레스의 이야기에 나왔고, 비모순율이라는 '사유법칙'을 근거 짓는 유용한 공리이다. 심지어 이 공리는 (다른 면에서는?) 전능한 신을 제한하는 데 이용될 수도 있다. 그러나 우리는 물어야 한다. 만약 시간의 '동일성'이 다른 동일성과 마찬가지로 문제가 있다면, 어떻게 시간을 기초로 활용할 수 있을까?

과거와 미래는 잊어라. 바로 이 순간조차도, 즉 당신의 즉각적인 현재인 '지금'을 '하나'로 환원하는 일조차도 쉽지 않다. 몇 장 앞서 "이 기이한 순간적 본성, 운동과 정지 사이에 끼어 있고, 어떤 시간에도 존재하지 않는 어떤 것"[4] 때문에 고민했던 플라톤이 우리에게 가르쳐 준 것이다. 특정한 논리의 관점에서 보면 '지금'은 존재할 수 없는 것처럼 보인다. 왜냐하면 '지금'은 자신과 결코 같지 않고, 그렇게 많은 모순들을 만들기 때문이다. 그러나 우리 경험의 관점에서 보면, 지금의 존재는 확실해 보인다. 바로 지금 우리는 자유롭게 생각하고 선택하고 행동할 수 있다. 지금은 선택의 순간이다. 고대의 한 철학자와 교감하면서 근대의 한 철학자는 이렇게 썼다. "현재만이 나의 것이고, 현재가 내가 사는 전부다."[5]

오, 이런, 당신의 한숨 소리가 들린다. 시간을 주제로 다루는 이 장에서 앞에 나온 모든 장을 다시 요약해야 한다면, 이미 두꺼운 이 책의 분량은 끝없이 늘어나야 할 것이다. 당신이 두려워하는 게 당연하다. 존재와 생성에 관해 논쟁했던 파르메니데스와 헤라클레이토스부터 현대의 물리학자, 철학자, 경제학자, 심리학자에 이르기까지, 우리가 만났던 모든 시기와 주요 인물들은 시간에 대한 우리의 지식에 깊은 관심을 가졌다. 이 모든 사람들이 시간이 하나이며 아패틱한지, 아니면 다양하고 변화 가능한지를 놓고 때로는 명시적으로 때로는 암묵적으로 논쟁했다.

이 논쟁들에서 활용할 수 있는 입장들이 많았고, 그 입장들은 확실히 시간이 지남에 따라 바뀌었다. 그러나 다행히 윤곽을 잡을 수 있도록 몇 가지 공통된 주제에 따라 뭉쳐졌고, 수천 년 동안 가족적 유사성을 유지했다. 예를 들어, 고인이 된 친구의 가족들에게 아인슈타인이 보낸 위로 편지의 일부를 보자. 이 편지는 아인슈타인 자신이 죽기 몇 달 전에 작성했다. "우리 물리학자들은 과거, 현재, 미래 사이의 분리는 그 분리가 아무리 강력하더라도 환상 이상의 가치가 없다고 믿습니다."[6] 아인슈타인의 편지 내용은 아리스토텔레스의 『자연학』(4권)과 그리 떨어져 있지 않은 것 같다. 이 책에서 아리스토텔레스는 시간은 순간들의 덩어리가 아니라 연속체이고, 오직 정신만이 이 시간 연속체에서 부분들을 임의로 분리한 후, 그 부분들을 과거 및 미래와 구분되는 '지금'이라고 말한다고 주장한다.[7] 그래서 우리는 전체 이야기를 재요약하는 대신 단 한 논쟁만 연구하면서, 영원히 반목하는 여러 무리들을 각각 대표하는 불평꾼 기질이 있는 대변자들을 무대에 세우려고 한다.

아인슈타인의 걱정: 물리학의 시간

논리학자 루돌프 카르나프가 남긴 아인슈타인과의 대화 기록에서 우리는 이런 반목하는 적대적 무리들 가운데 세 집단을 확인할 수 있다.

아인슈타인은 '지금'의 문제를 심각하게 걱정하고 있다고 말한 적이 있다. 아인슈타인은 이렇게 설명했다. 지금의 경험은 인간에게 무언가 특별한 것을 의미하고, 과거 및 미래와 본질적으로 다른 어떤 것을 의미한다. 그러나 이 중요한 차이가 물리학 안에서는 일어나지도 않고, 일어날 수도 없다. 과학으로 이 경험을 파악할 수 없다는 것은 아인슈타인에게 고통스럽지만 불가피한 단념인 듯했다.[8]

카르나프는 이를 문제라고 생각하지 않았다. 카르나프는 '객관적으로 일어나는 모든 일은 과학에서 묘사될 수 있다'고 보았다. 우리에게는 '사건의 시간 순서'를 위한 물리학이 있다. 또 '과거, 현재, 미래를 대하는 다른 태도를 위한, 즉 시간과 관련된 인간 경험의 특수성'을 위한 심리학이 있다. 그러나 아인슈타인은 이렇게 주장했다. "이런 과학적 묘사는 인간의 요구를 만족시키지 못할 것이다. 과학의 영역 밖에 지금에 대한 본질적인 어떤 것이 있다." 두 사람 모두 '베르그손의 생각과는 다르게, 이 문제는 과학이 비난받을 만한 결함의 문제가 아니라는' 점에 동의했다. 그러나 과학과 지식 사이의 관계에 대해서는 두 사람의 의견이 완전히 달랐다. "나는 이 문제에 대한 아인슈타인의 생각은 경험과 지식을 제대로 구별하지 못하는 것과 관련이 있다는 인상을 확실히 받았다. 원칙적으로 과학은 말할 수 있는 모든 것에 대해 말할 수 있으므로, 대답할 수 없는 질문은 남아 있지 않다."

카르나프, 아인슈타인, 베르그손의 일화에서 우리는 시간에 관한 지식의 분열에 대응하는 세 가지 다른 방식의 훌륭한 전형을 보게 된다. 우리는 카르나프에 대해서는 아무 이야기도 하지 않을 것이다. 파르메니데스처럼 그의 대응 방식은 거부이기 때문이다. 카르나프가 보기에, 인간의 시간 경험에서 의미 있는 분열은 존재하지 않고, 논리학과 논리적 과학이 도달하지 못하는 것은 없으며, 예외적으로 특별한 심리적 혹은 감정적 상황이 있지만 크게 중요하지 않다. 그러나 아인슈타인이 왜 지금이라는 문제를 그렇게 걱정했고, 지금의 경험이 언제나 물리학의 범위를 넘어서 존재할 것이라고 확신했는지 알고 싶다면, 그의 생각을 좀 더 살펴봐야 한다. 베르그손에게도 관심을 가질 필요가 있는데, 특별히 그는 수의 필연성으로부터 인간의 시간 경험을 보호하려고 노력하면서 아인슈타인을 그토록 맹렬하게 공격했기 때문이다.

왜 아인슈타인은 물리학의 시간이 지금과 단절된다고 믿었을까? 이 질문에 대답하기 위해 상대성이론이 제시하는 시공간의 비밀로 여행을 떠날 필요는 없다. 구별할 수 없는 무한 평면이 주어진 시공간 점을 동시에 통과한다는 선언으로 특수상대성이론이 세상의 주목을 받았던 것은 맞다. 모든 공간에서 '같은 순간'을 객관적으로 정의하는 일은 불가능하다는 동시성의 상대성은 1905년 아인슈타인이 발표한 특수상대성이론의 가장 도발적인 결론 중 하나였다. 아인슈타인의 수학 교수였던 헤르만 민코프스키(Hermann Minkowski)가 1908년에 특수상대성이론을 시공간의 기하학 이론으로 변환했을 때, 그 도발성은 특별히 두드러졌다.[9]

여기에 그 도발의 한 예가 있다. 지구에서 약 200만 광년 떨어진 안드로메다은하에서 외계인들이 지구를 향해 우주 함대를 파견했다. 두 지구인이 헤어져서 서로 반대 방향으로 걷기 시작한다. 한 명은 안드로메다를 향해서, 다른 한 명은 안드로메다에서 멀어지는 방향으로 간다. 특수상대성이론에 나오는 동시성의 상대성에 따르면 안드로메다를 향해 걷는 사람에게 "우주 함대는 이미 출발했지만, 반대로 걷는 사람에게는 그 결정이 (…) 아직 내려지지 않았다". 로저 펜로즈가 「특수상대성이론에서 유도된 결정론의 엄밀한 증거(A Rigorous Proof of Determinism Derived from the Special Theory of Relativity)」와 같은 초기 철학적 탐구에 기초해 이 특별한 사례를 발전시켰다.[10]

동시성의 상대성은 정말 흥미로운 주제지만, 아인슈타인이 물리학의 시간과 '지금'의 관계를 걱정할 때 필요한 이론은 아니었다. 아인슈타인이 훨씬 오래된 문제를 아는 것만으로 충분했기 때문이다. 우리는 이 문제를 그리스인들 사이에서 처음 만났다. 수직선(number line)이 √2와 같은 '비존재'들로 가득 차 있다는 것을 발견했을 때였다. 시간은 식별 가능한 일련의 순간들이 아니라 연속체라는 아리스토텔레스의 주장에 나오는 문제를 반복해서 만났던 것뿐이다. "점에서 점으로 가거나 순간에서 순간으로 가는 것이 아니다. 길이나 시간은 이렇게 구성되지 않을 것이다. 그들 사이에 같은 종이 없을 때 사물은 각각 다음 사물로 가기 때문이다. 반면 점들 사이에는 언제나 선이 있고 순간들 사이에는 시간이 있다."[11] 만약 시간이 기하학적 직선처럼 연속체라면, 이 직선 위 모든 점은 서로 구별이 불가능하다. 임의의 점 P는 다른 임의의 점 Q와 서로 교체될 수 있고 누구도 이를 구별하지 못한다. 7장에서 우리는 시간에 대한 고려와 상관없이 기하학적 점들의 이 식별 불가능한 본성이 물리학에 부여하는 몇 가지 논리적, 물리적, 철학적 어려움에 관해 토론했다. 그리고 지금 우리는 다른 난해한 문제를 하나 추가한다. 우리 의식에서 지금은 독특하고 유일하며 특별하지만, 시간을 연속체로 다루게 되면 지금은 다른 순간들과 식별 불가능한 것이 된다.

당신은 이렇게 말할 수도 있다. "좋아, 시간을 연속체로 다루지 마. 그럼 이 문제는 해결돼." 그러나 물리학자들, 최소한 갈릴레이와 뉴턴 이후 물리학자들에게는 다른 선택의 여지가 없다. 앞선 장들에서 우리는 유클리드공간의 본성과 고대 그리스인들이 $\sqrt{2}$의 통약불가능성을 발견하면서 시작된 긴 싸움에 대해 이야기했다. 이 싸움은 이성의 공간이 비존재라는 구멍들로 듬성듬성해지지 않게 만들려는 싸움이었다. 원의 중심을 지나는 직선은 원 위에 있는 두 개의 반대점에서 만난다와 같은 진실을 보장하기 위해서였다.[12]

뉴턴 물리학도 시간과 관련된 비슷한 질문을 정교하게 다듬었다. 예를 들어, 우리가 속도나 움직이는 물체의 가속도 같은 기본 운동량을 계산하는 방법을 생각해 보라. 이 계산은 두 수의 몫과 관련된다. 하나는 공간 간격이며 다른 하나는 시간 간격이다. 시간 간격이 0에 점점 더 접근할 때 몫의 극한을 계산하면, 이것이 기본 운동량이다. 이때 두 가지 요구 조건에 주목하라. (1) 나눌 수 있는 수들이 있다. (2) 우리는 이 수들의 극한을 계산할 수 있다.

시간 간격과 공간 간격은 수로 표현돼야 한다는 일반적인 요구가 이미 우리의 시공간은 아패틱해야 한다는 것을 암시한다. 시간과 공간에 대한 우리의 패틱한 경험을 무시하기로 결정할 때, 이미 시간에 대한 우리의 지식은 분열된다. 물리학자들의 요구를 만족시키기 위해 어떤 종류의 수가 필요한지 묻기 시작하면서 이 분열은 더 커진다. 나눌 수 있는 수가 있어야 한다는 첫 번째 요구는 그렇게 어렵지 않다. 유리수인 분수가 있기 때문이다. 그러나 '구멍'이 아닌 계산 가능한 극한이 실제 '존재'한다는 두 번째 조건을 보장하기 위해, 우리는 수의 집합을 엄청나게 더 크게 만들어야 하고, 연속체 관점에서 시간을 다뤄야 한다.

19세기와 20세기 초의 가장 위대한 수학적 업적 가운데 하나는 연속체를 엄밀하게 정의한 일이다. 이 정의는 실수계로 알려져 있고, 집합의 집합의 집합의 복잡하고 순수한 논리적 구성물이다. 6장에서 우리는 요한 폰 노이만이 자연수 0, 1, 2, 3……으로 구성된 (무한)집합 N을 정의하는 방법을 봤다. 또한 우리는 1, 2, 3……의 음수가 포함된 정수들을 만들 수 있다. 자연수의 모든 가능한 순서쌍들의 집합을 생각해 보고(쌍들은 당연히 두 원소의 집합들이다[13]), 이 집합을 $N × N$이라고 부르자. 우리는 두 번째 원소가 첫 번째 원소에 2를 더한 것과 같은 모든 자연수 순서쌍을 모은다. (0, 2), (1, 3), (2, 4) 등이 여기에 속하며, 이 순서쌍은 무한하다. 무한집합인 이 모음이 우리가 음수 2라고 부르는 것이다. 비슷한 방법으로 우리는 모든 음의 정수를 정의한다. 각 음수는 자연수 순서쌍들의 무한집합이 될 것이다. 모든 정수의 집합(음수, 영, 양수)은 전통적으로 Z라고 부르는데, 수를 뜻하는 독일어 *Zahlen*(찰렌)에서 왔다. 마지막으로 우리는 익숙한 방식으로 정수들을 ……-3, -2, -1, 0, 1, 2, 3……으로 나열할 수 있고, 정수들의 덧셈, 곱셈 등을 정의할 수 있다.

그다음에 우리는 분수를 만들 수 있다. 분수는 유리수이며, Q라고 부른다. 모든 정수들의 순서쌍을 생각해 보자. 이 집합을

$Z \times Z$라고 부르는데, 두 번째 원소가 0인 순서쌍은 여기서 제외한다. 분수 ⅔를 정의하고 싶다고 가정하자. 우리는 $Z \times Z$의 부분집합이면서 다음과 같은 순서쌍을 원소로 갖는 무한집합을 가져온다. (2, 3), (-2, -3), (4, 6), (-4, -6), (6, 9), (-6, -9)······. 이 집합에 속하는 모든 순서쌍 (p, q)는 $3p = 2q$가 성립한다. 이 모든 순서쌍이 만든 무한집합을 우리는 ⅔라고 부른다. 그다음에 우리는 Q의 원소들을 나열하고, 덧셈과 곱셈 등을 정의한다. 여기서 N은 Z의 부분집합(즉, 음이 아닌 정수의 집합)이고, Z는 Q의 부분집합이라는 데 주목할 필요가 있다(-3은 다음 분수들과 같다. -³⁄₁, -⁶⁄₂······).

계속 진행하기 전에 먼저 무한에 대한 추가 설명이 필요하다. 이 책에서 이미 이 단어를 서로 다른 방식으로 무수히 사용했음을 알 것이다. 지금까지 우리는 집합에서 시작한 후 순서쌍들의 집합을 정했고, 순서쌍들 중에서 동치관계를 정의한 다음 소위 동치류들을 새로운 집합으로 모았다. 이렇게 N에서 Z로, Z에서 Q로 갔다. N과 Z는 무한집합이다. 임의의 자연수 n에 대해 더 큰 수 $n+1$을 얻을 수 있고, 임의의 음의 정수 m에 대해 더 작은 수, 혹은 '더 음적인' 수 $m-1$을 얻을 수 있다. 그러나 유리수 집합 Q의 무한성은 다른 추가적 방식으로 증명될 수 있다. 서로 다른 두 유리수 사이에는 언제나 두 유리수와 다른 세 번째 유리수가 존재한다는 명제는 이해하기 어렵지 않다.

이를 이해하는 방법은 다양하지만, 가장 쉬운 방법은 두 유리수의 분자를 더해 새 분수의 분자로 취하고, 두 유리수의 분모를 더해 새 분수의 분모로 정하는 것이다. 예를 들어, ½과 ⅔가 주어졌을 때, ⅗은 두 유리수 사이에 있다. 그 결과, 서로 다른 유리수 사이에는 무수히 많은 유리수가 존재한다. 그래서 집합

Q는 외연뿐만 아니라 내연적으로도 무한하고, 양의 방향뿐 아니라 음의 방향으로도 무한히 확장된다. 또한 어느 곳이나 원소들이 무한히 붐빈다. 이런 집합을 '어디서나 조밀하다(everywhere dense)'고 한다.

이제 실수 집합 R을 정의해 보자. 집합 R은 집합 Q를 포함한다(당연히 N과 Z도 포함한다). 그러나 집합 R은 훨씬, 정말로 훨씬 더 크다. 원한다면, 우리는 제곱해서 2가 되는 분수는 존재하지 않는다는 고대 그리스인들의 발견에서 출발할 수 있다. 제곱수가 2보다 작은 모든 분수들의 집합을 A라고 하자. 더 나은 측정을 위해 이 집합에는 모든 음의 분수들도 포함된다. 집합 A는 집합 Q에 포함된 무한집합이다. 그리고 우리는 집합 A에서 제곱수가 2와 매우 가까운 분수들을 찾을 수 있다. 우리가 원하는 만큼 2에 가깝지만, 당연히 정확히 2는 아니다. 이 집합 A는 음의 방향으로 무한히 확장되지만, 다른 모든 원소보다 큰 원소는 포함하지 않는다. 이걸 확인하기 위해, 제곱수가 2보다 작은 임의의 분수 x가 있다고 가정하자. 그다음에 y는 $2x+2$를 $x+2$로 나눈 분수라고 정하자. 대수적 계산을 통해 y는 x보다 크지만, y의 제곱수는 여전히 2보다 작다는 걸 보여 줄 수 있다. 제곱수가 정확히 2인 분수가 존재한다면 당연히 이 분수는 집합 A의 가장 큰 원소가 되겠지만, 그런 분수는 존재하지 않고 x가 될 만한 다른 분수도 없다. 왜냐하면 위에서 보여 줬듯이, x보다 크지만 여전히 집합 A에 속하는 y가 언제나 존재하기 때문이다.

비슷한 방식으로, 우리는 제곱수가 2보다 큰 모든 양의 분수로 구성된 집합 B를 정한다.

집합 A처럼 집합 B도 무한집합이며, 집합 Q에 속한다. 집합 B의 모든 원소가 집합 A의 모든 원소보다 큰 것을 증명하는 것은 쉽다. 집합 A, B의 원소로 만든 순서쌍 (A, B)을 '데데킨트절단(Dedekind cut)'이라고 부르는데, 리하르트 데데킨트(1831~1916)가 처음 이 절단을 이용해 실수를 만드는 방법을 제안했기 때문이다.[14] 데데킨트절단들의 집합은 자연적 방식으로 나열할 수 있고, 덧셈, 곱셈 등의 연산을 정의할 수 있다. 데데킨트절단은 순수한 논리의 관점에서 연속체 R의 완벽한 합리적 구성이다.

연속체의 의미는 무엇인가? 연속체란 집합 Q가 아니라 집합 Q 안에 있는 모든 데데킨트절단들의 새 집합 R에서 데데킨트절단을 만들면, 구멍을 찾을 수 없다는 것을 의미한다. 즉 집합 R은 완전하다.[15] 연속체는 또한 공간 간격을 시간 간격으로 나눈 몫의 극한을 찾을 수 있다는 것을 의미한다. 앞서 보았듯이, 이 몫은 연속적으로 운동하는 물체의 속도를 정하는 데 이용되고, 그렇게 속도와 가속도를 동시에 찾을 수 있다. 나머지는 물리학의 영역이다.

그다음에 연속체 R을 이용해 유클리드기하학을 수정하고 완성했다. 공간을 구멍이 없는 전체로 만들기 위해서였다. 흔히 수학자들과 물리학자들은 n차원의 유클리드공간이 하나의 좌표계로 제공되는 n개의 집합들$(x_1, x_2 \cdots x_n)$로 정의된다고 생각했다. 여기서 x_i는 모두 실수다.[16] 공간에 대한 것이 결정되면, 물리학자들은 시간을 1차원적 연속체, 즉 R로서 생각해야 한다. 그렇지 않으면 속도, 가속도를 비롯한 운동과 관련된 그 밖의 작용들은 정의될 수 없을 것이고, 우리가 알고 있는 것과 같은 물리학은 불가능해질 것이다. 그래서 우리는 시간을 연속체로 다

루고, '지금'을 대가로 희생하면서 물리학을 강화한다. 아인슈타인의 걱정은 충분히 이해할 만하다.[17]

신학적 여담: 사악한 대각선

최근에 저명한 신학자 친구가 공손하면서도 단도직입적으로 우리에게 무슨 작업을 하고 있냐고 물었다. 그래서 우리는 앞서 한 작업을 공유했다. 그 후 다음과 같은 대화가 이어졌다.

신학자 그러니까 데데킨트절단이 만약 존재한다면, 2의 제곱근이 있는 구멍의 왼쪽은 집합 A, 오른쪽은 집합 B가 되는 집합 쌍 A와 B가 존재한다는 말이지? 그것이 2의 제곱근이다라는 게 밝혀진다는 거고?

우리 정확히 그 말이야. 분수들의 집합인 Q에 $\sqrt{2}$는 존재하지 않지만, R에는 존재해. 자네가 한 말이 정확히 그 뜻이야.

신학자 내가 놀란 것은 데데킨트절단은 부재에 대한, 그러니까 2의 제곱근의 부재에 대한 가장 완벽하고 유창한 현시이자 증언이라는 거야. 그리고 바로 이 부재 증언이 어떤 대수적 주문에 의해 2의 제곱근의 부재를 끝내고, 이제 현존하게 돼.

우리 현시라고? 데데킨트절단을 그런 신비와 증언으로 설명하려면, 대수적 작업을 주문 대신 마술이라고 불러야 하지 않을까?

신학자 (웃으면서) 자네 말이 맞아. 이것은 내 몸이니(*Hoc est enim corpus meum*). 예수님은 제자들에게 누룩을 넣지 않은 빵을 '나를 기억하며' 나누어 먹으라고 명했어. 그 빵은 새로 구워지고 쪼개져 전해질 때마다, 매번 반복해서 십자가에 못 박히시고 지금은 부재하는 주님의 기억을 불러오지.

우리　그러니까 데데킨트의 실수계 구성에서 나오는 부재와 현존의 결합이 자네에게는 성찬례를 상기시킨다는 말이지?

신학자　그래. 그런데 성찬례에서는 예수님과 예수님의 수난에 대한 기억이 물질적 기념물을 통해 되살아나. 이 데데킨트절단은 지금껏 없었던 수를 정신 속에 창조하기 위해, 재창조가 아니라 창조라고 말한 점에 주목해 줘. 어떤 물질적 매개를 통과할 필요가 없어. 바로 이 점이 결함을 만들어! 내가 자네 말을 제대로 이해했다면, 이 문제에 더해서 분수, 정수, 자연수, 그리고 실수조차도 모두 어떤 구멍 혹은 어떤 구멍의 패러다임에서, 즉 공집합에서 나왔다는 것도 문제야! 이보게 친구, 무로부터의 창조는 인간의 일이 아니라 신의 일이야.

우리　신이라고? 그런데 어떤 신을 말하는 거야? 예를 들어, 우리는 이 실수계의 신이 전능하리라고는 상상하기가 힘들어.

신학자　신이 할 수 있는 일과 없는 일을 말하려는 시도는 무모해.

우리　맞는 말이야. 그런데 창세기의 신인 히브리인들의 신은 자신의 완전한 창조를 보면서 보기 좋다고 여기지 않았어? 그리고 쿠란은 신이 모든 것을 엄격하게 셈하고 있다고 말했잖아?

신학자　그렇게 적혀 있기는 해.

우리　그런데 만약 그 조사와 셈이 전체에 대한 일반적 관찰이 아니라 모든 것을 각각 검토한다는 의미라면, 이런 신이 어떻게 실수들을 조사하고 셈할 수 있었을까? 게오르크 칸토어라는 수학자가 있어. 이 사람은 수학자들을 위해 무한이라는 낙원을 발견했고, 신학자들이 여전히 매력을 느끼는 작품들도 썼어. 지금 우리가 제시한 질문과 관련된 '대각선 방법'을 제시하기도 했지.[18] 들어 본 적 있어?

신학자　들은 적이 있다 해도 이미 잊어버렸어. 설명해 주겠어?

우리 종이 몇 장이 필요할 거야. 단순하게 만들기 위해 숫자 0과 1만 사용할게. 0과 1이 끝없이, 아마도 무한히 나열된 숫자 목록이 하나 있다고 상상해 보자. 여기에 임의의 예가 있어.

010101……
111001……
101100……

이렇게 계속 무한히 진행돼.

칸토어는 주어진 임의의 목록에서 그 목록에 없는 수열을 만드는 대단히 단순한 방법을 고안했어. 우리는 목록의 첫 번째 항목에서 첫 번째 수를 보고 다음 규칙에 따라 이 수를 바꿀 거야. 0은 1이 되고, 1은 0이 돼. 위의 예에서 그 수는 0이야. 우리는 다른 종이에 1을 적을 거야. 이제 두 번째 항목의 두 번째 수를 봐. 위의 예에서 그 수는 1이고, 그래서 우리는 0을 좀 전에 다른 종이에 적은 1 옆에 적을 거야. 그다음에 세 번째 항목의 세 번째 수로 가. 그 수는 1이므로, 우리는 0을 선택해. 그렇게 우리는 새로운 수열의 첫 번째 세 항을 얻었어. 그건 100이야. 계속 이 방법대로 대각선으로 내려가. 네 번째 항목의 네 번째 수, 다섯 번째 항목의 다섯 번째 수, 이렇게 계속 가는 거지.

칸토어는 구성된 새 수열은 주어진 목록에 없다고 주장했어. 만약 새 수열이 기존 목록에 있다면, 그 수열은 어떤 줄에 있어야만 하지. 그 줄을 n번 줄이라고 부르자. 그러나 새로운 수열의 n번째 수를 보면, n번째 항목의 n번째 수와 다를 수밖에 없어. 새로운 수열은 앞에서 말한 규칙에 따라 만들어졌기 때문이지. 그래서 새로운 수열은 이 목록의 n번째 항목과 동일하지 않아. 모순이 발생했어. 그래서 '대각선 방법'으로 만들어진 수열은 이 목록에 없어. 이런 수열들로 구성된 목록을 한번 제시해 봐. 나는 그 목록에 포함되지 않는 수열을 찾을 수 있어. 다른 말로 하면, 0과 1로 구성될 수 있는 모든 수열을 포함하는 목록은 존재할 수 없어.

이제 단순함을 위해 다시 0과 1사이에 있는 실수들을 생각해 보자. 이 실수들은 각각 0과 1로 구성된 무한한 수열과 동일시될 수 있어.[19] 그래서 칸토어의 핵심 결론은 이 모든 실수를 포함하는 목록은 존재하지 않는다는 거야. 심지어 유리수 집합 Q는 무한한 목록으로 나열될 수 있지만(한번 시도해 봐!), 실수들은 그럴 수 없어.

이제 원래의 신학적 질문으로 돌아가자. 전능한 신은 0과 1 사이에 있는 모든 실수를 조사할 수 있을까? 만약 조사가 실수들을 한 목록에 정리하는 것(당연히 무한한 목록이고, 목록 자체 안에서 신에 대한 문제를 제기해서는 안 돼)을 의미한다면, 칸토어의 대답은 '아니요'야.

신학자   다시 말하지만, 나는 신의 능력을 감히 단언하지는 않아. 그러나 칸토어의 결론은 신학교에서도 상당히 파문을 일으켰을 거라고 상상할 수는 있겠어.

우리   맞아. 찬반이 엇갈렸지. 대각선 방법의 또 다른 결과인 무한이라는 무한히 많은 힘은 1장에서 우리가 만났던 인간 직관의 옹호자들에게는 용납될 수 없어. 우리의 대각선 방법 설명을 들은 다음에는 자네도 그 힘들이 신적 직관의 옹호자들에게 도전한다는 우리의 생각을 허용하게 되지 않을까? 이 악마 같은 대각선 방법은 이 문제만 일으키는 것으로 끝나지 않았어. 1930년대에 괴델이 불완전성정리를 증명할 때, 이 대각선 방법을 사용하면서 논리학을 흔들었지.

베르그손의 격정: 정신의 시간

우리가 1장에서 슈펭글러와 다른 독일 학자들에게 너무 많은 시간을 쓰고, 프랑스에는 너무 적은 시간을 쓴 것 같다. 프랑스는 프로이센-프랑스전쟁과 제2차세계대전 사이에 독일의 전략적 경쟁 상대였다. 어쨌든 당시 프랑스 학자들도 독일처럼 수학화하는 과학과 인간 직관 사이의 틈이 넓어지는 것을 인식했고, 이 상황을 걱정했다. 이 문제를 우려한 가장 유명한 프랑스 철학자는 앙리 베르그손이었다. 베르그손은 슈펭글러의 『서양의 몰락』이 나오기 약 30년 전인 1889년에 자신의 박사논문으로 갑자기 등장했고, 파리에서 알베르트 아인슈타인과 시간의 본성을 두고 토론했던 1922년에도 여전히 프랑스 철학 분야(비단 프랑스뿐만은 아니었다)에서 큰 영향력을 갖고 있었다.

우리는 아인슈타인과의 논쟁을 다룰 예정인데, 그전에 박사논문을 먼저 살펴볼 것이다. 『의식에 직접 주어진 것들에 관한 시론(Essai sur les Données Immédiates de la Conscience)』[1910년에 나온 영어 번역본의 제목은 『시간과 자유의지: 의식의 직접적 정보에 관한 에세이(Time and Free Will: An Essay on the Immediate Data of Consciousness)』였다]은 시간과 논리 사이의 오래된 전투에 새로운 전선을 개척하려고 했다. 베르그손에 따르면, 세계를 지배하는 인과율과 결정론의 엄청난 힘은 동일성이 발견될 수 없는 영역에서 동일성을 추구하는 기본적 오류 때문에 나왔는데, 그 영역이 바로 수의 영역이다. 근대과학은 점점 더 부적절하게 느낌과 내면 상태에 크기와 양이라는 척도를 적용했다. 그 예로, 베르그손은 독자들에게 다음과 같은 상상을 해 보라고 요청하면서 자신의 책을 시작했다.

모호한 욕망이 점점 더 깊은 열정이 돼 간다. 지금 당신은 이 허약한 강도의 욕망이 처음에는 고립된 것처럼, 말하자면 당신의 나머지 내면 생활에는 낯선 것처럼 보였음을 알게 될 것이다. 그러나 서서히 이 욕망은 더 많은 정신적 요소에 스며들어서, 말하자면 자신의 색깔로 그 정신적 요소들을 물들인다! 전체 주변 환경을 보는 관점은 이제 근본적으로 변한 것 같다. 같은 대상이 더는 같은 방식으로 당신에게 감동을 주지 않는다는 걸 인지하지 않고서, 당신은 어떻게 당신을 이미 사로잡은 이 깊은 열정을 인지하게 될까?

베르그손은 말한다. "우리가 의식을 점점 더 깊이 파고들수록, 정신적 현상들을 나란히 함께 줄 세울 수 있는 사물로 다뤄야 한다는 주장이 옳지 않다는 것을 점점 더 잘 깨닫게 된다. 이것이 사실이다."[20]

그러나 베르그손의 탄식처럼 사람들은 그 옳지 못한 일을 정확하게 줄곧 한다. 감정에 크기를 할당하고, 욕망이 무엇보다 크고 무엇보다 작은지 배정한다. 마치 정신적 현상들이 물리적 현상과 같은 방법으로 측정될 수 있고 그 원인을 규정할 수 있다는 듯이 말이다. 베르그손도 이 오류가 우리의 '상식' 안에 내장된 도구상자의 일부라는 것을 어느 정도 인정한다. 그런데 물리 세계에서 수의 힘이 대단하다는 것이 증명되면서 이 도구상자는 계속해서 나빠졌다.

물리학은 "상식이 이 지점에서 저지르는 이런 실수를 격려하고 심지어 과장한다. 감각과 자극 사이, 양과 질 사이의 혼돈에 익숙한 과학이 정신물리학의 대상을 측정하듯이, 일자도 다른 것처럼 측정하려고 애쓰는 순간이 어쩔 수 없이 오게 된다".

이런 혼돈의 결과로 바로 결정론과 자유의지의 모든 외면적 모순이 생겨난다. "이런 혼돈은 일련의 정신적 상태를 공격하고, 지속성에 대한 우리의 인식에 공간을 도입해 내면적·외면적 변화, 운동, 자유에 대한 우리의 감정을 근본부터 왜곡시킨다. 그래서 엘레아학파의 모순이 등장하고, 자유의지가 문제가 된다."

이 초기 작품뿐만 아니라 연구 활동 기간 내내 베르그손은 공간과 시간, 이성과 직관 두 개념을 연결한 후 구별과 대립을 주장했다. 베르그손은 공간을 이성의 영역으로, 시간을 직관의 영역으로 만들었고, 이렇게 공간과 시간을 이성과 직관의 버팀대로 활용했던 것 같다. 베르그손의 이 연결과 구별은 30여 년 이상 엄청난 성공을 향유했다. 미국의 윌리엄 제임스와 존 듀이조차 이 작품에 대해 '진정한 기적' '코페르니쿠스적전회'라고 말하면서, 이 작품이 새로운 시대의 시작이라고 칭송했다.[21]

젊은 프랑스 철학자가 우리의 자유를 회복하기 위해 어떤 제안을 하는지 이해하기 위해 철학 백과사전에 나오는 인과적 결정론의 일반 정의부터 살펴보자.

주어진 특정한 방식으로 사물들이 시간 t에 있고 그 이후 그 사물들이 자연법의 문제로 고정될 때, 그때에만 세계는 결정론의 지배를 받는다(혹은 결정론의 영향력 아래 있다).[22]

위의 정의 중에 우리가 강조 표시로 묶은 모든 단어들은 얽히고설킨, 대단히 난해한 문제들을 제기하는 것 같다. 그러나 베르그손은 오직 시간에만 관심이 있었다. 물리학자는 정의에 나오는 '시간 t'를 실수로 이해해야 하고, '그 이후'는 '모든 실수에 대해 $t' > t$'를 의미한다. 베르그손은 이 수의 시간이 정신의 시간에 적용될 수 없음을 증명하는 데 전념했다.

우리는 물리학자들의 논리적 구성을 '아패틱한 시간'이라고 불렀다. 시간에 따라 무슨 일이 일어나든, 혹은 무슨 일이 시간 안에서 흘러가든 상관없이 그 시간은 흔들리지 않기 때문이다. 베르그손은 이런 시간을 기계적, 외연적, 물질적 시간 혹은 시계의 시간이라고 불렀고, 정신은 이런 시간이 아니라 근본적으로 다른 직관의 시간에 의해 통제된다고 주장했다. 이 직관의 시간을 지속(durée)이라고 불렀다. '진정한 지속'은 공간과 관련이 없다. 수나 집합과 달리(베르그손은 수나 집합은 공간에 대한 우리의 직관에서 생성된다고 주장했다), 지속은 다른 부분에 포함되는 부분들로 나눌 수 없다. 지속은 시간 안에 있는 순간이나 지점들의 아패틱한 모음이 아니다. 다른 말로 하면, 여기에는 수도 없고, 우리 생각을 셈할 가능성도 없으며, 우리 정신 상태를 측정할 수도 없다. 우리는 이런 관점을 '패틱한' 관점이라고 불렀다. 베르그손은 이 관점을 '사물을 보는 완전히 역동적 방법'이라고 불렀다. 어떻게 우리가 공감하지 않을 수 있겠는가?[23]

그러나 유감스럽게도 베르그손은 다른 많은 사람들이 했던 것과 같은 방식으로 자신의 자유를 획득했다. 그 방법은 우리가 이미 많이 봤던 방식이다. 베르그손은 우리의 지식을 절단하고, 문제가 되는 부분을 뽑아 버리며, 좋은 이원론자처럼 인간의 좋은 부분들을 손상시킨다. 자신의 목표에 도달하기 위해 베르그손이 시도한 구별은 오래되고 진부한 철학적 구별이었다. 외연혹은 물질, 정신 혹은 영혼의 구별은 데카르트가 제안했던 구별이다. 칸트주의자들도 공간이라고 불리는 외면적 직관과 시간이라고 불리는 내면적 직관을 구분했다. 정신 현상을 물질적 현상으로 축소하는 물리적 결정론자들에 대항하기 위해, 즉 정신과 물질 사이에 거리를 두기 위해 베르그손은 시간이라 부르는 '내면적'인 직관과 공간이라는 '외면적'이고 물질적인 직관 사이를 더 날카롭게 분리했다.[24]

베르그손의 수술은 쉽게 요약할 수 있다(최소한 윤곽은 그릴 수 있다). '영혼', 정신, 내면적 삶은 '온전히 역동적이다'. 공간, 외부 세계는 명료하고 '잘 정의된다'. 그러나 우리 의식의 일부는 우리 내면적 삶의 역동성을 견디지 못한다. "사물을 보는 이 온전히 역동적인 방법은 반성적 의식과 대립하는데, 왜냐하면 반성적 의식은 언어로 쉽게 표현되는 깔끔하게 절단된 구분들을 즐기고, 공간에서 인지되는 것과 같은 잘 정의된 윤곽이 있는 사물들을 좋아하기 때문이다." 그래서 반성적 의식은 모든 경우에 공간의 명료성을 내면적 삶에 부과하려고 한다. "마치 공간도 다양성도 존재하지 않는데 크기를 말하는 것이 허용되는 것처럼, 다른 모든 것은 동일하게 유지되면서 이런저런 욕망의 크기는 커졌다고 가정할 것이다."[25]

동일성의 잘못된 사용이고, 잘못 적용된 세테리스 파리부스 구절들이며, 욕망에 적용된 척도와 크기이고, 패틱과 아패틱의 혼돈이다. 사회과학과 심리 과학에 대한 우리의 비판과 그리 떨어져 있는 것 같지 않다. 그러나 베르그손의 구분이 정신 안에서 만들어졌음에 주목하라. '깔끔하게 절단된 구분들을 즐기는' 이 '반성적 의식'은 무엇인가? 반성적 의식이 '나'를 이야기하는 자기 인식(*la conscience de soi*)과 동일할 수는 없다. 이런 정신적 거울이 진정 존재한다면, 이런 구분들에 마냥 기뻐할 수만은 없을 것이다. 이런 구분의 존재는 (아패틱한 것 또는 공집합과 같은) 공리들의 집합에 의해서만 옹호되고 결정될 수 있고, 실제 경험에서는 증명될 수 없기 때문이다. 더욱 나쁜 것은 베르그손의 메스가 우리의 경험 세계에서 만든 이원론적 분리다. 이 분리들은 나름의 방식대로 모든 조각들에서 데카르트의 절단만큼 깊이 이루어졌다. 베르그손과 데카르트에 따르면, 외면적 공간에 관한 우리의 직관은 명료하고 깔끔하게 절단되며, 척도와 수로 다룰 수 있다. 내면적 시간에 관한 우리의 직관은 구분하기 힘들고, 명료하지 않으며, 온전히 역동적이며, 수학이나 공리에 의해 접근할 수 없다.[26]

　　이원론은 범죄가 아니다. 하지만 이원론이 진리를 포착할 수 있을까? (아패틱한) 공간과 (패틱한) 시간이라는 베르그손의 구분은 일상의 경험과 과학 이전의 경험에서 지지를 얻지 못한다. 더욱이 베르그손이 이 구분에서 끌어낸 의미도 미미하다. 예를 들어, 베르그손이 볼 때 새로운 것의 갑작스러운 출현을 뜻하는 놀라움은 오직 시간 안에만 거주한다. 그러나 물병자리나 페르세우스 유성우 시기에 맑은 밤하늘 아래 누워 유성들을 보는 모습을 상상해 보라. 이 시기에 유성들은 언제 어디서나 나타날 수 있다. 우리는 사냥꾼처럼 그 지점과 시간에 주의를 기울인다. 이때의 느낌은 고정된 지점에서 빛이나 먹잇감이 어느 때 나타나기를, 혹은 고정된 시간에 어느 곳에서 나타나기를 기대하는 것과는 질적으로 다르다.

　　베르그손의 오류는 일반적인 오류다. 시선을 위험에 고정한 채, 또 다른 위험이 도사리는 골짜기로 들어간다. 베르그손의 목표는 인류를 근대의 기계적 시간에서 구하는 것이었다. 베르그손이 이해한 시간이란 시계판이라는 공간을 가로지르는 바늘의 규칙적 운동으로 측정되고 규정되는 것이었다. 이 비유 자체가 베르그손에게 영감을 줘서 인간과 시계를 아주 근접하게 만들 수도 있었다. 우리가 봤던 시인 릴케가 그랬다("그리고 시계들은 아주 작은 걸음으로 / 우리의 실제 하루와 나란히 간다"). 그러나 릴케와 달리 베르그손은 이 세계의 공간 및 시간과 우리 내적 삶의 운동 사이에 거리를 더 늘리는 선택을 했다. "내 손에 있는 시계의 움직이는 바늘을 쫓아갈 때, (…) 생각하는 것과 달리 나는 지속을 측정하지 않는다. 나는 단지 동시성을 셈할 뿐이며, 이것은 지속과는 아주 다르다."[27]

결론을 내리자면, 베르그손은 이런 선택이 공간과 시간에 관한 우리의 경험을 식별할 수 없고 말할 수 없게 만든다고 보지는 않았던 것 같다. 그는 자신이 존경했던 동시대인이자 같은 프랑스인인 앙리 푸앵카레로부터 그 문제를 배울 수도 있었을 것이다.

만약 내가 파리의 특정 장소에, 예를 들어 팡테옹 광장에 있다고 가정하자. 나는 "내일 여기로 다시 오겠습니다"라고 말한다. "공간적으로 같은 지점에 다시 오겠다는 뜻인가요?"라는 질문을 받으면, 나는 그렇다고 대답해야 할 것이다. 그러나 나는 잘못된 답을 한 것일 수밖에 없다. 지금과 내일 사이에 지구는 움직일 것이고, 팡테옹 광장은 함께 움직여 백만 킬로미터 이상을 여행했을 것이다. (…) 실제 내가 한 말의 의미는 이렇다. "내일 나는 팡테옹의 돔과 페디먼트를 한 번 더 보러 올 것입니다." 그리고 팡테옹이 없다면 내 말은 아무 의미가 없고 공간은 사라질 것이다.[28]

베르그손은 왜 공간 및 시간과 내면적 삶 사이에 거리를 두려고 그렇게 고집했을까? 조지 산타야나(George Santayana)가 1913년에 이 질문을 다뤘다. 산타야나는 점잖은 반유대주의적 촌평을 몇 개 한 후, '우주적 광장공포증'이라는 심리적 진단을 제시했다. "베르그손은 공간, 수학, 필연성, 영원을 두려워한다. 그는 지성과 생길 수 있는 과학적 발견을 두려워하며, 무와 죽음을 두려워한다." 모든 게 사실일 수도 있지만, 우리는 잘 모른다. 단지 우리는 베르그손 혼자만 이런 태도를 보인 것이 아니라는 점을 강조하고 싶다. 오히려 베르그손의 관점은 세계관을 형성했고, 거대한 청중들이 이 세계관에 충성했다. 산타야나 자신도 그 점을 인정했다. "살아 있는 철학자 가운데 가장 대표적이고 주목받는 사람은 앙리 베르그손이다. 그의 작품은 형식과 내용 모든 면에서 세계적으로 폭 넓은 관심을 받고 있다."

베르그손 세계관의 유행은 산타야나의 비판을 통해서도, 베르그손의 가르침을 비합리적인 것으로 폄하하기 위해 여성 추종자 수가 많음을 지적했던 냉소주의자들에 의해서도 사그라들지 않았다. 1922년 4월 6일, 파리 강연장에 모인 청중들 앞에서 알베르트 아인슈타인과 대면 토론을 할 때도 베르그손의 세계관은 여전히 강력한 힘을 가지고 있었다.[29]

베르그손 vs 아인슈타인

1934년 폴 발레리는 베르그손과 아인슈타인의 만남을 회상하면서 20세기의 '위대한 사건'이라고 칭했다.[30] 100년이 지난 지금, 우리의 관점에서 볼 때 이런 주장은 많이 과장된 것 같다. 그러나 1장에서 제시했던 역사적 맥락을 생각해 보면 이 과장을 더 잘 이해할 수 있다. 유럽 세계는 문명의 충돌을 맞이하고 있다고 확신했다. 이 충돌은 무수히 많은 강력한 반대쌍들을 통해 상상됐다. 반대쌍에는 인과율과 자유, 이성과 직접성, 기술과 생명, 수학과 감정, 논리와 직관, 머리와 마음, 남성과 여성, 그리고 프랑스인과 독일인, 유대인과 비유대인, 미국과 유럽 등이 있었다.

아인슈타인과 베르그손의 논쟁을 두 헤비급 챔피언의 대결 무대로 이해할 수 있을 것이다. 그리고 실제 그 논쟁은 그렇게 경험되고 이해됐다. 한 명은 직접성, 직관, (산타야나가 지적했듯이 파스칼을 떠올리게 하는) 마음을 대표했고, 다른 한 명은 인과율, 수학, 머리를 대표했다. 심지어 이 무대는 두 사상가가 죽은 후에 이곳저곳으로 떠돌아다니게 되는 두 사람의 유물에도 반영됐다. 바로 베르그손의 머리카락과 아인슈타인의 뇌다.

두 사상가는 자신들이 이런 양극점에 있다는 것을 인정하지 않았다. 예를 들어 베르그손은 (종종) 받았던 과학자의 적이라는 비난에 줄곧 강력하게 반발했다. 마찬가지로 아인슈타인도 자신이 반철학적이라는 주장을 (정당하게) 거부했다. 우리는 양극점 중 어느 쪽을 지지하려는 게 아니다. 우리는 이 문제에 대해서 수전 손태그(Susan Sontag)에 동의한다. "생각과 감정을 구분하는 사유 방식은 선동의 일종일 뿐이다. 이 선동은 사람들이 의심하거나 자만해서는 안 되는 일들을 의심하게 해서 많은 문제를 일으킨다. (…) 이런 방식으로 자신을 이해하는 것은 대단히 파괴적으로 보이기 때문이다."[31] 이성과 직관의 분리에 저항해 '십자군전쟁'을 하고 있다고 스스로 생각했던 손태그처럼, 우리도 이런 모든 분리와 분열이 인류 자신에 대한 지식을 둘러싼 인류의 오랜 투쟁 역사에서 나온 임의적이고 이념적인 실행이라는 걸 당신에게 상기시키고 싶다. 이것이 이 책의 목표 가운데 하나다. 그러나 지식에 대한 이런 이념들이 아무리 임의적이고 독단적이라 해도, 이 이념들은 공명을 일으켰고 힘이 있었다. 바로 이 공명이 논쟁을 증폭시켰고, 논쟁자들을 분리해 한 편을 이성의 주권자로, 다른 편을 이성에 대항하는 반란자로 변환시켰다.[32]

논쟁은 적절한 단어가 아닐 수도 있다. 그 자리는 오히려 계속 이어지는 연설의 장이었다. 조금씩 차이가 있는 다양한 지성 영역에서 온 저명한 대학자들이 연설을 하면서 질문을 던졌고, 때때로 아인슈타인이 능숙하지 않은 프랑스어에 긴장한 탓인지 짧게 답변했다. 베르그손은 그 대학자 가운데 한 명일 뿐이었다(7장에서 만났던 에밀 메이에르송도 연설을 했고, 이 행사에서 맺은 아인슈타인과의 인연은 지속적인 지적 관계를 만들어 냈다[33]). 이 행사는 국제적 화해를 의도했다. 두 세계대전 사이의 그 시기에 분열됐던 독일과 프랑스 간 위대한 지성들의 만남이었고, 이 만남을 통해 '인간 정신의 보편성을 확증'하면서 그들을 하나로 모으려 했다.

저녁 행사 전반부에는 그 가능성이 여전히 유지됐다. 아인슈타인은 질문에 대해 상대적으로 독단적이지 않은 대답을 했다. "기하학은 임의적인 개념입니다." "실수의 연속체와 기하학의 상상 공간 사이의 관계는 확실히 정해진 일대일대응 관계가 아니며, 하나의 진술이 다른 진술보다 낫다고 말할 수 없습니다." "자신이 던진 질문에 대해 어떤 개념이 다른 개념보다 적절하다고 믿는다면 언제나 그 개념을 선택할 수 있습니다. 그러나 그것이 객관적 의미를 갖지는 않습니다."[34] 행사 전반부에는, 억

양만 제외하면, 독일인 아인슈타인이 아닌 프랑스인 푸앵카레의 말을 듣고 있다고 생각할 수도 있었다.

그다음에 베르그손의 추종자 에두아르 르루아(Édouard Le Roy)가 단상에 올랐다. 르루아는 이렇게 연설을 시작했다. "딱히 할 말은 없습니다." 그러나 예상대로 그는 여기서 발언을 멈추지 않았다. 짧은 몇 문장에서 르루아는 직관과 이성, 철학과 물리학, 시간과 공간 사이의 전선을 다시 강화했다. 르루아는 아인슈타인 이론과 베르그손 이론의 유사성에 초점을 맞추는 것 같았지만(두 이론 모두 결국 생명이 경험하는 시간과 측정 방정식이 표현하는 시간의 본성 사이에 차이가 있음을 인정했다), 실제로는 완전히 정반대되는 말을 했다. "철학자의 관점과 물리학자의 관점은 모두 논리에 맞습니다. 그러나 두 관점은 용어상으로는 같아 보이지만 실제로는 완전히 다른 두 문제를 제시합니다." 그는 특별히 이렇게 말했다. "아인슈타인 선생과 베르그손 선생에게 시간 문제는 동일하지 않습니다." 그다음에 르루아는 베르그손을 단상으로 불렀다.

베르그손은 단상으로 올라갔다. 베르그손은 말을 하기보다는 듣기 위해 이 자리에 참석했다고 말하면서 자신의 발언을 시작했다. 그런 다음, 베르그손은 다른 참가자들보다 약 여덟 배 긴 연설을 했다(베르그손은 아인슈타인의 상대성이론을 상세하게 비판한 245쪽짜리 책을 막 언론에 배포했기 때문에, 더 길게 말할 수도 있었을 것이다). 우리는 베르그손의 연설에 나오는 많은 요점들을 그의 작품을 살펴보면서 이미 배웠다. 지속과 측정 가능한 시간 사이의 차이에 대해 배웠고, 상대성이론, 시계 실험 혹은 수학적 관습의 공격에도 침투당하지 않는 동시적 직관의 성질에 대해서도 배웠다. 이 모든 것의 결론은 물리학이 소개하는 개념의 철학적 의미를 결정할 때 철학이 물리학에 대해 주권을 유지한다는 것이다. (동시성과 지속의 직관과 같은) '실제'와 (측정된 시간과 같은) '합의' 사이의 경계를 결정할 때도 철학이 주권을 갖는다.

이 모임에서 했던 다른 모든 대답과 마찬가지로 아인슈타인은 짧게 대답했다. 먼저 아인슈타인은 다시 질문을 던졌다. "철학자의 시간과 물리학자의 시간은 같을까요?" 그다음에 그는 이렇게 대답한다. 철학적 시간은 물리적 시간과 심리적 시간의 혼합물이다. 심리적 시간에서 동시성이라는 원초 개념은 인간이 세계의 많은 측면을 이해하는 데 도움을 줬다. 여기서부터 인간은 본능적으로 사건의 시간적 질서를 창조하는 짧은 걸음을 내디뎠다. 그러나 이런 정신적 구성물 가운데 어떤 것도 실제로 사건들의 동시성이 존재한다는 결론을 우리에게 허락하지 않았다. 아래에 나오는 아인슈타인의 마지막 문장이 아마도 이 논쟁에서 가장 자주 인용되는 내용일 것이다. "그러므로 철학자의 시간 같은 것은 존재하지 않습니다. 물리학자의 시간과 구별되는 심리적 시간만이 존재할 뿐입니다."

그 이후 일어난 일이 아니었다면 오늘날 아무도 '베르그손-아인슈타인 논쟁'을 언급하지 않을 것이다. 베르그손은 『지속과 동시성: 아인슈타인의 이론에 대하여(Durée et Simultanéité: À Propos de la Théorie d'Einstein)』라는 긴 아인슈타인 비판서를 출판했다.[35] 아인슈타인은 이 책을 일본으로 가는 배 안에서 10월 8일에 읽었다(우리는 아인슈타인의 일기를 통해 이 날짜를 안다). "어제 나는 상대성과 시간에 관한 베르그손의 책을 정독

했다. 기이한 것은 베르그손이 시간만을 문제 삼고 공간은 전혀 문제로 여기지 않는다는 점이다. 심리적 깊이보다는 뛰어난 언어적 기술이 인상적이다."[36] 베르그손과의 불화는 계속 커지기만 했던 것으로 보인다. 얼마 후 아인슈타인은 메이에르송을 비롯한 철학자들과 협력하기 시작했다. 이 프랑스 현자(베르그손)의 동맹자들이 주도하고 많은 저명한 과학자들이 포함됐던 반대 캠페인에 대항하기 위해서였다.

양 진영에서 나온 논쟁의 열매들은, 시간이 지나면서 인류와 과학 사이의 새로운 갈등을 보여 주고자 하는 미래 세대의 논의에 생산적인 가치를 가지게 됐다. 예를 들어, 1950년대에 모리스 메를로퐁티(Maurice Merleau-Ponty)는 이 논쟁을 위험한 '합리주의자들'에 대항하는 '살아 있는 이성'의 방어로 재등장시켰다.[37] 냉전 시기 핵전쟁에 의한 종말의 공포가 고조되던 1965년에 한 예술사학자가 미국인들을 위해 베르그손의 『지속과 동시성』을 영어로 번역했다. 영국의 물리학자 허버트 딩글(Herbert Dingle)이 이 번역본의 서문을 썼는데, 딩글은 이 서문에서 세계의 과학자들이 아인슈타인의 독단에서 깨어나 직관에 관한 베르그손의 가르침에 다시 주목하지 않으면 지구가 위험에 빠질 것이라고 경고했다.[38]

우리가 이 논쟁을 다시 거론하는 목적은 아인슈타인의 시간과 베르그손의 시간 가운데 어느 것이 옳다는 판결을 내리려는 것이 아니다. 우리는 단지 두 사람이 각자 자기 접근법의 우위를 애써 주장하면서, 어떻게 인간 지식의 중요한 부분들을 잘라 냈는지 보여 주려는 것뿐이다. 베르그손은 왜 공간을 무시했을까? 왜 그는 시계의 시간을 폄하했을까? 그리고 그는 왜 상대성이론에서 시간의 수수께끼에 대한 동맹적 접근보다는 인간을 향한 폭력을 봤을까? 이런 질문들에 대답하기 위해서는 (산타야나의 제안처럼) 철학과 물리학뿐만 아니라 심리학과 역사에도 열린 접근을 해야 할 것이다.

왜 아인슈타인은 시간에 대한 인간의 방대한 인지 영역에서 '객관성'을 부인했을까? 왜 그는 특정 수학적 약속의 '실제성'과 다른 것들의 임의성을 주장하게 됐을까? 왜 그는 (빛의 속도와 같은) 몇몇 상수는 지식의 절대적 기초로 사용돼야 한다고 그렇게 고집스럽게 주장했을까? 아인슈타인은 1916년 일반상대성이론을 발표했던 유명한 논문에서 자신의 이론은 '심리적으로 자연스러운 한 가지 이론'일 뿐이라고 말했다. 1922년부터 아인슈타인은 자신의 일반상대성이론이 심리적일 뿐만 아니라 필연적으로 자연스러운 한 가지 이론이며, 객관적 실제를 다루는 유일한 이론이라고 주장했다. 이 전환에 새로운 실험적 증거가 필요하지는 않았다. (몇몇 역사가들이 추측하듯이) 1920년 독일에서 터져 나온, 그의 작품과 인격에 대한 명백한 반유대주의적 공격 때문에 아인슈타인의 태도가 이처럼 단호하게 바뀌었을까?[39] 우리는 모른다. 우리는 단지 시간에 대한 아인슈타인과 베르그손의 정교한 절단이 모두 필연적인 것이 아님을 납득시키려고 할 뿐이다. 두 이론 모두 인간 지식에서 무엇이 가장 중요한지에 대한 선택의 산물이다. 이 선택은 전문화, 맥락, 개인의 역사, 심리, 그리고 다른 우연성에 대한 지식과 같은 조건에 의해 규정된다.

소설의 시대

다른 접근법이 가능했음을 보고 싶다면 당시 소설에 관심을 두면 된다. 과학소설이 괜찮은 논리적 출발점으로 보이는데, 지금껏 우리가 논의했던 많은 연대별 난제들을 다뤘기 때문이다. 이 책의 목적과 관련해서 볼 때, 과학소설의 문제는 소설 안에서 과학과 소설의 관계가 종종 성찰적이기보다는 모방적이라는 점이다. 천문학자 카미유 플라마리옹(Camille Flammarion, 1842~1925)의 많은 대중 작품들도 그렇다. 플라마리옹은 1862년 『거주 세계의 다양성(La Pluralité des Mondes Habités)』을 시작으로 많은 작품을 남겼고, 이 작품들 덕분에 과학소설 장르의 '창시자'라는 칭호를 받았다. 플라마리옹의 작품 가운데 작품집 『무한 이야기(Récits de l'Infini)』에 실려 있는 1872년 작품 「루멘(Lumen)」을 살펴보자. 라틴어로 빛을 뜻하는 제목을 가진 「루멘」은 죽음 이후를 경험한 루멘이라는 남자의 이야기다. 이 최신 문학 장르의 작품이 가장 오래된 고대의 화석 알에서 부화된 것처럼 보인다는 데 주목하라. 우리는 이런 이야기를 이미 고대 수메르신화에서 찾을 수 있다.[40]

플라마리옹은 「루멘」이 과학적 사실에 기초한다고 주장했는데, 그 과학적 사실이란 빛의 속도는 무한하지 않으며 초속 약 30만 킬로미터라는 것이다. 이 소설은 다른 한편으로 공상에 기초한다(플라마리옹은 이 내용도 신학이나 철학적 독단보다는 과학에 기초한다고 주장했다). 이 소설은 생명체가 몸 혹은 물질, 생명 에너지, 그리고 영혼이라는 세 부분으로 구성된다고 주장한다. 이 중에서 불멸의 영혼만이 죽음 이후에도 존재한다.

(공상은 계속된다.) 육체적 속박에서 벗어난 영혼은 속도의 제한
없이 공간을 여행할 수 있는데, 심지어 광속보다 빠른 속도로 여
행할 수 있다.⁴¹

플라마리옹은 만약 우리가 지구를 벗어나 빛의 속도로 날
수 있다면, 지구에서 마지막으로 봤던 이미지를 눈앞에 고정하
게 될 것이라고 상상한다. 우리는 그 이미지와 같은 속도로 여
행하기 때문이다. 이 상상은 우리의 시간이 멈춘다는 이야기와
같다. 우리의 시간은 출발 시간에 멈추고, 우리는 그 시간을 계
속 살아가게 된다. 같은 이유로 우리가 빛보다 빠르게 여행한다
면, 우리는 시간을 거슬러 가게 될 것이고, 계속해서 더 오래된
이미지들을 시간 역순으로 보게 될 것이다. 다시 기억하자. 플라
마리옹에게 영혼은 물질의 한계에 종속되지 않는다. 영혼은 속
도 제한 없이 여행할 수 있고, 심지어 비물질적 존재임에도 상당
히 좋은 시력을 갖고 있다(그리고 분명히 다른 감각은 없다). 루
멘의 영혼은 대부분 프랑스나 프랑스 주변에서 일어났던 장면들
을 목격하는데, 워털루전투도 보고, 1870년 프러시아-프랑스전
쟁에서 승리한 프러시아군에게 정의가 없었다고 판단하기도 한
다. 루멘의 영혼은 아직 학교에 다니던 어린 자신이 팡테옹 광장
에서 다른 아이들에게 둘러싸여 있는 것을 본다. 그리고 다른 아
이들에게 맞아서 땅에 쓰러진 자신을 구하러 달려오는 어머니를
목격한다.⁴²

과학소설과 과학 사이의 밀접한 관계는 두 가지 의미에서
나온다. 소설은 과학으로부터 개연성을 가져오고, 과학은 소설
로부터 영감을 받는다. 「루멘」은 이런 밀접성을 보여 주는 훌륭
한 사례다. 앙리 푸앵카레는 플라마리옹의 많은 작품을 읽었고,

시간의 상대성에 관한 모순을 이 소설에서 유도하기도 했다(푸 앵카레는 시간을 거슬러 갈수록 더 많은 차이를 만들고, 앞으로 갈수록 더 많은 동일성을 만드는 이 모순을 '플라마리옹의 모순'이라고 불렀다).[43] 아인슈타인은 어린 시절 루멘의 빛을 타고 가는 시간 정지 여행과 만났고, 이 만남이 이후 물리학자 아인슈타인의 사고실험에 영향을 미쳤을 수도 있다. 상대성이론의 기원에서의 역할과는 관계없이, 시간 여행과 불멸에 대한 환상은 상대성이론의 수용 방식에 분명히 영향을 줬다. 일반 대중뿐만 아니라 1922년 파리 모임의 주최자였던 폴 랑주뱅(Paul Langevin)과 같은 물리학자들도 그 영향을 받았다. 파리 모임이 열리기 11년 전 권위 있는 한 행사에서 랑주뱅은 상대성이론이 어떻게 개인이 미래로 여행하고 심지어 '덜 빠르게 늙도록' 할 수 있는지 숨가쁘게 묘사했다.[44] 랑주뱅의 주장은 (당시 그 행사에 있었던) 베르그손이 나중에 '젊음의 원천을 찾으려는 환상 속 탐구'라면서 상대성이론을 묵살했던 이유를 설명하는 데 도움을 준다.[45]

이런 유형의 과학소설은 계속 번성하고 있다. 수학자 알랭 콘(Alain Connes)의 『양자 극장(Le Théâtre Quantique)』을 보면, 유럽입자물리연구소(CERN) 입자가속기는 주인공 몸을 그 과정에서 파괴하면서까지 주인공 의식을 컴퓨터네트워크 속에 완벽히 전환하는 데 이용된다.[46] 우리의 목적과 관련해서는 이런 유형의 과학소설이 그리 흥미롭지 않다. 왜냐하면 이런 소설들은 부분적으로 최신 과학 덕분에 가능해진 영원이라는 피타고라스적 환상에 비판적 질문을 던지기보다는 이 환상을 기꺼이 수용하려는 경향이 있고, 이런 환상이 낳을 수 있는 손실을 무시하기 때문이다. 예를 들어, 루멘은 완전히 광학적 생명체다. 시각이 그의 유일한 감각이며, 빛이 그의 유일한 운송수단이다. 과거로 가는 이런 여행은 자신의 삶을 기억하거나 되살리는 일에 경험이 없거나 진정한 관심이 없는 독자들만 만족시킬 수 있을 것이다. 그들이 약속할 수 있는 영원이 무엇이든 상당히 빈약하게 느껴진다.[47]

잠시 매우 다른 유형의 시간 여행 소설에 집중해 보자. 이번 소설은 베르그손 결혼식에서 신랑 들러리를 섰던 소설가 마르셀 프루스트(Marcel Proust, 1871 ~ 1922)의 작품이다. 일곱 권으로 구성된 『잃어버린 시간을 찾아서(À la Recherche du Temps Perdu)』는 우리가 위에서 다룬 모든 논쟁의 한가운데에서 집필됐다. 이 모든 논쟁에 대해 프루스트는 잘 알고 있었다. 『잃어버린 시간을 찾아서』가 출판된 후 얼마 지나지 않아 프루스트는 시간에 대한 근대적 감수성의 위대한 거장으로 찬사와 혐오를 동시에 받았다[윈덤 루이스(Wyndham Lewis)는 유명한 혐오자 가운데 한 명이다. 루이스는 프루스트를 싸구려 베르그손적 유대교 근대주의 심리학의 동성애자 소매상이라고 폄하했다].[48]

우리는 이 방대한 작품에서 가장 유명한 두 가지 시간 여행 이야기를 깊이 다룰 것이다. 하나는 1권에 실려 있고, 다른 하나는 마지막 7권에 실려 있다. 첫 번째 이야기에서 화자는 파리에 오래 거주하고 있는 성인 남성이다. 그는 시골 고향 마을 콩브레에서 보낸 어린 시절에 대한 모든 것을 사실상 잊어버렸다. 어느 추운 겨울날, 그는 작은 마들렌을 홍차에 적셔 '기계적으로' 입술로 가져갔다. 홍차를 머금은 마들렌이 입천장에 닿은 순간, 그는 무언가 특별한 일이 자기 안에서 일어나고 있음을 알아차렸다. 그는 '그 원인에 대한 어떤 개념도' 없이 달콤한 즐거움에 침공당했다. 갑자기 자신이 평범하고 우연적이며 죽을 운명의 존재라는 느낌이 중단되고, 오직 자기 자신만 느껴지기 시작했다. 두 입, 세 입에서도 비슷한 느낌을 받았지만, 그 효과는 줄어들고 있었다. 이 홍차와 마들렌에서 나오는 효과의 원천은 무엇인가? 이 질문을 숙고하면서 그는 탐구 대상을 찻잔에서 자신의 정신으로 옮겼고, 회고라는 영웅적 노력에 주의를 집중하면서 추진력을 강화했다. "그리고 갑자기 기억이 떠올랐다." 홍차와 마들렌의 조합은 어린 시절 일요일 아침마다 친척 아주머니의 침실로 인사하러 갔을 때 받았던 것이었다. 이 갑작스러운 추억과 함께, 낡은 집, 정원, 그가 놀던 거리들이 있는 마을 전체, 이 모든 것이 '홍차 잔으로부터' 그의 기억에 떠올랐다.[49]

그다음 이야기는 마지막 7권 『되찾은 시간(Le Temps Retrouvé)』에 나오는 일화다. 화자는 돌진하는 차량을 피해 뛰어내렸고, 고르지 못한 돌포장 길 위에 비틀거리며 착지했다. 이 순간, "내 인생의 다른 시기에 나에게 주어졌던 그만큼의 행복 앞에서 나의 모든 두려움은 사라졌다. 내가 느끼고 인지했던 나무를 보면서, (…) 마르탱빌 종탑을 보면서, 홍차에 적신 마들렌 맛을 보면서, 그 외 많은 다른 감각들 (…) 내가 마들렌을 맛보던 그때처럼, 미래에 대한 모든 의심과 모든 지성적 의심이 소멸됐다. (…) 심지어 문학의 실제에 대한 의심도 마법에 걸린 듯이 사라졌다."[50]

이 순간에 프루스트의 화자는 기억에 놀라고, 시간과 공간을 변환하는 뜻밖에 부활한 옛 경험에 사로잡힌다. 이 경험을 감각은 언제나 기억에 스며든다는 베르그손의 명언에 적절한 사례로 다룰 수도 있을 것이다. 그러나 여기에는 베르그손의 분리가 없다는 점에 주의하라. (울퉁불퉁한 돌포장 도로에 발을 딛는) 공간적 경험이 시간과 공간 모두를 변환한다. (마들렌과 홍차의 맛이라는) 감각적 추억이 전체 마을을 현존하게 한다. 놀랍게도 이 갑작스러운 과거, 현재, 미래의 혼합은 (아인슈타인의 걱정과는 다르게) 살아 있는 시간으로부터의 불안한 소외가 아닌 전체성의 순간으로 경험된다. 이 순간에 기억 속 동시성의 시간이 과거에 존재했고, 현재에 존재하며, 미래에 생성될 것 사이의 긴장을 잠재우면서 화자는 자신 안에서 일관성을 느끼기 때문이다. 다음 장에서 보게 될 키르케고르도 반복의 이런 힘에 대해 쓴 적이 있다.[51]

　이런 순간들을 경험한 적이 없는가? 경험한 적이 없다면, 소설 읽기가 이런 경험을 만드는 데 도움을 줄 것이다. 보르헤스의 1946년 단편 「시간이 존재하지 않는 새로운 증거(Nueva Refutación del Tiempo)」로 시작할 수도 있다.[52] 이 글의 제목에는 아이러니하게도 모순어법이 사용됐다. 시간이 없다면 새로운 것이 어떻게 존재하겠는가? 보르헤스는 이 글이 '아주 약간의 조롱'이라고 분명하게 밝힌다. 그러나 (이 단편뿐만 아니라 자신의 모든 책에서 다루고 있는) 시간에 대한 보르헤스의 태도는 주인의 태도다. 그의 시간은 '반복으로 가득 찬 삶'이기 때문이다. 이런 생각과 함께 이 책에 나오는 두 가지 기술의 결합에 주의를 기울여 보자. 사실 두 기술이 함께 이용된다. 한 가지 기술은 반성과 사색이다(공간과 시간을 분리하는 베르그손의 선호에 비춰 볼 때 그는 이 방법을 '내면적 기술'이라고 부를 수도 있다). 다른 기술은 도시 주변 아무 곳이나 걷는 '공간적' 기술이다. 보르헤스의 경우에 도시는 부에노스아이레스다.

걷기를 기술이라고 부르는 게 기이하게 보일 수 있지만, 정확하게 사용된 단어다. 걷기를 수행했던 많은 예술가 가운데 몇 명만 나열하면, 드퀸시(Thomas De Quincey), 디킨스(Charles Dickens), 보들레르(Charles Pierre Baudelaire), 마리 바시키르체프(Marie Bashkirtseff), 버지니아 울프(Virginia Woolf)가 있다. 보르헤스는 자기 앞에 놓인 시간을 논박하려고 했던 (관념론자들과 몇몇 다른) 철학자들을 요약한 후, 자신은 '더 직접적인 방법'을 채용할 것이고, '죽음 느끼기'라고 이름 붙인 걷기를 상세히 설명하면서 거리로 나갈 것이라고 말한다.

보르헤스는 1928년 어느 밤에 '걷기와 기억하기'를 시작했다고 말한다. '목표 없이' '되는 대로' '가능한 한 최대한 자유롭게' '우연의 가장 모호한 초대들도 받아들이면서'. 이런 시작에도 불구하고, '익숙한 일종의 중력'이 도시의 특정 영역으로, '익숙하면서도 신화적인 지역'으로 보르헤스를 끌어당겼다. 어린 시절 이후 (팔레르모 지역의) 이웃들은 낯설어졌지만, 주변 지역은 익숙했다.

보르헤스는 마을의 한 모퉁이에 도착했다. 달이 밝은 밤이었다. 자신 앞에 놓인 길은 '자연 그대로의 진흙' 길이었고, "대단히 초라했지만, 대단히 사랑스러웠다". "진흙투성이 지저분한 땅 위에 붉은 분홍색 벽은 달빛을 품은 게 아니라 자신의 빛을 발산하는 것처럼 보였다. 부드러움보다 그 붉은 분홍색에 더 나은 이름은 없는 것 같았다." 그런 장소가 딴짓을 하는 시인의 마음속에 불러일으킨 감정은 황홀함이었다. 보르헤스는 자신이 지금 경험하는 순간을 자신이 태어나기 전인 '1880년대에' 이 모퉁이에서 누군가 경험했던 순간과 구분할 수 없다고 느꼈다.

고요한 밤, 밝은 벽, 인동덩굴이 풍기는 시골 냄새, 자연 그대로의 진흙과 같은 동질한 사실의 순수한 재현은 아주 오래전 이 모퉁이에 있었던 장면과 단순히 동일한 것이 아니다. 그것은 유사하거나 반복이 아닌 완전히 같은 것이다. 만약 우리가 이 완전히 같음을 직감으로 알 수 있다면, 시간은 허상이 된다. 어제 나타난 시간과 오늘 나타난 시간 사이의 무차별성과 불가분성이 시간을 충분히 해체할 수 있다.

보르헤스의 이야기는 우리에게 생애적 시간이 동일성으로 붕괴되는 경험을 알려 준다고 주장한다. 이 주장이 '아주 약간의 조롱'이라고 가정하면, 어떤 경우에도 철학적으로 정당화되지 않는 주장을 받아들이는 일이 얼마나 심각한지 우리는 알 수가 없다.[53] 누가 조롱받고 있는가? '시간이 존재하지 않는 새로운 증거'라는 제목은 이 주제를 논리적으로 설득하는 존 맥타가트(John McTaggart) 같은 철학자들을 향한다(우리는 맥타가트의 「시간의 비실제성(The Unreality of Time)」을 이 장 9번 주석에서 만났다). 보르헤스의 서문에는 버클리(George Berkeley), 흄, 쇼펜하우어(Arthur Schopenhauer), 그리고 베르그손과 같은 몇몇 철학자들이 언급돼 있다. 제목에 드러나는 보르헤스의 역설은 심지어 자신에게도 적용된다. 그는 이 글 첫 문단에서 자신의 논박을 "믿지 않는다"라고 말한다. 비록 그 논박은 자신의 모든 저술에서 잘 알려져 있고, "피곤한 해 질 녘에 공리의 허상 같은 힘과 함께" 자신에게 왔지만 말이다.[54]

보르헤스의 '자연 그대로의 진흙'에 대한 반복된 강조에서 우리는 심지어 철학의 더 깊은 원천을 향한 조롱을 느끼는데, 그

철학의 역사는 이 책을 통해 강물처럼 흘러왔다. 영원의 생생함을 이끌어 냈던 모퉁이는 말도나도강 옆에 있다고 보르헤스는 말한다. 악취 나는 오염된 강 유역은 칼잡이, 깡패, 창녀 들의 피난처였고, 잦은 범람은 거리를 진흙으로 만들었다. 인도는 범람으로부터 주민들을 보호하려고 높이 올라 있었다(말도나도강은 1928년에 시작해 1937년에 끝난 대규모 공공사업 때 복개됐지만, 계속된 홍수 때문에 2005년에 공사가 새로 시작됐다). 플라톤의 『파르메니데스』에서 소크라테스는 머리카락과 진흙 같은 사물이 영원한 형상에 참여한다고는 상상할 수 없다고 말한다. 보르헤스의 이야기에서 진흙은 화자의 황홀한 영원 경험에서 가장 눈에 띄는 요소다.[55]

진흙이 당신 취향에 맞지 않다면, 시간의 수수께끼를 의식하게 되는 다른 방법도 많다. 보르헤스는 다른 기술의 주창자였던 J. W. 던(John William Dunne)에게 냉정한 에세이 한 편을 헌사했다. 던은 『아무것도 죽지 않는다(Nothing Dies)』 『시간의 실험(An Experiment with Time)』을 썼다.[56] 이 가운데 1927년에 처음 출판된 『시간의 실험』은 보르헤스를 포함한 많은 작가들의 상상력을 자극했다. H. G. 웰스(Herbert George Wells), 제임스 조이스(James Joyce), W. 데라메어(Walter De la Mare), T. S. 엘리엇, 올더스 헉슬리(Aldous Huxley), J. B. 프리스틀리(John Boynton Priestley), J. R. 톨킨(John Ronald Tolkien), C. S. 루이스(Clive Staples Lewis), 블라디미르 나보코프(Vladimir Nabokov) 등이 이 책의 영향을 받았는데, 이들은 영향받은 작가들의 일부일 뿐이다. 던이 직접 수행했던 첫 번째 실험은 다음과 같이 진행된다. 꿈을 꾼 후에 일어나서 즉시 구체적 세부 내용까지 기록한다. 그다음

깨어 있을 때 며칠 혹은 그보다 더 나중에 꿈에서 본 것과 같은 일이 일어나는지 주의 깊게 살펴본다.

세부 내용이 중요하다. 예를 들어, 당신이 책장에서 책이 저절로 떨어지는 바람에 깜짝 놀라는 꿈을 꾼 후 실제 그다음 날 이런 일이 벌어진다면, 누군가는 우연의 일치일 뿐이라고 말할 수 있다. 그러나 체코어 사전이 떨어져 H 항목이 열려 있는 꿈을 꿨고, 그다음 날 깨어 있을 때 같은 책이 떨어져 같은 항목이 열린다면 당신은 놀랄 것이고, 이 사건을 우연의 일치라고 믿기 힘들 것이다. 『시간의 실험』의 절반 이상은 시간을 거슬러 사건을 미리 보여 주는 이런 꿈 이야기다. 여기에는 이 실험에 자발적으로 참가했던 다른 사람들의 꿈 이야기도 들어 있다. 이 이야기들은 현재의 과학적 설명에 저항하는 정신 현상에 관한 인상적인 자료들이다.

유감스럽게도 던은 과학적 설명을 제공하고 싶은 유혹에 저항하지 않았다. 던은 '시간이 날아가다' '시간이 가면서' '시간의 흐름'과 같은 영어의 일반적 표현들에 주목했다. 문자적으로 받아들이면, 이런 표현들은 논리적으로 하부 시간의 존재를 요구한다. 시간이 흐르거나 가거나 날려면 시간 안에 독립적이고 내재하는 나는 것, 가는 것 혹은 흐르는 것이 이 행위를 해야 하기 때문이다. 이 행위하는 시간을 하부 시간이라 불렀다. 같은 이유로 하부 시간은 하부-하부 시간이 필요하고…… 그렇게 무한히 진행되고, 여기서 던은 불멸성을 추론했다. 이 끝없는 회귀[미장아빔(mise en abîme)]는 아주 평범한 철학적 도구지만, 시간의 본성에 관한 던의 추론은 소수의 독자들만 수용했고, 확실히 보르헤스는 그 추론을 받아들이지 않았다. 그러나 그 후에도 동일성 경험을 위한 던의 실험적 기술은 많은 이들에게 영감을 줬고, 몇몇 뛰어난 작가들은 이 기술을 유용하게 활용했다. 그런 작가들 가운데 나보코프가 가장 주목할 만하다.

나보코프의 꿈에 대한 작업은 『불면증 환자의 꿈: 시간 실험(Insomniac Dreams: Experiments with Time)』에서 읽을 수 있다. 이 책의 부제는 그냥 붙인 게 아니다. 실제 나보코프는 던의 실험을 따라했다. 나보코프는 베르그손의 책을 읽었고, 아마 보르헤스의 책도 읽었을 것이다. 그러나 이 독서가 던의 실험을 복제하려는 나보코프의 시도를 막지는 못했다. 나보코프의 실험은 1964년 10월 14일부터 1965년 1월 3일까지 진행됐다. 이 기간 동안 나보코프는 옥스퍼드인덱스카드 118장을 꿈과 사건으로 채웠다. 이 실험은 그 후에 나오는 『아다(Ada)』(1969) 같은 소설들에 영향을 줬지만, 나보코프는 꿈에 관해서 분명히 그전부터 관심을 갖고 있었다. 1916년 이 미래의 소설가가 열일곱 살이었을 때, 이미 꿈과 관련해 기겁할 만한 일이 있었다. 당시 소년이었던 블라디미르 나보코프는 삼촌 바실리(Vasily Rukavishnikov)로부터 귀중한 재산을 상속받았지만, 1년 뒤 일어나는 러시아 10월혁명 때 이 모든 것을 잃게 된다. 삼촌이 죽은 직후 (그리고 아직 혁명이 일어나기 전에) 나보코프는 일기장에 삼촌 꿈을 꿨다고 적었다. 꿈속에서 삼촌은 이렇게 말했다고 한다. "나는 하리와 쿠비르킨(Harry and Kuvyrkin)으로 다시 너에게 돌아올 거야." 42년 후, 해리스앤드큐브릭(Harris and Kubrick) 영화사는 나보코프에게 『롤리타(Lolita)』판권을 샀고, 그 덕분에 나보코프는 잃어버렸던 많은 재산을 회복했다. 회의론자들이 가진 최후의 수단을 제거라도 하겠다는 듯이, 이 책 편집자는 쿠비르킨에

서 큐브릭으로의 변환은 '슬라브계에서 라틴계로의 올바른 발음 변화'를 따른다는 주석을 덧붙였다.[57]

이런 실험과 경험을 했다고 해서 나보코프가 시간을 생각하기 쉬운 주제로 여겼던 것은 결코 아니다. 완전히 반대였다. 『아다』에서 밝혔듯이, 시간에 관한 질문은 여전히 인간에게 기본적이면서도 좌절을 주는 질문으로 남아 있다. "시간 개념에 정신을 집중해서 조사하기 위해 그 집중을 유지하는 일은 왜 그렇게 모멸스러울 정도로 어려울까? 이 얼마나 수고스러운 일이며, 이 얼마나 서투르고 짜증스러운 노고인가!"(『아다』, 537) 당신 또한 지금까지 짜증 나고 힘들었을 것이다. 그래서 이제 시간에 관한 우리 작업의 결론을 제시하려고 한다. 결론은 그리 놀랍지 않을 것이다. 물리학의 시간, 철학의 시간, 소설의 시간, 꿈의 시간……. 이 시간들과 다른 많은 시간들 모두 인간 시간의 일부다. 우리는 그 시간들 사이에서 토론할 수 있고 토론해야 하며, 어떤 목적을 위해 어떤 시간을 선택하고 다른 시간들을 무시해야 할 경우도 있을 것이다. 그러나 이 선택은 조심스럽게 해야 하고 결코 절대적이지 않다는 점은 계속 유지될 것이다. 우리의 모든 질문에 종지부를 찍을 실험은 저 지평선 너머에 숨어 있지 않다.

최근 물리학자 리처드 멀러(Richard A. Muller)의 선언과 달리, 물리학이 아인슈타인의 '지금' 문제를 해결한다거나 기껏해야 실험 한두 번으로 그 문제를 마무리하는 경우는 생기지 않을 것이다.[58] 우리는 물리학이 시간에 관해 제공할 모든 새로운 진리에 분명히 관심이 많다. 그러나 인간 존재의 시간에는 많은 측면이 존재한다. 우리는 물리학자들이 시간의 모든 측면을 다룰 수 없다고 당신이 확신하게 됐기를 희망한다. 이와 비슷하게 우리는 신경과학 분야 동료들의 발견에 매료된다. 후각망울이 포유동물의 학습, 기억, 행동의 중요 측면에서 핵심적인 역할을 한다거나, 공간지각을 제어하는 뇌의 영역인 후두정 피질이 시야에 있어야 할 이미지 결정과 같은 작업에 인과적으로 관여한다는 발견은 대단히 흥미롭다.[59]

이런 발견들은 홍차에 적신 마들렌이 어떻게 정신에 전체 마을이 떠오르게 할 수 있는지, 혹은 공간지각이 생각에 어떤 영향을 미치는지 이해하는 데 도움을 줄 수 있다. 그러나 이런 발견들은 반복, 일관성, 전체성을 인지하는 법이나 우리 자신의 분리를 통해 얻게 되는 지식을 인지하면서 사는 법을 우리에게 알려 주지 못한다. 기껏해야 이런 연구들은 인간처럼 (혹은 심지어 쥐처럼) 감각, 지각, 그리고 삶의 역사가 서로 얽혀 있는 창조물에게 동일성을 경험할 것인지 아니면 차이를 경험할 것인지 결정해 주는 공리가 없다는 것을 확인해 줄 수 있을 뿐이다.

10장

윤리적 결론

윤리는 모든 인간 존재에게 부여된
최상의 과제이고, 최상의 과제로 남을 것이다.
—쇠렌 키르케고르[1]

수학은 편견을 벗어던지지 못한다.
수학은 완고함을 완화하거나 당파성을 줄이지 못한다.
도덕의 전체 영역에서 수학은 아무 일도 할 수 없다.
—요한 볼프강 폰 괴테[2]

동일성 혹은 차이를 생각하는 방식이 어떻게 살아야 하는지에
대한 의미를 담고 있을까? 과거에는 많은 사람이 의미를 담고
있다고 생각했다. 우리는 예수, 무함마드, 그리고 그들의 추종자
들이 우주의 기초에 있는 본질, 지속, 필연, 그리고 진정한 동일
성에 대한 생각들을 영원한 생명으로 가는 길로 해석하는 것을
보았다. 플라톤에서 칸트에 이르기까지, 철학자들은 어떤 종류
의 동일성에 관심을 두는 일이 영원한 삶은 아니더라도 최소한
가장 행복하고 고결한 삶을 가능한 만큼 성취하는 데 도움을 준
다고 약속했다. 우리는 종교와 철학의 이런 약속들을 지금까지
보고 들었다.

　아인슈타인 같은 물리학자들은 자기계발서를 쓰지는 않
았지만 진정으로 다음과 같이 믿었다. "모든 것은 결정돼 있다.

(…) 인간 존재, 식물, 혹은 우주 먼지, 우리 모두는 저 멀리 보이지 않는 연주자가 내는 신비스러운 곡조에 따라 춤을 춘다." 그의 조언은 보이지 않는 피리 소리에 인도되거나 이끌린다는 고대 스토아학파의 말과 비슷하게 들린다.[3] 인간의 삶을 조직하는 방법에 관한 오늘날의 경제학자, 사회학자, 심리학자 들의 주장조차도 종종 동일성 기본 가정에서 나오는 잠재적 가치를 근거로 한다.

우리는 다른 관점을 줄곧 옹호했다. 필연적인 동일성이나 차이는 존재하지 않는다. 우리 지식의 완전히 안정된 기초는 없다. 일자와 다자 사이에서 우리가 어떤 선택을 해야 하는지 결정해 주는 공리도, 사유법칙도, 수학적 유추도 존재하지 않는다. 인간 지식을 '이렇게' 보는 관점도 어떻게 살아야 하는지에 대해 무언가를 알려 줄까? 다시 말하지만, 여러 전통에 그렇다고 생각한 철학자와 신학자 들이 많이 있었다. 아마도 이 조류에서 가장 성공적인 스승들은 불교 전통에서 나오는 것 같다. 티베트의 '위대한 주지 스님' 산타라크시타(Śāntarakṣita)는 이런 길을 자신의 시적 논고인 『중도의 길 꾸미기(Madhyamakālaṃkāra)』에서 이렇게 표현했다. "사유만을 사용해 외면적 실체는 존재하지 않는다는 것을 깨달을 수 있다. 구조를 이용해 사유조차도 본질이 전혀 아님을 깨달을 수 있다."[4]

산타라크시타는 자기 시에 주석을 달아 이렇게 설명했다. '오직 사유'라는 학교로부터 우리는 중요한 가르침을 배웠다. "'나'와 '나의 소유물', 주체와 객체에서 시작하는" 사유 외부에 있는 것은 본질이 없다. 그러나 산타라크시타의 가르침은 거대한 발걸음을 앞으로 한 발짝 더 내딛는다. "사유조차도 본질이 아니다. (극단에서 자유로운) 이 중도의 길을 확인하면서 완전히 깨닫게 된다. 사유는 본질적인 단일체도 본질적인 다양체도 아니므로, 본질적인 것이 전혀 아니다." 본질적 동일성도 본질적 차이도 존재하지 않는다. 위대한 주지 스님의 '중도의 길'은 무엇보다도 특히 제자들에게 도움을 주기 위한 생활 방식이다. 동일성과 차이를 규정하는 필연적 법칙이 있다는 잘못된 믿음에서 생긴 그릇된 집착에서 자유로워지도록 도와주려는 것이다.

스리랑카부터 티베트를 거쳐 중국 북부에까지 이른 불교는 동일성과 차이에 관한 심오한 명상을 많이 생산했고, 그 명상에서 나온 지혜에 따라 사는 많은 방법을 알려 줬다. 우리가 불교를 언급한 이유는 불교사상을 추천하려는 것이 아니라 단지 한 가지를 분명히 밝히려는 것이다. 각자의 관점과 관계없이, 인류의 여러 위대한 스승들은 동일성과 차이를 생각하는 방법이 삶의 방식을 결정할 때 가장 깊은 의미가 있다고 확신했다. 반면 오늘날에는 (신학자와 경제학자를 제외하고는) 지식 분야와 삶의 양태, 인식론과 윤리 사이의 관계를 고민하려고 잠시 멈추어 숨을 고르는 학자들이 거의 없다.[5]

우리 책은 자기계발서가 아니며, 우리가 종교를 만들려고 하는 것도 아니다. 그러나 쇠렌 키르케고르가 『철학적 단편에 부치는 비학문적 해설문(Afsluttende Uvidenskabelig Efterskrift til de Philosophiske Smuler)』에서 제안했듯이, "학문에 열중하는 사람들에게는 또한 (…) 자신의 모든 노동에서 윤리적으로 자신을 계속해서 이해하는 것이 필요할 수 있다. 윤리적인 것은 영원한 숨쉬기이고, 고독의 한가운데에서 모든 인간과 화해하는 친교이기 때문이다".[6] 그래서 우리는 지금껏 다룬 많은 내용에서 분명한 심리적, 윤리적 교훈을 뽑아내려고 한다. 그 교훈이란 자아에 대한 가르침과 자아, 타자, 세계 사이의 관계에 대한 가르침으로 구성된다.

그 가르침은 놀라운 내용이 아닐 것이다. 우리 자신 안에 동일성과 차이라는 동시적 신비를 키우려고 노력하기, 그것이 우리가 제시하는 가르침이다. 우리는 앞선 장들에서 다음의 내용을 보여 주려고 노력했다. 종사하는 지적 분야에 상관없이, 즉 수학자, 시인, 신비가 혹은 철학자, 물리학자, 생물학자, 경제학자, 심리학자 혹은 역사가가 모두 이 동시적 신비를 배양하면, 자기 분야에 기초한 새로운 질문들이 떠오를 것이다. 여기 결론에서 우리는 학자, 전문가, 지식인으로서뿐만 아니라 정신, 주체, 인간으로서 누구나 이 동시적 신비를 키워 가기를 원할 수 있다고 제안할 것이다.

변모의 밤

한 사람이 어떻게 동일성과 차이를 동시에 내면에서 키우려고 노력할 수 있을까? 동일성원리('나는 나다'), 충족이유율('우리의 정신 상태는 그 원인에서 예측될 수 있다'), 비모순율('우리는 행복하면서 동시에 슬플 수 없다')과 같은 '사유법칙'에 기초한 심리학의 관점에서 보면, 이 과제는 이치에 맞지 않는 것처럼 보인다. 2019년 노벨문학상을 수상한 폴란드 작가 올가 토카르추크(Olga Tokarczuk)는 바르샤바에서 심리학 관련 공부를 할 때의 경험을 이렇게 묘사했다. "우리는 배웠다. (…) 본질적으로 세계는 운동하지 않고 죽어 있으며, 상당히 단순한 법칙들에 지배받는다. 이 법칙들은, 가능하면 다이어그램의 도움을 받아서, 설명되고 알려질 필요가 있다." 이런 배움에서 토카르추크는 단순한 교훈을 이끌어 냈다. "심리학을 완전히 멀리하라. (…) 정신은 연구하기에 너무 미약한 대상이다." 아마도 이런 이유 때문에 토카르추크는 정신에 대한 과학적 연구에서 문학적 연구로 옮겨 갔을 것이다.[7]

문학은 종종 우리가 지금 옹호하는 이 동시성을 탐색했다. 리하르트 데멜(Richard Dehmel)의 「변모의 밤(Verklärte Nacht)」이라는 시를 생각해 보자. 이 독일 시는 아널드 쇤베르크(Arnold Schönberg)가 1899년 8월에 작곡한 같은 제목의 웅장한 6중주에 영감을 주었다.[8] 당시 데멜의 에로틱한 시적 실험은 논란과 영감을 동시에 불러왔다. 데멜의 작품들에 드러나는 정서는 오늘날에는 거의 평범하게 느껴지지만, 1896년에 「변모의 밤」이 들어 있는 책 『여성과 세계(Weib und Welt)』가 출판됐을 때, 이 책은 불순한 내용 때문에 비난받았다.

이 시는 이렇게 시작한다. "두 사람이 헐벗고 추운 숲을 걷는다." 시의 나머지 부분은 두 사람의 대화로 구성된다. 여자가 아이를 가졌다고 남자에게 말한다. 여자는 엄마가 되려는 욕망에 사랑하지 않는 다른 사람과 잠자리를 가졌는데, "나는 내가 더는 행복할 수 없을 거라고 믿었지만, 내 삶을 채워 줄 무언가를 강렬히 원했기" 때문이다. 여자는 자신의 행동을 '죄'이자 '나 자신에 대한 큰 잘못'이라고 부른다. "삶이 지금 복수를 가져왔어요. 지금 나는 당신을 만났어요, 아, 당신을." 여자는 다른 사람의 아이를 가진 채 남자 옆을 걷고 있다. 남자는, 두 사람이 차가운 바다를 여행하는 동안 자신은 여자 안에서 따뜻함을, 여자는 자신 안에서 따뜻함을 느낀다고 대답한다. 남자는 이 따뜻함이 이 아이를 자기 아이로 바꿀 것이고, 바꿨다고 말한다. 아이는 변모됐다. 그리고 이 시 마지막 행에서 세상도 첫 번째 행과 비슷한 듯 다르게 변한다. "두 사람이 높고 밝은 밤을 걷는다."

동일성과 무감각을 존재의 기본 원리로 가르치는 '조약돌' 심리학을 통해서는 이 시를 이해하지 못한다. 이 시에 나오는 두 사람은 다음과 같은 내용을 주장하는 철학에 순응하지 않는다. "모든 합리적 존재의 궁극적 특성은 절대적으로 단일하고, 항상 자기동일성을 유지하며, 자아와 완전히 일치한다."[9] 시 속에서 달빛 아래 대화를 나누는 두 사람의 목소리는 정말로 단단하다. 여자는 무엇이 죄를 구성하는지 혹은 무엇이 '자신'을 채워 주는지 알고 있다. 남자는 추운 바다에서 각자의 외로운 여행에 대해 말한다. 그러나 그들의 투과성 또한 모범적이다. 각자는 상대의 따뜻함, 여자 안의 태아와 그들을 감싸고 있는 밤에 대해 잘 알고 있다. 개체성과 상호주관성, 즉 자아 인식과 타인과의 대화 및 현존을 통해 변화할 수 있는 능력, 이 두 가지가 이 시 속에 등장하는 두 사람을 통해 동시에 표현되고 있다. 우리는 이 두 가지 특성을 동시에 드러내려고 노력해야 한다.

불행히도 '상식'과 현실의 규칙들은 종종 이런 노력에 방해가 된다. 방해되는 규칙들이 우리 문화와 언어에 많이 내재한다. 예를 들어, '이것' 혹은 '저것'을 말하거나 지적할 때, (아리스토텔레스를 비롯한 다른 많은 이들과 함께) 우리는 이미 다른 두 물체는 같은 공간을 점유할 수 없다고 가정하고 있다. 다른 두 사람의 생각이 동일해질 수 없다는 가정은 이런 상식과 연관된 실천적 규칙의 한 사례다. 실천 규칙의 핵심은 다음과 같다. 윤리적 행위자가 되려면 '실천적 동일성'을 가져야 한다. 당신 자신을 '단일성'과 '정합성'을 가진 존재, '스스로 가치 있는 존재'로 묘사해야 한다.[10] 우리는 철학의 실천 분야인 윤리학에게 이 실천 규칙들을 극복하라고 요청하고 있다. 그 작업이 쉬울 거라고 기대해서는 안 된다.

다행히 우리 자신의 활동과 경험이 강력한 도움도 준다. 음악 감상이나 연주 경험을 생각해 보라. 아리스토텔레스는 음악이 우리에게 미치는 힘[뒤나미스(*dynamis*)]의 종류는 무엇인지, 그리고 음악에 참여할 때 우리의 목표는 무엇인지를 설명하는 일이 어렵다는 것을 발견했다. 우리의 목표는 즐거움인가, 편안함인가, 배움인가? 결국 아리스토텔레스는 음악은 윤리적 목적이 있다는 관점에 정착했고, 우리에게 특성(*mimēmatatōn ēthōn*)을 모방하라고 격려했다. 말하자면, 그래서 호전적 음악은 모방을 통해 영웅적 행동을 이끌 수 있다.[11] 이런 입장은 아리스토텔레스의 심리적·논리적 전제들 안에서는 참이지만, 모방이 음악을 만드는 체험과 음악에서 받은 감동의 '윤리적' 측면을 적절하게 설명하는 것 같지는 않다.

잠시 〈변모의 밤〉으로 돌아가 보자. 현악기 연주자들이 쇤베르크의 작품을 연주하려면, 각자 소위 상당히 견고한 음악적 자아를 가져야 한다. 즉 탁월한 악기 연주자가 돼야 한다. 그러나 연주가 음악가와 청중 모두에게 감동을 주기 위해서는 연주자들이 악보를 따라가는 것으로는 충분하지 않다. 연습의 세부 내용을 기억하는 것만으로도 불충분하다. 연주자들은 서로 들어야 하고, 서로의 내면적 온기와 어떻게 해석했는지를 느껴야 하며, 표현되기 전에 상대의 의도를 알아야 한다. 요약하면, 데멜의 시에 나오는 남자와 여자처럼, 그들은 서로에게 깊이 침투해야 한다. 감동적인 연주는 연주자들 사이에, 연주자들과 청중 사이에 일어나는 침투다. 우리는 이렇게 말할 수 있을 것이다. 음악을 만들 때는 입자처럼, 그리고 동시에 파동이나 장(fields)처럼 행동해야 한다. 우리는 평범한 조약돌뿐만 아니라 파란 조약돌이 될 필요도 있다.

음악에서 참인 것은 춤과 드라마에서도 참이며, 우리가 이미 너무 많이 사랑했던 사랑 시의 뮤즈 에라토를 포함한 모든 뮤즈에게도 참이다. 에라토가 좋아하는 릴케는 이미 7장에서 만났던 『오르페우스에게 바치는 소네트』에서 우리에게 비슷한 가르침을 줬다.

> 그리고 지상의 것들이 그대를 잊으면,
> 고요한 땅에게 말하라, 나는 흐른다고.
> 빠르게 흘러가는 물에게 말하라, 나는 존재한다고. (2부 29편)

여기서 릴케가 밝힌 규범은 존재와 생성, 동일성과 차이 사이의 우선권을 둘러싼 오래된 기간토마키아(gigantomachia, 거인들의 싸움)에 이미 깊이 뿌리내리고 있다. 그러나 우리는 여기서 이 규범이 근대에 탄생해 분투하고 있는 대화 윤리에도 속한다는 점을 강조하고 싶다. 이 대화 윤리는 인간 자신을 압도하는 호모사피엔스의 사고능력과 생산능력이 요구하는 윤리다. 이 광기를 치료하는 방법은 바로 자아/비자아, 주체/객체, 같음/다름과 같은 엄격한 대립을 버리고, 변화를 위한 진정한 훈련을 채택하는 것이다.

이 훈련은 진리가 인간에 의해 만들어진다는 점을 인정하는 데서 출발한다. 한 위대한 나폴리 철학자가 이런 말을 했다. "진리와 만들어진 것은 서로 교환될 수 있다."[12] 선험주의와 수학적 아패틱함의 고전적 화신인 공간조차도 우리가 만드는 대로 상상될 수 있다. 릴케는 『소네트』 2부 29편의 첫 행에서 이렇게 말한다. "너의 숨이 공간을 얼마나 늘리는지 느껴 보라." 그대를 잊을 수도 있는 '지상의 것'은 진리의 세계다. 그 진리들을 우리 인간이 지구에서 수없이 많은 세대 동안 대화를 통해 만들었다. 그 지상의 것들은 우리의 힘줄, 혈관, 뇌에 새겨져 있지만, 한도를 넘어선 광기에 우리가 압도될 때마다 "넘침으로 가득 찬 밤에"(9행) 우리를 잊어버릴 것이다. 릴케에 따르면, 이 광기의 해독제는 희생이나 무력함이 아니라 변환이다. 릴케는 말한다. "변환 속으로 들어가고 나와라 / 무엇이 가장 고통스러운 체험인가? / 그대에게 음료가 쓰다면, 그대가 포도주가 되어라."(6~8행)[13]

키르케고르의 '실험심리학으로 떠나는 모험'

주체가 동일성과 차이를 동시에 경험하는 능력을 키우고 동일성과 차이 사이의 변환에 열린 존재가 되는 일이 어려운 훈련이라는 주장은 이상해 보일 수도 있다. 모든 인간 존재가 이미 주체이지 않은가? "어떤 사람이 되는 것은 당연한 일이다. 누가 이런 일에 시간을 낭비하겠는가?" 키르케고르가 던진 질문이다. 그는 이어서 대답도 제시한다. "바로 그렇다. 그러나 어떤 사람이 되는 일은 대단히 어렵고, 정말로 모든 일 가운데 가장 어렵다. 그 이유는 모든 인간 존재는 다른 무언가가 되고 싶고 그 이상이 되고 싶은 강한 본능적 욕구와 충동이 있기 때문이다."[14]

키르케고르는 이 가장 어려운 과제에 정말 많은 관심을 기울였다.[15] 1843년에 키르케고르는 『반복: 실험심리학으로 떠나는 콘스탄틴 콘스탄티우스의 모험 (Gjentagelsen: Et Forsøg i den Ex-perimenterende Psychologi af Constantin Constantius)』이라는 책을 출판했는데, 콘스탄틴 콘스탄티우스(Constantin Constantius)라는 가상의 학자를 저자로 내세웠다.[16] 이 책의 제목에 매력을 느낄 필요가 있는데, 반복은 동일성과 차이에서 인간이 (그리고 인간뿐만 아니라 다른 존재도) 경험하고 배우는 방법의 핵심 주제이기 때문이다. 반복은 동일성과 차이 둘 다를 필요로 한다. 수학적으로 동일한 두 사건은 같은 사건이지 반복은 아닐 것이다. 상호 배타적인 두 사건도 단순히 각각 새로운 사건을 구성할 것이므로 이 또한 반복이 아니다. 반복에서 동일성과 차이라는 두 가지 측면은 분리돼 경험된 후 결합하는 것이 아니라 공존 속에 경험된다. 바로 이것이 우리가 필요하다고 말했던 동시성의 일종이다.[17]

우리는 이 반복의 느낌을 어떻게 키워야 할까? 그 느낌은 어떻게 얻을 수 있을까? 이 책의 반어적인 부제목과 저자의 가짜 이름[불변성(constancy)을 두 번 반복했다!]이 이미 키르케고르의 생각을 암시한다. 키르케고르는 실험심리학이 동일성과 차이의 경험이나 반복 속 동시성에 대해 많은 이야기를 해 주지 못할 것이라고 생각했다.

콘스탄티우스는 자신의 발견이 세계 역사에서 갖는 중요성을 소개하면서 책을 시작한다.[18] 콘스탄티우스는 반복이 플라톤이 말했던 상기와 같지만, 서로 반대 방향으로 간다고 선언한다. 상기는 우리에게 과거를 주고, 반복은 미래를 준다. 그것이 존재한다면, 반복은 우리를 행복하게 할 것이고, 반면에 상기는 우리를 불행하게 할 것이라고 콘스탄티우스는 말한다. 콘스탄티우스는 반복을 입증하는 것이 자신의 과제임을 인정한다. 오늘날 많은 심리학자들이 하듯이, 콘스탄티우스는 반복과 반복의 즐거움이 존재하는지 여부를 경험적으로 입증하기 위해 실험을 고안한다. 그 실험은 다음과 같다. 콘스탄티우스는 반복을 숙고하기 전에 베를린으로 여행을 갔었다. 지금 그는 베를린 여행을 다시 하려고 하고, 그의 경험이 반복될 수 있는지 확인하려고 한다.[19]

콘스탄티우스는 첫 번째 방문 때 유명한 희극배우가 나오는 소극(笑劇)을 보러 극장에 갔다고 말하면서, 그때의 경험을 상세하게 설명해 준다. 이 첫 번째 경험에 대해 그가 들려주는 이야기는 극장, 배우들, 관객들에 대한 아주 긴 여담들로 가득하다. 그런데 한 여담에서 콘스탄티우스는 극장 객석 박스에서 변환을 겪는다. 콘스탄티우스는 님프, 졸졸 흐르는 개울, 드넓은 하늘과 같은 고전적 장식들로 가득 꾸며진 전원시 속으로 들어가 있다. 님프는 아버지 농장에서 보내는 행복한 어린 시절을 대표한다. "그대, 나의 충실한 위로자여, 세월이 지나도 순결한 순수함을 보존한 그대여, 내가 늙어도 나이가 들지 않은 그대여, 내가 다시 한번 돌아섰던 그대 조용한 님프여, 사람들에게 지쳤고, 나 자신에게 지쳤고, 너무 지쳐서 나는 휴식을 위한 영원이 필요했고, 너무 우울해서 나는 망각을 위한 영원이 필요했다."

그다음에 콘스탄티우스는 시에서 갑자기 다시 묘사로 돌아간다. "그래서 나는 벗어 던진 수영복처럼 객석 박스에 누웠다.

나로부터 끊임없이 뿜어져 나오는 박수와 웃음의 흐름 속에 나는 몸을 쭉 뻗은 채 누워 있었다. (…) 단지 드문드문 일어나 [배우를] 보았고 너무 웃어서 그 흐름에 따라 다시 기진맥진해져 눕곤 했다."

첫 번째 베를린 방문 때 극장에서 콘스탄티우스를 사로잡았던 전원시는 그 자체로 명백히 반복이며, 그의 어린 시절과 순수함으로의 귀환이다. 한편 콘스탄티우스 자신은 그 일이 일어났을 때 그것을 이해하지 못했던 것처럼 보인다. "그 자체로 그것은 행복했지만, 내가 보기에 무언가 부족했다." 부족했던 것은 지켜볼 소녀로 판명된다. 콘스탄티우스 건너편 박스석 세 번째 줄에 앉아 있던 로. 소녀의 모습은 첫 번째 줄에 앉아 있던 부부 때문에 절반이 가려져 있었다. 얼마나 사랑스러운가! 이제 콘스탄티우스의 생각은 로와 다른 아름다운 소녀에게 향했다. 코펜하겐과 베를린에서 각각 볼 수 있는 소녀들이었다.

요약하면, 첫 번째 여행에서 콘스탄티우스에게 진정한 반복이 주어졌지만, 그 반복을 주목할 주체성이 부족했다. 그래서 콘스탄티우스는 실험적 접근을 고안했다. 극장에서 경험했던 즐거움은 반복될 수 있을까? 콘스탄티우스는 베를린으로 다시 가서 같은 연극을 같은 자리로 예약한다. 그러나 이번에는 그 재미있던 희극배우를 찾지 못했고, 아름답고 순수한 소녀를 어디서도 보지 못했다. 콘스탄티우스는 분노 속에 반복은 존재하지 않는다고 결론 내리고, 과거 자신이 경험한 반복을 망각했다. 콘스탄티우스의 베를린 모험에서 우리가 얻어야 할 가장 분명한 교훈은(결코 교훈이 하나만 있는 것은 아니다) 반복은 이런 식으로 존재하지 않는다는 것이다. 반복은 이런 실험을 통해 시도할 수 없고, 단순히 원한다고 성취할 수도 없다.[20]

『반복』에는 다른 인물들도 나온다. 예를 들어, 시인이 한 명 등장하는데, 콘스탄티우스는 이 시인에게 반복 연습을 가르치려고 노력한다. 이 시인은 자기모순으로 가득 찬 젊은이였는데, 사랑하지만 파혼을 생각하고 있었다. 원칙과 관찰로 가득 찬 콘스탄티우스와 달리, 이 모순적인 시인은 정말로 반복의 경험을 발견하고 인정한다. 또한 시인은 이 경험을 설명할 마음도 없었고 설명하는 일도 쉽지 않다는 걸 알아차렸다. 시인은 말한다. "그래서 마침내 반복은 존재한다." "언제 반복이 일어날까? 글쎄, 그것은 어떤 인간의 언어로도 말하기 어렵다. 욥에게는 언제 반복이 일어났을까? 모든 생각할 수 있는 인간적 확실성과 개연성이 불가능할 때다."[21]

반복의 경험, 자아 안에서의 동시성 경험, 동일성과 차이의 시간 경험은 정말로 '말하기 힘들다'. 그러나 키르케고르나 우리 모두처럼, 『반복』의 시인은 이 경험들을 표현하려고 했던 과거의 많은 시도들을 없애는 데 착수했다. 시인은 그 과거 원천들 중에서 구약성서를 꺼내 욥 이야기를 상기시킨다. 의로운 사람인 욥은 신에게 부, 건강, 가족, 그리고 이 세상에서 자신이 갖고 있던 모든 것을 빼앗겼다가 이 모든 것을 이전처럼 회복한다. 키르케고르가 『반복』과 거의 같은 시기에 쓰고 출판했던 『두려움과 떨림(Frygt og Bæven)』의 필명 요하네스 데 실렌티오(Johannes de Silentio)는 같은 구약성서에서 다른 이야기를 가져온다. "옛날에 한 남자가 있었다. 그 남자는 어린 시절 아름다운 이야기를 들었는데, 신이 아브라함을 어떻게 시험했고, 아브라함이 어떻게 그 유혹을 이겨 내고 믿음을 지켰으며, 어떻게 기대하지 않았던 두 번째 아들을 얻었는지에 대한 이야기였다."[22]

우리는 한 가지 사실을 잊어서는 안 된다. 키르케고르는

『반복』을 집필할 때 또 다른 중요한 원천을 가져왔고, 그 원천에 관심을 집중했다. 바로 작가 자신의 주체성과 자아였다. 키르케고르 자신이 1841년 10월 25일 베를린으로 여행을 떠났고, 출발 직전에 레기네 올젠(Regine Olsen)과 파혼했다. 베를린 여행의 목적은 철학자 F. W. J. 셸링의 교수 취임 강의에 참석하기 위해서였다[이 강의는 그 자체로 역사적 사건이었다. 키르케고르 이외에도 카를 마르크스, 엥겔스(Friedrich Engels), 포이어바흐(Ludwig Andreas Feuerbach), 바쿠닌(Mikhail Aleksandrovich Bakunin)이 강당을 가득 메운 사람들 사이에 있었다].[23] 베를린에서 4개월을 머물면서 키르케고르는 독일어 수업을 들었고, [모차르트(Wolfgang Amadeus Mozart)와 다 폰테(Lorenzo Da Ponte)의 『돈 조반니(Don Giovanni)』를 포함해] 오페라 공연도 관람했으며, 쏟아지는 감정과 생각 속에서 『이것이냐 저것이냐(Enten–Eller)』도 집필했다. 친구에게 보낸 편지에서 드러나듯이, 키르케고르는 베를린 체류 시절의 의미를 잘 알고 있었다. "베를린에서 보내는 이 겨울이 나에게는 언제나 엄청나게 중요한 시기가 될 거야. 나는 대단한 일 하나를 마무리 지었어."[24]

키르케고르는 1842년 3월 6일에 코펜하겐으로 돌아왔다. 그는 레기네를 잊지 않았고, 둘은 가끔씩 길에서 마주쳤다. 한번은 교회에서 두 사람이 끄덕임과 가로저음의 몸짓 신호를 주고받았다. 1843년 5월 8일에 키르케고르는 베를린으로 두 번째 여행을 떠났다. 3주 동안 머물면서 그가 보낸 편지들에는 환희가 넘쳐났다. "생각이 마구 샘솟고 있다. 건강한, 행복한, 갈망하는, 쾌활한, 축복받은 아이들이 쉽게 태어났다. 모든 것은 내 인격의 모반(birthmark)을 지니고 있다."[25] 『반복』과 『두려움과 떨림』이

축복받은 아이들에 속했다. 3주 만에 그렇게 많고 복잡한 일을 성취할 수 있었던 것, 그 자체가 기적이었다. 아마도 키르케고르는 레기네를 향한 사랑의 희생이 기적을 가능하게 했다고 봤을 것이다. 신이 아들을 희생하려는 아브라함의 마음에 '하늘의 별과 해변의 모래알처럼 많은' 후손으로 보상한 것처럼 말이다. 아마도 키르케고르는 이방인 시인 호라티우스(Quintus Horatius Flaccus)의 조언을 생각했을 것이다. "스스로를 더 많이 부정할수록, 신들로부터 더 많은 것을 얻게 될 것이다."[26]

키르케고르는 자신의 놀랍고 축복받은 아이들 이외에 레기네의 마음을 다시 얻을 수 있으리라는 비밀스러운 희망도 키우고 있었을까? 자신으로부터 버림을 받았음에도 레기네가 자신을 기다릴 거라고 생각했을까? 베를린에서 돌아왔을 때 키르케고르는 레기네가 다른 사람과 약혼한 것을 알게 됐다. 어느 날 교회에서 레기네가 쇠렌 키르케고르에게 고개를 끄덕였던 것은 자신의 약혼에 대한 키르케고르의 동의를 확인하려는 분명한 표시였다. 그러나 키르케고르는 그 몸짓을 완전히 오해했다. 레기네의 약혼 소식은 키르케고르에게 큰 충격을 줬고, 『반복』의 원고에 중대한 변화가 생겼다. 더 크게 충돌하는 흐름이 더해져서 내용이 더 복잡하게 얽혔다. 그런 복잡함이 있어야 하는 이유는 이 책이 주려는 가르침 때문이다. 무엇보다도 『반복』은 우리가 자신의 경험에 주의를 기울이지 않으면, 살아 있는 시공간이 변모되는 그 순간을 느낄 수도 알 수도 없으며, 그 순간은 그저 덧없이 흘러갈 뿐이라고 가르쳐 준다.

이런 가르침이 키르케고르가 종종 '실존주의의 아버지'라고 불리는 이유일 수도 있지만, 우리는 이 가르침의 중요성을 강조하고 싶다. 7장을 상기해 보자. 헤르만 바일은 1954년 컬럼비아대학교 강연에서 두 방패의 비유를 제시했다. '오류 없이 논증 가능한' 지식을 의미하는 손상되지 않은 방패와 '인간의 무한한 자기기만 능력'에 오염된 존재의 깨진 방패가 그것이다. 많은 사람들은 바일처럼 '오류 없이 논증 가능한 것'이라는 방패, 즉 이 책에서 계속 다룬 근본적 논리 원칙이라는 방패 뒤에서 철학 하기를 선호했다.[27] 그러는 대신에, 키르케고르는 자기모순을, 심지어 자신의 자기기만 능력을 자기 사상의 검증된 주제와 주체로 만들었다. 이 두 종류의 탐구 사이의 차이는 윤리 관점에서 볼 때 대단히 중요하다.

카프카의 자아 심판

시대 및 신앙과 관계없이, 이런 순간에 주의를 기울이는 일은 결코 쉽지 않았다. 특히 근대에 들어오면서 그 일이 더욱 어려워졌다고 주장하는 사람들이 많다. 그 사례를 찾기 위해 우리는 다시 문학으로 간다. 이번에는 프란츠 카프카가 짧은 생애(1883~1924) 동안 지은 작품들을 다룰 것이다. 그의 작품들은 20세기 문학적 상상력에 강렬한 영향을 줬다. 키르케고르와 카프카 사이의 시대 차이는 생각보다 그리 크지 않다. 카프카는 키르케고르를 읽었고, 그를 자신과 비슷한 정신을 가진 사람으로 생각했다. 카프카는 1913년 8월 21일 일기에 이렇게 기록했다. "본질적인 차이는 있지만, 내가 어렴풋이 추측했던 대로 그의 사례는 나의 사례와 매우 닮았다. 최소한 그는 세상에서 같은 편에 서 있다. 그는 나를 친구처럼 단단하게 만들어 준다." 1917년에는 이런 글도 적었다. "키르케고르는 별이다. 비록 내가 거의 닿을 수 없는 영역에서 빛나고 있지만." 그리고 남아 있는 카프카의 일기 가운데 끝에서 두 번째 줄(1922년 12월 18일 자)에 이런 메모를 남겼다. "줄곧 침대에 있다. 어제 이것이냐/저것이냐." 카프카는 키르케고르의 『이것이냐 저것이냐』 어느 부분을 읽고 있었을까? 그의 편지들을 통해 우리는 카프카가 1918년에 이 책을 읽기 시작했지만, ('유혹자의 일기'가 실린 감각적인 생활에 대한) 1부에 반발심을 느꼈다는 것을 알고 있다. 우리는 1922년에 카프카가 윤리적 생활을 다룬 『이것이냐 저것이냐』 2부를 읽고 있었으리라 추측한다.[28]

　"본질적인 차이는 있지만 매우 닮았다." 카프카가 자신과 키르케고르를 비교하며 내린 평가는 두 사람의 윤리적 삶에 대한 관점에도 적용된다. 1915년에 출판된 카프카의 단편소설 「법 앞에서(Vor dem Gesetz)」를 살펴보자.[29] 이 이야기를 짧게 요약하면 다음과 같다. 법 앞에 문지기가 서 있다. 시골에서 온 사람이 문 앞에 와서 문지기에게 들어가도 되는지 물었다. 문지기는 거절했다. 시골 사람은 나중에 출입을 허락받을 수 있는지 물었고, "아마도요. 그러나 지금은 아닙니다"라는 대답을 들었다. 법이라는 문은 늘 열려 있었으므로, 시골 사람은 몸을 숙여 안을 들여다봤다. 문지기는 자신이 금지하더라도 과감하게 들어가라고 시골 사람에게 말했다. 그러나 자신이 힘이 세다는 것을 명심하라고 주의를 줬다. 그리고 안으로 들어가면, 지나가야 하는 통로마다 앞에 자기보다 힘이 더 센 문지기들이 있고, 자신조차도 세 번째 문지기부터는 감당할 수 없다고 말했다.

　이 법이라는 문은 누구나 언제라도 들어갈 수 있어야 한다고 생각했던 시골 사람은 문지기가 출입을 허락할 때까지 기다리는 게 낫겠다고 결정했다. 문지기는 시골 사람에게 편하게 기다리라고 등받이 없는 의자도 내줬다. 세월이 흘렀다. 시골 사람은 계속 기다리고 있었다. 문지기는 시골 사람의 질문에는 대답하면서도 출입은 허락하지 않았다. 시골 사람이 거의 죽음에 이르렀을 때, 마지막 질문이 그를 짓눌렀다. 시골 사람은 문지기에게 물었다. "어떻게 그 오랜 시간 동안 이 법에 들어가려고 청하는 사람이 나 혼자일 수 있나요?" 문지기는 시골 사람이 임종 전임을 보고 대답했다. "당신 말고 아무도 그 문을 통과할 수 없어요. 그 문은 오직 당신을 위한 문이니까요. 나는 이제 그 문을 닫으러 갑니다."

'나'는 어떤 자신이라는 가정, 그 자신과 동일하다는 약속과 함께, 우리는 동일성원리라는 심리적 안정에 머무를 것이다. 이와 반대로 카프카의 우화는 키르케고르의 윤리처럼 우리의 자아, 우리의 법이 나이에 따라 주어지는 것이 아니라고 제안한다. 우리는 우리 자신의 법, 우리 자신의 특정한 '동일성(정체성)'을 탐색해야 하고, 이 탐색은 평생 진행된다. 이 문제에 관한 통계는 있을 수 없지만, 아마도 대다수 인간은 자신의 법을 대면하지 못할 것이고, 소수에게만 이 기적이 주어질 것이다. 또는 아무에게도 주어지지 않을 수도 있다. 비록 우리가 자신의 법이나 자아를 알 수 없다는 것을 인정하더라도, 그 인정이 자신의 법과 자아를 향한 탐색 포기의 구실은 아니다.

「법 앞에서」는 신화다. 그 모티브는 고대에 있지만, 내용은 현대적이다. 시골 사람처럼 오디세우스, 아이네이아스, 그 밖의 고대 세계 영웅들도 앞으로 나아가는 길을 찾고 자신의 운명을 완성하기 위해 끔찍한 공포와 대면해야 했다. 고대 영웅들은 용감하고 단호했지만 시골 사람은 그렇지 않다. 그는 문지기의 말과 표정에 겁을 먹었고, 그래서 기다리기로 결정했다. 고대 영웅들은 신과 신의 전령 들에게 도움을 받았다. 아테나의 부하 오디세우스는 헤르메스, 키르케, 테이레시아스의 도움을 받는다. 비너스의 아들 아이네이아스는 700세 노인 시빌라의 도움을 받는다. 그러나 시골에서 온 사람은 자신을 보호해 줄 사람이 아무도 없다. 시골 사람은 철저히 혼자다. 이 점에서 그는 우리 시대의 전형적인 모습이다.

키르케고르는 선택이 주어진 순간을 모르거나 선택을 하지 못하는 사람들을 '조용한 망각 속에서 살아가는 많은 사람들'이라고 불렀다.[30] 시골 사람은 이 부류에 속하지 않는다. 비록 시골 사람은 두려움을 극복하지 못하고 문 앞에서 굴복했지만, 진정으로 자신이 아는 것을 찾으려고 했다. 이 사실이 무엇보다도 가장 중요하다. 그 탐색이 성공하지는 못했고 어쩌면 성공할 수 없는 일이었을 수도 있지만, 그 탐색은 충분히 영웅적인 일이었다.

요제프 K와 대조할 때 시골 사람의 영웅적 모습은 훨씬 인상적이다. 요제프 K는 카프카의 미완성 소설 『심판(Der Prozess)』의 주인공이다. 『심판』은 1914년에 쓰이기 시작했고 카프카가 죽고 나서 1925년에 출판됐다. 요제프 K는 전혀 영웅이 아니다. 그는 죄를 느끼지 못한다. 자신이 저지른 범죄를 전혀 생각하지 못하고, 심지어 (「변모의 밤」에 나오는 여자와 달리) 자신에 대한 죄도 생각하지 못한다. 반대로 매 순간 그는 자신의 결백을 확신하고, 어떤 법에 따라 자신이 기소돼 재판받는지도 모른다. 그래서 요제프 K는 신비하고 무자비한 관료주의의 무고한 희생자이며, 그의 상태는 곧 오게 될 폭정의 징조라는 해석이 종종 있었다. 요제프 K는 진정 그런 시대의 희생자일 수 있다. 그러나 우리가 시골 사람과의 대조를 기억한다면, 요제프 K는 유죄라고 말할 수 있다(유죄가 적절한 단어라면). 그는 자신 또는 타인의 암시에 주의하고 수용하는 작업을 소홀히 했기 때문이다.[31]

　　K는 이 일을 감당할 수가 없었다. 예를 들어, 삼촌이 도움을 줄 수 있는 변호사에게 그를 데려갔을 때, K는 욕망에 정신이 팔려 변호사의 비서인 레니와 잠자리를 갖기 위해 급히 뛰어나갔다. 끝에서 두 번째 장에서 교도소 신부는 궁지에 몰린 상황을 K가 깨달을 수 있게 비유로 그 상황을 설명했다. 이 비유는 우리가 방금 다룬 것과 똑같은 내용이다. 이 비유는 카프카가 몇 년 전 처음 발표했던 「법 앞에서」이고, 다시 『심판』의 결론 부분에 삽입됐다. K는 비유에 대한 응답으로 시골 사람과 문지기 중에 누가 높고 누가 하급자인지를 두고 신부와 논쟁한다. 문지기가 시골 사람 자신의 두려움을 상징한다고 볼 때, 이 논쟁은 쓸데없을 뿐 아니라 조롱받을 만하다. 신부는 문지기의 말은 진실이라기보다는 이 주제를 위해 필요한 것으로 이해해야 한다고 설명하려 했다. 그러나 K는 그 필요성을 직시하지 못했고, 대화를 견디지 못했다. K가 급한 볼 일을 만들어 내자 신부는 K를 포기한다.

　　카프카는 요제프 K에게 자신의 (혹은 우리의) 딜레마를 어느 정도 인식할 수 있는 많은 순간을 제공하지만, K는 이 모든 순간을 무시했고 대신 '망각' 속에 살아간다. 물리학자들에게 그렇듯이, 아마도 이 망각자들에게는 모든 시간의 점들이 상호교환될 수 있을 것이다. 그러나 동일성(정체성)이 공리처럼 주어지지 않음을 알고 어떤 자아가 되려고 갈망하는 인간에게는 시공간이 동질적이지 않다. 절망에 빠져들거나 기쁨에 뛰어오르거나 반복을 경험하거나 혹은 단순히 문 앞에 서 있기만 해도 그 순간들이, 웜홀들이 구두점을 찍는다. 이 웜홀들은 심리적 대상도 물리적 대상도 아니다. 이 웜홀들은 카프카 소설 속 법의 문처럼, 키르케고르의 『반복』 속 시인의 반복처럼 각 개인과 관련된다. 우리는 다음과 같은 간단한 명제 이상의 처방전을 내릴 수 없다. 웜홀을 알아차리려면 동일성과 차이, 자아의 동시적 고체성과 침투성에 대한 민감함이 필요하다.

대화

카프카 이전, 이후에 나온 문학과 카프카의 관계를 다룬 많은 글이 있다. 지금까지 나온 글들을 보면, '부조리'의 발전에서 카프카의 역할을 강조하고 심리적·윤리적 문제에 대한 카프카의 깊은 탐구는 무시하는 경향이 아주 많았다. 이미 1947년에 나탈리 사로트(Nathalie Sarraute)가 에세이 「도스토옙스키에서 카프카로(De Dostoïevski à Kafka)」에서 이 길을 선택했다. 사로트는 도스토옙스키의 지하 생활자에서 카프카의 요제프 K로의 이동을 중요하게 봤다. 사로트는 이 이동을 카프카적인 것이 이전의 심리적 경향에서 소설의 미래를 해방시켰다고 이해했다.[32]

사로트 자신이 뛰어난 작가이자 비평가, 그리고 '심리학자'였다. 사로트의 첫 번째 소설 『굴성(Tropismes)』(1939)은 우리의 의식적 행동에 앞서는 내면의 움직임에 관한 소설이고, 83세에 출판한 베스트셀러 『어린 시절(Enfance)』은 심리적 자서전이다. 사로트의 삶은 20세기 전체를 거의 채웠고, 20세기의 많은 공포와 영광을 체험했다(사로트는 1900년 차르 시대 러시아에서 유대인으로 태어났고, 제2차세계대전 때 파리에서 몸을 숨긴 채 생존했으며, 1999년 파리에서 세상을 떠났다). 사로트는 자아 안에 있는 동일성과 차이에 대해 중요한 어떤 것을 말해 준다. 사로트는 자신이 생각하는 도스토옙스키의 지하 생활자와 카프카의 요제프 K의 가장 기본이 되는 속성을 설명하면서 두 사람의 심리적 기초에 대해 이렇게 말한다. "캐서린 맨스필드(Katherine Mansfield)가 약간의 두려움과 가벼운 혐오감을 갖고 '접촉을 만들려는 이 끔찍한 욕망'이라고 불렀던 것에 지나지 않는다."

맨스필드(1888~1923)와 접촉하기 위해 잠시 멈추자. 그의 짧은 이야기는 우리의 관심에 충분히 보답할 것이다. 맨스필드는 카프카보다 젊은 나이에, 그와 거의 같은 시기에 같은 질병으로 세상을 떠났다. 맨스필드의 관점을 강조하기 위해 사로트의 말을 직접 들어 보자.

그것은 접촉 및 불가능한 부드러운 포옹을 향한 지속적이고 거의 광적인 요구다. 그 포옹은 현기증처럼 모든 특성들을 매혹해 어떤 경우에도 그 특성들이 '타자'로 가는 길을 닦고, 가능한 한 타자 깊숙이 침투해 타자의 혼란스럽고 견디기 힘든 흐릿함을 없애도록 부추긴다. 반대로 이 과정은 그 특성들이 타인을 신뢰하게 하고 타인에게 자신의 가장 깊은 곳을 보여 주게 한다.[33]

견고함과 침투, 자아와 타자, 동일성과 차이. 사로트가 접촉과 대화를 통해 이런 구별을 극복하려는 '거의 광적인' 욕구를 근대적 문학에서 소설 속 인물의 근본 특성이라고 지적한 것은 전적으로 옳다. 사르트는 이 문학적 근대성을 '의심의 시대'라고 불렀다.

그러나 도스토옙스키와 카프카의 소설 속 인물 사이에는 중요한 차이가 있다. 양쪽 인물 모두 침투하고 침투되기를 간절히 바라지만, 도스토옙스키의 인물들은 동시에 견고한 자아로 존재하고, 카프카의 인물들은 흔들리고 서로 불화하는 준자아들의 불안정한 묶음으로 존재하는 경향이 있다. 요제프 K는 접촉을 열렬히 원하면서도 타인과 대화를 나누지 못한다. 그 이유는 카프카가 소설 속에서 부조리로 심리학을 대체하기 때문이 아니라, 자기 시대 윤리와 심리의 근본 문제라고 생각한 것과 씨름하기 때문이다. 사르트가 카프카의 『성(Das Schloss)』을 언급하면서 규정하듯이, 그 시대는 '누구도 자신이 저항했는지 혹은 굴복했는지도 알지 못하는' 시대였다. 이런 시대에 파편화된 존재들은 어떻게 참여하는 데 충분한 앎을 얻고, 어떻게 타인과의 대화를 통해 변환될 수 있을까?

여기서 우리는 내면의 (불가피한) 파편화가 문제가 아니라는 점을 서둘러 추가해야 한다. 만약 우리가 이 다양성을 무시하기보다 이 다양성에 주의를 기울인다면, 자아 통합성의 배제와 내면적 다양성은 타인과의 대화를 방해할 수 있을 만큼 촉진될 수도 있다. 주의를 기울이는 법을 어떻게 배울까? 이 질문은 시간, 공간, 사람에 따라 다양한 버전이 있고, 대답 또한 다양하다. 사르트의 '의심의 시대'가 하나의 대답이다. 사르트는 이 말을 한 세기 앞서 살았던 스탕달(Stendhal)의 발언에서 가져왔는데, 스탕달은 나폴레옹시대의 여파로 "시적 풍조는 죽었고, 의심의 풍조가 태어났다"라고 말했다.[34]

오늘날 이 의심의 풍조는 강력한 '의심의 해석학'으로 성장해서 그 적용 범위를 많은 문화 영역으로 확장했다. 의심의 해석학은 많은 비판적 열매를 낳았다. 그러나 의심의 해석학적 법칙보다는 공리들이 지배하는 수학적 언어들 이외 분야에서 진정한 대화가 가능하다는 확신을 약화시켰다. (지금 우리가 말하고 있는) 자아의 견고성과 투과성, 타인과의 접촉, 혹은 변환시키는 대화의 힘이 순진하게만 보일 수도 있다. 18세기 에드워드 영(Edward Young) 같은 시인을 우연히 만난 세련된 독자라면 우리의 말뿐만 아니라 고풍스러운 정서에도 냉소를 보낼 것이다.

> 그것은 생각의 교환이다, 마치 충돌하는 파도가
> 교대로 밀려오듯이, 학습된 지저분한 거품을 깨뜨린다.
> 그리고 학생들의 고인 의식을 제거한다.
> (…)
> 그것은 반대로 고독에 알맞다.
> 건강한 휴식을 위한 훈련으로.[35]

그러나 견고함과 투과성의 동시성, (다른 수단들 중에서도) 대화를 통한 동일성과 차이 사이의 변환 가능성은 그 어느 때보다도 지금 같은 의심의 시대에 그 필요성이 더 크다. 우리가 필요성을 기억할 방법을 찾지 못한다면, 우리 자신 혹은 사회의 미래를 상상하는 일은 많이 힘들 것이다.

순간과 영원(다시 보르헤스)

우리가 주의를 기울인다면, 우리는 삶에서 동일성과 차이의 동시성을 암시하는 많은 순간을 느낄 수 있다. 그 순간들은 견고함과 투과성을 동시에 갖추고, 대화를 통해 동일성과 차이 사이의 변환을 모색할 필요성을 상기시켜 줄 것이다. 또한 우리의 주의력을 키우는 데 도움을 줄 많은 원천들이 있다. 문학과 예술, 의례와 음악, 정신분석과 철학, 사랑과 우정, 구루들, 명상, 자연 속에서 걷기, 향정신성의약품 등이 그 원천이다. 당연히 각각의 원천은 한계와 기만이 있고, 기껏해야 우리에게 질문과 과제를 상기시킬 뿐이다.

이런 순간들은 어떤 모습일까? 보르헤스는 「시간이 존재하지 않는 새로운 증거」에서 하나의 예를 제시했다. 보르헤스는 이 글에서 밤에 부에노스아이레스를 걷는 효과를 묘사했다.

> 고요한 밤, 밝은 벽, 인동덩굴이 풍기는 시골 냄새, 자연 그대로의 진흙과 같은 동질한 사실의 순수한 재현은 아주 오래전 이 모퉁이에 있었던 장면과 단순히 동일한 것이 아니다. 그것은 유사하거나 반복이 아닌 완전히 같은 것이다. 만약 우리가 이 완전히 같음을 직감으로 알 수 있다면, 시간은 허상이 된다. 어제 나타난 시간과 오늘 나타난 시간 사이의 무차별성과 불가분성이 시간을 충분히 해체할 수 있다.

아마도 보르헤스의 경험은 현상적 경험이기보다는 문학적 경험일 텐데, 그의 책장에는 『두려움과 떨림』과 『반복』이 계속

꽂혀 있었기 때문이다. 또한 앞 장에서 암시했듯이, 이런 경험이 시간의 소멸을 대표한다는 그의 주장은 철학적으로 정당화되지 않는다. 그러나 우리는 보르헤스의 중요한 지적에 대해 쓸모없는 논쟁을 해서는 안 된다. "우리가 이 완전히 같음을 직감으로 알 수 있다면", 이러한 순간에 우리는 잃어버렸던 시간, 삶이 우리에게서 빼앗은 시간, 망각했거나 거의 기억하지 못하는 시간이 뜻밖에 돌아온 것을 느낀다.[36]

우리는 비슷한 교훈을 보르헤스의 시에서 배울 수 있다. 보르헤스는 반복과 밀접한 관련이 있는 주제, 즉 망각의 반대로서 영원에 관한 소네트 두 편을 1963년 말에 출판했다. 첫 번째 소네트는 「에버니스(Everness)」라는 특이한 제목을 가졌는데, 이 단어는 옥스퍼드 영어 사전에도 등재되지 않았다(이 시는 스페인어로 쓰였는데, 에버니스는 스페인어도 아니다).[37] 이 시는 깜짝 놀랄 만한 문장으로 시작한다. "오직 한 가지만이 존재하지 않는다. 그것은 망각이다(Sólo una cosa no hay. Es el olvido)." 첫 번째 소네트의 두 번째 연 4행[콰르텟(quartet)]은 덜 당혹스럽고 또렷한 문장으로 시작한다. "모든 것은 이미 존재한다(Ya todo está)."[38]

두 번째 소네트는 독일어 제목 「영원(Ewigkeit)」이다.[39] 이 소네트의 두 4행은 양식과 스토아철학을 참조한 점을 볼 때 스페인의 프란시스코 데 케베도(Francisco de Quevedo, 1580~1645)를 떠올리게 한다.

내 입에서 스페인 시구를 반복하게 해 주오
세네카의 라틴어 이후로
언제나 말해지고 있는 그 말을. 모든 것은
벌레의 먹이라는 끔찍한 결론.

죽음의 위엄과 승리를
허영의 깃발을 짓밟는
미사여구의 여왕으로
회색 재가 선포하게 해 주오.

그러나 다음 두 3행은 완전히 다르며, 모든 것이 드러나는 반전으로 시작한다.

그렇지 않다. 나의 진흙을 축복한 것을
겁쟁이처럼 부인하지 않을 것이다.
나는 한 가지 존재하지 않는 것을 알고 있다. 그것은 망각이다.

내가 잃어버렸던 소중한 모든 것이,
영원 속에서 생존하고 불타는 것을.
나는 안다. 그 대장간, 그 달, 그 오후.

망각의 이 단호한 반박과 영원히 존재한다는 단언은, 논쟁이나 경험으로는 정당화되지 못하는, 희망에 의해 과장된 독단적 의견에 불과할까? 그렇지 않다. 정당화는 진흙에서 발견된다. 시인은 말도나도강의 '자연 그대로의 진흙'과 「시간이 존재하지 않는 새로운 증거」를 잊지 않았다.[40] 시인은 고요한 밤, 밝은 벽, 인동덩굴이 풍기는 시골 냄새를 잊지 않았다. 이런 것들과 그들의 경험된 동일성은 잊혀서는 안 된다. 시인 보르헤스는 이것들을 잊어버리거나 부인하는 것은 겁쟁이 짓이라고 말한다. 그리고 이 말을 통해 시인은 키르케고르, 프루스트, 릴케, 카프카를 비롯한 다른 많은 이들에게 동의하고 있다. 우리가 반복이라고 불렸던, 즉 차이를 동반하는 경험된 동일성은 우리를 과제와 직접 대면시킨다. 여기에는 두 가지 방법밖에 없다. 그 과제를 회피하고 평소처럼 계속 살아가는, 보르헤스가 겁쟁이라고 불렀던 방법 또는 그 과제에 헌신하는 것이다.

우리 인간은 종종 일시적(ephemeral) 존재와 영원(eternal)한 존재의 통합체라고 불린다. 그러나 이 두 단어의 운명은 서로 달랐다.[41] *ephemeral*의 문자적 의미는 '하루를 지속하는'이다. 이 의미가 비유적으로 확장해 1년을 지속하는, 평생을 지속하는, 심지어 더 긴 시간을 지속한다는 뜻이 됐다. 즉 이 단어는 한마디로 유한한(*finite*)을 뜻한다. 여기에 대해서는 대부분 동의할 것 같다. 그러나 영원한을 뜻하는 *eternal*은 오래된 혼란을 보여 준다. 이 단어는 자주 끝없이 계속되는(*perpetual*) 또는 대단히 오래 지속되는(*perdurable*)의 동의어로 여겨졌다. 그러나 *eternal*은 아마도 더 자주, 시간이 돌이킬 수 없이 흘러갔거나 흘러가지 않고 초월된다는 더 나은 의미로 받아들여졌다. 바로 이런 혼란을 피하기 위해 보르헤스는 *eternity* 또는 *eternidad*(영원)를 소네트 제목으로 사용하지 않았다.

반복, 혹은 차이를 동반한 동일성 경험은 우리 영혼에게 초월적 의미의 영원을 제공하지 않는다. 즉 우리 영혼이 저 위 천국 혹은 저 아래 지옥에서 끝없이 지속되는 환대를 받는다는 의미의 영원을 제공하지 않는다. 오히려 비록 보장할 수 없을지라도, 과거, 현재, 미래에서 우리의 현존은 우리의 관습적 이해와는 다르게 배열될 것이라는 확신을 우리에게 준다. 그래서 우리는 영원이라는 단어 사용을 피할 것이고, 영원의 관습적 이해에서 벗어나는 이 혁명을 동일성과 차이의 의미 안에서 초월의 암시라고 부를 것이다.

이런 반복 경험, 즉 차이를 동반한 동일성 경험이 원래 갖고 있는 본성 덕분에 우리는 이 경험들이 우리의 파편화된 정신의 단순한 기만이 아니라는 것을 느끼게 된다. 반복 경험의 확신은 대단히 강해서 우리가 가진 힘을 넘어서는 것처럼 보인다. 반복 경험들은 우리에게 망각은 없다고 제안한다. 과거에서 '돌아온' 세부 내용이 더 클수록 이 경험의 목소리도 더 커진다. 이 경험은 얼마나 중요한가? 그것은 당신 자신의 정신 형태에 달려 있다. 차이를 동반한 동일성 경험을 통해서든 혹은 다른 방법이든 상관없이 이런 초월의 암시들은 시간 속에서 살아가는 인간에게, 허무와 죽음을 대면하면서 우리 정신에게 내리는 하이데거적 '결단'보다 더 참된 등대다.

앞 문단에서 우리는 다른 방법에 강조 표시를 했다. 망각은 존재하지 않는다고 우리를 설득하는 다른 방법이 많이 존재하기 때문이다. 시간에 있는 모든 점들이 무한히 자주 회귀하는 것처럼 살겠다는 니체의 결심도 그중 하나다. 『두이노의 비가』 제9비가에서 보여 주는 릴케의 단언이 또 다른 사례다.

모든 것은 한 번, 단 한 번이다. 오직 한 번 더 이상은 없다
우리 또한 한 번, 반복은 없다. 그러나 이렇게
한 번 있었다는 것, 비록 단 한 번이지만
이 지구에 있었다는 것은 돌이킬 수 없어 보인다

니체와 릴케의 방법 모두 가치가 있지만, 둘 다 믿음을 요구하고 믿음은 정신의 분열 혹은 분할을 요구한다. 정신의 한 부분은 기억된 경험에 고정되고, 그 기억된 경험에 따라 행동하고 싶어 한다. 이 부분은 세속적인 삶에서 본질적인 요소다. 정신의

다른 부분은 믿고 싶어 하고, 우리가 경험하지 못했던 것을 사실로 여기고 싶어 한다. 심지어 니체의 영원회귀와 릴케의 되돌릴 수 없음 같은 경우처럼 인간이 경험하기 불가능한 어떤 것을 믿고 싶어 한다. 정신의 세 번째 부분은 두 번째 부분의 순진한 믿음을 조롱하고, 첫 번째 부분의 천박한 경험주의를 과소평가한다. 이런 방법들과 달리 우리 인간은 반복을 통해 지상에서 비파편화의 느낌을 경험할 수 있다.

초월의 비전을 제시하는 많은 관점이 있다. 우리는 반복을 강조한다. 왜냐하면 상대적으로 반복이 갈망의 눈에서만 원인을 찾지 않는 것 같고, 믿음의 고뇌와 말꼬리를 잡는 질문들의 악순환에서 자유로워 보이기 때문이다. 그럼에도 반복은 번뇌를 해결하는 만병통치약이 아니고(콘스탄틴 콘스탄티우스의 희극적 운명을 기억하라), 어떤 경우에도 우리는 정신에 대한 치료법을 처방할 권한이 없다. 인성을 기르기 위해 우리가 할 수 있는 일, 우리가 따라야 할 조언이 있을까? 우리는 시작할 때 했던 조언만 할 수 있을 뿐이다. 동일성과 차이라는 신비를 마음에 품고 살아라.

우리는 이 조언을 간단한 질문으로 축소할 수 있다. 주어진 질문에 대해, 혹은 주어진 순간에 왜 나는 다른 것보다 이 하나에 주의를 기울여야 할까? 나의 주의가 옮겨지면, 나는 무엇을 얻고 잃을 수 있을까? 자아 혹은 타자, 인류 혹은 세계에 관한 어떤 지식이 나타날까? '사유법칙', 동일성과 차이에 대한 선택들은 우리 손에 달려 있다. 즉 우리가 무엇을 원하는지에 달려 있다. 『도덕경(道德經)』의 가르침처럼, 욕망도 유일한 선택이 아니다.

그러므로 원하지 않는 영혼은

숨겨진 것을 보고,

끊임없이 원하는 영혼은

원하는 것만 볼 뿐이다.[42]

　몽상가, 신비가, 시인부터 수학자와 논리학자까지, 우리는 말로 다 표현되지 않는 존재의 기록들 안에 거주한다. 키르케고르는 이렇게 말했다. "한 사람이 평생 온전히 논리에 몰두한다 해도, 그 사람은 여전히 논리적으로 되지 않는다. 그래서 그는 다른 범주 안에 존재한다." 서문에서 우리는 보르헤스의 「푸른 호랑이」를 상세하게 살펴봤다. 이 이야기는 한 논리학자의 공포에 대한 이야기다. 이 논리학자는 이 다른 범주들 속을 헤매다가 "존재는 순수한 객관이 되기를 계속 원하는 사람을 조롱한다"(다시 키르케고르다)라는 것을 발견했다. 그러나 어떤 지식 유형에 몰두하든 상관없이, 그 지식 유형이 포괄하지 못하는 세상 속을 헤매다가 생겨나는 공포담은 나올 수 있다. 이런 이야기들은 기껏해야 우리에게 선택이 존재한다는 것을 상기시킬 뿐이다. 우리가 그 선택을 잊어버렸더라도 말이다.

　우리가 어떤 내용을 쓰기로 마음먹더라도, 그것은 모든 경우에 공감, 상상, 열려 있음, 민감함을 요구한다. 즉 타자가 자아 속으로 침투할 수 있어야 한다. 우리의 관점은 키르케고르와 비슷하다. "논리의 문제를 해명하려면, 논리적인 것을 생각하는 사람의 정신상태에서 심리적 지향성을 갖는 것이 바람직할 수 있다. 여기서 이 목적을 위해 자신에게 어떤 종류의 자아 죽이기가 필요한지, 그 안에서 상상력이 어느 정도 역할을 하는지와 같은 질문은 논리적이다."⁴³ 그러나 우리는 논리적 생각을 거부하고 차이에 머물려고 노력하면서, 비합리성의 권리를 과장할 때도 '자아의 죽음'이 있다는 것을 강조해야 한다.

우리 각자는 언제나 우리 자신의 일부를 죽이고 다른 일부를 부활시키고 있다. 만약 이 책에서 우리가 지나친 논리적 생각이 초래하는 손실에 더 초점을 맞춘 것처럼 보였다면, 그것은 우리가 동일성 규칙과 수의 제국주의적 요구가 급속하게 확장하면서 오늘날 인간 및 비인간 세계의 많은 영역을 위협한다고 느끼기 때문이다.

우리 시대의 가장 권위 있는 수학계 상인 필즈상 메달에 새겨진 문구가 무심결에 그 위험을 드러낸다. "너의 인간적 한계를 넘어서려고 노력하고 우주의 주인이 돼라(*transire suum pectus mundoque potiri*)." 말과 야망은 끝이 없다. 사실 이 말은 약 2000년 전에 로마의 시인이자 점성가인 마르쿠스 마닐리우스(Marcus Manilius)가 한 말이다(그는 지혜롭게도 "대가 없이 그렇게 높은 업적은 보장되지 않는다"라는 말을 덧붙였다). 그러나 우리가 사는 지구가 위험에 처해 있고 인간의 지배력이 너무 커 보이는 지금, 동일성원리의 영광스러운 힘과 그에 따른 공리들로 환원될 수 없는 인간의 속성을 키우는 일이 특별히 시급해 보인다.⁴⁴

과도한 동일성과 과도한 차이, 공리의 독재와 비이성의 독재 중에 어디에 더 큰 위험이 있을까? 당신의 대답은 개인적이면서 동시에 사회적인 답변이 될 것이다. 그 대답은 당신의 특별한 관심들, 적성, 두려움에 달려 있을 것이고, 당신이 성장한 가족, 언어, 문화에 달려 있을 것이다. 당신이 훈련받은 분야, 당신이 매력 혹은 거부감을 느꼈던 믿음에 달려 있을 것이다. 그러나 당신의 대답이 무엇이든, 당신이 동일성과 차이의 끝없는 신비에 더 많은 주의를 기울일수록 당신의 개별적 추구 능력도 더 커질 것이다. 여기서 능력은 당연히 확신과 의심을 키우는 능력, 새로운 기초와 그 기초 아래에 입을 벌리고 있는 심연을 발견하는 능력을 의미한다. 어떤 시인이 잘 묘사했듯이, 당신의 인성이 심각한 위험에 빠지는 순간을 피하려면 두 가지 능력이 모두 필요하다.

> 그리고 자기만족에 빠진 눈은 속임을 당할 것이다,
> 문제가 풀렸다고 생각하면서, 마침내
> 저 앞을 볼 수 있고 세계를 이해했다고 추측할 것이다.
> 바로 이때가 당신이 정말로 조심해야 할 때다.[45]

감사의 글

학교, 도서관, 대학교는 집단 지성이 흘러가는 중요한 배관이다. 우리를 가르쳤고, 우리가 가르쳤던 이 기관들에 감사를 표한다. 이 기관들에, 그리고 지식의 생산과 전달에 기여하는 모든 공동체에 정말로 우리와 인류는 빚을 지고 있다.

이 책을 쓰면서 우리의 빚은 특히 더 많이 쌓였다. 로렌 대스턴(Lorraine Daston)에게 우리는 큰 빚을 졌다. 대스턴은 많은 시간을 들여서 1장 초고를 읽어 줬다. 대스턴은 우리 항해의 초기 항로를 수정하라고 제안했으므로, 우리의 목적지에 미친 영향이 훨씬 더 컸다. 알베르토 베르나베 파자레스(Alberto Bernabé Pajares), 글렌 모스트(Glenn Most), 소피아 토랄라스 토바르(Sofía Torallas Tovar)는 그리스인들 사이를 여행할 때 도움을 줬다. 사라 스트룸사(Sarah Stroumsa)는 우리가 이슬람 철학을 연구하는 데 관대한 마음으로 도움을 줬다. 에드워드 (록키) 콜브[Edward (Rocky) Kolb]는 자신의 천문학적 시선을 우리에게 빌려줬다. 리처드 롭(Richard Robb)은 회의적 경제학자로서 8장을 읽어 줬다.

작업이 끝나 가면서, 매슈 L. 존스(Matthew L. Jones), 이츠하크 멜라메드(Yitzhak Melamed), 페터 페시치(Peter Pešić), 채드 웰먼(Chad Wellmon), 브룩 지포린(Brook Ziporyn)이 전체 원고를 읽고 날카로운 비평을 전해 줬고, 우리는 그중 많은 부분을 받아들이려고 노력했다. 그들의 비평 모두가 우리 작품을 개선하는 데 도움을 줬다. 우리는 편집자 앨런 토머스(Alan Thomas)에게 아주 고마워해야 하는 많은 작가들(그리고 독자들!) 속에 합류했다. 우리 책과 같은 프로젝트를 받아 준 토머스의 성급함에 대해서도 감사를 전한다.

데이비드 니런버그는 이슬람 철학 조사와 연구에 전문적 도움을 준 대니얼 와틀링(Daniel Watling)과 참고 문헌 정리에 도움을 준 알렉산드라 몬테로 피터스(Alexandra Montero Peters)에게 감사를 전한다. 또한 많은 반대 증거에도 불구하고 우리의 생각을 믿어 준 브렌다 셔피로(Brenda Shapiro)에게도 감사한다.

그러나 처음이자 마지막으로, 우리는 아버지와 아들이 함께 쓴 이 책에서 출생과 사랑의 기회, 그리고 그 밖의 모든 것에 감사를 표하고 싶다. 우리는 언제, 어디서, 누구로부터 태어나느냐 하는 운명의 결정을 선택하지 못한다. 리카도의 아버지 기예르모 니런버그(Guillermo Nirenberg)는 영혼의 바닥과 같은 그 마음에 닿을 수 없을 때조차도 모든 사물의 마음에 도달하기를 열망했다. 장수와 정직한 삶의 모범이었던 리카도의 장인 에밀리오 리다(Emilio Lida)는 리카도에게 "아스클레피오스에게 닭 한 마리를 빚졌어"라는 소크라테스의 마지막 말의 의미를 가르쳐 줬다. 리카도의 아내이자 데이비드의 어머니 이저벨 리다 니런버그(Isabel Lida Nirenberg)는 책 전체를 읽고 개선해 줬다. 우리가 이저벨로부터 받은 것은 어떤 철학이나 가르침에도 포함될 수 없다. 그리고 소피아 토랄라스 토바르와의 우연한 대서양 횡단 만남에서 고전에 대한 사랑과 웃음, 지혜와 사랑, 그리고 춤추고 싶은 엉뚱한 욕망이 나왔다.

우리는 이 책을 이저벨과 소피아에게 바친다.

주석

서론

1. William James, *Pragmatism: A New Name for Some Old Ways of Thinking*, London: Longmans, Green, 1907, p. 129.

2. Jorge Luis Borges, "Tigres azules", *Cuentos Completos*, Barcelona: Random House Mondadori, 2011, pp. 521–531.

3. Erwin Schrödinger, "July 1952 Colloquium", *The Interpretation of Quantum Mechanics: Dublin Seminars (1949–1955) and Other Unpublished Essays*, ed. Michel Bitbol, Woodbridge, CT: Oxbow Press, 1995, p. 32. 다음 문장이 이어진다. "만약 당신이 한 양성자에 대한 1000번 혹은 그 이상의 기록을 얻게 되면, 그것이 같은 양성자라고 말하고 싶은 엄청난 심리적 강박이 들더라도, 이 진술이 절대적 의미가 없다는 것을 인식해야 한다. 그 사례들에는 동일성이 불쑥불쑥 끼어드는 경우와 동일성이 분명히 아무 의미가 없는 경우들 사이의 지속적인 전환이 있다."

4. 원리들의 모음이라고 표현하는 게 더 나을 수도 있는, 충족이유율은 우리가 논의하는 대부분의 '사유법칙'과 마찬가지로 다양한 방식으로 정의됐다. 라이프니츠의 정의 양식에 대해서는 다음 책을 보라. Vincent Carraud, *Causa sive ratio: La Raison de la cause, de Suarez à Leibniz*, Paris: Presses universitaires de France, 2002. '충족이유율'을 알려 주는 빼어난 소개 글은 다음과 같다. Y. Melamed and M. Lin, "Principle of Sufficient Reason", *Stanford Encyclo-*

pedia of Philosophy, https://plato.stanford.edu/archives/spr2018/entries/ sufficient -reason/.

5. Aristotle, *Metaphysics*, 4.3.1005b–1006a.

6. William James, *The Principles of Psychology*, Mineola, NY: Dover, 1950, 2:459– 460. 우리는 제임스가 특별히 독단적이라고 비난하는 게 아니다. 오히려 제임스는 그 반대였다. 우리는 단지 제임스가 차이를 발견하거나 의도하는 정신 능력을 강조했다면, 우리와 더 많은 공통점을 만들 수도 있었을 거라는 점을 지적할 뿐이다. 모든 동일성 주장은 차이의 주장이기도 하기 때문이다. 제임스는 그렇게 하는 대신, '정체성'과 '동일성'을 위한 인간 정신의 능력을 표현하고 싶어 했다. 이런 제임스의 노력 그 자체가 우리가 연구하고 있는 독단적 분리의 증상이자 산물이다.

7. Søren Kierkegaard, *Concluding Unscientific Postscript*, ed. and trans. H. V. Hong and E. H. Hong, Princeton, NJ: Princeton University Press, 1992, 1:117.

8. 자신들의 세계를 이해하려는 고대 메소포타미아의 시도에서 나타나는 규칙성과 변칙성에 관해서는 다음을 참고하라. Francesca Rochberg, *Before Nature: Cuneiform Knowledge and the History of Science*, Chicago: University of Chicago Press, 2016, p. 120.

9. 제임스 프레이저(James G. Frazer) 경은 동일성에 기초한 주술적 사고의 원리를 공식화하기도 했는데, 이를 '유사성의 법칙'이라고 불렀다. 다음 책을 참고하라. *The Golden Bough*, abridged ed. New York: Macmillan, 1922, p. 11. 앞으로 보게 되겠지만, 프레이저의 유사성의 법칙은 데이비드 흄의 기본 원리인 연상론과 거의 차이가 없는 것처럼 들린다. 유사성의 법칙은 게슈탈트심리학의 기본 원칙 중 하나이기도 하다.

10. Pliny, *Natural History*, 2.9.54–55. 우리의 번역은 다음 책과는 다르다. H. Rackham, Loeb Classical Library, Cambridge, MA: Harvard University Press, 1938, pp. 202–205.

11. '태양이 보유한, 생명을 주는 자비의 힘을 찬가와 선물로 지원'하는 이집트의 제의에 대해서는 다음을 참고하라. Jan Assmann, *The Search for God in Ancient Egypt*, Ithaca, NY: Cornell University Press, 1984, pp. 64–65. '일생의 시간이 완성되기 전에 죽지 않기 위해 서로를 먹어야 하는 생명체로 가득 차 있고', 운동 규칙이 '희생 의례의 먹이를 통제하는 행동을 통해' 정해지는 아즈텍/멕시카의 우주에 관해서는 다음을 참고하라. Kay Almere Read, *Time and*

Sacrifice in the Aztec Cosmos, Bloomington: Indiana University Press, 1998, pp. xix, 28–29.

12. 18세기 토머스 베이즈(Thomas Bayes)와 리처드 프라이스(Richard Price)가 정확히 이 지점을 증명하기 위해 태양을 예로 사용했다. 두 사람의 인식론적 확신에 대한 '베이즈' 통계적 접근은 오늘날 기계학습의 중요한 기초가 된다. 데이비드 흄은 다소 약한 수학적 견지에서 이 질문을 탐구했다. 다음 논문을 참고하라. Stephen M. Stigler, "Richard Price, the First Bayesian", *Statistical Science* 33, 2018, pp. 117–125.

13. Erwin Panofsky, *Three Essays on Style*, ed. William S. Heckscher, Cambridge, MA: MIT Press, 1997, p. 190.

14. 『실천이성비판(Kritik der Praktischen Vernunft)』 결론에서 가져온 이 구절의 일부는 칸트의 묘비에도 적혀 있다. 칸트의 다음 책들을 참고하라. *Gesammelte Schriften*, ed. Akademie der Wissenschaften, vol. 5, *Kritik der praktischen Vernunft, Kritik der Urtheilskraft*, Berlin: De Gruyter, 1913, p. 161; *Critique of Practical Reason*, trans. Mary Gregor, Cambridge: Cambridge University Press, 2015, p. 129.

15. 많은 윤리들이 자유의지 없이도 잘 유지돼 왔다는 사실을 추가로 언급할 필요가 있다. 그러나 그리스도교와 이슬람교에서 나온 서양 전통 안에서 이는 첨예한 문제다. 두 종교에서 신정론과 신의 정의는 연결돼 있기 때문이다. 스피노자는 결정론의 윤리를 개발하려는 훌륭한 사례를 제시하는데, 초기의 근대 유럽 철학에서 보기 드문 시도였다.

16. Kant, *Critique of Practical Reason*, p. 78; *Gesammelte Schriften*, 5:96.

17. 데카르트, 홉스, 스피노자, 라이프니츠를 비롯한 초기의 근대 철학자들은 '정신적 자동장치'와 같은 개념들을 탐구했고, 인간이 인공적 기계장치로 환원될 수 있는지를 놓고 논쟁했다. 인간과 기계 사이의 관계에 관한 배비지 이전 전통에 대해서는 존스(Matthew L. Jones)의 책을 참고하라. Matthew L. Jones, *Reckoning with Matter: Calculating Machines, Innovation, and Thinking about Thinking from Pascal to Babbage*, Chicago: University of Chicago Press, 2016. 현대의 컴퓨터 사용이 낳은 문제에 관해 이제는 고전이 된 (그리고 조금 시대에 뒤떨어진) 설명에 대해서는 드레퓌스(Hubert L. Dreyfus)의 책을 참고하라. Hubert L. Dreyfus, *What Computers Still Can't Do: a Critique of Artificial Reason*, Cambridge, MA: MIT Press, 1992.

18. Paul Erickson et al., *How Reason Almost Lost Its Mind: The Strange Career of Cold War Rationality*, Chicago: University of Chicago Press, 2013; Cathy O'Neil, *Weapons of Math Destruction: How Big Data Increases Inequality and Threatens Democracy*, New York: Broadway Books, 2016.

19. Friedrich Nietzsche, *The Gay Science*, trans. Walter Kaufmann, New York: Vintage, 1974, §121, 177.

20. 이 시기의 복잡한 역사는 2장에서 상세히 다룰 예정이다.

21. Adelard of Bath, *Conversations with His Nephew: On the Same and the Different, Questions on Natural Science, and On Birds*, ed. and trans. Charles Burnett, Cambridge: Cambridge University Press, 1998, p. 47; Alfred North Whitehead, *An Introduction to Mathematics*, New York: Henry Holt, 1911, p. 9.

22. Pedro Salinas, "La voz a ti debida"(1933), *Poesías Completas*, ed. J. Marichal, Madrid: Aguilar, 1961, p. 133: "Y súbita, de pronto, / porque sí, la alegría."

23. Daniel Bernoulli, 1738; Daniel Bernoulli and Johann Bernoulli, *Hydrodynamics and Hydraulics*, trans. Thomas Carmody and Helmut Kobus, Mineola, NY: Dover, 1968. 이 번역서에는 다니엘 베르누이의 논문과 요한 베르누이의 책 *Hydraulica*도 포함돼 있는데, 1743년에 나온 *Hydraulica*가 1732년에 나온 것으로 잘못 표기돼 있다.

24. 우리는 여기서 아리스토텔레스가 『세계에 관하여(De Mundo)』, 392a에서 그리스어로 설명한 대립 개념 하나를 다소 느슨하게 확장했다. 변화할 수 없는, 변경할 수 없는, 무감정한을 뜻하는 아트렙톤(atrepton), 안헤테로이오톤(anheteroiôton), 아파테(apathê)와 변할 수 있는, 변경될 수 있는을 뜻하는 파테테(pathêtê), 트렙테(treptê)가 바로 대립하는 개념이다. 다음 책을 참고하라. Aristotle, *On Sophistical Refutations, On Coming-to-be and Passing-Away, On the Cosmos*, trans. E. S. Forster and D. J. Furley, Loeb Classical Library, Cambridge, MA: Harvard University Press, 1955, pp. 352–353. 그리스인들은 '아파테'라는 단어를 수나 수학에는 사용하지 않았다. 그리스철학에서 이 개념은 무감정한, 고통을 느끼지 못한다는 의미로 영혼에 사용됐다.

25. 앞으로 보겠지만, 이 분리와 조립을 물리적 물체에도 어느 정도 적용할 수 있다. 시계가 대표적 사례다(우리는 시계를 부품들로 분해한 후 변화 없이 재조립할 수 있다). 우리는 이런 물체를 기계 혹은 기계장치라고 부른다. 이 분해와 조립을 인간과 연결하는 일은 과학소설의 꿈 가운데 하나이다(〈스타트렉(Star Trek)〉의 "전송해 줘, 스코티(Beam me up, Scotty)"처럼).

26. 우리가 이 질문을 처음 제기하는 것은 절대 아니다. 유럽 철학 전통 안에서 로데베이크 메이어르(Lodewijk Meyer)에게 보낸 무한을 주제로 한 스피노자의 편지 12번은, '측량, 시간, 수는 사고방식, 심지어 상상의 형태에 지나지 않고' 모든 사물에 적용될 수 없다는 사실을 잊어버린 이들에게 가하는 초기의 공격을 대표한다. Spinoza, *Complete Works*, ed. Michael L. Morgan and trans. Samuel Shirley, Indianapolis, IN: Hackett, 2002, p. 789.

27. Sir David Brewster, *Memoirs of Sir Isaac Newton*, New York: Johnson Reprint, 1965, 2:407.

28. 홉스와 버킹엄 이야기는 존 오브리(John Aubrey)가 전해 줬다. 다음을 참고하라. *Aubrey on Education. A Hitherto Unpublished Manuscript by the Author of* Brief Lives, ed. J. E. Stephens, London: Routledge, 2012, p. 160.

29. Leonhard Euler, *Lettres à une Princesse d'Allemagne sur divers sujets de Physique & de Philosophie*, Saint Petersbourg, 1768. 콩도르세가 약간 수정하고 확장한 판본도 있다. *Lettres de M. Euler à une princesse d'Allemagne sur différentes questions de physique et de philosophie, Nouvelle Édition, Avec des Additions, par MM. le Marquis de Condorcet et De La Croix*, Paris, 1787.

30. 이 구절은 다음의 책에서 인용했고, 강조 표시는 필자들이 추가했다. L. Euler, *Letters of Euler on Different Subjects in Physics and Philosophy Addressed to a German Princess*, trans. H. Hunter, 2nd ed, London: Murray and Highley, 1802, letters 69 & 70 of October 1760, pp. 263–270. 뉴턴은 『자연철학의 수학적 원리』에 나오는 세 번째 철학 규칙에 따라, 침투불가능성을 실험으로 입증되는 모든 신체 속성으로 간주했다. 반면 데카르트주의자들은 신체를 연장으로 여겼는데, 오일러는 이 개념이 부적절하다면서 무시했고, 공주에게 연장이지만 신체가 아닌 사례로 진공이나 공간을 제시했다.

31. *The Book of the Pheasant Cap Master (He guan zi)*, chap. 5.9. 중국어 원문은 다음 사이트에서 볼 수 있다. https://ctext.org/he-guan-zi. 이 난해하면서도 환상적인 문헌에 관심을 갖게 해 주고, 브루스 러스크(Bruce Rusk)와 협력해 만든 번역을 제공해 준 파커(Farquhar) 교수에게 감사드린다. (우리 주제나 인용된 구절에 대한 특별한 관심이 아니더라도) 이 작품의 일반적인 이해를 위해서는 다음 책을 참고하라. Carine Defoort, *The Pheasant Cap Master (He guan zi): A Rhetorical Reading*, Albany: State University of New York Press, 1997.

32. 에부슈드의 '파트와(fatwā)'의 말은 다음 책에서 인용했다. Shahab Ahmed, *What Is Islam? The Importance of Being Islamic*, Princeton, NJ: Princeton Universi-

ty Press, 2016, pp. 288–289. 에부슈드는 1574년에 세상을 떠났다. 그의 연대
는 법적 논리를 더욱 넓게 적용하는 데 회의적이었던, 또 다른 뛰어난 철학
자 미셸 드 몽테뉴(Michel de Montaigne, 1533 ~ 1592)와 일부 겹친다.

1장

1. Max Scheler, *The Human Place in the Cosmos*, trans. Manfred S. Frings, Evanston, IL: Northwestern University Press, 2009, p. 5. 독일어 초판은 *Die Stellung des Menschen im Kosmos*, Darmstadt: Reichl, 1928.

2. Richard Rorty, *Philosophy as Poetry*, Charlottesville: University of Virginia Press, 2016, pp. 23–24.

3. 우리는 1, 2권으로 나뉘지 않은 합본을 이용했다. Oswald Spengler, *Der Untergang des Abendlandes: Umrisse einer Morphologie der Weltgeschichte*, Munich: C. H. Beck, 1990. 다음의 영어 번역본에서 인용했다. Charles Francis Atkinson, *The Decline of the West: Form and Actuality* 2 vols. New York: Alfred A. Knopf, 1926–1928. 이 책의 수용사에 관해서는 다음 책을 보라. *Spengler ohne Ende: Ein Rezeptionsphänomen im internationalen Kontext*, Schriften zur politischen Kultur der Weimarer Republik, vol. 16, ed. Gilbert Merlio and Daniel Meyer, Frankfurt am Main: Lang, 2014.

4. Spengler, *Decline*, 1:424.

5. Spengler, *Decline*, 1:59. 이 지적은 슈펭글러의 주장처럼 그렇게 독창적인 것은 아니다. 스피노자는 수를 '엔티아 이마지나티오니스(entia imaginationis)', 즉 상상의 존재로 다뤘고, 우리 모두 같은 상상을 하지 않는다는 점에서 수는 상대적이다. 앞으로 살펴보겠지만, 이슬람 철학자 이븐 투파일(Ibn Tufayl)도 12세기에 비슷한 주장을 했다.

6. Spengler, *Decline*, 1:60. 슈펭글러는 이 독창성이 자신에게 불리하다고 여겨서는 안 된다고 덧붙였다. "아직 문제가 아니라는 데 모두의 의견이 일치한다고 해도 보편적 진리일 수 있는 만큼 보편적 오류일 수도 있다는 것을 잊어서는 안 된다." 우리는 슈펭글러의 수학관을 지지하지 않지만, 이 마지막 의견에는 전적으로 동의한다.

7. *Umrisse einer Morphologie der Weltgeschichte*. 비록 역사가로 훈련받은 학자는 아니었지만, 슈펭글러는 오늘날 '세계사'라고 부르는 분야의 발전을 선도했던 개척자였다. 예를 들어, '서유럽적 자부심'에 대한 슈펭글러의 비난을 보라.

Decline, 1:17–18. 기존 역사학은 대체로 슈펭글러의 방법론을 거부했지만, 아널드 토인비(Arnold Toynbee)는 예외적으로 슈펭글러를 존중했다.

8. 파우스트적 영혼에 대해서는 다음을 참고하라. Spengler, *Decline*, 1:75, 90. 서양의 수학은 종말에 도달했다는 슈펭글러의 판단은 독단적이면서 동시에 틀렸지만, 여기서 다룰 문제는 아니다.

9. Spengler, *Decline*, 1:6.

10. Spengler, *Decline*, 1:4, 70. "원시인의 놀란 눈이 질서 정연한 외연이라는 새로운 세계를 감지하자마자, 즉시 영혼 안에서 영혼의 고독을 인식하는, 갈망이라는 근원적 감정이 생겨났다." *Decline*, 1:78. 이 책 3장에 나오는 플라톤의 『티마이오스』와 『에피노미스』를 비교해 보라.

11. 예를 들어, 사도바울의 「로마서」 7:5–6을 보라.

12. 이 소설은 1913년경에 집필을 시작해 1930년에 출판됐다. 소설의 주인공 울리히는 수학자인데, 저자 무질은 수학적으로 잘 훈련된 철학박사였다. Robert Musil, *The Man without Qualities*, trans. Sophie Wilkins and Burton Pike, New York: Vintage International, 1996, pp. 36–37. 전쟁 전인 1913년에 나온 무질의 에세이와 비교해 보라. "Der mathematische Mensch" (1913), Projekt Gutenberg, http://gutenberg.spiegel.de/gutenb/musil/essays/. 영어 번역본은 Robert Musil, *Precision and Soul: Essays and Addresses*, trans. Burton Pike and David S. Luft, Chicago: University of Chicago Press, 1995, pp. 39–43.

13. 무질의 논평 제목은 「정신과 경험: 서양의 몰락에서 탈출한 독자들을 위한 주석(Geist und Erfahrung: Anmerkungen für Leser, Welche dem Untergang des Abendlandes Entronnen Sind)」이다. 첫 번째 단어 정신(Geist)은 '정신(Spirit)'이나 '이성(Reason)'으로 번역하는 게 더 좋겠지만, 우리는 영어 번역자의 「마음과 경험(Mind and experience)」을 따랐다. Musil, *Precision and Soul*. 인용은 139쪽.

14. 아도르노는 1938년 슈펭글러를 주제로 한 학술 행사를 열었고, 1941년에 영어로 자료를 다듬었으며, 나중에 독일어판으로도 발간했다. "Spengler nach dem Untergang", Adorno, *Gesammelte Schriften in 20 Banden*, vol. 10, bk. 1, *Kulturkritik und Gesellschaft 1: Prismen. Ohne Leitbild*, Frankfurt: Suhrkamp, 1977, pp. 47–71. 영어 번역본은 "Spengler after the Decline", T. Adorno, *Prisms*, trans. Samuel and Shierry Weber, Cambridge, MA: MIT, 1981, pp. 51–72.

15. Paul Forman, *Weimar Culture, Causality, and Quantum Theory: Adaptation by Ger-*

man Physicists and Mathematicians to a Hostile Environment, Historical Studies in the Physical Sciences 3, Philadelphia: University of Pennsylvania Press, 1971, pp. 1–115; "*Kausalität, Anschaulichkeit, and Individualität*, or How Cultural Values Prescribed the Character and Lessons Ascribed to Quantum Mechanics", *Society and Knowledge*, ed. Nico Stehr and Volker Meja, Brunswick, NJ: Transaction Books, 1984, pp. 333–347.

16. Max Weber, "Wissenschaft als Beruf", *Schriften 1894–1922*, ed. Dirk Kaesler, Stutgart: Kröner 2002, pp. 488, 489. 영어 번역본은 *Max Weber: Essays in Sociology*, ed. and trans. H. H. Gerth and C. Wright Mills, New York: Oxford University Press, 1946, pp. 129–156. 비평적 편집본을 참고하려면 다음 문헌을 보라. *Max Weber Gesamtausgabe*, ed. W. J. Mommsen, W. Schluchter, and B. Morgenbrod, vol. 1, Tübingen: J. C. B. Mohr, 1992. 베버의 환멸 개념에 대한 최근의 논평은 다음을 참고하라. Jason Ā. Josephson-Storm, *The Myth of Disenchantment: Magic, Modernity, and the Birth of the Human Sciences*, Chicago: University of Chicago Press, 2017.

17. Max Weber, "Wissenschaft als Beruf", p. 490.

18. Max Weber, pp. 506, 511.

19. Spengler, *Decline*, 1:84. 슈펭글러는 집합론(set theory) 대신 '집단들의 이론 (Theory of Aggregates)'이라고 썼다. 여기서 참고한 내용은 아마도 수학의 기초를 제공하려 한 프레게, 러셀, 화이트헤드의 시도였을 것이다. 이 시도에 관해서는 아래를 참고하라. 몇 년 후 발표되는 요한 폰 노이만의 논문들을 읽었다면 슈펭글러는 무엇을 만들었을지 궁금하다. John von Neumann, "Eine Axiomatisierung der Mengenlehre", *Journal für die Reine und Angewandte Mathematik* 154, 1925, pp. 219–224; "Die Axiomatisierung der Mengenlehre", *Mathematische Zeitschrift* 27, no.1 , 1928, pp. 669–752.

20. Bertrand Russell, *My Philosophical Development*, London: Routledge, 1993, p. 74.

21. Bertrand Russell, "On Denoting", *Mind* 14, no. 56, 1905. 다음 책에 재수록됐다. Russell, *Logic and Knowledge: Essays 1901–1950*, ed. Robert Charles Marsh, Nottingham: Spokesman, 2007, pp. 41–56. "문장의 주어를 구성하는": 이 진술은 러셀이 아닌 로티의 것이다. *Philosophy as Poetry*, pp. 26–28. 신기하게도 시인 엘리엇이 이 프로젝트의 해당 부분을 정확히 칭찬했다. "영어를 어떤 주제에 대해서도 명료하고 정확하게 생각할 수 있는 언어로 만들기 위해 논리

학자들은 큰 노력을 했다. 아마도 『수학의 원리』는 수학보다 우리 언어에 훨씬 더 큰 기여를 할 것이다." 다음을 참고하라. T. S. Eliot, "A Commentary", *Monthly Criterion* 6, no.1, October 1927, p. 291.

22. 그 목표에 도달할 수 없다고 지적할 필요는 없을 것 같다. 러셀 이후 20세기에 철학의 공리화를 과감하게 제안한 분석철학자는 거의 없다.

23. "모든 철학적 문제": Bertrand Russell, *Our Knowledge of the External World as a Field for Scientific Method in Philosophy*, Chicago: Open Court, 1914, p. 33. "시간의 사소함": Bertrand Russell, "Mysticism and Logic", *Mysticism and Logic, and Other Essays*, London: Longmans, Green, 1919, p. 22. "사고와 감정 모두에게 시간이 실제일지라도, 시간의 사소함을 인식하는 것이 지혜로 가는 문이다." 새뮤얼 알렉산더(Samuel Alexander)의 다음 문장과 비교해 보라. "시간의 중요성을 인식하는 것이 지혜로 가는 문이다." Samuel Alexander, *Space, Time and Deity*, New York: Dover, 1966, p. 36.

24. 아들러와 노이라트가 연루됐던 격정적인 사건들에 관한 이야기는 다음 책을 참고하라. Karl Sigmund, *Exact Thinking in Demented Times*, New York: Basic Books, 2017, pp. 86–88, 91–99. 노이라트의 논문들은 다음 모음집에서 찾을 수 있다. *Gesammelte philosophische und methodologische Schriften*, ed. R. Haller and H. Rutte, Vienna: Hölder-Pichler-Tempsky, 1981. 다음 책도 참고하라. P. Neurath and E. Nemeth, eds., *Otto Neurath oder die Einheit von Wissenschaft und Gesellschaft*, Vienna: Böhlau, 1993.

25. Johann Nelböck, "Die Bedeutung der Logik im Empirismus und Positivismus", PhD diss., University of Vienna, 1930. 이 살인에 관해서는 다음 글들을 참고하라. Friedrich Stadler, "Documentation: The Murder of Moritz Schlick", *The Vienna Circle. Studies in the Origins, Development, and Influence of Logical Empiricism*, ed. Friedrich Stadler, Vienna: Springer, 2001, pp. 866–909; Sigmund, *Exact Thinking*, pp. 312–320. "철학의 본성을 둘러싼 갈등"은 317쪽에서 인용했다.

26. 수학뿐만 아니라 정치-문화적 주제들에도 깊은 관심을 둔 이 논쟁들에 관심이 있는 독자는 헤르베르트 메르텐스(Herbert Mehrtens)의 책과 논문을 참고하라. Herbert Mehrtens, *Moderne—Sprache—Mathematik. Eine Geschichte des Streits um die Grundlagen der Disziplin und des Subjekts formaler Systeme*, Frankfurt am Main: Suhrkamp, 1990; "Modernism vs. Counter-Modernism, Nationalism vs. Internationalism: Style and Politics in Mathematics, 1900–1950", *L'Europe*

mathématique: Histoires, mythes, identités, ed. Catherine Goldstein, Jeremy Gray, and Jim Ritter, Paris: Éditions de la Maison de l'homme 1996, pp. 518–529.

27. 비교적 최근 상황을 조망하고 싶으면 다음 논문을 참고하라. José Ferreirós, "The Crisis in the Foundations of Mathematics", *Princeton Companion to Mathematics*, ed. I. Leader, J. Barrow-Green, T. Gowers, Princeton, NJ: Princeton University Press, 2010, pp. 142–156.

28. 1930년대에 쿠르트 괴델과 게르하르트 겐첸(Gerhard Gentzen)은 수론에서 데데킨트-페아노공리가 형식화된 직관적 산술에 비해 일관성이 있다는 것을 증명했다('일관성'은 동일성의 한 유형이다. 만약 한 명제가 어떤 산술에서 참이면, 이 명제는 다른 산술에서도 참일 것이고, 어떤 산술에서 거짓이면 다른 산술에서도 거짓일 것이다). 집합론이나 체계 분석에서는 비슷한 증명이 발견되지 않았다. 다음을 참고하라. Kurt Gödel, "Zur intuitionistischen Arithmetik und Zahlentheorie", *Ergebnisse eines mathematischen Kolloquiums*, ed. Karl Menger, Leipzig: F. Deuticke, 1933, 4:34–38, 번역본은 "On Intuitionistic Arithmetic and Number Theory", *The Undecidable: Basic Papers on Undecidable Propositions, Unsolvable Problems and Computable Functions*, ed. Martin Davis, Mineola: Dover, 1993, pp. 75–81. G. Gentzen, "Die Widerspruchfreiheit der reinen Zahlentheorie", *Mathematische Annalen* 112, 1936, pp. 493–565, 영어 번역본은 "The Consistency of Arithmetic", *The Collected Papers of Gerhard Gentzen*, ed. M. E. Szabo, Amsterdam: North-Holland, 1969, pp. 132–213. 좀 더 최근의 설명이 보고 싶으면 윌리엄 타이트(William Tait)의 논문을 참고하라. William Tait, "Gödel on Intuition and on Hilbert's Finitism", *Kurt Gödel: Essays for His Centennial*, ed. Solomon Feferman, Charles Parsons, and Stephen Simpson, Cambridge: Cambridge University Press, 2010, pp. 88–108. '구성주의자들'처럼 기초의 문제를 제기하려는 이후의 노력은 큰 반향을 일으키지 못했다. 스톨첸베르크(Gabriel Stolzenberg)의 논문이 하나의 사례다. Gabriel Stolzenberg, "Can an Inquiry into the Foundations of Mathematics Tell Us Anything Interesting about Mind?", *The Invented Reality: How Do We Know What We Believe We Know? Contributions to Constructivism*, ed. Paul Watzlawick, New York: W. W. Norton, 1984, pp. 257–308.

29. John Dewey, *The Quest for Certainty: A study of the Relation of Knowledge and Action*, New York: Minton, Balch, 1929, p. 30.

30. Spengler, *Decline*, 1:418.

31. Spengler, *Decline*, 1:6.

32. Spengler, *Decline*, 1:4, 118, 421. 유기체와 기계 사이의 구분은 연대기적 수와 수학적 수 사이의 구분과 상응한다. 영어 번역본 4, 6, 70쪽을 보라.

33. Forman, *Weimar Culture*, p. 71. 다음 책에 실린 아인슈타인의 1920년 1월 27일 편지에서 인용했다. Albert Einstein, Hedwig Born, and Max Born, *Briefwechsel 1916–1955*, ed. M. Born, Munich: Nymphenburger, 1969, pp. 42–45. 무질서처럼 아인슈타인도 슈펭글러의 강박('완전한 편집광')을 '학창 시절 수학' 탓으로 돌렸다.

34. Einstein, "On the Present Crisis"; Moritz Schlick, "Naturphilosophische Betrachtungen über das Kausalprinzip", *Naturwissenschaft* 8, 1920, p. 461. 두 논문 모두 *Weimar Culture*, pp. 64–65에서 재인용. 슈펭글러의 다음 주장과 비교해 보라. "인과율은 법 개념과 같은 크기를 갖는다. 오직 인과법칙만이 있을 뿐이다."

35. 예를 들어, 찰스 샌더스 퍼스의 훌륭하면서도 짧은 논문을 읽어 보라. C. S. Peirce, "The Doctrine of Necessity Examined", *Monist* 2, 1892, pp. 481–486. 결정론적 세계 해설에 확률이 던진 충격에 대해서는 특히 다음 책을 참고하라. Ian Hacking, *The Taming of Chance*, Cambridge: Cambridge University Press, 1990.

36. Max Planck, "Dynamische und statistische Gesetzmässigkeit", *Physikalische Abhandlungen und Vorträge*, ed. Verband Deutscher Physikalischer Gesellschaften und der Max-Planck-Gesellschaft zur Förderung der Wissenschaften e. V. Braunschweig: F. Vieweg, 1958, pp. 77–90. Forman, *Weimar Culture*, p. 67에서 재인용. 플랑크가 확실히 옳았다. 두 개념 사이에서 절대적 선택을 할 필요가 없었다. 철학자들과 물리학자들이 곧 수용하게 되듯이, 약한 법칙적 가정들은 모든 세세한 자연 과정에서 명료한 결정론을 요구하지 않으며, 이 가정들은 여전히 만족스러운 설명을 제시할 수 있다. 그러나 당시 많은 사상가들은 극단적으로 보는 경향이 있었고, 결정론에 약간의 여유를 두는 것도 인과론의 붕괴로 보았다.

37. Wolfgang Pauli, "Quantentheorie", *Handbuch der Physik*, vol. 23, *Quanten*, Berlin: Springer, 1926, pp. 1–278, 여기서는 11쪽 인용. Forman, *Weimar Culture*, p. 96에서 재인용.

38. 다음을 참고하라. Forman, *Weimar Culture*, pp. 105–107.

39. Erwin Schrödinger, "Was ist ein Naturgesetz?", *Naturwissenschaft* 17, 1929, pp. 9–

11, 영어 번역본은 "What Is a Law of Nature?", *Science, Theory, and Man*, New York: Dover, 1957, pp. 133–147. 1929년까지 이 논문은 출판되지 않았지만, 강연은 1922년 12월 9일에 있었다. 포먼이 자신의 책에서 이 강연을 다뤘다. Forman, *Weimar Culture*, pp. 87–88.

40. Erwin Schrödinger, "Quantisierung als Eigenwertproblem (Zweite Mitteilung)", *Annalen der Physik* 79, April 1926, p. 509. 다음 책도 참고하라. Forman, *Weimar Culture*, p. 104. 확실히 슈뢰딩거는 동일성과 차이의 화해를 무척 원했던 것 같다.

41. Max Dehn, *Über die geistige Eigenart des Mathematikers: Rede anlässlich der Gründungsfeier des Deutschen Reiches am 18. Januar 1928*, Frankfurter Universitätsreden 28, Frankfurt am Main: Werner und Winter, 1928, Forman, *Weimar Culture*, p. 55 에서 재인용.

42. Paul Valéry, "La crise de l'esprit, première lettre", *Œuvres*, vol. 1, Paris: Gallimard, 1957, p. 994.

43. 11음절(Hendecasyllabic): 문장 단위 강세(tonic stress)가 없는 프랑스어에서 11음절 시는 '10음절(décasyllabe)' 시가 되는데, 이 시에서는 4음절 뒤에 중간 휴지(caesura)로 구분된다. 이 시는 1920년 에밀폴페레(Émile-Paul Frères) 출판 사에서 출판됐고 그 후 다음 시집에 실렸다. *Charmes*, Paris: NRF, 1922. 우리 는 다음의 영어 번역본을 사용했다. Cecil Day-Lewis, *The Graveyard by the Sea*, London: Martin Secker & Warburg, 1946. 발레리는 종종 지중해의 역할을 강 조했는데, 1939년 발표한 『영혼의 자유(La Liberté de l'Esprit)』에서 지중해를 '문명을 만드는 기계'라고 불렀다(유일한 기계는 아니다. 그는 라인강 유역 을 또 다른 기계로 제시했다). 다음 책을 참고하라. *History and Politics: Collected Works of Paul Valéry*, ed. J. Mathews and trans. D. Folliot, Princeton, NJ: Princeton University Press, 1971, p. 196.

44. cimetière(묘지)는 columbaria(고대 로마에서 묘지 혹은 비둘기장을 의미 했다)를 통해 colombes(비둘기)와 연결되고, 환유를 통해 pins(소나무들), 제유법에 의해 tombes(무덤들)와 연결된다. 그리고 다시 각운에 의해 colombes(비둘기)와 연결된다. 라틴어 pendo(무게를 재다, 가치를 매기다, 지불 하다, 생각하다, 숙고하다, 판단하다, 여기다)는 프랑스 단어 récompense(보 상하다)와 pensée(생각하다)의 어원이고, Midi le juste(공정한 정오)와 regard(여기다)를 연상시킨다. 그리고 calme(고요함)은 정오의 태양열을 뜻하 는 후기 라틴어와 그리스어 kaûma와, 나는 불탄다는 뜻의 kaíō에서 왔다.

45. 보르헤스의 평가는 1964년에 비오이 카사레스(Adolfo Bioy Casares)에게 한 말이었다. Adolfo Bioy Casares, *Borges*, ed. D. Martino, Barcelona: Destino, 2006, p. 1042. 발레리 시에 대한 현대적 비평에 대해서는 다음 글을 참고하라. Paul Claudel, "Sur le vers français"(1925), *Œuvres en prose*, Paris: Pléiade, 1965, pp. 8–9. 리카도 L. 니런버그는 엘리자베스 스웰(Elizabeth Sewell)의 발레리 해석을 좋아한다. Elizabeth Sewell, *Paul Valéry: The Mind in the Mirror*, Cambridge: Bowes & Bowes, 1952.

46. 발레리는 이 주장을 이렇게 표현했다. "시에 등장하는 '착상들'은 거기서 같은 역할을 하지 않으며, 산문의 착상들과 전혀 다른 가치를 갖는다(les 'idées' qui figurent dans une œuvre poétique n'y jouent pas le même rôle, ne sont pas du tout des *valeurs de même espèce*, que les idées de la prose)." Gustave Cohen and Paul Valéry, *Essai d'explication du "Cimetière marin": Précédé d'un avant-propos de Paul Valéry au sujet du "Cimetière marin"*, Paris: Gallimard, 1933, p. 29.

47. "Mauvaises pensées", *Œuvres*, Paris: Pléiade, 1960, 2:794(1940년경에 쓰였다). 이 pensée를 플라톤의 『필레보스(Philebus)』 15d–e와 비교해 보라.

48. 독일어 원제목은 다음과 같다. *Die Krisis der europäischen Wissenschaften und die transzendentale Phänomenologie: Eine Einleitung in die phänomenologische Philosophie.* 이 책은 후설 전집의 6권으로 출판됐다. Husserl, Gesammelte Werke vol. 6, ed. Walter Biemel, The Hague: Martinus Nijhoff, 1954. 영어 번역본은 *The Crisis of European Sciences and Transcendental Phenomenology*, trans. D. Carr, Evanston, IL: Northwestern University Press, 1970.

49. 존 듀이는 이 상황을 이렇게 표현했다. "그래서 삶을 규제하고 행동을 통제해야 하는 가치들이, 어떤 궁극적 실제 안에서 확실하게 규정된다고 믿었고, 고전적 형태의 철학은 이 궁극적 실제에 대한 믿음을 변증하고 정당화하는 논리의 일종이 됐다." John Dewey, *The Quest for Certainty*, p. 30.

50. Husserl, *Crisis of European Sciences*, p. 46. 하이데거와 마찬가지로, 후설도 여기서 '테크네(technē)'와 테크네를 사용하는 사람들을 경시하는 플라톤의 태도를 공유한다. 여기서 철학은 단순한 '기술자'와 생산자들인 노동계급을 희생하면서 진리를 독점하겠다는 오래된 귀족적 요구를 반복하고 있다.

51. Husserl, *Crisis of European Sciences*, p. 13.

52. 이런 주장의 대표 사례를 인용한다. "(두 종류의 존재 사이에 있는 관계의) 모호함은 순수 형식적 수학의 발전과 그 방법론의 지속적인 응용 때문에 그 후에도 여전히 강화되고 변환됐다. '공간'과 순수하게 형식적으로 정의된

'유클리드 다양체'가 혼동됐다. 조건 없이 유효한 이상적 기준이자 기하학적, 산술적, 혹은 순수하게 논리적 사고에서 자명하게 이해되는 (즉 이 용어의 오래된 관습적 의미에서의) 참된 공리와 비실제적(uneigentliches) '공리'가 혼동됐다. 이 공리라는 단어는 다양체 이론에서 중요하다. 이때 공리는 결정('정리')이 아니라, 정리들의 형식이며, 내적 모순 없이 형식적으로 구성되는 '다양체' 정의의 구성 요소가 된다." Husserl, *Crisis of European Sciences*, p. 56.

53. 우리 시대에는 알랭 바디우(Alain Badiou)가 유사한 해답을 제시한다. 바디우는 근대 기술과 독재의 기초가 되는 셈과 수라는 가정된 잔혹함과, 존재의 견고한 기초가 되는 집합론이라는 역시 동등하게 가정된 존재론적 진리 사이의 차이를 주장했다. 이 주장에 대한 우리의 평가를 보려면 다음 논문들을 참고하라. "Badiou's Number: A Critique of Set Theory as Ontology," *Critical Inquiry* 37, 2011, pp. 583–614; "Critical Response", *Critical Inquiry* 38, 2012, pp. 362–387.

54. "Philosophy and the Crisis of European Man", Edmund Husserl, *Phenomenology and the Crisis of Philosophy: Philosophy as Rigorous Science and Philosophy and the Crisis of European Man*, trans. Quentin Lauer, New York: Harper & Row, 1965, p. 153.

55. "진정한 의미에서 변하지 않는 것": 아인슈타인의 사상에 대한 이 묘사는 1921년 상대성이론에 관한 에른스트 카시러의 에세이에서 나온 이야기다. *Substance and Function and Einstein's Theory of Relativity*, trans. William Curtis Swabey and Marie Collins Swabey, Chicago: Open Court, 1923, p. 379. Peter Gordon, *Continental Divide: Heidegger, Cassirer, Davos*, Cambridge, MA: Harvard University Press, 2010, p. 17에서 재인용.

56. 카시러는 상징 형식의 정의를 다음 글에서 제시한다. "Der Begriff der Symbolischen Form im Aufbau der Geisteswissenchaften", *Vorträge der Bibliothek Warburg*, ed. Fritz Saxl, Leipzig: B. G. Teubner, 1921–1922, 1:15. 제1차 세계대전에서 독일이 패하면서 촉발된 위기에서 많은 사람이 '형식' 그 자체를 이성과 결합된 독재의 일종으로 이해했고, 더 나아가 그 독재를 '유대적'인 것으로 여겼다. 카시러는 이 사실을 잘 알고 있었고, 이런 관점에 반대하면서 1916년에 *Freedom and Form: Studies in German Intellectual History*를 출판했다.

57. 1930년대 한 강의에서 하이데거는 근대가 그리스인들이 수학을 이야기할 때 중요하게 여겼던 것을 바꿨다고 말한다. "타 마테마타(τὰ μαθήματα)란 무슨

뜻입니까? 우리가 이 단어를 '수학적인 것'이라고 말하면, 우리는 그리스어 개념을 오독할 위험에 빠질 수 있습니다. 왜냐하면 우리는 '수학적'이라는 개념으로 처음부터 수와 수치적 관계, 그리고 점, 선, 평면, 고체(공간적 요소와 형태들)를 배타적으로 생각하기 때문입니다. 그러나 이 모든 것은 원래부터 마테마타(μαθήματα)의 본질에 속하는 것을 정확하게 만족시키는 한, 파생적 의미에서만 수학적이라고 불립니다. 마테마타는 수학적으로 설명할 수 없지만, 그 반대도 마찬가지입니다." Martin Heidegger, *Being and Truth*, trans. Gregory Fried and Richard Polt, Bloomington: Indiana University Press, 2010, p. 26.

58. 하이데거는 데카르트에 대해 이렇게 평가했다. "데카르트의 존재론은 기본적으로 그의 수학적 편애가 결정한 것이 아니다. (…) 오히려 원칙적으로, 항상 눈앞에 있는 것(presence-at-hand, Vorhandenheit)을 향한 자신의 존재론적 지향에 의해 결정됐는데, 눈앞에 있는 것은 수학적 지식이 파악하기에 특별히 적합하다. 이런 식으로 데카르트는 철학적으로 볼 때 전통 존재론적 발전에서 근대 수리물리학 및 그 물리학의 초월적 기초로 전환했다." Heidegger, *Being and Time*, trans. John Macquarrie and Edward Robinson, New York: Harper Perennial, 2008, 1.3, §20, pp. 95–96 (128–129) (장과 쪽은 독일어 원서 기준이고, 괄호 속 쪽은 영어 번역본 기준이다). 하이데거는 이 주제에 계속 몰두했다. 예를 들어 1957년에 했던 강의를 보라. "Die Satz der Identität", Martin Heidegger, *Identity and Difference*, trans. Joan Stambaugh, Chicago: University of Chicago Press, 1969, pp. 23–41(영어), 85–106(독일어).

59. '무'라는 조건을 제대로 따져 묻지 못했던 과거의 오류에 대해서는 다음을 참고하라. Heidegger, *Being and Time*, 2.2, §58, p. 286(331–332).

60. Heidegger, *Being and Time*, 1.3, §18, p. 88 (121–122). 1년 뒤 출판되는 카르나프의 작품이 바로 하이데거가 공격하고 있는 작업의 좋은 예다. Rudolf Carnap, *Der logische Aufbau der Welt*(세계의 논리적 구조), Berlin: F. Meiner, 1928.

61. Martin Heidegger, *Kant and the Problem of Metaphysics*, trans. Richard Taft, Bloomington: Indiana University Press, 1997, p. 192.

62. Philipp Lenard, *Deutsche Physik*, Munich: J. F. Lehmann, 1936, 1:6. 좀 더 많은 사례를 보고 싶으면 다음 책을 참고하라. Klaus Hentschel, ed., and Ann M. Hentschel, trans., *Physics and National Socialism: an Anthology of Primary Sources*, Basel: Birkhäuser, 1996. 두 번째 책을 알려 준 로버트 고든(Robert Gordon)에게 감사를 전한다.

63. Johannes Stark, "The Pragmatic and the Dogmatic Spirit in Physics", *Nature* 141, 1938, p. 772. 수학자들에 대해서는 다음 글들을 참고하라. Herbert Mehrtens, "Ludwig Bieberbach and 'Deutsche Mathematik'", *Studies in the History of Mathematics*, ed. Esther R. Phillips, Washington, DC: Mathematical Association of America, 1987, pp. 195–241; "Mathématiques, sciences de la nature et national-socialisme: Quelles questions poser?", *La Science sous le Troisième Reich: Victime ou alliée du nazisme?*, ed. Josiane Olff-Nathan, Paris: Seuil 1993, pp. 33–49; "Irresponsible Purity: On the Political and Moral Structure of the Mathematical Sciences in the National Socialist State", *Scientists, Engineers, and National Socialism*, ed. Monika Renneberg and Mark Walker, Cambridge: Cambridge University Press 1994, pp. 324–338; Sanford Segal, *Mathematicians under the Nazis*, Princeton, NJ: Princeton University Press, 2014. 수학과 관련된 이 논쟁이 유대교와 관련해 펼쳐진 이유를 묻는 큰 질문에 대한 예비 작업은 다음을 참고하라. David Nirenberg, *Anti-Judaism: The Western Tradition*, New York: W. W. Norton, 2013.

64. 슈펭글러의 인종주의는 이 점에서 매우 독특하다. 슈펭글러는 물리학의 수학화와 "상대성이론의 무례한 냉소적 가설"(Spengler, *Decline*, 1:419)이 서양 붕괴의 극단적 증상이라고 생각했다. 그러나 슈펭글러는 유대인의 뿌리는 '파우스트'보다는 '마법사'에 있다고 보았고, 힘은 파우스트적 관념이므로 유대인들은 물리학을 할 능력이 없다고 생각했다[예를 들어, 414쪽을 보라. "최근 위대한 물리학자 가운데 하인리히 헤르츠(Heinrich Rudolf Hertz)만이 유일한 유대인이라는 점이 이 뿌리 관념의 비밀스러운 힘을 보여 주는 놀라운 증명이다."]. 슈펭글러는 편견 덕분에 자신이 비판하던 수학과 물리학의 문제를 유대인 탓으로 돌리지 '않을' 수 있었다고 할 수 있다.

65. 빈 출신만으로도 충분히 많은 사례를 제시할 수 있을 것이다. 게슈탈트 이론의 창시자인 크리스티안 폰 에렌펠스(Christian von Ehrenfels)는 '수의 영역과 수들의 영원하고 필연적 연결'에 대한 명상이 제1차세계대전 이후 자신의 고뇌를 진정시켰다고 썼다. *Das Primzahlengesetz*, Leipzig: O. R. Reisland, 1922, iii. 헤르만 브로흐(Hermann Broch)는 1934년에 발표한 글에서 수학을 당시 영적 위기의 핵심에 놓았다. "Geist und Zeitgeist", *Geist and Zeitgeist: The Spirit in an Unspiritual Age*, ed. and trans. John Hargraves, New York: Counterpoint, 2002, pp. 45–46.

66. Dewey, *The Quest for Certainty*, p. 10.

67. Dewey, p. 19.

2장

1. Hans Blumenberg, *The Laughter of the Thracian Woman: A Protohistory of Theory*, trans. S. Hawkins, London: Bloomsbury, 2015, p. vii.

2. Herodotus, *Histories*, 2.109를 보라. Aristotle, *Metaphysics*, 1.1.981b21를 참고하라. 바빌로니아 수학의 영향에 대해서는 아래 주석 4를 보라.

3. Diogenes Laertius, *Lives of Eminent Philosophers*, 1.22–23, 27; Proclus, *A Commentary on the First Book of Euclid's "Elements"*, 250.18–251.2, 298.12–13, 347.13–16; Thomas L. Heath, *A History of Greek Mathematics*, Minneola, NY: Dover, 1981, 1:128–140.

4. 레오니드 즈머드(Leonid Zhmud)는 여러 책에서 피타고라스의 혁신적인 면을 강조했다. *Pythagoras and the Early Pythagoreans*, Oxford: Oxford University Press, 2012, pp. 245–246. 메소포타미아의 수학에 관해서는 특별히 다음 책을 보라. Jens Høyrup, *Lengths, Widths, Surfaces: A Portrait of Old Babylonian Algebra and Its Kin*, New York: Springer, 2002. 그리스, 이집트, 인도, 그리고 이슬람 수학에 미친 메소포타미아 수학의 영향에 대해서는 같은 책, 400–417쪽을 보라. 회위루프(Jens Høyrup)의 다음 책도 참고하라. *Influences of Institutionalized Mathematics Teaching on the Development and Organization of Mathematical Thought in the Pre-Modern Period: Investigations into an Aspect of the Anthropology of Mathematics*, Materialien und Studien. Institut für Didaktik der Mathematik der Universität Bielefeld, vol. 20, Roskilde: Roskilde University Center, 1980. 이 책에서 회위루프는 그리스를 '응용'수학의 반대로서 '순수'수학을 연구한 최초의 지중해 문화로 이해한다. 아네테 임하우젠(Annette Imhausen)은 *Mathematics in Ancient Egypt: A Contextual History*, Princeton, NJ: Princeton University Press, 2016에서 각도나 측량에 대해서는 거의 언급하지 않는다.

5. Reviel Netz, *The Shaping of Deduction in Greek Mathematics: A Study in Cognitive History*, Cambridge: Cambridge University Press, 1999, pp. 196–197. 네츠(Reviel Netz)의 말을 계속 들어 보자. "좀 더 넓은 관점에서 보면, 등가 관계 없는 이행관계라는 작은 유형이, 주로 '대소' 관계가 그리스 증명의 나머지 대부분을 지배했다. 이행 관계와 등가 관계의 결합은 그리스수학적 논증의 핵심 법칙에 맞는 치환 집합을 생산했다." 확실히 네츠는 신화적 창시자를 다룬 회고담이 아니라 (문서화된) 후기 고전적 그리스수학에 대해 언급하고 있다.

6. 크게 중요하지 않은 다음과 같은 명제는 예외다. "점 *P*가 점 *R*과 같고 *Q*가 *S*와 같다면, 선분 *PQ*는 선분 *RS*와 같다."

7. Simplicius, *Physics*, pp. 23, 29. Andrew Gregory, *The Presocratics and the Supernatural: Magic, Philosophy and Science in Early Greece*, London: Bloomsbury, 2013, p. 219에서 재인용.

8. Aristotle, *Metaphysics*, 1.3.983b; Heraclitus Homericus, *Quaest. Hom.*, p. 22. 비록 탈레스는 연속이나 보존과 관련된 원리를 명시적으로 밝히지는 않은 듯하지만, 헤라클레이토스는 그의 단편 B31에서 이 개념을 생각했던 것처럼 보인다. "땅이 되기 전과 같은 양으로 측정된 바다가 쏟아져 나온다." 지금은 좀 더 일반화돼 열역학제1법칙이 된, 1770년대 라부아지에(Antoine Laurent Lavoisier)의 질량보존의법칙과 비교해 보라. 물질은 생겨나지도 파괴되지도 않으며, 단지 형태만 바꾼다(이 두 주장을 나란히 놓은 것은 그 영향력을 강조하기 위해서가 아니라, 단지 동일성 주장의 지속적인 힘을 강조하기 위해서다).

9. 지진에 대한 탈레스 학파의 생각은 다음을 참고했다. Seneca, *Natural Questions*, 3.14; Pseudo-Plutarch, 3.15.

10. Andrew Gregory, *Presocratics and the Supernatural*, pp. 43–67.

11. Pseudo-Plutarch, 1.25; Stobaeus, 1.4.7a. Gregory, *Presocratics and the Supernatural*, p. 62에서 재인용. 호메로스와 다른 시인들도 필연성에 대해 말한 이들에 추가할 수 있다. 이 시인들은 종종 신들이라는 개념으로 필연성을 설명했다.

12. 지진: Cicero, *De Divinatione*, 1.50.112. 우주의 비율: Hippolytus, *Refutation of all Heresies*, 1.6.5.

13. Aristotle, *De caelo*, 295b, lines 10 ff., DK 12A26. 강조는 필자들이 추가했다. W. K. C. 거스리(William Keith Chambers Guthrie)는 플라톤의 『파이돈(Phaidon)』 108e와 비교하면서 '호모이오테타(homoiótēta)'를 '무관심(indifference)'으로 번역했다. 우리는 좀 더 직접적으로 '동일성'으로 번역했다. 그런데 『파이돈』 108e–109a는 플라톤이 아리스토텔레스가 언급했던 '그 사람들'에 포함돼야 함을 분명하게 보여 준다.

14. Carlo Rovelli, *The First Scientist: Anaximander and His Legacy*, trans. M. L. Rosenberg, Yardley, PA: Westholme, 2011; Daniel Graham, *Explaining the Cosmos: The Ionian Tradition of Scientific Philosophy*, Princeton, NJ: Princeton University Press, 2006. Dirk L. Couprie, "The Discovery of Space: Anaximander's Astronomy", *Anaximander in Context*, ed. D. Couprie, R. Hahn, and G. Nadaff, Albany: State University of New York Press, 2003, pp. 167–240.

15. 다음 글을 보라. Katherine Brading and Elena Castellani, eds., *Symmetries in Physics: Philosophical Reflections*, Cambridge: Cambridge University Press, 2003, p. 10.

16. 헤로도토스에 따르면, 탈레스는 '이오니아 중심'에 단일 정부 자리를 만들라고 이오니아 연방의회에 조언했다. Herodotus, *Histories*, 1.170. 에이스 메손(*eis meson*), '중앙에 사물 놓기'의 일반적인 정치 개념에 대해서는 다음 책을 보라. Marcel Detienne, *The Masters of Truth in Archaic Greece*, trans. J. Lloyd, Boston: Zone Books, 1996, 101ff. 고대 그리스 사상에서 '중심'의 특권에 대해서는 다음 책을 보라. Jean-Pierre Vernant, *Myth and Thought among the Greeks*, London: Routledge, 1983, 184 ff, 190 ff.

17. Aristotle, *Metaphysics*, 4.3.1005b.

18. *De Caelo*, 295b, 17–19, lines 31–34.

19. 우리는 이 경우를 메타바시스 에이스 알로 게노스(μετάβασις εἰς ἄλλο γένος), 또는 '다른 범주로의 이탈'이라고 부를 수 있을 것이다. 충족이유율의 근대적 권위자인 라이프니츠는 1710년 『신정론(Essais de Théodicée)』에서 우리가 방금 간략하게 설명했던 두 가지 근거로 뷔리당의 당나귀 사례를 (아리스토텔레스도 함께) 비판했다. G. W. Leibniz, *Theodicy*, Chicago: Open Court Classics, 1985, p. 150.

20. 네츠는 그리스수학에서 이 선택의 중요성을 이렇게 지적했다. *Shaping of Deduction*, p. 198. "어떤 단계에서 몇몇 그리스인들은, 로이드(Geoffrey E. R. Lloyd)의 묘사처럼 반박불가능성을 향한 강한 압박을 받으면서 이행 관계에 집중하기로 결정했고, 또한 영역의 관계와 같은 문제를 논의할 때 이상적인 이행성을 믿어야 한다고 주장하기로 결정했다." 위에 언급된 로이드 글의 출처는 다음과 같다. G. E. R. Lloyd, *Demystifying Mentalities*, Cambridge: Cambridge University Press, 1990.

21. 아낙시만드로스가 했다고 여기는 이 말들은 후대 자료를 통해 전달됐다. 이 말들은 심플리키우스의 저술에서 왔는데, 아낙시만드로스보다 수천 년 후 사람인 심플리키우스는 이 말들이 아리스토텔레스의 제자인 테오프라스토스(Theophrastos)에 의해 전해졌다고 말한다. Simplicius, *Physics*, 24.13; Diels-Kranz, 12.B1; Aristotle, *Physics*, 3.4.203b7 f.

22. 경계가 없음: *X*를 유클리드기하학에서처럼 하나의 평면으로 상상하라. 이 평면은 무수한 점들로 구성돼 있지만, 선은 하나도 없다. 선은 아직 발명되지 않았기 때문이다. 경계, 즉 삼각형·사각형·원 등과 같은 도형이나 사물의

경계는 선이므로 X에는 경계가 없고, 도형이나 한정된 사물도 없다. 이렇게 생각하면, 모든 한정된 사물은 경계, 혹은 사물이 무엇인지, 무엇이 사물이 아닌지를 정해 주는 기준이 필요하다.

23. 이미 니체가 '아페이론' 해석의 오류들을 논증했다. Friedrich Nietzsche, "Die Philosophie im tragischen Zeitalter der Griechen", *Werke in drei Bänden* vol. 3, ed. Karl Schlechta, Munich: Hanser, 1954, §4. 그럼에도 해럴드 프레드릭 처니스(Harold Fredrik Cherniss)는 아페이론을 모든 사물의 혼합물로 해석했다. H. F. Cherniss, "The Characteristics and Effects of Presocratic Philosophy", *Studies in Presocratic Philosophy*, ed. D. J. Furley and R. E. Allen, New York: Humanities Press, 1970, 1:8. 찰스 칸(Charles H. Kahn)은 아페이론을 본질적으로 우주로 이해했다. Charles H. Kahn, *Anaximander and the Origins of Greek Cosmogony*, New York: Columbia University Press, 1960, p. 233.

24. 혼합물이 아님: 혼합물에는 최소한 두 가지 성분이 있어야 한다. A와 B를 아페이론의 두 가지 다른 성분이라고 가정하자. 아페이론의 일부는 A와 다르고(A가 아니고), 비어 있지 않다. 그러므로 아페이론은 두 가지 비어 있지 않은 성분, 즉 A와 A 아닌 것(not-A)으로 나누어진다. 그런데 이런 분리에는 한계나 규정, 추가적인 경계가 필요하므로, 아페이론의 정의와 모순된다.

25. 시인 횔덜린(Johann Chritian Friedrich Hölderlin)의 '원초적 분리(Ur-Theil)' 이전의 '존재(Sein)'를 생각할 수도 있다. 독일어 'Ur-Theil'은 '원초적 분리'를 의미하고, 'Urteil'(r과 t 사이에 데시가 없고, 페어인 *h*가 없는)은 '판단'을 뜻한다. 사물 'X는 Y이다' 혹은 '사물 X는 Y가 아니다'는 판단이다. 그러므로 '판단 이전의 존재'는 아페이론과 동치관계다. 다음 논문과 비교해 보라. George Spencer-Brown, *Laws of Form*, Leipzig: Bohmeier, 2014, pp. 1–3. 이 논문에서 스펜서브라운은 전체 동일함에 차이를 도입한 것과 형상 개념을 동일시한다.

26. 에드거 앨런 포(Edgar Allan Poe)는 짧은 생의 마지막 시기에 아낙시만드로스와 비슷한 읽기에 몰두했다. "태초의 통일성 안에 만물의 필연적 소멸의 근원이 되는 이차적 원인이 들어 있다." *Eureka: A Prose Poem*, Amherst, NY: Prometheus, 1997, pp. 5–6.

27. W. H. Auden, "In Sickness and in Health, 1940", *Selected Poems*, New York: Vintage, 1979, p. 113, lines 74–75.

28. Diogenes Laertius, 2.4–6, *Lives of Eminent Philosophers*, trans. R. D. Hicks, Loeb Classical Library, Cambridge, MA: Harvard University Press, 1925, 1:132–135.

디오게네스 라에르티오스(서기 3세기경)는 자신이 설명하는 철학자들보다 몇 세기 후에 살았던 사람이며, 우리는 그의 설명을 진실하다고 여겨서는 안 된다. 이 설명만큼 문제 있는 다른 전승에 따르면, 피타고라스는 바빌론 에 있던 조로아스터[Zoroaster, 혹은 자브라투스(Zabratus)] 밑에서도 공부했 다(Porphyry, *Life of Pythagoras*, 12; Alexander Polyhistor apud Clement, *Stromata*, 1.15; Diodorus of Eritrea, *Aristoxenus apud Hippolitus*, 6.32.2).

29. 포르피리오스는 프톨레마이오스(Klaudios Ptolemaeos)의 '조화' 개념을 주석 하면서 기원전 4세기 플라톤주의자 크세노크라테스(Xenokrates)를 인용한 다. "피타고라스는 수에서 기인하지 않는 음정은 없다는 것도 발견했다. 음 정은 양과 양의 비교이자 결합이기 때문이다." *Commentary on Ptolemy's "Harmonics"*, 30.1–4. 피타고라스학파의 전통적 조화 개념에 대해 우리는 많은 것 을 알고 있다. 많은 학자들은 (기원전 약 400년경) 그 조화 개념이 피타고라 스 자신에게까지 거슬러 올라가는 전통에서 왔다고 생각한다. 그중 츠머드 만큼 단언하는 사람도 드물다. "피타고라스학파의 조화 개념은 피타고라 스 자신에게로 거슬러 올라가야 한다." *Pythagoras and the Early Pythagoreans*, p. 290. 진실이 아닐 가능성이 훨씬 높은 피타고라스의 대장간과 망치 이야 기의 다양한 철학적·문화적 전개에 대해서는 다음 자료를 참고하라. Daniel Heller-Roazen, *The Fifth Hammer: Pythagoras and the Disharmony of the World*, Cambridge, MA: MIT Press, 2011.

30. 발터 부르케르트(Walter Burkert)가 이 고전적 입장을 대표한다. Walter Burkert, *Lore and Science in Ancient Pythagoreanism*, Cambridge, MA: Harvard University Press, 1972. 부르케르트는 조약돌 놀이 이외에는 산술과 관련한 초기 피 타고라스학파의 어떤 것도 신뢰하지 않았고, 논리적 증명을 위한 초기 시도 들도 거부한다(401–447쪽). 조너선 반스(Jonathan Barnes)도 피타고라스의 수 학적 특성에 대해 비슷한 부정적 태도를 취한다. Jonathan Barnes, *The Presocratic Philosophers*, London: Routledge, 1982. 네츠는 한발 더 나아가 그리스수학의 시작을 '기원전 440년'으로 규정한다. Netz, *Shaping of Deduction*, pp. 272–276. 이들과 달리 츠머드는 그리스수학은 대략 기원전 550~450년에 연역적 과학 으로 발전했고, 주로 피라고라스와 그의 제자들이 이 발전을 수행했다고 주 장한다. Zhmud, *Pythagoras and the Early Pythagoreans*. 다음 글들을 참고하라. G. Cornelli, R. McKirahan, and C. Macris, eds., *On Pythagoreanism*, Berlin: De Gruyter, 2013; A.-B. Renger and A. Stavru, eds., *Pythagorean Knowledge from the*

Ancient to Modern World: Askesis, Religion, Science, Wiesbaden: Harrassowitz, 2016.

31. Aristotle, *Metaphysics*, 1.5.986a. 영어 번역본은 H. Tredennick, Loeb Classical Library, Cambridge, MA: Harvard University Press, 1947.

32. 필롤라오스의 단편 4. C. A. Huffman, *Philolaus of Croton: Pythagorean and Presocratic; A Commentary on the Fragments and Testimonia with Interpretive Essays*, Cambridge: Cambridge University Press, 1993, p. 172.

33. 이것이 바로 기하학적 접근에 산술학을 도입한 것이며, 우리는 1장에서 (후설처럼) 이런 생각을 가진 철학자들을 이미 만났다. 여기에 칼 포퍼(Karl Popper)도 추가된다. Karl Popper, *The Open Society and its Enemies*, vol. 1, *The Spell of Plato*, 5th ed. London: Routledge and Kegan Paul, 1945, p. 248; "The Nature of Philosophical Problems and their Roots in Science", *Conjectures and Refutations: The Growth of Scientific Knowledge*, London: Routledge and Kegan Paul, 1963, p. 87; M. R. Wright, *Cosmology in Antiquity*, London: Routledge and Kegan Paul, 1995, p. 54.

34. Aristotle, *Metaphysics*, 1.5.986a; Plutarch, *Isis and Osiris*, p. 370.

35. 우리는 이오니아학파와 피타고라스학파를 다소 과장된 인용문으로 표현했는데, 이 두 학파 모두 단지 회상으로만 특징을 알 수 있는 학파임을 상기하기 위해서다. 무한과 유한의 구별에 대해서는 다음을 참고하라. C. Huffman, "Limité et illimité chez les premiers philosophes grecs", *La Fêlure du Plaisir: Études sur le Philèbe de Platon*, vol. 2, Contextes, ed. M. Dixsaut, Paris: Vrin, 1999, pp. 11–31.

36. 필롤라오스(단편 B5)는 피타고라스학파의 대립 쌍들은 다른 영역에 짝수와 홀수가 적용될 때 시작됐다고 말한다.

37. 아리스토텔레스의 책에서 중요한 구절은 다음과 같다. *Metaphysics*, 1.5. 985b27, 986a2, 986a16, 986a18; 1.6.987b11, 987b28; 13.8.1083b. 츠머드, 허프먼(Carl Huffman), 그레고리(Andrew Gregory) 모두 피타고라스나 다른 알려진 초기 피타고라스주의자들이 "모든 것은 수다"라는 말을 했다거나 세계는 사실상 수로 구성돼 있다는 관점을 유지했다는 점을 의심한다. 그레고리는 초기 피타고라스학파의 특성이 아리스토텔레스에서 기원했다고 말한다. 피타고라스학파가 존재와 수를 갖는 것을 하나이자 동일한 것으로 본다는 점에서 아리스토텔레스의 특성으로 간주하는 것은 적절해 보인다. 다음 글들을 참고하라. Gregory, *Presocratics and the Supernatural*, p. 129; Zhmud, *Pythagoras and the Early Pythagoreans; Wissenschaft, Philosophie und Religion im frühen Py-*

thagoreismus, Berlin: Akademie, 1997; Andrei V. Lebedev, "Idealism (Mentalism) in Early Greek Metaphysics and Philosophical Theology: Pythagoras, Parmenides, Heraclitus, Xenophanes and Others (With Some Remarks on the Gigantomachia about Being in Plato's Sophist)", *Indo-European Linguistics and Classical Philology* 23, 2019, pp. 651–704; C. A. Huffman, "The Role of Number in Philolaus' Philosophy", *Phronesis* 33, 1988, pp. 1–30; idem, "The Pythagorean Tradition", *The Cambridge Companion to Early Greek Philosophy*, ed. A. A. Long, Cambridge: Cambridge University Press, 1999, pp. 66–87.

38. W. Knorr, *The Evolution of the Euclidean Elements: A Study of the Theory of Incommensurable Magnitudes and Its Significance for Early Greek Geometry*, Dordrecht: D. Reidel, 1975, pp. 36–40. 이 책은 우리에게 소크라테스 이전 철학자들은 통약 불가능성을 언급하지 않았다는 점을 상기시킨다.

39. Plato, *Laws*, 7.819d–820d.

40. Diogenes Laertius, 9.21. 예를 들어, 디오게네스 라에르티오스는 파르메니데스를 피타고라스주의자인 아미니아스(Aminias)의 제자라고 여겼다(Diogenes Laertius, 9.21). 이 인용문의 출처는 다음과 같다. W. K. Guthrie, *History of Greek Philosophy*, vol. 2, *The Presocratic Tradition from Parmenides to Democritus*, Cambridge: Cambridge University Press, 1965, pp. 2–3. 그러나 거스리는 다음과 같은 결론을 내린다. "파르메니데스는 확실히 과거의 모든 철학 체계에서 벗어나 있다." '진정한 창조자'에 대해서는 다음을 참고하라. Árpád Szabó, *The Beginnings of Greek Mathematics*, Dordrecht: D. Reidel, 1978. 파르메니데스에 대한 피타고라스학파의 영향을 여전히 주장하는 최근의 학자들을 알고 싶으면 다음 논문들을 참고하라. Catherine Rowett, "Philosophy's Numerical Turn: Why the Pythagoreans' Interest in Number Is Truly Awesome", *Doctrine and Doxography: Studies on Heraclitus and Pythagoras*, ed. David Sider and Dirk Obbink, Berlin: De Gruyter, 2013, pp. 22–25, 30; Leonid Zhmud, "Pythagorean Communities: From Individuals to Collective Portraits", *Doctrine and Doxography: Studies on Heraclitus and Pythagoras*, ed. David Sider and Dirk Obbink, Berlin: De Gruyter, 2013, p. 45; *Pythagoras and the Early Pythagoreans*, p. 253. 파르메니데스와 다른 학파와의 구분을 여전히 강조하는 학자들도 있다. 다음을 참고하라. John Palmer, *Parmenides and Presocratic Philosophy*, Oxford: Oxford University Press, 2009, p. 19.

41. 단편 B1, lines 28–30. 소크라테스 이전 철학자들의 단편을 언급할 때, 우리는

딜스크란츠(Diels-Kranz) 표준 번호를 따르면서 다음 번역본을 이용했다. André Laks and Glenn W. Most, eds. and trans., *Early Greek Philosophy*, Loeb Classical Library, Cambridge, MA: Harvard University Press, 2016, 5:37.

42. Porphyry, *Life of Pythagoras*, p. 46.

43. 아리스토텔레스의 이 말은 플라톤이 나중에 문제를 더 명료하게 설명하려고 시도했던 유명한 동굴 비유보다 훨씬 더 날카롭다. 플라톤의 동굴에서는 감각적 지각이 비록 실제 몸에 대한 그림자나 투영에 불과하지만, 여전히 참된 존재와 연결돼 있다.

44. 다른 번역본에 대해서는 다음을 보라. Laks and Most, *Early Greek Philosophy*, 5:39. 이 책의 번역은 타란(Leonardo Tarán)과 앤스콤(Gertrude Elizabeth Margaret Anscombe)의 번역에 더 가깝다. L. Tarán, *Parmenides*, Princeton, NJ: Princeton University Press, 1965, p. 32; G. E. M. Anscombe, "Parmenides, Mystery and Contradiction", *Proceedings of the Aristotelian Society* 69, 1968, pp. 125–132. "생각될 수 있는 것과 존재할 수 있는 것은 동일한 것이다."

45. 단편 B3. 랙스(André Laks)와 모스트(Glenn W. Most)의 번역 "왜냐하면 생각하기와 존재하기는 같은 것이다"가 언어적으로 훨씬 간결하지만, 우리가 보기에는 철학적 의미를 약화시킨다. 우리는 타란의 번역을 따랐다. 이 번역 문제에 대해서는 다음 논문을 보라. Tarán, *Parmenides*, pp. 41–44.

46. 단편 B4는 존재의 연속성을 줄곧 주장하면서 (확실히 수수께끼 같은 방식으로) 우리의 관점을 지지한다. "그럼에도 불구하고, 부재하는 것을 견고하게 정신 속에 유지하라 / 존재를 붙잡고 있는 것에서 존재를 잘라 내지 못할 것이기 때문이다 / 우주를 통해 모든 것을 분산시키거나 / 또는 그것을 하나로 결합하여도 그렇게 하지 못할 것이다." 만약 카타 코스몬(κατὰ κόσμον, 우주를 통해)을 '질서에 따라'로 해석하면, 이 단편은 조금 다른 의미를 가질 것이다.

47. 단편 B8, lines 3–6, 15–16.

48. Plato, *Timaeus*, 29b–c, 48d–e를 참고하라. "존재가 생성되듯이, 진리도 의견이 된다." 파르메니데스와 플라톤의 가르침을 간결한 수학적 방식으로 작성한 것이다.

49. 헤라클레이토스, 단편 B40, B81, B129. "사악한 기술"(단편 B129): 그리스 단어 'kakotechniēn(카코테크니엔)'은 '사악한(κακο-, 카코-)'과 '실천, 기량, 기술(τέχνη, 테크네)'의 합성어다. "대장 사기꾼"(단편 B81): 'kopidōn archêgos(코피돈 아케고스)'의 번역어 '비범한 헛소리꾼'은 그레고리의 번역이다. Gregory, *Presocratics and the Supernatural*, p. 133.

50. 찰스 칸은 헤라클레이토스의 조화 개념이 피타고라스의 수적 합리성의 일반화라고 주장했다. Charles H. Kahn, *The Art and Thought of Heraclitus*, Cambridge: Cambridge University Press, 1979, p. 204. 우리는 그렇지 않다고 주장한다. 로윗(Catherine Rowett)은 자신의 논문 「철학의 수학적 전환(Philosophy's Numerical Turn)」에서 헤라클레이토스가 암묵적으로 수를 언급한다고 주장한다. 그 이유는 헤라클레이토스의 핵심 개념인 로고스가 무엇보다도 '비율'을 의미할 수 있기 때문이다. 그러나 첫째, 로고스의 의미는 너무 다양하므로 이런 결론을 내리기가 힘들다. 둘째, 비율은 수가 필요 없고, 순전히 기하학적일 수 있다.

51. 플라톤은 "모든 존재는 운동하고, 고요히 머물러 있는 것은 없다(τὰ ὄντα ἰέναι τε πάντα καὶ μένειν οὐδεν)"라는 문구를 헤라클레이토스에게 귀속시킨 다음에, 이 문장을 조금 바꿔 "모든 것은 운동하고 머무는 것은 없다(πάντα χωρεῖ καὶ οὐδὲν μένει)"라고 표현한다. 코레이(χωρεῖ, 움직이다, 가다)에서 온 신의 이름 크로노스를 '설명하기' 위해서다. 마지막으로 헤라클레이토스의 포타무 로에(ποταμοῦ ῥοή, 흐르는 강)이라는 표현을 추가한다. 여신 레아의 이름을 '설명'하기 위해서다(*Cratylus*, 401d, 402a).

52. 로먼 딜처(Roman Dilcher)도 같은 지적을 했다. Roman Dilcher, "How Not to Conceive Heraclitean Harmony", *Doctrine and Doxography: Studies on Heraclitus and Pythagoras*, ed. David Sider and Dirk Obbink, Berlin: de Gruyter, 2013, pp. 263–280.

53. 로돌포 몬돌포(Rudolfo Mondolfo)는 특정 단편들은 피타고라스의 대립자 개념에 비판적이었다고 주장했다. Rodolfo Mondolfo, *Heráclito: Textos y problemas de su interpretación*, Madrid: Siglo 21, 1966, p. 160.

54. 단편 B59: 그나페이오 호도스 에우테이아 카이 스콜리에 미아 에스티 카이 헤 아우테(γναφείῳ ὁδὸς εὐθεῖα καὶ σκολιὴ μία ἐστί καὶ ἡ αὐτή). 그나페이온(γναφεῖον)의 정확한 뜻은 십자가다. 랙스와 모스트는 그나페이온을 '소면 빗'으로 옮겼고, 몇몇 번역가들은 '나사'를 번역어로 선택했다. Laks and Most, *Early Greek Philosophy*, 3:163. 그래서 히폴리투스(Hippolytus)는 그나페이온을 이렇게 설명한다. "소면 빗에 있는 나사라고 불리는 도구의 회전은 직선이면서 굽어 있는데, 이 도구는 원을 그리면서 동시에 위로 움직이기 때문이다." Hippolytus, *Refutation of All Heresies*, 10.3 (Laks and Most, 3:301).

55. 칸트는 1770년 박사학위논문에서 왼손과 오른손이 '지성적으로 동일'하지만, 회전이나 병진 운동을 통해 서로 겹치지 않는다는 사실에 기초해, 우리

의 공간 개념이 지성적이 아니라 감각적이라고 주장한다. *Dissertation*, section III, §15. 이 주장은 헤라클레이토스적 해체를 피할 수 없을 것이다. 4차원 공간에서 두 손은 서로 겹쳐진다.

56. 아우구스티누스(Aurelius Augustinus)가 사용하는 예와 비교해 보라. 아우구스티누스는 전갈의 독이 인간에게는 유해하지만 전갈에게는 생명을 구하는 데 도움을 준다는 사실을 근거로 절대악이 존재하지 않는다고 주장한다. Augustine, *On the Morals of the Manichaeans*, p. 11.

57. 단편 B12. 명사 ἐμβαίνουσιν(발을 들여놓는 사람)의 여격은 여러 가지 영어 전치사를 이용해 번역될 수 있다. 우리는 그 의미를 '위하여(for)'와 '관하여(on)'로 한정했다. 그래서 'τοῖσιν αὐτοῖσιν(그런 같은 것)'은 ποταμοῖσι(강)과 연결되거나 ἐμβαίνουσιν(물 속을 걷는 사람)과 연결될 수 있으며, 둘 다와 연결될 수도 있다. 아리스토텔레스는(*Rhetoric*, 3.5.1407b = Heraclitus, A 4 DK) 헤라클레이토스의 글에서 '구두점 찍기'가 어렵다고 불만을 표했다. "한 단어가 자기 앞에 있는 단어와 연결되는지, 아니면 뒤에 있는 단어와 연결되는지 분명하지 않기 때문이다." 우리는 이 모호성이 헤라클레이토스 작품에 드러나는 의도적 측면이자, 비모순율에 대한 근본적 비평의 큰 부분이라고 생각한다. '강'을 주제로 한 다른 단편들은 다음과 같다. 단편 B49a, 단편 91a, 단편 91b, 단편 A6.

58. Aristotle, *Metaphysics*, 4.3.1005b. 단편 B12를 둘러싼 최근의 불일치에 대해서는 다음을 참고하라. Daniel W. Graham, "Once More unto the Stream", *Doctrine and Doxography: Studies on Heraclitus and Pythagoras*, ed. David Sider and Dirk Obbink, Berlin: de Gruyter, 2013, pp. 303–320.

59. 단편 B45.

60. 단편 B115.

61. 이것조차도 논란이 있다. 검토된 증거들은 다음 글에서 보라. Netz, *Shaping of Deduction*, pp. 63–64. 플라톤 자신이 수학 기술과 '조약돌 놀이(*petteutikē*)' 사이를 비유로 설명했다. *Laws*, 819d–820d; *Gorgias*, 450c–d.

3장

1. Plato, *Plato: Phaedrus*, 265c–266d, trans. A. Nehamas and P. Woodruff, Indianapolis, IN: Hackett, 1995, p. 65. 다음 책도 보라. *The Statesman*, 286d–287d.『소피스트』253b–e에서 손님은 철학자를 이렇게 정의한다. 철학자는 종에 따라 분류할 줄 아는 사람이고, '같은 형태를 다른 것으로, 혹은 다른 형태를 같

은 것으로' 여기지 않는다. 아리스토텔레스의 『영혼론』 3.6, 430b5–20d 를 참고하라. 다르지만 관련이 있는 제한을 발견할 것이다.

2. Heraclitus, B10DK. André Laks and Glenn W. Most, eds. and trans., *Early Greek Philosophy*, Loeb Classical Library, Cambridge, MA: Harvard University Press, 2016, 3:161. 위의 책에서 '결합'으로 번역된 그리스어 단어는 '쉬나피에스 (συνάψιες)'다. 가이 데이븐포트(Guy Davenport)는 이 단편을 다소 편안하게 번역하면서 결합 대신 '관절'로 번역했다. "관절은 신체의 일부이면서 일부가 아니다. 관절들은 반대를 통해 협력하고, 분리된 힘을 조화롭게 만든다. 전체 는 구분된 부분들에서 나오고, 구분된 부분들은 전체 안에서 생겨난다." *Herakleitos and Diogenes*, trans. Guy Davenport, Bolinas, CA: Grey Fox Press, 1979, p. 30. 소크라테스의 델로스 잠수부 이야기는 아래 문헌에 나온다. Diogenes Laertius, *Lives of Eminent Philosophers*, trans. R. D. Hicks, Loeb Classical Library, Cambridge, MA: Harvard University Press, 1925, 2:22. 니체도 우리처럼 플라 톤의 관점에 의심을 제기한다. *Beyond Good and Evil*, trans. Walter Kaufmann, New York: Vintage, 1966, p. 71을 보라. "철학자와 예술가 중에 '순수한 형상 들'을 향해 열정적이고 과장된 경배를 드리는 사람들을 여기저기서 만나게 된다. 표면에 대한 숭배가 많이 필요하다는 사람들은 모두 반드시 언젠가는 그 표면들 아래에서 비참한 결과를 얻었다는 것을 의심하면 안 된다." 니체는 형상 및 근본적 동일성의 강요가 오늘날 우리가 불확실성 '트라우마'에 대한 응답이라고 부르는 것이라고 제안하는 걸까?

3. 러브 클래식라이브러리에서 인용했다. H. N. Fowler, *Plato: Cratylus, Parmenides, Greater Hippias, Lesser Hippias*, Cambridge, MA: Harvard University Press, 2002.

4. 당혹스럽지만, 비판적인 자의식: 같은 책, 131d에서 소크라테스는 거칠든 고 결하든 상관없이, 몰두할 생각을 선택하는 것은 어느 정도 취향 문제라고 인 정한다. 이 행동은 감탄할 만하다.

5. Aristotle, *Metaphysics*, 990b17 = 1079a13, 1039a2; *Sophistical Refutations*, 178b– 179a를 보라. 플라톤 자신이 이 주장을 얼마나 심각하게 여겼는지는 여전히 열려 있는 질문이다. Robert Barford, "The Context of the Third Man Argument in Plato's *Parmenides*", *Journal of the History of Philosophy* 16, 1978, pp. 1–11을 보 라. 플라톤의 여러 작품에서 형상 이론이 서로 다르게 설명되고 있는 것을 우리는 알고 있다.

6. 플라톤은 우리의 평가에 동의하지 않는다고 확신한다. 플라톤은 자신의 철

학 전개법을 '기하학과 산술학 실행자들'의 방법론과 구별하는 데 상당한 노력을 기울였다. 플라톤의 주장에 따르면, "이 실행자들은 (⋯) 마치 자신들이 옳다는 것을 알고 있다는 듯이 가정한다. 그들은 자신 혹은 타인들에게 자신을 설명하지 않고, 마치 자신이 모든 사람에게 확실한 것처럼 계속 진행한다. 출발점에서부터 그들은 합의를 통해 다음 단계로 나아간다". *Republic*, 510c–e. 우리는 플라톤도 자신의 '공리'를 갖고 있고, 이 공리들이 어떤 면에서는 '기하학과 산술학 실행자들'의 공리보다 더 독단적이라고 주장한다(특히 설명하는 힘이 있는 척하지 않고 그 힘을 언급하지 않는다는 점에서 그렇다).

7. Samuel Rickless, "Plato's *Parmenides*", *Stanford Encyclopedia of Philosophy*, https://plato.stanford.edu/archives/spr2020/entries/plato-parmenides에서 이 목록을 가져왔다.

8. 그리스수학자들은 수(*arithmós*)를 (우리가 1장과 6장에서 만나는 근대 수학자들과는 달리) 집합이 아닌 다수의 단위들(*monas*)로 생각했다. 그리스의 수 개념에 대해서는 특히 다음 글을 참고하라. Jacob Klein, *Greek Mathematical Thought and the Origin of Algebra*, trans. Eva Brann, New York: Dover, 1992. Ivor Grattan-Guinness, "Numbers, Magnitudes, Ratios, and Proportions in Euclid's Elements: How Did He Handle Them?", *Historia Mathematica* 23, 1996, pp. 355–375.

9. 143a–144b. 일자와 다자는 동일성과 차이 질문의 한 변형이지만, 이 대화는 '일자'와 '동일성' 사이의 차이를 탐구한다는 점에 주목해야 한다. 139d–e에서 파르메니데스는 "일자의 본성은 확실히 동일성의 본성과 동일하지 않다"라고 역설하면서, 다자에 있는 동일성을 일자에 추가하면 일자는 더 이상 일자가 아닐 것이라고 주장한다. 이 주장은 이후 철학과 신학에서 엄청난 의미를 갖게 되며, (예를 들어) 그 이후 사상가들은 신의 일자성, 동등성 혹은 동일성을 구별하려고 노력한다.

10. Plato, *The Sophist*, 216a–d. 이 대화에서 손님에게 질문하는 소년 테아이테토스는 최고의 수학자로도 역사적으로 알려져 있다. 두 사람 모두 비율을 다루는 수학자였다. 두 사람은 『테아이테토스』 대화편에도 등장하는데, 이 대화는 『소피스트』 대화 며칠 전 일로 소개된다. 여기서도 우리는 파울러(Harold North Fowler)의 번역본을 사용했다. H. N. Fowler, *Plato: Theaetetus, Sophist*, Loeb Classical Library, Cambridge, MA: Harvard University Press, 2006.

11. 이상하게도 플라톤은 수학 다이어그램의 '속임수' 문제에 관심이 거의 없었

던 것 같다. 이 문제는 당시에 연역적 진리 주장의 발전에서 중요한 역할을 하고 있었다. 『국가』 529d–e에서 다이달로스 같은 장인과 예술가들의 그림과 다이어그램을 대조하면서 이 문제를 건드리기는 했다. 고대 그리스수학에서 다이어그램의 위치에 대해서는 다음 글을 보라. Reviel Netz, *The Shaping of Deduction in Greek Mathematics: A Study in Cognitive History*, Cambridge: Cambridge University Press, 1999, pp. 12–86. 반대로 기원전 1세기 로마의 건축가 비트루비우스(Vitruvius)는(*De architectura*, 7.2) 수학 이론이 그리스 미술가들의 원근법 발견의 기초였음을 밝혀 주는 몇 가지 증거를 제시했다. 그러나 플라톤이 이를 알았다고 해도 그의 비난이 줄어들지는 않았을 것이다.

12. Tertulian, *On Idolatry*, 3.2–4. Origen, *Homilies on Genesis and Exodus*, trans. Ronald E. Heine, Washington, DC: The Catholic University of America Press, 1982, 8.3, p. 321.

13. 『베니스의 상인(The Merchant of Venice)』에 나오는 '공정한 포셔의 속임수'를 『겨울 이야기(A Winter's Tale)』에 나오는 살아 있는 동상과 비교하면, 셰익스피어(William Shakespeare)도 우리와 같은 관점을 공유했다고 추론할 수 있다. 오리게네스의 주장은 그리스어 70인역에서 「출애굽기」 20장 4절과 「창세기」 1장 27절에 서로 다른 개념이 사용됐다는 사실에서 나왔다. 즉, 70인역에서는 각각 'homoiosis(호모이오시스)'와 'homoioma(호모이오마)'가 사용됐다. 게르하르트 라트너(Gerhard Ladner)는 '호모이오시스' 개념에서 사상사의 전환점, 즉 인류와 신의 섬세한 연결을 봤다. 라틴어 번역 성서인 불가타(Vulgata)본에서는 각각 'idolum(이돌룸: 모상, 이미지)'과 'similitude(시밀리투데: 유사함, 닮음)'가 사용됐다. 오리게네스와 테르툴리아누스에 대해서는 다음 책을 보라. Carlo Ginzburg, *Wooden Eyes: Nine Reflections on Distance*, New York: Columbia University Press, 2001, pp. 96–105. "E dicono che la scultura imita la forma vera, e mostra le sue cose, girandole intorno, a tutte le vedute (…) Ne hanno rispetto a dire molti di loro, che la scultura è tanto superiore alla pittura, quanto il vero alla bugia.[그리고 그들은 조각이 진정한 형상을 모방하고 그 사물들을 전체적인 관점에서 보여 준다고 말한다. (…) 그들 중 많은 이들이 진리가 거짓보다 우월하듯이 조각이 그림보다 우월하다는 말을 존중한다.]"; Giorgio Vasari, *Le vite de più eccellenti pittori scultori ed architettori scritte da Giorgio Vasari*, Florence: Sanson, 1906, 1:94.

14. 우선 다음 두 책을 비교해 보라. François Jullien, *The Great Image Has No Form*,

or On the Nonobject through Painting, trans. Jane Marie Todd, Chicago: University of Chicago Press, 2009; Tom Rockmore, *Art and Truth After Plato*, Chicago: University of Chicago Press, 2013.

15. 다음 대화편을 보라. Plato, *Cratylus*, 386d-e: "그러나 어느 쪽도 옳지 않고, 사물들이 개인에 따라 상대적이지 않으며, 모든 사물이 모든 같은 순간에 언제나 동등하게 속하는 게 아니라면, 이 사물들은 각자 고유하고 영원한 본성을 갖고 있다고 가정해야 한다. 그 사물들은 우리와 관련이 없고, 우리 상상의 영향도 받지 않으며, 각각 독립적이고, 각자 고유한 본성에 따라 자연이 미리 정해 준 관계를 유지한다."

16. Plato, *The Sophist*, 259e-260a를 참고하라. "모든 것을 다른 모든 것에서 이렇게 분리하는 것은 모든 담론의 완전한 폐지를 뜻한다. 우리가 가질 수 있는 모든 담론은 형상들의 조합으로 존재하기 때문이다." 사물들을 충분히 작은 조각으로 쪼개면 모든 것은 전체 의미를 잃을 것이라고 한 몽테뉴와 비교해 보라.

17. 손님이 설명하는 이것이 문제가 되는 이유는 프레게의 "지금 프랑스의 왕은 대머리다"라는 문장이 논리적 가정이 아닌 이유 분석을 상기시킨다.

18. 단순히 아르케들의 수를 논의함으로써 플라톤과 아리스토텔레스 같은 철학자들은 자신들이 아르케들을 어려움 없이 셀 수 있다는 믿음을 드러낸다. 다른 말로 하면, 이런 철학자들은 피타고라스처럼 수는 존재에 앞선다고 생각한다.

19. 이 부분은 벤저민 조윗(Benjamin Jowett)의 번역을 사용했다. Benjamin Jowett, *The Collected Dialogues of Plato*, ed. Edith Hamilton and Huntington Cairns, Princeton, NJ: Princeton University Press, 1961. 그러나 플라톤은 티마이오스에게 자신의 이야기를 '담화처럼(*eikôs logos*)' 혹은 '이야기처럼(*eikôs muthos*)'이라고 말했다는 점에 주목하라. 즉 이 이야기는 그 자체로 '모상(*eikôn*)'이다. 다음 글들을 참고하라. T. K. Johansen, *Plato's Natural Philosophy: A Study of the* Timaeus-Critias, Cambridge: Cambridge University Press, 2004, pp. 62–64; M. F. Burnyeat, "Eikôs Mythos". *Rizai* 2, no. 2, 2005, pp. 143–165; G. Betegh, "What Makes a Myth *eikôs*? Remarks inspired by Myles Burnyeat's 'Eikôs Mythos'", *One Book, The Whole Universe: Plato's "Timaeus" Today*, ed. R. Mohr, K. Sanders, and B. Sattler, Las Vegas, NV: Parmenides, 2009, pp. 213–224. 후대 철학자들이 탐구했던, 28a–29d에 들어 있는 우주론적 의미 한 가지는 오직 하나의 우주만 존재할 수 있다는 것이다.

20. *Timaeus*, 31c–32a. 비율이 다수에서 하나를 만드는 방법에 대한 형식적 논증을 선호하는 사람들을 위해 덧붙인다. 만약 a와 b가 0이 아닌 수이고, a^3와 a^2b 사이의 비율이 a^2b와 ab^2 사이의 비율과 같다면, ab^2와 b^3 사이의 비율도 같다. 사실 이 모든 비율은 a/b와 같다. 이 동일성이 바로 플라톤이 말한 "모두 하나가 될 것"이라는 의미다. 그리스 사상에서 비유와 비율의 엄청난 중요성에 대한 고전적 논술은 다음을 참고하라. G. E. R. Lloyd, *Polarity and Analogy: Two types of Argumentation in Early Greek Thought*, Cambridge: Cambridge University Press, 1966.

21. 일자와 다자, 동일성과 차이가 공존하게 되는 과정은 플라톤의 우주 창조론에서 핵심 질문이다. 『필레보스(Philebus)』에서 플라톤은 일자와 다자가 태초부터 존재했다고 가정하지만, 그 이유를 설명하지는 않는다. 그리고 제3의 '유형'인 통합을 창조하면서 어떻게 일자와 다자가 단일성 안에 공존하게 되는지 묘사하려고 한다. 플라톤은 『티마이오스』에서 창조를 설명하면서도 비슷한 시도를 한다. 아리스토텔레스는 플라톤의 설명 방식에 대해 일자와 명확하지 않은 한 쌍(즉 '거대한 것과 아주 작은 것')을 기본 원칙으로 포괄하려는 것이라고 규정한다. 일자는 형상의 본질이며, 그 한 쌍은 질료다. Aristotle, *Metaphysics*, 987b14–29. 그리고 다음 책에 실린 여전히 흥미로운 논문도 읽어 보라. Walter Burkert, *Lore and Science in Ancient Pythagoreanism*, Cambridge, MA: Harvard University Press, 1972, pp. 21–22.

22. 40a–b도 살펴보라. 여기서는 고정된 별의 창조를 논의한다. 고정된 별은 두 가지 운동의 혼합으로 만들어진다. 첫 번째 운동은 "언제나 같은 지점에서 같은 방식으로 움직이는 운동이다. 그래서 별들은 지속적으로 같은 사물에 대해 같은 관점으로 같은 생각을 계속한다". 그다음에는 "전진하는 운동이 있다. 이때 별들은 동일성과 유사성의 뒤집힘에 의해 통제된다".

23. 수 세기 동안 『티마이오스』의 모든 문장들이 해석되고 주석됐다. 최근 논의의 출발점을 찾는 독자는 다음 책을 참고하라. Mohr, Sanders, and Sattler, *One Book, The Whole Universe*.

24. 『티마이오스』의 미래 독자들도 이 관계를 잃어버리지는 않았다. 크리스토퍼 길(Christopher Gill)의 연구도 그런 사례 중 하나다. 길은 육체적 질병과 정신적 질병 사이의 관계에 관한 갈레노스학파와 스토아학파의 사유에 숨어 있는 『티마이오스』 86b–87b의 의미를 탐구한다. Christopher Gill, "The Body's Fault? Plato's Timaeus on Psychic Illness", *Reason and Necessity: Essays on*

Plato's "Timaeus", ed. M. R. Wright, London: Duckworth, 2000, pp. 59–84. 이 책에 실린 다른 많은 논문들도 우리가 여기서 다루는 주제와 관련이 있다.

25. 버니엇(Myles Burnyeat)은 플라톤의 교육 프로그램에서 수학이 중심이 되는 이유를 탐구했다. M. F. Burnyeat, "Plato on Why Mathematics Is Good for the Soul", *Mathematics and Necessity: Essays in the History of Philosophy*, Proceedings of the British Academy 103, ed. T. Smiley, Oxford: Oxford University Press, 2000, pp. 1–81. 이안 뮬러(Ian Mueller)의 여러 논문도 보라. 특히 다음 논문이 중요하다. Ian Mueller, "Mathematics and Education: Some Notes on the Platonist Programme" in "*Peri Tōn Mathēmaton*: Essays on Greek Mathematics and Its Later Development", ed. Ian Mueller, special issue, *Apeiron* 24, 1991, pp. 85–104. 플라톤도 수학이 상업과 같은 보다 세속적인 목적을 위해 연구될 수 있다는 것을 알고 있었고, 그런 연구를 하는 사람은 쫓아 버렸다. 플라톤에게 수학 연구의 적절한 동기는 "전쟁을 위하고, 영혼 자체를 생성의 세계로부터 진리와 실제로 쉽게 향하도록 하는 것이다"(525c).

26. 『국가』에서 플라톤은 수학적 추론[디아노이아(*dianoia*)]을, 최고가 아니라 지성[노에시스(*noesis*)] 다음으로 높은 두 번째 사고 형태로 분류한다(510–511).

27. Plato, *Laws*, 818–820, 여기서는 818a–b 인용; 818d도 참고하라. 아래 책에 실린 테일러(A. E. Taylor)의 번역본을 인용했다. *The Collected Dialogues of Plato*, ed. Hamilton and Cairns. 플라톤이 말한 필연성의 의미에 대해서는 버니엇의 논문을 참고하라. Burnyeat, "Plato on Why Mathematics", p. 21.

28. 플라톤은 『국가』 536e에서 소크라테스를 통해, 자유인은 노예처럼 연구해서는 안 되고, 강제된 연구는 영혼 안에 보존되지 않는다고 강조하면서 놀이가 있는 교육을 정당화한다. 그러므로 수학은 철학과 인간 자유를 위한 전제조건일 뿐만 아니라, 수학 연구가 우리를 노예로 만들지 아니면 자유롭게 만들지는 우리가 수학 연구를 어떻게 느끼냐에 달려 있다.

29. 수리천문학을 향한 과도한 주장 때문에 이 책을 위작이라고 생각하는 학자들의 입장에 대해서는 타란의 책을 보라. Leonardo Tarán, *Academica: Plato, Philip of Opus, and the Pseudo-Platonic "Epinomis"*, Philadelphia: American Philosophical Society, 1975. 다른 학자들은 (통계적으로 결정된!) 문체를 근거로 이 책을 진품으로 판단했다. Charles M. Young, "Plato and Computer Dating", *Oxford Studies in Ancient Philosophy* 12, 1994, pp. 227–250, reprinted in Nicholas D. Smith, ed., *Plato: Critical Assessments*, vol. 1, General Issues of Interpretation, Lon-

don: Routledge, 1998, p. 35. 우리는 다음 책에 실린 테일러의 번역을 인용했다. *The Collected Dialogues of Plato*, ed. Hamilton and Cairns.

30. 바로 이런 이유 때문에 피코 델라 미란돌라(Pico della Mirandola)와 같은 초기 근대인들이 『에피노미스(Epinomis)』에 매료됐다.

31. *Nicomachean Ethics*, 1.6.1.1096 a11–15, trans. H. Rackham, *Aristotle: The Nicomachean Ethics*, Loeb Classical Library, Cambridge, MA: Harvard University Press, 2003. 라틴어 속담의 역사에 대해서는 다음 논문을 참고하라. Leonardo Tarán, "Amicus Plato sed magis amica veritas: From Plato and Aristotle to Cervantes", *Antike und Abendland* 30, 1984, 93–124. 돈키호테의 편지는 소설 2부 51장에 나온다.

32. Aristotle, *Metaphysics*, 1.6.987b10–11, 1.9.992a30. 이 부분과 이 장에 나오는 『형이상학』은 대부분 반스의 번역을 인용했다. Jonathan Barnes, *The Complete Works of Aristotle*, Princeton, NJ: Princeton University Press, 1984.

33. 이 맥락에 대한 좋은 입문서는 파울러의 책이다. D. H. Fowler, *The Mathematics of Plato's Academy: A New Reconstruction*, 2nd ed. Oxford: Oxford University Press, 1999. 버니엇의 논문도 참고하라. M. F. Burnyeat, "Platonism and Mathematics: A Prelude to Discussion", *Mathematics and Metaphysics in Aristotle*, ed. A. Graeser, Berne: P. Haupt, 1987, pp. 213–240.

34. 여기서 그 비판을 따라가지는 않을 것이다. 수학적 대상의 본성에 관한 아리스토텔레스의 사유에 대해서는 『형이상학』 13, 14권을 보라. 이 주제에 관한 줄리아 애나스(Julia Annas)의 탁월한 주석서가 있다. *Aristotle's Metaphysics Books M and N: English Translation and Commentary*, 2nd ed. Oxford: Oxford University Press, 1988.

35. Aristotle, *Nicomachean Ethics*, 1.1.1094a5–7, 1.3.1094b23–25.

36. 이 주제를 다룬 반스의 훌륭한 글들 가운데 다음 논문을 보라. Jonathan Barnes, "Aristotle's Theory of Demonstration", *Phronesis* 14, 1969, pp. 123–152. 로이드의 글도 필수다. G. E. R. Lloyd, "The Theories and Practices of Demonstration", Aristotelian Explorations, ed. G. E. R. Lloyd, Cambridge: Cambridge University Press, 1996, pp. 16–19. 『수사학』에 나오는 논증과 생략 삼단논법에 대해서는 버니엇의 논문을 참고하라. M. F. Burnyeat, "Enthymeme: Aristotle on the Logic of Persuasion", *Aristotle's Rhetoric: Philosophical Essays*, ed. D. J. Furley and A. Nehemas, Princeton, NJ: Princeton University Press, 1994, pp. 3–55.

37. Aristotle, *Posterior Analytics*, 1.71a. 번역본은 Jonathan Barnes, *The Complete Works*

of Aristotle. 수학의 방법론적 매력에 대해서는 다음 글을 보라. W. Knorr, "On the Early History of Axiomatics: The Interaction of Mathematics and Philosophy in Greek Antiquity", *Theory Change, Ancient Axiomatics, and Galileo's Methodology: Proceedings of the 1978 Pisa Conference on the History and Philosophy of Science,* ed. J. Hintika, D. Gruender, and E. Agazzi, Dordrecht: Reidel, 1980, 1:145–186. 수학의 매력들 가운데 수학적 문자가 표기된 다이어그램의 인지적 능력에 대해서는 우리가 언급하지 않았다. 아리스토텔레스가 직접(특히 『분석론 후서』에서) 이런 문자와 다이어그램을 참조하고 사용한 것에 대해서는 네츠의 책을 참고하라. Netz, *Shaping of Deduction*, pp. 36–37, 45, 48–49, 61.

38. (아리스토텔레스를 포함해) 그리스수학의 출발점들에 대해서는 다음 글들을 참고하라. Netz, *Shaping of Deduction*, pp. 171–177; I. Mueller, "On the Notion of a Mathematical Starting Point in Plato, Aristotle and Euclid", *Science and Philosophy in Classical Greece*, ed. A. C. Bowen, New York: Garland, 1991, pp. 59–97.

39. Aristotle, *Metaphysics* 4.4.1006a5–9. 논증의 본질에 대해서는 다음을 보라. Lloyd, "Theories and Practices", p. 27.

40. '에테르'에 대해서는 로이드의 설득력 있는 서론을 보라. G. E .R. Lloyd, *Aristotle: the Growth and Structure of His Thought*, Cambridge: Cambridge University Press, 1968, 134–139. 이 서문에서 로이드는 아리스토텔레스에게 영향을 준 '종교적 고찰'을 지적하는데, 이때 아리스토텔레스의 다음 글을 인용했다. *Metaphysics*, 12.8.1074a38; *On the Heavens*, 270b5.

41. Aristotle, *Metaphysics*, 4.4.1006a15.

42. Aristotle, *Metaphysics*, 4.3.1005b. 이 문단과 다음 문단은 반스의 번역을 따랐다. Jonathan Barnes, *The Complete Works of Aristotle*, Princeton, NJ: Princeton University Press, 1984, 2:1588.

43. Aristotle, *Metaphysics*, 4.3.1005b9–30.

44. 예를 들어, 다음을 보라. *Metaphysics*, 13.1–2.1076a–1076b.

4장

1. 축의 시대의 일반적 의미에 대해서는 다음 글을 보라. Hans Joas, "The Axial Age Debate in Religious Discourse", *The Axial Age and Its Consequences*, ed. Robert N. Bellah and Hans Joas, Cambridge: Harvard University Press, 2012, pp. 9–29.

다음 글들도 참고하라. Benjamin I. Schwartz, "The Age of Transcendence", *Daedalus* 104, 1975, pp. 1–7; Shmuel Eisenstadt, "The Axial Age in World History", *The Cultural Values of Europe*, ed. Hans Joas and Klaus Wiegandt, Liverpool: Liverpool University Press, 2008, pp. 22–42. '비판주의의 시대'는 모미글리아노(Arnaldo Momigliano)가 사용한 대단히 적절한 개념이다. Arnaldo Momigliano, *Alien Wisdom: The Limits of Hellenization*, Cambridge: Cambridge University Press, 1975, pp. 8–9. 다음 논문집도 보라. Johann P. Arnason, S. N. Eisenstadt, and Björn Wittrock, eds. *Axial Civilizations and World History*, Leiden: Brill, 2005.

2. Karl Jaspers, *The Way to Wisdom: An Introduction to Philosophy*, New Haven, CT: Yale University Press, 2003, p. 98.

3. Søren Kierkegaard, *Concluding Unscientific Postscript to "Philosophical Fragments"*, ed. and trans. H. V. Hong and E. H. Hong Princeton, NJ: Princeton University Press, 1992, 1:37–38.

4. 플라톤은 형상과 관련된 사물의 동시적 동일성과 차이를 묘사하기 위해 가끔 그리스 단어 메텍시스(*methexis*)를 사용한다. 종종 '참여'로 번역되는 메텍시스는 『파이돈』, 『파르메니데스』, 『티마이오스』, 『소피스트』에 나온다. 예를 들어, 『파르메니데스』 131c–132b를 보라. 특히 다음 논문을 참고하라. Patricia Curd, "'Parmenides' 131c–132b: Unity and Participation", *History of Philosophy Quarterly* 3, 1986, pp. 125–136.

5. 관련 문헌들은 엄청나게 많지만, 명료한 출발을 위해 다음 책을 참고하라. Michael Davis, *The Soul of the Greeks: An Inquiry*, Chicago: University of Chicago Press, 2011.

6. *On the Soul*, 404b. Aristotle, *On the Soul, Parva Naturalia, On Breath*, trans. W. S. Hett, Loeb Classical Library, Cambridge, MA: Harvard University Press, 1957, pp. 22–23: γινώσκεσθαι γὰρ τῷ ὁμοίῳ τὸ ὅμοιον.

7. *De anima*, 430a. 구분될 수 있고, 아패틱하며 섞이지 않으며: "χωριστὸς καὶ ἀπαθὴς καὶ ἀμιγής." 죽지 않고: "χωρισθεὶς δ' ἐστὶ μόνον τοῦθ' ὅπερ ἐστί, καὶ τοῦτο μόνον ἀθάνατον καὶ ἀΐδιον (οὐ μνημονεύομεν δέ, ὅτι τοῦτο μὲν ἀπαθές, ὁ δὲ παθητικὸς νοῦς φθαρτός), καὶ ἄνευ τούτου οὐθὲν νοεῖ." 우리 번역은 헷(Walter Stanley Hett)의 책 171쪽과 다르다. 최소한 패틱과 아패틱을 아리스토텔레스의 어휘 목록에 포함시킨 점에서 그렇다.

8. *De anima*, 414b, 29–31. 다시 우리 번역은 헷의 책 83쪽과 다르고, 조 색스(Joe

Sachs)의 번역과도 다르다. *On the Soul*, trans. Joe Sachs, Santa Fe, NM: Green Lion Press, 2004, p. 89. 스피노자의 『윤리학(Ethica)』 3부 「서문」과 비교해 보라. "그다음에 나는 감정의 본성과 힘, 그리고 감정들을 통제하는 정신의 힘을 다룰 것인데, 신과 정신을 다룰 때 사용했던 것과 같은 방법을 사용할 것이다. 나는 인간의 행동과 욕구를, 선, 면, 입체를 조사하듯이 다룰 것이다." *Spinoza: Complete Works*, ed. Michael L. Morgan, trans. Samuel Shirley Indianapolis, IN: Hackett, 2002, p. 278.

9. 이 목표는 고대 철학자들의 공통 관심사였다. 또 다른 대표 사례로 클라우디오스 프톨레마이오스(기원후 약 100 - 170년)가 있고, 그 내용에 대해서는 다음 논문을 참고하라. Jacqueline Feke, "Mathematizing the Soul: The Development of Ptolemy's Psychological Theory from *On the Kritêrion* and *Hêgemonikon* to the *Harmonics*", *Studies in History and Philosophy of Science* 43, 2012, pp. 585–594.

10. Eusebius, *Praeparatio Evangelica*, 11.10.14 (9.6.9 참조); Numenius, 단편 8.13에서 인용. Clement of Alexandria, *Stromata*, 1.22를 참고하고, 버니엇의 다음 논문도 보라. M. F. Burnyeat, "Platonism in the Bible", *Metaphysics, Soul, and Ethics in Ancient Thought: Themes from the Work of Richard Sorabji*, ed. R. Salles, Oxford: Oxford University Press, 2005, pp. 143–169.

11. Clement of Alexandria, *Stromata*, 2.100.3. 다음 논문에 나오는 대화를 읽어 보라. David T. Runia, "Why Does Clement of Alexandria Call Philo 'The Pythagorean?'", *Vigiliae Christianae* 49, 1995, pp. 1–22. 이 구절은 2쪽에 인용돼 있다. 클레멘스의 텍스트 편집본은 다음을 참고하라. Clement of Alexandria, *Clemens Alexandrinus Stromata*, 3rd ed., vols. 1–2, ed. O. Stählin, L. Früchtel, and U. Treu, Berlin: Akademie, 1960–1985.

12. 니호프(Maren Niehoff)의 책은 필론의 지성적 맥락과 그의 작품에 미친 다양한 사상들의 영향(로마, 헬레니즘, 유대교, 스토아철학, 플라톤주의 등)을 소개하는 탁월한 입문서다. Maren Niehoff, *Philo of Alexandria: An Intellectual Biography*, New Haven, CT: Yale University Press, 2018.

13. Philo, *De Vita Mosis*, 38. 이 구절의 출전을 찾아 준 소피아 토랄라스 토바르(Sofia Torallas Tovar)에게 감사를 전한다. 바빌로니아 탈무드는 분리된 방에서 각각 독립적으로 작업하던 학자 72명이 기적적으로 동일하게 번역했다는 점을 강조한다. BT Megillah 9a.

14. David Runia, *Philo of Alexandria and the Timaeus of Plato*, Philosophia Antiqua 44, Leiden: Brill, 1986. 그리스도교에 미친 필론의 영향에 대해서는 루니아(David Runia)의 다른 책을 참고하라. *Philo in Early Christian Literature: A Survey*, Assen: Van Gorcum, 1993.

15. 우리는 '아브라함 계통'이라는 개념을 유대교, 그리스도교, 이슬람교 세 유일신 종교를 언급할 때 사용한다. 세 종교는 자신들을 예언자 아브라함의 계승자로 생각한다. 우리는 편리함에도 불구하고 이 용어에 대한 논쟁이 있다는 것을 알고 있다. 이 용어 사용의 정당화에 대해서는 다음 글을 참고하라. Guy G. Stroumsa, "From Abraham's Religion to the Abrahamic Religions", *Historia Religionum* 3, 2011, pp. 11–22.

16. Diogenes Laertius(3세기에 활동), *Lives of the Philosophers*, 8.25. 알렉산드로스는 집필 시기는 알 수 없지만, 자신이 '피타고라스 회고록(Pythagorean Memoirs)'이라고 불렀던 문헌에서 분명히 인용하고 있다. 이것은 차이가 있는 인용이었다. 알렉산드로스의 인용에서는 플라톤의 이원론이 피타고라스의 단자론적으로 번역됐다. 『티마이오스』가 미친 영향에 대한 문헌들은 방대하다. 그 중에서도 필립스(J. F. Phillips)의 논문을 보라. J. F. Phillips, "Neo-Platonic Exegeses of Plato's Cosmology", *Journal of the History of Philosophy* 35, 1997, pp. 173–197.

17. 예를 들어 「시편」 8장 5-9절을 보라. "사람이 무엇이기에 당신은 그렇게 마음에 두시나요? (…) 당신은 사람을 신(들)보다 조금 낮게 만드셨습니다." 신(들)이라는 단어는 '엘로힘(elohīm)'이라는 복수명사다. 엘로힘은 성서 히브리어에서 단일한 신과 다수의 신, 혹은 신성들을 의미하는 단어로 사용됐다.

18. 이 논문을 재구성하려는 시도에 관해서는 다음 책을 참고하라. Karl Staehle, *Die Zahlenmystik bei Philon von Alexandreia*, Leipzig: Teubner, 1931. 다음 글도 보라. Frank Egleston Robbins, "Arithmetic in Philo Judaeus", *Classical Philology* 26, 1931, pp. 345–361.

19. 니코마코스에 대해서는 특히 다음 글들을 보라. Leonardo Tarán, "Nicomachus of Gerasa", *Collected Papers (1962–1999)*, Leiden: Brill, 2001, pp. 544–548; G. Wolfgang Haase, "Untersuchungen zu Nikomachos von Gerasa", PhD diss., University of Tübingen, 1974, pp. 34–119. 우리의 논의는 앨버트슨(David Albertson)의 연구에 기초한다. David Albertson, *Mathematical Theologies: Nicholas of*

Cusa and the Legacy of Thierry of Chartres, Oxford: Oxford University Press, 2015, pp. 50–56.

20. "필연적 출발점": Albertson, *Mathematical Theologies*, p. 53. "신과 단자": Nicomachus of Gerasa, *Theologoumena arithmeticae* I, ed. Victor De Falco, Stuttgart: Teubner, 1975, p. 3(Albertson, *Mathematical Theologies*, p. 54에 번역됨).

21. Albertson, *Mathematical Theologies*, 55, Nicomachus of Gerasa, *Introductio arithmetica libri I*, ed. Richard Gottfried Hoche Leipzig: Teubner, 1866, 1.6.1, p. 12에서 인용; *Nicomachus of Gerasa: Introduction to Arithmetic*, trans. Martin Luther D'Ooge, Frank E. Robbins, and Louis C. Karpinsky New York: MacMillan, 1926, p. 189.

22. 헤놀로지라는 개념은 에티엔 질송(Etienne Gilson)이 만들었다. 질송은 플로티노스(Plotinos)의 일자 철학을 묘사하면서 존재론(혹은 존재의 철학)과 일자 철학을 구별하기 위해 이 개념을 사용했다. Etienne Gilson, *L'Être et l'essence*, Paris: Vrin, 1948, p. 42를 보라. 다음 글들도 참고하라. Werner Beierwaltes, *Denken des Einen: Studien zur Neuplatonischen Philosophie und ihrer Wirkungsgeschichte*, Frankfurt am Main: Vittorio Klostermann, 1985; Egil A. Wyller, "Zur Geschichte der platonischen Henologie: Ihre Entfaltung bis zu Plethon/Bessarion und Cusanus", *Greek and Latin Studies in Memory of Cajus Fabricius*, ed. Sven-Tage Teodorsson, Göteborg: University of Göteborg, 1990, pp. 239–265.

23. 사실 필론의 작품들이 남아 있는 유일한 이유는 초기 그리스도인들이 그의 질문들을 어느 정도 공유했기 때문이다. 당시와 그 이후에도 유대 공동체 안에서 필론의 작품들은 거의 흔적을 남기지 않았고, 클레멘스 같은 그리스도인에 의해 후세에 전해졌다.

24. 앞에서 우리는 「고린도전서」 8장 4절을 인용했다. "우상은 세상에서 아무것도 아닙니다." 앨버트슨이 지적했듯이(*Mathematical Theologies*, pp. 292, 296), 당시에 플라톤의 『파르메니데스』는 종종 부정신학을 통해 명료해진 일자론적 선언으로 해석됐다. 이 우세했던 주장에 대해서는 도즈(Eric Robertson Dodds)의 책을 참고하라. E. R. Dodds, "The Parmenides of Plato and the Origin of the Neoplatonic One", *Classical Quarterly* 22, 1928, pp. 129–141. 바울이 당시 『파르메니데스』에 대한 이런 해석을 알고 있었다고 가정하지 않더라도, 우리는 충분히 그의 입장이 그 해석들과 공명한다고 말할 수 있다.

25. 좀 더 단정적 접근에 대해서는 다음 책을 참고하라. Geurt Hendrik van Koo-

ten, *Paul's Anthropology in Context: the Image of God, Assimilation to God, and Tripartite man in Ancient Judaism, Ancient Philosophy, and Early Christianity*, Tübingen: Mohr Siebeck, 2008.

26. 이런 초기 그리스도교 운동에 대해서는 특히 다음 책을 보라. Joel Kalvesmaki, *The Theology of Arithmetic: Number Symbolism in Platonism and Early Christianity*, Hellenic Studies 59, Cambridge, MA: Harvard University Press, 2013.

27. J. W. B. Barns, G. M. Browne, and J. C. Shelton, eds., *Nag Hammadi Codices: Greek and Coptic Papyri from the Cartonnage of the Covers*, Leiden: Brill, 1981. 살아남은 중요한 문헌 중에는 프톨레마이오스의 글도 있다. Ptolemy, *Lettre à Flora*, 2nd ed., ed. Gilles Quispel, Paris: Cerf, 1966.

28. Marius Victorinus, *Le Livre des XXIV philosophes: Résurgence d'un texte du IVe siècle*, ed. and trans. Françoise Hudry, Paris: Vrin, 2009, p. 150. 아우구스티누스의 『그리스도교 교양』과 비교해 보라. Augustine, *De doctrina christiana*, ed. and trans. R. P. H. Green, Oxford: Oxford University Press, 1996, 1.12(v. 5), pp. 16–17; trans. Green, p. 10. 『24 철학자들의 책(Le Livre des XXIV Philosophes)』을 마리우스 빅토리누스(Gaius Marius Victorinus)의 저작으로 본 것은 위드리(Françoise Hudry)의 관점을 따랐는데, 이 주장은 빅토리누스의 '아드베르수스 아리움(Adversus Arium)' 개념이 이 작품에도 등장한다는 사실에 근거한다. 위드리에 따르면, 빅토리누스가 위의 작품을 집필할 때 포르피리오스의 『피타고라스의 생애(Vita Pythagorae)』가 가장 중요한 자료였다고 한다(*Le Livre des XXIV Philosophes*, pp. 24–29). 앨버트슨은 자신의 책에서 아우구스티누스와 빅토리누스를 나란히 놓는다. Albertson, *Mathematical Theologies*, p. 79.

29. 아우구스티누스와 수에 대해서는 다음 자료들을 참고하라. Christoph Horn, "Augustins Philosophie der Zahlen", *Revue des Études Augustiniennes* 40, 1994, pp. 389–415; Alois Schmitt, "Mathematik und Zahlenmystik", *Aurelius Augustinus: Die Festschrift der Görres-Gesellschaft zum 1500; Todestage des Heiligen Augustinus*, ed. Martin Grabmann and Joseph Mausbach, Cologne: J. P. Bachem, 1930, pp. 353–366; Werner Beierwaltes, "*Aequalitas numerosa*. Zu Augustins Begriff des Schönen", *Weisheit und Wissenschaft* 38, 1975, pp. 140–157; Albertson, *Mathematical Theologies*, pp. 68–80.

30. *De libero arbitrio*, 2.8.20–22. 인용문은 2.8.21. 이후 나오는 인용들은 아래 번역문에서 가져왔다. *On the Free Choice of the Will, On Grace and Free Choice, and*

Other Writings, ed. and trans. Peter King, Cambridge: Cambridge University Press, 2010.

31. *De libero arbitrio*, 2.15.39. 위의 책에서 다루는 수에 대해서는 특별히 호른(Christoph Horn)의 글을 참고하라. Horn, "Augustins Philosophie", pp. 396–400.

32. 우리가 보기에 아우구스티누스는 여기서 『에피노미스』에 나오는 아테네인의 입장에 이상하게 접근한 것 같다. 즉, 수는 선이고 악은 수의 부재로 본다.

33. *Soliloquia*, 1.11. 아우구스티누스의 『독백』은 이렇게 시작된다. "아무리 당신이 나를 재촉하고 설득해도 나는 (기하학에 관한) 그런 일을 아는 것처럼 신을 알고 싶다고 감히 말하지 못합니다. 사물뿐만 아니라 바로 그 지식의 유형도 내가 보기에는 비슷하지 않습니다." 이 인용에 대해 클리퍼드 안도(Clifford Ando)에게 감사드린다. 다음의 책도 참고하라. John Peter Kenney, *Contemplation and Classical Christianity: A Study in Augustine*, Oxford: Oxford University Press, 2013, pp. 74–76.

34. *Confessiones*, 7.6.

35. 이 형식화는 앨버트슨의 책에서 영감을 받았다. Albertson, *Mathematical Theologies*, p. 61. 아우구스티누스의 마음의 변화에 관심이 있는 사람은 다음 책들을 참고하라. Peter Brown, *Augustine of Hippo: A Biography*, Berkeley: University of California Press, 2000, pp. 139–150; Carol Harrison, *Rethinking Augustine's Early Theology: An Argument for Continuity*, Oxford: Oxford University Press, 2006, pp. 14–19.

36. *Confessions*, 6.4: "내가 보지 못한 것들도 7 + 3 = 10만큼 확실해지기를 바랐습니다(Volebam enim eorum quae non viderem ita me certum fieri, ut certus essem, quod septem et tria decem sint)." 아우구스티누스가 어떻게 계속 말하는지 주목하라. "그렇다고 7 + 3 = 10의 확실성을 의심하는 것은 완전히 미친 짓이 될 것입니다(Neque enim tam insanus eram, ut ne hoc quidem putarem posse conprehendi)."

37. *Confessions*, 10.12: "기억은 또한 무수히 많은 수와 크기의 법칙들과 개념들을 포함하는데, 이 법칙과 개념 들은 신체적 감각이 각인시킨 것이 아니다. (⋯) 나는 또한 신체감각으로 우리가 셈하는 이 수들을 감지했지만, 우리가 셈하는 이 수들은 다르고, 수들의 표상이 아니므로, 이 수들은 진정 있는 것이다." 『고백록』보다 먼저 387년에 나온 『영혼 불멸』에 나오는 원에 대한 주장과 비교해 보라.

38. 이 표현은 앨버트슨의 표현이다. Albertson, *Mathematical Theologies*, 77. 여기 서 우리는 『창세기 문자적 해설』에 대한 앨버트슨의 독법을 따라가고 있다. 이 책에서 다루지는 않지만, 그 이후 이어지는 중세 수학적 신학에 대한 앨버 트슨의 연구는 이해의 폭을 넓혀 주는 뛰어난 연구다.

39. 우리는 아래에서 번역과 관련된 많은 질문을 다룰 것이다. 여기서는 쿠란의 문맥에서 '닮은 것'으로 번역된 단어('kufuww')가 순위에서 동등한 것을 뜻한 다는 점만 지적한다. 이 의미는 (반그리스도교적) 논쟁 목적이 있는 장에서 는 본질적이지만, 우리 번역에서는 그 의미가 그리 크지 않다.

40. 이 분노한 왕은 그라나다의 이스마일 1세(Abū al-Walīd Ismāʿīl)다. 그는 1314년에 그라나다 나스르(Nasrid)왕조의 왕위에 올랐다. 다음 글을 참고하 라. Mohamad Ballan, "The Scribe of the Alhambra: Lisān Al-Dīn Ibn Al-Khaṭīb, Sovereignty and History in Nasrid Granada", PhD Dissertation: University of Chi-cago, 2019, pp. 73, 109.

41. "최고의 속성으로 여겨지게 됨": Uri Rubin, "Al-Ṣamad and the High God: An Interpretation of Sūra CXII", *Der Islam* 61, 1984, pp. 197–217. "단단하게 두들 겨진 금속"은 쿠란의 초기(9세기?) 그리스어 번역본에서 왔는데, 이 번역본 에서 *sphyropēktos*, 즉 '고체를 두들겨 공으로 만든 것'과 *holosphyros*, 즉 '망치로 두 들긴 금속'이라는 단어가 사용됐다. 우리가 쓰는 개념들에 대한 그리스 번역 의 접근법에 대해서는 다음 논문을 보라. Christos Simelidis, "The Byzantine Understanding of the Qur'anic Term al-Ṣamad and the Greek Translation of the Qur'an", *Speculum* 86, 2011, pp. 887–913. 그리스 번역본과 관련된 좀 더 일반 적 이해를 위해서는 다음을 참고하라. Christian Høgel, "An Early Anonymous Greek Translation of the Qur'ān: The Fragments from Niketas Byzantios' Refu-tatio and the Anonymous Abjuratio", *Collectanea Christiana Orientalia* 7, 2010, pp. 65–119[이 참고 자료에 대해 알렉산드레 로버츠(Alexandre Roberts)에게 감사한다]. "단단한" 등: 9세기 초반 사례들에 대해서는 다음을 참고하라. al-Ṭabarī, *The Commentary on the Qur'ān by Abū Jaʿfar Muḥammad b. Jarīr al-Ṭabarī*, trans. J. Cooper, vol. 1, Oxford: Oxford University Press, 1987, p. 215; Rubin, "Al-Ṣamad", pp. 213–214에서 재인용.

42. Nader el-Bizri, ed. and trans., *Epistles of the Brethren of Purity: On Arithmetic and Geometry; An Arabic Critical Edition and English Translation of Epistles 1 & 2*, Ox-ford: Oxford University Press, 2012, pp. 65, 97, 99.

43. El-Bizri, pp. 68, 71–73.

44. El-Bizri, pp. 96–99.

45. 무슬림 사상가들은 이성의 법칙들을 영혼에 적용하는 것을 정당화할 수 있
는 쿠란 구절을 찾아냈다. 쿠란 91.7(*As-Shams*, 태양)은 이렇게 가르친다. "영
혼에 의해, 그리고 무엇에 의해 / (그는) 질서와 비율을 제공한다." 다른 구
절들은 우연성을 정당화하는 데 이용될 수 있을 것이다. 예를 들면, 쿠란
65.1(aṭ-Ṭalāq, 이혼)이 있다. "그대는 결코 모른다. 신은 새로운 사건을 일으
킬 수도 있다(*yuḥdithu* (…) *amran*)."

46. 이 책에서 자주 볼 수 있듯이, 각 사례의 이면에는 긴 역사가 놓여 있다. 예를
들어, 불에 타는 것에 관한 질문은 (디오게네스 라에르티오스에 따르면) 고
대 그리스의 회의론자들에 의해 제기됐다. 다음을 참고하라. Richard Sorab-
ji, "The Origins of Occasionalism", *Time, Creation and the Continuum. Theories in
Antiquity and the Early Middle Ages*, London: Duckworth, 1983, p. 30.

47. 과학과 신학의 긴 관계사를 이해하고 싶다면, 신앙과 문화를 넘어 이 질
문들이 전파되는 과정을 추적하는 일이 중요하다. 초기 중요한 인물로는
9세기 초반의 유대인(한동안 그리스도교로 개종했던) 다우드 알무카마스
(Dawud al-Muqammas), 10세기 시리아 그리스도인 야히아 이븐 아디(Yaḥyā
ibn 'Adi)가 있다. 야히아 이븐 아디의 「통합성에 관한 논문(Treatise on the
Unity)」은 아리스토텔레스의 가르침을 신학적 가르침 안에 통합하면서 그
리스도교의 삼위일체를 옹호하려는 시도를 대표한다. 다음 글들을 참고하
라. Dawud al-Muqammas, *Twenty Chapters*, ed. and trans. Sarah Stroumsa, Pro-
vo, UT: Brigham Young University Press, 2015, 특히 chap. 8; Yaḥyā b. 'Adī, *Ma-
qālah fī'l-Tawḥīd*, ed. Samīr Khalil, Beirut: Al-Maktaba al-Būlusiyya, 1980. 야히
아의 논쟁적 맥락에 대해서는 다음 글들을 보라. A. Périer, "Un traité de Yaḥyâ
ben 'Adī: Défense du dogme de la trinité contre les objections d'al-Kindī", *Revue
de l'Orient chrétien*, 3rd ser., 2 (1920–1921), pp. 3–21; Cornelia Schöck, "The
Controversy between al-Kindī and Yaḥyā b. 'Adī on the Trinity, Part One: A Re-
vival of the Controversy between Eunomius and the Cappadocian Fathers", *Oriens*
40, 2012, pp. 1–50; "The Controversy between al-Kindī and Yaḥyā b. 'Adī on the
Trinity, Part Two: Gregory of Nyssa's and Ibn 'Adī's Refutation of Eunomius' and
al-Kindī's 'Error,'" *Oriens* 42, 2014, pp. 220–253.

48. 알킨디에 관심이 있는 사람은 다음 글들을 참고하라. Al-Kindî, *Rasâ'il al-Kindî*

al-Falsafīya, ed. Abû Rîdah, M.ʿA.H., 2 vols. Cairo: Dâr al-Fikr al-ʿArabî, 1950–1953; *Al-Kindî's Metaphysics*, trans. Alfred Ivry, Albany: State University of New York Press, 1974. 알라지의 책 『철학적 작품(Opera Philosophica)』은 파울 크라우스(Paul Kraus)가 편찬했다(Cairo, 1939). 몇몇 중요한 문헌의 번역에 관해서는 다음 글을 참고하라. Arthur J. Arberry, *The Spiritual Physick of Rhazes*, London: John Murray, 1950, *Razi's Traditional Psychology*, Damascus: Islamic Book Service, 2007?, 재출간.

49. "필연적이고, 보편적 전제들": al-Fārābī, "*Fusūl al-Madanī* (Selected Aphorisms)", *The Political Writings: Selected Aphorisms and Other Texts*, trans. C. E. Butterworth, Ithaca, NY: Cornell University Press, 2015, §34, pp. 28–29. 이 전제들은 아리스토텔레스의 전제들을 따른다. Aristotle, *Metaphysics*, 5, 1013a18 (*Physics*, 184a10–21와 *Nicomachean Ethics*, 1095a2–4 참조). 유클리드의 『원론』 1권에 나오는 '보편적 생각들(κοιναὶ ἔννοιαι)'과 비교해 보라. (1) 어떤 것들이 동일한 것에 대해 같으면 그것들은 서로 같다. (2) 같은 것에 같은 것을 더하면, 그 결과는 같다. (3) 같은 것에 같은 것을 빼면, 그 결과는 같다. (4) 서로 일치하는 것은 서로 같다. (5) 전체는 부분보다 크다.

50. 불멸과 행복: al-Fārābī, *Risalat fī'l-ʿaql (Letter on the Intellect)*, ed. M. Bouyges, Beirut: Imprimerie Catholique, 1938, pp. 27, 31–32; "The Letter Concerning the Intellect", *Philosophy in the Middle Ages. The Christian, Islamic, and Jewish Traditions*, trans. A. Hyman, Indianapolis, IN: Hackett, 1973, pp. 219–220; "On the Intellect", *Classical Arabic Philosophy. An Anthology of Sources*, trans. J. McGinnis and D. C. Reisman, Indianapolis, IN: Hackett, 2007, pp. 75–76. 알파라비는 『과학들의 목록』에서 예비 과학에 관한 3장에서 수의 과학을 (영혼에 관한 예비 공부로) 다룬다. 그는 수의 과학을 '동일함(같음)과 차이(다름)'의 과학으로서 '이론적 수의 과학'으로 묘사한다.

51. "첫 번째 존재자, (…) 물질": al-Fārābī, *Kitāb al-siyāsa al-madaniyya (also Known as the Treatise on the Principles of Beings)*, ed. F. M. Najjar, Beirut: Imprimerie Catholique, 1964, 31; "Political Regime", *The Political Writings II: "Political Regime" and "Summary of Plato's Laws"*, trans. C. E. Butterworth, Ithaca, NY: Cornell University Press, 2015, p. 29. "일자로, (…) 완전한 존재": al-Fārābī, *Mabādi' ārā' ahl al-madīnah al-fāḍilah (al-Farabi on the Perfect State)*, trans. R. Walzer, Oxford: Clarendon Press, 1985, pp. 56–89. 알파라비 우주론의 신플라톤주의 원천에 대

해서는 다음 글들을 참고하라. D. Janos "The Greek and Arabic Proclus and al-Fārābī's Theory of Celestial Intellection and Its Relation to Creation", *Documenti e Studi sulla tradizione filosofica medievale* 19, 2010 pp. 19–44; D. Janos, *Method, Structure, and Development in al-Fārābī's Cosmology*, Leiden: Brill, 2012, pp. 4–6, 11–37; C. D'Ancona, "Aux Origines du *Dator Formarum*: Plotin, l'*Épître sur la Science Divine*, et al-Fārābī", *De l'antiquité tardive au Moyen Âge*, ed. E. Coda and C. Martini Bonadeo, Paris: Vrin, 2014, pp. 381–413.

52. 알파라비가 자신의 책 *Risalat fī'l-'aql (Letter on the Intellect)*에서 밝혔듯이, 실제 지성은 실제 이해될 수 있는 것이 된다. 이 둘은 하나이고 같다. 지성은 이해되는 것과 다르지 않다. trans. Bouyges, pp. 19–21; "The Letter Concerning the Intellect" trans. Hyman, pp. 216–217; "On the Intellect", trans. McGinnis and D. C. Reisman, pp. 72–73.

53. Joel Kraemer, *Philosophy in the Renaissance of Islam: Abū Sulaymān Al-Sijistānī and His Circle*, Leiden: Brill, 1986, pp. 179–180. 알시지스타니는 야히아의 제자였다. 그의 목록은 알무카마스의 더 상세한 목록에 크게 의존한다.

54. Abū Ḥayyān al-Tawḥīdī, *Al-Muqābasāt*, ed. Ḥassan al-Sandūbī, Kuwait: Dār Su'ād al-Ṣabāḥ, 1992, pp. 315–317. 다음 문단에 나오는 이슬람 철학에 대한 우리의 해석에 많은 제안과 의견을 준 대니얼 와틀링(Daniel Watling)에게 감사를 전한다.

55. 비교를 위해 알시지스타니의 대화와 아비센나의 다음 장들을 대조해 보라. Avicenna, "On Discussing the One", "On Ascertaining the One and the Many and Showing That Number Is an Accident", *The Metaphysics of "The Healing"*, trans. Michael E. Marmura, Provo, UT: Brigham Young University Press, 2005, 3.2–3.3 (pp. 74–84).

56. Abū 'Alī al-Ḥusayn Ibn Sīnā, "Tafsīr sūra al-ikhlāṣ", Avicenna, *Al-Tafsīr al-qur'ānī wa'l-lugha al-ṣūfiyya fī falsafa Ibn Sīnā*, ed. Ḥasan 'Āṣī, Beirut: al-Mu'assasa al-Jāmi'iyya lil-Dirāsāt wa'l-Nashr wa'l-tanzī', 1983, pp. 104–113; *Tafsīr sūra al-ikhlāṣ*, edited by Abū'l-Qāsim Muḥammad, Delhi: 'Abd al-Raḥmān, 1893/1894.

57. Avicenna, *Metaphysics of the Healing*, 2.2–6 (pp. 74–102), 7.1–7.2 (pp. 236–249). 우리는 7.1의 장 제목을 "단일성의 특성"으로 조금 바꿨다. (아랍어 *lawāḥiq*에 해당하는) 마르무라(Marmura)의 번역어 '부속물(Appendages)'을 (그리스어 *sumbebēkota* 또는 *huparchonta*에 따라) '특성(characteristics)'으로,

"이것(haecceity)"을 '동일성(identity)'으로 교체했다(아랍어 *huwiyya*는 '그것' '동일성' '존재'를 의미한다.)

58. 이 구절은 다음 책에서 인용했다. Abū Ḥāmid al-Ghazālī, *The Incoherence of the Philosophers*, trans. Michael E. Marmura, Provo, UT: Brigham Young University Press, 2000, p. 103. 신의 관습적 선택(*ādat Allāh*)은 사물의 습관적 행동(al-ʿāda)을 낳는다. 신의 능력과 다른 (심지어 더 나은) 세상의 가능성에 대해서는 다음을 보라. Eric Linn Ormsby, *Theodicy in Islamic Thought: the Dispute over al-Ghazali's Best of All Possible Worlds*, Princeton, NJ: Princeton University Press, 1984, 특히, p. 135–181. 이슬람적 '기회원인론'과 이 이론이 서양의 중세 및 근대 초기 그리스도교 철학 사상에 미친 영향력에 대해서는 다음 책을 참고하라. Dominik Perler and Ulrich Rudolph, *Occasionalismus: Theorien der Kausalität im arabisch-islamischen und im europäischen Denken*, Göttingen: Vandenhoek & Ruprecht, 2000.

59. 특히 다음 책을 참고하라. Frank Griffel, *Al-Ghazālī's Philosophical Theology*, New York: Oxford, 2009, pp. 7, 97–122, 175–208, 275 ff. 그 내용을 요약하면 다음과 같다. "신이 언제나 원인과 그에 따른 결과를 선택하더라도, 신이 동시에 다르게 행동할 수 있다는 가능성은 원인과 결과의 연결이 필연적이지 않다는 것을 의미한다. 그러나 실용적 인간 지식과 관련할 때 (…) 이 연결은 영원하고, 동시적 대안은 존재하지 않는다."(279쪽).

60. 아베로에스는 『영혼론』 430a에 나오는 아리스토텔레스의 지성에 관한 특성이 '매우 어렵고 대단히 모호한 질문'이라고 여겼다. 아베로에스는 아비센나의 해법은 말할 것도 없고 알파라비의 해법도 받아들이지 않았다. 그러나 아베로에스도 아패틱한 사고(즉, 논리적이고 수학적인 사고)를 수용하고 기록하는 물질적 지성, 정신의 일부는 모든 인간에게 하나이고 동일해야 한다고 주장했다. Averroes, *Long Commentary on the "De anima" of Aristotle*, trans. R. C. Taylor and T-A. Druart, New Haven, CT: Yale University Press, 2009, pp. 317, 387–388. 다음 논문도 참고하라. Richard Taylor, "The Agent Intellect as 'Form for Us' and Averroes's Critique of al-Fârâbî", *Proceedings of the Society for Medieval Logic and Metaphysics* 5, 2005, pp. 18–32.

61. 우리 시대의 논쟁이 아니었다면, 우리의 의도는 그리스도교 철학이 아우구스티누스로 끝이 났고, 유대교 철학은 필론으로 끝났으며, 이슬람 철학은 아베로에스나 이븐 투파일로 끝났다는 의미가 아니라고 굳이 밝힐 필요

가 없을 것이다. 우리는 이븐 투파일을 아베로에스의 후견인이라고 부르는데, 전승에 따르면 바로 이븐 투파일이 아베로에스에게 아부 야쿱 유수프(Abū Ya'qūb Yūsuf, 재위 1163~1184) 칼리프를 위해 아리스토텔레스 주석서를 집필하라고 요청했기 때문이다. 이븐 투파일 자신은 너무 바빠 책을 쓸 시간이 없어서 그런 부탁을 했다. 이 이야기는 무와히드 왕국의 역사를 쓴 13세기 역사가 알마라쿠시(Abd al-Wāḥid al-Marrākushī)가 전해 줬다. Abd al-Wāḥid al-Marrākushī, *Al-Mu'jib fī talkhīṣ akhbār al-Maghrib*, Beirut: al-Maktaba al-'Aṣriyya, 2006. 이 역사가는 자신에게 정보를 제공해 준 사람들로 이븐 루시드의 제자 알쿠르투비(Abū Bakr b. Bundūd b. Yaḥyā al-Qurṭubī)의 이름을 남겼다.

62. 우리는 렌 에번 굿맨(Lenn Evan Goodman)의 번역을 사용했다. Ibn Ṭufayl, *Ibn Tufayl's Hayy Ibn Yaqzan: A Philosophical Tale*, Chicago: University of Chicago Press, 2009. 쪽수도 이 책에 나온 것을 참조했다. 굿맨의 번역은 다음 편역본에 기초한다. Léon Gauthier, *Hayy ben Yaqdhān: Roman philosophique d'Ibn Thofaïl*, 2nd ed. Beirut: Imprimerie catholique, 1936. "충실한 자들의 사령관": p. 4.

63. Ibn Ṭufayl, *Hayy Ibn Yaqzān*. "모든 대상": p. 119. 필연적 존재: pp. 135–142. "살게 될 것이다": p. 138.

64. Ibn Ṭufayl, *Hayy Ibn Yaqzān*, pp. 150–151. 우리는 아랍어 'ajsām'을 굿맨의 '물질적 사물들' 대신 '본체'로 번역했다.

65. 박쥐는 헬레니즘, 유대교, 그리스도교, 이슬람 철학자(예를 들면, 알파라비)들이 인간 안에 내재한다고 믿었던 기본 이해와 보편 개념을 암시한다. 주석 49번을 보라. 여기서 '공리(*hukm/ahkām*)'로 해석된 아랍 단어는 보통 법령과 관련된다. 특히 금지부터 의무에 이르는 이슬람 율법의 기본적인 다섯 가지 법령과 관계된다.

66. 알가잘리의 책에서는 박쥐가 산만한 (아리스토텔레스적) 이성의 한계를 논증하는 데 이용된다. al-Ghazālī', *Mishkāt al-anwār*.

67. "모든 건강한 정신": Ibn Ṭufayl, *Hayy Ibn Yaqzān*, p. 151. "두 아내": p. 154.

68. Simone Pétrement, *Simone Weil: A Life*, New York: Schocken Books, 1988, p. 272.

69. 1942년 10월에 프랑스 유대인 철학자이자 미국으로 망명했던 장 발(Jean Wahl)에게 보낸 편지. Simone Weil, *Œuvres*, Paris: Gallimard, 1999, pp. 977–980. "그리스 기하학이 종교적 사고에서 생겨났음을 확실하게 보여 주는 몇 가지 문헌들이 있습니다. 이 생각들은 그리스도교와 거의 동일하다고 할 만큼 가까운 듯합니다(Il y a quelques textes qui indiquent avec certitude que la

géométrie grecque a son origine dans une pensée religieuse: et il semble bien qu'il s'agisse d'une pensée proche du christianisme presque jusqu'à l'identité)." 시몬 베유의 피타고라스적 명상에 대해서는 다음을 참고하라. *Œuvres*, 특히 pp. 595–627; *Simone Weil*, Paris: Cahiers de l'Herne, 2014, 특히 pp. 15–26.

70. a와 b가 수이면, 두 수 사이에 있는 수 하나를 찾는 가장 잘 알려진 방법은 평균, 혹은 산술평균(AM)을 구하는 것이다. $(a+b)/2$. 그런데 평균에는 기하평균(GM)도 있다. a와 b가 0이 아니라고 가정하자. 이때 수 h에 대해 $h/a = b/h$, 즉 $h^2 = ab$이면, h는 a와 b의 기하평균이라고 한다. 마지막으로 a와 b의 조화평균(HM) h는 두 수의 역수의 산술평균의 역수다. $h^{-1} = (a^{-1} + b^{-1})/2$. 예를 들어, $a=1$, $b=2$라고 가정하자. 이럴 때 AM $= \frac{3}{2} = 1.5$, GM $= \sqrt{2} = 1.414\cdots$, HM $= \frac{4}{3} = 1.333\cdots$이다.

71. Weil, *Œuvres*, p. 599, 강조는 필자.

72. Weil, p. 979.

73. Weil, p. 602, "Il ne faut pas oublier qu'en grec *arithmos* et *logos* sont deux termes exactement synonymes."

74. Pindar, Olympian Ode 13, pp. 45–46, trans. J. E. Sandys in *Pindar*, Loeb Classical Library, Cambridge, MA: Harvard University Press, 1968: ὡς μὰν σαφὲς οὐκ ἂν εἰδείην λέγειν ποντιᾶν ψάφων ἀριθμόν.

75. 이 비판은 그리스어에 대한 단순한 트집 잡기가 아니다. 베유는 자신의 수학적 이상을 사랑이라고 불렀다. 수학의 속성에 따라 사랑은 아패틱하다. 타인을 향한 사랑은 타인을 이전에 만났는지 여부에 의존해서는 안 되고, 자신과 타인 사이의 친밀감에 의존해서도 안 되며, 어떤 특이함에 의존해서도 안 된다. 수학적 사랑은 태양빛처럼 공평해야 한다. "신은 내가 사랑하는 것처럼 사랑하지 않고, 에메랄드가 녹색인 것처럼 사랑한다. (…) 만약 내가 완전한 상태에 있다면, 나도 에메랄드가 녹색인 것처럼 사랑할 것이다. 나는 비인격적 인격이 될 것이다." 베유의 이상은 비인간이며, 이것을 사랑이라고 부를 수는 없을 것이다. Simone Weil, *First and Last Notebooks*, trans. R. Rees, Oxford: Oxford University Press, 1970, p. 129. 다음의 논문도 참고하라. Robert C. Reed, "Decreation as Substitution: Reading Simone Weil through Levinas", *Journal of Religion* 93, 2013. p. 28. 에마뉘엘 레비나스(Emmanuel Levinas, 1906~1995)는 유용한 비교 사례를 제공해 준다. 레비나스의 윤리는 타자와의 대면적 만남이라는 패틱한 인간 경험에 기초한다.

76. Daniel J. Cohen, *Equations from God: Pure Mathematics and Victorian Faith*, Balti-

more: Johns Hopkins University Press, 2007, pp. 7–8. 코헨은 앵글로아메리카의 사례들을 추가로 제시한다.

77. Benjamin Pierce, "Address of Professor Benjamin Pierce, President of the Ameri can Association for the Year 1853", *Proceedings of the American Association for the Advancement of Science* 8, 1855, p. 6. 피어스(Benjamin Pierce)에 관해서는 코헨 (Daniel J. Cohen)의 책을 보라. Cohen, *Equations from God*, p. 56.

78. Cicero, *De natura deorum* 2:5, trans. H. Rackham, Loeb Classical Library, Cambridge MA: Harvard University Press, 1933, pp. 137–138.

79. "수 전체는 사랑이신 신이 만들었고, 나머지 모든 것은 인간의 작품이다." 이 인용문을 처음 문서에 실었던 수학자 하인리히 베버(Ernst Heinrich Weber)에 따르면, 크로네커는 1886년 베를린자연과학자회의에서 이 구절이 담긴 글을 발표했다. Heinrich Weber, "Leopold Kronecker", *Jahresberichte der Deutschen Mathematiker-Vereinigung* 2, 1891/1892. p. 19; *Mathematische Annalen* 43, 1893. pp. 1–25, 15에 재수록.

80. Roger Penrose, *Shadows of the Mind: A Search for the Missing Science of Consciousness*, Oxford: Oxford University Press, 1994, p. 413.

5장

1. Johann Gottfried von Herder, *Philosophical Writings*, ed. M. N. Forster, Cambridge: Cambridge University Press, 2002, p. 3.

2. Ludwig Wittgenstein, *Blue and Brown Books*, New York: Harper, 1965, p. 18.

3. 에릭 슐리저(Eric Schliesser)는 그 상황을 이렇게 요약했다. "(뉴턴의)『자연철학의 수학적 원리』에 담긴 주장의 권위, 방법론, 본성은 18세기 철학의 가장 논쟁적인 영역이 됐다." Eric Schliesser, "Newton and Newtonianism", *The Routledge Companion to Eighteenth Century Philosophy*, ed. Aaron Garrett, New York: Routledge, 2014, p. 62. 비록 논쟁은 치열했지만, 우리는 다양한 분야의 논쟁 참가자들이 '동일성'이라는 해법 경향을 공유했다고 생각한다.

4. 이와 관련된 알렉산더 포프의 노력에 대해서는 1730년대에 나온 그의 책을 보라. Alexander Pope, *Essay on Man*.

5. *Phaedo*, 73c–78b, 85b–d. 소크라테스는 두 개의 경험적 대상이 동일성이라는 순수하고 추상적인 관념(αὐτὸ τὸ ἴσον, '동일성 그 자체')을 매우 불완전하게 닮는다고 주장한다. 소크라테스는 조약돌, 나뭇조각, 기하학적 다이어그

램의 일부와 같은 평범한 사례들을 경험적 대상으로 제시한다. 그러므로 우리는 '동일성 그 자체'라는 이 추상적 관념을 우리 정신 안에 미리 갖고 있어야 한다. 그럴 때만 우리는 이 대상들이 그 관념을 얼마나 잘못 표현하는지를 인식할 수 있다. 비슷하면서도 좀 더 명시적인 수학적 주장을 『메논(Menon)』, 84a–86d에서 볼 수 있다. 이 대화에서 소크라테스는 교육받지 않은 노예 소년에게 기하학적 지식이 본유한다는 것을 보여 주면서 영혼의 불멸성을 논증한다. 이 이야기에 대해서는 로이드(Geoffrey Ernest Richard Lloyd)의 논문을 보라. G. E. R. Lloyd, "The Meno and the Mysteries of Mathematics", *Phronesis* 37, 1992, pp. 166–183.

6. *Phaedrus*, 265e–266c.

7. David Lewis, "New Work for a Theory of Universals", *Australasian Journal of Philosophy* 61, 1984, pp. 343–377을 보라. 루이스는 플라톤의 은유를 명시적으로 언급한다. '가장 중요한'이라는 수식어는 브라이언 웨더슨의 표현이다. Brian Weatherson, "David Lewis", *Stanford Encyclopedia of Philosophy*, https://plato .stanford.edu/entries/david-lewis/. 루이스 모델에서 수리물리학의 역할은 주목할 가치가 있다.

8. 위(魏)나라 혜왕(惠王)을 위해 황소를 절단하는 푸주한 장인 이야기는 『장자』 3장에 나온다. Zhuangzi, *The Complete Writings*, trans. Brook Ziporyn, Indianapolis, IN: Hackett, 2020, pp. 29–30; Franz Kafka, *Die Erzählungen*, ed. Roger Hermes, Frankfurt am Main: Fischer, 1996, pp. 307–309; Gottfried von Strassburg, *Tristan and Isolde*, trans. Francis G. Gentry, New York: Continuum, 2003, p. 46.

9. Descartes, Second Meditation, 7.24. 이런 의미에서 (다른 면에서도 그렇듯이) 데카르트의 기획은 상당히 아리스토텔레스적이다. 데카르트 철학에서 아리스토텔레스 인식론의 역할에 대해서는 다음 글을 참고하라. Gary Hatfield, "The Cognitive Faculties", *The Cambridge History of Seventeenth-Century Philosophy*, ed. Daniel Garber and Michael Ayers, Cambridge: Cambridge University Press, 1998, pp. 953–1002.

10. 종종 그렇듯이 데카르트의 확실성은 시간이 지나면서 다른 사람들에게는 오류로 보일 것이다. 과학혁명 이후 후대의 많은 자연철학자들은 진리에 대한 데카르트의 주관성 기준을 '그 시대 학문의 기본적 병리학'으로 생각했다. 이 표현은 다음 책에서 인용했다. Matthew L. Jones, *The Good Life in the Scientific Revolution: Descartes, Pascal, Leibniz, and the Cultivation of Virtue*, Chicago: Uni-

versity of Chicago Press, 2006, p. 57. 이 기준들에 대한 탁월한 토론에 대해서는 같은 책, pp. 58–86을 보라.

11. *Meditations on First Philosophy in The Philosophical Writings of Descartes*, trans. John Cottingham, Robert Stoothoff, and Dugald Murdoch, Cambridge: Cambridge University Press, 1985, Third Meditation, 2:35.

12. 다음 글을 보라. Louis Loeb, "The Cartesian Circle", *The Cambridge Companion to Descartes*, ed. J. Cottingham, Cambridge University Press, 1992, pp. 200–235; "The Priority of Reason in Descartes", *Philosophical Review* 99, 1990, pp. 3–43.

13. *Parmenides* 166c; *Sophist* 238b. 두 주장은 사실 같은 말이다. 수가 존재하려면 1이 있어야 하고(혹은 단위가 있어야 하고), 반대로 1이 있다면 2가 존재하며, 계속 그렇게 수가 존재하기 때문이다.

14. 예를 들어, 『정신 지도의 규칙들』의 규칙 3을 보라. "모든 사람은 그의 존재를 정신적으로 직관할 수 있다. (…) 삼각형은 단 세 개의 선으로, 원은 하나의 표면으로 둘러싸야 있다. 그리고 같은 것들이 (…) 만약 자명하지 않은 많은 사실들이, 모든 개별 명제들이 명료하게 직관되는 연속적이고 중단 없는 사고를 통해, 참되고 잘 알려진 원칙들로부터 추론된다면, 이 자명하지 않은 많은 사실들이 확실하게 알려질 것이다." *The Philosophical Writings of Descartes*, trans. John Cottingham, Robert Stoothoff, and Dugald Murdoch, Cambridge University Press, 1984–1985, 1:14–15. 2 + 3 = 5에 대해서는 다음을 보라. vol. 2, *Meditations on First Philosophy*, First Meditation, 15, Third Meditation, 25. 알가잘리도 자신의 작품들에서 신과 확실성에 같은 방식으로 접근한다. 신과의 친밀함(*dhawq*: 문자적으로 '맛' 또는 '직접 경험'을 뜻한다) 이외의 모든 지식은 의심의 대상이 된다.

15. 기하학에 대한 데카르트의 발견적 기대에 대해서는 다음을 보라. Jones, *Good Life*, pp. 15–53.

16. 구문과 의미론의 본유성이라는 생각을 옹호하면서 언어의 필요성을 확대한 사람들이 있다. 가장 유명한 인물은 촘스키(Noam Chomsky)다. Noam Chomsky, *Syntactic Structures*, Paris: Mouton, 1957; *Knowledge of Language: Its Nature, Origin, and Use*, Westport, CT: Praeger, 1986. 제리 포더(Jerry Fodor)의 책도 참고하라. Jerry Fodor, *The Language of Thought*, Cambridge, MA: MIT Press, 1975. 이런 견해는 구문이 언어의 창발적 속성, 즉 의미론적 복잡성의 결과라는 비판이나, 문법은 본유적이지 않다는 비판에 여전히 취약하다. 예

를 들어, 쇠네만의 논문을 보라. P. Thomas Schoenemann, "Syntax as an Emergent Property of Semantic Complexity", *Minds and Machines* 9, 1999. pp. 309–346.

17. 우리의 두 번째 요지에 대한 유명한 주장은 다음 책을 참고하라. Saul Kripke, *Naming and Necessity*, Cambridge MA: Harvard University Press, 1980. 어떤 행동 혹은 본능은 생물학적 견지에서 '타고난(본유적인)' 것으로 이해된다는 사실을 우리도 당연히 알고 있다. 심지어 인간의 모든 자연언어에 본유하는 공통된 문법적 특성이 있을 수도 있다. 그러나 이런 본유성이 필연성을 의미하지는 않는다. 이런 본유성은 지구에서 생명의 진화가 낳은 산물이며, 가능한 모든 세계에서 같은 조건이 유지돼야 한다고 생각할 필요는 없다. 단백질 속 아미노산은 배타적으로 L형 광학이성질체인 반면, 유전물질 속 당은 모두 D형인 것은 지구 생명체의 일반 규칙일 수는 있지만, 아무도 이것을 필연적 보편 법칙이라고 생각하지 않는다.

18. 이 책에서 다루는 거의 모든 주제와 마찬가지로 로크에 대한 라이프니츠의 주장을 다룬 문헌들도 방대하다. 그 문헌 가운데 이 책에 등장한 인물들이 집필한 것도 있다. 예를 들면 존 듀이가 있다. John Dewey, *Leibniz's New Essays Concerning the Human Understanding: A Critical Exposition*, Chicago: S. C. Griggs, 1888. 보다 최근 사례에 대해서는 다음 글을 보라. Jonathan Francis Bennett, "Knowledge of Necessity", *Learning from Six Philosophers: Descartes, Spinoza, Leibniz, Locke, Berkeley, Hume*, Oxford: Clarendon Press, 2001, 2:34–58.

19. John Locke, *An Essay Concerning Human Understanding*, ed. Peter H. Nidditch, Oxford: Clarendon Press, 1975.

20. '기본 개념'에 대한 로크의 공격은 우리가 앞선 장들에서 만났던 몇몇 시도들을 대상으로 한다. 그 시도들은 동일성과 차이에 대한 인간의 보편적 동의의 기초를 제공하려고 했다. 우리가 만났던 몇 가지 시도를 제시해 본다. 아리스토텔레스(*Metaphysics*, 5.1013a18), 유클리드의 '공통 관념'(κοιναὶ ἔννοιαι, Elements 1), 알파라비, "*Fusūl al-Madanī* (Selected Aphorisms)". *The Political Writings: Selected Aphorisms and Other Texts*, trans. C. E. Butterworth, Ithaca, NY: Cornell University Press, 2015, §34, pp. 28–29.

21. John Locke, *Of the Conduct of the Understanding*, Oxford: Clarendon, 1901, §7, 23. 이 책의 초판은 1706년에 출판됐다.

22. 로크는 4권에서 우리가 알 수 있는 것과 우리가 확실하게 알 수 있는 것을 탐

구한다. 4권은 지식에 대한 로크의 정의로 시작된다(4.1.1). 신의 존재를 두 번째 높은 단계의 확신, 즉 논증의 확신을 통해서만 알 수 있다고 로크가 생각했다는 데 주목하라. 우리 자신의 존재성에 가장 높은 수준의 확실성이 적용된다. 로크는 분명히 수학적 진리와 몇 가지 도덕적 진리에 대한 우리의 지식이 확실하다고 생각했다. 이 지식들은 우리가 부적절하게 파악할 수밖에 없는 바깥에 있는 형태가 아니라, 이 세상에 있는 사물들이 적응해야 하는 우리 정신 안에서 생산된 이상적 모델이기 때문이다.

23. 더 풍성한 역사는 토머스 홉스의 비슷한 (그리고 더 이른) 주장을 탐구할 것이다. Thomas Hobbes, *Leviathan*, bk. 1.

24. "영혼을 이런 관점으로 보는 사람은 영혼을 기본적으로 육체처럼 다루고 있다." G. W. Leibniz, *Sämtliche Schriften und Briefe*, ed. Deutsche Akademie der Wissenschaften zu Berlin, Darmstadt: O. Reichl; Leipzig: Koehler und Amelang, 1938; Berlin: Akademie, 1923–, ser. 6, 6:110; *New Essays on Human Understanding*, trans. Peter Remnant and Jonathan Bennett, Cambridge: Cambridge University Press, 1981, p. 110.

25. 로크는 『인간지성론』 1.2.9, 1.3.13에서 '본유적' 혹은 '새겨진' 진리에 격렬한 반대를 표현했다. 이와 반대로 라이프니츠는 사상의 기원으로서 플라톤에 대한 충성을 숨기지 않는다. *Sämtliche Schriften*, ser. 6, 6:48; *New Essays*, p. 48.

26. Leibniz, *New Essays*, p. 80.

27. 다음 구절이 이어진다. "다른 모든 진리는 개념 분석이나 정의의 도움을 받아 첫 번째 진리로 환원된다. 이 첫 번째 진리 안에 경험과 무관한 선험적 증거가 들어 있다." *Leibniz: Philosophical Papers and Letters*, 2nd ed., ed. and trans. Leroy E. Loemker, Dordrecht: D. Reidel, 1989, 267.

28. 몇 년 후 클라크에게 보낸 다섯 번째 편지(1716)에서, 라이프니츠는 우리가 지지할 만한 용어들로, 자신의 사상에도 적용될 수 있을 만큼 보편적인 내용으로 수학자들의 동일성 진리를 비판한다. "합의에 만족하지 않는 정신은 동일성을, 진정 같아야 하는 어떤 것을 찾는다." Leibniz, *Die Philosophischen Schriften*, ed. C. I. Gerhardt, Hildesheim: Olms, 1960–1961, 7:401.

29. G. W. Leibniz and Samuel Clarke, *Correspondence*, ed. Roger Ariew, Indianapolis, IN: Hackett, 2000, p. 7. 초판은 *A Collection of Papers Which Passed between the Late Learned Mr. Leibnitz, and Dr. Clarke, in the Years 1715 and 1716. Relating to*

the Principles of Natural Philosophy and Religion, London: James Knapton, 1717. 두 사람의 서신교환에 대해서는 다음 글을 참고하라. Ezio Vailati, *Leibniz and Clarke: A Study of Their Correspondence*, New York: Oxford University Press, 1997.

30. 데카르트를 비롯한 많은 다른 철학자들처럼(로크는 제외하고), 라이프니츠 도 신의 존재를 위한 논증을 개발한다. 예를 들어, 1676년에 나온 『가장 완벽 한 존재는 존재한다(Quod Ens Perfectissimum Existit)』를 보면, 많은 논증들이 동일성/차이 주장에 근거한다. 이 책에서 라이프니츠는 '완전함'을 "긍정적 이고 절대적인 단순한 특성, 혹은 무엇을 표현하든 한계 없이 표현하는 것" 이라고 정의한다. 그래서 완전한 것은 나뉘지거나 한계 안에 가두어질 수 없 고, 어떤 다른 완전함과도 모순될 수 없다. 그다음에 라이프니츠는 만약 "필 연적 존재가 가능하다면, 실제 존재한다는 결론이 나온다"는 것을 증명하기 위해 양상논리를 사용한다. 그래서 신은 존재한다. Sämtliche Schriften, ser. 6, 3:578, 583; Leibniz, *De summa rerum: Metaphysical Papers, 1675–1676*, ed. and trans. G. H. R. Parkinson, New Haven, CT: Yale University Press, 1992, pp. 101, 107. 라이프니츠는 신의 존재를 증명하는 다른 논증도 제시했다. *Monadology*, secs. 36–45.

31. Leibniz and Clarke, *Correspondence*, letter 4, p. 22. 두 번째 공식[솔로 누메로 (solo numero)]은 다음 책에 실린 부정 공식에서 나왔다. *Sämtliche Schriften*, ser. 6, 4:1541; *G. W. Leibniz: Philosophical Essays*, ed. and trans. Roger Ariew and Dan Garber, Indianapolis, IN: Hackett, 1989, p. 42. 시간과 공간에 대해서는 다음 책 을 보라. *New Essays*, p. 230. "시간과 자리는 동일성과 다양성의 핵심을 구성 하지 않는다." "First Truths", p. 268도 참고하라(여기서 라이프니츠는 토마스 아퀴나스를 인용하고 일반화한다). 철학적 맥락과 관계를 폭넓게 다루는 것 에 대해서는 다음 책을 보라. R. Rodriguez-Pereyra, *Leibniz's Principle of Identity of Indiscernibles*, Oxford: Oxford University Press, 2014. 특히 클라크와의 서신은 pp. 104–117을 참고하라.

32. *Discourse on Metaphysics*, sec. 9, in *Leibniz: Philosophical Papers and Letters*, p. 308. 이 유도가 라이프니츠가 수행한 식별불가능자 동일성원리의 유일한 유도 가 아니라는 점을 지적해야겠다. 라이프니츠의 다양한 공식들은 정당화, 범 위, 양상의 강도 측면에서 정말로 다채롭다. 다음 논문을 보라. Anja Jauernig, "The Modal Strength of Leibniz's Principle of the Identity of Indiscernibles", *Oxford Studies in Early Modern Philosophy* 4, 2008, pp. 191–225.

33. 라이프니츠 수학과 라이프니츠 형이상학의 관계에 대해서는 다음 글을 참고하라. Christia Mercer, "Leibniz on Mathematics, Methodology, and the Good: A Reconsideration of the Place of Mathematics in Leibniz's Philosophy", *Early Science and Medicine* 11, 2006, pp. 424–454.

34. 연속에 관한 라이프니츠의 많은 저작들은 하나의 모음집에 담겨 있다. *The Labyrinth of the Continuum: Writings on the Continuum Problem, 1672–1686*, ed. and trans. Richard T. W. Arthur, New Haven, CT: Yale University Press, 2002.

35. Leibniz, *Specimen Dynamicum*, in Leibniz, *Mathematische Schriften*, ed. C. I. Gerhardt Hildesheim: Georg Olms, 1963, 6:243, 영어 번역본은 Leibniz, *Philosophical Essays*, p. 126.

36. 복수적 세계가 어떤 모습을 가져야 하는지를 상상하는 데 논리를 적용하는 것은 철학적 오만을 보여 주는 대단히 좋은 예다. 루이스의 책은 이런 생각이 현대 분석철학의 근본 주장에 어떻게 기여했는지를 보여 주는 탁월한 사례다. David Lewis, *On the Plurality of Worlds*, Oxford: Blackwell, 1986, p. 90.

37. 크리스티아 머서(Christia Mercer)의 책은 라이프니츠의 형이상학에 대한 가치 있는 안내서다. Christia Mercer, *Leibniz's Metaphysics: Its Origins and Development*, Cambridge: Cambridge University Press, 2001. 라이프니츠의 플라톤주의는 같은 책, pp. 173–204를 보라. 라이프니츠의 아리스토텔레스주의에 대해서는 머서의 다음 논문을 보라. "Leibniz, Aristotle, and Ethical Knowledge", *The Impact of Aristotelianism on Modern Philosophy*, ed. Riccardo Pozzo, Washington, DC: Catholic University of America Press, 2004, pp. 113–147.

38. David Hume, *A Treatise of Human Nature*, 2nd ed., ed. L. A. Selby-Bigge and rev. P. H. Nidditch, Oxford: Clarendon Press, 1975, p. 3(1.1.1).

39. Hume, p. 4.

40. '복사 원리'에 대해서는 다음 책을 참고하라. Don Garrett, *Cognition and Commitment in Hume's Philosophy*, New York: Oxford University Press, 1997, pp. 41–57. 흄의 관념 이해와 로크의 관념 이해 (그리고 데카르트의 관념 이해) 사이의 관계에 대해서는 다음 책을 참고하라. David Owen, *Hume's Reason*, Oxford: Oxford University Press, 1999, pp. 62–82.

41. 흄은 아마도 기계적이라는 단어의 선택을 거부했을 것이다. 흄에게 기계적이란, 데카르트가 생각했던 것처럼, 시계 장치 같은 곳에서 서로 접촉하는 부품들 사이의 운동 교환이었다. 반면, 뉴턴은 중력에 기초한 천문학으로 혁

명을 일으켰다. 중력은 질량이 있는 두 점 사이의 거리에서 작용하는 힘이고, 그 힘의 강도는 두 질량의 곱에 비례하고 두 물체 사이의 거리의 제곱에 반비례한다. 흄의 노력에도 불구하고, 뉴턴의 체계는 '기계적'이라는 호칭으로 널리 불리게 됐고, 흄의 체계도 그렇게 됐다.

42. *The Principia: Mathematical Principles of Natural Philosophy; A New Translation*, trans. I. B. Cohen and Anne Whitman, Berkeley: University of California Press, 1999, p. 382.

43. 흄은 자신이 뉴턴을 모방했다고 여러 책에서 언급한다. *An Enquiry Concerning Human Understanding*, 1.15, p. 14.; *An Enquiry Concerning the Principles of Morals*, 1.10, pp. 173–174. 쪽 번호는 다음 책을 따랐다. David Hume, *Enquiries Concerning Human Understanding and Concerning the Principles of Morals*, 3rd ed., ed. L. A. Selby-Bigge, rev. P. H. Nidditch, Oxford: Clarendon Press, 1975.

44. 흄의 연상작용은 원인에 대해 가설을 세워서는 안 된다는 의미에서 뉴턴의 중력과 같은 기본 힘이다(뉴턴은 "나는 가정을 만들지 않는다(hypotheses non fingo)"라고 말했다). 연상작용은 '내가 감히 설명할 수 없는 인간 본성에 원래 있는 특성'이라는 설명밖에 할 수 없기 때문이다. *A Treatise of Human Nature*, 2nd ed., ed. L. A. Selby-Bigge, rev. P. H. Nidditch, Oxford: Clarendon Press, 1975, 1.1.4.6, pp. 12–13. 흄이 발견한 연상력은 세 가지 유형이 있다. 유사관계, 근접관계, 인과관계다. 세 가지 모두 동일성 유형이라는 점을 주목하라. 유사관계와 근접관계는 명확히 동일성 유형이다. 인과관계의 경우, 흄이 두 지각의 '항상적 결합'을 경험하면서 유도된 생각이었다. *Treatise of Human Nature*, 1.3.3–6, pp. 78–94, passim. 인과관계란 우리의 과거 및 현재 경험을 미래의 기대와 연결하는 것이다. 흄에게 사실과 관련된 모든 추론은 이 원인과 효과의 관계에서 만들어진다. *An Enquiry Concerning Human Understanding*, 4.1.4, 26.

45. 이 질문에 대한 흄의 주장은 서문에 주로 나온다. *Treatise of Human Nature*, pp. xiii–xix, 특히 xvi. "공상적 과학": 『인간 오성에 관한 탐구(An Enquiry Concerning Human Understanding)』 1.12, p. 12. "완전한 과학 체계": *Treatise of Human Nature*, Introduction, p. xvi.

46. 이런 주장의 예로, 무한 확장의 불가능성과 점들의 존재를 다룬 부분이 있다. *Treatise of Human Nature*, 1.2.2, p. 32. 흄은 정신적 가능성을 이용해 특정한 이론 지평 안으로 지식을 제한하려고 했지만, 또한 정신적 가능성을 이용해

이 지평을 확장하기도 했다. 알가잘리의 무로부터의 창조와 비교해 보라. 우리는 무에서 나오는 어떤 것의 가능성을 '상상'할 수 있으므로, 이 가능성은 실제다. 흄과 무한에 대해서는 다음 책을 보라. Dale Jacquette, *David Hume's Critique of Infinity*, Leiden: Brill, 2001, p. 34 ff. 오늘날 무한의 가능성을 거부하는 철학자를 상상하기는 힘들겠지만, 무한집합에 대해 어떤 '믿음'을 갖는 가라는 질문은 여전히 열려 있다. 다음 사례를 보라. George Boolos, "Must We Believe in Set Theory?", *Logic, Logic, and Logic*, ed. Richard Jeffrey, Cambridge, MA: Harvard University Press, 1998, pp. 120–132.

47. Samuel Taylor Coleridge, *Biographia Literaria*, in *The Complete Works*, ed. William Shedd, New York: Harper & Brothers, 1858, p. 222.

48. 이런 의존성 때문에 과학혁명 시대 철학자들은 우리가 비판하는 (예를 들면, 근본적 동일성 같은) 입장으로 기울 수도 있었지만, 우리가 비판하는 (예를 들면, 결정론 같은) 다른 입장으로부터 거부당할 수도 있었다. 어떤 철학 사조들은 논리와 수의 철학적 과잉을 풀어 주는 해독제로서 중세 토미즘 전통으로 거슬러 올라가기를 지속했다. 예를 들면, 20세기 후반에 피터 기치(Peter Geach)는 엄격한 동일성 비판을 발전시키기 위해 스콜라철학의 삼위일체 논쟁을 가져왔다. 기치의 논의 가운데 짧고 접근하기 쉬운 글을 찾는다면, 다음을 보라. Peter Geach, "Truth and God", *Proceedings of the Aristotelean Society*, Supplement 56, 1982, pp. 83–97.

49. 이 말은 라이프니츠가 클라크에게 보낸 다섯 번째 편지(§47)에 나온다. *Die philosophischen Schriften*, 7:401. 우리는 다음 번역본에서 인용했다. Matthew L. Jones, "Space, Evidence, and the Authority of Mathematics," *Routledge Companion to Eighteenth Century Philosophy*, ed. Aaron Garrett, London: Routledge, 2014, p. 211.

50. Immanuel Kant, *Critique of Pure Reason*, A727/B755, trans. Paul Guyer and Allen W. Wood, Cambridge: Cambridge University Press, 1998, p. 637(칸트의 모든 인용문은 이 번역본을 따랐다). 조지 버클리는 칸트보다 약 반세기 전에 비슷한 주장을 했다. *On Motion*, §72. 이 논쟁에 대해서는 특별히 다음 글을 보라. Matthew L. Jones, "Space, Evidence, and the Authority of Mathematics", pp. 203–231. 우리는 앞 단락의 라이프니츠 인용문과 이 단락의 인용문을 이 글에서 가져왔다.

51. 바로 이런 이유로 우리는 여기서 비슷한 영향력을 가진 바뤼흐 스피노자를

다루지 않는다. 스피노자는 당시 논리학과 수학에 관심을 두면서도 동일성과 차이에 대해 독특한 접근을 했다.

52. "단순한 연산적 사고": *Enquiry Concerning Human Understanding*, 4.1.1, p. 25. 삼각형은 이 주제를 다룬 많은 사상가들이 자주 제시하던 예다. 로크와 라이프니츠도 그렇게 했다. John Locke, *Essay*, 4.2.2, 4.4.6, 4.13.3; Leibniz, *New Essays*, pp. 446–447.

53. Hume, *Treatise of Human Nature*, 1.3.1, p. 71. 흄이 산술학과 기하학을 구분 짓는 중요한 차이에 주목하라. 당시에 많은 사람은 이런 방식으로 기하학을 낮게 평가하지 않았다. 흄이 묘사한 '정확한 표준'은 두 집합 사이의 일대일 대응을 말하며, 이것이 수의 동치성, 혹은 집합의 크기(cardinality)의 정의다. 프레게는 이 문제를 다루면서 흄을 인용하고, 이 정의를 '흄의 원리'라고 불렀다. Frege, *Die Grundlagen der Arithmetik*, Breslau: Wilhelm Koebner, 1884, §73. 이 이야기에 대해서는 다음 글을 보라. George Boolos, *Logic, Logic, and Logic*, ed. Richard Jeffrey, Cambridge, MA: Harvard University Press, 1998, pp. 301–314. 그러나 '표준' 혹은 정의 문제는 훨씬 오래된 문제이고 갈릴레이도 이 문제를 다뤘다. *Two New Sciences*(1638)을 참고하라. 산술학과 기하학을 근거 짓는 논리적 토대의 차이에 대한 예리한 탐구에 대해서는 헴펠(Carl Hempel)의 두 논문을 보라. Carl Hempel, "Geometry and Empirical Science", *American Mathematical Monthly* 52, 1945, pp. 7–17; "On the Nature of Mathematical Truth", *American Mathematical Monthly* 52, 1945, pp. 543–556.

54. 모순과 오류 혹은 실수의 차이에 주의하라. 흄에게는 '사고의 연산'에 의존하는 선험적 진리를 거부하는 것만이 모순이다. 예를 들어, 2+2는 4가 아니라고 말하는 것, 혹은 유클리드 삼각형의 내각의 합은 180도가 아니라고 말하는 것이 모순이다. 반면에 이 세상에 존재하는 사실을 부정하는 것은 오류 혹은 실수다. 예를 들어, 지중해가 대서양보다 크다고 말하는 것은 오류 혹은 실수다.

55. Bertrand Russell, *The Problems of Philosophy*, London: Williams & Norgate, 1912, p. 85, Ian Hacking, "What Mathematics Has Done to Some and Only Some Philosophers", *Mathematics and Necessity: Essays in the History of Philosophy*, ed. Timothy Smiley, Oxford: Oxford University Press on behalf of the British Academy, 2000, p. 84에서 재인용. 무엇보다도 해킹(Ian Hacking)의 글은 우리가 이 책에서 탐구하는 질문들의 핵심이 담긴 전문용어들을 선별된 철학자들이 어떻

게 사용하는지 알려 준다. 말하자면 해킹의 글은 선험적, 필연적, 분석적, 상상할 수 없는, 확실성, 정언적 같은 용어들의 어휘사전이다.

56. Immanuel Kant, *Prolegomena to Any Future Metaphysics*, trans. James W. Ellington, Indianapolis, IN: Hackett, 1977, p. 5.

57. 칸트가 선험적 수리철학자(예를 들면, 갈릴레이와 칸트의 고전역학)로 여겨던 많은 이들이 오늘날에는 경험적으로 간주될 것이다. 다음 글을 보라. Hacking, "What Mathematics Has Done", p. 88. 우리는 칸트의 초기 작품들이 그 자체로 당시 자연과학에 기여하려는 의도를 가졌다는 걸 잊어서는 안 된다. 칸트의 첫 번째 작품 제목은 『우주적 자연사와 천체 이론(Allgemeine Naturgeschichte und Theorie des Himmels)』(1755)이었다.

58. Kant, *Critique of Pure Reason*, B11, 107. 에인 랜드(Ayn Rand)가 지은 소설 속 영웅의 선언과 비교해 보라. "당신이 수행했던 가장 고귀한 행동은 2 더하기 2는 4가 되는 것을 이해하는 과정에서 당신의 정신이 했던 행동이다." *Atlas Shrugged: 35th Anniversary Edition*, New York: Signet, 1992, p. 969.

59. 추가적인 증명이 주어질 수 없다: "진리의 다른 특성은 없다(Kein noch näheres Merkmal der Wahrheit)", *Critique of Pure Reason*, A 260, B 316, 366.

60. 러스녹(Paul Rusnock)은 당시 수학에 대한 칸트의 이해를 부정적으로 평가한다. Paul Rusnock, "Was Kant's Philosophy of Mathematics Right for Its Time?" *Kant-Studien* 95, 2004, pp. 426–442. 긍정적 평가 또한 존재한다. Michael Friedman, *Kant and the Exact Sciences*, Cambridge, MA: Harvard University Press, 1992, p. 95.

61. '순수'의 정의는 다음 구절에 나온다. *Critique of Pure Reason*, B24, 132. 『순수 이성비판』 B 20, 146에 나오는 세 가지 질문은 1783년 작품 『형이상학 서설』에서도 제기됐다. '신뢰할 수 있는' 내용과, 따라서 확장할 수 있는 수학의 사례는 다음 구절을 보라. *Critique of Pure Reason*, B8, 128.

62. *Critique of Pure Reason*, B10, 107. "'수학'과 '물리학'은 그 대상들을 선험적으로 결정해야 하는 두 개의 이론과학이다. 수학은 순수하게 선험적이고, 물리학은 부분적으로 선험적이라서 이성 이외의 다른 지식의 원천에도 의존한다." 이 질문에 담긴 칸트의 목표는 형이상학에 기초를 제공하는 데만 있지 않다. 칸트는 형이상학에 기초하지 않는 진정한 자연과학이 존재할 수 있는지도 묻고 있다. 이 질문의 다른 형태에 대해서는 1756년에 나온 『물리적 모나드론(Monadologia Physica)』의 발췌 글을 보라. 이 발췌 글은 아래에 재인용돼 있다. Friedman, *Kant and the Exact Sciences*, p. 2.

63. Aristotle, *De anima*, iii.3, 4, *On the Soul*, trans. Joe Sachs, Santa Fe, NM: Green Lion Press, 2004, 430a1–2, pp. 141–142: "이것(지성)은 아무것도 쓰여지지 않았을 때의 서판처럼 능력을 발휘한다. 이것이 바로 지성에 일어나는 일이다." Diogenes Laertius, 7, 46: "새겨지고 각인된다(enapesphragismenēn kaì enapome-magmemēn)". 완료형 수동분사에 이중접두어 *en*과 *apo*를 붙여 강조한 데 주목하라. 이 구절은 다음 글에서 인용했다. R. J. Hankinson, "Stoic Epistemology", *The Cambridge Companion to the Stoics*, ed. Brad Inwood Cambridge: Cambridge University Press, 2003, p. 60. 영혼을 밀랍으로, 신성을 인장으로 여긴 중세의 모델에 대해서는 다음 글을 참고하라. Brigitte Bedos-Rezak, "Semiotic Anthropology. The Twelfth Century Experiment", *European Transformations: The Long Twelfth Century*, ed. Thomas F. X. Noble and John Van Engen Notre Dame, IN: University of Notre Dame Press, 2012, pp. 426–467. 영화, 카메라(그리고 비디오), 섬광 등과 같은 새로운 미디어 기술의 강력한 영향과 현대 미국인들의 기억에 관한 생각에 대해서는 다음 책을 참고하라. Alison Winter, *Memory: Fragments of a Modern history*, Chicago: University of Chicago Press, 2012.

64. 칸트는 탈레스가 수학의 선험주의를 발견했다고 믿는다. 칸트는 수학적 선험주의의 발견은 대단히 중요하고, 심지어 마젤란(Ferdinand Magellan)의 항해보다도 더 높은 순위의 발견이라고 주장한다. *Critique of Pure Reason*, B11–12, 107–108. 처음에는 코페르니쿠스가 있었고 지금은 마젤란이 있다. 확실히 칸트는 자신을 자연과학 혁명가들과 우호적으로 비교하기를 좋아했다.

65. Pascal, *Pensées*, ed. Léon Brunschvicg, Paris: Hachette, 1897, nos. 72, 425, 434.

66. *Critique of Pure Reason*, B 40, 175. 칸트의 수학적 과학 이해에서 직관과 개념의 구분이 갖는 중요성에 대해서는 다음을 참고하라. Friedman, *Kant and the Exact Sciences*, pp. 96–135. 다시 한번 러스녹과 비교해 보라. Rusnock, "Was Kant's Philosophy of Mathematics Right for Its Time?", 예를 들면 p. 428.

67. Kant, *Critique of Pure Reason*, A38–39, B55–56, 183. 칸트는 리만의 비유클리드기하학이 출판되기 반세기 전에 세상을 떠났다. 프레게와 같은 철학자들의 비유클리트기하학의 수용에 대해서는 다음을 참고하라(프레게는 그들을 연금술사에 비교했다). Hans Freudenthal, "The Main Trends in the Foundations of Geometry in the 19th Century", *Studies in Logic and the Foundations of Mathematics* 44, 1966, pp. 613–621.

68. 후대 철학자의 훌륭한 사례에 대해서는 다음 글을 보라. W. v. O. Quine, "Two Dogmas of Empiricism." *Philosophical Review* 60, 1951, pp. 20–43.

69. 칸트는 이 단락(A37, B54) 앞의 단락에서 이렇게 말했다. 만약 누군가가, 나 자신이, 혹은 다른 존재(*ein ander Wesen*)가 감각(*Sinnlichkeit*)이라는 시공간적 조건 없이 나를 들여다볼 수 있다면, 그 존재는 무언가 영원하고 변하지 않는 것을 보게 될 것이다.

70. *Critique of Pure Reason*, A263, B319, 368. 강조는 원래 있었고, 우리는 라틴어 개념을 번역했다. 동일성(identity)과 차이(difference)에 대응하는 독일어 단어는 *Einerleiheit*와 *Verschiedenheit*다.

71. 칸트가 동일성이라는 조약돌을 정신의 기초에 뒀다고 해서, 그가 수학적 심리학을 옹호했다는 뜻은 아니다. 심리학은 수학화될 수 없다는 (더욱이 기하학은 수학에 적용될 수 없다는) 칸트의 입장, 그리고 칸트의 관점과 당시 화학 사이의 관계에 대해서는 다음 글을 보라. Thomas Sturm, "Kant on Empirical Psychology", *Kant and the Sciences*, ed. Eric Watkins, Oxford: Oxford University Press, 2001, pp. 163–180. 키처(Philip Kitcher)의 글도 도움이 된다. Philip Kitcher, *Kant's Transcendental Psychology*, New York: Oxford 1990, p. 11. 키처는 『자연과학의 형이상학적 기초』에 나오는 칸트의 입장에 대해 논의한다. 칸트는 심리학이 정확한 과학이 될 수 없고(왜냐하면 심리학이 탐구하는 현상은 수학적으로 표현될 수 없기 때문이다), 실험적 과학도 될 수 없다고(설명을 위해 다른 것에서 사유가 분리될 수 없기 때문이다) 생각했다.

72. 통합의 필수 조건으로서의 연결성은 물리학에서 국지성 원리와 관련이 있다. 국지성 원리에 따르면, 두 물체 사이의 상호작용은 두 물체 사이의 공간을 여행하는 무언가(예를 들면, 중력과 같은 장)에 의해 매개돼야 한다. 오늘날 국지성 원리에 대한 의견의 일치는 양자 얽힘 때문에 깨지고 있다.

73. 당연히 칸트는 음표는 자신이 염두에 둔 부류가 아니고, 물리학은 예술과 관련이 없으며, 이성 비판과 미학 비판은 완전히 분리된 일이라고 항변할 수도 있다. 우리는 이렇게 대답할 것이다. 철학과 수학 사이의 경계처럼, 칸트가 미학과 이성 사이에 놓은 경계도 보편적으로 공유될 필요가 없는 가정과 전제들로 가득차 있다.

74. W. Kaufmann, *Discovering the Mind: Goethe, Kant, and Hegel*, New York: McGraw Hill, 1980, p. 83.

75. 예를 들어 하이데거의 칸트 비판을 보라. Martin Heidegger, *Basic Problems of Phenomenology*, trans. Albert Hofstadter, Indianapolis: Indiana University Press, 1982, p. 77 ff.

76. H. Poincaré, *La Science et l'hypothèse*, Paris: Flammarion, 1917, p. 24. 푸앵카레
는 수학적귀납법의 확장에 특별히 신중했다. "물리학에 적용되는 귀납법은
항상 불확실하다. 귀납법은 우주의 일반적인 질서, 즉 우리 밖에 있는 질서
에 대한 믿음에 근거하기 때문이다. 반면, 반복에 의한 수학적귀납법은 강
제성이 불가피한데, 이 귀납법은 정신 자체의 속성에 대한 확증에 불과하기
때문이다.(L'induction, appliquée aux sciences physiques, est toujours incertaine,
parce qu'elle repose sur la croyance à un ordre général de l'Univers, ordre qui est
en dehors de nous. L'induction mathématique, c'est- à-dire la démonstration par
récurrence, s'impose au contraire nécessairement, parce qu'elle n'est que l'affirma-
tion d'une propriété de l'esprit luimême.)" 다음과 비교해 보라. "그러므로 우
리는 이 개념이 처음에는 정신에서 만들어졌지만, 경험이 그 가능성을 제공
했다고 결론지을 수밖에 없다.(On est donc forcé conclure que cette notion a
été créée de toutes pièces par l'esprit, mais que c'est l'expérience qui lui en a fourni
l'occasion.)" (p. 35) 파스칼은 명시적으로 밝히지는 않았지만, 수학적귀납법
을 처음으로 사용했다. Blaise Pascal, *Traité du triangle arithmétique*, Paris: Guil-
laume Desprez, 1665.

77. 다음 글을 보라. George Boolos, "Introductory Note to Kurt Gödel's 'Some Basic
Theorems on the Foundations of Mathematics and their Implications", *Logic, Log-
ic, and Logic*, ed. Richard Jeffrey, Cambridge, MA: Harvard University Press, 1998,
pp. 105–119.

78. Stephen Hawking, "Unified Theory-Stephen Hawking at European Zeitgeist 2011",
posted by Google Zeitgeist, May 18, 2011, video, 26: 04, https://www.youtube
.com/watch?v=r4TO1iLZmcw. 호킹의 주장은 다음과 같다. 과거에는 철학자들
이 실제의 본성에 관한 중요한 질문들을 다루는 것이 정당화됐지만, 지금 철
학은 죽었다. 철학이 최근 물리학 분야에서 일어난 발견들에 동화되지 않았기
때문이다.

79. *Critique of Pure Reason*, B14–16, 144. 이 절에서 칸트는, 아마도 아리스토텔레
스를 따라서, 비모순율을 논리학과 수학의 기본으로 간주하고, 동일성원리
가 비모순율에서 유도된 것으로 여긴다. 동일성과 차이에 둔 우리의 초점을
고려하면서, 다음 장에서 우리는 (선험적이지 않은) 수의 요구를 충족시키는
동일성원리의 위치를 강조할 것이다.

1. "The Metaphysician", H. L. Mencken, *A Mencken Chrestomathy*, New York: Vintage, 1982, pp. 13–14.

2. 인간만 그런 것이 아니다. 몇몇 이론 생물학자들은 동일성과 차이의 인지를 생물의 가장 기본 기능이자, 유기체가 형태를 만들어 가는 '자기생산'의 기초로 묘사한다. 다음 책을 보라. Humberto R. Maturana and Francisco J. Varela, *Autopoesis and Cognition: The Realization of the Living*, Dordrecht: D. Reidel, 1980.

3. Nader el-Bizri, ed. and trans., *Epistles of the Brethren of Purity: On Arithmetic and Geometry; An Arabic Critical Edition and English Translation of Epistles 1 & 2*, Oxford: Oxford University Press, 2012, p. 73.

4. Johann Wigand, *De neutralibus et mediis libellus*, 1562, F. P. Wilson, *The Oxford Dictionary of English Proverbs*, 3rd ed. Oxford: Clarendon Press, 1970, p. 849에서 재인용. Alfred North Whitehead, *An Introduction to Mathematics*, New York: Henry Holt, 1911, p. 9.

5. 2 더하기 2는 1이 되는 나머지 연산 3(modulo 3)처럼, 완전히 다르게 정의된 수체계를 가져오는 속임수를 쓰지는 않을 것이다.

6. 여기서 우리는 무수히 많은 사람들을 따라가고 있다. 이 많은 사람들에는 지금까지 이 장에서 언급된 모든 사람도 포함되고, 앞 장 결론 부분의 '7 + 5 = 12' 사례의 주인공인 칸트도 포함된다. 그러나 우리의 방법과 결론은 이들과 다를 것이다.

7. 플라톤 『국가』 522c–526c에 나오는 '1, 2, 3을 구분하기'에 대한 유명한 토론, 즉 수와 셈하기에 대한 토론과 비교해 보라.

8. 여기서 선생은 프레게의 논의를 따라가고 있다. Gottlob Frege, *Die Grundlagen der Arithmetik*, Breslau: Wilhelm Koebner, 1884, pp. 5–8 (§§5–6); *The Foundations of Arithmetic*, trans. J. L. Austin, Evanston, IL: Northwestern University Press, 1978, pp. 5–8 (§§5–6).

9. 예를 들어, 푸앵카레의 책 1장을 보라. H. Poincaré, *La Science et l'hypothèse*, Paris: Flammarion, 1917, chap. 1, §2. 우리의 이탤릭체와 로마숫자 표현이 같다고 가정된 2 + 2 = 4의 증명이 있고, 그다음에 덧셈의 일반적 결합성이 연역법 혹은 순환을 통해 증명된다. 푸앵카레에 따르면, 수학적 연역법은 칸트의 범주 '선험적 종합'이 적용될 수 있는 유일한 표현법이다(Poincaré, *La Science et l'hypothèse*, pp. 12–13).

10. 오늘날 체르멜로-프렝켈공리는 공리적 집합론의 표준 형태이자, 수학의 가

장 보편적 기초로 수용된다. 모든 집합론 교과서가 이 공리들의 목록과 기초 내용을 잘 알려 준다. 예를 들어 다음 교과서를 보라. Kenneth Kunen, *Set Theory: An Introduction to Independence Proofs*, Amsterdam: North-Holland, 1980; Olivier Daiser, *Einführung in die Mengenlehre*, 2nd ed. Springer: Berlin, 2000.

11. 우리의 선생님은 자신이 방금 윌리엄 워즈워스(William Wordsworth)의 시를 인용했다는 걸 깨닫고 속이 상했을 수도 있다. William Wordsworth, *The Prelude, or Growth of a Poet's Mind*, Oxford: Oxford University Press, 1933, p. 90 (lines 186–187). "진심으로, 독립적 세계는 / 순수 지성으로 창조되었다."

12. 도달 불가능한 기수 같은 것에 대해서는 특히 다음 책을 참고하라. Akihiro Kanamori, *The Higher Infinite*, Berlin: Springer, 1994, introduction.

13. 많은 언어에서 공통적으로 나타나는 이 현상을 영어에서는 여러 가지 이름으로 부른다. *enantiosemy, antilogy, auto-antonym, contronym, Janus words, addad* (아랍어에서 유래) 등이 있다.

14. 우리는 아직까지 '사물'이 상호 배타적이라는 상식을 되묻지 않았고, "사물이 무엇인가?"라는 질문도 던지지 않았다. 그러나 최소한 우리는 수를 사물에 적용할 가능성이 있는 어떤 조건들을 묘사했다.

15. Martin Stone, "Interpretation and Pluralism in Law and Literature: Some Grammatical Remarks", *Reason and Reasonableness*, ed. Riccardo Dottori, Münster: Lit Verlag Münster, 2005, p. 147.

16. Friedrich Nietzsche, *The Gay Science*, trans. Walter Kaufmann, New York: Vintage, 1974, §121, 177.

17. '동일성'에 기초한 아리스토텔레스-린네 접근법에서 '차이'에 기초한 다원적 접근법으로의 변화는 동일성과 차이의 과학사에서 중요한 자리를 차지한다. 니체는 이 변화가 헤겔의 진보 개념에서 기인한다고 했고(*Gay Science*, §357, 305), 코헨(Joel E. Cohen)과 대스턴(Lorraine Daston)은 이 문제를 좀 더 깊이 탐구해야 한다고 제안했다.

18. 요즘 정치가 작가들에게 귀속되는 속도를 감안할 때, 여기서 '자유'는 정치가 아니라 생각에 대한 태도와 관련이 있다고 지적해야겠다. 즉, 여기서 자유란 우리가 동일성이나 차이에 대한 접근법을 자유롭게 선택하는 태도를 말하며, 한 가지 기본적 동일성이라는 본질적 필연성에 전적으로 강요되지 않는 것을 말한다. 앞으로 언급하겠지만, 이것은 자유의지에 대한 형이상학적 주장이 아니다.

19. 앞 장에서 나열했던 사례에 토머스 홉스도 추가해야 한다. Thomas Hobbes,

De Corpore, 1655–1656, chap. 1. 여기서 추론은 계산으로 정의되고, 계산은 합치고 분리하는 두 가지 연산에 의해 수행된다. "그러므로 추론은 덧셈과 뺄셈과 같다." 다음 글을 보라. *The Metaphysical System of Hobbes: In Twelve Chapters from "Elements of Philosophy Concerning Body", Together with Briefer Extracts from "Human Nature" and "Leviathan"*, ed. Mary Whiton Calkins, Chicago: Open Court, 1913, p. 7. Leviathan, chap. 5도 보라.

20. Gottlob Frege, "Über Sinn und Bedeutung", *Zeitschrift für Philosophie und philosophische Kritik*, n.s., 100, 1892, pp. 25–50.

21. David Lewis, *Parts of Classes*, Oxford: Blackwell, 1991, p. 6.

22. 마지막 질문에 대한 대답을 루이스의 글에서 찾을 수 있다. 루이스는 이 글에서 물리학 법칙으로부터 모든 것을 유도하려고 시도한다. "How Many Lives Has Schrödinger's Cat ?" *Australasian Journal of Philosophy* 82, 2004, pp. 3–22.

23. 라틴어로 포에나 쿨레이(*Poena cullei*)라 불렀고, '자루 처벌'을 뜻한다. 고대 로마에서는 고양이보다 뱀, 개, 심지어 원숭이를 더 선호했던 것으로 보인다. 색슨족의 실행법에 대해서는 아이케 폰 레프고(Eike von Repgow)가 13세기에 처음 편찬한 법령집과 요한 폰 부흐(Johann von Buch)의 14세기 법령 주석서를 참고하라. Eike von Repgow, *Der Sachsenspiegel*, ed. August Lüppen and Friedrich Kurt von Alten, Amsterdam: Rodopi, 1970; Johann von Buch, *Glossen zum Sachsenspiegel*, ed. Frank-Michael Kaufmann, Hannover: Hahn, 2002.

24. 1963년 뉴욕대학교 쿠랑연구소(Courant Institute)에서 이 책의 필자 중 한 명인 니런버그는 잭 슈바르츠(Jack Schwartz) 교수의 비선형함수해석학 수업을 수강했다. 아르헨티나에서 온 박사과정생 세 명, 헥토르 파토리니(Héctor Fattorini), 호라시오 포르타(Horacio Porta), 그리고 리카도는 노트 준비 업무를 받았고, 몇 년 후 그 노트는 책으로 출판됐다. 어느 날, 수업이 끝난 후 그들은 잔카를로 로타를 만났다. 로타는 예일대학교에서 슈바르츠 교수의 박사과정생이었고, 그때는 록펠러연구소(Rockfeller Institute)에 있었다. 네 사람은 술집에 모였고, 담배 연기와 에일 맥주 거품 속에서 로타는 리카도에게 호세 오르테가 이 가세트의 『갈릴레오 갈릴레이에 관하여(En Torno a Galileo)』를 읽으라고 조언했다. 이 책은 1933년에, 후설의 『유럽학문의 위기와 선험적 현상학』보다 2년 혹은 3년 먼저 출판됐다. 이 책 두 권이 로타의 철학적 사유의 핵심이었다. 호라시오 포르타가 이때의 경험을 글로 전해 줬다. "In Memory of Jacob Schwartz", *Notices of the AMS* 62, no. 5, 2015, p. 488.

25. Gian-Carlo Rota, "*Fundierung* as a Logical Concept", *Monist* 72, 1989, pp. 70–77. 후설은 뒷받침(*Fundierung*)을 자신의 책 3부 「전체와 부분에 대한 이론」에서 정의한다. Husserl, *Logical Investigations*, trans. by J. N. Findlay from the 2nd German ed. 1913, London: Routledge, 1970.

26. 영문판은 Honoré de Balzac, *Séraphita* (1834), *The Novels of Honoré de Balzac*, vol. 42 New York: G. D. Sproul, 1895–1900, p. 290. 프랑스어판은 Honoré de Balzac, *Séraphita*, Paris: L'Harmattan, 1995, p. 119.

27. Carl A. H. Burckhardt, *Goethes Unterhaltungen mit dem Kanzler Friedrich von Müller*, Stuttgart: Cotta'sche, 1898, p. 187 (§213, Sunday, June 18, 1826).

28. 그러나 공유가 산출된 진리를 손상하지는 않는다. 이 점에서 우리는 T. S. 엘리엇에 동의하지 않는다. "이런 의미에서 나는 모든 중요한 진리는 개인적 진리라고 생각한다. 그 진리들은 나에게 참이 되기 전에 나의 것이 돼야 한다. 그 진리들은 공유되면서, 불명확해지거나 (밀도가 증가하면서) 무의미해질 것이다. 2 + 2 = 4다. 그러나 이것이 진정 진리일까?" T. S. Eliot, "The Validity of Artificial Distinctions", *Times Literary Supplement*, May 30, 2014, p. 14 (미출판).

29. Friedrich Nietzsche, *Human, All Too Human: A Book for Free Spirits*, trans. R.J. Hollingdale, Cambridge: Cambridge University Press, 1996, 1.19, p. 22.

30. Kurt Gödel, "What Is Cantor's Continuum Problem", *Collected Works*, vol. 2, *Publications 1938–1974*, ed. Solomon Feferman, Oxford: Oxford University Press, 1990, p. 268.

7장

1. 베르너 하이젠베르크는 1926년 초 베를린에서 아인슈타인을 만났다. 하이젠베르크는 이 만남을 글로 남겼고, 다음 책에 실었다. "Die Quantenmechanik und ein Gespräch mit Einstein (1925–1926)", *Der Teil und das Ganze: Gespräche im Umkreis der Atomphysik*, Munich: R. Piper, 1969, Chap. 5, pp. 85–100. 아인슈타인이 했다는 이 말("Erst die Theorie entscheidet darüber, was man beobachten kann.")은 92쪽에 실려 있다.

2. John Dewey, "Matthew Arnold and Robert Browning", *Andover Review*, August 1891. "Poetry and Philosophy", *Characters and Events: Popular Essays in Social and Political Philosophy by John Dewey*, ed. Joseph Ratner, New York: Henry Holt, 1929, 1:3–17에 재수록.

3. 우리는 동일성원리는 '상식을 위한 평온한 기초'(du principe d'identité, si tran-
   quillement fondamental pour la connaissance commune)라는 철학자 가스통 바
   슐라르(Gaston Bachelard)의 다음 주장에 동의하지 않는다. G. Bachelard, *Le
   Rationalisme appliqué*, Paris: Presses Universitaires de France, 1949, pp. 101–102.
   그의 주장과는 반대로, 동일성원리는 수학자를 제외한 모든 사람에게 스캔들
   과 같은 걸림돌이 될 것이다.

4. Francis Bacon, *Novum organum scientiarum*, bk. 1, aphorism 51, *Works*, ed. James
   Spedding, Robert Leslie Ellis, and Douglas Denon Heath. Boston: Taggard and
   Thompson, 1864, vol. 1.

5. Émile Meyerson, *Identity and Reality*, trans. Kate Loewenberg, London: George
   Allen & Unwin, 1930, p. 282. 프랑스어 초판은 다음과 같다. *Identité et réalité*,
   Paris: F. Alcan, 1908. 메이에르송은 자신의 과학철학이 '동일성'과 '차이' 사이
   의 선택에 대한 인식에 기초한다는 것을 이해했다. 메이에르송은 이 인식이
   플라톤의 『티마이오스』를 읽으면서 생겨났다고 봤다. 메이에르송이 1924년
   부터 펠리시앙 샬레(Félicien Challaye)에게 보낸 편지를 보라. Émile Meyerson,
   Lettres françaises, ed. Bernadette Bensaude-Vincent and Eva Telkes-Klein, Paris:
   CNRS, 2009, p. 109.

6. Rudolf Carnap, *The Logical Structure of the World*, trans. R. A. George, Chicago:
   Open Court, 2003, p. 9.

7. "위대한 공연"은 다음 시에서 가져왔다. *Poesías de Fray Luis de León*, ed. A. C.
   Vega, Madrid: Saeta 1955, p. 473. 천체들의 영원한 자유와 지상의 검은 감옥
   이라는 시인들의 대조와 플로티노스의 글을 비교해 보라. Plotinus, *Enneads*
   4.8.1.

8. Jerónimo Muñoz, *Libro del nuevo cometa*, Valencia: Pedro de Huete, 1573. 이 주
   제에 관한 무뇨스의 몇몇 작품들을 모은 현대적 편집본도 있다. *Libro del nue-
   vo cometa, Valencia, Pedro de Huete, 1573; Littera ad Bartholomaeum Reisacherum,
   1574; Summa del prognostico del cometa: Valencia, (...) 1578*, Valencia: Hispaniae
   Scientia, 1981.

9. 무뇨스는 펠리페 2세(Felipe II)에게 헌정한 서문에서, 특히 플라톤의 『티마
   이오스』뿐만 아니라 아리스토텔레스의 우주론도 비난한다. 무뇨스는 영리
   하게도 (신학적 위험을 예상하고) 모세와 성서가 철학자들보다 진실되다고
   암시한다. 「창세기」는 창조가 시작되는 태초의 공간을 토후 바 보후(*tohu va*

bohu)(무뇨스는 이를 혼돈으로 번역한다)로 묘사하기 때문이다. fols. 2r-5r.

10. 교회 권력과 갈릴레이의 갈등을 다룬 문헌들은 대단히 많다. 린드버그(David Lindberg)의 다음 글은 짧은 출발점으로 괜찮다. David Lindberg, "Galileo, the Church, and the Cosmos", *David Lindberg and Ronald Numbers, When Science and Christianity Meet*, Chicago: University of Chicago Press, 2003. 혜성의 본질에 대한 논쟁도 갈릴레이의 갈등에서 크게 두드러진다. 이 논쟁에 대한 글들을 모은 책이 있다. Drake and O'Malley, trans., *The Controversy on the Comets of 1618: Galileo Galilei, Horatio Grassi, Mario Guiducci, Johann Kepler*, Philadelphia: University of Pennsylvania Press, 1960.

11. "Nam cum scientiae omnes nihil aliud sint quam humana sapientia, quae semper vna & eadem manet, quantumvis differentibus subjectis applicata, nec majorem ab illis distinctionem mutuatur, quam Solis lumen a rerum, quas illustrat, varietate." *Œuvres de Descartes*, ed. Charles Adam and Paul Tannery, Paris: Cerf, 1897, 10: 360. 『정신 지도의 규칙들』 영어 번역본은 다음에 실려 있다. *The Philosophical Writings of Descartes*, trans. John Cottingham, Robert Soothoff, and Dugald Murdoch, Cambridge: Cambridge University Press, 1984, 1:9. 『정신 지도의 규칙들』은 데카르트가 살아 있을 때 출판되지 않았다.

12. 이 정식의 진리 여부와 상관없이, 이 정식은 태초의 것과 다른 모든 것을 이해하는 대안적 방법의 가능성을 삭제해 버린다. 1710년 라이프니츠가 데스보세스(Bartholomäus des Bosses)에게 보낸 편지에서 인용했다. "Quin imo qui unam partem materiæ comprehenderet, idem comprehenderet totum universum ob eandem περιχώρησιν quam dixi. Mea principia talia sunt, ut vix a se invicem develli possint. Qui unum bene novit, omnia novit." *The Leibniz-Des Bosses Correspondence*, ed. and trans. Donald Rutherford and Brandon Look, New Haven, CT: Yale University Press, 2007, p. 188. 여기서는 '상호 통합과 교류'로 번역된 라이프니츠의 용어 'περιχώρησιν(페리코레신)'은 학술적 논쟁의 대상이다. 다음 글을 보라. Antonio Lamarra, "Leibniz e la περιχώρησις", *Lexicon Philosophicum* 1, 1985, Daphnet Digital Library, http://scholarlysource.daphnet.org/index.php/DDL/article/view/21/10.

13. 키츠(John Keats)의 부정적 능력을 담은 메아리는 다음과 같다. John Keats, *The Complete Poetical Works and Letters of John Keats, Cambridge Edition*, London: Houghton, Mifflin, 1899, p. 277.

14. Plato, *Timaeus*, 49a5–6, 52a8, d3: 공간(χώρα)은 '모든 존재가 담긴 저장소다 (ὑποδοχή)'. 그러므로 그 저장소는 그 자체와 동일하다.

15. 1장에서 후설이 점을 '시공간적 이상'이라고 말한 것은 바로 이런 의미다.

16. 유클리드 점 정의의 간단한 역사는 토머스 헬스(Thomas L. Heath)가 편역한 『원론』에 실린 헬스의 주석을 참고하라. *The Thirteen Books of Euclid's "Elements"*, Mineola, NY: Dover, 1956, 1:155–158.

17. 이미 쇼펜하우어가 관찰했듯이, 우리는 충족이유율에 기대어 두 개인이 완전히 같을 수는 없다고 주장할 수 있다. 두 개인이 완전히 같다면, 한 개인은 이곳에, 다른 개인은 다른 곳에 있을 충분한 이유가 없기 때문이다. *On the Fourfold Root of the Principle of Sufficient Reason and On the Will in Nature*, trans. Karl Hillebrand, London: George Bell and Sons, 1903.

18. David Hilbert, *Foundations of Geometry*, Chicago: Open Court, 1971, p. 3. 힐베르트는 유클리드 명제 1에 나오는 '두 원은 두 점에서 만난다' 같은 명제를 보장해 주는 완전성 공리를 추가했다.

19. 이 주제에 대한 일반적인 내용에 대해서는 다음 책들을 참고하라. Jeremy Gray, ed., *The Symbolic Universe: Geometry and Physics 1890–1930*, Oxford: Oxford University Press, 1999; Jonathan Swift, *The Benefit of Farting Explain'd* (1722), Exeter: Old Abbey Press, 1996, p. 9; Paul Valéry, "La Crise de l'esprit, Deuxième Lettre" (1919), *Œuvres*, Paris: Gallimard, 1957, 1:1412–1415: "그리스인들은 기하학을 발견했다. 그것은 어리석은 일이었고, 우리는 이 어리석은 일의 가능성을 두고 여전히 논쟁한다.(La Grèce a fondé la géométrie. C'était une entreprise insensée : nous disputons encore sur la possibilité de cette folie.)" H. Poincaré, "L'Espace et la Géométrie", *Revue de métaphysique et de morale* 3, 1895, p. 638. 물리학자 에르빈 슈뢰딩거도 1954년 '윌리엄 제임스 강연' 3회차 때 비슷한 지적을 했는데, 그는 과학에 습관과 경험을 외삽하는 것을 '형성적 불변'이라는 인간 본성의 한 측면으로 해석했다. 다음 글을 보라. Erwin Schrödinger, *The Interpretation of Quantum Mechanics: Dublin Seminars (1949–1955) and Other Unpublished Essays*, ed. Michel Bitbol, Woodbridge, CT: Oxbow Press, 1995, p. 146.

20. Isaac Newton, *The Principia: Mathematical Principles of Natural Philosophy; A New Translation*, trans. I. B. Cohen and Ann Whitman, Berkeley: University of California Press, 1999, law 3, p. 417. 뉴턴에게 물체의 운동은 질량에 속도를 곱한 생산량, 즉 우리가 말하는 '운동량'을 의미한다.

21. Ludwig Boltzmann, *Theoretical Physics and Philosophical Problems*, Dordrecht: D. Reidel, 1974, pp. 228–231. 이 부분은 228쪽에서 인용했으며, 강조를 추가했다. 라이프니츠도 비슷한 요점을 말한 적이 있다. *New Essays on Human Understanding*, trans. Peter Remnant and Jonathan Bennett, Cambridge: Cambridge University Press, 1981, preface, pp. 57–58.

22. '변이 없음'은 다음의 책에 나온다. James Clerk Maxwell, *Theory of Heat*, London: Longmans, Green, 1872, pp. 330–332. 맥스웰은 여기서 무엇보다도 특히, 찰스 다윈의 『종의 기원(On the Origin of Species)』(1859)과의 구별 짓기를 강조한다. 이 점은 지적할 가치가 충분하다. 맥스웰은 종들 사이에 차이가 없는 물리학과, 종들 사이의 차이와 다양성이 진화를 일으킨다는 다윈의 생물학 사이의 구별을 강조한다. 맥스웰 시대 분광학의 발견에 대해서는 다음 문헌을 참고하라. W. McGucken, *Nineteenth Century Spectroscopy: Development of the Understanding of Spectra, 1802–1897*, Baltimore: Johns Hopkins University Press, 1969. 다음 책도 보라. Peter Pešić, *Seeing Double: Shared Identities in Physics, Philosophy, and Literature*, Cambridge, MA: MIT Press, 2002, pp. 82–84.

23. 최근에 더 많은 철학자들이 '사유법칙' 혹은 라이프니츠의 '식별불가능자 동일성원리'와 같은 단 하나의 주제만 공격하면서 이 문제를 해결하려고 시도했다. 예를 들어 다음을 보라. Max Black, "The Identity of Indiscernibles", *Mind* 61, 1952, pp. 153–164. 이 논문은 다음 책들에도 재수록됐다. Max Black, *Problems of Analysis*, Ithaca, NY: Cornell University Press, 1954, pp. 204–216; J. Kim and E. Sosa, eds., *Metaphysics: An Anthology*, London: Blackwell, 1999, pp. 66–71. 우리는 블랙(Max Black)의 접근법이 많은 논쟁점을 갖고 있다고 생각한다. 사실 블랙의 접근법은 우리 주제와 무관해 보이는데, 블랙은 자신의 모델이 관찰자의 부재를 필요로 한다고 인정했기 때문이다. 관찰자의 가능성을 배제하면서 블랙은 우리 문제에 자신의 영향력을 포기했다. 식별력에 관한 무언가를 말하고 싶다면, 식별하는 것의 존재를, 최소한 존재 가능성을 가정해야 한다.

24. Boltzmann, *Theoretical Physics*, pp. 230–231; Leibniz, *New Essays*, preface, p. 56.

25. Meyerson, *Identity and Reality*, p. 384.

26. 이론과 경험의 관계에 대한 아인슈타인의 인식 변화는 다음 글에 소개돼 있다. Erhard Scheibe, "Albert Einstein: Theorie, Erfahrung, Wirklichkeit", *Heidelberger Jahrbücher* 36, 1992, pp. 121–138, 여기서 인용한 부분은 125쪽. 라이

프니츠의 식별불가능자 동일성원리가 양자 단위에서도 적용 가능하냐는 질문은 물리철학에서 시급한 문제로 남아 있다. 지난 10년 동안의 입장 변화(적용되지 않는다는 합의에서 적용 가능한 제안들을 제시하는 상황으로의 변화)에 대해서는 다음 글을 참고하라. Adam Caulton, "Discerning 'Indistinguishable' Quantum Systems", *Philosophy of Science* 80, 2013, pp. 49–72; "Issues of Identity and Individuality in Quantum Mechanics", PhD diss., Cambridge University, 2015. 다음 논문도 보라. Adam Caulton and Jeremy Butterfield, "On Kinds of Indiscernibility in Logic and Metaphysics", *British Journal for the Philosophy of Science* 63, 2012, pp. 27–84.

27. 식별불가능성의 중요성에 대해서는 페시치가 잘 설명해 준다. Pešić, *Seeing Double*, pp. 64–77. 우리는 이 절에서 기브스의 논의를 이용해 (비록 관련은 있지만) 페시치와는 다른 요지를 만들고 있다. 페시치는 이 장에서 우리가 아주 짧게 요약하려는 문제를 다루고 있다. 그 문제란 개체성, 식별가능성, 정체성과 같은 고전적 개념들을 양자 수준에서 제기하는 관점으로 응답하기다. 기브스의 보다 확장된 논의는 페시치의 다음 논문에서 보라. Peter Pešić, "The Principle of Identicality and the Foundations of Quantum Theory I. The Gibbs Paradox", *American Journal of Physics* 59, 1991, pp. 971–974.

28. 기브스의 보고서는 다음 책에서 볼 수 있다. *Elementary Principles in Statistical Mechanics*, Mineola, NY: Dover, 1960, pp. 187–207. 볼츠만과 기브스의 통계역학의 관계에 대해 흥미가 있는 독자는 다음 글을 읽어 보라. Carlo Cercignani, *Ludwig Boltzmann: The Man Who Trusted Atoms*, Oxford: Oxford University Press, 1998/2006, chap. 7.

29. Edwin T. Jaynes, "The Gibbs Paradox", *Maximum Entropy and Bayesian Methods*, ed. C. R. Smith, G. J. Erickson, P. O. Neudorfer, Dordrecht: Kluwer Academic, 1992, pp. 1–22.

30. 이런 의미에서 우리는 토마스 아퀴나스의 원칙 *veritas est adaequatio rei et intellectus*(진리는 지성과 사태의 일치다)에 강렬하게 표현된 객관성에 대한 고대의 관점을 절대 성취할 수 없다. *De veritate*, Cb.1, respondeo. [아퀴나스는 이 명제가 안달루스 출신 유대교 철학자 이삭 이스라에리(Isaac Israeli)의 대화록 『생명의 샘(Fons Vitae)』에서 왔다고 했다.]

31. E. T. Jaynes, "Gibbs vs Boltzmann Entropies", *American Journal of Physics* 33, 1965, p. 398. 이 초기 논문은 지금 우리가 다루는 1992년 논문보다 훨씬 일반적인 틀을 포함한다.

32. 인류의 어떤 역사적 시기에, 물리적 차원 및 정신적 차원에서 동시에 취해
    진 개념 중에 의인화되지 않는 것이 있었는지 위그너가 자문하지는 않은 것
    같다.

33. Max Planck, *Acht Vorlesungen über Theoretische Physik, gehalten an der Columbia
    University, NY*, Leipzig: S. Hirzel, 1910; 번역본은 *Eight Lectures on Theoretical
    Physics*, trans. A. P. Wilson, New York: Columbia University Press, 1915, p. 3; re-
    printed Mineola, NY: Dover, 1998. 이 강의를 보면 플랑크는 우리가 앞서 대략
    설명했던 어려움을 크게 생각하지 않는 게 분명하다. "역학은 원칙적으로 공
    간 개념, 시간 개념, 그리고 움직이는 것만 기초로 가지고 있으면 된다. 그 움
    직이는 것을 실체로 여기든, 상태로 여기든 상관없다.(Die Mechanik bedarf zu
    ihrer Begründung prinzipiell nur der Begriffe des Raumes, der Zeit, und dessen was
    sich bewegt, mag man es nun als Substanz oder als Zustand bezeichnen." (p. 9)

34. Eugene P. Wigner, "The Unreasonable Effectiveness of Mathematics in the Natu-
    ral Sciences", *Communications on Pure and Applied Mathematics* 13, 1960, p. 14.
    의식에 관한 질문에 대해서는 위그너의 다음 책을 참고하라. *Philosophical Re-
    flections and Syntheses*, ed. Jagdish Mehra and Arthur S. Wightman, Berlin: Spring-
    er, 1995, p. 14. 위그너의 유럽적 배경이 그의 인식론적 관심에 영향을 미쳤
    을 것이다. 1929년 미국을 방문했던 베르너 하이젠베르크는 미국 물리학자
    들은 유럽인들 사이에서 철학적 논쟁을 촉진하는 양자 이론의 특성들(파동
    입자이중성, 순수한 통계적 특성 등)에 큰 어려움을 느끼지 않는 것 같다는
    기록을 남겼다. 낸시 카트라이트(Nancy Cartwright)는 미국 물리학자들 사이
    에 '인식론적 대화'가 부족한 것은 미국의 실용주의와 조작주의(operational-
    ism) 때문이라는 의견을 제시했다. Nancy Cartwright, "Philosophical Problems
    of Quantum Theory: The Response of American Physicists", *The Probabilistic Rev-
    olution*, vol. 2, *Ideas in the Sciences*, ed. Lorenz Krüger, Gerd Gigerenzer, and Mary
    S. Morgan, Cambridge, MA: MIT Press, 1987, pp. 417–435, 하이젠베르크의 관
    점은 418쪽에 인용됐다. 특정 학파에 경도된 양자역학이 제기한 인식론적,
    존재론적 도전에 대한 보다 최근의 선언에 대해서 다음 글을 참고하라. C. A.
    Fuchs and Asher Peres, "Quantum Theory Needs No 'Interpretation'", *Physics To-
    day* 53, 2000, p. 70.

35. 이중슬릿 실험에 대한 기본적 설명은 매우 많다. 예를 들어 다음을 보라.
    Richard Feynman, *Lectures on Physics*, Boston: Addison-Wesley, 1963, 3:1-1–1-11.

36. 삼각법의 관점에서 보자. I_1과 I_2이 두 파동이면, 결합 파동의 강도 I_{12}는

$I_{12} = I_1 + I_2 + 2\sqrt{(I_1 I_2)}\cos\delta$로 주어지고, 여기서 δ는 두 파동 사이의 위상 차이다. 이 식은 '코사인법칙'의 단순한 결과이고, 그 자체로 피타고라스정리의 일반화다. 세 변 a, b, c가 있는 임의의 삼각형에서, 우리는 다음과 같은 등식을 얻는다. $c^2 = a^2 + b^2 - 2ab\cos\delta$. 여기서 δ는 a와 b 사이의 각도다. 이 문제에 복소수를 활용하는 것에 대해서는 다음을 참고하라. Feynman, *Lectures on Physics*, vol. 1, chap. 29, §5.

37. C. F. von Weizsäcker, "Zur Deutung der Quantenmechanik", *Zeitschrift für Physik* 118, 1941, pp. 489–509. X.-S. Ma, J. Kofler, and A. Zellinger, "Delayed-Choice Gedanken Experiments and Their Realization", *Reviews of Modern Physics* 88, 2016, article 015005, https://doi.org/10.1103/RevModPhys.88.015005에서 재인용.

38. '불가피한 효과'는 존 아치볼드 휠러의 말이다. J. A. Wheeler, "Law Without Law", *Quantum Theory and Measurement*, Princeton, NJ: Princeton University Press, 1983. 휠러의 다음 논문도 참고하라. Wheeler, "The 'Past' and the 'Delayed-Choice' Double-Slit Experiment", *Mathematical Foundations of Quantum Theory*, ed. A. R. Marlow, Cambridge, MA: Academic Press, 1978. 필립 볼(Philip Ball)이 양자물리학의 인식론적 도전에 대해 소개한 글에서 이 실험들과 실험들의 의미를 잘 설명해 준다. Philip Ball, *Beyond Weird: Why Everything You Thought You Knew about Quantum Physics Is Different*, Chicago: University of Chicago Press, 2018, pp. 92–95.

39. 우리는 이런 결과 때문에, 혹은 이런 결과의 존재론적 의미 때문에 특정 입장을 취하는 것을 피하기 위해 "마치"라고 말했다. 이런 불일치의 중요한 초기 사례를 보려면 다음 두 논문을 비교해 보라. Albert Einstein, B. Podolsky, and N. Rosen, "Can Quantum-Mechanical Description of Physical Reality Be Considered Complete?", *Physical Review* 47, 1935, pp. 777–780; Niels Bohr, "Can Quantum-Mechanical Description of Physical Reality Be Considered Complete?", *Physical Review* 48, 1935, pp. 696–702. 진화하는 기술 덕분에 계속해서 새로운 종류의 이중슬릿 실험이 가능해지고, 그 실험들로 양자 행동의 여러 경쟁 이론들이 검토되고 있다. 최근의 한 사례에 대해서는 다음 글을 보라. Lothar Schmidt, J. Lower, T. Jahnke, S. Schößler, M. S. Schöffler, A. Menssen, C. Lévêque, N. Sisourat, R. Taïeb, H. Schmidt-Böcking, and R. Dörner, "Momentum Transfer to a Free-Floating Double Slit: Realization of a Thought Experiment from the Einstein-Bohr Debates", *Physical Review Letters* 111, 2013. 일관된 실험 결과

가 나오는데도 물리학자들은 그 결과들의 존재론적 의미를 두고 계속해서 의견을 달리한다. 예를 들어, 지연 선택 실험에 대한 '현실주의자'의 접근과 '반현실주의자'의 접근을 비교해 보라. Eduardo V. Flores, "A Model of Quantum Reality"(미 출판), https://ui.adsabs.harvard.edu/abs/2013arXiv1305.6219F/abstract; X. S. Ma et al., "Quantum Erasure with Causally Disconnected Choice", *Proceedings of the National Academy of Sciences* 110, 2013, pp. 1221–1226.

40. 이 책을 집필하는 동안 우리 두 사람 중 한 명(데이비드)이 아르곤국립연구소(Argonne National Laboratory)의 정부 위원회 일원으로 활동했다. 아르곤국립연구소는 양자컴퓨팅과 다른 '얽힘 관련' 분야 연구에서 미국의 투자를 선도하는 곳 가운데 하나다.

41. P. A. M. Dirac, *The Principles of Quantum Mechanics*, 2nd ed. Oxford: Clarendon Press, 1947, p. 12.

42. Erwin Schrödinger, "July 1952 Colloquium", *Interpretation of Quantum Mechanics*, p. 32. 경찰 혹은 경마장 방법에 의한 속도 측정에 관한 글도 살펴보라. "Notes for the 1955 Seminar", pp. 113–114. '1전자' 이론은 존 휠러가 1940년에 리처드 파인먼(Richard Feynman)에게 제안했던 것이다. 페시치의 글도 보라. Peter Pešić, "The Principle of Identicality and the Foundations of Quantum Theory II: The Role of Identicality in the Formation of Quantum Theory", *American Journal of Physics* 59, 1991 pp. 975–978.

43. Y. Aharonov, F. Colombo, S. Popescu, I. Sabadini, D. C. Strouppa, and J. Tollaksen, "Quantum Violation of the Pigeonhole Principle and the Nature of Quantum Correlations", *Proceedings of the National Academy of Sciences* 113, 2016, pp. 532–535.

44. John von Neumann, *Mathematische Grundlagen der Quantenmechanik*, Berlin: Springer, 1932; *Mathematical Foundations of Quantum Mechanics*, trans. Robert T. Beyer, Princeton, NJ: Princeton University Press, 1955.

45. 예를 들어, 다음의 입장을 비교해 보라. Steven French and Décio Krause, *Identity in Physics: A Historical, Philosophical, and Formal Analysis*, Oxford: Oxford University Press, 2006(준집합에 대해서는 chap. 7, pp. 272–319를 보라); Simon Saunders, "Indistinguishability", *Oxford Handbook in Philosophy of Physics*, ed. R. Batterman, Oxford University Press, 2013, pp. 340–380; Adam Caulton, "Issues of Identity and Individuality in Quantum Mechanics", PhD Thesis, University of

Cambridge, 2015; "Discerning 'Indistinguishable' Quantum Systems". 가장 최근 연구에 대해서는 다음을 보라. A. S. Sant' Anna, "Individuality, Quasi-Sets and the Double-Slit Experiment", *Quantum Studies: Mathematical Foundations*, 2019, https://link.springer.com/article/10.1007/s40509-019-00209-2. 준집합에 대해서는 다음 글들을 참고하라. L. Dalla Chiara and G. Toraldo di Francia, "Individuals, Kinds and Names in Physics", *Bridging the Gap: Philosophy, Mathematics, Physics*, ed. Giovanna Corsi, Maria Luisa Dalla Chiara, and Gian Carlo Ghirardi, Dordrecht: Kluwer Academic, 1993, pp. 261–283; "Identity Questions from Quantum Theory", *Physics, Philosophy and the Scientific Community*, ed Kostas Gavroglu, John Stachel, and Marx W. Wartofsky, Dordrecht: Kluwer Academic, 1995, pp. 39–46.

46. Lucretius, *On the Nature of Things*, trans. Martin Ferguson Smith, Indianapolis, IN: Hackett, 2001, 2.256, p. 41.

47. 스티븐 그린블랫(Stephen Greenblatt)을 통해 루크레티우스가 르네상스에 미친 영향력이 최근에 주목받고 있다. Stephen Greenblatt, *The Swerve: How the World Became Modern*, New York: W. W. Norton, 2011. 에이다 파머(Ada Palmer)는 르네상스 시대 루크레티우스 수용의 재구성을 시도했다. Ada Palmer, *Reading Lucretius in the Renaissance*, Cambridge, MA: Harvard University Press, 2014. Michel Serres, *The Birth of Physics*, Manchester: Clinamen Press, 2000, p. 191. 우리가 미셸 세르의 비판에 공감하면서도, 유동성을 위한 그의 호소에 동의하지 않는 이유는 곧 분명해질 것이다.

48. Carl G. Jung and Wolfgang Pauli, *The Interpretation of Nature and the Psyche*, Princeton, NJ: Princeton University Press, 1969. 우리에게 더 흥미로운 것은 두 사람이 주고 받은 서신이다. *Atom and Archetype: The Pauli/Jung Letters (1932–1958)*, ed. C. A. Meier, Princeton, NJ: Princeton University Press, 2001. 반전성의 비보존 실험과 관련된 파울리의 두 개의 꿈에 대해서는 160–169쪽을 보라. 융은 꿈을 공시성의 예로 다룬다.

49. "The Arithmetical Paradox: The Oneness of Mind", Erwin Schrödinger, *Mind and Matter*, Cambridge: Cambridge University Press, 1958, pp. 52–68, 여기서 인용한 부분은 62쪽. 약간 나중에 나오는 다음 책과 비교해 보라. *My View of the World*, Cambridge: Cambridge University Press, 1964, p. 17: "공유된 생각들은, 여러 사람이 정말로 같은 일을 생각하는 것은 (…) 정말로 공통된 생각이고,

그것들은 단일한 사건이다. 생각에 관여하는 개인의 수에 기초해 얼마나 많은 사람이 거기에 있는지에 대한 수치적 진술은 생각하고 있는 것과 관련할 때 아무런 의미가 없다."

50. "The Principle of Objectivation", Schrödinger, *Mind and Matter*, pp. 36–51. 이어지는 구절이 중요하다. "상대적으로 새로운 과학인 심리학은 부득이하게 살아 있는 공간을 요구하고, 이 때문에 불가피하게 초기에 많은 희생을 고려하게 만든다. 이것은 어려운 과제이고, 우리는 지금 여기에서 그것을 해결하지 못할 것이며, 이렇게 지적했다는 데 만족해야 한다." 철학사가들은 슈뢰딩거의 주체와 객체 사용이 시대에 어울리지 않는다고 지적할 것이다. 그리스 철학에서 이 용어들은 문법적이었고, 중세 라틴 철학자들이 나오기 전까지는 '관찰하는 사람과 관찰되는 대상의 관계'를 대표해 사용되지 않았다. "인격이라는 오물에서 해방된": George Meredith, "The Lark Ascending", lines 93–94.

51. David Bohm, *Wholeness and the Implicate Order*, London: Routledge, 2002, p. 12. 봄은 우주를 고체로 구성된 것으로 보는 원자론적 관점과 분할을 연결한다. 이 관점은 상대성이론이 등장한 이후 더는 방어될 수 없다.

52. Bohm, p. 147. 봄의 격언들을 이 책 2장에 나온 발레리의 인용문들과 비교해 보라.

53. Bohm, *Wholeness and the Implicate Order*, pp. 20–21.

54. 레오 양식에 대해서는 다음을 보라. Bohm, *Wholeness and the Implicate Order*, pp. 34–60, 여기서 인용한 부분은 37쪽.

55. Aristotle, *Physics*, 185b. 니체의 다음 구절과 비교해 보라. Nietzsche, *On the Genealogy of Morals*, trans. Walter Kaufmann and R. J. Hollindale, New York: Vintage, 1967, 1.13.

56. Hermann Weyl, *Gruppentheorie und Quantenmechanik*, Leipzig: S. Hirzel, 1928; *The Theory of Groups and Quantum Mechanics*, trans. H. P. Robertson, Mineola, NY: Dover, 1950.

57. Hermann Weyl, *Mind and Nature*, Princeton, NJ: Princeton University Press, 2009, pp. 194–203.

58. Weyl, p. 203.

59. H. Weyl, *Philosophy of Mathematics and Natural Science*, New York: Atheneum, 1963, p. 113. 이 책의 1장을 참고하라. 종합적 기하학과 분석적 기하학의 대

립에 대한 후설의 관점과 종합적 기하학에 대한 우리의 의견은 이 장(7장) '동일성이라는 천상의 거처' 절을 참고하라.

60. Weyl, *Mind and Nature*, p. 199.

61. Weyl, p. 195.

62. Weyl, p. 202. 이런 구별들은 독일 교육의 잘 훈련된 조직을 향한 헤르만 폰 헬름홀츠(Hermann von Helmholtz, 1821~1894)의 영향력 있는 전망과 빌헬름 딜타이(Wilhelm Dilthey, 1833~1911) 같은 철학자들의 작품에서 특히 중요했다.

63. Weyl, *Mind and Nature*, pp. 202–203.

64. W. H. Auden, "The Shield of Achilles", *Selected Poems*, New York: Vintage, 1979, pp. 198–200, lines 1–15.

65. Dewey, "Matthew Arnold and Robert Browning", *The Andover Review*, August 1891, "Poetry and Philosophy", *Characters and Events*, pp. 3–17에 재수록.

66. Richard Rorty, *Contingency, Irony, and Solidarity*, Cambridge: Cambridge University Press, 1989, pp. 7–8.

67. Richard Rorty, *Philosophy as Poetry*, Charlottesville: University of Virginia Press, 2016, pp. 3–4; "Pragmatism and Romanticism", *Philosophy as Cultural Politics*, Cambridge: Cambridge University Press, 2007, 4:107.

68. Yves Bonnefoy, "Paul Valéry", *L'Improbable et autres essais*, Paris: Gallimard, 1983, pp. 99–105(이 에세이는 1963년에 처음 나왔다). 영어 번역본은 *The Act and the Place of Poetry: Selected Essays by Yves Bonnefoy*, ed. and trans. John T. Naughton, Chicago: University of Chicago Press, 1989, pp. 96–100. 덧없음을 노래하는 시인으로서의 본푸아에 대해서는 다음을 보라. Richard Stamelman, *Lost Beyond Telling: Representations of Death and Absence in Modern French Poetry*, Ithaca, NY: Cornell University Press, 1990, chaps. 5–6. Czesław Miłosz, "Shestov, or the Purity of Despair", *Emperor of the Earth: Modes of Eccentric Vision*, Berkeley: University of California Press, 1977, p. 102, 강조는 추가.

69. 하이데거의 「시인은 무엇을 위하는가?」는 1946년에 작성됐고, 1950년에 출판됐다. Martin Heidegger, *Holzwege*, Frankfurt am Main: Vittorio Klostermann, 1950. 앨버트 호프스태터(Albert Hofstadter)가 이 책을 영어로 번역했다. *Poetry, Language, Thought*, New York: Harper Collins, 1971, pp. 87–139, 여기서 인용한 부분은 92쪽. 우리는 하이데거가 발레리의 시를 어떻게 생각했는지 모

른다. 하이데거는 1945년 11월에 프라이부르크에서 명예교수로 가르치는 일을 허락해 달라는 '탈나치화' 청원서를 제출했다. 하이데거는 이 청원서에 유럽의 위기에 관한 발레리의 1919년 편지("La crise de l'esprit", 이 책 1장에서 다뤘다)를 인용하면서, (나치가 아닌) 프랑스인 발레리를 당시 '유럽 정신의 위기'에 대해 이야기하려는 자신의 노력과 나란히 놓았다. 하이데거는 1959년 '횔덜린의 땅과 하늘(Hölderlins Erde und Himmel)' 강연에서 발레리의 같은 작품을 다시 언급했다. Martin Heidegger, *Gesamtausgabe*, vol. 16, *Reden und andere Zeugnisse eines Lebensweges*, ed. H. Heidegger, Frankfurt am Main: Vittorio Klostermann, 2000, p. 398; vol. 4, *Erläuterung zu Hölderlins Dichtung*, ed. F.-W. von Herrmann, Frankfurt am Main: Vittorio Klostermann, 1996, p. 176. 두 구절 모두 다음 책에서 재인용했다. Morkore Stigel Hansen, "The Spirit of Europe: Heidegger and Valéry on the 'End of Spirit'", PhD diss., London School of Economics and Political Science, 2017, p. 20.

70. 무질의 추모 연설은 다음 책에서 보라. Robert Musil, *Tagebücher, Aphorismen, Essays und Reden*, ed. Adolf Frisé, Hamburg: Rowohlt, 1955, pp. 885–898. 하이데거는 무질의 말에 동의하지 않을 것이다. 하이데거가 보기에, "이 시대의 어떤 시인도, 빈한한 시대에 시인의 선구자였던 횔덜린을 능가하지 못할 것이다." 하이데거가 보기에, 릴케는 그 시대에 고전적(즉, 하이데거적이 아닌) 형이상학 안에 머물러 있는 시인으로서 가능할 수 있는 가장 위대한 시인을 대표했다. 다음 글을 보라. "What Are Poets For?", Heidegger, *Poetry, Language, Thought*, pp. 126, 139.

71. Monique Saint-Hélier, *À Rilke pour Noël*, Berne: Éditions du Chandelier, 1927. 이 시기 릴케의 발레리 번역에 대해서는 다음 책을 참고하라. Karin Wais, *Studien zu Rilkes Valéry-Übertragungen*, Tübingen: Max Niemayer, 1967. 릴케는 발레리 작품과의 만남에 대해 많은 사람들에게 글로 알렸다. 예를 들어, 릴케는 4월 28일에는 앙드레 지드(André Gide)에게, 11월 26일에는 게르트루트 오우카마 크누프(Gertrud Ouckama Knoop, 릴케가 『오르페우스를 위한 소네트』를 헌정했던 요절한 무용수의 어머니)에게, 편지를 썼다. 다음 책들을 보라. Rilke, *Andé Gide: Correspondances 1909–1926*, Paris: Corrá, 1952, p. 151; Rilke, *Briefe aus Muzot, 1921–1926*, Leipzig: Insel, 1936, pp. 49–50. "무한한 폭풍"이라는 표현은 1922년 2월 11일 편지에 나온다. Rilke to Andreas-Salomé, *Rainer Maria Rilke, Lou Andreas-Salomé: Briefwechsel*, Leipzig: Insel, 1952, p. 464. 릴케가

1922년 2월 11일에 마리(Marie von Thurn und Taxis)에게 쓴 편지의 "이름 없는 폭풍, 영혼의 허리케인"과 비교해 보라. *Letters of Rainer Maria Rilke*, vol. 2, trans. Jane Bannard Greene and M. D. Herter Norton, New Haven, CT: Yale University Press, 1947, p. 290.

72. 시인에 대한 한 물리학자의 짧은 비평을 보자. Feynman, *Lectures on Physics*, vol. 1, lecture 3, 6n: "사람인 유피테르(Jupiter)에 대해서는 말하면서, 메탄과 암모니아로 구성된 거대한 구형 회전체 목성(Jupiter)에 대해서는 침묵을 지켜야 하는 시인들은 어떤 사람들인가?"

73. 진정(*wahrhaft*)이라는 단어가 우리가 비판했던 하이데거 및 다른 사람들의 전제와 비슷한 것을 암시할 수 있다는 점이 정말로 걱정스럽다. 형상에 대해서는 에리히 아우어바흐(Erich Auerbach)의 1938년 연구를 보라. Erich Auerbach, "Figura", *Scenes from the Drama of European Literature*, trans. Ralph Manheim, Minneapolis: University of Minnesota Press, 1984, pp. 11–76.

74. Hannah Vandegrift Eldridge, *Lyric Orientation: Hölderlin, Rilke, and the Poetics of Community*, Ithaca, NY: Cornell University Press, 2015, p. 164.

75. 독일어 단어 *ergänzen*(완성하다, 더하다, 보완하다)은 *quadratisch ergänzen*(사각형으로 채우다)처럼 수학적 용어이기도 하다. 특징적으로, 하이데거는 릴케의 원과 중심 사랑을 비유에서 기하학적 내용을 제거하기 위해서만 다룬다. "What Are Poets For?", in Heidegger, *Poetry, Language, Thought*, pp. 120–121.

76. 셰익스피어의 『불사조와 거북이(The Phoenix and the Turtle)』에 나오는 구절 "사랑에 빠진 수가 죽임을 당했다"가 생각난다. 이 시도 릴케의 시 못지않게 모호하다. Rainer Maria Rilke, *Les Elégies de Duino, Sonnets à Orphée*, Paris: Aubier, 1943. 우리가 아는 한 참조할 수 있는 릴케 시의 이 구절 번역본은 앙젤로즈(J.-F. Angelloz)의 프랑스어 번역본이 유일하다. 프랑스어 번역은 다음과 같다. "anéantis le nombre."

77. Heidegger, "What Are Poets For?", *Poetry, Language, Thought*, pp. 124–126. 특히 원자물리학에 대해서는 109–110쪽. 무질의 "끝없는 운동 속에 있는 맑은 고요(eine klare Stille in einer niemals anhaltenden Bewegung)"의 정확한 출처는 다음과 같다. Musil, *Tagebücher, Aphorismen, Essays und Reden*, p. 892. Valéry, "Mauvaises pensées", *Œuvres*, Paris: Pléiade, 1960, 2:794.

1. John Stuart Mill, *The Collected Works of John Stuart Mill*, vol. 1, *Autobiography and Literary Essays*, ed. John M. Robson and Jack Stillinger with an introduction by Lord Robbins, Toronto: University of Toronto Press, 1981, pp. 225–226.

2. F. A. Hayek, "The Use of Knowledge in Society", *American Economic Review* 35, 1945, p. 520.

3. Jean-Jacques Rousseau, *Œuvres complètes*, Paris: Gallimard, 1964, 3:419–420 (*The Social Contract*에서 인용). 벤담의 '근본 공리(fundamental axiom)'는 1776년에 익명으로 출판됐다. *A Fragment on Government*, 1776. 현대의 판본은 다음과 같다. *A Comment on the Commentaries and A Fragment on Government*, ed. J. H. Burns and H. L. A. Hart, Oxford: Clarendon Press, 1977, p. 3. 이런 의미에서 전미경제연구소(National Bureau of Economic Research) 같은 근대적 경제 기관들은 루소의 아이들이라고 할 수 있다. [그러나 루소 없는(*sans*)] 전미경제연구소의 목표에 대해서는 다음 글을 참고하라. Robert W. Fogel, Mark Gugliel-mo, and Nathanial Grotte, *Political Arithmetic: Simon Kuznets and the Empirical Tradition in Economics*, Chicago: University of Chicago Press, 2013.

4. Daniel Halévy, *Essai sur l'accélération de l'histoire*, Paris: Éditions Self/Les Îles d'Or, 1948, p. 97: "백과사전주의자들은 유클리드 정리 방식에 따라 나오는 정치를 꿈꿨고, 그 정치가 우리가 감정의 관점에서 행복이라고 부르는 평행상태로 인간을 데려가기를 바랐다. 군중이 선택한 이 생각이야말로 민중을 불타오르게 할 것이다.(Les Encyclopédistes avaient rêvé d'une politique déduite à la manière des théorèmes d'Euclide, et menant l'homme, de conséquence en conséquence, à cet état d'équilibre que nous appelons, en termes de sentiment, bonheur. C'est cette idée, adoptée par les foules, qui va déterminer la combustion d'un peuple.)" 콩도르세에 대해서는 키스 마이클 베이커(Keith Michael Baker)의 작품이 좋은 입문서이다. Keith Michael Baker, *Condorcet: From Natural Philosophy to Social Mathematics*, Chicago: University of Chicago Press, 1975. 확률, 이성, 그리고 계몽주의에 대해서는 다음 글을 보라. Lorraine Daston, *Classical Probability in the Enlightenment*, Princeton, NJ: Princeton University Press, 1988.

5. 확률의 사회적 적용에 대해 18세기와 19세기가 가졌던 희망의 차이에 대해서는 다음 글을 보라. Lorraine J. Daston, "Rational Individuals versus Laws of Society: From Probability to Statistics", *The Probabilistic Revolution*, vol. 1, *Ideas in History*, ed. Lorenz Krüger, Lorraine J. Daston, and Michael Heidelberger, Cam-

bridge, MA: MIT Press, 1987, pp. 295–304. "쇄도": Ian Hacking, "Biopower and the Avalanche of Printed Numbers", *Humanities in Society* 5, 1982, p. 279. 조슈아 콜(Joshua Cole)은 이와 관련된 사례 연구를 제공한다. Joshua Cole, *The Power of Large Numbers: Population, Politics, and Gender in Nineteenth-Century France*, Ithaca, NY: Cornell University Press, 2000.

6. Michel Foucault, "*Omnes et singulatim*: Towards a Criticism of 'Political Reason'", *The Tanner Lectures on Human Values*, ed. S. McMurrin and trans. P. E. Dauzat, Salt Lake City: University of Utah Press, 1981, 2:223–254. 카를 마르크스는 『자본』 서문에서 '현대사회 경제 운동의 법칙을 낱낱이 밝히는 것'이 자신의 목표라고 선언한다. *Capital: A Critique of Political Economy*, New York: International, 2003, 1:10. 다음 글도 참고하라. John P. Burkett, "Marx's Concept of an Economic Law of Motion", *History of Political Economy* 32, 2000, pp. 381–394.

7. 우리가 바꾼 표현은 벤담의 격언 안에 들어 있는 수학적 '오류'도 수정한다. 폰 노이만과 모르겐슈테른이 이 '오류'를 지적했다. John von Neumann and Oskar Morgenstern, *A Theory of Games and Economic Behavior*, Princeton, NJ: Princeton University Press, 1944. 이 책에서는 『게임이론과 경제 행동』 60주년 기념판(Princeton, NJ: Princeton University Press, 2004)을 인용했다. 이 책 11쪽에 벤담의 수학적 오류가 나온다. "두 가지 (혹은 그 이상의) 기능을 동시에 최대화하라는 요구 때문에 이 지침이 되는 원리는 공식으로 만들 수가 없다."

8. 예를 들면, Leonhard Euler, *Methodus Inveniendi Lineas Curvas Maximi Minimive Proprietate Gaudentes*, 1744; reprinted in *Leonhardi Euleri opera omnia*, ser. 1, vol. 24, ed. C. Carathéodory, Zurich: Orell Füssli, 1952.

9. Pierre Louis Morceau de Maupertuis, "Les Loix de mouvement et du repos, déduites d'un principe de métaphysique", *Histoire de l'Académie Royale des Sciences et des Belles Lettres*, Paris: Académie Royale des Sciences et des Belles Lettres, 1746, pp. 267–294. 18세기와 그 이후 이 원리의 변화와 역사에 대해서는 다음을 참고하라. Herman H. Goldstine, *A History of the Calculus of Variations from the 17th through the 19th Century*, New York: Springer, 1980. 한편 골드스타인은 에드박(EDVAC) 컴퓨터 프로젝트와 폰 노이만 컴퓨터 구조(von Neumann computer architecture) 작업 때 폰 노이만과 함께 일했다.

10. Joseph-Louis Lagrange, *Mécanique analytique* (1788–1789), *Œuvres*, vols. 11–12, Paris: Gauthier-Villars et Fils, 1867–1892.

11. '쾌락이나 고통': 우리는 이 표현을 윌리엄 스탠리 제번스(William Stanley Jevons)로부터 빌려 왔다. 제번스는 19세기 경제학의 한계혁명 시대를 주도한 저자 중 한 명이다. "Brief Account of a General Mathematical Theory of Political Economy", *Journal of the Royal Statistical Society* 29, 1866, pp. 282–287. 미학 분야의 사례를 보고 싶으면, 프랑수아 헴스테르하위스(François Hemsterhuis)의 아름다움에 대한 정의를 보라. *Lettre sur la sculpture*, Amsterdam: Marc Michel Rey, 1769, p. 5.

12. 프랑스어 원제목은 다음과 같다. *Sur l'homme et le développement de ses facultés, ou Essai de physique sociale; Sur la statistique morale et les principes qui doivent en former la base.* 시어도어 포터(Theodore M. Porter)가 케틀레를 집중적으로 연구했고, 그의 다음 책에서 우리는 많은 도움을 받았다. Theodore M. Porter, *The Rise of Statistical Thinking, 1820–1900*, Princeton, NJ: Princeton University Press, 1986. 영국과 프랑스에서 케틀레 방법론의 영향과 수용에 대해서는 다음 자료를 참고하라. Bernard-Pierre Lécuyer, "Probability in Vital and Social Statistics: Quetelet, Farr, and the Bertillons", *The Probabilistic Revolution*, vol. 1, *Ideas in History*, ed. Lorenz Krüger, Lorraine J. Daston, and Michael Heidelberger, Cambridge, MA: MIT Press, 1987, pp. 317–335.

13. Joseph Fourier, "Extrait d'un mémoire sur la théorie analytique des assurances", *Annales de chimie et de physique*, 2nd ser., 10, 1819, pp. 188–189, 번역본 Porter, *Rise of Statistical Thinking*, p. 99에서 재인용.

14. 우리는 철학이 통계학 혁명이라는 부분론(mereology)이 갖는 존재론적 의미를 아직 좇아가지 못했다고 의심한다. 그러나 여기서 이 문제를 다루지는 않을 것이다. 이미 20세기 초에 칼 피어슨(Karl Pearson)이 런던대학교 갈턴유전학연구소(Galton Chair in Eugenics)의 첫 번째 교수로서 했던 강의에서 몇몇 신학적 위험에 대한 주의를 호소했다. 다음 책을 참고하라. *The History of Statistics in the 17th and 18th Centuries against the Changing Background of Intellectual, Scientific, and Religious Thought*, ed. E. S. Pearson, London: Charles Griffin, 1978. 이 매력적인 인물에 대해서는 다음 책을 보라. Theodore M. Porter, *Karl Pearson: The Scientific Life in a Statistical Age*, Princeton, NJ: Princeton University Press, 2004.

15. Henry Thomas Buckle, *History of Civilization in England*, 2 vols. 1857–1861; New York: D. Appleton, 1913 재출판, Porter, *Rise of Statistical Thinking*, p. 61에서 재인용.

16. Friedrich Nietzsche, *Untimely Meditations*, trans. R. J. Hollingdale, Cambridge: Cambridge University Press, 1983, p. 113.

17. 맥스웰에 끼친 케틀레의 영향에 대해서는 다음 책을 보라. Porter, *Rise of Statistical Thinking*, p. 118. "가라!": 이 시는 포터의 책 7장, "Time's Arrow and Statistical Uncertainty in Physics and Philosophy", p. 196에서 재인용. 원래 출처는 다음과 같다. Maxwell, *Theory of Heat*, London: Longmans, Green, 1872, pp. 635–636.

18. Friedrich Nietzsche, *Beyond Good and Evil*, trans. Walter Kaufmann, New York: Vintage, 1966, pp. 15–16. 비록 형태는 다르지만, 이런 극단주의자들은 오늘날에도 존재한다. 전형적인 사례 하나는 다음과 같다. Daniel Dennett, *Darwin's Dangerous Idea: Evolution and the Meaning of Life*, New York: Simon and Schuster, 1995.

19. Ludwig von Mises, *Epistemological Problems of Economics*, Auburn, AL: Ludwig von Mises Institute, 1960(원서는 독일에서 1933년에 출간), pp. 13–18(I, §6). 폰 미제스의 목표는 경제학이 수학적 자연과학임을 보여 줘서, 독일 대학에서 전통적으로 사용하는, 역사에 기반한 '정신과학'과 수학적 '자연과학'이라는 딜타이식 구분을 무너뜨리는 것이었다.

20. Oskar Morgenstern, *Wirtschaftsprognose*, Vienna: Springer, 1928.

21. John von Neumann, "Zur Theorie der Gesellschaftsspiele", *Mathematische Annalen* 100, 1928, pp. 295–320. Oskar Morgenstern, "Logistik und Sozialwissenschaften", *Zeitschrift für Nationalökonomie* 7, 1936, pp. 1–24. "방대한 책들": von Neumann and Morgenstern, *Theory of Games*, p. 714.

22. Von Neumann and Morgenstern, *Theory of Games*, p. 2.

23. Von Neumann and Morgenstern, pp. 3–4.

24. Von Neumann and Morgenstern, p. 4.

25. 여기서 두 사람의 관점은 위에서 인용했던 모르겐슈테른의 스승 폰 미제스의 관점과 비슷하다. 즉 인간 행동의 과학과 수학적 개념은 동일하다고 가정해야 할 것이다. 만약 이 두 개가 갈라지면, '대혁명'이라는 놀라운 일이 생길 것이다.

26. Von Neumann and Morgenstern, *Theory of Games*, pp. 6–7.

27. Von Neumann and Morgenstern, pp. 8–9.

28. John von Neumann, "The Mathematician", *Works of the Mind*, ed. Robert B. Heywood, Chicago: University of Chicago Press, 1947, p. 181.

29. Herbert A. Simon, "Review of Theory of Games and Economic Behavior", *American Journal of Sociology* 50, 6, 1945, pp. 558–560. 다음의 글도 보라. Joel Isaac, "Tool Shock: Technique and Epistemology in the Postwar Social Sciences", *History of Political Economy* 42, suppl. 1, 2010, pp. 133–164.

30. W. H. Auden, *Selected Poems*, New York: Vintage, 1979, pp. 178–183.

31. 이 발전의 역사를 알고 싶은 독자들은 다음 책을 보라. Paul Erickson, *The World the Game Theorists Made*, Chicago: University of Chicago Press, 2015.

32. 경제학의 자만심 넘치는 예측력의 일반적 실패에 대해서는 다음을 참고하라. Alexander Rosenberg, *Economics: Mathematical Politics, or Science of Diminishing Returns?*, Chicago: University of Chicago Press, 1992.

33. Von Neumann and Morgenstern, *Theory of Games*, p. 16. 두 사람에 따르면, 열역학에서 온도의 정량화는 궁극적으로 한 신체를 다른 신체보다 더 따뜻하게 느끼는 '즉각적인 감각'에 기초한다. 이 감각은 "더는 분석될 수 없고, 분석될 필요도 확실히 없다". 마찬가지로, 경제학에서 효용성의 경우 정량화는 궁극적으로 '한 대상 혹은 대상들의 집합에 대한 즉각적인 선호 감각'에 기초한다. 이런 비유는 '즉각적 감각'이 문제를 단순화하고 주체성을 없애 버리려는 인위적인 시도를 대표한다는 오해를 부른다. 만약 온도의 정량화 과제가 단지 생명체인 우리의 즉각적인 감각에 달렸다면, 그리고 온도에 따라 측정 가능한 변화가 일어나는 물질, 예를 들면 열에 따라 수축 및 팽창하는 금속, 열전효과를 보여 주는 금속 쌍 같은 물질이 존재하지 않아서 우리가 온도계를 만들 수 없었다면, 온도의 정량화는 불가능했을 것이다. 예를 들어, 같은 물건을 만졌을 때 한 손이 다른 손보다 따뜻하게 느껴지는 익숙한 경험은 폰 노이만과 모르겐슈테른이 보여 주려던 것의 정반대를 주장한다.

34. 확장된 비평을 보려면 다음을 참고하라. Philip Mirowski, *More Heat Than Light: Economics as Social Physics, Physics as Nature's Economics*, Cambridge: Cambridge University Press 1989. 다음의 글도 참고하라. Stephen Toulmin, "Economics, or the Physics That Never Was", *Return to Reason*, Cambridge: Harvard University Press, 2001.

35. 오늘날 경제학자들은 이런 일방적인 인과율을 받아들이지는 않을 것이다. 그러나 우리가 미시를 거시의 함수로 다루거나 두 개 모두를 언제나 활용 가능한 것으로 여긴다면, 우리는 동일성 가정에서 생기는 어려움에서 벗어나지 못할 것이다. 우리는 뒤에서 이 점을 논증할 것이다.

36. Von Neumann and Morgenstern, *Theory of Games*, p. 10.

37. Von Neumann and Morgenstern, p. 8. 두 사람의 공식은 언제나 집합론을 향한 이론적 편애의 영향을 받는 것 같다. 집합 *A*의 동일성은 그 집합 원소들의 (독립적인) 동일성으로 완전히 결정된다. 만약 집합 *A*와 *B*가 같은 원소들을 가지고 있다면, 이 두 집합은 같은 집합이다(이 명제는 체르멜로-프렝켈공리 가운데 하나이며, 확장성 공리라고 부른다).

38. Von Neumann and Morgenstern, *Theory of Games*, pp. 8, 10.

39. Fyodor Dostoyevsky, *Notes from Underground*, trans. Constance Garnett, Mineola, NY: Dover, 1992, p. 8.

40. Von Neumann and Morgenstern, *Theory of Games*, p. 17, 강조는 추가.

41. Von Neumann and Morgenstern, p. 30.

42. Von Neumann and Morgenstern, p. 27. 폰 노이만과 모르겐슈테른은 사람이 진정 그런 명료한 결정을 내릴 수 있는지 '의심할 수 있음'을 기꺼이 인정한다. "그러나 이런 의심의 장점이 무엇이든 (⋯) (개인의 선호라는) 시스템의 완전함이 (⋯) 가정돼야 한다"(pp. 28–29). 롭이 이 문제를 명료하게 설명해 준다. Richard Robb, *Willful: How We Choose What We Do*, New Haven, CT: Yale University Press, 2019, pp. 158–159.

43. Von Neumann and Morgenstern, *Theory of Games*, p. 45.

44. Von Neumann and Morgenstern, p. 74.

45. Von Neumann and Morgenstern, p. 77.

46. C. S. Peirce, "The logic of mathematics in relation to education", *Collected Papers*, 3.559, pp. 348–350, Subroto Roy, *Philosophy of Economics: On the Scope of Reason in Economic Inquiry*, London: Routledge, 1989, p. 163에서 재인용.

47. 카를 마르크스도 비슷한 지적을 했다. "로빈슨 크루소의 경험은 정치경제학자들이 사랑하는 주제이므로, 섬에 있는 크루소를 살펴보자." Marx, *Capital*, 1:81. (이 참고 항목에 도움을 준 리처드 롭에게 감사드린다.)

48. Ibn Ṭufayl, *Philosophus autodidacticus*, trans. Edward Pococke, Oxford, 1671.

49. Daniel Defoe, *Robinson Crusoe*, New York: Penguin, 2001, pp. 6–7.

50. Defoe, pp. 10–12.

51. Defoe, p. 91.

52. Pensée 97, *Pensées*, ed. Léon Brunschvicg, Paris: Hachette, 1897, p. 26. "삶에서 가장 중요한 것은 직업의 선택이다. 우연이 이 문제를 결정한다." Blaise Pas-

cal, *Pensées and Other Writings*, trans. Honor Levi, Oxford World's Classics, Oxford: Oxford University Press, 1999, p. 125. 최근에 나온 한 경제학 논문은 파스칼의 견해에 동의하지 않는다. Lars J. Kirkeboen, Edwin Leuven, and Magne Mogstad, "Field of Study, Earnings, and Self-Selection", *Quarterly Journal of Economics* 131, 2016, pp. 1057–1111. 이 논문은 크게 세 가지를 밝혔다. 연구 분야에 따라 노동시장에서 받는 보수가 대체로 다르다. 분야 선택이 수입에 미치는 효과가 기관을 선택하는 것보다 더 크다. 추정 보수는 비교우위가 있는 분야를 선택하는 개인의 요구와 일치한다.

53. Jonathan Swift, "Abstract of Collins's 'Discourse on Free Thinking'", *The Prose Works of Jonathan Swift*, ed. Temple Scott, London: George Bell & Sons, 1898, 3:182. 이 새로운 '행동'경제학파의 설립 초기 주장에 대해서는 다음을 참고하라. Amos Tversky and Daniel Kahneman, "Rational Choice and the Framing of Decisions", *Rational Choice: The Contrast between Economics and Psychology*, ed. R. Hogarth and M. Reder, Chicago: University of Chicago Press, 1986, pp. 67–94. 경제적 행동심리학에서 나오는 모방, 동일성, 차이 문제에 큰 관심을 두고 있는 행동경제학 분야의 발전에 대한 회고적 (그리고 접근하기 쉬운) 요약은 다음을 참고하라. Daniel Kahneman, *Thinking, Fast and Slow*, New York: Farrar, Straus and Giroux, 2011. 우리가 보기에 행동경제학의 시초는 아모스 트버스키의 대칭적 혹은 이행적 유사성 모델에 대한 비판이다. Amos Tversky, "Features of Similarity", *Psychological Review* 84, 1977, pp. 327–352.

54. Samuel Johnson, *The History of Rasselas, Prince of Abyssinia*, Oxford World's Classics, Oxford: Oxford University Press, 2009, p. 43.

55. Gary Becker, *The Economic Approach to Human Behavior*, Chicago: University of Chicago Press, 1976, p. 14.

56. John Ruskin, *Unto This Last, and Other Writings*, New York: Penguin, 1986, p. 167. 러스킨이 수학적 혹은 기계적 모델보다 화학적 모델을 선호하는 것은 헤겔의 『대논리학(Wissenschaft der Logik)』이나 칸트의 『순수이성비판』에 나오는 '화학주의'의 영향 때문일 수도 있다. 그러나 이런 변화가 아패틱한 동일성 가정을 삭제하지는 않는다. 말하자면, 한 단계 낮춰 줄 뿐이다.

57. Daniel Hausman, "John Stuart Mill's Philosophy of Economics", *Philosophy of Science* 48, 1981, pp. 363–385를 보라.

58. 앨프리드 마셜의 『경제학 원리(Principle of Economics)』는 1880년에 처음 출

판됐다. 이 인용문은 9판 주해판(London: Macmillan, 1961), p. 36에서 나왔고, 아래 논문에서 재인용했다. James Heckman, "Causal Parameters and Policy Analysis in Economics: A Twentieth Century Retrospective", *Quarterly Journal of Economics* 115, no. 1, 2000 p. 46.

59. Daniel Hausman, *The Separate and Inexact Science of Economics*, Cambridge: Cambridge University Press, 1991, pp. 136–137. 하우스먼(Daniel Hausman)은 특히 이행성의 예를 활용한다. "그러므로 모든 사람의 선호가 이행적이라고 믿는 것은 세테리스 파리부스 조건을 만족시키는 모든 것과 인간은 이행적 선호를 갖고 있음을 믿는 것이다. 예를 들어 취향의 변화 때문에 생긴 비이행적 선호에 당황할 필요가 없다. 부적합한 일반화를 위한 이런 반례들은 술어(C) 바깥에 놓여 있기 때문이다." 로젠베르크(Alexander Rosenberg)도 이 어려움에 대한 유용한 토론에서 이 내용을 인용했다(*Economics*, pp. 114–124).

60. 비교가 훨씬 더 설득력이 있는데, 경제학자들이 직접 이 비교에 초대하기 때문이다. 밀턴 프리드먼(Milton Friedman)은 비록 경제학자들의 심리적 가정이 틀렸더라도, 그 가정들은 예측력을 증명하면서 정당화될 것이라는 유명한 주장을 했다. Milton Friedman, "The Methodology of Positive Economics", *Essays in Positive Economics*, Chicago: University of Chicago Press, 1953, pp. 3–43, reprinted in *The Methodology of Positive Economics: Reflections on the Milton Friedman Legacy*, ed. Uskali Mäki, Cambridge: Cambridge University Press, 2009, pp. 3–42.

61. 이 문단은 헤크먼(James A. Heckman)의 빼어난 회고담에서 나왔다. "Causal Parameters and Policy Analysis", p. 49. 구조적 매개변수 접근법은 레오니트 후르비치에 의해 수학적으로 발견됐다. Leonid Hurwicz, "On the Structural Form of Interdependent Systems", *Logic, Methodology, and Philosophy of Science: Proceedings of the 1960 International Congress*, edited by Ernest Nagel, Patrick Suppes, and Alfred Tarski, Stanford, CA: Stanford University Press, 1962, pp. 232–239. 이 접근에 대한 또 다른 회고에 대해서는 다음을 보라. Richard Blundell, "What Have We Learned from Structural Models ?", *American Economic Review* 107, no. 5, 2017, pp. 287–292.

62. 무작위화와 그 한계에 대해서는 다음을 참고하라. James A. Heckman, "Randomization and Social Policy Evaluation", *Evaluating Welfare and Training Programs*, ed. Charles F. Manski and Irwin Garfinkel, Cambridge: Harvard University

Press, 1992, pp. 201–230. 헤크먼은 무작위화 옹호자들이 종종 암묵적으로 만드는 '동일성' 가정의 종류를 설명한다. 여기에는 '무작위화는 연구 중인 프로그램을 바꾸지 않는다'(203쪽)는 가정도 포함된다. 실험적 게임이론의 새로운 분야에 대해서는 다음을 참고하라. J. H. Kagel and A. E. Roth, eds. *Handbook of Experimental Economics*, Princeton, NJ: Princeton University Press, 1995, chaps. 1–4.

63. Steven D. Levitt and John A. List, "What Do Laboratory Experiments Measuring Social Preferences Reveal about the Real World?", *Journal of Economic Perspectives* 21, no. 2, 2007, pp. 153, 154.

64. 맥락 간섭 문제에 대한 최근의 수학적 접근에 대해서는 다음 글들을 참고하라. Emir Kamenica, "Contextual Inference in Markets: On the Informational Content of Product Lines", *American Economic Review* 98, 2008, pp. 2127–2149; Paulo Natenzon, "Random Choice and Learning", *Journal of Political Economy* 127, 2019, pp. 419–457. "편안하게 전환돼 적용되는 건 아니다": Andrew M. Colman, "Cooperation, Psychological Game Theory, and Limitations of Rationality in Social Interaction", *Behavioral and Brain Sciences* 26, 2003, p. 152에서 인용.

65. 이런 일반적 주제에 대해서 우리는 다시 한번 롭의 책을 추천한다. Richard Robb, *Willful*.

66. Gary Becker and Kevin Murphy, "A Theory of Rational Addiction", *Journal of Political Economy* 96, 1988, p. 675: "우리는 중독이, 아무리 강하더라도, 안정된 선호 속에 미래적 극대화와 관련된다는 의미에서 대체로 합리적이라고 주장한다. 심지어 우리의 주장은 훨씬 더 강하다. 합리적 틀은 중독성 행동에 새로운 통찰을 허용한다."

67. Plato, *Protagoras* 358b–d. Franz Kafka, *Aphorisms*, trans. W. and E. Muir and M. Hofmann, New York: Schocken Books, 2015, no. 81, p. 80. 명명학은 아이러니를 만드는 능력이 있다. 자신과 이름이 같은 선배 작가의 작품을 분명히 몰랐던 그레고리 카프카(Gregory S. Kavka)는 사고실험에 대한 논문을 하나 발표했다(100만 달러를 받는 대가로 완전히 의도적으로 고통스러운 독을 마실 수 있을까? 전적으로 진정 그것을 의도한 다음에도, 자유롭게 마음을 바꿀 수 있다는 걸 알면서도 그 독을 마실 수 있을까?). 이 실험은 우리가 합리주의적 역설의 극단에서 스스로 자신에게 해를 입힐 수 있는지를 묻는다. Gregory S. Kavka, "The Toxin Puzzle", *Analysis* 43, 1983 pp. 33–36.

68. *Phaedrus*, 245c–257b.

69. Donald H. Davidson, "How Is Weakness of the Will Possible?", 초판은 1970. Davidson, *Essays on Actions and Events*, Oxford: Clarendon Press, 1980, pp. 21–42 (재출판). 데이비드슨의 1978년 논문도 참고하라. "Intending", pp. 83–102.

70. 이 도입부 문장은 다음의 책에서 가져왔다. Donald McIntosh, *The Foundations of Human Society*, Chicago: University of Chicago Press, 1969: "정신은 하나 이상의 에너지 시스템을 보유하고, 이 에너지 시스템들이 각각 어느 정도 독립적이라고 가정하지 않으면, 자기통제라는 생각은 모순이다."

71. Richard Thaler and H. M. Shefrin, "An Economic Theory of Self Control", *Journal of Political Economy* 89, 1981, p. 394. Thomas Schelling, "Egonomics, or the Art of Self-Management." *American Economic Review* 68, 1978, pp. 290–294.

72. Thaler and Shefrin, "Economic Theory of Self Control", pp. 394, 404.

73. George Ainslie, *Picoeconomics: The Strategic Interaction of Successive Motivational States Within the Person*, Cambridge: Cambridge University Press, 1992; *Breakdown of Will*, Cambridge: Cambridge University Press, 2005. 인용문의 출처는 다음과 같다. Ainslie, "Précis of *Breakdown of Will*", *Behavioral and Brain Sciences* 28, 2005, pp. 635–673.

74. Sigmund Freud, *New Introductory Lectures on Psycho-analysis* (1933), vol. 22, *The Standard Edition of the Complete Psychological Works of Sigmund Freud*, trans. and ed. James Strachey with Anna Freud, New York: Vintage, 1999(이하 SE), p. 73.

75. Sigmund Freud, *An Outline of Psycho-analysis* (1940), *SE*, 23:159.

76. Freud, "The Unconscious" (1915), *SE*, 14:186. 이런 사유법칙들을 적용할 수 없음에도 무의식을 수학화하려는 시도에 대해서는 다음을 참고하라. Ignacio Matte Blanco, *The Unconscious as Infinite Sets: an Essay in Bi-Logic*, London: Duckworth, 1975.

77. 게리 베커 같은 합리적 이론가는 이런 관점을 수용할 수 없다. 베커는 사망률의 증가 혹은 감소를 죽음을 향한 사람들의 욕구 변화의 표현으로 설명하려는 어떤 시도도 거부한다.

78. Freud, *Beyond the Pleasure Principle* (1920), *SE*, 18:59.

79. Ludwig Wittgenstein, *Philosophical Investigations*, 3rd ed. Oxford: Blackwell, 1958, 232e. 이 단락을 편집자 앤스콤과 리스(R. Rhees)는 맨 마지막에 놓았다.

80. 더욱 형식적인 해설을 찾는 사람은 다음을 참고하라. Gerard Debreu, *Theo-

ry of Value: An Axiomatic Analysis of Economic Equilibrium, New Haven, CT: Yale University Press, 1959. 드브뢰(Gerard Debreu)의 목표는 '현대 수학의 형식주의 학파의 엄격한 기준에 따라' 경제학을 다루는 것이다(x쪽). 드브뢰는 모든 체르멜로-프렝켈공리에, 내시균형을 위해 필요한 고정점정리들을 추가해서 제시한다.

9장

1. "Ma mission est de tuer le temps et la sienne de me tuer à son tour. On est tout à fait à l'aise entre assassins." "Écartèlement", Emil Cioran, *Œuvres*, Paris: Gallimard, 1995, p. 1465.

2. "Moreno, voy a decir / Sigún mi saber alcanza: / El tiempo sólo es tardanza / De lo que está por venir." José Hernández, *El gaucho Martín Fierro y La vuelta de Martín Fierro*, Bueno Aires: El Ateneo, 1950, p. 374, vv. 4350–4353.

3. Peter Damian, Letter 119, De divina omnipotentia, 여기서 인용한 부분은 611 D–612B. 다음의 프랑스어 번역본에서 인용했다. Peter Damian, *Pierre Damien, Lettre sur la toute-puissance divine*, ed. and trans. A. Cantin, Sources chrétiennes 191, Paris: Cerf, 1972[캉탕(André Cantin)은 미뉴(Migne)의 19세기 초반 파트롤로기아 라티나(Patrologia Latina) 본에 나오는 행번호를 다시 붙였다]. 영어 번역본은 다음을 참고하라. Peter Damian, *Letters 91–120*, trans. O. J. Blum, The Fathers of the Church: Mediaeval Continuation vol. 5, Washington, DC: Catholic University of America Press, 1998, pp. 344–386.

4. Plato, *Parmenides*, 156c–e. 엑사이프네스(ἐξαίφνης, 갑작스러운)에 대해서는 다음 글을 참고하라. Niko Strobach, *The Moment of Change: A Systematic History in the Philosophy of Space and Time*, Dordrecht: Springer, 1998.

5. Pierre Hadot, *The Inner Citadel: The Meditations of Marcus Aurelius*, Cambridge, MA: Harvard University Press, 1998, p. 119. 다음 책도 참고하라. Marcus Aurelius, *Meditations*, 2.14.

6. 1955년 3월 21일, 아인슈타인이 미헬레 베소(Michele Besso) 가족에게 보낸 위문 편지. Albert Einstein and Michele Besso, *Correspondance 1903–1955*, trans. Pierre Speziali, Paris: Hermann, 1979. Jimena Canales, *The Physicist and the Philosopher: Einstein, Bergson, and the Debate That Changed Our Understanding of Time*, Princeton, NJ: Princeton University Press, 2015, p. 339에서 재인용.

7. Aristotle, *Physics*, 4.11.219b.10–15, 4.11.220a.5–10, 4.11.220a.15–20. 다음 책들도 참고하라. Ursula Coope, *Time for Aristotle: Physics 4.10–14*, Oxford: Oxford University Press, 2009; David Bostock, *Space, Time, Matter, and Form: Essays on Aristotle's Physics*, Oxford: Oxford University Press, 2006. 이 주제에 대한 훌륭한 입문서는 다음과 같다. Richard Sorabji, *Time, Creation, and the Continuum: Theories in Antiquity and the Early Middle Ages*, Chicago: University of Chicago Press, 1983.

8. Rudolph Carnap, "Intellectual Biography", *The Philosophy of Rudolf Carnap*, ed. P. A. Schilpp, La Salle, IL: Open Court, 1963, 여기서 인용한 부분은 37–38쪽.

9. Albert Einstein, "Zur Elekrodynamik bewegter Körper", *Annalen der Physik* 17, 1905, pp. 891–921; Hermann Minkowski, "Raum und Zeit", *Jahresbericht der Deutschen Mathematiker-Vereinigung* 18, 1909, pp. 75–88. 영어 번역본은 다음과 같다. Albert Einstein, "On the Electrodynamics of Moving Bodies", *The Principle of Relativity*, trans. W. Perrett and G. B. Jeffery, New York: Dover, 1952, pp. 35–65; H. Minkowski, "Space and Time", *Principle of Relativity*, pp. 73–91. 같은 시기에 뉴턴 시공간의 실제도 논리적 비판의 핵심이 됐다. 다음 글을 보라. John M. E. McTaggart, "The Unreality of Time", *Mind*, n.s., 68, 1908, pp. 457–484.

10. Roger Penrose, *The Emperor's New Mind: Concerning Computers, Minds, and Laws of Physics*, New York: Oxford University Press, 1989, pp. 303–304. 이는 다음에 기초한다. C. W. Rietdijk, "A Rigorous Proof of Determinism Derived from the Special Theory of Relativity", *Philosophy of Science*, 33, 1966, pp. 341–344; "Special Relativity and Determinism", *Philosophy of Science* 43, 1976, pp. 598–609; Hilary Putnam, "Time and Physical Geometry", *Journal of Philosophy* 64, 1967, pp. 240–247.

11. Aristotle, *Physics*, 6.1.231b.6–10. 우리는 다음 번역본에서 이 구절을 인용했다. Richard Sorabji, *The Philosophy of the Commentators, 200–600 AD*, vol. 2, *Physics*, Ithaca, NY: Cornell University Press, 2005, p. 190.

12. '피타고라스학파'의 원초적 장면을 기억하라. 하나의 직선, 이 직선 위에 길이가 1인 PQ가 있고, 길이가 1인 QR은 PQ와 수직이다. 삼각형 PQR이 범죄 현장이다. PR의 길이가 2의 제곱근이기 때문이다. 컴퍼스의 바늘은 P에, 펜은 R에 두고, 원을 그린다. 종이나 모래 위에 아무리 많이 그려도 이 원은 원래 선과 교차하지 않는다. 원은 점 $\sqrt{2}$와 $-\sqrt{2}$를 지나기 때문이다.

13. 순서쌍은 그 자체로 집합은 아니다. 그러나 [(*b. a*)와 같지 않은] 순서화된 쌍 (*a, b*)는 집합을 통해, 예를 들면, {{*a*}, *a, b*}와 같은 집합을 통해 정의될 수 있다.

14. Richard Dedekind, *Stetigkeit und Irrationale Zahlen*, Braunschweig: Friedrich Biewig und Sohn, 1872. 영어 번역본은 "Continuity and Irrational Numbers", Richard Dedekind, *Essays on the Theory of Numbers*, Mineola. NY: Dover, 1963.

15. 오늘날 수학자들은 *R*이 완전하다고 말하면서 그 속성을 언급한다. *R*은 데데 킨트절단 대신 유리수의 모든 코시수열을 취해서 만들 수도 있다. 데데킨트 의 친구인 칸토어가 같은 해인 1872년에 바로 이렇게 실수계 *R*을 만들었다. 이다음에 나오는 내용은 필요한 부분만 수정하면 두 가지 방법에 모두 적용 된다.

16. 물리학자들이 관심을 두는 공간이 언제나 유클리드공간은 아니지만, 그 공 간은 언제나 부분적으로 유클리드적이다. 예를 들어, 원은 (1차원에서 보면) 전체적으로 유클리드적이지 않다(원은 닫혀 있기 때문이다). 그러나 이 원에 있는 모든 열린 호는 실수계 *R*과 위상동형이다(어떻게 열린 호 하나가, 예를 들어, (-1, 1)이 *R* 전체로 연속적으로 변환될 수 있는지 궁금한 사람은, 그냥 삼각함수 *y* = tan 1/2π*x*만 취하면 된다).

17. 몇몇 철학자들은 물리학이 수와 관련된 방대한 구성물 없이 수행될 수 있다 고 생각한다. 예를 들어 다음 책을 보라. Hartry Field, *Science without Numbers: A Defense of Nominalism*, 2nd ed. Oxford: Oxford University, 2016. 우리는 필드 (Hartry Field)의 시도에 확신이 없는데, 무엇보다도, 7장에서 논의했던 식별 불가능자 동일성원리의 위반을 처리할 방법을 모르기 때문이다. 이 원리를 통해 볼츠만은 좌표(즉, 실수)의 존재를 요구하게 됐다. 비록 자기 학문에서 '수'의 사용에 반대하는 물리학자를 본 적은 없지만, 불연속적, 입자, 고리 시 공간의 가능성을 고려하려고 하는 물리학자들은 확실히 있다.

18. 대각선 방법에 대한 칸토어의 초기 노력은 1873년 리하르트 데데킨트에게 보낸 편지에 잘 드러나 있다. *Briefwechsel Cantor-Dedekind*, ed. E. Noether und J. Cavaillès, Paris: Hermann, 1937, pp. 12–18. 대각선 방법에 대해서는 칸토어 의 다음 글을 참고하라. Georg Cantor, "Über eine elementare Frage der Man-nigfaltigkeitslehre", *Jahresbericht der Deutschen Mathematiker-Vereinigung* 1, 1891, pp. 75–78. 영어 번역본은 다음 책에 들어 있다. *From Kant to Hilbert: A Source Book in the Foundations of Mathematics*, ed. William B. Ewald, Oxford: Oxford

University Press, 1996, 2:920–922. 칸토어의 수학과 신학에 대해서는 다음 자료를 참고하라. R. Thiele, "Georg Cantor, 1845–1918", *Mathematics and the Divine: A Historical Study*, ed. Teun Koetsier and Luc Bergmans, Amsterdam: Elsevier, 2004, pp. 523–548.

19. 단순함을 위해 수열의 끝부분이 0이나 1만 계속되다가 끝나는 경우는 고려하지 않았다. 예를 들어, 1010111(그리고 1이 계속된다)은 동일한 실수 1011000(그다음 0이 계속된다)에 대응한다. 칸토어의 변화 규칙을 조금만 바꿔 주면 이런 경우를 해결할 수 있다.

20. Bergson, *Time and Free Will: An Essay on the Immediate Data of Consciousness*, trans. F. L. Pogson, London: Macmillan, 1910, pp. 8–9. 베르그손이 반발했던 경향의 한 예로 다음의 글을 보라. Hyppolite Taine, *De l'intelligence*, Paris: L'Harmattan, 2005. 이 책은 수학을 인간 지식의 완성으로 소개한다. '왜냐하면' 수학만이 동일성원리에 기초하기 때문이다.

21. 제임스와 듀이의 반응에 대해 다음 글을 참고하라. Richard A. Cohen, "Philo, Spinoza, Bergson: the Ride of an Ecological Age", *The New Bergson*, ed. John Mullarkey, Manchester: Manchester University Press, 1999, p. 18.

22. Carl Hoefer, "Causal Determinism", *Stanford Encyclopedia of Philosophy*, https://plato.stanford.edu/entries/determinism-causal/. 이 책 1장에서 모리츠 슐리크가 내린 정의와 비교해 보라.

23. Bergson, *Time and Free Will*: "진정한 지속", pp. 92–93; "완전히 역동적인", p. 9.

24. 우리는 여기서 인용한 표현이 썩 내키지 않는다. 이런 구분은 철학적, 인간학적으로 대단히 순진하기 때문이다.

25. Bergson, *Time and Free Will*, p. 9.

26. 공간을 '명료하고 깔끔하게 절단 구분'될 수 있는 것으로 다루고, 외연과 정신을 이원론적으로 구분하면서, 베르그손은 데카르트를 따르고 있다. 우리는 이 점을 분명히 지적한다. 왜냐하면 베르그손은 자신의 철학을 데카르트 이원론의 극복으로 소개했고, 심지어 '데카르트주의'라는 단어를 자신과 경쟁하는 철학 체계를 부르는 (아인슈타인에게도 그렇게 했듯이) 비난의 용어로 사용했기 때문이다. 대신 우리는 데카르트와 베르그손이 딛고 있는 땅이 같다는 것을 강조하고 싶다.

27. Bergson, *Time and Free Will*, pp. 107–108.

28. H. Poincaré, *Science and Method*, trans. Francis Maitland, New York: Dover: 1952, pt. 2, chap. 1, "The Relativity of Space", 1908. 푸앵카레의 말에서 우리는 공간이 시간과 이런 근본 속성을 공유한다는 것을 이해할 수 있다. 시간적 혹은 공간적 지점이 있을 때, 그 지점과 연결된 어떤 지각/기억을 참조하지 않고서 그 지점에 대해 어떤 것도 말하거나 생각할 수 없다. 시간의 경우, 시곗바늘의 위치일 수 있고, 공간의 경우 팡테옹 광장일 수 있다. 시인 예이츠는 이 관점이 대단히 마음에 들었고, 그 마음을 이렇게 표현했다. "수학자 푸앵카레는 시간과 공간을 우리 조상들의 작품으로 여긴다." N. Mann, M. Gibson, and C. Nally, eds., *W. B. Yeats's A Vision: Explications and Contexts*, Oxford: Oxford University Press, 2012, p. 172. 베르그손의 시간에 대한 푸앵카레의 의견은 다음을 참고하라. Poincaré, *Dernières pensées*, Paris: Flammarion, 1917, pp. 42–43.

29. G. Santayana, *Winds of Doctrine*, New York: Scribner's, 1913, p. 58. 이 시기 베르그손의 엄청난 위치에 대한 상세한 설명은 다음을 참고하라. François Azouvi, *La Gloire de Bergson: Essai sur le magistère philosophique*, Paris: Gallimard, 2007.

30. 1934년 6월 25일 베르그손에게 보낸 편지. Henri Bergson, *Mélanges*, ed. André Robinet, Paris: Presses universitaires de France, 1972, pp. 1511–1512.

31. 조너선 코트와의 이 인터뷰는 1978년에 진행됐다. Jonathan Cott, *Susan Sontag: The Complete Rolling Stone Interview*, New Haven, CT: Yale University Press, 2013, pp. 65–66.

32. 이 논쟁에 대해서는 다음 글을 참고하라. Einstein et al., "La Théorie de la relativité: Séance du 6 avril 1922", *Bulletin de la société française de la philosophie* 22, no. 3, 1922, pp. 91–113. 논쟁 기록을 아래 사이트에서 내려받을 수 있다. http://www.sofrphilo.fr/activites-scientifiques-de-la-sfp/conferences/grandes-conferences-en-telechargement/. 우리는 반란자라는 용어를 논쟁 후 1 - 2년이 지난 다음 발표된 한 에세이에서 빌렸다. Morris R. Cohen, "The insurgence against reason", *Journal of Philosophy* 22, 1925, pp. 113–126. 베르그손과 아인슈타인 논쟁은 계속 재연구됐다. 가장 최근 연구는 다음을 보라. Canales, *The Physicist and the Philosopher*.

33. 메이에르송은 1925년에 발표한 『상대론적 연역(La Déduction Relativiste)』에서 『동일성과 실재』에서 발전시켰던 과학철학을 아인슈타인의 상대성이론에 적용했다. 아인슈타인은 이 책에 대한 찬사를 담아 리뷰를 작성했다. 메이에르송은 남은 생애 동안 이 책을 매우 귀하게 여겼는데, 이 책이 자신의

과학철학이 현재 과학뿐 아니라 과거의 과학에도 적용된다는 것을 검증했다고 생각했기 때문이다. 다음 글을 참고하라. Albert Einstein, "Á propos de La Déduction relativiste de M. Émile Meyerson", *Revue philosophique de la France et de l'étranger* 105, 1928, pp. 161–166.

34. "On peut toujours choisir telle représentation qu'on veut si l'on croit qu'elle est plus commode qu'une autre pour le travail qu'on se propose; mais cela n'a pas de sens objectif." Canales, *The Physicist and the Philosopher*, p. 76. 카날레스는 마지막 구절에서 푸앵카레의 관습주의(*commodisme*)에 대한 날카로운 거부를 본다. 우리가 보기에는 아직 완전히 수수께끼로 남아 있는 수식어를 너무 강하게 읽은 것 같다.

35. Henri Bergson, *Durée et simultanéité: À propos de la théorie d'Einstein*, Paris: Felix Alcan, 1922. 영어로 된 (베르그손에 완전히 공감하는) 초기 지성적 반응에 대해서는 카(Hebert Wildon Carr)의 리뷰를 보라. *Nature* 110, 1922, pp. 503–505.

36. Albert Einstein, *The Travel Diaries of Albert Einstein: The Far East, Palestine & Spain, 1922–1923*, ed. Z. Rosenkranz, Princeton, NJ: Princeton University Press, 2018, p. 85.

37. 카날레스의 책은 이런 확장에 대한 광범위한 연구서다. 모리스 메를로퐁티에 대해서는 다음의 책을 참고하라. Canales, *The Physicist and the Philosopher*, pp. 48–50.

38. Henri Bergson, *Duration and Simultaneity: With Reference to Einstein's Theory*, trans. Leon Jacobson, with and introduction by Herbert Dingle, Indianapolis, ID: Bobbs-Merrill, 1965. 대단한 종말론적 주장을 xlii쪽에서 볼 수 있다.

39. Albert Einstein, "Die Grundlage der allgemeinen Relativitätstheorie", *Annalen der Physik* 49, 1916, p. 777. 1920년대 독일에서 있었던 아인슈타인의 작업을 둘러싼 대중적 논란에 대해서는 다음 책을 참고하라. Milena Wazeck, *Einsteins Gegner: Die öffentliche Kontroverse um die Relativitätstheorie in den 1920er Jahren*, Frankfurt: Campus, 2009. 카날레스는 이런 논란이 파리에서 아인슈타인의 태도를 강화시켰다고 본다. Canales, *The Physicist and the Philosopher*, p. 85.

40. 플라마리옹은 알랑 카르텍(Allan Kardec)으로 불렸던 이폴리트 레옹 드니자르 리바이(Hippolyte Léon Denizard Rivail)의 작품에서 많은 영감을 얻었다. 리바이는 강신술(spiritism)의 창립자였다.

41. 생명 에너지 개념, 육체와 영혼 사이에 있는 제3의 것(*tertium quid*)에 대해 논평 없이 그냥 넘겨서는 안 될 것이다. 플라마리옹은 『자연 속의 신(Dieu dans la Nature』(1869)에 생기론을 옹호하는 글을 발표했다. 생기론은 독일의 화학자 게오르크 에른스트 슈탈(Georg Ernst Stahl, 1659~1734)로부터 플라마리옹과 그 밖의 여러 사람들(예를 들면, 동종요법 치료자들)에게 전수됐다. 한편 슈탈은 플로지스톤설(phlogiston)의 후원자이기도 했다. 플라마리옹의 '생명 에너지'는 1907년 베르그손의 『창조적 진화(L'Évolution Créatrice)』에서 생명의 도약(*élan vital*)으로 변이돼 다시 나타났다. 소설 「루멘」의 화자는 소설 속 첫 번째 대화에서 자신의 설명은 플라톤을 비롯한 다른 사람들이 하던 형이상학이나 신학이 아니라, 순수한 과학이라고 주장한다.

42. Camille Flammarion, *Lumen*, trans. A. A. M. and R. M., New York: Dodd, Mead, 1897, pp. 41–42.

43. 푸앵카레는 플라마리옹의 70세를 기념하여 그에 대한 감상을 전했다. "Jubilé scientifique de Camille Flammarion", *L'Astronomie* 26, 1912, pp. 97–153. 다음 논문도 보라. F. Dutry, "Le Centenaire de Camille Flammarion", *Ciel et terre* 58, 1942, p. 166.

44. Jimena Canales, "Albert Einstein's Sci-Fi Stories", *New Yorker*, November 20, 2015.

45. 볼로냐에서 랑주뱅의 주장과 이 주장에 대한 아인슈타인의 관심에 대해서는 다음을 보라. Canales, *The Physicist and the Philosopher*, p. 54. 베르그손의 반발에 대해서는 같은 책, 11쪽을 보라. 여기서 다음 문장이 이어진다. "우리는 늙지 않는 다른 방법을 찾아야 할 것이다."

46. Alain Connes, Danye Chéreay, Jacques Dixmier, *Le Théâtre quantique*, Paris: Odile Jacob, 2013.

47. 과학소설의 다른 하위 장르가 이 환상적 미래에서 잃어버릴 수 있는 것에 대해 탐구한다는 것을 우리는 알고 있다. 예를 들어 아르헨티나 작가의 다음 작품을 보라. Adolfo Bioy Casares, *La Invención de Morel*, Buenos Aires: Editorial Losada, 1940 (*The Invention of Morel*, 1964). 1972년 「타자(El Otro)」를 썼을 때, 보르헤스는 루멘에 결핍된 부분을 염두에 두었을 수도 있다. 「타자」에서 늙은 보르헤스는 매사추세츠 케임브리지의 한 벤치에 앉아 있는 훨씬 젊은 자신을 만난다. 젊은 보르헤스는 단순한 반영이 아니었다. 젊은 보르헤스는 말하고, 늙은 보르헤스의 실수를 교정하며, 향수 냄새를 맡을 수 있었고, 어깨를 두드리고 악수를 할 수 있었다. 「루멘」에 나오는 것과는 완전히

다른 정신적 경험이다. 보르헤스의 플라마리옹 독서에 대해서는 다음 문헌을 보라. Adolfo Bioy Casares, *Borges*, ed. D. Martino, Barcelona: Destino, 2006, p. 1512.

48. 예를 들어, Wyndham Lewis, *Time and Western Man*, London: Chatto & Windus, 1927에서 프루스트, '시간-책들', '시간-숭배'를 공격하는 데 전념했다. 루이스(Wyndham Lewis)는 프루스트가 시간-책들, 시간-숭배를 설립했다고 봤고, 이 숭배자들에는 제임스 조이스부터 버지니아 울프, 그 밖에 많은 '하위-프루스트들'이 포함된다고 보았다. 다음의 글을 참고하라. Aaron Matz, "The Years of Hating Proust", *Comparative Literature* 60, 2008, p. 356. 루이스는 프루스트를 깊이 없는 베르그손주의자, 지속(*durée*)의 시종으로 보았다. 앞으로 보겠지만, 이런 평가는 경멸에 지나지 않는다.

49. Marcel Proust, *Du côté de chez Swann*, Paris: Bibliothèque de la Pléiade, 1966, 1:44-45.

50. Marcel Proust, *Le Temps retrouvé*, Paris: Bibliothèque de la Pléiade, 1966, 3:866-867.

51. (베르그손 찬양자이기도 한) 문학비평가 조르주 풀레(Georges Poulet)도 프루스트와 비슷한 관점을 만들었다. 풀레는 이 작업을 회고적이면서 동시에 전망적인 것으로 이해했다. 풀레의 다음 글을 참고하라. Georges Poulet, *Études sur le temps humain*, vol. 2, De *l'instant éphémère à l'instant éternelle*, Paris: Librairie Plon, 2017, pp. 608-638, 여기서 인용한 부분은 특히 612-614, 620-621쪽. 아직까지 키르케고르와 프루스트의 반복을 비교한 학술 작업은 찾지 못했다.

52. *Otras inquisiciones*, Buenos Aires: Sur, 1952, pp. 211-213에 수록. 앤서니 캐리건(Anthony Kerrigan)의 다음 편역본에서 인용했다. Jorge Luis Borges, *A Personal Anthology*, ed. Anthony Kerrigan, New York: Grove Press, 1967, pp. 44-64.

53. 보르헤스는 시간을 선으로 생각하는 것 같다. 이 선 위에 P와 Q라는 두 개의 명백히 다른 순간 혹은 선 위의 점이 같은 것으로 증명되면, 보르헤스는 P와 Q사이에는 아무것도 없고, 아무 순간도 없음이 증명된다고 본다. 그러나 이것은 P와 Q사이의 시간이 순환이라는 증거로 해석될 수도 있고(예를 들면 시간선이 $P=Q$점에서 말려 있고, 그다음에 계속 진행된다), 시간이 어떤 말려 있는 임의의 숫자이면서 위상적으로 다른 형태일 수도 있다.

54. 칸트적 범주가 황혼 속에 사라진다는 아이작 바셰비스 싱어(Isaac Bashevis Singer)의 주석이 떠오른다.

55. Plato, *Parmenides* 130a–e. 보르헤스는 이 이야기에서 플라톤을 언급하지 않는다. 그러나 자신의 강으로 우리를 속인 헤라클레이토스는 호출한다.

56. J. W. Dunne, *An Experiment with Time*, 3rd ed. London: Faber and Faber, 1934. J. L. Borges, "El tiempo y J. W. Dunne", 초판은 *Sur* 72, September 1940, *Otras inquisiciones*에 재수록. 보르헤스는 던의 시간 곱셈을 거부했고, 던이 특히 베르그손이 경고했던 오류에 빠졌으며, 시간을 공간 차원과 혼동했다고 비판했다.

57. Vladimir Nabokov, *Insomniac Dreams. Experiments with Time*, ed. Gennady Barabtarlo, Princeton, NJ: Princeton University Press, 2018, pp. 6–7, 19–20, 25–26. 나보코프에 끼친 베르그손의 영향에 대해서는 다음 글을 참고하라. Michael Glynn, *Vladimir Nabokov: Bergsonian and Russian Formalist Influences in His Novels*, New York: Palgrave Macmillan, 2007, chap. 3.

58. Richard A. Muller, *Now: The Physics of Time*, New York: W. W. Norton, 2016, p. 119 ff.

59. 쥐의 뇌 기능에서 후각망울의 역할에 대해서는 다음 글들을 참고하라. Leslie M. Kay, "Two Species of Gamma Oscillations in the Olfactory Bulb: Dependence on Behavioral State and Synaptic Interactions", *Journal of Integrative Neuroscience* 2, 2003, pp. 31–44; Leslie M. Kay, "Two Minds about Odors", *Proceedings of the National Academy of Sciences* 101, 2004, pp. 17569–17570; Leslie M. Kay, M. Krysiak, L. Barlas, and G. B. Edgerton, "Grading Odor Similarities in a Go/No-Go Task", *Physiology and Behavior* 88, 2006, pp. 339–346. Leslie M. Kay, and S. M. Sherman, "Argument for an Olfactory Thalamus", *Trends in Neurosciences* 30, 2006, pp. 47–53. 케이는 다음과 같은 사실을 증명했다. 첫째, 쥐의 후각망울 세포 구조가 쥐의 뇌가 '동일한 것'으로 인지할 수 있는 냄새 분자들을 결정한다. 둘째, 이전에 만났던 냄새 분자를 (자연계에서 흔히 일어나듯이) 다른 분자들과 결합된 형태로 만날 때, 쥐는 냄새의 구성 요소들을 나누어 개별적으로 인지한다. 그다음에 이것이 이전에 알고 있던 어떤 것과 '동일한 것'인지, 아니면 이 합성물을 새롭고 '다른 것'으로 인식해야 하는지를 '선택'할 수 있다. 그런데 이 선택은 개별 생애로부터 독립적이지 않다. 후각망울의 전기생리학적 활동은 단순한 냄새 인식뿐만 아니라 학습, 기억, 행동과 같은 다른 중요한 기능도 매개하기 위해 뇌의 다른 영역과 상호작용한다. 쥐의 경우, 인간의 경우와 마찬가지로 냄새와 맛을 계산하는 데(당연히 해석하는 데도) 필요한 '동일성'은 자연적으로 주어진 고정되고 안정된 것이 아니라, 경험, 맥

락, 주의, 그리고 (당연히 반드시 의식적이지 않은) 결정에 달려 있다. 시야에 대해서는 다음 논문을 보라. Yang Zhou and David J. Freedman, "Posterior parietal cortex plays a causal role in perceptual and categorical decisions", *Science* 365, no. 6449, July 12, 2019, pp. 180–185, https://science.sciencemag.org/content /365/6449/180.full.

10장

1. Søren Kierkegaard, *Concluding Unscientific Postscript to "Philosophical Fragments"*, ed. and trans. H. V. Hong and E. H. Hong, Princeton, NJ: Princeton University Press, 1992, 1:151.

2. Johann Wolfgang von Goethe, *Maximen und Reflexionen*, ed. Max Hecker, Weimar: Goethe-Gesellschaft, 1907, p. 132.

3. 1929년 10월 26일 비에렉(George Sylvester Viereck)이 인터뷰한 아인슈타인. Viereck, *Glimpses of the Great*, New York: Macaulay, 1930, p. 452. 비에렉은 신뢰하기 힘든 출처다. 그는 반유대주의 정서로 머릿속을 채우고 있던 무솔리니와 히틀러의 추종자였다. 그러나 결정론은 아인슈타인의 저작에서 낯선 이야기가 아니다. 이끌기와 끌어당기기는 세네카(Lucius Annaeus Seneca)에 의해 스토아철학자 클레안테스(Kleanthes)가 했다고 전해지는 격언이다. Ep. 107, 11: "운명은 의지가 있는 자를 이끌고 의지가 없는 자를 끌어당긴다 (Ducunt volentem fata, nolentem trahunt)."

4. Śāntarakṣita, *Madhyamakālaṃkāra*, verse 92. 댄 아널드(Dan Arnold)가 이 글을 티베트어에서 영어로 번역했다. 아널드는 우리가 이 문헌에 관심을 갖도록 이끌었고, 친절하게도 곧 출판될 자신의 번역본과 주석을 제공해 줬다. Edited by Masa michi Ichigō, *Madhyamakālaṃkāra of Śāntarakṣita with His Own Commentary or Vṛtti, and with the Subcommentary or Pañjikā of Kamalaśīla*, 2 vols. Kyoto: Buneido, 1985.

5. 특히 다음을 보라. Brook Ziporyn, *Ironies of Oneness and Difference: Coherence in Early Chinese Thought; Prolegomena to the Study of Li*, Albany: State University of New York Press, 2013; *Beyond Oneness and Difference: Li and Coherence in Chinese Buddhist Thought and Its Antecedents*, Albany: State University of New York Press, 2013. 불교, 힌두교, 그리스철학 사이의 유사성과 차이점, 그리고 이들 사상 사이의 역사적 만남에 관한 흥미진진한 작업들이 수행됐다. 예를 들어, 다

음 글을 보라. Matthew Kapstein, "Mereological Considerations in Vasunandhu's 'Proof of Idealism'", *Reason's Traces: Identity and Interpretation in Indian and Tibetan Buddhist Thought*, Boston: Wisdom Publications, 2001, pp. 181–204.

6. Kierkegaard, *Concluding Unscientific Postscript*, 1:151–152.

7. Olga Tokarczuk, *Flight*, trans. Jennifer Croft, London: Fitzcarraldo, 2017, p. 11.

8. Richard Dehmel, *Weib und Welt*, Berlin: Schuster und Loeffler, 1896.

9. 이 인용문은 1794년 피히테(Johann Gottlieb Fichte)의 강의에서 나왔다. Johann Gottlieb Fichte, *The Vocation of the Scholar*, trans. William Smith, Dumfries: Anodos Books, 2017, p. 10. 같은 해 출판된 『전체 지식학의 기초(Grundlage der Gesamten Wissenschaftslehre)』에서도 피히테는 그 기원에서부터 '내'가 자기 존재를 가정한다고 주장했다. "Das Ich setze ursprünglich schlechthin sein eigenes Sein." Johann Gottlieb Fichte, *Sämmtliche Werke*, ed. J. H. Fichte, Berlin: De Gruyter, 1845/1965, 1:98.

10. '실천적 동일성': 크리스틴 코스가드(Christine Korsgaard)는 성찰하는 윤리적 행위자가 되기 위한 전제조건으로 이 실천적 동일성과 그 진실성을 제안한다. Christine Korsgaard, *The Sources of Normativity*, ed. Onora O'Neill, Cambridge: Cambridge University Press, 1996, pp. 100–102.

11. Aristotle, *Politics* 8.1339a–8.1340b: 우리는 아이들의 놀이를 뜻하는 파이디아스(*paidías*)를 즐거움으로, 일에서의 휴식을 뜻하는 아나파우세오스(*anapaúseōs*)를 편안함으로 번역했다.

12. Giambattista Vico, *On the Most Ancient Wisdom of the Italians*, trans. L. M. Palmer, Ithaca, NY: Cornell University Press, 1988, pp. 46–47.

13. 대단히 흥미롭게도, 쓴 포도주뿐만 아니라 첫 번째 3행연구에 나오는 "당신 감각의 교차로"에 대한 신비스러운 연들도 플라톤의 『테아이테토스』 159e와 밀접한 관련이 있는 것 같다. 그러나 거기까지 가지는 않으려고 한다.

14. Kierkegaard, *Concluding Unscientific Postscript*, 1:130, 강조는 추가.

15. 하이데거는 키르케고르가 존재라는 결정적 문제에 대해 아무 말도 하지 않았다고 주장한다. 우리는 이 주장에 분명히 동의하지 않는다. 다음 글을 참고하라. Clare Carlisle, "Kierkegaard and Heidegger", *The Oxford Handbook of Kierkegaard*, ed. J. Lippitt and G. Pattison, Oxford: Oxford University Press, 2013, p. 422, Heidegger, *Was heißt Denken?*, 1952를 인용.

16. 우리는 키르케고르가 자아에 대한 관점과 관련된 첫 번째 발달단계에서, 기

껏해야 작업이 진행 중인 상황에서 가명을 사용한 이유를 이해한다. 자신의 자아가 하나가 아닐 때 단일한 이름의 작가로 등장하는 일은 오해를 가져올 수 있기 때문이다. (『철학적 단편에 부치는 비학문적인 해설문』이후 출판된) 소위 제2저자의 책들은 키르케고르 자신의 이름으로 출판됐다. 이 책들은 키르케고르가 윤리의 영역에서 (그리스도교) 신앙의 영역으로 도약한 후에 나왔기 때문이다.

17. 우리 시대 실험심리학의 재현성 위기라는 주제는 다루지 않을 것이다. 그러나 우리는 이 주제가 키르케고르의 『반복』 읽기와 관련이 있다고 생각한다.

18. Søren Kierkegaard, *Fear and Trembling/Repetition*, ed. and trans. H. V. Hong and E. H. Hong, Princeton, NJ: Princeton University Press, 1983, p. 131 ff. 콘스탄티우스의 모순적 행동에도 불구하고, 반복은 확실히 키르케고르 자신에게 진정한 철학의 근본 범주였다. 키르케고르는 가명 작가 비길리우스 하우프니엔시스(Vigilius Haufniensis)가 쓴 『불안의 개념(Begrebet Angest)』(1844)에서 긴 주석을 통해 다시 반복의 중요성을 말한다. "내가 아는 한, 그(콘스탄틴 콘스탄티우스)는 '반복'을 생생하게 이해했던 첫 번째 사람이다. 그리고 새로운 과학이 등장할 때까지 하나의 과학이 다른 과학과 충돌하는 이 보이지 않는 점과 *discrimen rerum*(전환점)에 관심을 유도하면서, 윤리적인 것과 그리스도교적인 것의 관계 설명에서 개념의 풍성함이 드러나게 허락했던 첫 번째 사람이었다. 그러나 그는 그 드러난 개념을 우스꽝스러운 비슷한 개념 속에 배열하면서 자신의 발견을 숨겼다." Søren Kierkegaard, *The Concept of Anxiety: A simple Psychologically Orienting Deliberation on the Dogmatic Issue of Hereditary Sin*, ed. and trans. Reidar Thomte and Albert B. Anderson, Princeton, NJ: Princeton University Press, 1980, pp. 17–19.

19. 심리학자들은 반복의 즐거움(혹은 반복의 부족)과 그것을 시험할 실험 이론을 계속해서 고안한다. 예를 들어, 다음 글을 보라. E. O'Brien, "Enjoy It Again: Repeat Experiences Are Less Repetitive Than People Think", *Journal of Personality and Social Psychology* 116, no. 4, 2019, pp. 519–540.

20. 콘스탄티우스 자신은 반복해서 그 반대를 역설한다. 예를 들어, 그는 '반복할 용기'가 있는 기사는 '파괴될 수 없는 옷'으로서 사랑을 입을 것이라고 주장한다. Kierkegaard, *Fear and Trembling/Repetition*, pp. 131–132.

21. Kierkegaard, pp. 212–213.

22. Kierkegaard, p. 9.

23. Joakim Garff, *Søren Kierkegaard: A Biography*, trans. Bruce H. Kirmmse, Princeton, NJ: Princeton University Press, 2005, pp. 199–213. 셸링 강의의 영어 번역은 F. W. J. Schelling, *The Grounding of Positive Philosophy: The Berlin Lectures*, trans. Bruce Matthews, Albany: State University of New York Press, 2007. 키르케고르의 강의 노트가 다음 책에 부록으로 들어 있다. *The Concept of Irony*, ed. and trans. H. V. Hong and E. H. Hong, Princeton, NJ: Princeton University Press, 1989, pp. 335–412. 이 노트는 우리 주제와 관련이 있지만, 그 관련성을 추구하면 너무 멀리까지 가게 될 것이다.

24. Garff, *Kierkegaard*, p. 211.

25. Garff, p. 231.

26. 아브라함의 후손에 대해서는 「창세기」 22:16–18을 보라. 키르케고르의 성서적 모티브 사용에 대해서는 다음 글을 참고하라. Jon D. Levenson, *The Death and Resurrection of the Beloved Son: The Transformation of Child Sacrifice in Judaism and Christianity*, New Haven, CT: Yale University Press, 1993, pp. 125–142. Horace, *Odes* 3.16, lines 21–22: *Quanto quisque sibi plura negaverit / ab dis plura feret.*

27. 우리는 바일을 철학자이자 수학자로 규정하면서, '철학적 생각을 가진 수학자'라는 바일 자신의 규정(1947)을 조금 남용하고 있다. Hermann Weyl, *Philosophy of Mathematics and Natural Science*, New York: Atheneum, 1963, p. vi.

28. 이 편지들에 대해서는 다음 책을 참고하라. Saul Friedländer, *Franz Kafka: The Poet of Shame and Guilt*, New Haven, CT: Yale University Press, 2013, p. 5. 1913년에 카프카는 키르케고르의 『법관의 책(Buch des Richters)』을 읽었다. 이 책은 독일어로 된 키르케고르의 1833~1855년 일기 선집이다.

29. Franz Kafka, *Das Urteil und andere Erzählungen*, Berlin: Fischer Taschenbücher, 1952, pp. 81–82; *Der Prozess*, Berlin: Die Schmiede, 1925에 포함됨. 1914년 12월 13일 일기를 보면, 카프카는 '그 이야기', 즉 「법 앞에서」가 자신 안에 만족과 행복을 고취시킨다고 적었다. 작가 카프카의 인생에서 매우 드문 일이었다.

30. Søren Kierkegaard, *Either/Or Part II*, ed. and trans. H. V. Hong and E. H. Hong, Princeton, NJ: Princeton University Press, 1987, p. 168.

31. Kafka, *Der Prozess*. 마틴 부버(Martin Buber)는 요제프 K가 유죄이지만, 이 죄는 원죄와 연결된 실존적 죄라고 해석한다. 우리는 부버의 이 해석보다 우리

의 해석을 선호한다. 부버의 해석에 대해서는 다음을 참고하라. Martin Buber, *Schuld und Schuldgefühle*, Heidelberg: L. Schneider, 1958, p. 55.

32. Nathalie Sarraute, *L'Ère du soupçon*, Paris: Gallimard, 1956; *The Age of Suspicion*, trans. M. Jolas, New York: G. Braziller, 1963, p. 11 ff.

33. Sarraute, *The Age of Suspicion*, p. 33.

34. Stendhal, *Souvenirs d'égotisme*, Paris: Le Divan, 1927, p. 6: "Le génie poétique est mort, mais le génie du soupçon est venu au monde."

35. Edward Young, *Night Thoughts*, London: C. Whittingham, 1798, p. 32, Second Night, lines 485–495.

36. 고대 노르드어를 사랑한 보르헤스는 키르케고르의 덴마크어 책들 속에서 역시 반복을 뜻하는 *Gjen-tagelse*를 알았을 것이다. 보르헤스의 서재와 독서에서 키르케고르의 존재에 대해서는 다음 글을 보라. L. Rosato and G. Álvarez, eds., *Borges, libros y lecturas: Catálogo de la colección Jorge Luis Borges en la Biblioteca Nacional*, Buenos Aires: Biblioteca Nacional, 2010, p. 215. 다음 글도 참고하라. Eduardo Fernández Villar, "Jorge Luis Borges: The Fear without Trembling", *Kierkegaard's Influence on Literature, Criticism and Art*, ed. Jon Stewart, London: Routledge, 2013, p. 21–32.

37. Jorge Luis Borges, *Poesía Completa*, Barcelona: Random House Mondadori, 2011, p. 240. '에버니스(everness)'는 옥스퍼드 영어 사전에도 등재되지 않았다. 보르헤스는 이 단어가 윌킨스(John Wilkins) 주교에 의해 만들어졌다고 생각했다. 다음 글을 참고하라. Adolfo Bioy Casares, *Borges*, ed. D. Martino, Barcelona: Destino, 2006, p. 971.

38. 릴케는 노라 푸르처-비덴브루크(Nora Purtscher-Wydenbruck)에게 보낸 편지 (1924. 8. 11.)에서 놀랍도록 비슷한 생각을 표현했다. "어릴 때부터 나는 이런 추측을 품어 왔습니다(그리고 내가 할 수 있을 때까지, 그에 따라 살았습니다). 이 의식 피라미드의 어떤 더 깊은 단계에서 단순한 존재가 우리를 위한 큰 사건이 될 수 있으며, 여기에서 깨질 수 없는 존재가 될 수 있고, 동시에 자의식의 '정상적' 정점보다 더 위에서 모든 것들 중 오직 연속성(*seriatim*)을 경험하도록 단순한 존재가 우리에게 제공됩니다." *Rainer Maria Rilke Briefe*, ed. Ruth Sieber-Rilke and Karl Altheim, Berlin, 1950, 2:450–456. 릴케가 키르케고르에게 받은 영향에 대해서는 다음을 참고하라. Leonardo F. Lisi, "Rainer Maria Rilke: Unsatisfied Love and the Poetry of Living", *Kierkegaard's In-*

fluence on Literature, Criticism and Art, ed. Jon Stewart, Kierkegaard Research, vol. 12, Abingdon: Routledge, 2016.

39. Borges, *Poesía Completa*, p. 241.

40. 보르헤스가 우리를 빚었던 진흙을 축복하는 신을 언급하고 있다고, 과감하게 대안적으로 가정할 수도 있을 것이다. 그러나 만약 그랬다면, 스페인어 '*lo que* = 그것' 대신에 '*El que* 또는 *Al que* = 그 사람'이 나왔어야 할 것이다. 어쨌든 보르헤스는 성서적이기보다는 스피노자적인 인물이다.

41. Kierkegaard, *The Sickness Unto Death: A Christian Psychological Exposition for Up-building and Awakening*, ed. and trans. H. V Hong and E. H. Hong, Princeton, NJ: Princeton University Press, 1980, pp. 13, 174n2.

42. Lao Tzu, *Tao Te Ching, A Book about the Way and the Power of the Way*, trans. Ursula K. Le Guin, Boston: Shambhala, 1997, p. 3.

43. Kierkegaard, *Concluding Unscientific Postscript*, pp. 93, 117.

44. Manilius, *Astronomica*, 4.392, trans. G. P. Goold, Loeb Classical Library, Cambridge, MA: Harvard University Press, 1977, pp. 232–233: "당신이 추구하는 대상은 신이다. 당신은 하늘의 무게를 재려고 하고, 운명의 규칙 아래 태어났음에도 그 운명에 대한 지식을 얻으려고 한다. 당신은 인간적 한계를 넘어서려고 하고, 스스로 우주의 주인이 되려고 노력한다. 쏟아부은 수고가 얻게 될 보상과 일치하고, 대가 없이 그렇게 높은 업적은 보장되지 않는다." 우리가 걱정해야 하는 대가는 전례가 없는 것이다. 이 걱정에 대한 환경 지향적 표현에 대해서는 다음을 참고하라. Hans Jonas, *The Imperative of Responsibility: In Search of an Ethics for the Technological Age*, Chicago: University of Chicago Press, 1984, p. 2.

45. Anthony Hecht, "The Transparent Man", *The Transparent Man: Poems*, New York: Knopf, 1990, p. 72.

참고 문헌

참고 문헌에는 본문에서 인용한 작품만 기재했다. 관례에 따라 특별한 판본이나 번역본을 인용한 경우를 제외하고 고대의 저자들은 생략했으나, 인용된 고대 작가와 작품은 찾아보기에서 찾을 수 있다.

Adelard of Bath. Conversations with His Nephew: *"On the Same and the Different,"* *"Questions on Natural Science," and "On Birds."* Edited and translated by Charles Burnett. Cambridge: Cambridge University Press, 1998.

Adorno, Theodor. *Gesammelte Schriften in 20 Banden.* Vol. 10, bk. 1, *Kulturkritik und Gesellschaft 1: Prismen. Ohne Leitbild.* Frankfurt: Suhrkamp, 1977.

Adorno, Theodor. *Prisms.* Translated by Samuel and Shierry Weber. Cambridge, MA: MIT Press, 1981.

Aharonov, Y., F. Colombo, S. Popescu, I. Sabadini, D. C. Strouppa, and J. Tollaksen. "Quantum Violation of the Pigeonhole Principle and the Nature of Quantum Correlations." *Proceedings of the National Academy of Sciences* 113 (2016): 532–535.

Ahmed, Shahab. *What Is Islam? The Importance of Being Islamic.* Princeton, NJ: Princeton University Press, 2016.

Ainslie, George. *Breakdown of Will.* Cambridge: Cambridge University Press, 2005.

Ainslie, George. *Picoeconomics: The Strategic Interaction of Successive Motivational States Within the Person.* Cambridge: Cambridge University Press, 1992.

Ainslie, George. "Précis of Breakdown of Will." *Behavioral and Brain Sciences* 28 (2005): 635–673.

Albertson, David. *Mathematical Theologies: Nicholas of Cusa and the Legacy of Thierry of Chartres*. Oxford: Oxford University Press, 2015.

Alexander, Samuel. *Space, Time and Deity*. 2 vols. London: MacMillan, 1927. Reprint: New York: Dover, 1966.

Annas, Julia. *Aristotle's Metaphysics Books M and N: English Translation and Commentary*. 2nd ed. Oxford: Oxford University Press, 1988.

Anscombe, G. E. M. "Parmenides, Mystery and Contradiction." *Proceedings of the Aristotelian Society* 69 (1968): 125–132.

Arberry, Arthur J. *The Spiritual Physick of Rhazes*. London: John Murray, 1950. Reprinted as *Razi's Traditional Psychology*, Damascus: Islamic Book Service, [2007?].

Aristotle. *The Complete Works of Aristotle*. 2 vols. Edited by Jonathan Barnes. Princeton, NJ: Princeton University Press, 1984.

Aristotle. *Metaphysics*. 2 vols. Translated by H. Tredennick. Loeb Classical Library. Cambridge, MA: Harvard University Press, 1947.
(아리스토텔레스, 조대호 옮김, 『형이상학』, 길, 2017.)

Aristotle. *The Nicomachean Ethics*. Loeb Classical Library. Cambridge, MA: Harvard University Press, 2003.
(아리스토텔레스, 박문재 옮김, 『니코마코스 윤리학』, 현대지성, 2022.)

Aristotle. *On Sophistical Refutations, On ComingtoBe and PassingAway, On the Cosmos*. Translated by E. S. Forster and D. J. Furley. Loeb Classical Library. Cambridge, MA: Harvard University Press, 1955.
(아리스토텔레스, 김재홍 옮김, 『소피스트적 논박에 대하여』, 아카넷, 2020.)

Aristotle. *On the Soul*. Translated by Joe Sachs. Santa Fe, NM: Green Lion Press, 2004.
(아리스토텔레스, 오지은 옮김, 『영혼에 관하여』, 아카넷, 2018.)

Aristotle. *On the Soul, Parva Naturalia, On Breath*. Translated by W. S. Hett. Loeb Classical Library. Cambridge, MA: Harvard University Press, 1957.

Arnason, Johann P., S. N. Eisenstadt, and Björn Wittrock, eds. *Axial Civilizations and World History*. Leiden: Brill, 2005.

Assmann, Jan. *The Search for God in Ancient Egypt*. Ithaca, NY: Cornell University Press, 1984.

Aubrey, John. *Aubrey on Education: A Hitherto Unpublished Manuscript by the Author of Brief Lives*. Edited by J. E. Stephens. London: Routledge, 2012. First published 1972.

Auden, W. H. *Selected Poems*. New York: Vintage, 1979.

Auerbach, Erich. *Scenes from the Drama of European Literature*. Translated by Ralph Manheim. Minneapolis: University of Minnesota Press, 1984.

Augustine. *De doctrina christiana*. Edited and translated by R. P. H. Green. Oxford: Oxford University Press, 1996.

(아우구스티누스, 성염 옮김, 『그리스도교 교양』, 분도출판사, 2011.)

Augustine. *On the Free Choice of the Will, On Grace and Free Choice, and Other Writings*. Edited and translated by Peter King. Cambridge: Cambridge University Press, 2010.

(아우구스티누스, 성염 옮김, 『자유의지론』, 분도출판사, 1998.)

Averroes. *Long Commentary on the "De anima" of Aristotle*. Translated by R. C. Taylor and T-A. Druart. New Haven, CT: Yale University Press, 2009.

Avicenna. *The Metaphysics of The Healing*. Translated by Michael E. Marmura. Provo, UT: Brigham Young University Press, 2005.

Avicenna. *Tafsīr al-qur'ānī wa'l-lugha al-ṣūfiyya fī falsafa Ibn Sīnā*. Edited by Ḥasan 'Āṣī. Beirut: al-Mu'assasa al-Jāmi'iyya lil-Dirāsāt wa'l-Nashr wa'l-tanzī', 1983.

Avicenna. *Tafsīr sūra al-ikhlāṣ*. Edited by Abū'l-Qāsim Muḥammad. Delhi: 'Abd al-Raḥmān, 1893/1894.

Azouvi, François. *La Gloire de Bergson: Essai Sur le Magistère Philosophique*. Paris: Gallimard, 2007.

Bachelard, G. *Le Rationalisme Appliqué*. Paris: Presses Universitaires de France, 1949.

Bacon, Francis. *Novum Organum Scientiarum*. In Works, edited by James Spedding, Robert Leslie Ellis, and Douglas Denon Heath. 15 vols. Boston: Taggard and Thompson, 1864.

(프랜시스 베이컨, 진석용 옮김, 『신기관』, 한길사, 2016.)

Baker, Keith Michael. *Condorcet: From Natural Philosophy to Social Mathematics*. Chicago: University of Chicago Press 1975.

Ball, Philip. *Beyond Weird: Why Everything You Thought You Knew about Quantum Physics Is Different*. Chicago: University of Chicago Press, 2018.

Ballan, Mohamad. "The Scribe of the Alhambra: Lisān Al-Dīn Ibn Al-Khaṭīb, Sovereignty and History in Nasrid Granada." PhD diss., University of Chicago, 2019.

Balzac, Honoré de. *Séraphîta*. In *The Novels of Honoré de Balzac*. Vol. 42, *Séraphîta*. New York: G. D. Sproul, 1895–1900.

Balzac, Honoré de. *Séraphîta*. Paris: L'Harmattan, 1995.

(오노레 드 발자크, 김중현 옮김, 『세라피타』, 달섬, 2020.)

Barford, Robert. "The Context of the Third Man Argument in Plato's Parmenides." *Journal of the History of Philosophy* 16 (1978): 1–11.

Barnes, Jonathan. "Aristotle's Theory of Demonstration." *Phronesis* 14 (1969): 123–152.

Barnes, Jonathan. *The Presocratic Philosophers*. London: Routledge, 1982.

Barns, J. W. B., G. M. Browne, and J. C. Shelton, eds. *Nag Hammadi Codices: Greek and Coptic Papyri from the Cartonnage of the Covers*. Leiden: Brill, 1981.

Becker, Gary. *The Economic Approach to Human Behavior*. Chicago: University of Chicago Press, 1976.

Becker, Gary, and Kevin Murphy. "A Theory of Rational Addiction." *Journal of Political Economy* 96 (1988): 675–700.

Bedos-Rezak, Brigitte. "Semiotic Anthropology: The Twelfth Century Experiment." In *European Transformations: The Long Twelfth Century*, edited by Thomas F. X. Noble and John Van Engen, 426–467. Notre Dame, IN: University of Notre Dame Press, 2012.

Beierwaltes, Werner. "*Aequalitas numerosa*: Zu Augustins Begriff des Schönen." *Weisheit und Wissenschaft* 38 (1975): 140–157.

Beierwaltes, Werner. *Denken des Einen: Studien zur Neuplatonischen Philosophie und ihrer Wirkungsgeschichte*. Frankfurt am Main: Vittorio Klostermann, 1985.

Benacerraf, Paul. "What Numbers Could Not Be." *Philosophical Review* 74 (1965): 47–73.

Benacerraf, Paul, and H. Putnam, eds. *Philosophy of Mathematics: Selected Readings*. 2nd ed. Cambridge: Cambridge University Press, 1983.

Bennett, Jonathan Francis. "Knowledge of Necessity." In *Learning from Six Philosophers: Descartes, Spinoza, Leibniz, Locke, Berkeley, Hume*, 2:34–58. Oxford: Clarendon Press, 2001.

Bentham, Jeremy. *A Comment on the Commentaries and A Fragment on Government*. Edited by J. H. Burns and H. L. A. Hart. Oxford: Clarendon Press, 1977.

Bergson, Henri. *Durée et simultanéité: À propos de la théorie d'Einstein*. Paris: Felix Alcan, 1922.

Bergson, Henri. *Mélanges*. Edited by André Robinet. Paris: Presses universitaires de France, 1972.

Bergson, Henri. *Time and Free Will: An Essay on the Immediate Data of Consciousness*. Translated by F. L. Pogson. London: Macmillan, 1910.

Bergson, Henri. *Duration and Simultaneity: With Reference to Einstein's Theory*. Translated by Leon Jacobson and with an introduction by Herbert Dingle. Indianapolis, ID: Bobbs-Merrill, 1965.

Bernoulli, Daniel, and Johann Bernoulli. *Hydrodynamics and Hydraulics*. Translated by Thomas Carmody and Helmut Kobus. Mineola, NY: Dover, 1968.

Betegh, G. "What Makes a Myth *Eikôs*? Remarks Inspired by Myles Burnyeat's 'Eikôs Mythos.'" In *One Book, The Whole Universe: Plato's "Timaeus" Today*, edited by R. Mohr, K. Sanders, and B. Sattler, 213–224. Las Vegas, NV: Parmenides, 2009.

Bioy Casares, Adolfo. *Borges*. Edited by D. Martino. Barcelona: Destino, 2006.

Bioy Casares, Adolfo. *La Invención de Morel*. Buenos Aires: Editorial Losada, 1940.

el-Bizri, Nader, ed. and trans. *Epistles of the Brethren of Purity: On Arithmetic and Geometry; An Arabic Critical Edition and English Translation of Epistles 1 & 2*. Oxford: Oxford University Press, 2012.

Black, Max. "The Identity of Indiscernibles." *Mind* 61 (1952): 153–164.

Black, Max. *Problems of Analysis*. Ithaca, NY: Cornell University Press, 1954.

Blumenberg, Hans. *The Laughter of the Thracian Woman: A Protohistory of Theory*. Translated by S. Hawkins. London: Bloomsbury, 2015.

Blundell, Richard. "What Have We Learned from Structural Models?" *American Economic Review* 107, no. 5 (2017): 287–292.

Bohm, David. *Wholeness and the Implicate Order*. London: Routledge, 1980. Reprinted 2002.

(데이비드 봄, 이정민 옮김, 『전체와 접힌 질서』, 시스테마, 2010.)

Bohr, Niels. "Can Quantum-Mechanical Description of Physical Reality Be Considered Complete?" *Physical Review* 48 (1935): 696–702.

Boltzmann, Ludwig. *Theoretical Physics and Philosophical Problems*. Dordrecht: D. Reidel, 1974.

Bonnefoy, Yves. *The Act and the Place of Poetry: Selected Essays by Yves Bonnefoy*. Edited and translated by John T. Naughton. Chicago: University of Chicago Press, 1989.

Bonnefoy, Yves. "Paul Valéry." In *L'Improbable et Autres Essais*, 99–105. Paris: Gallimard, 1983.

Boolos, George. "Introductory Note to Kurt Gödel's 'Some Basic Theorems on the Foundations of Mathematics and Their Implications.'" In *Logic, Logic, and Logic*, edited by Richard Jeffrey, 105–119. Cambridge, MA: Harvard University Press, 1998.

Boolos, George. "Must We Believe in Set Theory?" In *Logic, Logic, and Logic*, edited by Richard Jeffrey, 120–132. Cambridge, MA: Harvard University Press, 1998.

Borges, Jorge Luis. *Cuentos Completos*. Barcelona: Random House Mondadori, 2011.

Borges, Jorge Luis. *A Personal Anthology*. Edited by Anthony Kerrigan. New York: Grove Press, 1967.

Borges, Jorge Luis. *Otras Inquisiciones*. Buenos Aires: Sur, 1952.

(호르헤 루이스 보르헤스, 정경원 옮김, 『만리장성과 책들』, 열린책들, 2008.)

Borges, Jorge Luis. *Poesía completa*. Barcelona: Random House Mondadori, 2011.

Bostock, David. *Space, Time, Matter, and Form: Essays on Aristotle's Physics*. Oxford: Oxford University Press, 2006.

Brading, Katherine, and Elena Castellani, eds. *Symmetries in Physics: Philosophical Reflections*. Cambridge: Cambridge University Press, 2003.

Brewster, Sir David. *Memoirs of Sir Isaac Newton*. 2 vols. 1855. Reprint, New York: Johnson Reprint, 1965.

Broch, Hermann. *Geist and Zeitgeist: The Spirit in an Unspiritual Age*. Edited and translated by John Hargraves. New York: Counterpoint, 2002.

Brown, Peter. *Augustine of Hippo: A Biography*. Berkeley: University of California Press, 2000.

Buber, Martin. *Schuld und Schuldgefühle*. Heidelberg: L. Schneider, 1958.

Buch, Johann von. *Glossen zum Sachsenspiegel*. Edited by Frank-Michael Kaufmann. Hannover: Hahn, 2002.

Buckle, Henry Thomas. *History of Civilization in England*, 2 vols. 1857–1861. Reprint, New York: D. Appleton, 1913.

Burckhardt, Carl A. H. *Goethes Unterhaltungen mit dem Kanzler Friedrich von Müller*. Stuttgart: Cotta'sche, 1898.

Burkett, John P. "Marx's Concept of an Economic Law of Motion." *History of Political Economy* 32 (2000): 381–394.

Burkert, Walter. *Lore and Science in Ancient Pythagoreanism*. Cambridge, MA: Harvard University Press, 1972.

Burnyeat, M. F. "Eikôs Mythos." *Rizai* 2, no. 2 (2005): 143–165.

Burnyeat, M. F. "Enthymeme: Aristotle on the Logic of Persuasion." In *Aristotle's Rhetoric: Philosophical Essays*, edited by D. J. Furley and A. Nehemas, 3–55. Princeton, NJ: Princeton University Press, 1994.

Burnyeat, M. F. "Platonism and Mathematics: A Prelude to Discussion." In *Mathematics and Metaphysics in Aristotle*, edited by A. Graeser, 213–240. Berne: P. Haupt, 1987.

Burnyeat, M. F. "Platonism in the Bible." In *Metaphysics, Soul, and Ethics in Ancient Thought: Themes from the Work of Richard Sorabji*, edited by R. Salles, 143–169. Oxford: Oxford University Press, 2005.

Burnyeat, M. F. "Plato on Why Mathematics Is Good for the Soul." In *Mathematics and Necessity: Essays in the History of Philosophy, Proceedings of the British Academy* 103, edited by T. Smiley, 1–81. Oxford: Oxford University Press, 2000.

Canales, Jimena. "Albert Einstein's Sci-Fi Stories." *New Yorker*, November 20, 2015.

Canales, Jimena. *The Physicist and the Philosopher: Einstein, Bergson, and the Debate That Changed Our Understanding of Time*. Princeton, NJ: Princeton University Press, 2015.

Cantor, Georg. *Briefwechsel Cantor-Dedekind*. Edited by E. Noether and J. Cavaillès. Paris: Hermann, 1937.

Cantor, Georg. "Über eine elementare Frage der Mannigfaltigkeitslehre." *Jahresbericht der Deutschen Mathematiker-Vereinigung* 1 (1891): 75–78. English translation in *From Kant to Hilbert: A Source Book in the Foundations of Mathematics*, edited by William Bragg Ewald, 2:920–922. Oxford: Oxford University Press, 1996.

Carlisle, Clare. "Kierkegaard and Heidegger." In *The Oxford Handbook of Kierkegaard*. Edited by J. Lippitt and G. Pattison, 421–439. Oxford: Oxford University Press, 2013.

Carnap, Rudolf. *Der logische Aufbau der Welt*. Berlin: F. Meiner, 1928.

Carnap, Rudolph. "Intellectual Biography." In *The Philosophy of Rudolf Carnap*, edited by P. A. Schilpp, 3–84. La Salle, IL: Open Court, 1963.

Carnap, Rudolf. *The Logical Structure of the World*. Translated by R. A. George. Chicago: Open Court, 2003.

Carr, H. Wildon. *Review of Durée et simultanéité*, by Henri Bergson. Nature 110 (1922): 503–505.

Carraud, Vincent. *Causa Sive Ratio: La Raison de la Cause, de Suarez à Leibniz*. Paris: Presses universitaires de France, 2002.

Cartwright, Nancy. "Philosophical Problems of Quantum Theory: The Response of American Physicists." In *The Probabilistic Revolution*, vol. 2, Ideas in the Sciences, edited by Lorenz Krüger, Gerd Gigerenzer, and Mary S. Morgan, 417–435. Cambridge, MA: MIT Press, 1987.

Cassirer, Ernst. "Der Begriff der Symbolischen Form im Aufbau der Geisteswissenchaften." In *Vorträge der Bibliothek Warburg*, edited by Fritz Saxl, 1:11–39. Leipzig: B. G. Teubner, 1921

Cassirer, Ernst. *Substance and Function and Einstein's Theory of Relativity*. Translated by William Curtis Swabey and Marie Collins Swabey. Chicago: Open Court, 1923.

Caulton, Adam. "Discerning 'Indistinguishable' Quantum Systems." *Philosophy of Science* 80 (2013): 49–72.

Caulton, Adam. "Issues of Identity and Individuality in Quantum Mechanics." PhD diss., Cambridge University, 2015.

Caulton, Adam, and Jeremy Butterfield. "On Kinds of Indiscernibility in Logic and Metaphysics." *British Journal for the Philosophy of Science* 63 (2012): 27–84.

Cercignani, Carlo. *Ludwig Boltzmann: The Man Who Trusted Atoms*. Oxford: Oxford University Press, 1998.

Cherniss, H. F. "The Characteristics and Effects of Presocratic Philosophy." *Studies in*

Presocratic Philosophy, edited by D. J. Furley and R. E. Allen, 1–28. New York: Humanities Press, 1970.

Chiara, L. Dalla, and G. Toraldo di Francia. "Identity Questions from Quantum Theory." In *Physics, Philosophy and the Scientific Community*, edited by Kostas Gavroglu, John Stachel, and Marx W. Wartofsky, 39–46. Dordrecht: Kluwer Academic, 1995.

Chiara, L. Dalla, and G. Toraldo di Francia. "Individuals, Kinds and Names in Physics." In *Bridging the Gap: Philosophy, Mathematics, Physics*, edited by Giovanna Corsi, Maria Luisa Dalla Chiara, and Gian Carlo Ghirardi, 261–283. Dordrecht: Kluwer Academic, 1993.

Chomsky, Noam. *Knowledge of Language: Its Nature, Origin, and Use*. Westport, CT: Praeger, 1986.
(노엄 촘스키, 이선우 옮김, 『언어지식』, 아르케, 2000.)

Chomsky, Noam. *Syntactic Structures*. Paris: Mouton, 1957.
(노엄 촘스키, 장영준 옮김, 『촘스키의 통사구조』, 알마, 2016.)

Cicero. *De natura deorum*. Translated by H. Rackham. Loeb Classical Library. Cambridge MA: Harvard University Press, 1933.
(마르쿠스 툴리우스 키케로, 강대진 옮김, 『키케로의 신들의 본성에 관하여』, 나남출판, 2012.)

Cioran, Emil. *Œuvres*. Paris: Gallimard, 1995.

Claudel, Paul. *Œuvres en prose*. Paris: Pléiade, 1965.

Clement of Alexandria. *Clemens Alexandrinus Stromata*. 3rd ed. Vols. 1–2. Edited by O. Stählin, L. Früchtel and U. Treu. Berlin: Akademie, 1960–1985.

Cohen, Daniel J. *Equations from God: Pure Mathematics and Victorian Faith*. Baltimore: Johns Hopkins University Press, 2007.

Cohen, Gustave, and Paul Valéry. *Essai d'explication du "Cimetière marin": Précédé d'un avant-propos de Paul Valéry au sujet du "Cimetière marin."* Paris: Gallimard, 1933.

Cohen, Morris R. "The Insurgence against Reason." *Journal of Philosophy* 22 (1925): 113–126.

Cohen, Richard A. "Philo, Spinoza, Bergson: the Ride of an Ecological Age." In *The New Bergson*, edited by John Mullarkey, 18–31. Manchester: Manchester University Press, 1999.

Cole, Joshua. *The Power of Large Numbers: Population, Politics, and Gender in Nineteenth-Century France*. Ithaca, NY: Cornell University Press, 2000.

Coleridge, Samuel Taylor. *The Complete Works*. Edited by William Shedd. New York: Harper & Brothers, 1858.

Colman, Andrew M. "Cooperation, Psychological Game Theory, and Limitations of Rationality in Social Interaction." *Behavioral and Brain Sciences* 26 (2003): 139–198.

Connes, Alain, Danye Chéreay, and Jacques Dixmier. *Le Théâtre Quantique*. Paris: Odile Jacob, 2013.

Coope, Ursula. *Time for Aristotle: Physics* 4.10–14. Oxford: Oxford University Press, 2009.

Cornelli, G., R. McKirahan, and C. Macris, eds. *On Pythagoreanism*. Berlin: De Gruyter, 2013.

Cott, Jonathan. *Susan Sontag: The Complete Rolling Stone Interview*. New Haven, CT: Yale University Press, 2013.

(조너선 콧, 김선형 옮김,『수전 손택의 말』, 마음산책, 2015.)

Couprie, Dirk L. "The Discovery of Space: Anaximander's Astronomy." In *Anaximander in Context*, edited by D. Couprie, R. Hahn, and G. Nadaff, 167–240. Albany: State University of New York Press, 2003.

Curd, Patricia. "'Parmenides' 131c-132b: Unity and Participation." *History of Philosophy Quarterly* 3 (1986): 125–136.

Daiser, Olivier. *Einführung in die Mengenlehre*. 2nd ed. Springer: Berlin, 2000.

Damian, Peter. *Letters 91–120*. Translated by O. J. Blum. The Fathers of the Church: Mediaeval Continuation, vol. 5, Washington, DC: Catholic University of America Press, 1998.

Damian, Peter. *Pierre Damien, Lettre sur la toute-puissance divine*. Edited and translated by A. Cantin. Sources chrétiennes 191. Paris: Cerf, 1972.

D'Ancona, C. "Aux Origines du Dator Formarum: Plotin, *l'Épître sur la Science Divine*, et al-Fārābī." In *De l'Antiquité Tardive au Moyen Âge*, edited by E. Coda and C. Martini Bonadeo, 381–413. Paris: Vrin, 2014.

Daston, Lorraine. *Classical Probability in the Enlightenment*. Princeton, NJ: Princeton University Press, 1988.

Daston, Lorraine. "Rational Individuals versus Laws of Society: From Probability to Statistics." In *The Probabilistic Revolution*. Vol. 1, *Ideas in History*, edited by Lorenz Krüger, Lorraine J. Daston, and Michael Heidelberger, 295–304. Cambridge, MA: MIT Press, 1987.

Davidson, Donald H. "How Is Weakness of the Will Possible?" In *Essays on Actions and Events*, 21–42. Oxford: Clarendon Press, 1980.

Davidson, Donald H. "Intending." In *Essays on Actions and Events*, 21–42. Oxford: Clarendon Press, 1980.

Davis, Michael. *The Soul of the Greeks: An Inquiry*. Chicago: University of Chicago Press, 2011.

Debreu, Gerard. *Theory of Value: An Axiomatic Analysis of Economic Equilibrium*. New Haven, CT: Yale University Press, 1959.

Dedekind, Richard. *Essays on the Theory of Numbers*. Mineola, NY: Dover, 1963.

Dedekind, Richard. *Stetigkeit und Irrationale Zahlen*. Braunschweig: Friedrich Biewig und Sohn, 1872.

Defoe, Daniel. *Robinson Crusoe*. New York: Penguin, 2001.
(대니얼 디포, 류경희 옮김, 『로빈슨 크루소』, 열린책들, 2011.)

Defoort, Carine. *The Pheasant Cap Master (He guan zi): A Rhetorical Reading*. Albany: State University of New York Press, 1997.

Dehmel, Richard. *Weib und Welt*. Berlin: Schuster und Loeffler, 1896.

Dehn, Max. *Über die geistige Eigenart des Mathematikers: Rede anlässlich der Gründungs-feier des Deutschen Reiches am 18. Januar 1928*. Frankfurter Universitätsreden 28. Frankfurt am Main: Werner und Winter, 1928.

Dennett, Daniel. *Darwin's Dangerous Idea: Evolution and the Meaning of Life*. New York: Simon and Schuster, 1995.

Descartes, René. *Œuvres de Descartes*. 13 vols. Edited by Charles Adam and Paul Tannery. Paris: Cerf, 1897.

Descartes, René. *The Philosophical Writings of Descartes*. Translated by John Cottingham, Robert Stoothoff, and Dugald Murdoch. 3 vols. Cambridge: Cambridge University Press, 1984–1985.

Detienne, Marcel. *The Masters of Truth in Archaic Greece*. Translated by J. Lloyd. Boston: Zone Books, 1996.

Dewey, John. *Characters and Events: Popular Essays in Social and Political Philosophy by John Dewey*. Edited Joseph Ratner. 2 vols. New York: Henry Holt, 1929.

Dewey, John. *Leibniz's New Essays Concerning the Human Understanding: A Critical Exposition*. Chicago: S. C. Griggs, 1888.

Dewey, John. "Matthew Arnold and Robert Browning." *Andover Review*, August 1891.

Dewey, John. *The Quest for Certainty: A Study of the Relation of Knowledge and Action*. New York: Minton, Balch, 1929.

Dilcher, Roman. "How Not to Conceive Heraclitean Harmony." In *Doctrine and Doxography: Studies on Heraclitus and Pythagoras*, edited by David Sider and Dirk Obbink, 263–280. Berlin: De Gruyter, 2013.

Diogenes Laertius. *Lives of Eminent Philosophers*. Translated by R. D. Hicks. 2 vols. Loeb Classical Library. Cambridge, MA: Harvard University Press, 1925.

Dirac, P. A. M. *The Principles of Quantum Mechanics*. 2nd ed. Oxford: Clarendon Press, 1947.

Dodds, E. R. "The *Parmenides* of Plato and the Origin of the Neoplatonic One." *Classical Quarterly* 22 (1928): 129–141.

Dostoyevsky, Fyodor. *Notes from Underground.* Translated by Constance Garnett. Mineola, NY: Dover, 1992.

(도스토예프스키, 이동현 옮김, 『지하생활자의 수기』, 문예출판사, 1998.)

Drake, Stillman, and C. D. O'Malley, trans. *The Controversy on the Comets of 1618: Galileo Galilei, Horatio Grassi, Mario Guiducci, Johann Kepler.* Philadelphia: University of Pennsylvania Press, 1960.

Dreyfus, Hubert L. *What Computers Still Can't Do: A Critique of Artificial Reason.* Cambridge, MA: MIT Press, 1992.

Dunne, J. W. *An Experiment with Time.* 3rd ed. London: Faber and Faber, 1934.

Dutry, F. "Le Centenaire de Camille Flammarion." *Ciel et terre* 58 (1942): 166.

Ehrenfels, Christian von. *Das Primzahlengesetz.* Leipzig: O. R. Reisland, 1922.

Einstein, Albert. "Á propos de *La Déduction relativiste* de M. Émile Meyerson." *Revue philosophique de la France et de l'étranger* 105 (1928): 161–166.

Einstein, Albert. "Die Grundlage der allgemeinen Relativitätstheorie." *Annalen der Physik* 49 (1916): 769–822.

Einstein, Albert. "On the Electrodynamics of Moving Bodies." In *The Principle of Relativity,* translated by W. Perrett and G. B. Jeffery, 33–65. New York: Dover, 1952.

Einstein, Albert. *The Travel Diaries of Albert Einstein: The Far East, Palestine & Spain, 1922–1923.* Edited by Z. Rosenkranz. Princeton, NJ: Princeton University Press, 2018.

Einstein, Albert. "Zur Elekrodynamik bewegter Körper." *Annalen der Physik* 17 (1905): 891–921.

Einstein, Albert, et al. "La Théorie de la relativité: Séance du 6 avril 1922." *Bulletin de la société française de la philosophie* 22, no. 3 (1922): 91–113.

Einstein, Albert, and Michele Besso. *Correspondance 1903–1955.* Translated by Pierre Speziali. Paris: Hermann, 1979.

Einstein, Albert, Hedwig Born, and Max Born. *Briefwechsel 1916–1955.* Edited by M. Born. Munich: Nymphenburger, 1969.

Einstein, Albert, B. Podolsky, and N. Rosen. "Can Quantum-Mechanical Description of Physical Reality Be Considered Complete?" *Physical Review* 47 (1935): 777–780.

Eisenstadt, Shmuel. "The Axial Age in World History." In *The Cultural Values of Europe,* edited by Hans Joas and Klaus Wiegandt, 22–42. Liverpool: Liverpool University Press, 2008.

Eldridge, Hannah Vandegrift. *Lyric Orientation: Hölderlin, Rilke, and the Poetics of Community*. Ithaca, NY: Cornell University Press, 2015.

Eliot, T. S. "A Commentary." *Monthly Criterion* 6, no. 4 (October 1927).

Eliot, T. S. "The Validity of Artificial Distinctions." *Times Literary Supplement*, May 30, 2014.

Erickson, Paul. *The World the Game Theorists Made*. Chicago: University of Chicago Press, 2015.

Erickson, Paul, et al. *How Reason Almost Lost Its Mind: The Strange Career of Cold War Rationality*. Chicago: University of Chicago Press, 2013.

Euclid. *The Thirteen Books of Euclid's "Elements."* Translated by Thomas L. Heath. 3 vols. Mineola, NY: Dover, 1956.
(유클리드, 이무현 옮김, 『기하학원론 소진법과 정다면체 (사) : 제12.13권』, 교우사, 2019.)

Euler, Leonhard. *Letters of Euler on Different Subjects in Physics and Philosophy Addressed to a German Princess*. Translated by H. Hunter. 2nd ed. London: Murray and Highley, 1802.

Euler, Leonhard. *Lettres à une Princesse d'Allemagne sur divers sujets de Physique & de Philosophie*. Saint Petersbourg: De l'Imprimerie de l'Académie impériale des sciences, 1768.

Euler, Leonhard. *Lettres de M. Euler à une princesse d'Allemagne sur différentes questions de physique et de philosophie. Nouvelle Édition, Avec des Additions, par MM. le Marquis de Condorcet et De La Croix, Tome Premier*. Paris, 1787.

Euler, Leonhard. *Methodus Inveniendi Lineas Curvas Maximi Minimive Proprietate Gaudentes*. 1744. Reprinted in *Leonhardi Euleri opera omnia*, ser. 1, vol. 24, edited by C. Carathéodory, Zurich: Orell Füssli, 1952.

al-Fārābī, Abū Naṣr. *Kitāb al-siyāsa al-madaniyya (also Known as the Treatise on the Principles of Beings)*. Edited by F. M. Najjar. Beirut: Imprimerie Catholique, 1964.

al-Fārābī, Abū Naṣr. "The Letter Concerning the Intellect." In *Philosophy in the Middle Ages: The Christian, Islamic, and Jewish Traditions*, translated by A. Hyman, 215–221. Indianapolis, IN: Hackett, 1973.

al-Fārābī, Abū Naṣr. *Mabādiʾ ārāʾ ahl al-madīnah al-fāḍilah (al-Farabi on the Perfect State)*. Translated by R. Walzer. Oxford: Clarendon Press, 1985.

al-Fārābī, Abū Naṣr. "On the Intellect." In *Classical Arabic Philosophy: An Anthology of Sources*, translated by J. McGinnis and D. C. Reisman, 68–78. Indianapolis, IN: Hackett, 2007.

al-Fārābī, Abū Naṣr. "Political Regime." In *The Political Writings II: "Political Regime" and*

"Summary of Plato's Laws," translated by C. E. Butterworth, 27–94. Ithaca, NY: Cornell University Press, 2015.

al-Fārābī, Abū Naṣr. *The Political Writings: Selected Aphorisms and Other Texts*. Edited and translated by C. E. Butterworth. Ithaca, NY: Cornell University Press, 2001.

al-Fārābī, Abū Naṣr. *Risalat fi'l-'aql*. Edited by M. Bouyges. Beirut: Imprimerie Catholique, 1938.

Feke, Jacqueline. "Mathematizing the Soul: The Development of Ptolemy's Psychological Theory from On the Kritêrion and Hêgemonikon to the Harmonics." *Studies in History and Philosophy of Science* 43 (2012): 585–594.

Fernández Villar, Eduardo. "Jorge Luis Borges: The Fear without Trembling." In *Kierkegaard's Influence on Literature, Criticism and Art*, edited by Jon Stewart, 5:21–32. London: Routledge, 2013.

Ferreirós, José. "The Crisis in the Foundations of Mathematics." In *Princeton Companion to Mathematics*, edited by I. Leader, J. Barrow-Green, T. Gowers, 142–156. Princeton, NJ: Princeton University Press, 2010.

Feynman, Richard. *Lectures on Physics*. 3 vols. Boston: Addison-Wesley, 1961–1963. (리처드 파인만, 박병철·김인보·김충구·정무광·정재승 옮김, 『파인만의 물리학 강의』(전 3권), 승산, 2004-2009.)

Fichte, Johann Gottlieb. *Sämmtliche Werke*. 8 vols. Edited by J. H. Fichte. Berlin: De Gruyter, 1965. First published 1845–1846 by Veit (Berlin).

Fichte, Johann Gottlieb. *The Vocation of the Scholar*. Translated by William Smith. Dumfries: Anodos Books, 2017.

Field, Hartry. *Science without Numbers: A Defense of Nominalism*. 2nd ed. Oxford: Oxford University Press, 2016.

Flammarion, Camille. *Lumen*. Translated by A. A. M. and R. M. New York: Dodd, Mead, 1897.

Flores, Eduardo V. "A Model of Quantum Reality." Unpublished. https://ui.adsabs.harvard.edu/abs/2013arXiv1305.6219F/abstract.

Fodor, Jerry. *The Language of Thought*. Cambridge, MA: MIT Press, 1975.

Fogel, Robert W., Mark Guglielmo, and Nathanial Grotte. *Political Arithmetic: Simon Kuznets and the Empirical Tradition in Economics*. Chicago: University of Chicago Press, 2013.

Forman, Paul. "*Kausalität, Anschaulichkeit*, and *Individualität*, or How Cultural Values Prescribed the Character and Lessons Ascribed to Quantum Mechanics." In *Society and Knowledge*, edited by Nico Stehr and Volker Meja, 333–347. New Brunswick, NJ: Transaction Books, 1984.

Forman, Paul. *Weimar Culture, Causality, and Quantum Theory: Adaptation by German Physicists and Mathematicians to a Hostile Environment*. Historical Studies in the Physical Sciences 3. Philadelphia: University of Pennsylvania Press, 1971.

Foucault, Michel. "*Omnes et singulatim*: Towards a Criticism of 'Political Reason.'" In *The Tanner Lectures on Human Values*, edited by S. McMurrin and translated by P. E. Dauzat, 2:223–254. Salt Lake City: University of Utah Press, 1981.

Fourier, Joseph. "Extrait d'un mémoire sur la théorie analytique des assurances." *Annales de chimie et de physique*, 2nd ser., 10 (1819): 177–189.

Fowler, D. H. *The Mathematics of Plato's Academy: A New Reconstruction*. 2nd ed. Oxford: Oxford University Press, 1999.

Frazer, Sir James G. *The Golden Bough*. Abridged ed. New York: Macmillan, 1922. (제임스 조지 프레이저, 이용대 옮김, 『황금가지』, 한겨레출판, 2003.)

Frege, Gottlob. *Die Grundlagen der Arithmetik*. Breslau: Wilhelm Koebner, 1884.

Frege, Gottlob. *The Foundations of Arithmetic*. Translated by J. L. Austin. Evanston, IL: Northwestern University Press, 1978.

Frege, Gottlob. "Über Sinn und Bedeutung." *Zeitschrift für Philosophie und philosophische Kritik*, n.s., 100 (1892): 25–50.

French, Steven, and Décio Krause. *Identity in Physics: A Historical, Philosophical, and Formal Analysis*. Oxford: Oxford University Press, 2006.

Freud, Sigmund. *The Standard Edition of the Complete Psychological Works of Sigmund Freud*. Translated and edited by James Strachey and Anna Freud. 24 vols. London: The Hogarth Press and The Institute of Psycho-analysis, 1953–1974. Reprint, New York: Vintage, 1999.

Freudenthal, Hans. "The Main Trends in the Foundations of Geometry in the 19th Century." *Studies in Logic and the Foundations of Mathematics* 44 (1966): 613–621.

Friedländer, Saul. *Franz Kafka: The Poet of Shame and Guilt*. New Haven, CT: Yale University Press, 2013.

Friedman, Michael. *Kant and the Exact Sciences*. Cambridge, MA: Harvard University Press, 1992.

Friedman, Milton. "The Methodology of Positive Economics." In *Essays in Positive Economics*, 3–43. Chicago: University of Chicago Press, 1953.

Friedman, Milton. "The Methodology of Positive Economics." In *The Methodology of Positive Economics: Reflections on the Milton Friedman Legacy*, edited by Uskali Mäki, 3–42. Cambridge: Cambridge University Press, 2009.

Fuchs, C. A. and Asher Peres. "Quantum Theory Needs No 'Interpretation.'" *Physics Today* 53 (2000): 70–71.

Garff, Joakim. *Søren Kierkegaard: A Biography*. Translated by Bruce H. Kirmmse. Princeton, NJ: Princeton University Press, 2005.

Garrett, Don. *Cognition and Commitment in Hume's Philosophy*. New York: Oxford University Press, 1997.

Geach, Peter. "Truth and God." *Proceedings of the Aristotelean Society*, Supplement 56 (1982): 83–97.

Gentzen, G. "The Consistency of Arithmetic." In *The Collected Papers of Gerhard Gentzen*, edited by M. E. Szabo, 132–213. Amsterdam: North-Holland, 1969.

Gentzen, G. "Die Widerspruchfreiheit der reinen Zahlentheorie." *Mathematische Annalen* 112 (1936): 493–565.

Ghazālī, Abū Ḥāmid al-. *The Incoherence of the Philosophers*. Translated by Michael E. Marmura. Provo, UT: Brigham Young University Press, 2000.

Gibbs, Josiah. *Elementary Principles in Statistical Mechanics*. Mineola, NY: Dover, 1960.

Gill, Christopher. "The Body's Fault? Plato's Timaeus on Psychic Illness." In *Reason and Necessity: Essays on Plato's "Timaeus,"* edited by M. R. Wright, 59–84. London: Duckworth, 2000.

Gilson, Etienne. *L'Être et l'essence*. Paris: Vrin, 1948.

Ginzburg, Carlo. *Wooden Eyes: Nine Reflections on Distance*. New York: Columbia University Press, 2001.

Glynn, Michael. *Vladimir Nabokov: Bergsonian and Russian Formalist Influences in His Novels*, New York: Palgrave Macmillan, 2007.

Gödel, Kurt. "On Intuitionistic Arithmetic and Number Theory." In *The Undecidable: Basic Papers on Undecidable Propositions, Unsolvable Problems and Computable Functions*, edited by Martin Davis, 75–81. 1965. Reprint, Mineola, NY: Dover, 1993.

Gödel, Kurt. "What Is Cantor's Continuum Problem." In *Collected Works. Vol. 2, Publications 1938–1974*, edited by Solomon Feferman, 254–270. Oxford: Oxford University Press, 1990.

Gödel, Kurt. "Zur intuitionistischen Arithmetik und Zahlentheorie." In *Ergebnisse eines mathematischen Kolloquiums*, edited by Karl Menger, 4:34–38. Leipzig: F. Deuticke, 1933.

Goethe, Johann Wolfgang von. *Maximen und Reflexionen*. Edited by Max Hecker. Weimar: Goethe-Gesellschaft, 1907.

Goldstine, Herman H. *A History of the Calculus of Variations from the 17th through the 19th Century*. New York: Springer, 1980.

Gordon, Peter. *Continental Divide: Heidegger, Cassirer, Davos*. Cambridge, MA: Harvard University Press, 2010.

Graham, Daniel W. *Explaining the Cosmos: The Ionian Tradition of Scientific Philosophy.* Princeton, NJ: Princeton University Press, 2006.

Graham, Daniel W. "Once More unto the Stream." In *Doctrine and Doxography: Studies on Heraclitus and Pythagoras,* edited by David Sider and Dirk Obbink, 303–320. Berlin: De Gruyter, 2013.

Grattan-Guinness, Ivor. "Numbers, Magnitudes, Ratios, and Proportions in Euclid's Elements: How Did He Handle Them?" *Historia Mathematica* 23 (1996): 355–375.

Gray, Jeremy, ed. *The Symbolic Universe: Geometry and Physics 1890–1930.* Oxford: Oxford University Press, 1999.

Greenblatt, Stephen. *The Swerve: How the World Became Modern.* New York: W. W. Norton, 2011.

(스티븐 그린블랫, 이혜원 옮김, 『1417년, 근대의 탄생』, 까치, 2013.)

Gregory, Andrew. *The Presocratics and the Supernatural: Magic, Philosophy and Science in Early Greece.* London: Bloomsbury, 2013.

Griffel, Frank. *Al-Ghazālī's Philosophical Theology.* New York: Oxford, 2009.

Guthrie, W. K. *History of Greek Philosophy.* Vol. 2, *The Presocratic Tradition from Parmenides to Democritus.* Cambridge: Cambridge University Press, 1965.

Haase, G. Wolfgang. "Untersuchungen zu Nikomachos von Gerasa." PhD diss., University of Tübingen, 1974.

Hacking, Ian. "Biopower and the Avalanche of Printed Numbers." *Humanities in Society* 5 (1982): 279–295.

Hacking, Ian. *The Taming of Chance.* Cambridge: Cambridge University Press, 1990.

(이언 해킹, 정혜경 옮김, 『우연을 길들이다』, 바다출판사, 2012.)

Hacking, Ian. "What Mathematics Has Done to Some and Only Some Philosophers." In *Mathematics and Necessity: Essays in the History of Philosophy,* edited by Timothy Smiley, 83–138. Oxford: Oxford University Press on behalf of the British Academy, 2000.

Hadot, Pierre. *The Inner Citadel: The Meditations of Marcus Aurelius.* Cambridge, MA: Harvard University Press, 1998.

Halévy, Daniel. *Essai sur l'accélération de l'histoire.* Paris: Éditions Self/Les Îles d'Or, 1948.

Hankinson, R. J. "Stoic Epistemology." In *The Cambridge Companion to the Stoics,* edited by Brad Inwood, 59–84. Cambridge: Cambridge University Press, 2003.

Hansen, Morkore Stigel. "The Spirit of Europe: Heidegger and Valéry on the 'End of Spirit.'" PhD diss., London School of Economics and Political Science, 2017.

Harrison, Carol. *Rethinking Augustine's Early Theology: An Argument for Continuity.* Oxford: Oxford University Press, 2006.

Hatfield, Gary. "The Cognitive Faculties." In *The Cambridge History of Seventeenth-Century Philosophy*, edited by Daniel Garber and Michael Ayers, 953–1002. Cambridge: Cambridge University Press, 1998.

Hausman, Daniel. "John Stuart Mill's Philosophy of Economics." *Philosophy of Science* 48 (1981): 363–385.

Hausman, Daniel. *The Separate and Inexact Science of Economics*. Cambridge: Cambridge University Press, 1991.

Hawking, Stephen. "Unified Theory—Stephen Hawking at European Zeitgeist 2011." Posted by Google Zeitgeist, May 18, 2011, video, 26:04. https://www.youtube.com/watch?v=r4TO1iLZmcw.

Hayek, F. A. "The Use of Knowledge in Society." *American Economic Review* 35 (1945): 519–530.

Heath, Thomas L. *A History of Greek Mathematics*. 2 vols. Minneola, NY: Dover, 1981.

Hecht, Anthony. *The Transparent Man: Poems*. New York: Knopf, 1990.

Heckman, James. "Causal Parameters and Policy Analysis in Economics: A Twentieth Century Retrospective." *Quarterly Journal of Economics* 115, no. 1 (February 2000): 45–97.

Heckman, James A. "Randomization and Social Policy Evaluation." In *Evaluating Welfare and Training Programs*, edited by Charles F. Manski and Irwin Garfinkel, 201–230. Cambridge, MA: Harvard University Press, 1992.

Heidegger, Martin. *Basic Problems of Phenomenology*. Translated by Albert Hofstadter. Indianapolis: Indiana University Press, 1982.
(마르틴 하이데거, 『현상학의 근본문제들』, 문예출판사, 1994.)

Heidegger, Martin. *Being and Time*. Translated by John Macquarrie and Edward Robinson. New York: Harper Perennial, 2008.
(마르틴 하이데거, 이기상 옮김, 『존재와 시간』, 까치, 1998.)

Heidegger, Martin. *Being and Truth*. Translated by Gregory Fried and Richard Polt. Bloomington: Indiana University Press, 2010.

Heidegger, Martin. *Gesamtausgabe*. Vol. 4, Erläuterung zu Hölderlins Dichtung, edited by F.-W. von Herrmann. Vol. 16, *Reden und andere Zeugnisse eines Lebensweges*, edited by H. Heidegger. Frankfurt am Main: Vittorio Klostermann, 1996, 2000.

Heidegger, Martin. *Holzwege*. Frankfurt am Main: Vittorio Klostermann, 1950.
(마르틴 하이데거, 신상희 옮김, 『숲길』, 나남출판, 2020.)

Heidegger, Martin. *Identity and Difference*. Translated by Joan Stambaugh. Chicago: University of Chicago Press, 1969.
(마르틴 하이데거, 신상희 옮김, 『동일성과 차이』, 민음사, 2000.)

Heidegger, Martin. *Kant and the Problem of Metaphysics*. Translated by Richard Taft. Bloomington: Indiana University Press, 1997.

(마르틴 하이데거, 이선일 옮김, 『칸트와 형이상학의 문제』, 한길사, 2001.)

Heidegger, Martin. *Poetry, Language, Thought*. Translated by Albert Hofstadter. New York: Harper Collins, 1971.

Heisenberg, Werner. *Der Teil und das Ganze: Gespräche im Umkreis der Atomphysik*. Munich: R. Piper, 1969.

(베르너 하이젠베르크, 유영미 옮김, 『부분과 전체』, 서커스, 2023.)

Heller-Roazen, Daniel. *The Fifth Hammer: Pythagoras and the Disharmony of the World*. Cambridge, MA: MIT Press, 2011.

Hempel, Carl. "Geometry and Empirical Science." *American Mathematical Monthly* 52 (1945): 7–17.

Hempel, Carl. "On the Nature of Mathematical Truth." *American Mathematical Monthly* 52 (1945): 543–556.

Hemsterhuis, François. *Lettre sur la sculpture*. Amsterdam: Marc Michel Rey, 1769.

Hentschel, Klaus, ed., and Ann M. Hentschel, trans. *Physics and National Socialism: An Anthology of Primary Sources*. Basel: Birkhäuser, 1996.

Herakleitos and Diogenes. *Herakleitos and Diogenes*. Translated by Guy Davenport. Bolinas, CA: Grey Fox Press, 1979.

Herder, Johann Gottfried von. *Philosophical Writings*. Edited by M. N. Forster. Cambridge: Cambridge University Press, 2002.

Hernández, José. *El gaucho Martín Fierro y La vuelta de Martín Fierro*. Bueno Aires: El Ateneo, 1950.

Hilbert, David. *Foundations of Geometry*. Chicago: Open Court, 1971.

Hobbes, Thomas. *Leviathan*. Edited by Edwin Curley. Indianapolis, IN: Hackett, 1994.

(토머스 홉스, 진석용 옮김, 『리바이어던』(전 2권), 나남출판, 2008.)

Hobbes, Thomas. *The Metaphysical System of Hobbes: In Twelve Chapters from "Elements of Philosophy Concerning Body," Together with Briefer Extracts from "Human Nature" and "Leviathan."* Edited by Mary Whiton Calkins. Chicago: Open Court, 1913.

Hoefer, Carl. "Causal Determinism." In *Stanford Encyclopedia of Philosophy*. Updated January 21, 2016. https://plato.stanford.edu/entries/determinism-causal/.

Høgel, Christian. "An Early Anonymous Greek Translation of the Qur'ān: The Fragments from Niketas Byzantios' Refutatio and the Anonymous Abjuratio." *Collectanea Christiana Orientalia* 7 (2010): 65–119.

Horn, Christoph. "Augustins Philosophie der Zahlen." *Revue des Études Augustiniennes* 40 (1994): 389–415.

Høyrup, Jens. *Influences of Institutionalized Mathematics Teaching on the Development and Organization of Mathematical Thought in the Pre-Modern Period: Investigations into an Aspect of the Anthropology of Mathematics.* Materialien und Studien: Institut für Didaktik der Mathematik der Universität Bielefeld, vol. 20. Roskilde: Roskilde University Center, 1980.

Høyrup, Jens. *Lengths, Widths, Surfaces: A Portrait of Old Babylonian Algebra and Its Kin.* New York: Springer, 2002.

Huffman, C. A. "Limité et illimité chez les premiers philosophes grecs." In *La Fêlure du Plaisir: Ètudes sur le Philèbe de Platon*, vol. 2, *Contextes*, edited by M. Dixsaut, 11–31. Paris: Vrin, 1999.

Huffman, C. A. *Philolaus of Croton: Pythagorean and Presocratic; A Commentary on the Fragments and Testimonia with Interpretive Essays.* Cambridge: Cambridge University Press, 1993.

Huffman, C. A. "The Pythagorean Tradition." In *The Cambridge Companion to Early Greek Philosophy*, edited by A. A. Long, 66–87. Cambridge: Cambridge University Press, 1999.

Huffman, C. A. "The Role of Number in Philolaus' Philosophy." *Phronesis* 33 (1988): 1–30.

Hume, David. *Enquiries Concerning Human Understanding and Concerning the Principles of Morals.* 3rd ed. Edited by L. A. Selby-Bigge and revised by P. H. Nidditch. Oxford: Clarendon Press, 1975.
(데이비드 흄, 김혜숙 옮김, 『인간의 이해력에 관한 탐구』, 지만지, 2012.)

Hume, David. *A Treatise of Human Nature.* 2nd ed. Edited by L. A. Selby-Bigge and revised by P. H. Nidditch. Oxford: Clarendon Press, 1975.
(데이비드 흄, 이준호 옮김, 『오성에 관하여·정념에 관하여·도덕에 관하여: 인간 본성에 관한 논고』(전 3권), 서광사, 1994–2008.)

Hurwicz, Leonid. "On the Structural Form of Interdependent Systems." In *Logic, Methodology, and Philosophy of Science: Proceedings of the 1960 International Congress*, edited by Ernest Nagel, Patrick Suppes, and Alfred Tarski, 232–239. Stanford, CA: Stanford University Press, 1962.

Husserl, Edmund. *The Crisis of European Sciences and Transcendental Phenomenology.* Translated by D. Carr. Evanston, IL: Northwestern University Press, 1970.
(에드문트 후설, 이종훈 옮김, 『유럽학문의 위기와 선험적 현상학』, 한길사, 2016.)

Husserl, Edmund. *Gesammelte Werke*, edited by Walter Biemel. Vol. 6, *Die Krisis der europäischen Wissenschaften und die transzendentale Phänomenologie: Eine Einleitung in die phänomenologische Philosophie.* The Hague: Martinus Nijhoff, 1954.

Husserl, Edmund. *Logical Investigations*. 2 vols. Translated by J. N. Findlay from the 2nd German ed. (1913). London: Routledge, 1970.

(에드문트 후설, 이종훈 옮김, 『논리 연구』(전 3권), 민음사, 2018.)

Husserl, Edmund. *Phenomenology and the Crisis of Philosophy: Philosophy as Rigorous Science and Philosophy and the Crisis of European Man*. Translated by Quentin Lauer. New York: Harper & Row, 1965.

Ibn Ṭufayl, Muḥammad ibn ʿAbd al-Malik. *Hayy ben Yaqdhān: Roman philosophique d'Ibn Thofaïl*. 2nd ed. Translated by Léon Gauthier. Beirut: Imprimerie catholique, 1936.

Ibn Ṭufayl, Muḥammad ibn ʿAbd al-Malik. *Ibn Tufayl's Hayy Ibn Yaqzan: A Philosophical Tale*. Translated by Lenn Evan Goodman. Chicago: University of Chicago Press, 2009.

Ibn Ṭufayl, Muḥammad ibn ʿAbd al-Malik. *Philosophus autodidacticus*. Translated by Edward Pococke. Oxford, 1671.

Ichigō, Masamichi. *Madhyamakālaṃkāra of Śāntarakṣita with His Own Commentary or Vṛtti, and with the Subcommentary or Pañjikā of Kamalaśīla*. 2 vols. Kyoto: Buneido, 1985.

Imhausen, Annette. *Mathematics in Ancient Egypt: A Contextual History*. Princeton, NJ: Princeton University Press, 2016.

Isaac, Joel. "Tool Shock: Technique and Epistemology in the Postwar Social Sciences." In "The Unsocial Science? Economics and Neighboring Disciplines since 1945," edited by Roger E. Backhouse and Philippe Fontaine. Supplement, *History of Political Economy* 42, suppl. 1 (2010): 133–164.

Jacquette, Dale. *David Hume's Critique of Infinity*. Leiden: Brill, 2001.

James, William. *Pragmatism: A New Name for Some Old Ways of Thinking*. London: Longmans, Green, 1907.

(윌리엄 제임스, 정해창 옮김, 『실용주의』, 아카넷, 2008.)

James, William. *The Principles of Psychology*. 2 vols. Mineola, NY: Dover, 1950. First published 1890 by Henry Holt (New York).

(윌리엄 제임스, 정양은 옮김, 『심리학의 원리』(전 3권), 아카넷, 2005.)

Janos, D. "The Greek and Arabic Proclus and al-Fārābī's Theory of Celestial Intellection and Its Relation to Creation." *Documenti e studi sulla tradizione filosofica medievale* 19 (2010): 19–44.

Janos, D. *Method, Structure, and Development in al-Fārābī's Cosmology*. Leiden: Brill, 2012.

Jaspers, Karl. *The Way to Wisdom: An Introduction to Philosophy*. New Haven, CT: Yale University Press, 2003.

Jauernig, Anja. "The Modal Strength of Leibniz's Principle of the Identity of Indiscernibles." *Oxford Studies in Early Modern Philosophy* 4 (2008): 191–225.

Jaynes, Edwin T. "The Gibbs Paradox." In *Maximum Entropy and Bayesian Methods*, edited by C. R. Smith, G. J. Erickson, and P. O. Neudorfer, 1–22. Dordrecht: Kluwer Academic, 1992.

Jaynes, Edwin T. "Gibbs vs Boltzmann Entropies." *American Journal of Physics* 33 (1965): 391–398.

Jevons, William Stanley. "Brief Account of a General Mathematical Theory of Political Economy." *Journal of the Royal Statistical Society* 29 (1866): 282–287.

Joas, Hans. "The Axial Age Debate in Religious Discourse." In *The Axial Age and Its Consequences*, edited by Robert N. Bellah and Hans Joas, 9–29. Cambridge, MA: Harvard University Press, 2012.

Johansen, T. K. *Plato's Natural Philosophy: A Study of the Timaeus-Critias*. Cambridge: Cambridge University Press, 2004.

Johnson, Samuel. *The History of Rasselas, Prince of Abyssinia*. Oxford World's Classics. Oxford: Oxford University Press, 2009.
(새뮤얼 존슨, 이인규 옮김, 『라셀라스』, 민음사, 2005.)

Jonas, Hans. *The Imperative of Responsibility: In Search of an Ethics for the Technological Age*. Chicago: University of Chicago Press, 1984.
(H. 요나스, 이진우 옮김, 『책임의 원칙』, 서광사, 1994.)

Jones, Matthew L. *The Good Life in the Scientific Revolution: Descartes, Pascal, Leibniz, and the Cultivation of Virtue*. Chicago: University of Chicago Press, 2006.

Jones, Matthew L. *Reckoning with Matter: Calculating Machines, Innovation, and Thinking about Thinking from Pascal to Babbage*. Chicago: University of Chicago Press, 2016.

Jones, Matthew L. "Space, Evidence, and the Authority of Mathematics." In *Routledge Companion to Eighteenth Century Philosophy*, edited by Aaron Garrett, 203–231. London: Routledge, 2014.

Josephson-Storm, Jason Ā. *The Myth of Disenchantment: Magic, Modernity, and the Birth of the Human Sciences*. Chicago: University of Chicago Press, 2017.

Jullien, François. *The Great Image Has No Form, or On the Nonobject through Painting*. Translated by Jane Marie Todd. Chicago: University of Chicago Press, 2009.

Jung, Carl G., and Wolfgang Pauli. *Atom and Archetype: The Pauli/Jung Letters*. Edited by C. A. Meier. Princeton, NJ: Princeton University Press, 2001.

Jung, Carl G., and Wolfgang Pauli. *The Interpretation of Nature and the Psyche (1932–1958)*. Princeton, NJ: Princeton University Press, 1969.
(카를 G. 융·볼프강 파울리, 이창일 옮김, 『자연의 해석과 정신』, 연암서가, 2015.)

Kafka, Franz. *Aphorisms*. Translated by W. and E. Muir and M. Hofmann. New York: Schocken Books, 2015.

Kafka, Franz. *Die Erzählungen*. Edited by Roger Hermes. Frankfurt am Main: Fischer, 1996.

Kafka, Franz. *Der Prozess*. Berlin: Die Schmiede, 1925.

(프란츠 카프카, 김현성 옮김, 『심판』, 문예출판사, 2007.)

Kafka, Franz. *Das Urteil und andere Erzählungen*. Berlin: Fischer Taschenbücher, 1952.

Kagel J. H. and A. E. Roth, eds. *Handbook of Experimental Economics*. Princeton, NJ: Princeton University Press, 1995.

Kahn, Charles H. *Anaximander and the Origins of Greek Cosmogony*. New York: Columbia University Press, 1960.

Kahn, Charles H. *The Art and Thought of Heraclitus*. Cambridge: Cambridge University Press, 1979.

Kahneman, Daniel. *Thinking, Fast and Slow*. New York: Farrar, Straus and Giroux, 2011.

(대니얼 카너먼, 이창신 옮김, 『생각에 관한 생각』, 김영사, 2018.)

Kalvesmaki, Joel. *The Theology of Arithmetic: Number Symbolism in Platonism and Early Christianity*. Hellenic Studies 59. Cambridge, MA: Harvard University Press, 2013.

Kamenica, Emir. "Contextual Inference in Markets: On the Informational Content of Product Lines." *American Economic Review* 98 (2008): 2127–2149.

Kanamori, Akihiro. *The Higher Infinite*. Berlin: Springer, 1994.

Kant, Immanuel. *Critique of Pure Reason*. Translated by Paul Guyer and Allen W. Wood. Cambridge: Cambridge University Press, 1998.

(이마누엘 칸트, 백종현 옮김, 『순수이성비판』(전 2권), 아카넷, 2006.)

Kant, Immanuel. *Critique of Practical Reason*. Translated by Mary Gregor. Cambridge: Cambridge University Press, 2015.

(이마누엘 칸트, 백종현 옮김, 『실천이성비판』, 아카넷, 2019.)

Kant, Immanuel. *Gesammelte Schriften*. Edited by Akademie der Wissenschaften. Vol. 5, Kritik der praktischen Vernunft, Kritik der Urtheilskraft. Berlin: De Gruyter, 1913.

Kant, Immanuel. *Prolegomena to Any Future Metaphysics*. Translated by James W. Ellington. Indianapolis, IN: Hackett, 1977.

Kapstein, Matthew. "Mereological Considerations in Vasunandhu's 'Proof of Idealism.'" In *Reason's Traces: Identity and Interpretation in Indian and Tibetan Buddhist Thought*, 181–204. Boston: Wisdom Publications, 2001.

Kaufmann, W. *Discovering the Mind: Goethe, Kant, and Hegel*. New York: McGraw Hill, 1980.

Kavka, Gregory S. "The Toxin Puzzle." *Analysis* 43 (1983): 33–36.

Kay, Leslie M. "Two Minds about Odors." *Proceedings of the National Academy of Sciences* 101 (2004): 17569–17570.

Kay, Leslie M. "Two Species of Gamma Oscillations in the Olfactory Bulb: Dependence on Behavioral State and Synaptic Interactions." *Journal of Integrative Neuroscience* 2 (2003): 31–44.

Kay, Leslie M., M. Krysiak, L. Barlas, and G. B. Edgerton. "Grading Odor Similarities in a Go/No-Go Task." *Physiology and Behavior* 88 (2006): 339–346.

Kay, Leslie M., and S. M. Sherman. "Argument for an Olfactory Thalamus." *Trends in Neurosciences* 30 (2006): 47–53.

Keats, John. *The Complete Poetical Works and Letters of John Keats, Cambridge Edition.* London: Houghton Mifflin, 1899.

Kenney, John Peter. *Contemplation and Classical Christianity: A Study in Augustine.* Oxford: Oxford University Press, 2013.

Kierkegaard, Søren. *The Concept of Anxiety: A Simple Psychologically Orienting Deliberation on the Dogmatic Issue of Hereditary Sin.* Edited and translated by Reidar Thomte and Albert B. Anderson. Princeton, NJ: Princeton University Press, 1980. (쇠렌 키르케고르, 강성위 옮김, 『불안의 개념』, 동서문화동판, 2007.)

Kierkegaard, Søren. *The Concept of Irony.* Edited and translated by H. V. Hong and E. H. Hong. Princeton, NJ: Princeton University Press, 1989.

Kierkegaard, Søren. *Concluding Unscientific Postscript to "Philosophical Fragments."* Edited and translated by H. V. Hong and E. H. Hong. 2 vols. Princeton, NJ: Princeton University Press, 1992.

Kierkegaard, Søren. *Either/Or Part II.* Edited and translated by H. V. Hong and E. H. Hong. Princeton, NJ: Princeton University Press, 1987. (쇠렌 키르케고르, 임춘갑 옮김, 『이것이냐 저것이냐』, 치우, 2012.)

Kierkegaard, Søren. *Fear and Trembling/Repetition.* Edited and translated by H. V. Hong and E. H. Hong. Princeton, NJ: Princeton University Press, 1983. (쇠렌 키르케고르, 임규정 옮김, 『두려움과 떨림』, 지만지, 2014)

Kierkegaard, Søren. *The Sickness unto Death: A Christian Psychological Exposition for Upbuilding and Awakening.* Edited and translated by H. V Hong and E. H. Hong. Princeton, NJ: Princeton University Press, 1980. (쇠렌 키르케고르, 강성위 옮김, 『죽음에 이르는 병』, 동서문화동판, 2007,)

Kim, J. and E. Sosa, eds. *Metaphysics: An Anthology.* London: Blackwell, 1999.

al-Kindī. *Al-Kindī's Metaphysics.* Translated by Alfred Ivry. Albany: State University of New York Press, 1974.

al-Kindī. *Rasā'il al-Kindī al-Falsafīya*. Edited by Muḥammad 'Abd-al-Hādī Abū Rîdah. 2 vols. Cairo: Dâr al-Fikr al-'Arabî, 1950–1953.

Kirkeboen, Lars J., Edwin Leuven, and Magne Mogstad. "Field of Study, Earnings, and Self-Selection." *Quarterly Journal of Economics* 131 (2016): 1057–1111.

Kitcher, Philip. *Kant's Transcendental Psychology*. New York: Oxford, 1990.

Kitcher, Philip. "The Plight of the Platonist." *Noûs 12* (1978): 119–136.

Klein, Jacob. *Greek Mathematical Thought and the Origin of Algebra*. Translated by Eva Brann. New York: Dover, 1992.

Knorr, W. *The Evolution of the Euclidean Elements: A Study of the Theory of Incommensurable Magnitudes and Its Significance for Early Greek Geometry*. Dordrecht: D. Reidel, 1975.

Knorr, W. "On the Early History of Axiomatics: The Interaction of Mathematics and Philosophy in Greek Antiquity." In *Theory Change, Ancient Axiomatics, and Galileo's Methodology: Proceedings of the 1978 Pisa Conference on the History and Philosophy of Science*, edited by J. Hintika, D. Gruender, and E. Agazzi, 1:145–186. Dordrecht: Reidel, 1980.

Korsgaard, Christine. *The Sources of Normativity*. Edited by Onora O'Neill. Cambridge: Cambridge University Press, 1996.

Kraemer, Joel. *Philosophy in the Renaissance of Islam: Abū Sulaymān Al-Sijistānī and His Circle*. Leiden: Brill, 1986.

Kripke, Saul. *Naming and Necessity*. Cambridge MA: Harvard University Press, 1980.

Kunen, Kenneth. *Set Theory: An Introduction to Independence Proofs*. Amsterdam: North-Holland, 1980.

Lagrange, Joseph-Louis. *Œuvres*. Vols. 11, 12. Paris: Gauthier-Villars et Fils, 1888, 1889.

Laks, André, and Glenn W. Most, eds. and trans. *Early Greek Philosophy*. 9 vols. Loeb Classical Library. Cambridge, MA: Harvard University Press, 2016.

Lamarra, Antonio. "Leibniz e la περιχώρησις." *Lexicon Philosophicum 1* (1985). http://scholarlysource.daphnet.org/index.php/DDL/article/view/21/10.

Lebedev, Andrei V. "Idealism (Mentalism) in Early Greek Metaphysics and Philosophical Theology: Pythagoras, Parmenides, Heraclitus, Xenophanes and Others (With Some Remarks on the *Gigantomachia about Being in Plato's Sophist*." *Indo-European Linguistics and Classical Philology* 23 (2019): 651–704.

Lécuyer, Bernard-Pierre. "Probability in Vital and Social Statistics: Quetelet, Farr, and the Bertillons." In *The Probabilistic Revolution, vol. 1, Ideas in History*, edited by Lorenz Krüger, Lorraine Daston, and Michael Heidelberger, 317–335. Cambridge, MA: MIT Press, 1987.

Leibniz, G. W. *De summa rerum: Metaphysical Papers, 1675–1676.* Edited and translated by G. H. R. Parkinson. New Haven, CT: Yale University Press, 1992.

Leibniz, G. W. *Die philosophischen Schriften.* Edited by C. I. Gerhardt. 7 vols. 1875–1890. Reprint, Hildesheim: Olms, 1960–1961.

Leibniz, G. W. *Leibniz: Philosophical Essays.* Edited and translated by Roger Ariew and Dan Garber. Indianapolis, IN: Hackett, 1989.

Leibniz, G. W. *The Labyrinth of the Continuum: Writings on the Continuum Problem, 1672–1686.* Edited and translated by Richard T. W. Arthur. New Haven, CT: Yale University Press, 2002.

Leibniz, G. W. *The Leibniz-Des Bosses Correspondence.* Edited and translated by Donald Rutherford and Brandon Look. New Haven, CT: Yale University Press, 2007.

Leibniz, G. W. *Leibniz: Philosophical Papers and Letters.* 2nd ed. Edited and translated by Leroy E. Loemker. Dordrecht: D. Reidel, 1989.

Leibniz, G. W. *Mathematische Schriften.* 7 vols. Edited by C. I. Gerhardt. Halle, 1849–1863. Reprint, Hildesheim: Georg Olms, 1963.

Leibniz, G. W. *New Essays on Human Understanding.* Translated by Peter Remnant and Jonathan Bennett. Cambridge: Cambridge University Press, 1981.
(고트프리트 빌헬름 라이프니츠, 이상명 옮김, 『신인간지성론』(전 2권), 아카넷, 2020.)

Leibniz, G. W. *Sämtliche Schriften und Briefe.* Edited by Deutsche Akademie der Wissenschaften zu Berlin. Darmstadt: O. Reichl; Leipzig: Koehler und Amelang; Berlin: Akademie, 1923–.

Leibniz, G. W. *Theodicy.* Chicago: Open Court Classics, 1985.

Leibniz, G. W., and Samuel Clarke. *A Collection of Papers Which Passed between the Late Learned Mr. Leibnitz, and Dr. Clarke, in the Years 1715 and 1716. Relating to the Principles of Natural Philosophy and Religion.* London: James Knapton, 1717.

Leibniz, G. W., and Samuel Clarke. *Correspondence.* Edited by Roger Ariew. Indianapolis, IN: Hackett, 2000.

Lenard, Philipp. *Deutsche Physik.* 4 vols. Munich: J. F. Lehmann, 1936.

Levenson, Jon D. *The Death and Resurrection of the Beloved Son: The Transformation of Child Sacrifice in Judaism and Christianity.* New Haven, CT: Yale University Press, 1993.

Levitt, Steven D. and John A. List. "What Do Laboratory Experiments Measuring Social Preferences Reveal about the Real World?" *Journal of Economic Perspectives* 21, no. 2 (2007): 153–174.

Lewis, David. "How Many Lives Has Schrödinger's Cat?" *Australasian Journal of Philosophy* 82 (2004): 3–22.

Lewis, David. "New Work for a Theory of Universals." *Australasian Journal of Philosophy* 61 (1984): 343–377.

Lewis, David. *On the Plurality of Worlds*. Oxford: Blackwell, 1986.

Lewis, David. *Parts of Classes*. Oxford: Blackwell, 1991.

Lewis, Wyndham. *Time and Western Man*. London: Chatto & Windus, 1927.

Lindberg, David, and Ronald Numbers. *When Science and Christianity Meet*. Chicago: University of Chicago Press, 2003.

Lisi, Leonardo F. "Rainer Maria Rilke: Unsatisfied Love and the Poetry of Living." In *Kierkegaard's Influence on Literature, Criticism and Art*, edited by Jon Stewart, 231–235.

Kierkegaard Research, vol. 12. Abingdon: Routledge, 2016.

Lloyd, G. E. R. *Aristotle: The Growth and Structure of His Thought*. Cambridge: Cambridge University Press, 1968.

Lloyd, G. E. R. *Demystifying Mentalities*. Cambridge: Cambridge University Press, 1990.

Lloyd, G. E. R. "The Meno and the Mysteries of Mathematics." *Phronesis* 37 (1992): 166–183.

Lloyd, G. E. R. *Polarity and Analogy: Two types of Argumentation in Early Greek Thought*. Cambridge: Cambridge University Press, 1966.

Lloyd, G. E. R. "The Theories and Practices of Demonstration." In *Aristotelian Explorations*, edited by G. E. R. Lloyd, 7–37. Cambridge: Cambridge University Press, 1996.

Locke, John. *An Essay Concerning Human Understanding*. Edited by Peter H. Nidditch. Oxford: Clarendon Press, 1975.

(존 로크, 추영현 옮김, 『인간지성론』, 동서문화동판, 2011.)

Locke, John. *Of the Conduct of the Understanding*. Oxford: Clarendon, 1901.

Loeb, Louis. "The Cartesian Circle." In *The Cambridge Companion to Descartes*, edited by J. Cottingham, 200–235. Cambridge University Press, 1992.

Loeb, Louis. "The Priority of Reason in Descartes." *Philosophical Review* 99 (1990): 3–43.

Lucretius. *On the Nature of Things*. Translated by Martin Ferguson Smith. Indianapolis, IN: Hackett, 2001.

(루크레티우스, 강대진 옮김, 『사물의 본성에 관하여』, 아카넷, 2012.)

Luis de León. *Poesías de Fray Luis de León*. Edited by A. C. Vega. Madrid: Saeta 1955.

Ma, X.-S. et al. "Quantum Erasure with Causally Disconnected Choice." *Proceedings of the National Academy of Sciences* 110 (2013): 1221–1226.

Ma, X.-S., J. Kofler, and A. Zellinger. "Delayed-Choice Gedanken Experiments and

Their Realization." *Reviews of Modern Physics* 88 (2016), article 015005. https://doi.org/10.1103/RevModPhys.88.015005.

Manilius. *Astronomica*. Translated by G. P. Goold. Loeb Classical Library. Cambridge, MA: Harvard University Press, 1977.

Mann, N., M. Gibson, and C. Nally, eds. *W. B. Yeats's A Vision: Explications and Contexts*. Oxford: Oxford University Press, 2012.

Marius Victorinus. *Le Livre des XXIV philosophes: Résurgence d'un texte du IVe siècle*. Edited and translated by Françoise Hudry. Paris: Vrin, 2009.

al-Marrākushī, 'Abd al-Wāḥid. *Al-Mu'jib fī talkhīṣ akhbār al-Maghrib*. Beirut: al-Maktaba al-'Aṣriyya, 2006.

Marshall, Alfred. *Principles of Economics*. 9th variorum ed. London: Macmillan, 1961.
(앨프리드 마셜, 백영현 옮김, 『경제학원리』, 한길사, 2010.)

Marx, Karl. *Capital: A Critique of Political Economy*. 3 vols. 1867. New York: International, 2003.
(카를 마르크스, 김수행 옮김, 『자본론』(전 6권), 비봉출판사, 2015.)

Matte Blanco, Ignacio. *The Unconscious As Infinite Sets: An Essay in Bi-logic*. London: Duckworth, 1975.

Maturana, Humberto R., and Francisco J. Varela. *Autopoesis and Cognition: The Realization of the Living*. Dordrecht: D. Reidel, 1980.

Matz, Aaron. "The Years of Hating Proust." *Comparative Literature* 60 (2008): 355–369.

Maupertuis, Pierre Louis Moreau de. "Les Loix de mouvement et du repos, déduites d'un principe de métaphysique (lu le 15. Avril 1744, dans l'Assemblée publique de l'Académie Royale des Sciences de Paris)." In *Histoire de l'Académie Royale des Sciences et des Belles Lettres*, 2672–2694. Paris: Académie Royale des Sciences et des Belles Lettres, 1746.

Maxwell, James Clerk. *Theory of Heat*. London: Longmans, Green, 1872.

Mazur, Barry. "When Is One Thing Equal to Some Other Thing?" In *Proof and Other Dilemmas: Mathematics and Philosophy*, edited by B. Gold and R. Simons, 221–242. Washington, DC: Mathematical Association of America, 2008.

McGucken, W. *Nineteenth Century Spectroscopy: Development of the Understanding of Spectra, 1802–1897*. Baltimore: Johns Hopkins University Press, 1969.

McIntosh, Donald. *The Foundations of Human Society*. Chicago: University of Chicago Press, 1969.

McTaggart, John M. E. "The Unreality of Time." *Mind*, n.s., 68 (1908): 457–484.

Mehrtens, Herbert. "Irresponsible Purity: On the Political and Moral Structure of the Mathematical Sciences in the National Socialist State." In *Scientists, Engineers, and*

National Socialism, edited by Monika Renneberg and Mark Walker, 324–338. Cambridge: Cambridge University Press, 1994.

Mehrtens, Herbert. "Ludwig Bieberbach and 'Deutsche Mathematik.'" In *Studies in the History of Mathematics*, edited by Esther R. Phillips, 195–241. Washington DC: Mathematical Association of America, 1987.

Mehrtens, Herbert. "Mathématiques, sciences de la nature et national-socialisme: Quelles questions poser?" In *La Science sous le Troisième Reich: Victime ou alliée du nazisme?*, edited by Josiane Olff-Nathan, 33–49. Paris: Seuil 1993.

Mehrtens, Herbert. *Moderne—Sprache—Mathematik: Eine Geschichte des Streits um die Grundlagen der Disziplin und des Subjekts formaler Systeme*. Frankfurt am Main: Suhrkamp, 1990.

Mehrtens, Herbert. "Modernism vs. Counter-modernism, Nationalism vs. Internationalism: Style and Politics in Mathematics, 1900–1950." In *L'Europe mathématique: Histoires, mythes, identités*, edited by Catherine Goldstein, Jeremy Gray, and Jim Ritter, 518–529. Paris: Éditions de la Maison de l'homme, 1996.

Melamed, Y., and M. Lin. "Principle of Sufficient Reason." In *The Stanford Encyclopedia of Philosophy*. Updated September 7, 2016. https://plato.stanford.edu/archives/spr2018/entries/sufficient-reason/.

Mencken, H. L. *A Mencken Chrestomathy*. New York: Vintage, 1982.

Mercer, Christia. "Leibniz, Aristotle, and Ethical Knowledge." In *The Impact of Aristotelianism on Modern Philosophy*, edited by Riccardo Pozzo, 113–147. Washington, DC: Catholic University of America Press, 2004.

Mercer, Christia. "Leibniz on Mathematics, Methodology, and the Good: A Reconsideration of the Place of Mathematics in Leibniz's Philosophy." *Early Science and Medicine* 11 (2006): 424–454.

Mercer, Christia. *Leibniz's Metaphysics: Its Origins and Development*. Cambridge: Cambridge University Press, 2001.

Meyerson, Émile. *Identité et réalité*. Paris: F. Alcan, 1908.

Meyerson, Émile. *Identity and Reality*. Translated by Kate Loewenberg. London: George Allen & Unwin, 1930.

Meyerson, Émile. *Lettres françaises*. Edited by Bernadette Bensaude-Vincent and Eva Telkes-Klein. Paris: CNRS, 2009.

Mill, John Stuart. *The Collected Works of John Stuart Mill*. Vol. 1, *Autobiography and Literary Essays*. Edited by John M. Robson and Jack Stillinger with an introduction by Lord Robbins. Toronto: University of Toronto Press, 1981.

Miłosz, Czesław. *Emperor of the Earth: Modes of Eccentric Vision*. Berkeley: University of California Press, 1977.

Minkowski, Hermann. "Raum und Zeit." *Jahresbericht der Deutschen Mathematiker-Vereinigung* 18 (1909): 75–88.

Minkowski, Hermann. "Space and Time." In *The Principle of Relativity*, translated by W. Perrett and G. B. Jeffery, 73–91. New York: Dover, 1952.

Mirowski, Philip. *More Heat Than Light: Economics as Social Physics, Physics as Nature's Economics*. Cambridge: Cambridge University Press, 1989.

Mises, Ludwig von. *Epistemological Problems of Economics*. Auburn, AL: Ludwig von Mises Institute, 1960.

Mohr, R., K. Sanders, and B. Sattler, eds. *One Book, the Whole Universe: Plato's "Timaeus" Today*. Las Vegas, NV: Parmenides, 2010.

Momigliano, Arnaldo. *Alien Wisdom: The Limits of Hellenization*. Cambridge: Cambridge University Press, 1975.

Mondolfo, Rodolfo. *Heráclito: Textos y problemas de su interpretación*. Mexico City: Siglo 21, 1966.

Morgenstern, Oskar. "Logistik und Sozialwissenschaften." *Zeitschrift für National-ökonomie* 7 (1936): 1–24.

Morgenstern, Oskar. *Wirtschaftsprognose*. Vienna: Springer, 1928.

Mueller, Ian. "Mathematics and Education: Some Notes on the Platonist Programme." In "*Peri Tōn Mathēmaton*: Essays on Greek Mathematics and Its Later Development," edited by Ian Mueller. Special issue, *Apeiron* 24 (1991): 85–104.

Mueller, Ian. "On the Notion of a Mathematical Starting Point in Plato, Aristotle and Euclid." In *Science and Philosophy in Classical Greece*, edited by A. C. Bowen, 59–97. New York: Garland, 1991.

Muller, Richard A. *Now: The Physics of Time*. New York: W. W. Norton, 2016.
(리처드 뮬러, 장종훈·강형구 옮김, 『나우: 시간의 물리학』, 바다출판사, 2019.)

Muñoz, Jerónimo. *Libro del nuevo cometa*. Valencia: Pedro de Huete, 1573.

Muñoz, Jerónimo. *Libro del nuevo cometa, Valencia, Pedro de Huete, 1573; Littera ad Bartholomaeum Reisacherum, 1574; Summa del prognostico del cometa: Valencia, […] 1578*. Valencia: Hispaniae Scientia, 1981.

al-Muqammas, Dawud. *Twenty Chapters*. Edited and translated by Sarah Stroumsa. Provo, UT: Brigham Young University Press, 2015.

Musil, Robert. "Der mathematische Mensch." 1913. Projekt Gutenberg. https://www.projekt-gutenberg.org/musil/essays/essays.html.

Musil, Robert. *The Man without Qualities*. Translated by Sophie Wilkins and Burton Pike. New York: Vintage International, 1996.
(로베르트 무질, 박종대 옮김, 『특성 없는 남자』(전 3권), 문학동네, 2023.)

Musil, Robert. *Precision and Soul: Essays and Addresses*. Translated by Burton Pike and David S. Luft. Chicago: University of Chicago Press, 1995.

Musil, Robert. *Tagebücher, Aphorismen, Essays und Reden*. Edited by Adolf Frisé. Hamburg: Rowohlt, 1955.

Nabokov, Vladimir. *Insomniac Dreams: Experiments with Time*. Edited by Gennady Barabtarlo. Princeton, NJ: Princeton University Press, 2018.

Natenzon, Paulo. "Random Choice and Learning." *Journal of Political Economy* 127 (2019): 419–457.

Nelböck, Johann. "Die Bedeutung der Logik im Empirismus und Positivismus." PhD diss., University of Vienna, 1930.

Netz, Reviel. *The Shaping of Deduction in Greek Mathematics: A Study in Cognitive History*. Cambridge: Cambridge University Press, 1999.

Neumann, John von. "Die Axiomatisierung der Mengenlehre." *Mathematische Zeitschrift* 27, no. 1 (1928): 669–752.

Neumann, John von. "Eine Axiomatisierung der Mengenlehre." *Journal für die Reine und Angewandte Mathematik* 154 (1925): 219–224.

Neumann, John von. *Mathematical Foundations of Quantum Mechanics*. Translated by Robert T. Beyer. Princeton, NJ: Princeton University Press, 1955, revised 2018.

Neumann, John von. "The Mathematician." In *Works of the Mind*, edited by Robert B. Heywood, 180–196. Chicago: University of Chicago Press, 1947.

Neumann, John von. *Mathematische Grundlagen der Quantenmechanik*. Berlin: Springer, 1932.

Neumann, John von. "Zur Theorie der Gesellschaftsspiele." *Mathematische Annalen* 100 (1928): 295–320.

Neumann, John von, and Oskar Morgenstern. *A Theory of Games and Economic Behavior*. 1944. Reprint, Princeton, NJ: Princeton University Press, 2004.

Neurath, P. *Gesammelte philosophische und methodologische Schriften*. Edited by R. Haller and H. Rutte. Vienna: Hölder-Pichler-Tempsky, 1981.

Neurath, P. and E. Nemeth, eds. *Otto Neurath oder die Einheit von Wissenschaft und Gesellschaft*. Vienna: Böhlau, 1993.

Newton, Isaac. *The Principia: Mathematical Principles of Natural Philosophy; A New Translation*. Translated I. B. Cohen and Anne Whitman. Berkeley: University of California Press, 1999.

Nicomachus of Gerasa. *Introductio arithmetica libri I*. Edited by Richard Gottfried Hoche. Leipzig: Teubner, 1866.

Nicomachus of Gerasa. *Nicomachus of Gerasa: Introduction to Arithmetic*. Translated by

Martin Luther D'Ooge, Frank E. Robbins, and Louis C. Karpinsky. New York: Macmillan, 1926.

Nicomachus of Gerasa. *Theologoumena arithmeticae*. Edited by Victor De Falco. Stuttgart: Teubner, 1975. First published 1922 by Teubner (Leipzig).

Niehoff, Maren. *Philo of Alexandria: An Intellectual Biography*. New Haven, CT: Yale University Press, 2018.

Nietzsche, Friedrich. *Beyond Good and Evil*. Translated by Walter Kaufmann. New York: Vintage 1966.
(프리드리히 니체, 박찬국 옮김, 『선악의 저편』, 아카넷, 2018.)

Nietzsche, Friedrich. *The Gay Science*. Translated by Walter Kaufmann. New York: Vintage, 1974.
(프리드리히 니체, 안성찬·홍사현 옮김, 『즐거운 학문』, 책세상, 2005.)

Nietzsche, Friedrich. *Human, All Too Human: A Book for Free Spirits*. Translated by R. J. Hollingdale. Cambridge: Cambridge University Press, 1996.
(프리드리히 니체, 김미기 옮김, 『인간적인 너무나 인간적인』(전 2권), 책세상, 2001–2002.)

Nietzsche, Friedrich. *On the Genealogy of Morals*. Translated by Walter Kaufmann and R. J. Hollingdale. New York: Vintage, 1967.
(프리드리히 니체, 박찬국 옮김, 『도덕의 계보』, 아카넷, 2021.)

Nietzsche, Friedrich. *Die Philosophie im tragischen Zeitalter der Griechen*. In Werke in drei Bänden, vol. 3, edited by Karl Schlechta. Munich: Hanser, 1954.

Nietzsche, Friedrich. *Untimely Meditations*. Translated by R. J. Hollingdale. Cambridge: Cambridge University Press, 1983.

Nirenberg, David. *Anti-Judaism: The Western Tradition*. New York: W. W. Norton, 2013.

Nirenberg, Ricardo L., and David Nirenberg. "Badiou's Number: A Critique of Set Theory as Ontology." *Critical Inquiry* 37 (2011): 583–614.

Nirenberg, Ricardo L., and David Nirenberg. "Critical Response." *Critical Inquiry* 38 (2012): 362–387.

O'Brien, E. "Enjoy It Again: Repeat Experiences Are Less Repetitive Than People Think." *Journal of Personality and Social Psychology* 116, no. 4 (2019): 519–540. https://doi.org/10.1037/pspa0000147.

O'Neil, Cathy. *Weapons of Math Destruction: How Big Data Increases Inequality and Threatens Democracy*. New York: Broadway Books, 2016.
(캐시 오닐, 김정혜 옮김, 『대량살상수학무기』, 흐름출판, 2017.)

Origen. *Homilies on Genesis and Exodus*. Translated by Ronald E. Heine. Washington, DC: The Catholic University of America Press, 1982.

Ormsby, Eric Linn. *Theodicy in Islamic Thought: The Dispute over al-Ghazali's Best of All Possible Worlds*. Princeton NJ: Princeton University Press, 1984.

Owen, David. *Hume's Reason*. Oxford: Oxford University Press, 1999.

Palmer, Ada. *Reading Lucretius in the Renaissance*. Cambridge, MA: Harvard University Press, 2014.

Palmer, John. *Parmenides and Presocratic Philosophy*. Oxford: Oxford University Press, 2009.

Panofsky, Erwin. *Three Essays on Style*. Edited by William S. Heckscher. Cambridge, MA: MIT Press, 1997.

Pascal, Blaise. *Pensées*. Edited by Léon Brunschvicg. Paris: Hachette, 1897.
  (블레즈 파스칼, 이환 옮김, 『팡세』, 민음사, 2003.)

Pascal, Blaise. *Pensées and Other Writings*. Translated by Honor Levi. Oxford World's Classics Oxford: Oxford University Press, 1999.

Pascal, Blaise. *Traité du triangle arithmétique*. Paris: Guillaume Desprez, 1665.

Pauli, Wolfgang. "Quantentheorie." In *Handbuch der Physik*, vol. 23, Quanten. Berlin: Springer, 1926.

Pearson, Karl. *The History of Statistics in the 17th and 18th Centuries against the Changing Background of Intellectual, Scientific, and Religious Thought*. Edited by E. S. Pearson. London: Charles Griffin, 1978.

Peirce, C. S. "The Doctrine of Necessity Examined." *Monist* 2 (1892): 481–486.

Penrose, Roger. *The Emperor's New Mind: Concerning Computers, Minds, and Laws of Physics*. New York: Oxford University Press, 1989.
  (로저 펜로즈, 박승수 옮김, 『황제의 새마음』, 이화여자대학교출판문화원, 2022.)

Penrose, Roger. *Shadows of the Mind: A Search for the Missing Science of Consciousness*. Oxford: Oxford University Press, 1994.
  (로저 펜로즈, 노태복 옮김, 『마음의 그림자』, 승산, 2014.)

Périer, A. "Un traité de Yaḥyâ ben 'Adî: Défense du dogme de la trinité contre les objections d'al-Kindî." *Revue de l'Orient chrétien*, 3rd. ser., 2 (1920–1921): 3–21.

Perler, Dominik, and Ulrich Rudolph. *Occasionalismus: Theorien der Kausalität im arabisch- islamischen und im europäischen Denken*. Göttingen: Vandenhoek & Ruprecht, 2000.

Pešić, Peter. "The Principle of Identicality and the Foundations of Quantum Theory I. The Gibbs Paradox." *American Journal of Physics* 59 (1991): 971–974.

Pešić, Peter. "The Principle of Identicality and the Foundations of Quantum Theory II: The Role of Identicality in the Formation of Quantum Theory." *American Journal of Physics* 59 (1991): 975–978.

Pešić, Peter. *Seeing Double: Shared Identities in Physics, Philosophy, and Literature*. Cambridge, MA: MIT Press, 2002.

Pétrement, Simone. *Simone Weil: A Life*. 1976. New York: Schocken Books, 1988.

Phillips, J. F. "Neo-Platonic Exegeses of Plato's Cosmology." *Journal of the History of Philosophy* 35 (1997): 173–197.

Pierce, Charles Sanders. *Collected Papers of Charles Sanders Peirce. volume 3, Exact Logic (Published Papers). Volume 4, The Simplest Mathematics*. Edited by Charles Hartshorn and Paul Weiss. Cambridge, MA: The Belknap Press of Harvard University Press, 1933.

Pierce, Benjamin. "Address of Professor Benjamin Pierce, President of the American Association for the Year 1853." *Proceedings of the American Association for the Advancement of Science* 8 (1855): 1–17.

Pindar. *Pindar*. Translated by J. E. Sandys, Loeb Classical Library. Cambridge, MA: Harvard University Press, 1968.

Planck, Max. *Acht Vorlesungen über Theoretische Physik, gehalten an der Columbia University, NY*. Leipzig: S. Hirzel, 1910.

Planck, Max. "Dynamische und statistische Gesetzmässigkeit." In *Physikalische Abhandlungen und Vorträge*, vol. 3, edited by Verband Deutscher Physikalischer Gesellschaften und der Max-Planck-Gesellschaft zur Förderung der Wissenschaften e. V., 77–90. Braunschweig: F. Vieweg, 1958.

Planck, Max. *Eight Lectures on Theoretical Physics*. Translated by A. P. Wills. New York: Columbia University Press, 1915. Reprint, Mineola, NY: Dover, 1998.

Plato. *The Collected Dialogues of Plato*. Edited by Edith Hamilton and Huntington Cairns. Princeton, NJ: Princeton University Press, 1961.

Plato. *Plato: Cratylus, Parmenides, Greater Hippias*, Lesser Hippias. Translated by H. N. Fowler. Loeb Classical Library. Cambridge, MA: Harvard University Press, 2002. (플라톤, 김인곤·이기백 옮김, 『크라튈로스』, 아카넷, 2021.; 천병희 옮김, 『파르메니데스』, 도서출판 숲, 2016.)

Plato. *Plato: Phaedrus*. Translated by A. Nehamas and P. Woodruff. Indianapolis, IN: Hackett, 1995.
(플라톤, 조대호 옮김, 『파이드로스』, 문예출판사, 2008.)

Plato. *Plato: Theaetetus, Sophist*. Translated by H. N. Fowler. Loeb Classical Library. Cambridge, MA: Harvard University Press, 2006.
(플라톤, 정준영 옮김, 『테아이테토스』, 아카넷, 2022.; 이창우 옮김, 『소피스트』, 아카넷, 2019.)

Pliny. *Natural History*. Translated by H. Rackham, Loeb Classical Library. Cambridge, MA: Harvard University Press, 1938.

(가이우스 플리니우스 세쿤두스, 서경주 옮김, 『플리니우스 박물지』, 노마드, 2021.)

Poe, Edgar Allan. *Eureka: A Prose Poem*. Amherst, NY: Prometheus, 1997.

(에드거 앨런 포, 노승영 옮김, 『유레카』, 인다, 2022.)

Poincaré, H. *Dernières pensées*. Paris: Flammarion, 1917.

Poincaré, H. "Jubilé scientifique de Camille Flammarion." *L'Astronomie* 26 (1912): 97–153.

Poincaré, H. *La Science et l'Hypothèse*. Paris: Flammarion, 1917.

(앙리 푸앵카레, 이정우·이규원 옮김, 『과학과 가설』, 에피스테메, 2014.)

Poincaré, H. "L'Espace et la géométrie." *Revue de métaphysique et de morale* 3 (1895): 631–646.

Poincaré, H. *Science and Method*. Translated by Francis Maitland. New York: Dover: 1952.

Popper, Karl. "The Nature of Philosophical Problems and Their Roots in Science." In *Conjectures and Refutations: The Growth of Scientific Knowledge*, 66–96. London: Routledge and Kegan Paul, 1963.

Popper, Karl. *The Open Society and Its Enemies. Vol. 1, The Spell of Plato*. 5th ed. London: Routledge and Kegan Paul, 1945.

(칼 포퍼, 이한구 옮김, 『열린 사회와 그 적들』, 민음사, 2006.)

Porta, Horacio. "In Memory of Jacob Schwartz." *Notices of the AMS* 62, no. 5 (2015): 488.

Porter, Theodore M. *Karl Pearson: The Scientific Life in a Statistical Age*. Princeton, NJ: Princeton University Press, 2004.

Porter, Theodore M. *The Rise of Statistical Thinking, 1820–1900*. Princeton, NJ: Princeton University Press, 1986.

Poulet, Georges. *Études sur le temps humain*. Vol. 2, *De l'instant éphémère à l'instant éternelle*. 1964. Paris: Librairie Plon, 2017.

Proust, Marcel. *Du côté de chez Swann*. Paris: Bibliothèque de la Pléiade, 1966.

(마르셀 프루스트, 남수인 옮김, 『스완의 사랑』, 지만지, 2019.)

Proust, Marcel. *Le Temps retrouvé*. Paris: Bibliothèque de la Pléiade, 1966.

(마르셀 프루스트, 김희영 옮김, 『읽어버린 시간을 찾아서: 되찾은 시간』(12–13권), 민음사, 2022.)

Ptolemy. *Lettre à Flora*. 2nd ed. Edited by Gilles Quispel. Paris: Cerf, 1966.

Putnam, Hilary. "Time and Physical Geometry." *Journal of Philosophy* 64 (1967): 240–247.

Quine, W. v. O. "Two Dogmas of Empiricism." *Philosophical Review* 60 (1951): 20–43.

Rand, Ayn. *Atlas Shrugged: 35th Anniversary Edition*. New York: Signet, 1992.

al-Rāzī, Abū Bakr Muhammad ibn Zakariyya ibn Yahya. *Opera philosophica*. Edited by Paul Kraus. Cairo, 1939.

Read, Kay Almere. *Time and Sacrifice in the Aztec Cosmos*. Bloomington: Indiana University Press, 1998.

Reed, Robert C. "Decreation as Substitution: Reading Simone Weil through Levinas." *Journal of Religion* 93 (2013): 25–40.

Renger, A.-B., and A. Stavru, eds. *Pythagorean Knowledge from the Ancient to Modern World: Askesis, Religion, Science*. Wiesbaden: Harrassowitz, 2016.

Repgow, Eike von. *Der Sachsenspiegel*. Edited by August Lüppen and Friedrich Kurt von Alten. Amsterdam: Rodopi, 1970.

Rickless, Samuel, "Plato's *Parmenides*." *Stanford Encyclopedia of Philosophy*. Updated January 14, 2020. https://plato.stanford.edu/archives/spr2020/entries/plato-parmenides/.

Rietdijk, C. W. "A Rigorous Proof of Determinism Derived from the Special Theory of Relativity." Philosophy of Science 33 (1966): 341–344.

Rietdijk, C. W. "Special Relativity and Determinism." *Philosophy of Science* 43 (1976): 598–609.

Rilke, Rainer Maria. *Briefe aus Muzot, 1921–1926*. Leipzig: Insel, 1936.

Rilke, Rainer Maria. *Rainer Maria Rilke, Lou Andreas-Salomé: Briefwechsel*. Leipzig: Insel, 1952.

Rilke, Rainer Maria. *Les Elégies de Duino, Sonnets à Orphée*. Translated by J.-F. Angelloz. Paris: Aubier, 1943.

Rilke, Rainer Maria. *Letters of Rainer Maria Rilke*. Vol. 2. Translated by Jane Bannard Greene and M. D. Herter Norton. New Haven, CT: Yale University Press, 1947.

Rilke, Rainer Maria. *Rainer Maria Rilke Briefe*. 2 vols. Edited by Ruth Sieber-Rilke and Karl Altheim. Berlin: Insel, 1950.
(라이너 마리아 릴케, 김재혁 옮김, 『젊은 시인에게 보내는 편지』, 고려대학교출판부, 2006.)

Rilke, Rainer Maria, and André Gide. *Correspondances 1909–1926*. Paris: Corrêa, 1952.

Robb, Richard. *Willful: How We Choose What We Do*. New Haven, CT: Yale University Press, 2019.

Robbins, Frank Egleston. "Arithmetic in Philo Judaeus." *Classical Philology* 26 (1931): 345–361.

Rochberg, Francesca. *Before Nature: Cuneiform Knowledge and the History of Science*. Chicago: University of Chicago Press, 2016.

Rockmore, Tom. *Art and Truth after Plato*. Chicago: University of Chicago Press, 2013.

Rodriguez-Pereyra, R. *Leibniz's Principle of Identity of Indiscernibles*. Oxford: Oxford University Press, 2014.

Rorty, Richard. *Contingency, Irony, and Solidarity*. Cambridge: Cambridge University Press, 1989.

(리처드 로티, 김동식·이유선 옮김, 『우연성, 아이러니, 연대』, 사월의책, 2020.)

Rorty, Richard. *Philosophy as Poetry*. Charlottesville: University of Virginia Press, 2016.

Rorty, Richard. "Pragmatism and Romanticism." In *Philosophy as Cultural Politics*, 4:105–119. Cambridge: Cambridge University Press, 2007.

Rosato, L., and G. Álvarez, eds. *Borges, libros y lecturas: Catálogo de la colección Jorge Luis Borges en la Biblioteca Nacional. Buenos Aires: Biblioteca Nacional*, 2010.

Rosenberg, Alexander. *Economics: Mathematical Politics, or Science of Diminishing Returns?*, Chicago: University of Chicago Press, 1992.

Rota, Gian-Carlo. "Fundierung as a Logical Concept." *Monist* 72 (1989): 70–77.

Rousseau, Jean-Jacques, *Œuvres complètes*. 4 vols. Paris: Gallimard, 1964–1969.

Rovelli, Carlo. *The First Scientist: Anaximander and His Legacy*. Translated by M. L. Rosenberg. Yardley, PA: Westholme, 2011.

Rowett, Catherine. "Philosophy's Numerical Turn: Why the Pythagoreans' Interest in Number Is Truly Awesome." In *Doctrine and Doxography: Studies on Heraclitus and Pythagoras*, edited by David Sider and Dirk Obbink, 3–31. Berlin: De Gruyter, 2013.

Roy, Subroto. *Philosophy of Economics: On the Scope of Reason in Economic Inquiry*. London: Routledge, 1989.

Rubin, Uri. "Al-Ṣamad and the High God: An Interpretation of Sūra CXII." *Der Islam* 61 (1984): 197–217.

Runia, David. *Philo in Early Christian Literature: A Survey*. Assen: Van Gorcum, 1993.

Runia, David. *Philo of Alexandria and the Timaeus of Plato*. Philosophia Antiqua 44. Leiden: Brill, 1986.

Runia, David. "Why Does Clement of Alexandria Call Philo 'The Pythagorean?'" *Vigiliae Christianae* 49 (1995): 1–22.

Ruskin, John. *Unto This Last, and Other Writings*. New York: Penguin, 1986.

(존 러스킨, 곽계일 옮김, 『존 러스킨의 생명의 경제학』, 아인북스, 2018.)

Rusnock, Paul. "Was Kant's Philosophy of Mathematics Right for Its Time?" *Kant-Studien* 95 (2004): 426–442.

Russell, Bertrand. *Logic and Knowledge: Essays 1901–1950*. Edited by Robert Charles Marsh. 1956. Reprint, Nottingham: Spokesman, 2007.

Russell, Bertrand. *My Philosophical Development*. 1959. Reprint, London: Routledge, 1993.

(버트런드 러셀, 곽강제 옮김, 『나는 이렇게 철학을 하였다』, 서광사, 2008.)

Russell, Bertrand. *Mysticism and Logic, and Other Essays*. London: Longmans, Green, 1919.

Russell, Bertrand. "On Denoting." *Mind* 14, no. 56 (1905): 479–493.

Russell, Bertrand. *Our Knowledge of the External World as a Field for Scientific Method in Philosophy*. Chicago: Open Court, 1914.

Russell, Bertrand. *The Problems of Philosophy*. London: Williams & Norgate, 1912.

(버트런드 러셀, 황문수 옮김, 『철학이란 무엇인가』, 문예출판사, 2014.)

Saint-Hélier, Monique. *À Rilke pour Noël*. Berne: Éditions du Chandelier, 1927.

Salinas, Pedro. *Poesías Completas*. Edited by J. Marichal. Madrid: Aguilar, 1961.

Sant' Anna, A. S. "Individuality, Quasi-Sets and the Double-Slit Experiment." *Quantum Studies: Mathematical Foundations* (2019). https://link.springer.com/article/10.1007/s40509-019-00209-2.

Santayana, G. *Winds of Doctrine*. New York: Scribner's, 1913.

Sarraute, Nathalie. *The Age of Suspicion*. Translated by M. Jolas. New York: G. Braziller, 1963.

Sarraute, Nathalie. *L'Ère du soupçon*. Paris: Gallimard, 1956.

Saunders, Simon. "Indistinguishability." In Oxford Handbook in *Philosophy of Physics*, edited by R. Batterman, 340–380. Oxford: Oxford University Press, 2013.

Scheibe, Erhard. "Albert Einstein: Theorie, Erfahrung, Wirklichkeit." *Heidelberger Jahrbücher* 36 (1992): 121–138.

Scheler, Max. *Die Stellung des Menschen im Kosmos*. Darmstadt: Reichl, 1928.

(막스 셸러, 이을상 옮김, 『우주에서 인간의 위치』, 지만지, 2012.)

Scheler, Max. *The Human Place in the Cosmos*. Translated by Manfred S. Frings. Evanston, IL: Northwestern University Press, 2009.

Schelling, F. W. J. *The Grounding of Positive Philosophy: The Berlin Lectures*. Translated by Bruce Matthews. Albany: State University of New York Press, 2007.

Schelling, Thomas. "Egonomics, or the Art of Self-Management." *American Economic Review* 68 (1978): 290–294.

Schlick, Moritz. "Naturphilosophische Betrachtungen über das Kausalprinzip." *Naturwissenschaft* 8 (1920): 461–547.

Schliesser, Eric. "Newton and Newtonianism." In *The Routledge Companion to Eighteenth Century Philosophy*, edited by Aaron Garrett, 62–90. New York: Routledge, 2014.

Schmidt, Lothar, J. Lower, T. Jahnke, S. Schößler, M. S. Schöffler, A. Menssen, C. Lévêque, N. Sisourat, R. Taïeb, H. Schmidt-Böcking, and R. Dörner. "Momentum Transfer to a Free-Floating Double Slit: Realization of a Thought Experiment from the Einstein-Bohr Debates." *Physical Review Letters* 111 (2013): 103201-1-5.

Schmitt, Alois. "Mathematik und Zahlenmystik." In *Aurelius Augustinus: Die Festschrift der Görres-Gesellschaft zum 1500; Todestage des Heiligen Augustinus*, edited by Martin Grabmann and Joseph Mausbach, 353–366. Cologne: J. P. Bachem, 1930.

Schöck, Cornelia. "The Controversy between al-Kindī and Yaḥyā b. 'Adī on the Trinity, Part One: A Revival of the Controversy between Eunomius and the Cappadocian Fathers." *Oriens* 40 (2012): 1–50.

Schöck, Cornelia. "The Controversy between al-Kindī and Yaḥyā b. 'Adī on the Trinity, Part Two: Gregory of Nyssa's and Ibn 'Adī's Refutation of Eunomius' and al-Kindī's 'Error.'" *Oriens* 42 (2014): 220–253.

Schoenemann, P. Thomas. "Syntax as an Emergent Property of Semantic Complexity." *Minds and Machines* 9 (1999): 309–346.

Schopenhauer, Arthur. *On the Fourfold Root of the Principle of Sufficient Reason and On the Will in Nature.* Translated by Karl Hillebrand. London: George Bell and Sons, 1903.
(아르투어 쇼펜하우어, 김미영 옮김, 『충족이유율의 네 겹의 뿌리에 관하여』, 나남 출판, 2010.)

Schrödinger, Erwin. *The Interpretation of Quantum Mechanics: Dublin Seminars (1949–1955) and Other Unpublished Essays.* Edited by Michel Bitbol. Woodbridge, CT: Oxbow Press, 1995.

Schrödinger, Erwin. *Mind and Matter.* Cambridge: Cambridge University Press, 1958.
(에르빈 슈뢰딩거, 전대호 옮김, 『정신과 물질』, 궁리, 2007.)

Schrödinger, Erwin. *My View of the World.* Cambridge: Cambridge University Press, 1964.

Schrödinger, Erwin. "Quantisierung als Eigenwertproblem (Zweite Mitteilung)." *Annalen der Physik* 79 (April 1926): 489–527.

Schrödinger, Erwin. "Was ist ein Naturgesetz?" *Naturwissenschaft* 17 (1929), 9–11.

Schrödinger, Erwin. "What Is a Law of Nature?" In *Science, Theory, and Man*, 133–147. New York: Dover, 1957.

Schwartz, Benjamin I. "The Age of Transcendence." *Daedalus* 104 (1975): 1–7.

Segal, Sanford. *Mathematicians under the Nazis.* Princeton, NJ: Princeton University Press, 2014.

Serres, Michel. *The Birth of Physics.* Manchester: Clinamen Press, 2000.

Sewell, Elizabeth. *Paul Valéry: The Mind in the Mirror.* Cambridge: Bowes & Bowes, 1952.

Sigmund, Karl. *Exact Thinking in Demented Times*. New York: Basic Books, 2017.

Simelidis, Christos. "The Byzantine Understanding of the Qur'anic Term al-Ṣamad and the Greek Translation of the Qur'an." *Speculum* 86 (2011): 887–913.

Simon, Herbert A. "Review of Theory of Games and Economic Behavior." *American Journal of Sociology* 50, no. 6 (1945): 558–560.

Sorabji, Richard. "The Origins of Occasionalism." In *Time, Creation and the Continuum: Theories in Antiquity and the Early Middle Ages*, 297–306. London: Duckworth, 1983.

Sorabji, Richard. *The Philosophy of the Commentators, 200–600 AD*. Vol. 2, Physics. Ithaca, NY: Cornell University Press, 2005.

Sorabji, Richard. *Time, Creation, and the Continuum: Theories in Antiquity and the Early Middle Ages*. Chicago: University of Chicago Press, 1983.

Spencer-Brown, George. *Laws of Form*. Leipzig: Bohmeier, 2014.

Spengler, Oswald. *The Decline of the West: Form and Actuality*. 2 vols. Translated by Charles Francis Atkinson. New York: Alfred A. Knopf, 1926–1928.

Spengler, Oswald. *Der Untergang des Abendlandes: Umrisse einer Morphologie der Weltgeschichte*. 2 vols. 1923. Reprint in one volume, Munich: C. H. Beck, 1990. (오스발트 슈펭글러, 양해림 옮김, 『서구의 몰락』, 책세상, 2019.)

Spengler, Oswald. *Spengler ohne Ende: Ein Rezeptionsphänomen im internationalen Kontext*. Schriften zur politischen Kultur der Weimarer Republik, vol. 16. Edited by Gilbert Merlio and Daniel Meyer. Frankfurt am Main: Lang, 2014.

Spinoza, Baruch. *Spinoza: Complete Works*. Edited by Michael L. Morgan. Translated by Samuel Shirley. Indianapolis, IN: Hackett, 2002.

Stadler, Friedrich. "Documentation: The Murder of Moritz Schlick." In *The Vienna Circle: Studies in the Origins, Development, and Influence of Logical Empiricism*, edited by Friedrich Stadler, 866–909. Vienna: Springer, 2001.

Staehle, Karl, *Die Zahlenmystik bei Philon von Alexandreia*. Leipzig: Teubner, 1931.

Stamelman, Richard. *Lost Beyond Telling: Representations of Death and Absence in Modern French Poetry*. Ithaca, NY: Cornell University Press, 1990.

Stark, Johannes. "The Pragmatic and the Dogmatic Spirit in Physics." *Nature* 141 (1938): 770–772.

Stendhal. *Souvenirs d'égotisme*. Paris: Le Divan, 1927.

Stigler, Stephen M. "Richard Price, the First Bayesian." *Statistical Science* 33 (2018): 117–125.

Stolzenberg, Gabriel. "Can an Inquiry into the Foundations of Mathematics Tell Us Anything Interesting about Mind?" In *The Invented Reality: How Do We Know*

What We Believe We Know? Contributions to Constructivism, edited by Paul Watzlawick, 257–308. New York: W. W. Norton, 1984.

Stone, Martin. "Interpretation and Pluralism in Law and Literature: Some Grammatical Remarks." In *Reason and Reasonableness*, edited by Riccardo Dottori, 129–158. Münster: Lit Verlag Münster, 2005.

Strassburg, Gottfried von. *Tristan and Isolde*. Translated by Francis G. Gentry. New York: Continuum, 2003.

Strobach, Niko. *The Moment of Change: A Systematic History in the Philosophy of Space and Time*. Dordrecht: Springer, 1998.

Stroumsa, Guy G. "From Abraham's Religion to the Abrahamic Religions." *Historia Religionum* 3 (2011): 11–22.

Sturm, Thomas. "Kant on Empirical Psychology." In *Kant and the Sciences*, edited by Eric Watkins, 163–180. Oxford: Oxford University Press, 2001.

Swift, Jonathan. "Abstract of Collins's 'Discourse on Free Thinking.'" In *The Prose Works of Jonathan Swift*, edited by Temple Scott, 3:163–192. London: George Bell & Sons, 1898.

Swift, Jonathan. *The Benefit of Farting Explain'd*. Exeter: Old Abbey Press, 1996.

Szabó, Árpád. *The Beginnings of Greek Mathematics*. Dordrecht: D. Reidel, 1978.

al-Ṭabarī, Jarīr. *The Commentary on the Qur'ān by Abū Ja'far Muḥammad b. Jarīr al-Ṭabarī*. Vol. 1. Translated by J. Cooper. Oxford: Oxford University Press, 1987.

Taine, Hyppolite. *De l'intelligence*. 1870. Reprint, Paris: L'Harmattan, 2005.

Tait, William. "Gödel on Intuition and on Hilbert's Finitism." In *Kurt Gödel: Essays for His Centennial*, edited by Solomon Feferman, Charles Parsons, and Stephen Simpson, 88–108. Cambridge: Cambridge University Press, 2010.

Tarán, L. *Academica: Plato, Philip of Opus, and the Pseudo-Platonic "Epinomis."* Philadelphia: American Philosophical Society, 1975.

Tarán, L. "Amicus Plato sed magis amica veritas: From Plato and Aristotle to Cervantes." *Antike und Abendland* 30 (1984): 93–124.

Tarán, L. "Nicomachus of Gerasa." In *Collected Papers (1962–1999)*, 544–548. Leiden: Brill, 2001.

Tarán, L., ed. and trans. *Parmenides*. Princeton, NJ: Princeton University Press, 1965.

al-Tawḥīdī, Abū Ḥayyān. *Al-Muqābasāt*. Edited by Ḥassan al-Sandūbī. Kuwait: Dār Su'ād al-Ṣabāḥ, 1992.

Taylor, Richard. "The Agent Intellect as 'Form for Us' and Averroes's Critique of al-Fârâbî." *Proceedings of the Society for Medieval Logic and Metaphysics* 5 (2005): 18–32.

Thaler, Richard, and H. M. Shefrin. "An Economic Theory of Self Control." *Journal of Political Economy* 89 (1981): 392–406.

Thiele, R. "Georg Cantor, 1845–1918." In *Mathematics and the Divine: A Historical Study*, edited by Teun Koetsier and Luc Bergmans, 523–548. Amsterdam: Elsevier, 2004.

Tokarczuk, Olga. *Flight*. Translated by Jennifer Croft. London: Fitzcarraldo, 2017.
(올가 토카르추크, 최성은 옮김, 『방랑자들』, 민음사, 2019.)

Toulmin, Stephen. *Return to Reason*. Cambridge: Harvard University Press, 2001.

Tversky, Amos, and Daniel Kahneman. "Rational Choice and the Framing of Decisions." In *Rational Choice: The Contrast between Economics and Psychology*, edited by R. Hogarth and M. Reder, 67–94. Chicago: University of Chicago Press, 1986.

Tversky, Amos. "Features of Similarity." *Psychological Review* 84 (1977): 327–352.

Tzu, Lao. *Tao Te Ching: A Book about the Way and the Power of the Way*. Translation by Ursula K. Le Guin. Boston: Shambhala, 1997.
(노자, 오강남 옮김, 『도덕경』, 현암사, 1995.)

Vailati, Ezio. *Leibniz and Clarke: A Study of Their Correspondence*. New York: Oxford University Press, 1997.

Valéry, Paul. *Charmes*. Paris: NRF, 1922.

Valéry, Paul. "La Crise de l'esprit, première lettre." In *Œuvres*, vol. 1, 988–994. Paris: Gallimard, 1957.

Valéry, Paul. *History and Politics: Collected Works of Paul Valéry*. Edited by J. Mathews and translated by D. Folliot. Vol. 10. Princeton, NJ: Princeton University Press, 1971.

Valéry, Paul. *Œuvres*. 2 vols. Paris: Pléiade, 1960.

Van Kooten, Geurt Hendrik. *Paul's Anthropology in Context: The Image of God, Assimilation to God, and Tripartite Man in Ancient Judaism, Ancient Philosophy, and Early Christianity*. Tübingen: Mohr Siebeck, 2008.

Vasari, Giorgio. *Le Vite de più eccellenti pittori scultori ed architettori scritte da Giorgio Vasari*. 9 vols. Florence: Sanson, 1906.
(조르조 바사리, 이근배 옮김, 『르네상스 미술가 평전』(전 6권), 현암사, 1995.)

Vernant, Jean-Pierre. *Myth and Thought among the Greeks*. London: Routledge, 1983.
(장 피에르 베르낭, 박희영 옮김, 『그리스인들의 신화와 사유』, 아카넷, 2005.)

Vico, Giambattista. *On the Most Ancient Wisdom of the Italians*. Translated by L. M. Palmer. Ithaca, NY: Cornell University Press, 1988.
(잠바티스타 비코, 이원두 옮김, 『이탈리아인 태고의 지혜』, 동문선, 1996.)

Viereck G. S. *Glimpses of the Great*. New York: Macaulay, 1930.

Wais, Karin. *Studien zu Rilkes Valéry-Übertragungen.* Tübingen: Max Niemayer, 1967.

Wazeck, Milena. *Einsteins Gegner: Die öffentliche Kontroverse um die Relativitätstheorie in den 1920er Jahren.* Frankfurt: Campus, 2009.

Weatherson, Brian. "David Lewis." In *Stanford Encyclopedia of Philosophy.* Updated September 19, 2014. https://plato.stanford.edu/entries/david-lewis/.

Weber, Heinrich. "Leopold Kronecker." *Jahresberichte der Deutschen Mathematiker-Vereinigung* 2 (1891/1892): 5–31. Reprinted in *Mathematische Annalen* 43 (1893): 1–25.

Weber, Max. *Max Weber: Essays in Sociology.* Edited and translated by H. H. Gerth and C. Wright Mills. New York: Oxford University Press, 1946.

Weber, Max. *Max Weber Gesamtausgabe.* Edited by W. J. Mommsen, W. Schluchter, and B. Morgenbrod. 17 vols. Tübingen: J. C. B. Mohr, 1992.

Weber, Max. "Wissenschaft als Beruf." In *Schriften 1894–1922*, edited by Dirk Kaesler, 474–511. Stutgart: Kröner 2002.
(막스 베버, 이상률 옮김, 『직업으로서의 학문』, 문예출판사, 2017.)

Weil, Simone. *First and Last Notebooks.* Translated by R. Rees. Oxford: Oxford University Press, 1970.

Weil, Simone. *Œuvres.* Paris: Gallimard, 1999.

Weil, Simone. *Simone Weil.* Paris: Cahiers de l'Herne, 2014.

Weizsäcker, C. F. von. "Zur Deutung der Quantenmechanik." *Zeitschrift für Physik* 118 (1941): 489–509.

Weyl, Hermann. *Gruppentheorie und Quantenmechanik.* Leipzig: S. Hirzel, 1928.

Weyl, Hermann. *Mind and Nature.* Princeton, NJ: Princeton University Press, 2009.

Weyl, Hermann. *Philosophy of Mathematics and Natural Science.* New York: Atheneum, 1963.

Weyl, Hermann. *The Theory of Groups and Quantum Mechanics.* Translated by H. P. Robertson. Mineola, NY: Dover, 1950.

Wheeler, J. A. "The 'Past' and the 'Delayed-Choice' Double-Slit Experiment." In *Mathematical Foundations of Quantum Theory*, edited by A. R. Marlow, 9–48. Cambridge, MA: Academic Press, 1978.

Wheeler, J. A. *Quantum Theory and Measurement.* Princeton, NJ: Princeton University Press, 1983.

Whitehead, Alfred North. *An Introduction to Mathematics.* New York: Henry Holt, 1911.
(앨프리드 노스 화이트헤드, 오채환 옮김, 『화이트헤드의 수학이란 무엇인가』, 궁리, 2009.)

Wigand, Johann. *De neutralibus et mediis libellus*. 1562.

Wigner, Eugene P. *Philosophical Reflections and Syntheses*. Edited by Jagdish Mehra and Arthur S. Wightman. Berlin: Springer, 1995.

Wigner, Eugene P. "The Unreasonable Effectiveness of Mathematics in the Natural Sciences." *Communications on Pure and Applied Mathematics* 13 (1960): 1–14.

Wilson, F. P. *The Oxford Dictionary of English Proverbs*. 3rd ed. Oxford: Clarendon Press, 1970.

Winter, Alison. *Memory: Fragments of a Modern History*. Chicago: University of Chicago Press, 2012.

Wittgenstein, Ludwig. *Blue and Brown Books*. New York: Harper, 1965.
(루트비히 비트겐슈타인, 이영철 옮김, 『청색 책·갈색 책』, 책세상, 2020.)

Wittgenstein, Ludwig. *Philosophical Investigations*. Edited by G. E. M. Anscombe and R. Rhees and translated by G. E .M. Anscombe. 3rd ed. Oxford: Blackwell, 1958.
(루트비히 비트겐슈타인, 이영철 옮김, 『철학적 탐구』, 책세상, 2019.)

Wordsworth, William. *The Prelude, or Growth of a Poet's Mind*. Oxford: Oxford University Press, 1933.
(윌리엄 위즈위스, 김숭희 옮김, 『서곡』, 문학과지성사, 2009.)

Wright, M. R. *Cosmology in Antiquity*. London: Routledge and Kegan Paul, 1995.

Wyller, Egil A. "Zur Geschichte der platonischen Henologie: Ihre Entfaltung bis zu Plethon/Bessarion und Cusanus." In *Greek and Latin Studies in Memory of Cajus Fabricius*, edited by Sven-Tage Teodorsson, 239–265. Göteborg: University of Göteborg, 1990.

Yaḥyā b. 'Adī. *Maqālah fī'l-Tawḥīd*. Edited by Samīr Khalil. Beirut: Al-Maktaba al-Būlusiyya, 1980.

Young, Charles M. "Plato and Computer Dating." *Oxford Studies in Ancient Philosophy* 12 (1994): 227–250. Reprinted in Nicholas D. Smith, ed., *Plato: Critical Assessments. Vol. 1, General Issues of Interpretation*. London: Routledge, 1998.

Young, Edward. *Night Thoughts*. London: C. Whittingham, 1798.

Zhmud, Leonid. *Pythagoras and the Early Pythagoreans*. Oxford: Oxford University Press, 2012.

Zhmud, Leonid. "Pythagorean Communities: From Individuals to Collective Portraits." In *Doctrine and Doxography: Studies on Heraclitus and Pythagoras*, edited by David Sider and Dirk Obbink, 33–52. Berlin: De Gruyter, 2013.

Zhmud, Leonid. *Wissenschaft, Philosophie und Religion im frühen Pythagoreismus*. Berlin: Akademie, 1997.

Zhou, Yang, and David J. Freedman. "Posterior Parietal Cortex Plays a Causal Role in

Perceptual and Categorical Decisions." *Science* 365, no. 6449 (July 12, 2019): 180–185.

Zhuang Zhou. *Zhuangzi, The Complete Writings*. Translated by Brook Ziporyn. Indianapolis, IN: Hackett, 2020.

(장자, 오강남 옮김, 『장자』, 현암사, 1999.)

Ziporyn, Brook. *Beyond Oneness and Difference: Li and Coherence in Chinese Buddhist Thought and Its Antecedents*. Albany: State University of New York Press, 2013.

Ziporyn, Brook. *Ironies of Oneness and Difference: Coherence in Early Chinese Thought; Prolegomena to the Study of Li*. Albany: State University of New York Press, 2013.

찾아보기

지은이 데이비드 니런버그(David Nirenberg)

다학제간연구의 권위자, 뛰어난 사상가이자 행정가. 종교, 인종, 철학, 수학 및 물리학에 이르는 폭넓은 분야에 전문 지식을 갖춘 세계적 역사학자. 아르헨티나 출신 이민자 부모 사이에서 태어났다. 뉴욕주 올버니에 정착했으나 스페인어를 사용하는 가정에서 자라며, 언어와 문화를 초월한 대화에 깊은 관심을 두었다. 수학자인 아버지 리카도 L. 니런버그의 영향을 받아 일찍이 다양한 학문적 관점에서 주제를 고찰하는 방법을 배웠다. 예일대학교에서 학사를 졸업하고, 프린스턴대학교 역사학과에서 석사 및 박사학위를 받았다. 현재 시카고대학교 신학대학원 학장이자 사회사상위원회(Committee of Social Thought)와 역사학과에서 교수활동을 하고 있다. 2022년 7월, 과학 및 인문학 연구로 전 세계에서 저명한 연구 센터 중 한 곳인 프린스턴고등연구소의 10대 이사이자 레온 레비(Leon Levy) 교수로 임명되었다.

중세 유럽의 기독교, 유대교, 이슬람교에 관한 많은 저작을 남겼으며, 그의 인문학, 자연과학, 사회과학을 넘나드는 폭넓은 학식은 수많은 사회학자와 역사가 들의 연구에 영향을 미쳤다. 그의 연구는 또한 인종차별 및 성차별, 반유대주의, 혐오표현, 불평등 등 오늘날의 문제에 깊은 통찰을 제공한다. 저서로 『폭력의 공동체: 중세 시대의 소수자 박해(Communities of Violence: Persecution of Minorities in the Middle Ages)』 『반유대주의: 서구의 전통 (Anti-Judaism: The Western Tradition)』 『이웃 종교: 기독교, 이슬람교, 유대교, 중세와 현대(Neighboring Faiths: Christianity, Islam, and Judaism, Medieval and Modern)』 등이 있다.

『폭력의 공동체: 중세 시대의 소수자 박해』가 중세 시대를 다룬 최고의 책으로 평가받으며 프레미오 델 레이상(1996), 『반유대주의: 서구의 전통』으로 랠프 월도 에머슨상(2014)을 수상했으며, 학계를 넘어 널리 주목받는 놀라운 역사학 작품이라는 평과 함께 뮌스터시 역사학자상(2017)을 받았다.

지은이 리카도 L. 니런버그(Ricardo L. Nirenberg)

수학자이자 문학 저널 〈오프코스(offcourse)〉의 설립자 겸 편집자. 12년 동안 수학 연구를 한 후, 철학과 문학 방면으로도 연구 범위를 넓혔다. 수많은 에세이, 단편소설 및 장편소설을 출간했다. 저서로 『크라이 엉클(Cry Uncle)』 『파동역학: 러브 스토리(Wave Mechanics: a Love Story)』 등이 있다.

옮긴이 이승희

서강대학교에서 수학과 종교학을 공부했고, 대학원에서 신학을 공부했다.
독일 밤베르크대학교와 뮌스터대학교 박사과정에서 종교사회학, 사회윤리,
정치윤리를 공부했다. 바른번역 소속 번역가로 활동 중이다.
역서로『과학자들의 자화상』『과학은 미래로 흐른다』『혐오 없는 삶』
『금지된 지식』『나와 타자들』등이 있다.

021 Philos

지식의 기초

1판 1쇄 발행 2023년 7월 28일
1판 2쇄 발행 2024년 1월 12일

지은이 데이비드 니런버그
　　　리카도 L. 니런버그
옮긴이 이승희

펴낸이 김영곤
펴낸곳 (주)북이십일 아르테

책임편집 김지영
편집 최윤지
디자인 전용완
기획위원 장미희

출판마케팅영업본부 본부장 한충희
마케팅 남정한 한경화 김신우 강효원
영업 최명열 김다운 김도연
해외기획 최연순
제작 이영민 권경민

출판등록 2000년 5월 6일 제406-2003-061호
주소 (10881) 경기도 파주시 회동길 201(문발동)
대표전화 031-955-2100 팩스 031-955-2151 이메일 book21@book21.co.kr

ISBN 978-89-509-3332-6 (03100)

(주)북이십일 경계를 허무는 콘텐츠 리더
북이십일 채널에서 도서 정보와 다양한 영상자료, 이벤트를 만나세요!

인스타그램
instagram.com/21_arte
instagram.com/jiinpill21

페이스북
facebook.com/21arte
facebook.com/jiinpill21

포스트
post.naver.com/staubin
post.naver.com/21c_editors

홈페이지
arte.book21.com
book21.com

· 책값은 뒤표지에 있습니다.
· 이 책 내용의 일부 또는 전부를 재사용하려면 반드시 (주)북이십일의 동의를
  얻어야 합니다.
· 잘못 만들어진 책은 구입하신 서점에서 교환해 드립니다.

역사와 수학을 연구하는 아버지와 아들 학자인 데이비드 니런버그와 리카도 L. 니런버그는 서구 사상의 지식의 기초와 한계를 추적하며 숨막힐 듯이 아름다운 항해를 위해 협력했다. 2차 문헌에 만족하지 않고 원본 언어인 아람어, 프랑스어, 독일어, 그리스어, 히브리어, 이탈리아어, 라틴어, 스페인어 문헌을 번역했다. 특히, 그들은 수학과 자연과학을 대상으로, 동일성과 차이의 개념이 자연 세계에 대한 인간의 이해에 영향을 미치는 방식에 대해 탐구한다. 그러나 그 과정에서 저자들은 시, 철학, 심리학, 경제학 등의 색다른 측면에 대해서도 다룬다. 이 대단히 재미있는 여행을 따라, 우리는 아낙시만드로스, 알파라비, 표도르 도스토옙스키, 루트비히 비트겐슈타인, 베르너 하이젠베르크, 그리고 라이너 마리아 릴케와 같은 박식한 사상가, 과학자, 작가 들을 만난다. 시의적절하게 우리 손에 닿은 이 책은 초대형 입자가속기(supercollider)에 진리를 넣어 돌리듯 그 에너지를 증폭시킨다. 여기저기 흩어져 있던 숫자, 인간 존재, 그리고 우리가 살아가는 세계에 대해 먼 옛날부터 어떻게 논의되어 왔는지 알게 됨으로써 크나큰 영감과 위안을 얻을 수 있다.
— 요아힘 프랑크(Joachim Frank), 컬럼비아대학교 의학대학원 교수, 노벨화학상 수상자

이 책은 '동일성'과 '차이'라는 뚜렷한 두 개념의 충돌에 대한 박식하고 통찰력 있는 연구를 담았다. 저자들은 이 주제를 중심으로 수천 년에 걸쳐 광범위한 사상체를 훌륭하게 통합해 낸다. 이 이분법이 오늘날 왜 중요한 문제인지, 그리고 이것이 우리의 세계관과 우리가 취하는 행동들에 얼마나 깊게 관여하는지를 강력하고도 설득력 있게 보여 준다.
— 제임스 J. 헤크먼(James J. Heckman), 시카고대학교 경제학 석좌교수, 노벨경제학상 수상자

이 책이 다루는 지식은 그 범위가 매우 넓고, 상상력이 풍부하며, 명료할 뿐만 아니라 실존적 차원을 다루지만, 심지어 계시적이기까지 하다. 데이비드와 리카도 L. 니런버그는 수천 년 동안 수와 관련된 지식이 유일하고도 참된 지식이라고 추정해 온 인식론적 습관, 이상 및 관행을 추적한다. 이는 곧 지식의 책임성에 관한 철학적, 시적 권고이기도 하다.
— 채드 웰먼(Chad Wellmon), 『영원한 위기(Permanent Crisis)』 저자

니런버그 부자는 각각 중세 역사학자와 수학자로서 경제학, 양자물리학, 문학 연구 등 다양한 분야의 연구물을 풍부하게 제시하며, 그들의 역량을 결집해 놀랄 만큼 매혹적인 공리의 여행으로 우리를 안내한다. 아름답고 매력적인 이 책은 폭넓은 분야에 흥미를 보이는 독자들에게 크게 어필할 것이다. 나아가 이 책은 앞으로 몇 년간 자연과학, 사회과학, 인문과학뿐만 아니라 문학, 예술 분야, 심지어 평범한 삶에서 논의될 수학 대 다른 형태의 추론에 관한 비판에서 논쟁의 중요한 조건을 변화시킬 것이다.
— 헨트 드 브리스(Hent de Vries), 뉴욕대학교 인문학 교수

이 연구 성과는 과학, 철학, 역사에 기반을 두고 있으며 문학으로도 자주 우회한다. 발자크, 나보코프, 카프카 등 문학계 거장들이 등장해 "계산, 통계, 논리적 또는 과학적 분석으로는 파악할 수 없는 것이 있다"라는 주장을 지지한다. 또한 "셀 수 있는 대상에만 관심을 기울이기로 선택함으로써 우리는 사고 대상뿐만 아니라 우리 자신의 존재에도 폭력을 가한다"라고 주장한다. 이 책은 '공리의 폭력'을 전복하기 위한 첫걸음이라는 점에서 큰 의미가 있다.
— 《타임스리터러리서플리먼트(Times Literary Supplement)》

이 책은 숫자에 관한 사유가 문화와 문명을 형성해 온 다양한 방식에 대한 정교하고도 통찰력 있는 성찰을 펼쳐 보인다. 독창적 철학의 사유를 즐기는 모든 이들에게 지적 즐거움을 선사할 것이다.
— 《초이스(Choice)》